Tolkiens Erbe

Zu diesem Buch

Mit seinem Epos »Der Herr der Ringe« verhalf J.R.R. Tolkien der Fantasy zu einem beispiellosen Siegeszug. Der Autor des »Buchs des Jahrhunderts« und des beliebtesten Buchs der Deutschen hatte nicht nur zahlreiche Weggefährten, sondern sein Werk rief auch unendlich viele Nachfolger auf den Plan. Und ebenso gibt es so manchen Großmeister der Fantasy, der sich Tolkien und seinen Geschöpfen lieber auf humorvoll-sarkastische Weise nähert. Zwölf der bekanntesten Zeitgenossen und Erben Tolkiens haben zu diesem Buch beigetragen. Es enthält phantastische Abenteuer, magische Märchen und skurrile Geschichten von Lord Dunsany, Stephen R. Donaldson, Michael Moorcock, Ursula K. Le Guin, Terry Pratchett und sieben anderen Kultautoren, so von Andrzej Sapkowski, dem Star der polnischen Fantasy.

*Erik Simon*, geboren 1950, Diplomphysiker und überzeugter Dresdner, hat sein Hobby zum Beruf gemacht und widmet sich der phantastischen Literatur – als Herausgeber, Übersetzer, Lektor und preisgekrönter Autor.
*Friedel Wahren* war Chefredakteurin bei »Fix & Foxi« und Fahnenredakteurin der Großen Brockhaus Enzyklopädie. Über zwanzig Jahre lang gab sie die Heyne Fantasy heraus und ist seit 2002 Lektorin der Piper Fantasy.

# TOLKIENS ERBE

Elfen, Trolle, Drachenkinder von
Terry Pratchett, Ursula K. Le Guin
und anderen Weltenschöpfern

Herausgegeben von
Erik Simon und Friedel Wahren

Piper
München Zürich

ISBN-13: 978-3-492-70115-0
ISBN-10: 3-492-70115-9
© der Autoren siehe Quellenverzeichnis
© der deutschsprachigen Ausgabe:
Piper Verlag GmbH, München 2005
Umschlaggestaltung: Nele Schütz Design, München
Umschlagabbildung: Ciruelo via Agentur Schlück GmbH
Satz: C. Schaber Datentechnik, Wels
Druck und Bindung: Pustet, Regensburg
Printed in Germany

*www.piper.de*

# INHALT

*Schwerter, Zaubersprüche und schier unlösbare Aufgaben* .......................... 7
Eine Vorbemerkung

## *I. Zwei Zeitgenossen*

LORD DUNSANY
*Die Zwingburg so keiner bezwingt denn Sacnoth das Schwert* .................. 17
(The Fortress Unvanquishable, Save for Sacnoth)

E. R. EDDISON
*Zora Rach nam Psarrion* ...................... 41
(Zora Rach nam Psarrion)

## *II. Tolkiens Erben*

STEPHEN R. DONALDSON
*Tochter der Könige* ........................... 57
(Daughter of Regals)

JACK VANCE
*Liane der Wanderer* .......................... 187
(Liane the Wayfarer)

ANDRZEJ SAPKOWSKI
*Die Grenze des Möglichen* ................... 205
(Granica możliwości)

MICHAEL MOORCOCK
**Könige in Dunkelheit** .......................... 302
(Kings in Darkness)

TANITH LEE
**Die Tochter des Magiers** ...................... 344
(The Daughter of the Magician)

BARRINGTON J. BAYLEY
**Das Schiff des Unheils** ........................ 441
(The Ship of Disaster)

URSULA K. LE GUIN
**Drachenkind** ................................. 465
(Dragonfly)

## III. Tollkühnheiten

N. H. BEARD UND D. C. KENNEY
**Die Brücke über den Gallweinfluß** .............. 549
(Aus: Bored of the Rings)

ESTHER M. FRIESNER
**Grausputz** ................................... 555
(Death Swatch)

TERRY PRATCHETT
**Der Zauber des Wyrmbergs** .................... 588
(The Lure of the Wyrm)

**Übersetzer, Quellen- und Rechtsvermerke** ....... 652

## *Schwerter, Zaubersprüche und schier unlösbare Aufgaben*

Eine Vorbemerkung zu
J. R. R. Tolkien und zu diesem Buch

John Ronald Reuel Tolkien lebte von 1892 bis 1973. Er wurde in Südafrika geboren, und als er drei Jahre alt war, kehrte seine Mutter mit ihm nach Großbritannien zurück. Er studierte in Oxford, wurde im Ersten Weltkrieg in Frankreich verwundet, war Dozent an der Universität in Leeds und schließlich Professor für Englisch (insbesondere altenglische Sprache und Literatur) in Oxford. Als er seinen dreibändigen Fantasy-Roman *Der Herr der Ringe* schrieb, dachte er nicht im Traum daran, einen Bestseller zu verfassen, und als es dann doch einer wurde, war er überrascht, ein wenig verwirrt und wohl nicht sonderlich glücklich darüber.

Dabei ist es eigentlich sogar eine Untertreibung, von einem Bestseller zu sprechen. Bei einer repräsentativen Umfrage in Großbritannien wurde *Der Herr der Ringe* zum »Buch des Jahrhunderts« gewählt – und ließ alle berühmten Werke der mitunter noch viel berühmteren Autoren hinter sich, an denen im unlängst zu Ende gegangenen 20. Jahrhundert ja wahrlich kein Mangel war.

Und wiederum, *Der Herr der Ringe* mit seinen drei Bänden ist mehr als ein außerordentlich beliebter und außerordentlich erfolgreicher Roman. Es ist nicht gerade so, daß damit das Genre der Fantasy erschaffen worden wäre – es gab vorher reichlich Fantasy-Werke von anderen Autoren und sogar schon den spezifischen Begriff –, doch Tolkien hat diesem Gebiet der Literatur und insbesondere der Heroischen Fantasy den Mittel- und Bezugspunkt gegeben. (Er hat also eine ähnliche Rolle gespielt wie Jules Verne für die Science-Fiction: Verne hat ja die SF nicht erfunden, doch er war wohl der erste, der sie, noch ehe sie ihren heutigen Namen erhielt, als Genre ins allgemeine Bewußtsein hob – man sprach damals von Jules-Verniaden.) Die drei Bände der Ringtrilogie erschienen 1954 und 1955, der Erfolg setzte aber erst Mitte bis Ende der sechziger Jahre ein, als die Taschenbuchausgabe erschienen war und das Buch in studentischen Kreisen der USA und Großbritanniens zum Geheimtip und zum Kultbuch avancierte, übrigens im Zusammenhang mit der Hippie-Bewegung, die da einen Gegenentwurf zur Moderne fand. (Als die später überaus berühmte und kommerziell erfolgreiche Rockgruppe *Pink Floyd* um 1967 gerade aus dem psychedelischen Underground auftauchte, spielte sie häufig in einem Londoner Klub namens »Middle Earth«, auch in ihren frühen Texten findet man gelegentlich einen Anklang an Tolkien.)

In erster Näherung läßt sich sagen, daß für den Erfolg des *Herrn der Ringe* vor allem drei Elemente des Romans (und ihre glückliche Kombination) verantwortlich sind: erstens das phantastische, breit ausgemalte Abenteuer mit den Hobbits als Helden, also mit buchstäblich und im übertragenen Sinne gewöhnlichen kleinen Leuten; zweitens der komplette Weltentwurf, der den Handlungshintergrund bildet; drittens schließlich die zwiespältigen Eigenschaften des Einen Ringes, um den es vor allem geht.

Elfen und Zwerge, die typischen menschlichen Fantasy-Helden wie Zauberer, Krieger und Königssöhne, einen gelegentlich auftauchenden Drachen und die meisten Ungeheuer in den Armeen des Bösen hat Tolkien aus Sagen und Märchen übernommen; seine Hobbits aber hat er (wenn auch nicht ganz ohne Vorbilder) erfunden, und ohne ihn würde niemand diese menschenähnlichen Wesen kennen, auch Halblinge genannt, eher noch kleiner als Zwerge und mit den charakteristischen Fellsohlen, einfache, biedere Leute und irgendwie sehr ländlich-englisch. Die Hobbits hatten ihr Debüt in einem Märchen, das Tolkien Anfang der dreißiger Jahre für seine Kinder schrieb, *Der Hobbit* (deutsch auch: *Der kleine Hobbit*), und das sich später als der Prolog zum *Herrn der Ringe* erweisen sollte, nachdem das Buch unerwartet schnell einen Verleger und guten Absatz fand und der Verleger eine Fortsetzung verlangte.

Diese Fortsetzung, die schließlich zum Hauptwerk wurde, knüpft zwar an den *Hobbit* an, ihr wichtigster Ursprung liegt aber nicht dort, sondern in einer gewaltigen Tüftelarbeit, die schon weit vorangeschritten war, als Tolkien den *Herrn der Ringe* zu schreiben begann: Tolkien unternahm nichts Geringeres, als eine Phantasiewelt zu entwerfen, komplett mit einer Geographie, einer vieltausendjährigen Geschichte, Beschreibungen der sie bewohnenden Menschen und Fabelwesen, mit ihren Sprachen (denen Tolkien besondere Aufmerksamkeit widmete), Kalendern, Chroniken und Stammbäumen der Königshäuser und so weiter und so fort; sogar eine mythologische Kosmogonie und Kosmologie dieser Welt gehört dazu. Die Handlung des *Herrn der Ringe* umfaßt in ihrer ganzen epischen Breite daraus nur einen kleinen räumlichen und noch viel kleineren zeitlichen Ausschnitt; die beiläufige Erwähnung von weiter zurückliegenden Ereignissen vermittelt aber auch im *Herrn der Ringe* ein Gefühl von der Spannweite des Entwurfs; überdies gibt die Fiktion, daß in dem Roman eine andere, spätere Chronik referiert wird, auch den Ereignissen um den Ringkrieg eine historische Dimension. Andere, größtenteils postum erschienene Werke Tolkiens, insbesondere *Das Silmarillion*, zeigen weitere, meist ältere Teile des Weltentwurfs. Speziell der Entwurf von Mittelerde gewinnt sehr dadurch, daß er nicht auf das fantasy-übliche fiktive Mittelalter rekurriert, sondern sich auf keltische und germanische Mythologie und auf altenglische Realien stützt. (Bei alledem bleibt Mittelerde aber eine idealisierte Fantasy-Welt; von der Tatsache, daß die weitaus meisten Menschen zu allen Zeiten und in fast allen Weltgegenden ein hartes, wenn nicht geradezu elendes Leben führten, ist bei Tolkien nichts zu bemerken.)

Daß *Der Herr der Ringe* nicht bloß auf ein gigantisches Geländespiel oder ein Märchen vom unvermeidlichen Sieg des Guten über das Böse hinausläuft, liegt nicht zuletzt daran, daß Tolkien die in der Fantasy mögliche, dem Märchen (auch noch dem *Hobbit*) aber wesensfremde Zwiespältigkeit der Wertungen und Charaktere einführte. Der Ring verleiht Macht, doch diese Macht korrumpiert ihren Träger (ähnlich wie das Gold in jener anderen berühmten Ring-Trilogie, Wagners *Ring der Nibelungen*); der Sieg des Guten geschieht vor dem Hintergrund eines seit langem andauernden Exodus der Elfen aus Mittelerde, eines allmählichen Verschwindens jenes magisch-poetischen Elements aus der Welt, das die Elfen verkörpern. Mit wenigen Ausnahmen sind die Guten durchweg gut (mit ein paar menschlichen Schwächen vielleicht) und die Bösen nichts als böse; doch gerade die Ausnahmen sind es, die die Geschichte bewegen – Frodo, der im letzten Augenblick schwach wird, und Gollum, der wider Willen das Werk vollendet.

Der Erfolg Tolkiens hat eine Flut von Nachahmungen erzeugt, von denen die meisten zu Recht ziemlich unbekannt geblieben sind und die allesamt nach den ironischen Bastelanleitungen für Tolkien-Romane verfertigt zu sein scheinen, die im Tolkien-Fandom (und neuerdings im Internet) kursieren. Auch wenn man Tolkien nicht für den größten Fantasy-Autor aller Zeiten hält, spricht es doch sehr für ihn und sein Werk, daß er in seiner speziellen Art von Fantasy von anderen bisher weder erreicht noch gar übertroffen wurde. Die vorliegende Anthologie enthält daher keine von den billig-schematischen Nachahmungen, sondern versammelt Fantasy von Autoren, die andere, eigene Welten, Themen und Schreibweisen entwickelt haben, aber doch in einer Beziehung zu Tolkien stehen und ihm das eine oder andere verdanken wie etwa Ursula Le Guin, deren Fantasy sich von der tolkienschen deutlich unterscheidet (von manchen sogar höher geschätzt wird) und die dennoch erklärt hat, ohne Tolkiens Mittelerde gebe es auch ihre Welt Erdsee nicht. (Nicht zuletzt hat auch der kommerzielle Erfolg Tolkiens dem Fantasy-Genre, das bis dahin im Windschatten der Science Fiction segelte, Auftrieb gegeben und die Verlage ermutigt, Büchern anderer Autoren eine Chance zu geben.)

Die mittlere und längste Abteilung der Anthologie enthält Erzählungen von sieben Autoren, die in diesem Sinne das Erbe Tolkiens angetreten haben; ihnen voran gehen in der ersten Abteilung Geschichten von zwei älteren Zeitgenossen Tolkiens. Beide waren Briten, beide haben wie Tolkien imaginäre Welten entworfen, Lord Dunsany (1878–1957) ein Traumland, das den Hintergrund mehrerer Kurzgeschichten bildet und in das sich der Erzähler von unserer Welt aus versetzte, weit weniger detailliert ausgeformt als Tolkiens Mittelerde, sondern mit bewußt offen gelassenen Lücken, die das Rätselhafte und Wunderbare des Traumes unterstreichen. E. R. Eddison (1882 – 1945) wurde vor allem mit *Der Wurm Ouroboros* (1922) bekannt, der das Heldentum als höchsten Zweck idealisiert und woraus »Zora rach nam Psarrion« ein Kapitel ist. Den Hintergrund bildet ein Krieg zwischen dem Dämonen- und dem Hexenland, wobei man allerdings wissen muß, daß es sich in beiden Fällen um eher heraldische Bezeichnungen handelt und die Helden im Grunde Menschen sind.

Die Geschichten in der zweiten Abteilung brauchen nicht erklärt zu werden, aber ein paar kurze Anmerkungen zum Hintergrund könnten auch hier von Nutzen sein. Stephen R. Donaldson (USA, geb. 1947) ist der Verfasser der beiden (jeweils dreibändigen) *Chroniken von Thomas Covenant dem Zweifler* und hat einen weiteren Fantasy-Zyklus, *Mordants Not,* sowie den zur SF gehörenden *Amnion*-Zyklus geschrieben; »Tochter der Könige« ist jedoch eine eigenständige Fantasy-Erzählung außerhalb der Zyklen. Jack Vance (USA, geb. 1916) hat vor allem Science Fiction, aber auch Fantasy und Zwischenformen geschrieben. »Liane der Wanderer« stammt aus seinem ersten Buch, das noch immer eins seiner besten ist, *Die sterbende Erde* – einem Band zusammenhängender Geschichten, die anders als die meisten Fantasies nicht in der Vergangenheit spielen, sondern in einer fernen Zukunft, in der die Magie auf die Erde zurückgekehrt ist.

Der neueste Autor in der zweiten Abteilung ist der Pole Andrzej Sapkowski (geb. 1948). Die sieben Bände seines Zyklus über den Hexer Geralt erschienen im Original 1993 – 1999 und haben (was beileibe nicht jeder Fantasy-Autor sagen kann) ein eigenes Fandom hervorgebracht, das sich inzwischen schon über die Grenzen Polens ausgebreitet hat. Sapkowski verwendet viele Motive aus Märchen und aus dem Werk anderer Fantasy-Autoren, deutet sie dabei aber auf oft überraschende Weise um, wovon man sich in »Die Grenze des Möglichen« überzeugen kann, einer Episode aus dem zweiten Geralt-Band *Das Schwert der Vorsehung.* Ein Hexer ist ein Mensch, der durch besondere und ziemlich grausame Prozeduren in einen Spezialisten für die Ausrottung von Ungeheuern verwandelt wurde. Derzeit entsteht ein Film nach Motiven des Geralt-Zyklus, der Ende 2001 fertig sein soll.

Ein einsamer Schwertkämpfer wie Sapkowskis Geralt, aber von völlig anderem (und zweifelhafterem) Charakter ist der von dem Briten Michael Moorcock (geb. 1939) erschaffene Elric von Melniboné, Held eines mehrbändigen Zyklus. Zu seinen Ahnen gehören weniger die Tolkienschen Helden als der von Robert E. Howard und anderen Autoren in einem nicht enden wollenden Zyklus dargestellte Conan der Barbar, doch ähnlich den Ringen der Macht bei Tolkien ist Elrics Schwert Sturmbringer ein magischer Gegenstand, der dem Träger Macht verleiht, aber dabei auch selbst Macht über ihn gewinnt und Chaos verbreitet.

Tanith Lee (Großbritannien, geb. 1947) hat Science Fiction, vor allem aber Fantasy geschrieben, darunter einen Zyklus *Geschichten von der flachen Erde;* »Die Tochter des Magiers« ist jedoch eine eigenständige Novelle. Der Brite Barrington J. Bayley (geb. 1937) ist in erster Linie ein SF-Autor und »Das Schiff des Unheils« in seinem Schaffen eher eine Ausnahme; die Geschichte bietet aber ein Bild vom Ende des magischen Zeitalters und vom Beginn der Menschenzeit, das sich mit der Grundstimmung bei Tolkien trifft; der Blickwinkel ist freilich ein völlig anderer.

Ursula K. Le Guin (USA, geb. 1929) hat sowohl als SF-Autorin mit Romanen wie *Die linke Hand der Dunkelheit* (deutsch auch *Winterplanet*) Ruhm errungen als auch mit ihrem Fantasy-Zyklus, der auf dem Archipel *Erdsee* spielt und bisher vier Bände umfaßt. Die Novelle »Drachenkind« gehört zu diesem Zyklus, ist aber außerhalb der vier Bände erschienen.

Eins der sichersten Anzeichen für den Erfolg eines Romans ist es, wenn er parodiert wird – parodieren kann man nur etwas, was erstens hinreichend bekannt und zweitens hinreichend originell ist. Die letzte Abteilung dieser Anthologie bietet drei Geschichten, die sich Tolkien und überhaupt der Fantasy parodistisch und humorvoll nähern. »Die Brücke über den Gallweinfluß«

ist ein kurzer Auszug aus dem Buch *Der Herr der Augenringe* von den US-Amerikanern N. H. Beard und D. C. Kenney (oder, wenn man der jetzt im Goldmann Verlag neu aufgelegten deutschen Ausgabe folgt, von »Dschey Ar Tollkühn«), einer Parodie, die der Handlung des *Herrn der Ringe* von Anfang bis Ende folgt. Nicht ganz so dicht an der Ringtrilogie ist »Grausputz« von Esther M. Friesner (geb. 1951), die in Madison (Connecticut) lebt (obwohl ihre Geschichten sehr nach New York aussehen) und seit den späten achtziger Jahren mit Romanen und Erzählungen in den USA Rang und Titel einer Königin der komischen Fantasy errungen hat. Sie parodiert keine spezielle Stelle bei Tolkien, doch ohne den Meister wüßte heute kaum jemand, was ein Ork ist, und vom *Auge* des Grausigen Herrschers hätte man auch nicht jene lebhafte Vorstellung, wenn nicht seinerzeit das Auge Saurons die Leser schwarz-rot von allen drei Bänden der englisch-amerikanischen Taschenbuchausgabe angestarrt hätte.

Wo man tatsächlich Könige (oder Königinnen) hat, ist man nicht ganz so versessen auf derlei Titel wie in der Neuen Welt, doch davon abgesehen besteht natürlich kein Zweifel, wem die Krone der komischen Fantasy gebühren würde. Der Brite Terry Pratchett (geb. 1948) führt in seinen Scheibenwelt-Romanen so ziemlich alles vor, was in der Fantasy gut und teuer ist; daß er dabei die Helden (und die Schurken) Tolkiens besonders bevorzugt hätte, kann man nicht sagen. Der heroischen Fantasy als Genre jedoch hat er gebührende Aufmerksamkeit gezollt, wie schon »Der Zauber des Wyrmbergs« belegt, eine Episode aus Pratchetts erstem Scheibenwelt-Roman *Die Farben der Magie* – und wo Schwerter geschwungen, Zaubersprüche geschleudert und schier unlösbare Aufgaben gelöst werden, ist J. R. R. Tolkien mit von der Partie.

*Friedel Wahren/Erik Simon*

# I

*Zwei Zeitgenossen*

Lord Dunsany

# *Die Zwingburg so keiner bezwingt denn Sacnoth das Schwert*

In einem Wald aus unvordenklicher Zeit, der ein Ziehbruder war der Berge, stand das Dorf Allathurion. Und es war Friede zwischen den Leuten des Dorfs und all dem, was da wandelte auf den dunklen Wegen des Waldes, ob's nun ein Mensch war oder zur Gattung der Tiere gehörte, oder auch zu den Elfen und Feen und den kleinen, geheiligten Geistern der Bäume oder des Wassers. Und auch unter sich und mit ihrem Herrn und Gebieter Lorendiac lebten die Dörfler in Frieden. Vor ihrem Dorf erstreckte sich eine grasbewachsene Lichtung bis zu dem riesigen Wald, doch von hinten reichte das Baumdickicht bis an die Häuser, welche mit ihren mächtigen Balken, mit Dachstuhl und Fachwerk und den geräumigen Strohdächern, auf denen das Moos wucherte, fast schon ein Teil des Walds zu sein schienen.

Doch zu der Zeit, von der ich berichte, war Unruhe eingekehrt ins Dorf Allathurion, denn gegen Abend pflegten nun grausame Träume aus dem Dunkel des Walds in das friedliche Dorf einzusickern. Und bemächtigten sich des menschlichen Denkens und führten es in schlafloser Nacht durch die aschenen Weiten der Hölle. Und der Zauberpriester des Dorfs verfertigte magische Sprüche gegen die grausamen Träume. Doch sobald das Dunkel herabsank, huschten sie weiterhin zwischen den Bäumen hervor und führten das nächtliche Denken an schreckliche Orte, und brachten die Menschen dazu, offen den Satan zu preisen.

Und die Leute begannen den Schlaf zu fürchten im Dorf Allathurion, und sahen verbraucht aus und bleich: die einen aus Mangel an Ruhe, die andern aus Furcht vor den Dingen, so sie erblicken gemußt in den aschenen Weiten der Hölle.

Und der Zauberpriester des Dorfs stieg hinauf in den Turm seines Hauses, und wer da aus Furcht keinen Schlaf fand zur Nacht, der konnt' das erleuchtete Fenster betrachten, wie's sanft seinen Schimmer verstrahlte. Und den Abend darauf, als die Dämmrung schon wieder Raum gab der sich versammelnden Nacht, schritt der Zauberpriester des Dorfes bis an den Waldrand und schleuderte seinen magischen Spruch dem Dunkel entgegen. Und der magische Spruch war ein zwingendes, schreckliches Ding und hatte Macht über sämtliche Träume des Bösen und auch über dessen Geister. Denn er war magisch gereimt über vierzig Zeilen in sehr vielen Sprachen, so lebenden wie auch toten, und hatte in sich das Wort, mit denen das Volk aus der Steppe seine Kamele verflucht, und hatte in sich den Schrei, mit welchem die Walfänger des Nordens die Wale küstenwärts locken, um sie dort zu erschlagen, und hatte in sich das Wort, bei welchem die Elefanten trompeten. Und jede der vierzig Zeilen war gereimt auf den Stachelreim »-wesp«.

Doch weiterhin huschten die Träume zwischen den Stämmen hervor und entführten die Seelen der Menschen in die aschenen Weiten der Hölle. Da wußte der Zauberpriester, daß die Träume von Gaznak kamen. Und rief die Dorfbewohner zusammen und berichtete ihnen, er habe nun seinen mächtigsten Bannspruch getan – einen Spruch, der Gewalt habe über alle Geschöpfe, so Menschen wie Tiere. Und da auch dies nicht geholfen, so müßten die Träume von Gaznak gesandt sein, dem mächtigsten Zauberer über den Sternen. Und las den Bewohnern vor aus dem Buche der Magier, das da spricht vom Kometengestirn, und dessen Zurückkunft voraussagt. Und las ihnen vor, wie da Gaznak reitet auf dem Kometen und herniederkommt auf die Erde in jedem zweihundertunddreißigsten Jahr, und sich baut eine mächtige Zwingburg, und Träume aussendet von dort, die da fressen die Seelen der Menschen. Und die Zwingburg ist nur zu bezwingen durch Sacnoth, das Schwert.

Und eisige Furcht überkam die Herzen der Dörfler, als sie mitanhören mußten, daß ihr Zauberpriester zu schwach war.

Aber Leothric, Sohn des wohledlen Lorendiac, ein Jüngling von zwanzig Jahren, hub an und redete also: »Meister«, so frug er, »was hat es auf sich mit dem Schwerte Sacnoth?«

Und der Zauberpriester des Dorfs gab zur Antwort: »Wohledler Herr, nimmer geschmiedet ward solches Schwert, denn es liegt bis zum heutigen Tag in der Panzerhaut des Tharagavverug und beschützt ihm das Rückgrat.«

Und Leothric sprach: »Wer ist Tharagavverug, und wo ist er zu finden?«

Und der Zauberpriester von Allathurion gab ihm zur Antwort: »Es ist jener greuliche Lindwurm, so da haust in den Sümpfen des Nordens und alle Wohnstatt verwüstet an deren Rande. Und die Haut seines Rückens ist Stahl, und die Haut seines Bauches ist Eisen. Doch unterm Kamm seines Rückens liegt gebettet über dem Rückgrat ein schmaler Streifen von Stahl, der stammt nicht von dieser Erde. Und dieser stählerne Streifen ist Sacnoth, das Schwert, und kann nimmer zerspellen noch auch geschmolzen werden, denn nichts ist auf Erden, was härter wäre denn Sacnoth und ihm den geringsten Schaden zufügen könnte. Und ist so lang und so breit wie ein handliches Schwert. Und solltest Tharagavverug du überwinden, so mußt seine Haut du im

Feuerofen hinwegschmelzen von Sacnoth, dem Schwert. Und ein einziges Ding nur gibt es, Sacnoth zu schärfen: das eine der stählernen Augen des Drachen. Denn das andre mußt du befestigen an des Schwertes Knauf, auf daß es über dich wache. Doch ist's ein hartes Stück Arbeit, Tharagavverug zu besiegen, denn kein Schwert vermag seine Haut zu durchdringen. Und auch sein Rückgrat ist nicht zu brechen, und kann nicht verbrennen noch auch ertrinken. Nur einen einzigen Weg gibt's, den Lindwurm zu überwinden – und der ist, ihn Hungers sterben zu lassen.«

Da ward Leothric von Kummer befallen, aber der Magier sprach weiter:

»Bringt ein Mann es zustande, Tharagavverug während dreier Tage mit einem Stock hinwegzutreiben von seiner Nahrung, so muß der Drache am dritten Tage mit Sonnenuntergang sterben. Und ist er gleich unverwundbar, so ist er doch an einem einzigen Punkte zu treffen, denn seine Schnauze ist weiches Blei. Ein Schwert würde freilich nur bloßlegen den nicht mehr zerspaltbaren bronzenen Kern, doch schlägt man beständig mit einem Stock auf das Blei, so wird das Untier zurückweichen vor solchem Schmerz, und so mag Tharagavverug – bald nach links, bald nach rechts – hinweggetrieben werden von seiner Nahrung.«

Und dann fragte Leothric: »Wovon nährt sich der Drache Tharagavverug?«

Und der Zauberpriester von Allathurion sprach: »Er nährt sich von Menschenfleisch.«

Und sogleich ging Leothric hin und schnitt einen langen Stock vom Haselstrauch und begab sich zeitig zu Bett. Am nächsten Morgen jedoch, erwachend aus bösen Träumen, erhob er sich vor Heraufkunft der Sonne, versah sich mit Wegzehrung für fünf Tage, und brach auf, um den Wald zu durchqueren nach den Sümpfen des Nordens. Und Stunde um Stunde durchschritt er das Düster des Walds. Und als er angelangt war am anderen Ende, stand die Sonne schon tief überm Horizont und schien auf die sumpfigen Tümpel einer gewaltigen Ödnis. Und Leothric gewahrte die Spur von des Lindwurmes Klauen tief in den Boden gegraben, und dazwischen die Spur des Schwanzes als eine Furche im Feld. Und folgte der Spur, bis er Tharagavverugs bronzenen Pulsschlag vernahm. Und der Pulsschlag erdröhnte gleich einer Glocke.

Und es war um die Stunde von Tharagavverugs erster Mahlzeit am Tag, und so schob sich der Drache mit läutendem Herzen gegen ein Dorf. Und all die Bewohner des Dorfes zogen dem Untier entgegen, wie es der Brauch war seit langem. Nämlich, die angstvolle Spannung war ihnen zuviel, und sie mochten nicht bleiben in ihren Hütten und das eherne Schnüffeln vernehmen, wenn der Drache dahinkroch von Tür zu Tür, unschlüssig in seinem metallenen Sinn, wen er verspeisen solle. Und keiner wagte zu fliehen, denn in den Tagen, da die Bewohner geflohn vor dem hungrigen Untier, hatte es das erkorene Opfer unablässig verfolgt gleich einem Verhängnis. Und kein Mittel gab's gegen den Drachen: einmal, als er herankam, waren sie in die Bäume geklettert, doch Tharagavverug kroch zu auf einen der Stämme und krümmte das Rückgrat und lehnte sich leicht an den Baum und rieb daran, bis er abgesägt war. Und als Leothric nun des Wegs kam, schielte der Drache nach ihm aus einem der kleinen, stählernen Augen und kroch dann faul auf ihn zu, und der stählerne Schlag seines Herzens wölkte ihm aus dem klaffenden Maul. Und Leothric wich diesem Angriff aus mit einem seitlichen Schritt und stand nun zwischen dem Dorf und dem Untier und hieb es über die Schnauze, und der Haselstock schlug eine Kerbe in das empfindliche Blei. Und schwerfällig warf sich der Drache herum und stieß einen brüllenden Schrei aus, und es war wie das Dröhnen einer riesigen Glocke, die besessen ist von einer nächtlich aus ihrer Gruft gefahrenen Seele – einer verworfenen Seele, von der nun die Glocke erklingt. Und dann fuhr er auf Leothric los, doch abermals wich der Jüngling ihm aus mit einem seitlichen Sprung und hieb ihm den Haselstock über die Schnauze. Und der Drache stieß ein Gebrüll aus, das klang wie das Läuten des Sturms. Und wie oft er sich auch gegen Leothric wandte, oder gegen das Dorf, stets empfing er von neuem den Hieb auf die Schnauze.

Den ganzen Tag lang trieb unser Held das Untier zurück mit dem Stock und drängte es weiter und weiter hinweg von der Beute, und das Herz des Drachens erdröhnte vor Zorn, und er brüllte, ja kreischte vor Schmerz.

Gegen Abend jedoch ließ Tharagavverug ab, nach Leothric zu schnappen, sondern lief nur mehr vor ihm her, um den Schlägen des Stocks zu entgehen, denn seine Schnauze war wund und glänzte von all den Hieben. Und die Dörfler kamen heraus in der Dämmrung und tanzten zu Zimbel und Psalter. Doch als Tharagavverug Zimbel und Psalter vernahm, überkamen ihn Hunger und Wut, und ihm war's wie dem reichen Grundherrn zumut, der sich gewaltsam ausgesperrt sieht vom Gelage auf seiner eigenen Burg, und den Bratspieß sich wenden und drehn hört und das köstliche Fleisch daran brutzeln. Und während der ganzen Nacht fiel er Leothric an, und oftmals hätt' er ihn fast schon erwischt in der Dunkelheit. Denn seine glänzenden, stählernen Augen konnten im Finstern genau so gut sehn wie bei Tage. Und Leothric gab Raum nach und nach bis zum Anbruch des Morgens, und als endlich der Tag heraufstieg, waren sie wieder beim Dorf. Doch nimmer so nah wie beim ersten Rencontre, weil nämlich Leothric den Drachen bei Tage weiter zurückgedrängt hatte, als das Untier Raum gewonnen bei Nacht. Und Leothric trieb ihn aufs neue zurück und hieb mit dem Stock auf ihn ein bis zu der Stunde, da der hungrige Lindwurm sich seinen täglichen Menschen zu holen gepflegt. Ein Drittel davon verschlang er sogleich, doch den Rest hob er auf für sein Mittag- und Abendbrot. Und da die Stunde gekommen war für die erste Mahlzeit am Morgen, befiel große Wildheit den Drachen, und er schlug immer rascher nach Leothric, aber konnt' ihn nicht fassen, und eine Zeitlang wich keiner der beiden. Doch dann überwog der Schmerz von den Stockhieben auf seine bleierne Schnauze den Hunger des Untiers, und es wandte sich ab mit Gebrüll. Und von diesem Augenblick an ward Tharagavverug schwächer. Den ganzen Tag hindurch trieb unser Held ihn mit dem Stock vor sich her und wich nimmer zurück in der Nacht. Und als es zum drittenmal Tag ward, schlug Tharagavverugs Herz schon schwächer und nicht mehr so rasch. Und klang, als zöge am Glockenseil ein todmüder Mann. Einmal wär' es dem Drachen beinah' noch gelungen, einen winzigen Frosch zu erwischen, doch Leothric war flinker und schlug ihm die Beute unter der Nase weg. Und als es auf Mittag ging, lag der Lindwurm lange Zeit still, und Leothric stand nah neben ihm, gestützt auf den treuen Stock. Auch er war erschöpft und entbehrte des Schlafs, doch fand er nun Muße genug, seinen Mundvorrat zu verzehren. Mit Tharagavverug aber ging's nun zu Ende, und am Nachmittag atmete er nur mehr röchelnd und mit vollkommen heiserer Gurgel. Und es klang, als stießen viel Jäger ins Horn, und gegen Abend beschleunigte sich das Gekeuch und klang, als verlör' eine Hetzjagd sich in der Ferne. Und verzweifelt schob sich das Untier in Richtung aufs Dorf. Doch noch immer sprang Leothric vor ihm herum und schlug's auf die bleierne Schnauze. Fast konnt' man das schlagende Herz nimmer hören – es klang wie ein fernes Totengeläut von der andern Seite der Berge. Und die Sonne ging unter und machte die Fenster des Dorfes erglühn, und ein Frösteln lief über die Erde, und irgendwo in einem Gärtchen sang eine Frau. Da hob Tharagavverug noch einmal das Haupt und erlag seinem Hunger, und das Leben hob sich hinweg von dem unverwundbaren Körper, und Leothric legte sich neben den Leichnam und schlief den Schlaf der Erschöpfung. Und später, im Schimmer der Sterne, kamen die Dörfler herzu und trugen den schlafenden Helden nach Hause ins Dorf und priesen ihn flüsternd im Gehn. Und betteten ihn auf ein Lager in einem der Häuser und tanzten danach einen lautlosen Tanz vor der Tür, ganz ohne Zimbel und Psalter. Und anderntags schleppten sie jubelnd den Lindwurm nach Allathurion. Und Leothric schritt neben ihnen einher und trug den zerschlagenen Stock, und der gewaltige Dorfschmied erbaute den riesigen Ofen und schmolz Tharagavverug fort, bis einzig noch Sacnoth verblieb als ein strahlender Glanz inmitten der Asche. Und nahm eins der kleinen Augen, die man gemeißelt aus dem Haupte des Drachen, und schärfte Sacnoth zum Schwert. Und das Auge ward kleiner und kleiner, doch ehe es aufgebraucht war, hatte es Sacnoth entsetzliche Schärfe verliehen. Aber das andere Auge ward genommen zum Knauf und schimmerte bläulich an seinem Ort.

Und noch in der nämlichen Nacht erhob sich Leothric im Finstern und griff nach dem Schwert und wandte sich westwärts, um Gaznak zu suchen. Und wanderte durch den nachtschwarzen Wald bis zum Anbruch des Morgens, und wanderte weiter, bis es Nachmittag war. Und am Nachmittag kam er auf offenes Feld und sah einen felsigen Berg inmitten des Landes Unnahbar, auf welchem erbaut war die Zwingburg des Zauberers Gaznak. Und es war eine Meile Weges dorthin.

Und Leothric sah, daß dies Land nichts war denn ein wüster Morast. Und schimmernd erhob sich mit zahllosen Pfeilern die Zwingburg, wuchtig und breit im unteren Teil, doch schmaler werdend nach oben, und die Vielzahl der Fenster erstrahlte im Lichte des Abends. Und der obere Teil verschwand in den Wolken, doch über den Wolken erschienen aufs neue die Türme und Mauern und Zinnen. Und Leothric nahm durch die Sümpfe den Weg, und Tharagavverugs Auge wachte am Schwertknauf. Denn der Drache war in den Sümpfen zu Hause gewesen, und so stieß nun das Schwert seinen Träger bisweilen nach rechts oder zog ihn nach links, hinweg von den tückischen Stellen, und brachte ihn sicher unter die Mauern der Burg.

Und die Tore waren gewaltige Wände von Stahl, und beschlagen mit Nägeln von Eisen, und über jedwedem Fenster dräute ein gräßlicher Wasserspeier. Und der Name der Burg erglänzte in riesigen Lettern von Messing: Die Zwingburg So Keiner Bezwingt Denn Sacnoth Das Schwert.

Da zog Leothric blank das Schwert Sacnoth und wies es der Burg, und die Wasserspeier begannen zu grinsen, und das Grinsen, es pflanzte sich fort über all die chimärischen Häupter und flackerte aufwärts bis zu den wolkenverhangenen Giebeln.

Und da nun Sacnoth aus der Scheide war, und all die Chimären grinsten, war's wie der strahlende Mond, der aus den Wolken hervortritt und erstmals herniederblickt auf eine Walstatt voll Blut, und sein Licht gleiten läßt über die schweißnassen, blutverschmierten Gesichter all der Erschlagnen wie sie da liegen inmitten der schrecklichen Nacht. Dann aber trat unser Held an das Tor, welches noch mächtiger war denn Sacremona, das ist jener Steinbruch, aus welchem vor Zeiten die Menschen gewaltige Blöcke gebrochen, um zu erbaun die Abtei der Geheiligten Tränen. Tag um Tag brachen dem Berg sie die Rippen heraus, bis errichtet war jene Abtei. Und schöner war sie denn alles andere Bauwerk von Stein. Dann aber kamen die Priester und segneten Sacremona, und kein einziger Stein ward fortan gebrochen aus den Flanken des Bergs. Und der Berg blickte südwärts wie eh und je und stand einsam im Lichte der Sonne, entstellt durch die riesige Wunde. So groß also war jenes stählerne Tor. Und sein Name hieß: Die Hallende Pforte und Ausfallstraße des Kriegs.

Dann aber hieb Leothric ein auf die Hallende Pforte, hieb ein mit dem Schwerte Sacnoth, und der Hall von Sacnoth irrte weiter durch alle die Hallen, und sämtliche Drachen der Zwingburg begannen heiser zu kläffen. Und als das Gekläff des fernsten der Drachen einstimmte in den Tumult, ward oben zwischen den Wolken ein Fenster geöffnet im dämmrigen Giebelwerk, und ein Weib sah heraus und tat einen gellenden Schrei. Und fern in der Hölle vernahm sie ihr Vater und wußte, daß nun gekommen war die Stunde ihres Verderbens.

Und weiter hieb Leothric ein auf das Tor mit entsetzlichen Streichen, und der graufarbne Stahl der Hallenden Pforte und Ausfallstraße des Kriegs, welcher sämtlichen Schwertern der Welt widerstand, zerspellte zu klingenden Spänen.

Dann aber stieg unser Held, das Schwert in der Faust, durch die Bresche, die er dem Tore gehaun, und betrat den finster sich höhlenden Saal.

Ein Elefant floh unter schrillem Trompeten. Leothric aber hielt regungslos inne, Sacnoth in der Faust. Und als das Getrampel erstorben war in den entlegenen Gängen, war da kein Laut mehr und keine Bewegung, und die Höhlung des Saales lag totenstill.

Doch aus dem Dunkel der hinteren Säle ertönte melodisches Schellengeläut, und das Läuten kam näher und näher.

Und Leothric harrte noch immer im Dunkel, und die Schellen ertönten lauter und lauter und hallten durch alle die Säle, und dann tauchte ein Zug von Kamelreitern auf, die ritten paarweise hervor aus dem Innern der Zwingburg und trugen ein jeder ein Krummschwert assyrischer Herkunft und waren gehüllt in Kettenhemden, und auch die Gesichter waren von Kettenpanzern geschützt, die herabhingen von den Helmen, schwingend im Schritt der Kamele. Und alle hielten sie an vor unserm Helden in dem sich höhlenden Saal, und die Schellen an den Kamelen verstummten. Und der Anführer sprach zu Leothric und redete also:

»Unsern Herrn und Gebieter Gaznak verlangt es, dich sterben zu sehn vor seinem Thron. So komm denn mit uns, auf daß wir uns unterreden über die Todesart, so unserm Gebieter genehm ist.«

Und da er dies sagte, löste er eine eiserne Kette, die zusammengerollt überm Sattel gehangen, und Leothric gab ihm zur Antwort:

»Mit Freuden will ich euch folgen, dieweil ich gekommen bin, euren Herrn zu erschlagen.«

Da brachen Gaznaks Kamelreiter in ein gräßliches Lachen aus – und scheuchten damit die Vampire auf, welche geschlafen hatten unter der ungeheuren Wölbung des Dachs. Und der Anführer sprach:

»Unser Herr und Gebieter Gaznak ist unsterblich, und einzig das Schwert Sacnoth kann ihn töten. Und er trägt einen Panzer, dem kann auch dies Schwert nichts anhaben, und sein eigenes Schwert ist auf Erden das schrecklichste nächst Sacnoth.«

Und Leothric antwortete und sprach:

»Ich bin der Besitzer des Schwertes Sacnoth.«

Und trat drohend auf Gaznaks Kamelreiter zu, und Sacnoth schwang auf und nieder, als wär' es bewegt von frohlockendem Pulsschlag. Da wandten zur Flucht sich die Reiter und beugten sich vor und peitschten ihre Kamele, und sprengten auf und davon unterm Gelärm ihrer Schellen, das Kolonnaden, Gewölbe und Gänge durchhallte, und zerstoben nach allen Seiten im dunklen Innern der Zwingburg. Und als kein Laut mehr vernehmbar war, wußte Leothric nicht mehr, welchen Weg er zu nehmen habe, denn die Reiter waren nach allen Seiten geflohn. So schritt er denn einfach voran und gelangte an eine mächtige Treppe inmitten des Saals. Und setzte den Fuß auf die unterste Stufe und stieg die Treppe hinan, und es waren wohl dreihundert Stufen. Und dunkel war's in dem riesigen Saal, durch welchen Leothric hinaufstieg, denn das Licht fiel nur spärlich ein durch die schmalen Schießscharten der Bogenschützen, und draußen zog schon der Abend herauf. Und die Treppe endete an zwei Torflügeln, die standen ein wenig offen, und durch ihren Spalt trat Leothric ein und wollte geradeaus weiter, fand aber den Weg versperrt, denn der Raum schien zur Gänze verhängt mit Geflechten von Seilen und Schnüren, die sich spannten von Mauer zu Mauer und herabhingen von der Decke. Das gesamte Gemach war schwarz von so dichtem Gehänge. Und die Seile fühlten sich weich an und leicht, als wären sie feinste Seide, und dennoch konnt' Leothric sie nicht zerreißen. Und obwohl sie zurückwichen, wenn er sich gegen sie stemmte, umschlossen sie ihn schon nach wenigen Schritten gleich einem schweren Mantel. So trat unser Held denn zurück und zog sein magisches Schwert, und Sacnoth durchtrennte vollkommen lautlos die Seile, und vollkommen lautlos fielen die Stücke zu Boden. Und langsam schritt Leothric weiter und bahnte sich seinen Weg mit dem Schwert. Und als er angelangt war in der Mitte des Raumes und ein weitres der strähnigen Mattengeflechte zerhieb, sah er ein Spinnentier vor sich, das war größer als jeder Widder, und das Spinnentier glotzte aus Augen ihn an, die waren zwar klein, doch voll Arg, und es redete Leothric an und sprach,

»Wer bist du, der da verdirbt das Werk vieler Jahre, welches gewirkt ward zu Ehren des Satans?«

Und Leothric gab ihm zur Antwort: »Leothric bin ich, Lorendiacs Sohn.«

Und das Spinnentier sagte: »So will ich spinnen ein Seil, dich damit zu erwürgen.«

Leothric aber zerhieb ein weitres Geflecht und rückte dem Spinnentier näher, welches dabei war, das Seil zu spinnen. Und das Spinnentier blickte auf von der Arbeit und sprach: »Wie heißt dieses Schwert, das imstande ist, meine Seile zu teilen?«

Und Leothric sagte: »Sacnoth ist sein Name.«

Da fiel das schwarze und strähnige Haar auseinander, welches bislang jenes Antlitz verborgen, und das Spinnentier furchte die Stirn. Und das Haar fiel zurück wie es vorher gehangen und verdeckte aufs neue das Antlitz bis auf das Arge der kleinen Augen, die weiterhin lüstern erglommen inmitten der Düsternis. Doch noch eh' unser Held heran war, zog das Spinnentier sich zurück auf ein höheres Mattengeflecht und blieb darauf sitzen und murrte enttäuscht vor sich hin. Doch Leothric bahnte sich seinen Weg durchs Gemach und drang vor zu dem hinteren Tor. Und das Tor war geschlossen, und die Klinke war viel zu weit oben, und so hieb er sich seinen Weg durch das Tor, wie er's getan mit der Hallenden Pforte und Ausfallstraße des Kriegs. Und kam nun in einen erleuchteten Saal, wo Königinnen und Fürsten bei einem Gelage saßen an riesigen Tafeln. Und tausende Kerzen waren entzündet und funkelten in dem Wein, den die Fürsten da tranken und auch auf dem riesigen goldenen Kronleuchter funkelten sie. Und all die königlichen Gesichter erstrahlten im Glanz solchen Lichts, und auch das weiße Tischtuch erstrahlte, und auf ihm das silberne Tafelgeschirr, und die Juwelen erstrahlten im Haar all der Königinnen, und jeglichem Edelstein war ein Chronist zugeordnet, der schrieb keine andere Chronik sein ganzes Leben lang. Und zwischen Eingang und Tafel standen zweihundert

Lakaien in doppelter Reihe und bildeten ein Spalier. Und niemand blickte Leothric an, als er eintrat durch seine Bresche, doch einer der Fürsten fragte einen Lakaien, und die Frage ward weitergegeben vom einen zum andern bis herunter zum hundertsten Mann, der am nächsten zu Leothric stand. Und er fragte den Helden, ohne auf ihn zu blicken:

»Wonach suchet Ihr hier?«

Und Leothric gab ihm zur Antwort: »Ich suche nach Gaznak, ihn zu erschlagen.«

Und hinauf lief die Antwort von Mund zu Mund bis zu der festlichen Tafel: »Er sucht nach Gaznak, ihn zu erschlagen.«

Und eine weitere Frage kam die Reihe der Männer heran: »Welches ist Euer Name?«

Und Leothrics Antwort lief die andere Reihe hinauf.

Doch dann sagte einer der Fürsten: »Schafft ihn hinweg, auf daß sein Geheul uns nicht störe.«

Und Lakai zu Lakai gab es weiter bis zu den untersten beiden, und sie schickten sich an, Hand an den Helden zu legen.

Er aber wies ihnen sein Schwert, sagend, es sei Sacnoth, und die beiden sagten's dem nächsten und rannten schreiend davon.

Und das Wort lief die Reihe entlang, und ein jeder rief: »Es ist Sacnoth!« und rannte schreiend davon, und die obersten zwei meldeten es an der Tafel, doch die anderen waren alle schon fort. Und hastig erhoben sich Königinnen und Fürsten und stürzten aus dem Gemach. Und die üppige Tafel sah plötzlich sehr klein aus und häßlich, denn alles war durcheinandergeworfen. Und da Leothric noch überlegte inmitten des hastig verlassnen Gemachs, welches Tor er nun wählen solle, drang an sein Ohr eine ferne Musik, und er wußte, das waren die magischen Spielleute, welche spielten, dieweil Gaznak schlief.

Da ging unser Held der fernen Musik nach und durchschritt das Tor gegenüber jenem, durch welches er sich gehaun, und gelangte in einen Saal, der war so groß wie der letzte. Und viele Frauen fand er darin, die waren so schön wie die Sünde. Und jedwede frug ihn nach seinem Begehr, und da sie vernahmen, er wolle erschlagen Gaznak, so baten sie ihn, er möge doch bleiben bei ihnen, denn Gaznak, so sagten sie, sei ja unsterblich und einzig zu töten vom Schwerte Sacnoth. Auch bedürften sie eines Ritters zum Schutz vor den Wölfen, die da rund um die Täfelung rannten in jeglicher Nacht und bisweilen hereinbrachen durch das vermodernde Holz. Und sie hätten den Jüngling beinahe zum Bleiben verleitet, wären sie menschliche Weiber gewesen, denn sie waren von unvergleichlicher Schönheit. Doch er gewahrte, daß anstatt der Augen flackernde Flammen erglühten in den Augenhöhlen, und wußte sogleich, dies waren die fiebrigen Träume des Hexenmeisters Gaznak. Deshalb gab er zur Antwort:

»Ich hab' einen Handel zwischen Gaznak und Sacnoth.« Sprach's und schritt weiter durch das Gemach.

Und da sie den Namen des Schwertes vernommen, begannen die Weiber zu schrein, und die Flammen in ihren Augen erloschen zu glosenden Funken.

Und Leothric ließ hinter sich jene Weiber und hieb mit Sacnoth sich den Weg durch die andere Tür.

Draußen schlug ihm die Nachtluft entgegen, und er fand sich zwischen zwei Abgründen stehn am Beginn eines schmalen Pfads. Und zur Linken wie Rechten, so weit er zu schauen vermochte, führten die Mauern der Zwingburg in gähnende Tiefe, wiewohl sich das Dach noch spannte zu Häupten des Helden. Doch vor ihm lagen die beiden abgründigen Tiefen und gaben den Blick auf die Sterne frei, denn die Abgründe reichten ans untere Ende der Erde und enthüllten den unteren Himmel. Und der Pfad führte weiter zwischen den Schlünden und ward immer steiler, doch fiel lotrecht ab zu beiden Seiten. Und von jenseits der Abgründe, wo es hinaufging zu den obern Gemächern der Zwingburg, klang jene zaubrische Weise herüber. So beschritt unser Held jenen Pfad, der höchstens zwei Männern Raum gab, und hielt kampfbereit das entblößte Schwert. Und her und hin unter ihm, in dem Abgrund zur Linken wie auch zur Rechten, flatterten die Vampire und stiegen und sanken und priesen den Satan in ihrem Flug. Und alsbald gewahrte der Held den Drachen mit Namen Thok, der sich schlafend stellte quer überm Pfad, und des Untieres Schwanz hing hinab in den Abgrund.

Und Leothric trat auf den Drachen zu, und als er ganz nahe schon war, fuhr das Untier empor und stürzte sich auf sein Opfer.

Leothric aber schlug fürchterlich zu mit dem Schwerte Sacnoth, und Thok stürzte kreischend hinab in den Abgrund, und sein fallender Leib gab einen schwirrenden Laut in der Nacht, und fiel, bis man das Kreischen nur mehr als Pfeifen vernahm, und schließlich verstummte es vollends. Ein paarmal sah unser Held, wie das Licht eines Sternes erlosch und gleich wieder strahlte – und das Zucken der wenigen Sterne war alles, was noch verblieb in der Welt von dem Körper des Drachen Thok. Und Lunk, der Bruder des Thok, der gleich hinter ihm auf der Lauer gelegen, erkannte alsbald, daß Sacnoth jenen Hieb geführt hatte, und floh schwerfällig von dannen. Doch die ganze Zeit, da Leothric zwischen den Abgründen hinschritt, wölbte sich über ihm das gewaltige, vom Dunkel erfüllte Dach jener Zwingburg. Als aber das andere Ende des Pfades in Sicht kam, erblickte er einen Saal, der tat sich auf gegen die gähnenden Schlünde in breiter Arkadenfront, und die Pfeiler jener Arkaden verloren nach beiden Seiten sich in der verdämmernden Ferne.

Weit unten aber im düsteren Abgrund, über dem

jene Pfeiler standen, waren kleine, vergitterte Fenster zu sehn, und hinter den Gittern zeigten bisweilen sich Dinge, von denen wir besser nicht reden.

Und kein Licht gab's denn jenes der großen, südlichen Sterne am Grunde des Abgrunds, und ab und an einen verstohlenen Schimmer, der lautlos vorüberhuschte hinter den Mauerbögen.

Und Leothric ließ nun den Pfad hinter sich und betrat den gewaltigen Saal.

Und fühlte sich als ein winziger Zwerg beim Durchschreiten des riesigen Bogens.

Das scheidende Licht des Abends fiel flimmernd herein durch ein Fenster, dessen gemalte Scheiben in düsteren Farben an des Satans Taten auf dieser Erde gemahnten. Hoch oben durch die Mauer gebrochen war dieses Fenster, und das flutende Kerzenlicht weiter unten stahl sich von ihm davon.

Anderes Licht war da keins, bis auf den bläulichen Schimmer von Tharagavverugs stählernem Auge, welches vom Knauf des Schwertes Sacnoth rastlos umherspähte. Und die Luft in dem riesigen Säulensaal war schwer von den Dünsten eines gewaltigen, tödlichen Untiers.

Unser Held schritt langsam voran, und die Klinge des Schwertes Sacnoth fühlte nach vorn in das Dunkel, und das Auge am Knauf spähte nach hinten.

Aber es regte sich nichts.

Was immer da lauerte hinter den Säulen, die das Gewölbe trugen – es tat keinen Atemzug, gab keinen Laut.

Die Musik jener zaubrischen Spielleute aber erklang nun aus nächster Nähe.

Und mit einem Mal taten die riesigen Tore sich auf am hinteren Ende des Saals. Doch noch immer sah Leothric nichts, das sich regte, und wartete ab und umklammerte Sacnoth, das Schwert. Und dann kroch Wong Bongerok auf ihn zu mit hechelndem Atem.

Es war dies der letzte und treueste Wächter des Hexenmeisters Gaznak, dessen Hand er noch eben geleckt.

Denn Gaznak pflegte ihn zu verwöhnen, als wär' er ein leibliches Kind, und reichte ihm oftmals mit eigener Hand die zartesten Menschenfleisch-Bissen, solang sie noch dampften von Leben auf seiner Tafel.

Nicht sonderlich hoch, doch langgestreckt war Wong Bongerok, und voll List um die Augen. Und nichts Gutes verhieß sein Atem, den er dem Jüngling entgegenstieß aus seiner treuen Brust. Und hinter sich zog er rasselnd einher den gepanzerten Schwanz, und es klang, als zögen Matrosen die polternde Ankerkette über das Deck ihres Schiffes.

Nur zu gut wußte Wong Bongerok, daß sein Gegner Sacnoth war, das Schwert. Denn er hatte die Zukunft vorhergesagt all die Jahre hindurch, da er gekrümmt zu seines Herrn Füßen gelegen.

Und Leothric trat vor den sengenden Atem des Drachen und zückte Sacnoth zum Hieb.

Als aber Sacnoth zum Hiebe gezückt war, sah auch Tharagavverugs Auge den Feind, und erkannte sogleich dessen List.

Denn der Drache öffnete weit seinen Rachen und wies unserm Helden die Reihen der Säbelzähne und entblößte sein ledernes Zahnfleisch. Und Leothric holte schon aus, dem Untier den Kopf abzuhaun, doch skorpionhaft schnellte der Drache den gepanzerten Schwanz übers eigene Haupt! Aber das Auge am Schwertknauf hatte das alles schon vorher erkannt, und so zuckte es plötzlich zur Seite. Und nicht mit der Schneide parierte Sacnoth den vernichtenden Stoß, sondern bloß mit der flachen Klinge: hätt' es durchtrennt den gepanzerten Schwanz, so wär' er weitergeschossen gleich einer entwurzelten Tanne, die vom Felsen herab im Strom der Lawine zuschießt auf die Brust des Gebirglers, und hätt' unsern Helden durchbohrt. Da aber Sacnoth nur mit flacher Klinge parierte, schlug den gepanzerten Schwanz es zur Seite, und zischend schoß er vorbei an Leothrics linker Schulter. Und scharrend fuhr er über den Harnisch und ließ eine Kerbe zurück. Doch dann holte seitlich aus der gepanzerte Schwanz, und wieder parierte Sacnoth, und kreischend fuhr er die Klinge hinauf und hinweg über Leothrics Haupt. Und dann war es nur noch ein Kampf der Zähne gegen das Schwert, doch das Schwert hieß Sacnoth und schlug zu wie Sacnoth, und das Leben des üblen Getreuen entwich aus der gräßlichen Wunde.

Doch Leothric schritt hinweg über das leblose Untier, dessen gepanzerter Leib noch immer erbebte. Und es war eine Zeitlang, als würden die sämtlichen Pflugscharen einer ganzen Provinz von todmüden Pferden durch einen einzigen Acker gerissen. Dann erst erstarb jenes Zittern, und Wong Bongerok war nun endgültig tot und dem Rost eine Beute.

Leothric aber schritt zu auf das offene Tor, und das Blut tropfte leis von Sacnoth und zog eine Spur auf dem Boden.

Und durch das offene Tor, aus welchem gekommen Wong Bongerok, drang Leothric in einen Gang ein, der war erfüllt von Musik. Und zum erstenmal konnt' hier der Held über sich etwas sehn, denn bislang war die Wölbung des Daches so hoch wie ein Berg gewesen und nur zu erahnen hinter der Finsternis. Doch über dem engen Gang hingen gewaltige Glocken sehr tief herab, und der Durchmesser jeder ehernen Glocke reichte von Mauer zu Mauer, und sie bildeten eine einzige Reihe. Und jede der Glocken ertönte, sobald er darunter hinwegschritt, und der Ton war so traurig und tief, als wär' es ein Totengeläut. Doch tat jede Glocke nur einen einzigen Schlag beim Vorübergehn unseres Helden, und die Schläge ertönten feierlich und zeremoniös von einander geschieden. Schritt nämlich Leothric langsam voran, so rückten die Glocken zusammen, doch beschleunigte er seinen Schritt, so rückten sie auseinander. Und der Hall jeder Glocke raunte der folgenden zu, und nur wenn Leothric innehielt auf seinem Weg, läuteten sämtliche Glocken ärgerlich durcheinander, bis er aufs neue voranschritt.

Und zwischen solch langsamem, ahnungsvollem Geläut erklang die Musik jener zaubrischen Musikanten. Und was sie spielten, war eine klagende Weise.

Und dann langte Leothric an am Ende des Glockenganges und erblickte vor sich eine kleine, schwärzliche Tür. Und hinter ihm war der Gang noch erfüllt vom summenden Nachhall des Glockengeläuts, und auch der Spielleute klagende Weise tönte langsam heran, als käm' da ein Aufzug fremder, bedachtsamer Gäste, und all das bedeutete Unheil für unseren Helden.

Und die schwärzliche Tür schwang auf unterm öffnenden Druck von Leothrics Hand, und er fand sich im Freien auf einem weiten, marmorgepflasterten Hof. Und mitten darüber strahlte der Mond, beordert von Gaznaks zauberkundiger Hand.

Dies war der Ort, an welchem der Magier schlief, und rings um ihn saßen die zaubrischen Musikanten und ließen die Saiten erklingen. Und selbst im Schlaf trug Gaznak seinen Panzer, der nur Hals und Gelenke entblößt ließ.

Doch das Wunderbarste an diesem Ort waren des Magiers Träume: denn jenseits des geräumigen Hofs lag der schwarze Abgrund des Schlafs, und in den Abgrund hinab stufte kaskadengleich sich eine weiße, marmorne Treppe, die weitete sich zu Terrassen, Altanen und Söllern mit herrlichem, steinernem Statuenwerk, und verengte aufs neu' sich zur Treppe und führte hinab zu tiefergelegnen Terrassen, auf denen es wogte von schwärzlichen Schatten im ungewissen Dunkel der Nacht. Und die Schatten waren des Magiers

Träume, gebaren sich aus seinem schlafenden Sinn, wurden zu Marmorgestalten und überschritten als marmorne Wesen den finsteren Abgrund zur Weise der Musikanten. Und zum Klang dieser Zaubermusik brachte des Magiers schlafender Sinn ohn' Unterlaß Türme und Zinnen hervor, die sich erhoben in herrlicher Schlankheit und höher und höher sich stuften, hinauf in den Himmel. Und die marmornen Traumgestalten bewegten sich langsam im Takt der Musik. Als aber die Glocken erklangen und die Spielleute in ihre klagende Weise verfielen, zeigten sich gräßliche Wasserspeier auf all den Zinnen und Türmen, und riesige Schattengestalten huschten die Treppen hinab und auf den Terrassen umher, und hastiges Raunen und Flüstern erklang aus dem Abgrund.

Und da unser Held hinter sich gelassen die schwärzliche Pforte, tat der Magier die Augen auf. Und blickte nicht links und nicht rechts, sondern erhob sich und trat unserm Helden entgegen.

Und die Spielleute schlugen die Saiten zu einem Todeszauber, und Sacnoth das Schwert hub zu summen an, als es den Zauber zurückschlug. Und als Leothric nicht zusammenbrach, und sie das Summen vernahmen, sprangen die Spielleute auf und flohen davon und stimmten im Fliehn eine Wehklage an auf ihren Instrumenten.

Und Gaznak hub an zu brüllen und riß aus der Scheide das Schwert, welches auf Erden das schrecklichste war nächst Sacnoth, und kam langsam auf Leothric zu. Und grinste, dieweil er voranschritt, wiewohl seine Träume ihm längst die Vernichtung vorausgesagt hatten. Und als voreinander sie standen, blickte ein jeder den anderen an, doch keiner sagte ein Wort. Und beide holten zugleich aus und kreuzten klirrend die Klingen, und jedes Schwert wußte, von wannen das andere kam. Und wann immer des Magiers Schwert einhieb auf Sacnoth, prallte es blitzend zurück, wie der Hagel vom Schiefer der Dächer. Doch wann immer es Leothrics Harnisch erreichte, schlitzte es ihn zu metallenen Fetzen. Und auch der Panzer Gaznaks ward oftmals und wütend getroffen vom Schwerte Sacnoth, doch jedesmal prallte es ab mit stählernem Klang und ließ keinerlei Kerbe zurück. Und dieweil der Zauberer focht, hielt er beständig die Linke in Schwebe über dem eigenen Haupt. Da aber gelang dem Jüngling ein furchtbarer Hieb nach des Magiers Hals, doch der Gegner fuhr sich ins Haar und hob seinen Kopf von den Schultern, und blitzend durchsauste Sacnoth die leere Luft! Und der Zauberer setzte den Kopf wieder auf und focht weiter, als wär' nichts geschehen! Und aber und wieder hieb Leothric ein auf des Widerparts bärtigen Hals, doch stets kam des Magiers Linke dem Schwerte zuvor und hob den Kopf von den Schultern, und der Hieb ging ins Leere!

Und der klirrende Kampf wogte weiter, bis Leothrics Panzer zerscherbt war zu Stücken rings auf dem marmornen Boden, der besudelt war von des Helden Blut. Doch des Zauberers Schwert war schartig geworden am Schwerte Sacnoth, und glich nun schon einer Säge. Aber noch immer grinste Gaznak und wies keinerlei Wunde auf.

Doch schließlich blickte Leothric starr auf die Kehle des Feinds und holte aus mit Sacnoth, und der Magier hob den Kopf von den Schultern, doch der Hieb galt nun nicht mehr der Kehle, sondern der Hand, und sausend durchtrennte Sacnoth das Gelenk, wie die Sense den Blütenstengel!

Und das Blut schoß hervor aus dem Stumpf, und die Hand fiel zu Boden. Und im selben Moment quoll's in mächtigem Schwall auch zwischen des Magiers Schultern empor, und auch aus dem abgehauenen Haupt, und all die luftigen Türme und Zinnen fuhren hinab in die Erde, und die breiten Terrassen und Treppen versanken im Nichts, und der marmorne Hof war dahin wie der Tau der vergangenen Nacht, und ein Windstoß fegte die Säulen hinweg, und die riesigen Hallen des Zauberers stürzten in sich zusammen! Und die Abgründe taten sich zu wie der Mund eines Märchenerzählers, der zu Ende erzählt hat sein Märchen, um in Hinkunft nie mehr zu reden.

Und Leothric blickte umher inmitten der sumpfigen Ödnis, aus der sich nun hoben die Nebel der Nacht, und da war keine Burg mehr zu sehn und kein Laut zu vernehmen, weder von Drachen noch auch von Menschen. Ein alter Mann nur lag auf der Erde, runzlig und böse und tot, und der Kopf und die linke Hand waren abgetrennt von dem Leichnam.

Und langsam stieg der Morgen herauf über dem ebenen Land und ward immer schöner, je höher er stieg, dem Brausen der Orgel vergleichbar, die geschlagen wird von der Hand eines Meisters, und lauter und herrlicher tönt, je mehr sich des Meisters Seele entflammt an dem Spiel, bis mit aller Macht sie das Lob des Himmels verkündet.

Dann huben die Vögel zu singen an, und Leothric wandte sich heimwärts und ließ den Morast hinter sich und betrat den düsteren Wald, und die Helle des steigenden Tags leuchtete ihm auf dem Weg. Und vor es Mittag geworden, traf er ein zu Allathurion und brachte mit sich des Zauberers runzliges Haupt, und die Leute freuten sich dessen, und die Nächte waren fortan wieder traumlos und still.

Dies ist die Geschichte von der Bezwingung der Burg, die da keiner zu zwingen vermocht denn Sacnoth das Schwert, und von ihrem Untergang. Und wird weitererzählt und geglaubt von all denen, die da lieben das Dunkel der Vorzeit.

Andere haben gesagt – doch konnten sie's nimmer beweisen –, ein Fieber sei damals gekommen über Allathurion, und wieder gegangen nach einiger Zeit. Und jenes zeitweilige Fieber hab' Leothric nachts in die Sümpfe getrieben und ihm böse Träume verursacht, so daß er zum Schwert gegriffen im Fieberwahn.

Und wieder andere sagen, Allathurion hab' es niemals gegeben, und Leothric habe niemals gelebt.

Mögen sie leben in Frieden! Schon hat der Gärtner zusammengefegt all das gefallene Laub. Wer wird es je wiedersehen – wer weiß morgen noch davon? Und wer kann so genau sagen, was sich begeben vor längst vergangener Zeit?

E. R. Eddison

## *Zora Rach nam Psarrion*

Eingelullt von leicht wehenden Lüften, zu sanft, um seine gläserne Oberfläche aufzurauhen und beladen mit dem süßen Duft unsterblicher Blumen, träumte der verzauberte See von Ravary unter dem Mond. Es war die letzte Stunde vor Sonnenaufgang. Geisterboote wie aus dem Licht von Glühwürmchen trieben über den See. Über den ansteigenden Wäldern blickten drohend die Berge im Mondschein: unermeßlich, hünenhaft, geheimnisvoll. Darüber schimmerten in den luftigen Höhen der Nacht die Spitzen des Koshtra Pivrarcha und die unberührten Schneehauben des Romshir und des Koshtra Belorn. Kein Vogel oder Tier regte sich in der Stille: nur eine Nachtigall im Olivenhain neben dem Pavillon der Königin am Ostufer sang zu den Sternen. Und dies war keine Weise eines Vogels von Mittelerde, sondern ein Lied, das die Geister aus den Lüften herabzauberte oder die Sinne der unvergänglichen Götter betört, die sich mit der heiligen Nacht vereinen und sie und ihre Lichter und Stimmen vollkommen machen.

Die seidenen Vorhänge an der Tür des Pavillons teilten sich, wie Türen im Traum sich öffnen, und gaben den Weg frei für die Königin, Schützling der allerhöchsten Götter. Ein, zwei Schritte hinter der Schwelle hielt sie inne und blickte dort hinunter, wo jene Lords von Dämonenland, Spitfire und Brandoch Daha, Gro, Zigg und Astar, in ihren Mänteln gehüllt auf der taufeuchten Böschung am Seeufer schliefen.

»Sie schlafen«, flüsterte sie. »Genau wie er drinnen dem Morgengrauen entgegenschläft. Nur die Großen der Welt finden solch sanften Schlaf, wenn solch große Ereignisse bevorstehen.«

Wie eine Lilie, wie ein Mondstrahl, der durch das Blätterdach in einen stillen Wald dringt, stand sie da, ihr Antlitz zum Sternenhimmel erhoben, der sich im silbernen Schein des Mondes badete. Mit leiser Stimme betete sie zu den Göttern, den Immerwährenden, und rief sie mit ihren heiligen Namen an: die grauäugige Pallas, Apollo, Artemis, die flüchtige Jägerin, Aphrodite die Schaumgeborene, Hera, Königin des Himmels, Ares, Hermes und den schwarzgelockten Erschütterer der Welt. Auch fürchtete sie sich nicht, ihre heiligen Gebete an ihn zu richten, der von seinem verschleierten Portal bei den Wässern des Acheron und der Lethe aus die Teufel der unteren Düsternis an seinen Willen bindet, noch an den großen Vater Aller, in dessen Augen Zeit nur wie ein Tropfen im grenzenlosen Meer der Ewigkeit ist. Sie flehte sie aus ganzem Herzen an, jenem ihre Unterstützung nicht zu versagen, der das Flügelroß besteigen würde, nicht aus Verzweiflung, wie bereits geschehen und bestraft, sondern als Mann aller Männer mit reiner Absicht und unbeugsamer Entschlossenheit, um das Ziel seines Herzens zu erreichen.

Nun öffneten sich im Osten hinter den bewaldeten Hängen und der Schneewand des Romshir die Tore des Tages. Die Schläfer erwachten und erhoben sich. Aus dem Pavillon heraus drang großer Lärm. Sie drehten sich um und machten große Augen, als durch die Vorhänge der Tür jenes frisch geschlüpfte Junge stakste, blaß und unsicher wie das neue Licht des Tages am Himmel. Juss ging neben ihm, die Hand in seiner Mähne. Festentschlossen war sein Blick, als er der Königin und seinem Bruder und seinen Freunden einen guten Morgen wünschte. Sie antworteten kein Wort, sondern drückten ihm nur die Hand. Die Zeit war gekommen. Denn so rasch wie der über die östlichen Schneefelder wallende Tag die Nacht vom Himmel vertrieb, so kam Kraft und Leben und der Drang nach den hohen Lüften in das junge Tier, so daß es sich schnell und schneller in einen wilden Hengst verwandelte. Es leuchtete, als würde von innen heraus ein Licht scheinen, zog durch die Nüstern die süße Morgenluft ein und wieherte gewaltig. Mit seinen goldenen Hufen zertrampelte es das Gras und riß die Erde auf. Juss klopfte dem Roß auf den geschwungenen Hals, sah nach dem Zaumzeug, das er in sein Maul gepaßt hatte, prüfte den Halt seiner Rüstung und lockerte das mächtige Schwert in der Scheide. Und nun auf sprang die Sonne.

Die Königin sagte: »Vergeßt nicht: wenn du den Lord, deinen Bruder, in eigener Gestalt siehst, so ist das kein Trugbild. Mißtraue allem anderen. Und mögen die allmächtigen Götter dich beschützen.«

Woraufhin das Flügelroß, als ertrüge es die Sonnenstrahlen nicht, sich nach vorne warf, die Schwingen ausbreitete und davonflog. Doch war Lord Juss blitzschnell aufgesprungen, und seine Knie klammerten sich stählern fest. Die Landschaft schien nach hinten davonzufliegen; der See und das Ufer und die Inseln auf ihm waren im nächsten Augenblick weit entfernt, und die Gestalten der Königin und seiner Gefährten wie Spielzeug, dann Punkte, die sich in Nichts auflösten; die vollkommene Stille der hohen Lüfte empfing sie in ihre Einsamkeit. In dieser Stille drehten sich Himmel und Erde wie Wein in einem geschüttelten Kelchglas, als das wilde Roß in großen Spiralen immer höher in die Lüfte schoß. Eine weiße Wolke versperrte den Himmel vor ihnen; immer weißer und blendender wurde sie, während sie ihr entgegen flogen, bis sie die Wolke berührten, und die ganze Pracht sich in grauen Nebel verwandelte. Immer dunkler und kälter wurde es in der Wolke, bis sie plötzlich auf der anderen Seite herauskamen, und ein strahlendes Blau und Gold sie umfing. Sie flogen eine

Weile ohne bestimmtes Ziel, nur immer höher, bis unter Juss' Führung das Flügelroß schließlich davon abließ und gehorsam eine westliche Richtung einschlug. So fegten sie über den See von Ravary der scheidenden Nacht nach. Und nun schien es sogar, als ob sie die Nacht in ihrer westlichen Verbannung einholten, denn es wurde dunkler und dunkler um sie, bis die großen Berge um den See tief unter ihnen in der Schwärze verschwanden, und das grüne Land von Zimiamvia mit seinen Niederungen und geschlängelten Flüssen und Bergen und Tälern und verzauberten Wäldern sich in einem unheilvollen Zwielicht verlor. Und der ganze Himmel war mit Omen übersät: ganze Armeen von Männern, die in den Lüften plänkelten, Drachen, wilde Tiere, blutige Fahnen, flammende Kometen, brennende Schiffsplanken und viele andere Erscheinungen mehr. Doch war alles still und war alles kalt, so daß Juss' Hände und Füße taub wurden, und an seinem Schnauzbart Rauhreif klebte.

Vor ihnen, bis jetzt noch unsichtbar zeichnete sich drohend der gewaltige Zora Rach ab: schwarz, winterlich, kolossal, denn noch immer war der Gipfel, obwohl sie immer höher stiegen, nicht in Sicht. Juss starrte auf den Berg, bis der Fahrtwind ihm Tränen in die Augen trieb, aber noch sah er nichts von dem, was er suchte: keine Burg aus Bronze, keinen Feuerring, keinen Schauenden obenauf. Zora, wie eine finstere Fürstin der Hölle, die es verabscheut, in ihrer Schönheit vom überheblichen Auge eines Sterblichen geschaut zu werden, zog einen dichten Schleier schwarzer Gewitterwolken vor die Stirn. Sie flogen weiter, und immer neue Wolken türmten sich auf, bis der ganze Himmel mit ihnen überzogen war. Juss vergrub seine Hände in den gefiederten Achseln der Schwingen, wo sie mit dem Leib des Flügelrosses verwachsen waren; denn es war so bitter kalt, daß seine Augäpfel gefroren und starr waren; doch war dieser Schmerz eine Kleinigkeit gegenüber dem, was er nun in sich spürte, und was er noch nie erlebt hatte: ein tod-ähnliches Entsetzen, eine Angst, wie von der heimatlosen Einsamkeit des nackten Raumes, die an seinem Herzen zerrte.

Sie landeten schließlich auf einem Felsvorsprung kurz unter der Wolkendecke, in der die höheren Felsen versteckt lagen. Das Flügelroß, das sich auf den kalten Stein kauerte, drehte den Kopf und sah Juss an. Er spürte, wie das Tier unter ihm am ganzen Körper zitterte. »Armes Ding«, sagte er. »Ich habe dich auf diese schlimme Reise geführt, und du bist nicht einmal eine Stunde alt.«

Er stieg ab; und war im selben Augenblick allein. Denn mit einem entsetzten Wiehern war das Flügelroß in die Luft gesprungen und davongeflogen, nach Osten in die Welt des Lebens und der Sonne.

Und Lord Juss stand verlassen auf diesem Berg des Frostes und der herzzerreißenden Angst, unter dem schwarzen Gipfel des Zora Rach.

Er richtete, wie die Königin ihm geraten hatte, sein ganzes Sinnen und Trachten auf dieses eine Ziel seines Herzens aus und kehrte sich dem eisigen Fels zu. Als er ein Stück geklettert war, bedeckte ihn jene kalte Wolke, doch hatte er immerhin eine Sichtweite von zehn Schritten. Unheilvolle Gebilde, genug um die Entschlossenheit eines Mannes zu brechen, stellten sich ihm in den Weg: Formen von verfluchten Feinden und Sprößlinge der Hölle drohten ihm mit Tod und Verderben. Doch Juss biß die Zähne zusammen und kletterte weiter und durch sie hindurch, denn sie bestanden nicht aus Fleisch und Blut. Dann zerriß ein geisterhafter Schrei die Stille: »Welcher Mann aus Mittelerde ist dies, der unsere Ruhe zu stören wagt? Macht ihm ein Ende! Ruft die Basilisken. Ruft den Goldenen Basilisken, denn was immer er anblickt, geht in Flammen auf. Ruft den Glänzenden Basilisken, denn was immer er ansieht, zerschrumpft und vergeht. Ruft den Blutigen Basilisken, denn was immer er berührt oder ansieht, löst sich auf, so daß nur mehr die Knochen bleiben!«

Das war eine Stimme, die das Mark zu Eis erstarren ließ, aber er drängte weiter und sagte sich: »Alles Illusion, nur das nicht, wovon sie mir sagte.« Und es wurde still und noch kälter, und die Felsen wurden steiler; die Eisschicht auf ihnen wurde dicker und trügerischer. Die Stunden verflogen, und schon brach die Nacht herein: schwarz, kalt, still und unheimlich. Juss war am Ende seiner Kräfte und entmutigt und dem Tod nahe, als er in eine schneebedeckte Rinne einstieg, die die Stirnseite des Berges aufspaltete; dort wartete er den Morgen ab. Ob der Kälte wagte er nicht zu schlafen; ständig hielt er sich in Bewegung und rieb sich die Gliedmaßen, um vom Frost nicht übermannt zu werden. Die Nacht zog sich unerträglich in die Länge, so daß der Tod ihm fast eine willkommene Erlösung von diesen Qualen gewesen wäre.

Der Morgen graute, und der Tag blieb grau auf diesem stillen und toten Berg. Juss zwang sich mit halb erfrorenen Gliedern zum Aufbruch, und stieß nach einer Weile auf ein Bild des Grauens, zu grausam für ein menschliches Auge: ein junger Mann mit Helm und schwarzer Rüstung, ein Mohr mit Kulleraugen und weiß glänzenden Zähnen in seiner grinsenden Fratze hielt am Hals ein junges Mädchen, das auf den Knien lag und als Geste der Unterwerfung und Demut seine umklammert hielt. Das schöne Mädchen winselte um Gnade, doch er hob seinen langen Speer, als wollte er sie ums Leben bringen. Als jenes Mädchen Lord Juss erblickte, rief es kläglich um Hilfe, nannte ihn beim Namen und flehte: »Lord Juss von Dämonenland, habt Erbarmen. Ihr Sieger über die Mächte der Nacht, haltet kurz ein und befreit mich armes Mädchen von diesem Tyrannen!«

Sicherlich schrie in jenem Augenblick sein eigenes Herz auf, und er warf die Hand ans Schwert, um dieses so grausame Unrecht zu verhindern; doch besann er sich der Schliche des Bösen, das hier wohnte, und seines Bruders, und ging mit einem tiefen Seufzer weiter. Da sah er aus seinen Augenwinkeln, wie der Mohr den Speer in das zarte Mädchen rammte und seine Halsschlagader durchtrennte, so daß es in seinem Blut sterbend zur Erde fiel. Juss erklomm so schnell er konnte das letzte Stück der Hangrinne und drehte sich dann um. Der Mohr und das Mädchen hatten sich beide in sich windende Schlangen verwandelt. Erschüttert kämpfte er sich weiter, war jedoch froh, auf diese Weise den Mächten entronnen zu sein, die ihn so fangen wollten.

Dunkler wurde der Nebel, und schwerer drückte das dem Berg innewohnende Grauen auf ihn. Er rastete auf einem sicheren Stand, als er die Erscheinung eines Mannes gewahrte, der sich kraftlos umherwälzte und mit den Nägeln im harten Fels und Firn festkrallte; der Schnee unter ihm war von seinem Blut gerötet, und er rief mit matter Stimme, nicht weiterzugehen, sondern ihn aufzuheben und den Berg hinab zu schaffen. Und als Juss nach kurzem Schwanken zwischen Mitleid und seinem Vorsatz weitergehen wollte, rief der Mann: »Halt, denn ich bin dein Bruder, den du suchst, obzwar der König mich durch seine Kunst in eine andere Gestalt verwandelte, um dich so zu täuschen. Um deiner Liebe willen, lasse dich nicht täuschen!« Die Stimme klang wie die Stimme seines Bruders Goldry, wenn auch etwas schwächer. Wieder bedachte Lord Juss sich der Worte Sophonisbas der Königin, daß er seinen Bruder in dessen eigener Gestalt sehen würde, und er allem anderen zu mißtrauen habe; und er sagte: »Wenn du wahrhaftig mein geliebter Bruder bist, nimm meine Gestalt an.« Aber der Mann rief mit der Stimme des Lord

Bluszco: »Das kann ich erst wenn du mich von diesem Berg hinunter gebracht hast. Bringe mich hinunter, oder mein Fluch wird ewig auf dir lasten.«

Lord Juss war hin- und hergerissen zwischen Mitleid, und Mißtrauen und Verwunderung, die so flehende Stimme seines Bruders wiederzuhören. Doch entgegnete er: »Bruder, wenn dies tatsächlich du bist, so harre aus, bis ich den Berg erklommen und die Zitadelle aus Bronze, die ich in meinem Traum schaute, bestiegen, um nachzusehen, ob du wahrhaftig nicht mehr dort bist. Dann werde ich wiederkehren und dich retten. Doch ehe ich dich nicht in deiner eigenen Gestalt sehe, werde ich allem anderen mißtrauen. Denn hierher kam ich vom Ende der Welt, um dich zu erretten und werde nichts aufs Spiel setzen, meinen Vorsatz zu gefährden, nachdem ich um deiner willen so viele Gefahren auf mich nahm.«

Schweren Herzens legte er wieder Hand an den schwarzen Fels, dick mit Eis überzogen und kaum Halt bietend. Woraufhin eine geisterhafte Stimme ertönte: »Freut euch, denn dieser Erdgeborene ist verrückt! Freut euch, denn er ist seinem Bruder ein schlechter Freund, ihn in der Stunde der Not allein zu lassen!« Aber Juss kletterte weiter und gewahrte, indem er über die Schulter zurückblickte, wie sich anstelle des hilflosen Mannes eine schauerliche Schlange im Schnee schlängelte. Und er war froh, soweit man auf diesem Berg des Übels und Elends überhaupt froh sein konnte.

Mit letzter Kraft bestieg er beim Anbruch der Dunkelheit die letzten Felsen unter dem Gipfel des Zora. Und er, der sein ganzes Leben lang aus dem Füllhorn der Freude und Glorie getrunken hatte, fühlte tödlicher und finsterer denn je in seiner Seele jenes Entsetzen der Einsamkeit, das er zum ersten Mal am Vortag geschmeckt hatte, als er sich auf dem Rücken des Flügelrosses dem Zora Rach näherte; und es brach ihm schier das Herz.

Nun hatte er den Feuerring um den Gipfel des Berges erreicht. In seiner Todesstimmung schritt er durch das Feuer wie über die Schwelle seines Heims in Galing, so hatte ihn der Berg des Grauens gegen neue Schrecken gefeit. Die blau züngelnden Flammen versiegten unter seinen Schritten und gaben ihm den Weg frei. Die bronzenen Tore standen weit offen. Er trat ein, ging über die Treppe hinauf zum Flachdach jenes Turmes, wie er es in seinen Träumen geschaut hatte, stand dort und blickte wie im Traum auf ihn, um dessentwillen er in das Totenreich eingedrungen war: Lord Goldry Bluszco bei seiner einsamen Wacht auf den unheiligen Höhen des Zora Rach. Nicht um eine Haaresbreite anders war Lord Goldry, als Juss ihn vor so langer Zeit in jener ersten Nacht in Koshtra Belorn gesehen hatte. Er saß auf einen Ellenbogen gestützt auf jener Bank aus Bronze, mit erhobenem Kopf, seine Augen starr wie auf ferne Gefilde gerichtet, die Tiefe jenseits der Sterne durchforschend, als würde er auf das Ende aller Zeiten warten.

Er rührte sich nicht beim Gruß seines Bruders. Juss stellte sich neben ihn. Der Lord Goldry Bluszco regte kein Augenlid. Wieder sprach Juss zu ihm, berührte seine Hand. Sie war steif und klamm. Ihre Kälte wogte durch Juss' Körper und durchbohrte sein Herz. Er sagte bei sich: »Er ist tot.«

Woraufhin sich das Grauen wie Wahnsinn um seine Seele schnürte. Angsterfüllt sah er sich um. Die Wolkendecke hatte sich vom Berg abgehoben und hing wie ein Leichentuch über seiner felsigen Blöße. Eine Grabeskälte kroch an seinen Beinen hinauf: es war, als hätte sich die Erde aufgetan und ihr wahres Gesicht gezeigt: das letztendliche Nichts.

Um das Grauen von seiner Seele abzuwehren, rief er sich das schöne Leben auf der Erde ins Gedächtnis, jene Dinge, die sein Herz am meisten erfreut hatten, Männer und Frauen, die er zu Lebzeiten am innigsten geliebt hatte; die Schlachten und Triumphe seiner Jugend, die großen Feste zu Galing, goldene Sommernachmittage unter den Kiefern der Westmark, Morgenjagden auf den Hochmooren Mealands; das erste Mal, daß er auf einem Pferd ritt; ein Frühlingsmorgen zwischen den Primeln einer Lichtung am Mondsee, als seine braunen Beinchen kaum länger als jetzt sein Unterarm waren, und sein lieber Vater ihm zeigte, wo das Eichhörnchen im Stamm der alten Eiche nistete.

Er beugte den Kopf, wie um einem Schlag auszuweichen, so deutlich glaubte er in sich eine Stimme zu hören, die schrill und laut rief: »Du bist nichts. All deine Sehnsüchte und Erinnerungen und Lieben und Träume, nichts. Die winzige tote Erdlaus wäre mehr als du, wäre sie nicht nichts, wie du nichts bist. Denn alles ist nichts: Erde und Himmel und Meer und die dort wohnen. Auch die Illusion soll dich nicht trösten, daß nach deinem Hinscheiden alle Dinge weitergehen: die Sterne und der Mond wiederkehren, und die Menschen alt werden und sterben, und neue Männer und Frauen leben und lieben und sterben und vergessen werden. Denn was nützt dir das, dir, dessen Leben bald wie eine Kerzenflamme verlischt? Und alles im Himmel und auf Erden, alles Vergangene und Zukünftige und Leben und Tod und gar die Bestandteile von Raum und Zeit, das Sein und Nichtsein, all dies wird dir ein Nichts sein; da du für immer nichts sein wirst.«

In seiner Qual rief Juss laut aus: »Stürzt mich in den Tartarus, übergebt mich den wütenden Furien! Sie sollen mich blenden und sieden im brennenden See. Denn so habe ich noch Hoffnung. Denn in diesem Schrecken des Nichts ist weder Hoffnung noch Leben oder Tod, weder Schlaf noch Wachen, für ewige Zeiten, für ewig.«

Das schwarze Grauen verzehrte ihn, bis nach einer Weile ein Weinen und Klagen ihn aufrüttelte. Er hob den Kopf und gewahrte einen Zug von Trauernden, die über den bronzenen Fußboden schritten, allesamt in schwarze Trauerkleidung gehüllt. Sie betrauerten den Tod Goldry Bluszcos. Und sie zählten seine Ruhmestaten auf und priesen seine Schönheit, seinen Heldenmut, seine Kraft und edle Gesinnung: sanfte, klagende Frauenstimmen, so daß seine Seele, während er ihnen lauschte, jener Öde und Leere entstieg, und sein Herz wieder weich wurde, selbst bis zu Tränen. Er fühlte eine Hand auf seinem Arm, blickte hoch und sah in zwei sanfte Augen, mit Tränen benetzt, die unter der dunklen Trauerkapuze hervorschauten; und eine Frauenstimme sagte: »Heute ist der denkwürdige Todestag Lord Goldry Bluszcos, der sich zum ersten Mal jährt; wie du siehst, betrauern wir, seine Mitgefangenen, seinen bittern Tod und werden ihn Jahr um Jahr betrauern, solange Leben in uns ist. Und dich, mächtiger Herr, müssen wir noch mehr bedauern, denn dies ist der traurige Lohn deiner Mühen und das Ende deines Trachtens. Doch komm, laß dich eine Weile trösten, denn alle Bahnen bestimmt das Schicksal, und es gibt keinen König auf der Straße des Todes.«

Lord Juss, dessen Herz in ihm vor Gram und Verzweiflung tot war, ließ sich an der Hand über eine Wendeltreppe in ein prächtiges Gemach führen, wo viele Lampen leuchteten. Sicherlich wichen das Leben und seine Qualen und der Schrecken der Leere weit zurück, vor der schweren Süße dieses prunkvollen Gemaches. Seine Sinne schwanden ihm; er kehrte sich seiner vermummten Führerin zu. Sie warf mit einer schnellen Bewegung ihren Trauerumhang ab und stand vor ihm, ihr schöner Körper war seinen Blicken bloßgelegt; mit ausgebreiteten Armen schmachtete sie ihm entgegen, mit Liebe und allen Wonnen.

Fast hätte er dieses bezaubernde Wesen an seine Brust gedrückt. Doch Fortuna oder die mächtigen Götter oder die Macht seiner eigenen Seele weckte in ihm rechtzeitig die Erinnerung an seinen Vorsatz, so daß er sich entschlossen von diesem Köder abkehrte, der zu seiner Vernichtung gedacht war, und aus dem Gemach zu seinem wie toten Bruder zurückging. Juss nahm ihn bei der Hand. »Sprich zu mir, Bruder. Ich bin es, Juss. Ich, dein Bruder Juss.«

Aber Goldry rührte sich nicht und antwortete mit keinem Wort.

Juss betrachtete die Hand, die in seiner ruhte und ihr so glich; selbst die Form der Fingernägel und der Haarwuchs auf dem Handrücken und den Fingern waren vollkommen gleich. Er ließ sie los, und der Arm fiel leblos zurück. »Es steht ganz fest«, sagte er, »daß du irgendwie gefroren bist, und dein Wesen und Verstand in dir gefroren und erstarrt sind.«

Er bückte sich und blickte aus nächster Nähe in Goldrys Augen, berührte Arm und Schulter. Nichts regte sich, kein Augenlid zwinkerte. Er zog an Hand und Ärmel, als wollte er ihn hochzerren, rief laut seinen Namen, schüttelte und rüttelte ihn, während er schrie: »Sprich zu mir, deinem Bruder, der ich vom anderen Ende der Welt gekommen bin, um dich zu erretten«; aber er rührte und regte sich nicht.

»Wenn du tot bist«, sagte Juss, »dann will ich mit dir tot sein. Doch bis dahin hoffe ich, daß noch Leben in dir ist.« Und er setzte sich neben seinen Bruder auf die Bank, nahm seine Hand in seine und sah sich um. Nichts als völlige Stille. Die Nacht war angebrochen, und der Mond schien ruhig über dem Berg. Die Heerscharen der Hölle bevölkerten nicht mehr die Lüfte, und seit dem Augenblick, wo Juss in jenem Gemach der letzten Versuchung widerstanden hatte, erschienen keine Gestalten und Teufel mehr, und er war mit seinem Bruder ganz allein. Auch jenes Grauen vermochte über sein hohes Herz nicht mehr Herr zu werden, und es blieb nur die Erinnerung daran, frostig kalt wie die Fluten der winterlichen See, die dem Schwimmer den Atem raubt, wenn er in das eisige Wasser taucht.

So verbrachte Lord Juss ruhig und standhaft seine zweite Nacht ohne Schlaf auf dem Berg der Toten, denn zu schlafen wagte er nicht an jenem verfluchten Ort. Doch wegen der Freude über seinen wiedergefundenen Bruder, auch wenn dieser weder sprechen noch sehen noch hören konnte, spürte er seine große Erschöpfung nicht. Er nährte sich von der Ambrosia, die er von der Königin erhalten hatte, um sich für die schwierige Aufgabe zu stärken, die seiner harrte.

So nahm er denn, als es Morgen war, seinen Bruder Goldry auf den Rücken und machte sich an den Abstieg. Er trug ihn durch die bronzenen Tore, durch den Ring aus Feuer und unter großen Schmerzen und Schritt für Schritt über den nördlichen Kamm, der sich über den Psarrion-Gletschern erhebt. Den ganzen Tag lang, und die ganze Nacht, und den ganzen folgenden Tag waren sie im Berg, und fast tot vor Erschöpfung war Juss, als sie am zweiten Tag kurz vor Sonnenuntergang die Moräne erreichten. Dennoch füllte Triumph sein Herz, und die Freude darüber, eine große Tat vollbracht zu haben. Die Nacht verbrachten sie in einem Gehölz aus Erdbeerbäumen am Fuß eines steilen Berges, etwa zehn Meilen östlich des verzauberten Sees von Ravary, und stießen am Abend des folgenden Tages auf Spitfire und Brandoch Daha, die zwei Nächte an der ausgemachten Stelle am Ufer des Sees in ihrem Boot gewartet hatten.

Sobald Juss seinen Bruder vom Berg heruntergebracht hatte, taute sein gefrorener Zustand insofern, als er auf den Füßen stehen und gehen konnte; doch zu keinem Wort war er imstande, und sein Blick war starr und unbewegt; wenn er auf seinen Gefährten ruhte, schien es, als würde er durch sie hindurch zu irgendeinem fernen Punkt schauen. Das betrübte sie sehr, befürchteten sie insgeheim doch, daß es für alle Zukunft so mit Lord Bluszco bleiben müßte, daß sie nur die arme Schale dessen zurück erhielten, dem ihre ganze Sehnsucht gegolten hatte.

Sie ruderten an Land und brachten ihn zu Sophonisba der Königin, die vor ihrem Pavillon auf sie wartete. Die Königin, als wüßte sie von vornherein, welches Leiden ihn befallen und welches Mittel ihn heilte, nahm Lord Juss bei der Hand und sagte: »O Mylord, noch eins verbleibt zu tun, ihn ganz von seinem Fluch zu befreien, und es fällt dir zu, der du alle Vorstellungen der Menschheit überschreitende Schrecken bezwungen hast: ein kleiner Stein fürwahr, dieses dein Gebäude zu krönen, doch wäre ohne ihn alles vergebens, wie er selbst vergebens wäre ohne den Rest, den du vollbracht: Und ich habe es, dieses letzte Ding, und ich gebe es dir reinen Herzens.«

Bei diesen Worten ließ sie den Lord Juss sich bücken, bis sie seinen Mund küssen konnte. Es war ein süßer, kurzer Kuß. Und sie sagte: »Dies gib deinem Bruder.« Und Juss tat dies und küßte seinen Bruder in der gleichen Weise auf den Mund; und sie sagte: »Nehmt ihn, liebe Mylords. Ich habe die Erinnerung an jene Schrecken aus seinem Herzen gelöscht. Nehmt ihn und dankt den Göttern für ihn.«

Bei diesen Worten blickte Lord Goldry Bluszco sie an, sie und die Königin, die Berge, die Wälder und den lieblichen See, wie einer, der aus einem tiefen Schlaf erwacht.

Sicherlich waren sie alle von Herzen froh an diesem Tag.

II

*Tolkiens Erben*

STEPHEN R. DONALDSON

## *Tochter der Könige*

Durch ein kleines, schmales Fenster hoch in einer Wand des großen Tanzsaals im Schloß sah ich die letzten Gäste niedrigeren Standes eintreffen. Es handelte sich um Familien von Ansehen und Einfluß, Sprößlinge erworbenen oder geerbten Vermögens, Jungfern wie ich und andere, auf Vergnügungen und zur Ehe taugliche Bekanntschaften bedacht. Sie kamen mit all ihrem Prunk gekleidet und angetan, wie es sich für jene gehörte, die ein im Schloß der Herrscher veranstaltetes Fest besuchten. Doch nur die jüngsten und unwissendsten Gäste fanden sich hier ein, nur um unter den Kronleuchtern, die von Kerzenschein gleißten, zu tanzen und zu speisen. Die Mehrheit erschien zu den Festlichkeiten des heutigen Abends, um Zeuge der Thronbesteigung eines neuen Großkönigs der Drei Königtümer zu werden. Oder um, sollte die Inthronisation fehlschlagen, die Rollen zu spielen, die sie selber für einen Zusammenbruch des Reiches übernommen hatten.

Es überraschte mich, zu merken, daß ich mir nicht wünschte, lieber unter ihnen sein zu können. Sicherer als ich waren sie – und ich war nicht blind für das Begehrenswerte von Sicherheit. Aber ich war dazu bereit, um meiner Sache, um meiner einmaligen Gelegenheit willen auf solche Annehmlichkeiten zu verzichten. Und ich hegte die Bereitschaft – eine Tatsache, die Magus Ryzel unverhohlen grämte –, mit mir selbst auch das Reich in Gefahr zu bringen.

Er stand in meiner Nähe an einem anderen Fenster, beobachtete die Ankömmlinge, geradeso wie ich: Magus Ryzel, mein Lehrmeister, Beschützer und Berater – und während des vergangenen halben Jahrs, seit dem Tod meines Vaters, Regent der Drei Königtümer. Ein kleinwüchsiger Mann war er, mit einem Wanst wie ein Oxhoftfaß, noch betont durch den Sitz seiner Soutane; er besaß Hände, die sich eher zur Arbeit in einer Schmiede eigneten denn zum Vorzeigen an einer festlichen Tafel, und eine Glatze, auf welcher Schweiß schimmerte, wann immer er sich herausgefordert fühlte; kurzum, insgesamt gab er keine Erscheinung ab, die jemanden vorteilhaft für ihn einnehmen mochte. Sein Wert jedoch enthüllte sich in der Schärfe seiner Augen, dem rauhen Mut in seinem Angesicht – und in dem krummen, mit grober Rinde überzogenen Zepter, das er an seiner Seite trug.

Das Zepter enthielt Wahre Magie, bestand aus einem Ast jener Esche, die hoch droben in den Bergen Lodans wuchs. Jedermann mit nur ein wenig Wissen von der Welt hatte davon Kenntnis, daß selbige Esche der einzige verbliebene Realit-Baum in den Drei Königtümern war; und jeden, der Ryzel vertraute oder ihn fürchtete, wunderte es, wie ein gewöhnlicher Mensch, selbst kein Realit, es vermocht haben konnte, sich ein Glied des letzten Baumes dieser Art zu verschaffen.

Die Magi des Reiches befaßten sich mit Abbildern der Realien. Diese Bildnisse hatten Stofflichkeit und Wirkung; sie ließen sich beeinflussen und lenken. Deshalb wohnte in ihnen Macht. Aber Realien waren sie so wenig wie herkömmliches Holz oder gewöhnliches Fleisch und Blut; die Wahre Magie blieb für diese Magi unantastbar. Allein die Alten Wesen waren Realien. Basilisk, Geflügelte Schlange, Gorgo, Phönix, Fliegender Drache, Todesfee; allein das Holz der Esche, nur das Feuer unter den Bergen von Nabal, der Wind, der die Ebenen von Canna koste oder verdarb. Nur die Menschen, welche das Herrschergeschlecht der Könige begründet und seinen Fortbestand gesichert hatten, jene Menschen, die auf irgendeine Weise selbst Alte Wesen waren, Magie-Menschen, so wie der Basilisk-König, der Gorgo-König, sein Sohn, und Phönix-König, mein Vater. Und allein Magus Ryzel verfügte über ein wahrhaftiges Magisches Zepter.

Nie hatte er jemandem offenbart, wie er an ein solches Zepter gelangt war oder welchen Zwecken es diente. Geheimhaltung war die Gewähr, durch die er sich seine Stellung bewahrte. Doch ich kannte die Geschichte seines Zepters von meinem Vater; der Phönix-König selbst hatte Ryzel, als ich noch eine blutjunge Maid war, diesen Gegenstand der Macht besorgt und zwar zum Dank für des Magus frühere Regentschaft.

Wie es in den Drei Königtümern zu erwarten stand, hatte so mancher Ryzel nicht für den rechten Mann erachtet um nach meines Vaters Tod als Regent zu walten. Denn war das Reich nicht, führten seine Widersacher an, schon während seiner vorherigen Regentschaft, in den mißlichen und gefahrvollen Jahren zwischen dem Versagen meiner Großmutter und der Thronbesteigung des Phönix-Königs, nahezu in Wirren geraten? Vornehmlich jedoch erregte er Mißfallen, weil er stark war, nicht schwach. In Wahrheit hätte kein anderer zu tun vermocht, was er in der Zeitspanne seiner damaligen Regentschaft für meinen Vater tat; er bewerkstelligte ein Mindestmaß an Einheit in den Drei Königtümern, obschon aller Druck des Laufs der Welt und alle Einflußnahme Hochgestellter auf Krieg hinwirkte, er rettete das Reich trotz des Scheiterns meiner Großmutter an der Magie, welche alleinig die im Widerstreit befindlichen Herrscher und Fürstenhäuser zum Frieden gezwungen hatte.

Ihr Scheitern war nicht vorauszusehen gewesen – zu jung war das Geschlecht der Könige in jener Zeit noch, und es ließ sich auf nichts dergleichen zurückblicken –, und daher hatten die Fürsten daraus zunächst keinen Nutzen zu schlagen verstanden. So kurze Frist nach dem Ableben des Gorgo-Königs hatte sich niemand seiner Tochter die Inthronisierung streitig zu machen erkühnt. Und sie war ein Weib in der Mitte des Lebens gewesen; ihrem Sohn mangelte es damals nur an vier Jahren bis zur Mündigkeit. Nach ihrem Versagen – in des Reiches Notstand – hatte Ryzel sich als dazu fähig erwiesen, den hitzigen Machtkampf, der nachgefolgt war, wiewohl nicht vollends zu verhindern, so doch zu unterdrücken. Erst hatte er aufgezeigt, daß meiner Großmutter Sohn die verborgene Gabe der Magie zur Verfügung stand, an der es ihr gefehlt hatte; und danach war es ihm gelungen, dem Jüngling Schutz zu bieten und ihn am Leben zu erhalten, bis mein Vater alt genug war, um selber die Thronnahme zu wagen.

Damals wie heute war es Magus Ryzel, der dem Königsgeschlecht die Gelegenheit zur Fortsetzung seiner Herrschaft gab.

Ich war ein junges Weib – dieser Abend war der Vorabend meines einundzwanzigsten Geburtstags – ohne Macht und kaum einen Anlaß zur Hoffnung. Aus tiefstem Herzen brachte ich Ryzel Dankbarkeit entgegen. Doch er hatte mir geraten, die Flucht zu ergreifen, statt das Wagnis meines Erbes auf mich zu nehmen, und ich achtete seines Ratschlags nicht. Mein Vater hatte mich vor ihm gewarnt.

So wie der Magus in der Tat seinerseits mich vor jedem anderen gewarnt hatte. Drunten hatte inzwischen der Zulauf an Gästen ein Ende genommen, und man bereitete sich auf eine schauenswürdige Ankunft vor. Begleiter oder Bewunderer geleiteten liebliche, mit Edelsteinen geschmückte Damen beiseite an die behaglich mit Holz getäfelten Wände. Familien begaben sich aus der Mitte des Tanzsaals, bezogen für die Aussicht günstige Aufstellung unter den übrigen Zuschauern und überließen die blanken Fliesen des Fußbodens ihrem hellen Widerschein, mit dem sie den Glanz der Kronleuchter widerspiegelten. Junge Edelmänner – einige davon führten den Anstandsregeln des Hofes zum Trotz, die besagten, daß man ins Königsschloß keine Waffen bringen sollte, Degen mit sich – stellten sich so günstig wie möglich unter den hohen Fenstern und Balkonen auf. Dann, sobald an den Türen und in der Halle alles bereit war, stießen die Herolde in die Trompeten; und mein Herz hüpfte, dieweil es mein Traum war, so eindrucksvolle Klänge für mich ertönen zu hören. Doch dieser Fanfarenschall galt nicht mir; vielmehr galt er jenen, die mir mehr als andere den Tod wünschten – den Fürsten der Drei Königtümer.

Als die Türen aufschwangen, traten die drei, zu entscheiden außerstande, wer von ihnen den Vortritt haben möchte, gemeinsam ein. Zur Rechten stapfte Graf Thornden von Nabal in den Saal, hünenhaft und bitterböse, zottig wie ein Wolf und ausgestattet mit dem Betragen und den Neigungen eines Wolfs. In der Mitte kam mit aller Würde König Thone von Canna; er war von hochtrabendem Gebaren, weltgewandt und voller Bosheit. Zu seiner Linken trat Königin Damia von Lodan in Erscheinung, einer Sylphe gleich und im Funkeln ihres beispiellosen Geschmeides, für ihre Schönheit so wohlbekannt wie für ihre Schläue. Diese drei traten in das Schweigen der Versammlung, geboten den Gästen Hochachtung. Von dem Fenster aus betrachtet an dem ich stand, hatte man den Eindruck, sie fingen die Helligkeit der Kronleuchter ein und versähen in ihrem Stolz damit sich selbst. Jeder für sich und ebenso gemeinschaftlich wirkten sie, als wären sie weit besser dazu befähigt als ich, des Reiches Geschicke zu bestimmen.

Hinter ihnen folgten ihre Magi, jeder von ihnen gleichfalls eine Berühmtheit von Rang und Namen:

Cashon von Canna, Scour von Lodan und Brodwick von Nabal.

Jeder davon hätte sich längst eines Anschlags auf mein Leben erfrecht, wäre nicht seit meines Vaters Tod stets Ryzel an meiner Seite gewesen, hätten sie nicht insgesamt gefürchtet, ich könnte mich doch noch als Altes Wesen offenbaren, könnte fähig sein, wider sie alle, gegen all ihre Bestrebungen, das Reich unter meine Herrschaft zu nehmen.

Die Thronbesteigung, welche den Anlaß der heutigen Festlichkeit hergab, war gleichzeitig die Probe der Tauglichkeit für den Thron. Heute nacht um Mitternacht würde ich den Thron erklimmen, den der Basilisk-König für sein Herrschergeschlecht geschaffen hatte. In diesen Thron war ein Stück Stein eingefügt, eine Spanne breit, ein Brocken Realit-Schiefer, auf den nichts sein Gewicht senken konnte, das nicht ebenfalls Realit-Natur besaß. Sollte der Thron mich abweisen, mußte ich durch die Hand der Kräfte sterben, die sich gegen mich verschworen hatten – es sei denn, Ryzel sähe eine Möglichkeit zu meiner Errettung. Es mochte sein, daß ich noch vor Morgengrauen den Tod fand.

Ryzel war der festen Überzeugung, daß mein Tod bevorstand. Das war seines Unmuts Ursache, die Verursachung des Schweißes auf seinem kahlen Schädel. Er wähnte, es wäre mein Schicksal, an der Magie zu scheitern, so wie meine Großmutter daran versagt hatte. Und mich könnten die Umstände, die ihr Leben bewahrt hatten, nicht retten – das Überraschende ihres Scheiterns, die Gegenwart ihres Sohnes.

Deshalb hatte der Magus einen beträchtlichen Teil des Nachmittags damit zugebracht, in meinen persönlichen Gemächern mit mir zu zanken. Derweil ich bezüglich der Frage, was ich zu Festlichkeit, Tanz und Inthronisation an Gewändern anlegen sollte, Unentschlossenheit vortäuschte, war er auf den prächtigen

Teppichen von Wand zu Wand geschritten und hatte alle seine vorangegangenen Anstrengungen, um mich umzustimmen, nochmals wiederholt. »Chrysalis, gebt Euer Vorhaben auf!« hatte er zu guter Letzt rundheraus gefordert.

Doch ich hatte ihm nur zugelächelt. Es geschah selten, daß er mich bei meinem Taufnamen nannte.

»Wenn der Gedanke an den Tod Euch denn nicht schreckt«, fügte er mit finsterer Miene hinzu, »gedenkt wenigstens des Reiches. Bedenkt den Preis, welchen Eure Väter entrichten mußten, um diesem von Hader zerrissenen Land ein gewisses Maß an Frieden zu schenken. Nicht Ihr allein seid's was Ihr aufs Spiel setzt. Wir müssen nun handeln. *Nun,* solange wir noch einigen Einfluß auszuüben vermögen – solange die Sorge, Ihr könntet Erfolg haben, noch Furcht erzeugt. Wenn Euer Scheitern mit Gewißheit feststeht wird uns nichts bleiben – weder Furcht noch Zweifel, weder Zwang noch Zureden –, durch das wir Euer Leben noch zu retten imstande sein könnten. Und die Drei Königtümer werden sich wie tollwütige Untiere in den Krieg stürzen.«

Ich empfand die Versuchung, ihm zu entgegnen, diese Gefahr sei mir keineswegs entgangen. Er und der Phönix-König hatten mich gelehrt, derlei Fragen verständig zu erwägen. Aber ich hielt an meiner Absicht fest. »Magus«, erwiderte ich nur, während ich mit den Fingern über den kunstvoll gearbeiteten Satin von Gewändern strich, die ich nicht zu tragen gedachte, »entsinnt Ihr Euch daran, warum mein Vater den Namen gewählt hat, den er seiner Tochter gab?« Statt einer Antwort stieß Ryzel einen schroffen Laut des Überdrusses aus. Ich lächelte erneut. Unter anderem schätzte ich ihn insbesondere wegen seines Verzichts auf Förmlichkeiten. »Er hat mich Chrysalis genannt«, gab ich selber die Antwort, »weil er glaubte, in mir wurde Neues geboren.«

Eine schwache Hoffnung; dessen war ich mir bewußt. Der Magus jedoch erblickte darin noch viel weniger. »Neues, fürwahr!« schnob er. Sein Zepter dröhnte auf dem alten Stein unter den Teppichen. »Haben wir nicht fünf Jahre lang vergebliche Bemühungen angestellt, um für diese Hoffnung eine Berechtigung zu entdecken? Oh, gewißlich, Euer Vater war ein Altes Wesen, das steht außer Frage. In dieser Hinsicht aber ist er irregeleitet worden oder einem Irrtum erlegen.« Ich kehrte der Vielfalt meiner Gewänder den Rücken zu, um ihm zu widersprechen; doch er war zu aufgebracht, um sich mäßigen zu lassen. Wahrhaftig, er war verärgerter, als das alles es wert sein mochte. »Mylady, wir haben Euch auf jedwede erdenkliche Art und Weise auf die Probe gestellt. Ich habe Euch alles gelehrt, was innerhalb meiner Möglichkeiten liegt. Ihr seid bar jeder Magie. Ihr entbehrt des Vermögens zur Magie. Man *weiß,* die Gabe, welche jemanden zum Magus macht, wird nicht jedermann angeboren. Wo sie von Geburt an vorhanden ist vermag man sie zu erkennen, mag sie offenkundig oder verborgen sein. Keine verläßlichere Probe als jene ist erforderlich, daß es Euch nicht gegeben ist, Hand an mein Zepter zu legen.« Das war die Wahrheit; meine Finger vermochten das Holz nicht festzuhalten, wie sehr sie sich auch abmühen mochten. »Daraus folgert, daß Ihr kein Realit seid – kein solches Wesen wie Eure Vorväter –, *und* daß es Euch am Fleisch oder Blut ermangelt, das einen Magus zum Umgang mit Realien befähigt. Aber wir sind ja beileibe nicht mit einer Probe zufrieden gewesen. Jedes bekannte Mittel zur Überprüfung haben wir angewendet. Keinem habt Ihr standhalten können.«

»Jede bis auf eine Prüfung haben wir durchgeführt«, erwiderte ich mit leiser Stimme und hinterhältigem Sinn. »Noch habe ich nicht die Thronbesteigung versucht.«

»Mylady, das ist Torheit«, sagte er. »Des Reiches

Drangsal macht Torheit unverzeihlich. Hegt Ihr daran Zweifel, daß wir vor einer Krisis stehen? Das kann schwerlich sein. Euer Vater hat Euch nicht zur Narretei erzogen. Graf Thornden sammelt in aller Offenheit Streitkräfte und bereitet sich auf Krieg vor, König Thone versteckt seine Ernten in geheimen Lagern, trotzt dem Gebot des ersten Königs, um sowohl seine Gegenspieler wie auch uns aushungern zu können. Königin Damia heckt Verschwörungen jedes nur vorstellbaren Umfangs aus. Allein die Ungewißheit hält diese vornehmen Fürsten von unseren Kehlen fern.«

Während er sprach, kramte ich in meinen Kästen mit Geschmeide und Schmuck, hob Tand ans Licht, verwarf ihn, steckte ihn fort. Meine scheinbare Beschäftigtheit diente jedoch ausschließlich dem Zweck, den Mißmut des Magus noch zu erhöhen. Das war mein Streben: Ich wünschte ihn immer ärgerlicher zu machen, vielleicht zornig genug, um etwas von seinen insgeheimen Gedankengängen zu verraten.

Doch er enthüllte nichts, das ich nicht schon wußte. »Und das ist noch nicht das volle Ausmaß der Bedrohung«, ergänzte er voller Grimm. »Mit jeder Jahreszeit, die verstreicht, nehmen Kodar und seine Aufständischen sich unverfrorenere Überfälle heraus. Sie begehren das Ende aller Herrschaft. Wahrlich, was für Narren!« knurrte er. »Blind sind sie für die Tatsache, daß die Drei Königtümer in all ihrer Geschichte allein dank der Großkönige Freiheit von Gewalt und Blutvergießen kennengelernt haben – durch Mächte, hinlänglich stark, um Frieden zu erzwingen.«

Ich bedurfte derartiger Belehrungen nicht; aber ich ließ ihn reden, weil ich danach trachtete, seine Geheimnisse zu ergründen. »Canna hat kein Holz. Lodan hat nichts an Metallen. In Nabal gedeiht keine Nahrung. Dieser barbarische Kodar vermeint, jede Stadt – oder jedes Dorf, jede Familie, ja vielleicht gar der *Einzelne* – tät wohl daran, auf sich allein gestellt zurechtzukommen. Kann er denn glauben, Canna wollte seine Ernten an Lodan und Nabal verschenken? Das wird's nicht tun, nie hat's derlei getan. Es wird an den Zahlungskräftigsten verkaufen, dem Kaufwilligen, der am meisten zu bieten hat. Und wie wären, ging's nach seinem Willen, dazu die Mittel zu erlangen? Hungrige Orte, Dörfer, Familien und Einzelne täten sie einander zu entreißen versuchen. Gleichartig verhält's sich mit Nabal und seinen Bergwerken und Erzen, mit Lodan und dessen ausgedehnten Wäldern. Kodar sinnt auf Wirrwarr und Niedergang und heißt sie Freiheit. Der erste Großkönig hat sein Herrschergeschlecht im Reich nicht aus Lust an der Macht gegründet. Er war ein Altes Wesen und kannte keine Neigungen zu derlei Unerheblichkeiten. Weil er ihrer *Schlächtereien* müde war, hat er die Drei Königtümer seiner Herrschaft untergeordnet.«

Und auch Magus Ryzel verabscheute Schlächtereien. Ich war wohlvertraut genug mit ihm, um dessen sicher sein zu können. Dennoch hatte mein Vater mich vor ihm gewarnt. Und ich hatte meinen Vater sich von seiner Menschengestalt in ein Wesen der Schwingen und königlicher Herrlichkeit umwandeln sehen, fast zu licht, um geschaut zu werden. Ich vermochte nicht zu glauben, daß er mich in irgendeiner Beziehung belogen hatte. Selbst Ryzels während langer Zeit bewiesener Treue durfte weniger getraut werden als dem geringsten Wort des Phönix-Königs.

Mein Vater war mir stets in lebhafter Erinnerung, meinen Gedanken nie fern. Wenn ich mich an den Scharfsinn und die Klugheit in seinen Augen entsann – so blau wie der Himmel –, der verschmitzten Güte seines Lächelns, schnürte sich mir aus Sehnsucht die Kehle ein. Ich konnte ihn nicht wiederbringen. Aber er hatte mir verheißen – oder etwa nicht? –, ich würde ihm in aller Großmächtigkeit nachfolgen.

Nein. Er hatte es nicht. Doch für mich zeichneten sich seine Hoffnungen durch die Kraft von Versprechen aus. Er hatte mich Chrysalis benannt. Und er hatte oft mit mir über die Thronbesteigung geredet.

*Ein Großkönig muß sowohl Mensch wie auch Altes Wesen sein,* hatte er zu mir gesagt. *Ganz Mensch und ebenso ganz Realit. Dieser Zustand wird nicht ohne Mühe erreicht. Auf einem Wege vermag man ihn zu erlangen, nämlich anhand der Berührung von Realit-Stein mit jemandem, der mit Fleisch und Blut verkörperte, geheime Magie ist – nicht, bloß der Magie fähig, sondern selbst Magie. Das war die Art, wie der erste König entdeckte, was er war. Und das ist der Grund, warum er den Thron errichtet hat, auf daß nämlich seine Erben sich feierlich und vor aller Augen umwandeln und im ganzen Reiche anerkannt werden möchten. Doch Fleisch und Blut desjenigen müssen bereit sein. Sie müssen auf ihre Weise reif sein, und Einflüsse, die dazu vonnöten sind, müssen auf sie eingewirkt haben, sonst wird die Wandlung ausbleiben.* Sein Lächeln bezeigte heiteren Sinn und Liebenswürdigkeit. *Es wäre für das Reich von Nutzen gewesen, hätte ich, als deine Großmutter scheiterte, ohne Verzug den Thron erstiegen. Aber die Magie, welche in mir schlummerte, war noch nicht reif, und so entstand das Erfordernis, daß vier Jahre lang Ryzel in den Drei Königtümern den Frieden zu schützen hatte.*

Konnte es verfehlt sein, in solchen Worten eine Verheißung zu erblicken? Nein. Wie hätte ich sie anders auffassen können? Ich war seine Tochter. Er und Ryzel hatten mich zu dem, was ich war, ja erzogen. Ich war voller Erinnerungen und Trauer, als ich mich schließlich umdrehte und an den Magus wandte.

»Das alles ist mir wohlvertraut«, hielt ich ihm leise entgegen. »Wie lautet Euer Rat?«

*Er ist der eine wahre Mann in den Drei Königtümern,* hatte mein Vater über Ryzel geäußert. *Schenke ihm nie Vertrauen!* Nun begann ich erstmals die Bedeutsamkeit dieser Vorsicht zu erahnen.

Er tupfte sich den Schweiß vom kahlen Haupt; für ein Weilchen mieden seine Augen meinen Blick, als empfände er Scham. Dann schaute er herüber. »Schlagt Graf Thornden eine Heirat vor«, antwortete er barsch. Ich starrte ihn an, um zu verheimlichen, daß ich selber schon erwogen hatte, diesen Weg zu beschreiten. Von Thornden mochte ich einen Sohn bekommen können. Und besagter Sohn wäre vielleicht dazu in der Lage, sich da, wo es mir verwehrt war, als Altes Wesen zu beweisen. »Sicherlich, er ist ein Vieh«, fügte Ryzel hastig hinzu – mit der Hast eines Menschen, der weder an den eigenen Worten noch den eigenen Gedanken Gefallen hatte. »Nicht einmal er wird's jedoch wagen, einem Eheweib ein Übel anzutun, das ihm aus dem Geschlecht der Großkönige zuteil wird. Zumindest einige in den Drei Königtümern vermögen des Friedens Wert zu ermessen, und ihre Treue wird Eure Unantastbarkeit sicherstellen. Gleichfalls wird ihre Unterstützung Thornden zu wahrer Meisterung des Reiches befähigen. Schon heute ist er der mächtigste der Fürsten, und er ist von ihnen am wackersten. Wenn Ihr ihn zu Eurem Gatten erwählt – und ihn statt Eurer zum Herrscher einsetzt –, werden Canna und Lodan darauf gänzlich unvorbereitet sein. Er wird einen üblen Herrn über die Drei Königtümer abgeben ...« – Ryzel verzog die Miene –, »doch immerhin wird er dem Reich einen Krieg ersparen, derweil wir auf die Geburt eines neuen wahren Königs hoffen.«

Ich las in seinem Blick und sah seine Seele sich hinter dem Äußeren seines Angesichts winden. »Das ist ein befremdlicher Rat, Magus«, sagte ich dann bedächtig. »Ihr naht Euch mir mit Anmaßung. Habt Ihr Euch gleichfalls vermessen, ohne meine Kenntnis und ohne meine Billigung ein solches Vorgehen auch dem Grafen Thornden vorzuschlagen?«

Da richtete er sich höher auf. »Mylady«, antwortete

er, darum bemüht, mir im Ton nicht nachzustehen, »Ihr wißt, daß ich's nicht getan habe. Ich bin kein Narr. Um den Grafen von Nabal zu bändigen, muß man ihn überraschen. Zuviel bildet er sich auf die Kraft der Waffen ein. Allein Überraschung und Ungewißheit vermögen ihn mit einiger Sicherheit Eurem Willen zu beugen.«

»Dann vernehmt meinen Bescheid, Magus Ryzel«, erwiderte ich, als wäre ich bereits wirkliche Königin, nicht erst Anwärterin auf den Thron. »Mit aller Klarheit sage ich Euch, daß ich das Grab als wohligere Ruhestätte erachte denn Graf Thorndens Ehebett.«

Wäre mir von ihm Gelegenheit zugestanden worden, mein Gemüt zu beruhigen, ich hätte hinzugefügt: Ihr seht also, daß ich wahrhaftig keine Wahl habe. Aber er fing mich sofort an, auszuschimpfen, als wäre ich ein Kind – als hätte ich ihm etwas verweigert, wonach ihm überaus stark der Sinn stand. »So bleibt Euch denn nur ein Weg offen«, sagte er dann, ehe ich Widerspruch erheben konnte. »Ihr müßt Euch sofort mit dem Thron versuchen, vor der Zeremonie, deren Zeugen die Fürsten sein werden. Ihr müßt die Wahrheit bezüglich Eures Erbes unverzüglich herausfinden. Falls es mit Erfolg geschieht, dürfen wir alle anderen Fragen außer acht lassen. Und falls nicht ...« Schroff zuckte er die Achseln. »Mag sein, es gelingt Euch noch die Flucht und Ihr könnt wenigstens Euer Leben retten.«

Nun ließ ich ihn merken, ich war nicht zu schrecken. Auch diese Möglichkeit hatte ich längst in Erwägung gezogen. Wieso auch nicht? Von Kindesbeinen an hatte ich wiederholt davon geträumt, den Thron zu ersteigen – in aller Öffentlichkeit oder im geheimen, abhängig von der Natur des Traums – und Königin zu werden. Das Recht dazu war jenes Geschenk meines Vaters, das mir am meisten bedeutete. Und er hatte so häufig über die Wandlung durch die Berührung des Steins gesprochen.

Aber ich sagte dem Magus keineswegs die Wahrheit – daß ich nämlich schon getan hatte, wozu er mir nun riet.

In der vergangenen Nacht hatte ich insgeheim den Thronsaal aufgesucht. Nachdem ich die Wachen für eine kurze Weile fortgeschickt hatte, war ich über den seltsamen Fußboden des Saals geeilt und die Marmorstufen zum Thron hinaufgeklommen. Doch der Stein hatte sich der Berührung meiner Hände verwehrt.

Aber ich ging auf Ryzels Worte ein, ohne Schwäche zu zeigen, obwohl ich in meinem Herzen Aufwühlung verspürte – von mir selbst, wenn nicht von ihm, im Stich gelassen. »Und sollte ich scheitern und fliehen müssen«, erkundigte ich mich, »wolltet Ihr mich begleiten?«

Er neigte das Haupt. Fest umklammerte sein Griff das Holz des Zepters. »Nein, Mylady. Ich werde bleiben, wo ich bin.«

Einige Augenblicke lang nahm ich mir Zeit um zu überlegen, was er durch meine Flucht zu gewinnen hoffen könnte – welchen von ihm gehegten Traum er durch mein Entweichen zu verwirklichen vermöchte –, und ich ließ ihn sehen, daß ich Überlegungen anstellte. »Mein Vater hat mir geboten«, gab ich sodann einfach zur Antwort, »am Vorabend meines einundzwanzigsten Geburtstags um Mitternacht im Lichte des Vollmonds, den Thron zu ersteigen. Euer Entscheid lautet, daß ich bar aller Magie bin, und es hat den Anschein, daß es sich in der Tat so verhält. Dennoch wollte ich allzeit das unzweideutige Wort eines Alten Wesens beachten. Und um so mehr gedenke ich den Wünschen meines Vaters, des Phönix-Königs, zu gehorchen. Um Mitternacht und nicht eher werde ich den Versuch meiner Thronbesteigung wagen, mag da kommen, was will.«

Meine Reue, schon ungehorsam gewesen zu sein, brannte heftig in mir; und sie war es, die mich – statt Mut und Zuversicht – meinem Vorhaben verpflichtete.

Ryzels Augen zeugten von Kummer, als er begriff, daß ich in meiner Entschlossenheit nicht ins Wanken gebracht werden konnte. Erneut begann er zwischen den Wänden meines Gemachs hin- und herzuschreiten, während er um Selbstbeherrschung rang; und sein haarloser Schädel schimmerte feucht im Lichtschein der Lampen. *Der eine wahre Mann in den Drei Königtümern.* Ich musterte ihn, derweil er auf und niederstapfte, aber vermochte seine Furcht um mich von seiner Sorge um das Reich nicht zu entwirren. *Schenke ihm nie Vertrauen!* Seine Hilflosigkeit stand ihm schlecht. Des öfteren hatte ich mich dem Glauben hingegeben, ich könnte meinen Platz als Großkönigin einnehmen und über die Drei Königtümer herrschen, auch ohne die Verkörperung von Magie zu sein – wenn Magus Ryzel nur all seine Macht aufböte, um meinen Anspruch zu unterstützen. Für welchen anderen Zweck sollte denn mein Vater ihm das Zepter ausgehändigt haben? Sein Gerede von Flucht aber zeigte mir, daß ich selbigen Glauben als eitlen Unfug abtun mußte. Wenn ich den Thron zu ersteigen versuchte und dabei scheiterte, mochte es sein, daß er sich um meines Lebens Rettung bemühte – doch niemals würde er mich zu einer Schein-Königin erheben.

Ich für mein Teil dachte nicht daran, ihm meine Entschlüsse anzuvertrauen. Und ich gewährte ihm nicht den geringsten Einblick in das Weh, welches mir meine Einsamkeit bereitete. Ich konnte es mir nicht leisten, ihn merken zu lassen, wie sehr ich ihn brauchte.

Allmählich erlangte er seinen gewohnten, rauhbeinigen Gleichmut zurück. Indem er noch immer das Haupt schüttelte, trat er vor mich. »Alsbald werden die Gäste einzutreffen beginnen«, sagte er, als hätten meine Weigerungen ihn keineswegs zum Gefangenen seiner bittern Geheimnisse gemacht. »Wie werdet Ihr Euch kleiden, Mylady?«

So war er eben. Des öfteren hatte er mich darüber aufgeklärt, daß in den Künsten des Herrschens keine Geringfügigkeit in bezug auf Gewandung, Haltung oder Erscheinung unwichtig sei; und er hatte seiner Überzeugung Nachdruck verliehen, indem er mich in allem belehrte – wie ich mich bei Tisch zu benehmen hätte, wieviel Wein ich trinken dürfte, wann und worüber ich lachen könnte. Sein Begehr, zu erfahren, was ich an Kleidung zu tragen beabsichtigte, rief daher bei mir keine Überraschung hervor. Für das hohe Amt, auf das er mich vorzubereiten versucht hatte, war Schönheit so bedeutsam wie Macht.

Ich zeigte ihm das Gewand meiner Wahl. Unter Beiseitelassen des Überflusses an kunstvoll geschmückten, mit Bändern versehenen und die weiblichen Reize betonenden Kleidungsstücken, mit dem ich ausgestattet worden war, um meine offenkundigen Unzulänglichkeiten überspielen zu können, entnahm ich dem Kleiderbestand ein schlichtes, weißes Kleid aus Musselin, fast bloß ein Unterhemd, und hielt es ihm zur Begutachtung hin.

Mit einem Schnauben kehrte all sein Unmut zurück. »Pah!« stieß er grob hervor. »Chrysalis, Ihr seid bereits die unscheinbarste Frau in allen Drei Königtümern. Denkt doch nicht daran, zur Schau zu stellen, was Ihr verhehlen solltet! Ihr müßt zumindest den Eindruck erwecken, als taugtet ihr zur Thronbesteigung!«

Damit kränkte er mich. Zum Glück hatte man mich in der Selbstmeisterung wohl unterrichtet. »Magus«, erwiderte ich mit Kühle und großer Besonnenheit, »ich will nicht verbergen, was ich bin.«

Er drehte das Zepter in seinen rauhen Händen, warf mir einen grimmigen Blick zu, machte eine heftige Kehrtwendung und verließ meine Gemächer. Doch wenigstens schlug er die Tür nicht zu; er mochte der Allgemeinheit keine Hinweise auf seinen Ärger geben.

Und als ich mich zu ihm gesellte, um die Ankunft der Gäste zu beobachten, war sein Auftreten nichtsdestotrotz das angebrachte Verhalten eines Magus gegenüber einer Frau, die binnen kurzem ihren Platz in den Reihen der Könige einnehmen sollte.

Drunten kamen nun also die drei Fürsten gemeinsam in den Saal. Dann trennten sie sich, strebten mit ihren Magi und Höflingen zu gesonderten Sitzplätzen im großen Saal – so weit voneinander entfernt, wie es sich bewerkstelligen ließ. Graf Thorndens Gefolge war unmißverständlich kriegerischer Zusammensetzung und trug offen Waffen dabei. Im Gegensatz dazu war König Thone in Begleitung von Feinsinnigkeit und Pomp gekommen, von Schöpfern neuen Geschmacks und bekannten Geistreichen jedweden Schlages. Königin Damia allerdings hatte die schönsten Jungfern um sich geschart, die unter den wohlgestalteten Bewohnern Lodans ausfindig gemacht werden konnten, bewies durch das Maß, in dem sie ihre Gefolgschaft an Schönheit noch übertraf, daß ihre eigene Lieblichkeit ans Wundersame grenzte.

Zweifelsohne erklärte das den Widerwillen, welchen Graf Thornden gegen sie hegte. Zweifellos hatte er sich ihr, getrieben von einer seiner überstarken Begierden, schon einmal lüstern genähert – und sie hatte ihm ins Gesicht gelacht. Doch die wechselseitige Abneigung zwischen den beiden änderte nichts an der Lage; am heutigen Abend war auf keinen Fall zu erwarten, daß zwei beliebige dieser drei Fürsten sich wider den dritten verbündeten – oder wider mich.

Als die Ankunft der Gäste beendet war, schloß man die großen Türen, und die Musikanten spielten zum Willkommen eine muntere Melodie. Das Stimmengewirr allgemeiner Unterhaltung drang zu dem Fenster herauf. Die Fürsten regten sich, wo sie sich befanden, ohne ihren Standort zu verlassen; und die übrigen Gäste schlenderten in gegensätzlichen Richtungen an den Wänden entlang, suchten im Saal geschützte Standorte, Liebchen oder Zerstreuung. »Es ist an der Zeit, Mylady«, meinte Magus Ryzel leise, ohne den Blick vom Treiben zu heben.

Wahrhaftig? dachte ich bei mir. Von dem Augenblick an, da ich mich unter die festliche Versammlung begab, würde meine Zukunft in nichts anderem als meinen bloßen Händen ruhen, bedroht durch jede nur erdenkliche Feindseligkeit – und weder durch Macht, Schönheit oder Liebe geschützt, sondern allein die Mittel, welche ich persönlich einzusetzen verstand. Ein ganz und gar kärglicher Besitz, hatte Ryzel mir zu erklären sich oft herabgelassen. Doch ich war zu der Einsicht gelangt, daß ich jene, die nicht an meiner Stelle waren, nicht beneidete. Als der Magus mich endlich um Antwort anschaute, entdeckte ich, daß ich zu lächeln vermochte.

»In der Tat ist's Zeit«, sagte ich. »Laßt uns gehen.«

Er schnitt eine düstere Miene der Mißbilligung – die vielleicht mir galt, vielleicht ihm selbst –, wandte sich um und durchquerte den Gang zum oberen Absatz der Prunktreppe, die von diesem Obergeschoß hinab in den Tanzsaal führte.

Ich folgte ihm in kurzem Abstand, um von unten nicht gesehen zu werden, ehe er mich angekündigt hatte.

Sein Erscheinen schlug die Versammelten augenblicklich mit Schweigen. Die Musik verstummte; alle Gespräche endeten; sämtliche Anwesenden hoben ihre Augen zu ihm. Es stand außer Frage, er war kein beeindruckender Anblick, jedoch ließ sein Einfluß sich in jedem Winkel der Drei Königtümer spüren. Und das Zepter, das er hielt, hätte selbst in der Hand eines Kindleins Achtung erzeugt. Er brauchte nicht die Lautstärke seiner Stimme zu erhöhen, um seine Worte unterhalb der

Treppe und in der gesamten Ausdehnung des Saals verständlich zu machen.

»Fürsten und Magi«, sprach er in trockenem, beinahe herbem Tonfall, »Edle Damen und Hohe Herren, wahre Freunde der Könige und des Reiches – dies ist der Abend der Inthronisation, da Altes zu Neuem wird. Ich künde Euch Lady Chrysalis an, Tochter des Phönix-Königs und nach seinem Gebot Erbin der Herrschaft über die Drei Königtümer.«

Eine unerschrockene Ansprache, die darauf abzielte, die Zweifel jener zu zerstreuen, die mir Übles wünschten. Fanfarenklänge waren es nicht; nichtsdestoweniger hatte ich daran meine Freude. Während Ryzel allein die lange Treppe hinunterstieg, blieb ich, wo ich außer Sicht wartete, um besagte Zweifel zusätzlich zu schüren; ich wartete ab, bis der Magus drunten im Tanzsaal stand, in die Mitte der Halle gegangen war und sich dort umgedreht hatte, um mit seinem Zepter auf die Stätte meines Auftritts zu deuten. Da erst zeigte ich mich auf dem Treppenabsatz.

Auf einmal verfielen die Gäste, sobald sie mich sahen, in dumpfe Unruhe; man vernahm unterdrückte Ausrufe der Überraschung, der Beifälligkeit und des Mißfallens, die meine Person oder mein Kleid betreffen mochten, vielleicht mich selbst. Aber rasch ergab sich wieder Stille. Und in diesem Schweigen mußte ich feststellen, daß ich die Worte der Begrüßung und Zuversicht, die ich für diese Gelegenheit ersonnen hatte, nicht zu äußern vermochte. Meine vom weißen Musselin verborgenen Knie bebten; und ich wußte, meine Stimme würde mir den Dienst versagen. Wortlos verharrte ich, derweil ich mir beim Andenken meines Vaters schwor, beim Hinabgehen der Treppe nicht zu straucheln.

Durch keine Geste seiner Hände, durch nichts in seinem Mienenspiel ließ Ryzel irgend etwas anderes als

Gewißheit erkennen. Er wirkte, als fordere er die Versammlung geradezu heraus, nur ein einziges Flüstern der Ungeduld vernehmen zu lassen. Dankbar und froh um seine Haltung, bot ich allen Mut auf und begann die Treppe hinunterzuschreiten.

So bedächtig und würdevoll, wie ich es vermochte, suchte ich die Nähe jener, die mich lieber tot gesehen hätten.

Als ich am Fuß der Treppe angelangte, erscholl eine Männerstimme aus der Festversammlung. »Ein Hoch der künftigen Königin!« Aber niemand stimmte in den Jubel des im Hintergrund unsichtbaren Rufers ein.

Da änderte sich Magus Ryzels Miene. Während er bedrohlich die Stirn runzelte, senkte er sein Zepter, drückte es mit den Armen gegen die Brust und fing an, mir Beifall zu klatschen.

Zunächst vorsichtig, dann jedoch mit mehr Kraft, schlossen sich die Gäste seinem Beispiel an. Unsicher, wie sie im Hinblick auf mich waren – und gleichzeitig der Aussichten ihrer eigenen Zukunft –, fürchteten die Einflußreichen der Drei Königtümer es, mich in Ryzels Gegenwart offen zu beleidigen.

Als der Beifall verebbte, blickte ich zu ihm hinüber, ließ ihn in meinen Augen sehen, daß ich ihm für das, was er da getan hatte, vieles zu verzeihen bereit war, ganz gleich, was sich im weiteren noch ereignen sollte. »Ich danke Euch, Magus«, sagte ich dann vor der ganzen Versammlung. »Der Phönix-König sah in Euch den einen wahren Mann in den Drei Königtümern. Es erfreut mich, hier zu erfahren, daß es mehr Euresgleichen gibt.« Ich sprach mit klarer, betonter Stimme, damit niemandem die Drohung entging, die ich jenen andeutete, die mir ihren Rückhalt verweigerten.

Statt mit Magie mit einem Lächeln und meinem schlichten, weißen Kleid gewappnet, machte ich mich daran, König Thone und seine Gefolgschaft zu begrüßen, lediglich darum zuerst, weil sie sich im Saal näher befanden als die anderen Fürsten.

Ringsherum schwoll von neuem Gemurmel an und verklang allmählich. Jedermann wollte hören, welche Worte meine hauptsächlichen Widersacher und ich wechselten.

Thone erachtete sich als weltklug und hochgeistig, und er beugte sich mit höfischem und artigem Gehabe über meine Hand, küßte die Oberseiten meiner Finger – das war die einzige Bekundung öffentlicher Ehrerbietung, welche die Großkönige den drei Fürsten des Reiches je abverlangt hatten. Dennoch verstörten seine Augen mich so wie stets. Sie wirkten milchig, so trüb, als wäre er nahezu blind. Und ihre Färbung verbarg die Art seiner Gedankengänge. Infolgedessen schien die bloße Eigentümlichkeit seines Blicks allem, was er sprach, eine andere Bedeutung zu verleihen, insgeheime Absichten hineinzulegen.

Wie eine Anzahl seiner Gefolgsleute trug er an der Seite einen schmalen Haudegen, als wäre die Waffe nur ein Zierstück, ein Bestandteil seiner Bekleidung.

Dennoch grüßte ich ihn mit unbekümmertem Gebaren, tat ganz so, als hätte ich nichts zu befürchten. Und ähnlich begrüßte ich seinen Magus, Cashon von Canna, obschon dieser Mann mir Beunruhigung einflößte. Von hohem, geradem Wuchs war er; und bis zum Hinscheiden des Phönix-Königs hatten sein Ruf und sein Äußeres einiges an Übereinstimmung besessen, sowohl bezüglich seiner Stärken wie auch Grenzen – und vielleicht ebenso einer gewissen Bescheidenheit. Obwohl seine Heimat in Lodan lag – und wiewohl man seine Künste, nützlich fürs Schmelzen und Veredeln von Erzen, in Nabal hoch zu schätzen gewußt hätte –, war er damit zufrieden, sich in Canna niedergelassen zu haben, wo die anspruchsvollsten Aufgaben, welche man ihm zumutete, das Abbrennen von Stoppelfeldern und vielleicht bisweilen der Schutz eines vom Frost bedrohten Obstgartens waren; das erklärte sich dadurch, daß er in Canna eine Gattin genommen hatte. Weil er sie außerordentlich verehrte, hatte er etliche Gelegenheiten mißachtet, die ihn in die Reihen der Ersten des Reiches erhoben hätten. Deshalb war ich verdutzt und Ryzel verwundert gewesen, als Cashon plötzlich König Thone die Treue schwor, geringere Vertraute des Fürsten ablöste. Wir hatten nicht gedacht, daß diesem Magus der Sinn nach Thones boshaften Machenschaften stehen könnte.

Cashon begrüßte mich zur Rechten seines auserwählten Herrn, den Blick verschleiert, seine Gedanken dahinter verhohlen. Aber die Furchen in seinem Angesicht konnte er nicht verheimlichen. Irgendeine Bitternis des Grams oder der Aussichtslosigkeit hatte sich seiner Miene eingekerbt, seinen Mund zum Erschlaffen gebracht, so daß ihm das Fleisch lasch an den Umrissen der Kiefer hing. Er hatte ein Aussehen nach geheimem Leid, das mich ebenso rührte wie mit Besorgnis erfüllte.

»Mylord Thone«, sagte ich, lächelte nach wie vor, »ich habe noch nicht die Gelegenheit gehabt, Euch dazu zu beglückwünschen, daß Ihr einen solchen Mann wie Magus Cashon dafür gewinnen konntet, in Eure Dienste zu treten. Das kann man wahrlich einen Glücksfall heißen.«

»Meinen Dank, Mylady«, antwortete Thone in gleichgültigem Ton, als fühle er sich gelangweilt. »Ich bedarf seiner sehr. Wie Ihr wißt ist er Meister des Feuers.«

Damit meinte er natürlich, daß Cashon Abbilder der Realit-Glut erzeugen konnte, die tief unter Nabals Bergen in geschmolzenem Zustand immerzu strömte und floß. Im Reich befaßte man sich mit mancherlei Meinungsverschiedenheiten darüber, welche Art der Magie-Kunst die größte Macht besaß. Die Bilder der großen Alten Wesen waren sicherlich machtvoll, doch pflegten viele Kundige einzuwenden, daß hinsichtlich der sinnvollen Nutzanwendung entweder Wind oder Feuer die überlegene Kraft sei. Niemand verstand sich auf die Nutzung von Holz – niemand außer Ryzel, der allerdings von seinen Kenntnissen nichts offenbarte –, und Stein erachtete man im allgemeinen als zu unbelebt, um ihn ernsthaft in Betracht zu ziehen. König Thones milchige Augen vermittelten mir den Eindruck, er habe irgendeine Anspielung gemacht, die zu begreifen ich außerstande blieb. Als ich nur nickte, wechselte er ohne erkennbare Verlegenheit oder offensichtlichen Zusammenhang den Gesprächsstoff.

»Habt Ihr vernommen«, erkundigte er sich in unverändertem Ton, »daß Kodar und seine Aufständischen diese Nacht mit einem neuen Überfall feiern wollen? Meine Spione sind sich sicher. Sie berichten, er beabsichtigt Lodans größtes Lagerhaus zu brandschatzen. Die Hölzer, welche man im Viertel eines Jahres geschlagen hat, werden verloren sein.« Ansatzweise lächelten seine fleischigen Lippen. »Glaubt Ihr, Mylady, es wäre ratsam, Königin Damia vor dieser Gefahr zu warnen?«

»Das halte ich für überflüssig, Mylord Thone von Cannan«, lautete meine Antwort. »Ich bin davon überzeugt, daß ihr gleichartige Berichte vorliegen.« Tatsächlich vermutete ich, daß jeder Spion im Reich über Kodars Pläne und Handlungen so gut wie Thone Bescheid wußte. »Habt Ihr auch beobachtet«, ergänzte ich, um dieses Königs Andeutungen und Einlassungen in eine andere Richtung zu leiten, »daß Kodars Überfälle, so viele es auch sind, merkwürdig wirkungslos bleiben? Oft fordert er die Drei Königtümer heraus und erreicht doch wenig. Die Kunde seiner Absichten eilt ihm voraus, wo immer er sich hinbegibt. Glaubt Ihr, es könnte möglich sein ...« – ich ahmte seinen Tonfall möglichst genau nach –, »daß diese Meldung eines geplanten Überfalls in Lodan uns nur täuschen soll?«

Seine Augen verrieten nichts; aber unwillkürlich zuckte ihm eine Braue. Die Speicher Cannas waren mit Bestimmtheit so angreifbar wie Königin Damias Lagerhäuser.

Ehe er irgendeine Antwort geben konnte, verneigte ich mich und ging weiter, um Graf Thornden mein Willkommen auszusprechen. Unterwegs bemerkte ich am Rande meines Blickfelds Magus Ryzel. Er sah aus wie jemand, der eine böse Miene aufgesetzt hatte, um nicht wider Willen lächeln zu müssen.

Aber Graf Thornden war für mich eine eindeutigere Bedrohung als jeder der anderen Fürsten, und er erforderte meine volle Aufmerksamkeit. Er nannte sich »Graf«, weil er verkündet hatte, er könne nicht »König« sein, wenn nicht das ganze Reich ihn anerkenne. Doch darin sah ich bereits die spitzfindigste Einstellung, die er je eingenommen hatte; er zeichnete sich keineswegs durch geistige Regsamkeit aus. Er ragte mit Haupt und Schultern über mich auf und blickte aus düsterer Fratze auf mich herab, als ich zu ihm gelangte. Beim Sprechen entblößten seine Lippen die Zähne, die spitz und unregelmäßig waren wie Hauer. Mit aller Unmißverständlichkeit verweigerte er mir den Handkuß.

Diese Unverschämtheit erzeugte unter den Zuschauern Unruhe und verkrampfte Anspannung; doch ich achtete nicht auf die geringeren Untertanen rundum, die mich voller Hoffnung oder Bangen beobachteten. Ich straffte meinen Rücken und erwiderte Thorndens wütiges Stieren. »Mylord Thornden von Nabal«, sagte ich gefaßt, »ich heiße Euch willkommen, wenngleich ihr mir Eurerseits keinen höflichen Gruß entbietet. Diese Nacht ist die Zeit meiner Thronbesteigung, und vieles wird sich wandeln. Ich hege die Vermutung, Ihr werdet

Euch, noch ehe des morgigen Tages Sonne aufgeht, darin schicken, Euch König zu nennen.«

Einen Augenblick lang sah ich ihn über das grinsen, was er für meine Ansicht hielt. Dann hatte ich die Befriedigung, ihn die Stirn runzeln zu sehen, als andere Möglichkeiten seinen allzu zielbewußten Verstand in Betroffenheit stürzten. Seine einzige Entgegnung bestand aus einem Knurren tief in seiner Kehle.

Um des gesitteten Betragens willen – und aus Rücksicht auf die Künste des Herrschens – grüßte ich Thorndens Magus, nicht anders als zuvor den Magus König Thones. Brodwick von Nabal war ein verwahrloster, unansehnlicher Klotz von Mann, groß und mißgestaltet; nur seine Tüchtigkeit übertraf sein Kriechertum. Er wirkte auf sonderbare Weise abhängig von seinem Herrn, vielleicht weil er mit Graf Thornden Gelüste teilte, die ausschließlich der Herr von Nabal stillen konnte. Er tat nach dem Vorbild seines Fürsten und versagte mir den Handkuß.

Ich äußerte mich nicht zu seiner Frechheit. Welche Beweggründe Brodwick auch antreiben mochten, auf alle Fälle war er gefährlich. Gelassen setzte ich den Weg durch den Tanzsaal fort, nickte jenen Gästen zu, die mich mit Aufrichtigkeit anschauten, versuchte jene einzuschätzen, die es anders hielten, trachtete nun nach der Begegnung mit Königin Damia, die sich nicht vermeiden ließ.

Vielleicht hatte ich dies Zusammentreffen unbewußt bis zuletzt aufgeschoben, weil ich törichterweise hoffte, es irgendwie völlig umgehen zu können. Fürwahr, sie schüchterte mich ein – sie und das flinke Frettchen, das ihr diente, der Magus Scour. Unter Umständen hätte ich es zu ertragen vermocht, daß ihre Schönheit und Anmut mich im Vergleich dazu wie eine Küchenschlampe aussehen ließen; oder daß das wundervollste Gewand, das ich anzulegen imstande gewesen wäre, neben all ihrem Putz schäbig und lumpig gewirkt hätte; oder daß sogar Ryzel nicht ohne Untertöne der Begehrlichkeit in der Stimme von ihr reden konnte. Neidisch war ich auf all das, doch sah ich darin keine Notwendigkeiten. Über diese Vorzüge hinaus besaß Damia allerdings noch eine Stärke, die mir das Blut in der Brust zum Stocken zu bringen drohte, denn ich war ihr nicht gewachsen. Mit König Thone konnte ich die Spiele der versteckten Andeutungen und entsprechenden Folgerungen spielen, ohne den Überblick zu verlieren. Graf Thornden war in seinem gesamten Verhalten geradeheraus und einfallslos; deshalb war es möglich, ihm entgegenzuarbeiten. Doch Königin Damias Gerissenheit reichte tiefer als bei den beiden Fürsten – reichte tiefer und war gefährlicher. Und ich fürchtete, daß es mir an Gewitztheit mangelte, um sie zu durchschauen. Jedenfalls fehlte es mir an Erfahrung, um unbehelligt die Irrgärten durchqueren zu können, die sie zwecks Verwirrung ihrer Gegner schuf.

Von Magus Scour gedieh ihr in derlei Dingen fähige Unterstützung an. Er diente ihr, erzählte man, weil sie ihm ihren beinahe grenzenlosen Reichtum zur Verfügung stellte, ihm dadurch erlaubte, seine Versuche und Forschungen zu betreiben, wie er es für erforderlich befand. Und Gerüchte besagten, er sei durch das, was er ergründet hatte, darauf vorbereitet worden, heute abend die gesamte Ordnung des Reiches zu verändern.

Ryzel hatte über dieses Gerede gespottet, aber in einer Art, die von Verunsicherung zeugte. Das Beschwören von Bildern der Realien war eine bekannte Kunst, die sich in ihrer Ausübung allein durch Geschicklichkeit, Hingabe und angeborene Befähigung des Magus unterschied. Die Magie selbst dagegen blieb ein Mysterium, überstieg alles, was man wußte, verstehen konnte, stand über allem Vergänglichen. Und die Gerüchte, die sich um Scour rankten, behaupteten hartnäckig, er wäre über Bildnisse der Realien hinausgewachsen und zur Magie an sich vorgedrungen.

Ich fühlte mich mehr wie ein an diesen Ort verirrtes, törichtes Mägdelein als wie die Herrin des Hauses, während ich mich Königin Damia und ihrer Gefolgschaft näherte.

Ihr Lächeln stand einem Kronleuchter an Glanz nicht nach, strahlte in solchem Maße, daß ich das Empfinden hatte, das schlechte Benehmen wäre auf meiner, nicht ihrer Seite, als auch sie sich weigerte, meine Hand zu nehmen. Aber der freundliche, umgängliche Klang ihrer Stimme – betörend wie die Töne einer Flöte – überspielte die Peinlichkeit ihrer Ablehnung. »Mylady«, sagte sie in lieblichem Ton, »ich habe die Gemälde Eurer Ahnen gesehen, welche in der Säulenhalle des Schlosses hängen. Gewiß kann keine Farbe, die nicht selbst realit ist, die ganze inwendige Machtfülle der Großkönige wiedergeben. Das Gemälde Eurer Großmutter aber ist von lebensechter Naturgetreuheit – zumindest habe ich das von jenen vernommen, die die Mutter des Phönix-Königs noch gekannt haben. Ihr seid ihr sehr ähnlich. Euer Kleid ist so schlicht und reizend, es steht Euch tadellos.«

Derweil sie sprach, fiel mir auf, daß ich das Heben und Senken ihres tiefen Ausschnitts beobachtete, als wäre ich ein Mann. Der Anblick war ungemein wirksam; er zog mich so in den Bann, daß ein Weilchen verstrich, ehe ich begriff, sie hatte mich gleich in mehrerlei Beziehung beleidigt.

»Ihr schmeichelt mir, Mylady«, antwortete ich, mahnte mich insgeheim zur Ruhe, um nicht vor all den Gästen des Schlosses zu erröten. »Ich habe das Gemälde meiner Großmutter oft betrachtet. Sie war von ganz und gar anziehenderem Aussehen als ich.« Dann gab der Erfolg meiner Bemühungen mir ausreichende Selbstsicherheit, um die Höflichkeit zu erwidern. »Wie es auch sein mag, alle Schönheit schwindet, sobald Königin Damia sich zeigt.«

Ein leichtes Schmunzeln zuckte an einem Mundwinkel ihrer weichen Lippen; ob es jedoch auf Vergnügen oder Gereiztheit beruhte, vermochte ich nicht zu ersehen. Aber meine Entgegnung genügte, um sie zu einem Wechsel des Gesprächsstoffs zu veranlassen. »Mylady«, sagte sie in gewandtem Übergang, »wenig schön ist's, anläßlich einer so festlichen Zusammenkunft die Rede auf Geschäft und Handel in den Drei Königtümern zu bringen, aber die Belange meiner Untertanen zwingen mich zum Sprechen. Es ist schlichtweg unabdingbar vonnöten, daß die künftige Großkönigin den Preis von Lodans Hölzern im Verhältnis zu den Erzen und Edelsteinen Nabals sowie den Nahrungsmitteln Cannas neu festlegt. Besonders unser Edelholz ist knapp, und es wird immer knapper. Wir müssen dafür höhere Gegenleistungen erhalten, bevor wir in Armut absinken.«

Es kostete mich eine gehörige Anstrengung von Willenskraft, verbunden mit hastigem Nachdenken, ihre Ausführungen gänzlich zu durchblicken. Sie hatte sich mit ihren Äußerungen auf jeden möglichen Ausgang meiner mitternächtlichen Probe eingestellt. Falls ich den Thron mit Erfolg erstieg, würde sie sich mit aller Liebenswürdigkeit an mich wenden und nachfragen: Mylady, können wir nunmehr den Preis von Lodans Edelholz bereden? Und zur gleichen Zeit vollbrachte sie es, all denen, die unsere Unterhaltung mitanhörten, zu verstehen zu geben, die künftige Großkönigin werde zweifelsfrei Damia heißen.

In derlei Redensarten konnte ich es ihr nicht gleichtun. Um mich aus der Lage zu winden – und um ihr zu zeigen, daß ich nicht zu erschüttern war –, versuchte ich es mit einem Scherz. In meinen Ohren hörte er sich ein wenig grobschlächtig an. Aber es mochte sein, daß er seinen Zweck nicht völlig verfehlte.

»Sicherlich spaßt Ihr, Mylady Damia von Lodan. Euer Volk wird niemals Not leiden müssen, solange Ihr Juwelen besitzt, um sie zu seinem Wohle zu verkaufen.«

Aus der Versammlung vernahm ich einen unterdrückten Ausruf, ein leises Lachen, Geflüster der Verblüffung oder der Beifälligkeit. Bei diesem Sieg ließ ich es bewenden und wandte mich ab.

Doch ich empfand nur geringes Siegesgefühl. Als ich mich umdrehte, sah ich deutlich Magus Scours spitzes Gesicht. Er grinste, als koste er in seinem Mund schon den Vorgeschmack meiner Niederlage.

Man mußte es Ryzel hoch anrechnen, daß er der Herrscherin Lodans keine Gelegenheit zu einer schlagfertigen Erwiderung einräumte. Er vollführte eine unauffällige, unklare Gebärde, welche die Bediensteten des Schlosses jedoch wohl zu deuten wußten; und sofort scholl ein helles Läuten durch die Gedämpftheit des Tanzsaals.

»Edle Damen und Hohe Herren«, sagte er ungezwungen, als wäre er sich der Gegensätze ringsherum gänzlich unbewußt, »Freunde und Gefährten, das Fest ist bereit. Wollt Ihr die Gastfreundschaft der Tochter des Phönix-Königs an der Festtafel annehmen?«

Mit unvermindert makellosem Auftreten bot er mir seinen Arm, um mich in den Bankettsaal zu geleiten. Ich klammerte mich fester an den Arm, als ich es eigentlich beabsichtigte, während ich den Gästen, die vor uns beiseite traten, fortgesetzt etwas krampfhaft zulächelte. »Bis jetzt ist's wohl genug verlaufen«, flüsterte er mir zu, als wir den Durchgang vom Tanzsaal zum Bankettsaal durchschritten. »Ich wollte wetten, daß selbst diese so stolze Königin nun in ihrem Innern ein wenig aus der Ruhe gebracht worden ist. Bleibt auch weiter stark.«

Vielleicht durfte ich ihm nicht trauen. Aber noch war er mein Freund; und solange seine Freundschaft währte, hielt ich daran fest. »Ryzel«, gab ich kaum vernehmlich zur Antwort, »laßt mich nicht allein mit diesen räuberischen Menschen speisen!«

»Es ist Brauch«, sagte er, ohne das Haupt zu wenden. »Ich werde die Magi bewirten, derweil Ihr mit Ihren Herren zu Tische sitzt. Laßt's Euch nicht an Appetit mangeln. Ihr dürft keine Furcht zeigen.« Gleich darauf machte er eine Ergänzung. »Mag sein, ich erlange einen Hinweis darauf, was Cashon an König Thones Seite gebracht hat.«

Damit mußte ich mich also abfinden.

An der Schwelle zum Saal ließ er seinen Arm sinken. Ohne Ryzel ging ich den Gästen voran in den für Festessen bestimmten Bankettsaal der Könige.

Der Saal war rundum eine wahre Pracht an Licht, angenehmer Wärme, Musik und würzigen Wohlgerüchen. In den großen Kaminen brannten Feuer, nicht weil es ihrer bedurft hätte, sondern weil sie hübsch anzusehen waren und Gemütlichkeit erzeugten. Lange Reihen von Kandelabern warfen Glanz auf die Tischtücher aus Damast und kostbaren Tellern. In einer Ecke spielten Musikanten, ganz bei der Sache, eine flotte Weise. Der Geruch der mit Aromata angereicherten Kerzen verlieh jedem Atemzug einen besonderen Beigeschmack. Doch an diesem Abend bereiteten derlei Dinge mir weder Wohlgefallen noch Trost. Wie es Brauchtum war, daß Magus Ryzel mir hier fernblieb, so entsprach es ebenfalls dem Brauch, daß ich mein Mahl völlig allein einnehmen mußte – an einem ausschließlich mir vorbehaltenen Tisch, vor den Augen sämtlicher Gäste, vollauf in ihrem Blickfeld. Die langen Tafeln waren in ungefährem Halbkreis aufgestellt worden; mein Tisch hingegen stand einzeln und allgemein sichtbar auf einem niedrigen Podest zwischen des Halbkreises Seiten, so daß alle Anwesenden im Saal im Laufe des Festmahls mich betrachten konnten.

Eine barbarische Sitte, dachte ich mißmutig. Dennoch

hatte ich dafür Verständnis. Immer war es klüger – so hatte mein Vater mich oft belehrt –, durch Selbstsicherheit der Persönlichkeit zu herrschen als durchs Herauskehren von Stärke. Und wie hätte ich meinen Feinden eindringlicher darstellen können, daß ich sie nicht fürchtete, als durch den seelenruhigen Verzehr einer Mahlzeit in ihrer Gegenwart?

Indem ich an Mut aufbot, was mir verfügbar war, suchte ich mein Podest auf, verharrte dort im Stehen, bis die drei Fürsten und ihr ganzer Anhang, die bedeutendsten Familien und der niedrigere Adel des Reiches, all meine wesentlichsten Freunde und Gegner ihre rangmäßigen Plätze gefunden hatten. Unterdessen beobachtete ich sie für eine Weile, wünschte mir innig, ein Gorgo zu sein, so wie mein Urgroßvater, dazu fähig, jene in Stein zu verwandeln, die auf meinen Untergang sannen. Dann jedoch verscheuchte ich diese Vorstellung; sie stand jemandem übel an, der willens war, die Thronbesteigung zu wagen. Der Gorgo-König war in seinem Entscheiden über Wohl und Wehe ein grimmiger Herrscher gewesen; dennoch berichteten keinerlei Aufzeichnungen davon, daß er seine Magie jemals verwendet hätte, um seinen Untertanen ein Leid zuzufügen.

Als alle Gäste ihre Plätze ausfindig gemacht hatten, hielt ich die kurze, förmliche Rede, wie man sie zu diesem Zeitpunkt von mir erwartete, lud die Versammlung zu Speise, Trank und Kurzweil im Schloß der Könige ein. Mittlerweile war ich innerlich gefestigter, und kein Zittern beeinträchtigte meine Stimme. Der Sitte gemäß blieb ich stehen, bis die Menschen ringsum sich niedergelassen hatten. Dann klatschte der Tafelmeister zum Zeichen für die Diener in die Hände, und heilfroh nahm auch ich Platz.

Unverzüglich trug man das Festmahl auf. Man brachte die dampfenden Tabletts und angewärmten Platten,

Schalen mit Fleisch, Flaschen voller temperiertem Wein und Terrinen mit reichhaltigen Suppen, ebenfalls getreu nach dem Brauch, zuerst zu mir; und mit ihnen gesellte sich zu mir ein Bediensteter als Vorkoster. Er kostete für mich vor; ich tat es für die Gäste; somit konnten sowohl Vorsicht wie auch Höflichkeit beachtet werden.

Da jedoch erlebte ich eine gewisse Überraschung. Der Mann, der zu mir kam, um mich bei Tisch zu bedienen, war nicht mein gewohnter Vorkoster, jener alte Gefolgsmann, den ich von Kindesbeinen an im Königsschloß gekannt und sehr gemocht hatte. Statt dessen fand sich ein hünenhafter, prachtvoll gewachsener Bursche ein, wohl zehn Jahre älter als ich. Wenig wußte ich von ihm; aber seit meines Vaters Ableben hatte ich ihn im Schloß mehrmals bemerkt – fürwahr, es wäre gar nicht möglich gewesen, ihn zu übersehen, denn er sah außerordentlich schön aus, und seine Erscheinung rührte auf eine Weise an mein Herz, wie noch kein Mann es getan hatte. Sein Name lautete Wallin. Und nun, im Lichtschein der Kerzen und inmitten der Klänge der Musik, schien ihm mehr als wohlgestaltetes Aussehen zugeeignet zu sein; es war, als leuchte er von Vollkommenheit.

Ich dachte, während ich ihn musterte, daß zweifellos Maiden von solchen Männern träumten. Für jedes Weib war es ratsam, ihnen zu mißtrauen.

Dank der Musik und weil ich allein saß, konnte ich sprechen, ohne von Unbeteiligten gehört zu werden. »Das Vorkosten zählt nicht zu deinen üblichen Pflichten, Wallin«, sagte ich in gemessenem Ton.

»Um Vergebung, Mylady.« Seine Gefaßtheit stand seinem wunderbaren Äußeren nicht nach. »Seid nicht mißgestimmt. Euer Vorkoster ist in des Abends Verlauf erkrankt – ein leichtes Unwohlsein, das jedoch ausreicht, um ihn auf seine Bettstatt zu zwingen.« Er lächelte in so etwas wie Selbsttadel. »Ich habe den Tafelmeister angefleht, die Aufgabe des Vorkosters übernehmen zu dürfen, bis er's mir gestattete, nur um vor mir Ruhe zu erlangen.«

»Du hast sonderliche Wünsche, Wallin«, sagte ich und maß ihn aufmerksamen Blicks. Um der Wahrheit die Ehre zu geben, ich hegte weniger Argwohn wider ihn als die Anziehungskraft, welche er auf mich ausübte. »Weshalb begehrst du eine so gefahrvolle Pflicht? Die Aufgabe des Vorkosters ist unter diesem Dach nicht bloß zeremonieller Natur. Die Drei Königtümer vermögen auf so manchen Giftmord zurückzuschauen.«

»Mylady«, antwortete er, indem er so gelassen wie ich sprach, »Eure Gäste harren der Speisen.«

Ein Blick rundum zeigte mir, so war es. Etliche Adelige und Damen an den anderen Tischen sahen neugierig herüber. Andere wirkten aufsässig. Doch ich machte eine geringschätzige Geste. »Mögen Sie harren.« Das würde den Vorteil haben, die Verunsicherung zu steigern. »Du weckst mein Interesse.«

»Dann muß ich Euch mit aller Ehrlichkeit Antwort geben, Mylady.« Sein Verhalten deutete Schüchternheit an, aber er empfand sichtlich keinerlei Zerknirschung. »Man sagt den Großkönigen nach, daß sie ihre Gatten statt unter den Familien der Hohen oder dem Gefolge der drei Fürsten unterm gemeinen Volk auswählen. Das ist ohne Frage ein kluges Vorgehen, dieweil's jeden Anschein von Bevorzugung oder Begünstigung vermeidet, der das Reich in Unruhe stürzen könnte.« Er blickte rundum, vergewisserte sich dessen, daß niemand lauschte. »Mylady«, beendete er dann seine Erklärung, »wenn der Zeitpunkt kommt, da Ihr einen Gatten wählt, möchte ich in Eure Wahl gezogen werden. Ich diene Euch heute als Vorkoster, um Eure Aufmerksamkeit zu erregen.«

Er verblüffte mich. Ich war keine jener Frauen, wie Männer von schönem Aussehen sie begehrenswert fanden – oder, nach meinen Erfahrungen, überhaupt irgendwelche Männer, wie sie auch aussehen mochten. »Verlangt's dich nach Macht, Wallin?« fragte ich mit einer gewissen Bitterkeit nach.

»Mylady ...« – seine Beherrschtheit mußte als außergewöhnlich gelten –, »mich verlangt's nach Euch.«

Im ersten Augenblick lachte ich fast. Doch hätte ich gelacht, hätte ich womöglich auch geweint. Ohne daß meinerseits der Wille mitwirkte, rief er in mir eine Sehnsucht wach, man möge mich lieben, statt mich zu fürchten oder zu hassen; und der Schmerz, den es mir verursachte, nicht geliebt zu werden, rüttelte an meiner Selbstbeherrschung. Ich wendete alle Strenge auf, die ich aufzubieten vermochte. »Du bist kühn, Wallin«, entgegnete ich. »Mag sein, zu kühn. Oder du besitzt einen unzureichenden Begriff von dem Wagnis, das du eingehst. Noch habe ich mich nicht als wahre Königin erwiesen. Sollte ich scheitern, wird jeder, der sich mit mir zu verbünden getraut hat, mit mir dem Verderben geweiht sein. Ich wäre des hohen Amtes unwürdig, nach dem ich trachte, würde ich erlauben, daß du auf derlei Weise dein Leben in Gefahr bringst.« Aber dann gab ich ein wenig nach. Manche Schwächen bedurften des Aussprechens, sollten sie sich nicht auf anderen Wegen ihren Ausdruck suchen. »Sei versichert, daß du meine Aufmerksamkeit erregt hast.«

»Damit bin ich zufrieden«, erwiderte er. Doch in seinen Augen war unverhohlen zu erkennen, er würde nicht lange zufrieden sein.

Er verwirrte mich in solchem Maße, daß ich überaus froh war, als er sich an die Ausführung seiner Aufgabe machte, es mir ermöglichte, mich meinen ersten Speisen zu widmen und dabei seinen Blick zu meiden. Seine Haltung trotzte jeder Vernunft. Darum konnte ich ihr nicht trauen – und ebensowenig ihm selbst. Und daher kam es, daß die Stärke meines Wunsches, gleichfalls aller Vernunft zu trotzen, mir Entsetzen einflößte.

So war es ein Glück, daß ich keinen Appetit auf die Gerichte hatte, die man mir hinstellte. Es erforderte sehr viel bewußte Anstrengung, jede Speise so zu kosten, als entzücke sie mich; und diese Übung in Willenskraft gestattete es mir, mein Gemüt auch in anderer Hinsicht zu meistern. Während die Diener von meinem Platz aus vorgekostete Gerichte nach allen Seiten zu den langen Tafeln trugen und verteilten, den Gästen des Schlosses – nicht *meinen* Gästen, auch wenn Wallin sie so bezeichnet hatte – reichlich seltene Köstlichkeiten aus aller Herren Länder vorsetzten, gelang es mir mit der Zeit, meine Rolle mit der angemessenen Würde zu erfüllen. Mochten jene, die mich auf Anzeichen von Besorgnis beobachteten, an mir sehen, was ihnen beliebte.

Doch sobald ich Königin Damias Blick in meine Richtung schweifen spürte, wich ich ihm aus. Ich war darauf eingestellt, es zur Not mit dem gesamten Rest der Festversammlung aufzunehmen, mit Einzelnen oder mit allen zusammen auf einmal. Lodans Königin jedoch war ich nicht gewachsen.

So verstrich das Bankett. Man sprach keine Trinksprüche auf mich aus – ein Verstoß gegen die guten Sitten, allerdings allzu verzeihlich, berücksichtigte man die unsichere Lage jener unter den Gästen, die mir wohlgesonnen waren –, und auch ich verzichtete auf derartige Bekundungen. Die liebliche Musik, der Überfluß an Gaumenfreuden, die Wortschwälle oberflächlichen Geplauders und Scherzens überdeckten die Feindseligkeit und Spannung. Schließlich stellten die Musikanten ihre Instrumente beiseite und machten Platz für die Spielleute.

Die Spielleute waren vielleicht die einzigen Menschen im Saal, die nichts zu verlieren hatten als ihren Ruf. Krieg lieferte ihnen den Stoff für Lieder; Friede gewährte ihnen die Gelegenheit zum Singen. Das gleiche tat für sie dieser Abend, unabhängig davon, zu welchem Ergebnis mein Versuch der Thronbesteigung führte. So waren sie denn nur aus den Drei Königtümern ins Schloß gekommen, um Ruhm zu erlangen oder ihre Berühmtheit noch zu erhöhen, in ihrer Zukunft in Ehren zu bestehen. Aufgrund dessen befleißigten sie sich heute der außerordentlichsten künstlerischen Leistungen.

Das Brauchtum schrieb vor, daß der Sangeskundige des Königsschlosses zuerst mit dem Vortrag an die Reihe kam; und die Sängerin unterhielt die Geladenen mit einem ausdrucksvollen, wiewohl inhaltlich verfälschten Bänkellied, das schilderte, wie der Basilisk-König in Canna um eines Bauern Tochter freite und sie trotz der blindwütigen Abneigung des Mannes wider alles, was mit Magie zusammenhing, auch zur Gemahlin erhielt. Danach pflegten die Auftritte der in Diensten der drei Fürsten befindlichen Spielleute zu erfolgen. Doch nur zwei Sänger traten auf. Kein Spielmann begleitete den Grafen Thornden – entweder weil es an seinem Hof gar keinen Sänger gab, oder weil er sich den Aufwand erspart hatte, ihn mitzubringen. Aufgrund des Rangs, den er in der Zunft der Spielleute einnahm, gebührte König Thones Sänger der Vortritt, und er bot seiner Zuhörerschaft eine kunstreiche höfische Ballade dar, in ihrer Formgestaltung höchst durchdacht, aber geistlos in ihrem Anliegen, das aus nichts anderem bestand, als dem Monarchen von Canna zu schmeicheln. Doch ich fühlte mich nicht verärgert. Ich war willens, ihm zuzuhören, solange er singen möchte. Selbst plumpe Sängerschaft konnte mich heute verlocken, als besäße sie die Macht, mir das Künftige fernzuhalten.

Königin Damias Troubadour dagegen bereicherte das Fest um ein Lied, das mir die Kehle verengte. Es handelte sich um einen Gesang, den ich noch nie vernommen hatte, und er war inbrünstig und eindringlich, leidenschaftlich und kummervoll in einem, wie nur die besten

Lieder es sein können. Er erzählte, kurz gesagt, wie der Basilisk-König, der Großvater meiner Großmutter, den letzten Drachen erschlug.

Schon die bloße Vorstellung war schrecklich: Altes Wesen gegen Altes Wesen, Tötung eines Geschöpfs der eigenen Art, Beraubung der Welt um etwas, das realit war und deshalb kostbar. In der gesamten bekannten Geschichte des Reiches fochten und töteten allein die von Magi geschaffenen Abbilder der Alten Wesen. Die Magie-Wesen selbst lebten ihr eigenes Leben, von allem abseits und unberührt, beherrscht von Interessen, Bedürfnissen und Neigungen, die nichts, das nicht realit war, in Betracht zogen. Aber Königin Damias Barde sang, wie der Basilisk-König hinging, um das Reich des letzten Drachens zu entledigen, weil jenes große, ingrimmige Alte Wesen einen verderbten Geschmack an nicht realitem Fleisch entwickelt und sich mit Bewohnern der Drei Königtümer zu nähren begonnen hatte. Daher sah sich der Basilisk-König um des Volkes willen, für dessen Wohlergehen er sich die Verantwortung aufgebürdet hatte, das Blut seiner eigenen Art zu vergießen gezwungen, und selbiges Blut befleckte ihm die Hände bis zu seinem Tod. Es fraß sich in sein Fleisch, bis er zuletzt seine Hände verhüllen mußte, weil sie zu schaurig aussahen, als daß die Augen gewöhnlicher Menschen sie noch zu betrachten vermocht hätten.

Als das Lied im Saal verklang, hatte ich Tränen auf den Wangen und heißes Weh in meinem Herzen. Das ist nur ein Lied, versicherte ich mir. Es hat über mich keine Macht. Ich darf mich vor meinen Gegnern nicht wie ein kleines Mägdelein benehmen. Doch widersprach ich selbst mir: Der letzte Drache! Oh, Vater der Könige, der *letzte* Drache! Wie hast du das nur verwinden können?

Ich schenkte den Feiernden, die mich in meiner Schwäche beobachteten, keine Beachtung, hörte nichts von den Liedern, welche die restlichen Spielleute sangen. Ich dachte nur an die edlen Geschöpfe, die sich von frühester Kindheit an in meinen Träumen getummelt hatten – den feurigen Fliegenden Drachen und die wilde Todesfee, den schauderhaften Gorgo und die schlaue Geflügelte Schlange, den mystischen Phönix –, an meinen Traum, eines Tages eine der ihren sein zu dürfen, selbst ein Altes Wesen. Und daran, was die Welt durch das Erschlagen des Drachens verloren hatte.

Falls das Lied Wahres berichtete.

Zu guter Letzt errang ich die Fassung soweit wieder, um mich entschieden zu ermahnen. *Falls* das Lied die Wahrheit erzählte. Magus Ryzel hatte mir alles anvertraut, was er über die Geschichte der Magie im Reich wußte – und nie war irgendein Blutvergießen zwischen Alten Wesen erwähnt worden. Und wer hatte den Gesang vorgetragen, durch den mein einsames Herz so aufgewühlt worden war? Wer anderes als der Hofsänger Königin Damias?

Verbarg sich in dem Lied ihrerseits irgendwie eine List?

Wenn es so war, blieb ich sie zu ergründen außerstande. Wie bei allem, was sie tat, lag ihre wahre Absicht unter einer Oberfläche ungetrübter Unschuld verborgen. Vielleicht verhöhnte sie mich – oder es mochte sein, daß sie mich warnte. Welchen Zweck sie auch verfolgte, ich befürchtete, bereits in die Falle gegangen zu sein. Doch ich legte nicht länger darauf Wert ihren Blick zu meiden; als sie herüberschaute, ließ ich sie sehen, daß in meinen Augen eine Dunkelheit stak, die als kalte Wut auszulegen sich klugerweise für sie empfahl.

Vielleicht hätte ich Vorkehrungen zum Verlängern des Banketts ersinnen sollen. Jeder neue Abschnitt des Abends brachte mich dem Zeitpunkt meiner Prüfung näher. Doch statt dessen wünschte ich mir, die Maske der Zuversicht, die ich zu zeigen genötigt war, abstreifen zu können. Das Lächeln meiner Lippen fühlte sich spröde an, und ich bedurfte dringlich des Alleinseins, um zu meiner Entschlossenheit zurückzufinden. So erhob ich mich, nachdem die Spielleute ihre Auftritte gehabt hatten, und sprach ihnen mit förmlichen Worten Dank aus. Das war das Zeichen für die Diener, Branntwein und stärkere Liköre zur Abrundung des Mahls zu reichen; und die Gäste standen ebenfalls auf, um sich die Beine zu vertreten, sich untereinanderzumischen und zu plaudern, während man die Vorbereitungen für den Ball des heutigen Abends einleitete.

Aber als ich mich abwandte, um den Festsaal zu verlassen, eilte ein Diener zu mir und gab mir leise davon Kenntnis, daß König Thone um Audienz noch vor dem Ball und mit mir allein ersuchte.

Insgeheim erging ich mich in Verwünschungen, denn ohne Zweifel konnte ich es mir nicht erlauben, ein solches Ansinnen abschlägig zu bescheiden. Also stellte ich mein Sehnen nach einer Verschnaufpause hintenan und erteilte dem Diener den Auftrag, Cannas König in einen der für die Öffentlichkeit verbotenen, geheimen Unterredungen vorbehaltenen Räume in der Nähe des Festsaals zu führen.

Es gab im Schloß eine Anzahl solcher Räumlichkeiten – Gemächer, in denen die Könige vertrauliche Gespräche mit Königen, Beratern und Boten führen konnten –, und gewiß wußte die Hälfte aller ehrgeizigen Ränkeschmiede in den Drei Königtümern, daß diese Kammern in Wahrheit wenig Geheimhaltung zu bieten hatten. Ein Herrscher, der sich die Macht bewahren wollte, ohne Blut zu vergießen, war stets darauf bedacht, die eigenen Geheimnisse zu hüten, während er seinen Gegenspielern ständig andeutete, ihre Geheimnisse wären keineswegs sicher. Deshalb hingen in einigen Beratungskammern Wandgehänge, hinter denen Lauscher versteckt werden konnten; andere wiesen zum Lauschen in den Wänden kunstfertig getarnte

Schlitze auf; wieder andere besaßen verborgene Türen, durch die im Notfall plötzlich des Schlosses Wächter hereinstürmen mochten.

Für die König Thone gewährte Audienz wählte ich eine Kammer aus, die geschmückt war mit einem ansehnlich gewobenen Wandteppich, der die Thronbesteigung des Phönix-Königs darstellte. Doch ich setzte niemanden hinter den Wandteppich, weder Magus Ryzel noch einen Wächter. Sollte König Thone glauben, er werde oder werde nicht belauscht, wie es ihm behagte; ich jedenfalls verspürte den Drang; mich dessen fähig zu zeigen, es allein mit ihm aufzunehmen. Und falls Ryzel tatsächlich des Vertrauens unwürdig war, tat ich gescheit daran, ihm möglichst viele Geheimnisse zu verhehlen.

Als ich die Kammer aufsuchte, gab ich meiner Besorgnis soweit nach, daß ich zu meiner Beruhigung hinter den Wandteppich spähte. Dann setzte ich mich in den mit prächtigen Schnitzereien verzierten, zum alleinigen Gebrauch durch die Großkönige bestimmten Lehnstuhl und harrte Thones Ankunft.

Er kam kurz darauf, von keinem seiner Höflinge oder Vasallen begleitet. Da ich ihn nicht zum Sitzen aufforderte, blieb er stehen. Um ihn warten zu lassen und ihm Anlaß zum Wundern zu liefern, befahl ich einem Bediensteten, eine Karaffe vom bevorzugten Branntwein des Gorgo-Königs zu bringen, und ich sprach kein Wort zum Herrscher Cannas, ehe der Branntwein auf dem Tisch stand und der Diener sich aus dem Raum entfernt hatte. »Mylord«, sagte ich dann erst so gespielt einfältig, wie ich es vermochte, während ich bedächtig nur ein Glas – für Thone, nicht für mich – mit dem dunkel-bernsteingelben Getränk füllte, »Ihr habt um Audienz ersucht. Habt Ihr eine Beschwerde zu äußern? Mißfällt Euch irgend etwas an der Gastfreundschaft des Königlichen Schlosses?«

Er hielt das Glas in der Hand und betrachtete es einige Augenblicke lang stumm. Ich hatte ihm zur Probe eingeschenkt um zu sehen, wie er sich, vor die Wahl zwischen Höflichkeit, den Branntwein wieder hinzustellen, und der Unhöflichkeit des Trinkens, während ich nicht trank, entscheiden werde. So sank mir denn etwas der Mut, als er das Glas an den Mund hob und mit gezierter Bewegung ein Schlückchen trank.

Seine milchigen Augäpfel enthüllten nichts von seinem Innenleben, als er endlich mich anschaute; doch die Weise, wie er den Branntwein genoß, vermittelte den Eindruck, daß er insgeheim in andersgeartetem Vergnügen schwelgte. »Mylady«, sagte er langsam, »des Königlichen Schlosses Gastfreundschaft ist so, wie sie immer war, nämlich ohne Fehl und Tadel. Glaubt nicht, ich wollte mich Euch unter solchem Vorwand nahen.«

»Was zählt der Vorwand«, antwortete ich im Bestreben, ihm Unsicherheit einzuflößen, »wenn er uns die Gelegenheit gibt, offen miteinander zu sprechen?«

Sein Blick ruhte auf mir, als wäre er blind, unzugänglich für mein Tun. »Mylady«, fragte er vorsichtig, »was wünscht Ihr mir zu sagen?«

Ich schenkte ihm ein Lächeln, deutete alle Arten von Möglichkeiten an. »Mylord Thone von Canna«, erteilte ich jedoch lediglich Antwort, »Ihr habt um diese Audienz gebeten. Nicht ich habe um ein Gespräch ersucht.«

»Mylady«, sagte er sofort, als wäre hinter seinen Worten nichts verborgen, »anläßlich solcher Festlichkeiten geschieht es oft, daß die Magi des Reiches Beispiele ihrer Fähigkeiten vorführen. Ich erbitte für meinen Magus die Erlaubnis, Euch auf so eine Weise unterhalten zu dürfen.«

Er verblüffte mich, aber ich ließ es mir nicht anmerken. »Cashon?« fragte ich in gelinder Verwunderung. »Ihr habt ihn einen Meister des Feuers geheißen.« Thones dickliche Lippen verzogen sich ansatzweise zu einem Lächeln. »Folglich wäre seine Vorführung in einer so vollen Halle, unter so vielen Gästen, ein gefährliches Unterfangen. Weshalb ist's Euer Wunsch, daß er gerade hier seine Tüchtigkeit unter Beweis stellt?«

»Mylady, Ihr seid nicht Großkönigin. Ihr seid lediglich Anwärterin auf den Thron. Es wäre überaus klug von Euch, die Bedeutung der Macht meines Magus richtig zu verstehen.«

Sein Tonfall verhärtete meine innere Einstellung. Nun wußte ich, daß er mir drohte, aber noch ersah ich nicht die Natur der Drohung. »Es läßt sich nicht leugnen, daß ich nur Anwärterin auf den Thron bin«, erwiderte ich besonnen. »Ebenso jedoch bin ich die Tochter meines Vaters, des Phönix-Königs. Es erübrigt sich, daß ich das Wagnis eingehe, den Gästen des Königlichen Schlosses womöglich Schaden geschehen zu lassen, um Cashons Magie zu begreifen – oder die Bedeutung des Feuers.«

Er betrieb sein Spiel gut. Seine Stimme glich der eines höflichen Menschen, der seine Langeweile zu verhehlen versuchte, und seine Augen gaben nichts preis, als er antwortete: »Wäre Euch die Anwendbarkeit des Feuers besser vertraut, vielleicht würdet Ihr mit Eurer törichten Absicht, den Thron zu besteigen, nicht das ganze Reich in Gefahr bringen. Vielleicht könntet Ihr erkennen, wenn Euch die Augen geöffnet werden, daß andere mehr als Ihr dazu geeignet sind, die Herrschaft über die Drei Königtümer anzutreten.«

Das wagt Ihr mir ins Gesicht zu sagen? hätte ich ihm am liebsten entgegengeschleudert. So etwas wagt Ihr? Ich werde Euch in Eisen legen und in des Schlosses kälteste Kerkerzelle schließen lassen, so daß Ihr nie wieder jemandem, ob Mann oder Weib, drohen könnt. *Soviel* habe ich noch an Macht solange der Abend währt!

Aber ich sprach nichts dergleichen aus. Ich verheimlichte meinen Zorn. »Ihr meint Euch selbst, Mylord Thone«, sagte ich statt dessen in aller Ruhe. »Ich bitte Euch, redet weiter!«

Als hätte er bereits den Sieg davongetragen, leerte er sein Glas und füllte es aus der Karaffe von neuem. Aus dem schwachen Zucken seiner Mundwinkel ließ sich schlußfolgern, daß er mich für närrisch hielt, weil ich nicht auch von diesem vortrefflichen Branntwein trank.

»Mylady ...« – nun sparte er sich die Mühe, seinen Hohn zu verhehlen –, »ich hätte nicht gewähnt, Ihr bedürftet gründlicherer Aufklärung. Magus Ryzel hat Euch schlecht gelehrt, wenn Ihr meine Worte nicht versteht. Doch ich will mich klar ausdrücken. Canna ernährt die Drei Königtümer. Lodan und Nabal schenken ihnen Wohlstand. Aber Canna sichert ihnen das Dasein. Und mir dient mit Leib und Seele ein Magus, der das Feuer gemeistert hat.«

Ich wandte meinen Blick nicht von der milchigen Rätselhaftigkeit seiner Augen. »Soviel ist klar. Sprecht mit noch mehr Klarheit.«

König Thone vermochte nicht ein Grinsen zu unterdrücken. »Mylady, Ihr seid ungemein reizend. Diese kindliche Unschuld steht Euch wohl. Aber sie ertüchtigt Euch nicht fürs Herrschen. Doch ihr gebietet deutliche Worte, und während der Dauer dieses Abends muß ich Euch gehorchen. Um's denn ohne jede Mißverständlichkeit zu äußern: Ihr müßt des Versuchs entsagen, den Thron der Könige zu besteigen. Vielmehr müßt Ihr jenen weichen, die sich zum Herrschen besser eignen. Wenn Ihr anders verfahrt – sobald Ihr nur einen Fuß auf die Stufen zu selbigem Thron setzt –, wird mein Magus sein Feuer entfesseln. Auf Eure Weisung spreche ich so frank und frei. Er wird sein Feuer nicht gegen das Schloß richten.« Das fügte er hinzu, als hätte ich ihn genauer gefragt. »Gewiß nicht. Das wäre, wie Ihr zurecht angemerkt habt, mit Gefahr verbunden. Nein, er wird Feuer an Cannas Felder und Ernten legen. Meine geheimen Vorräte werden verschont bleiben, aber Nabal und Lodan werden hungern müssen. Sie werden *Hunger* leiden, Mylady, bis sie's für angebracht erachten, ihre Kronen mir zu überlassen. Sicherlich werdet Ihr dagegen Abneigung hegen...« – er beschloß seine Ausführungen mit merklicher Zufriedenheit –, »soviel Tod über das Reich zu bringen, indem Ihr Euch mir widersetzt.«

Aus Erschrecken und Zorn geriet ich ins Beben; aber ich ließ es ihn nicht merken. Einen Augenblick lang befürchtete ich, es könne ihm nicht entgehen. Ich war oft und immer wieder auf derlei Streitigkeiten vorbereitet worden – doch Unterweisung war keine Erfahrung, und ich war noch nicht einundzwanzig, und bis zu diesem Abend hatte mir stets Magus Ryzel zur Seite gestanden. Die Bedrohung des Reiches jedoch verlangte mir vollen Einsatz ab. Nun lautete die einzige Frage, die Gewicht besaß, nicht etwa, ob ich mich später als zur Königin tauglich erwiese, sondern ob ich dazu imstande wäre, das Reich jetzt zu retten.

»Ihr seid kühn, Mylord«, sagte ich aus meinem Lehnstuhl. »Allem Anschein nach schert's Euch nicht, daß Ihr Euch durch derlei Vorgehen zum verhaßtesten Mann in der Geschichte der Drei Königtümer machen müßt. Und ebenso hat's den Anschein...« – ich sprach unverzüglich weiter, um nicht unterbrochen zu werden –, »daß Ihr Euren Weg mit sorgsamem Vorbedacht gewählt habt. Nun wohl. Vielleicht besitzt Ihr die Güte, Mylord...« – meine Höflichkeit blieb untadelig –, »mir mitzuteilen, was Ihr zu unternehmen gedächtet, würde ich des Schlosses Wächter rufen und Euch ohne sonderliche Umstände in den Kerker werfen lassen.«

Er schien durch mich hindurchzustarren, als ob ich Albernheit an den Tag legte; sein Mund verzog sich zu einem Schmunzeln. »Das wäre wenig ratsam«, lautete seine Antwort. »Mein Magus hat von mir unzweideutige Anweisungen erhalten. Sollte ich nicht binnen kurzem in den Saal zurückkehren, um ihm anderen Bescheid zu erteilen, wird er in Canna, ganz wie vorgesehen, Brandschatzung entfachen.«

»Ich verstehe.« Ich nickte einmal, eine knappe Anerkennung seiner Gerissenheit. »Und wenn ich Cashon gleichfalls einsperre, was dann?«

»Mylady«, antwortete er mit betonter Geduld, »ich habe Euch kundgetan, daß er ein Meister ist. Und sicherlich hat Ryzel Euch gelehrt, daß ein Magus, um seine Macht anwenden zu können, nicht frei sein muß. Weder Entfernung noch Kerker vermögen das Reich gegen die Ausführung meines Willens zu schützen.«

Für ein Weilchen schwieg ich, ordnete meine Gedanken. Der Erfolg von Thones Plan hing von Cashon ab – einem Mann, dessen Unbescholtenheit und Gewissenstreue niemals Zweifler gefunden hatte. Dennoch war der Monarch von Canna offenbar davon überzeugt, Cashon würde auf seinen Wunsch hin eine so ungeheuerliche Übeltat begehen. Allein die Vorstellung war gräßlich. Noch immer bewahrte ich Gefaßtheit. »Wollet Ihr wirklich und wahrhaftig«, fragte ich, indem ich meinen Gegenspieler offenen Blickes musterte, »ein solches Greuel anrichten, Mylord Thone von Canna?«

»Mylady«, gab er in seinem Tonfall der Geduld Auskunft, »kränkt mich nicht mit Unglauben.« Seine Augen verhehlten alles. »Ich gedenke über die Drei Königtümer zu herrschen, und Ihr werdet mich daran nicht hindern.«

Ich winkte mit der Hand, tat seine Bekräftigung ab, als stünde mein Vermögen, sein Vorhaben vereiteln zu können, völlig außer Zweifel. »Und Cashon?« erkundigte ich mich fast nachlässig. »Er hat sich im Reich einen vorzüglichen Ruf erworben. Wird er Euren abscheulichen Weisungen fürwahr gehorchen?«

»Dessen dürft Ihr vollauf gewiß sein«, sagte der König Cannas. Ich hatte ihn nicht im mindesten verunsichert.

»Das ist ja lachhaft!« brauste ich sofort auf, beabsichtigte mit allem Nachdruck nach irgendeiner Schwäche seines Plans zu forschen. »Wir sprechen von Cashon, Mylord – nicht Thorndens Speichellecker oder Damias Frettchen. Er ist keineswegs in derselben Gosse herangewachsen, in welcher der Ursprung Eurer Herrschaft gesehen werden muß. *Warum* sollte er Euch gehorsam sein?«

König Thones Erwiderung ermangelte es sogar am schlichten Anstand einer Verärgerung. »Er wird mir gehorchen«, sagte er voller Selbstgefälligkeit, »weil seine Gattin und seine drei Töchter sich in meiner Gewalt befinden. Er weiß nicht, wo sie sind – aber er weiß, daß ich sie, falls er mich hintergeht, erschlagen lassen werde. Und er hat zu befürchten, daß mir, ehe sie sterben, noch andere Dinge in den Sinn kommen möchten, die ich mit ihnen anstellen kann. Also zieht nicht in Zweifel, daß er mir gehorchen wird.«

Seine Gattin und seine Töchter? hätte ich gerne geschrien. Solcher Gemeinheit seid Ihr fähig? Und da nennt Ihr Euch geeignet zum Herrscher? Die Natur von Thones Machenschaften erfüllte mich mit Grausen; seine Enthüllung erklärte mir vieles.

Doch das bloße Ausmaß meiner Entrüstung diente meinem Beherrschungsvermögen als Rückhalt. »In diesem Fall«, sagte ich, während mein Herz heftig pochte, »wollt Ihr womöglich so liebenswürdig sein, einen Diener zu rufen.« Ich zeigte auf einen Klingelzug in seiner Reichweite.

Leichte Betroffenheit befiel ihn. Ich spürte, wie er mich hinter dem Schleier seines Blicks wachsam musterte. Aber ich äußerte keine Begründung für meinen Wunsch, und mein Gebaren verriet ihm nichts. Es mochte sein, daß er nun sich selbst gefährdet ahnte, doch er war längst zu weit gegangen, um noch zurückweichen zu können. Nach kurzem Zaudern zuckte er die Achseln und ruckte nachgerade gönnerhaft an dem Klingelzug.

»Bitte den Magus Cashon zu uns!« befahl ich laut und deutlich, aber ohne besondere Betonung, als sich ein Diener eingefunden hatte.

Es bereitete mir stille Freude, Thone anzusehen, daß er sich darüber im klaren war, er konnte nun nichts mehr sagen, sei es zum Widerspruch oder zur Warnung, ohne sich zum Narren herabzuwürdigen. Um sich zum Schweigen anzuhalten, kaute er auf seiner Unterlippe.

Wenig später betrat Cashon den Beratungsraum. Sein Betragen bezeugte, als er hereinkam, höchste Vorsicht. Da ich nun sein Schicksal kannte, waren Schmerz und Furcht, die ich an ihm zu beobachten vermochte, gänzlich unmißverständlich. Unter seinem Fleisch fraß der Gram ihm den Mut fort, der seinem Angesicht noch mehr oder weniger das gewohnte Aussehen gab. Einfach aus Liebe zu seiner Gemahlin hatte er im Leben auf vielerlei verzichtet, das ein Magus als erstrebenswert einstufen mochte – und mit aller Eindeutigkeit hatte er das Verzichten nie bereut. Doch nun, da sein Eheweib und seine Tochter in äußerster Gefahr schwebten, drohte die Furcht um sie ihn zu verzehren. Sie beherrschte ihn vollkommen. Er schaute mich nicht an; das Leid in seinen Augen richtete sich ausschließlich auf König Thone. Sinnlos ballte und lockerte er fortwährend an seinen Seiten die Hände.

Aus Rücksicht auf ihn ergriff ich ohne Verzug erneut das Wort, sobald sich die Tür hinter ihm geschlossen hatte.

»Magus«, sagte ich mit gleichmäßiger Stimme, »dieser gewissenlose Fürst hat mir die Mittel offenbart, dank welcher er sich zum Großkönig der Drei Königtümer aufzuschwingen gedenkt. Ihr seid das Schwert, das mir an die Kehle zu setzen er die Absicht hat. Aber mein Wort lautet anders. Ich sage Euch, daß Ihr um jene, die Ihr liebt, keine Furcht zu haben braucht.«

Da schenkte Cashon seine Aufmerksamkeit schlagartig mir.

Thone öffnete den Mund, um etwas von sich zu geben, machte ihn jedoch wieder zu, um zunächst zu hören, was ich zu sagen hatte.

»Ihr steht im Ruf, ein Meister des Feuers zu sein, Magus«, fügte ich hinzu. »Deshalb trachtet König Thone danach, Euch zur Unterstützung seiner Zwecke zu nötigen. Auch deshalb jedoch seid Ihr befähigt, seine Bestrebungen zu durchkreuzen. Wendet Euer Feuer gegen *ihn*, Magus ...« – nun endlich erlaubte ich meinem Zorn, meine Stimme mit Schärfe zu durchdringen – »wider diesen herzlosen Stutzer, der Tausende von unschuldigen Menschenleben bedroht, allein um seinem Ehrgeiz zu frönen. Wenn Ihr ihn bloß mit Flammen umgebt und ihn deren Hitze fühlen laßt, wird er Euch ausplaudern, wo man Eure Familie gefangenhält, um keine Schmerzen verspüren zu müssen. Noch mehr wird er tun. Er wird Euch den Befehl zu ihrer Freilassung aufschreiben, so daß ihr sie noch in dieser Nacht aus der Gefangenschaft erlösen könnt.«

Das war mein Schachzug zum Schutze des Reiches. Doch ich sah in Cashons Augen keinerlei Hoffnung keimen; die Sorge hatte ihm alle Kraft genommen. Und Cannas Herr lenkte nicht ein. Sein Blick maß den Magus, während er sich mit verhaltener Stimme an mich wandte.

»Ihr seid eine Närrin. Denkt Ihr Euch etwa, Cashon hätte nicht selber schon Überlegungen in bezug auf derlei Drohungen angestellt? Aber ich weiß, daß meine Männer Befehl haben, seine Gemahlin und seine Töchter zunächst zu schänden und danach zu erschlagen, sollte mir irgendein Unheil zustoßen. Falls ihnen Nachricht zukommt, daß mir etwas angetan oder mein Plan nicht durchgeführt worden ist, werden sie handeln. Und ich werde niemals einen Befehl zur Freilassung der Geiseln unterzeichnen. Schaut ihn Euch an!« Cashon schien sich angesichts von Thones Verachtung zu winden, so sehr zermürbte die Furcht den Magus. »Er schätzt sich glücklich, mir gehorchen zu dürfen und dadurch seine Familie retten zu können.« Dann richtete Thone den Blick wieder auf mich. »Und das gleiche Schicksal werde ich Euch bereiten ...« – seine herablassende Ruhe wich, und er fing an zu schreien –, »wenn Ihr Euch mir nicht sofort unterwerft!«

Mein Herz war übervoll mit Bedauern für Cashon; doch des Reiches Sicherheit hing von ihm ab, und ich konnte ihn nicht schonen. Einst war er stärker gewesen; ich setzte darauf, daß er das nicht vergessen hatte.

Zum zweitenmal an diesem Abend leistete ich mir ein Lachen. Geschmeidig erhob ich mich aus dem Lehnstuhl. »Cashon«, sagte ich, während ich zur Tür schritt, »ich überlasse ihn Euch. Ihr seid ein Meister. Ich vertraue darauf, daß Ihr im Königlichen Schloß keinen Schaden anrichten werdet. Man wird seinen Befehl bezüglich Eurer Familie nicht befolgen. In Canna erinnert man sich noch daran, daß er durch mutmaßlichen Mord an seinem Onkel König geworden ist – und daß von der ersten Stunde seiner Herrschaft an alle Gesetze und Gebote des Königtums Canna willkürlich geändert worden sind. Sollten jene, die Eure Lieben in Gefangenschaft halten, die Kunde von seinem Tod erreichen, werden sie's nicht wagen, seinen Befehl in die Tat umzusetzen, weil sie befürchten müßten, beim nächsten Monarchen Cannas in Ungnade zu fallen.« Ich warf alles, was ich aufzubieten hatte, zu Cashons Gunsten in die Waagschale. »Und sollte Thone sich Eurem Willen nicht fügen, werdet künftig Ihr Cannas Herrscher sein.«

An der Tür verweilte ich ein letztes Mal, um den König von Canna anzuschauen und zu lächeln. »Ich bin sicher, Ihr werdet am Ball Vergnügen finden, Mylord«, sagte ich auf die freundlichste Weise. Dann verließ ich das Beratungszimmer und schloß hinter mir die Tür.

Draußen ließen mich beinahe die Beine im Stich. Mein Entsetzen über das Wagnis, das ich einging, verursachte mir Schwäche und Schwindel. Falls Cashon aus meiner Zurschaustellung von Zuversicht keinen Mut bezog – falls er seine Furcht nicht zu besiegen vermochte ...! Kaum zum Stehen imstande, lehnte ich mich an die Tür und lauschte, traute mich nicht zu atmen.

Durch die Holztäfelung vernahm ich das erste, dumpfe Brausen von Cashons Magie – und König Thones ersten Aufschrei des Grauens.

Eine in der Nähe befindliche Dienerin blickte erschrocken herüber. »Sei unbesorgt«, sagte ich, um sie zu beruhigen. Binnen eines Herzschlags verwandelte sich meine Schwäche in Hochstimmung der Erleichterung. »König Thone und Magus Cashon werden ihre Meinungsverschiedenheiten sehr wohl allein lösen können.« Am liebsten hätte ich aus Triumph laut gejubelt. »Und ich glaube vorhersagen zu können, König Thone wird unversehrt wieder zum Vorschein kommen. Wir dürfen sie getrost sich selbst überlassen.«

Ich wandte mich in die Richtung zum Ballsaal und entfernte mich. Erstmals hatte ich das Gefühl, womöglich in der Tat tüchtig genug zu sein, um über die Drei Königtümer zu herrschen.

Einen Augenblick später kam Ryzel in den Korridor und eilte mir entgegen, bewahrte nur mit Not hinlängliche Würde, um nicht ins Laufen zu verfallen. »Chrysalis«, raunte er mir eindringlich zu, »seid Ihr wohlauf? In jener Kammer sind magische Kräfte am Werk.«

Er war außerordentlich empfindsam für die Schwingungen, welche sich bei jeder Benutzung oder Präsenz von Realitem ringsum ausbreiteten. Jede magische Wirkung oder Magie, die irgendwo im Königsschloß auftraten, gelangte ihm unverzüglich zur Kenntnis. Dank dieser Gabe – und andersartiger Hilfsmittel – hatte er festgestellt, ich war kein Altes Wesen. Seine Beunruhigung ließ sich, wie er sich nun mir nahte, deutlich in seiner Miene erkennen – beruhte vielleicht auf Sorge um mich, möglicherweise jedoch auf der Sorge, etwas könnte geschehen sein, das seinen eigenen Absichten zuwiderlief. Doch sobald er sah, daß ich wohlbehalten war – und zudem breit lächelte –, verharrte er mit einem Ruck, bändigte seine Hast. »Mylady«, erkundigte er sich maßvoll, »was hat sich zugetragen?«

Ehe ich mir eine Antwort überlegen konnte, flog die Tür des Beratungszimmers auf, und Schwefelgestank wehte in den Korridor; Cashon sprang heraus, strotzte von erneuerter Stärke und Hoffnung. In einer Hand hielt er ein Schriftstück. Damit winkte er mir zu, bevor er in der entgegengesetzten Richtung den Korridor hinablief, sich geschwind auf den Weg zu seinem Pferd machte.

Entschieden nahm ich Ryzels Arm und kehrte den Magus ab vom üblen Geruch, der zurückgeblieben war von der feurigen Verrichtung. Trotz meiner Unerfahrenheit besaß ich darüber Klarheit, daß es unkluges Verhalten wäre, König Thone vor Zeugen aus jener Kammer treten zu lassen und ihn dadurch noch mehr zu demütigen. Mochte er sein zerzaustes Äußeres in Ordnung bringen und am Ball teilnehmen, wenn es ihm beliebte; das bloße Bewußtsein dessen, ihn zurechtgewiesen zu haben, würde mir im weiteren zur Genüge gegen ihn von Nutzen sein.

»Es hat den Anschein«, sagte ich leise, um Ryzels Frage zu beantworten, »daß Cashon dem Herrn von Canna nicht länger verpflichtet ist.« Darüber hinaus allerdings gab ich ihm keine Erläuterung. Er hatte seine Geheimnisse; deshalb behielt ich meine ebenfalls für mich. Und außerdem – um bei der Wahrheit zu bleiben – war ich noch jung und wünschte ihm keine Gelegenheit einzuräumen, wie er mich wegen meiner Waghalsigkeit oder der damit verbunden gewesenen Prahlerei ausschelten könnte.

Meine Wortkargheit bewog ihn zu einem mißmutigen Stirnrunzeln, aber er bedrängte mich nicht mit Fragen. »Dann dauert's mich nicht mehr«, äußerte er vielmehr, »daß ich über Cashon nichts in Erfahrung bringen konnte, was für Euch hilfreich gewesen wäre.«

»Ist's denn nicht üblich«, fragte ich, während wir weiterschritten, »daß die Magi anläßlich ihrer seltenen Zusammenkünfte der Unterhaltung und des Gesprächs pflegen?«

»Das ist durchaus Gepflogenheit«, antwortete er. »Doch Cashon hat vom Anfang bis zum Ende schwerlich mehr als drei Worte gesprochen.«

Irgend etwas in seinem Ton weckte in mir Wachsamkeit. Im Handumdrehen verwarf ich jeden Gedanken an König Thones Niederlage und widmete meine Aufmerksamkeit dem Magus. »Wenn Cashon nichts geredet hat, wer dann?«

Er sann für eine Weile darüber nach, was er entgegnen sollte, schien auf der Auskunft – so wirkten die Bewegungen seiner Kiefer – zu kauen, als fände er ihren Geschmack widerwärtig, fürchte sich aber, sie auszuspeien. »Scour«, sagte er sodann ziemlich plötzlich.

Sein Widerwille gegen Königin Damias Magus bestand schon seit langem; für seine gegenwärtige Heftigkeit war das allerdings keine ausreichende Erklärung. Und ich hatte selbst, was die Herrin Lodans anbetraf, vielerlei Gründe zum Besorgtsein. »Und was hat Scour geäußert?« fragte ich bedächtig nach.

»Mylady«, sagte Ryzel, auf unklare Weise ergrimmt: oder die Ursache seines Zorns nicht zu nennen bereit,

»Unsinn hat er geredet – Anspielungen und dumme Scherze der undurchschaubarsten Art. Er ließ sich nicht zum Schweigen bringen. Die Schlauheit, welche er sich anmaßt, war ihm ein Quell der größten Belustigung.« Gereizt schnob der Magus. »Nur eines hat er an Klarem ausgesprochen. Er enthüllte, aufgrund seiner Bitte sänge Königin Damias Barde anläßlich der heutigen Festlichkeit von der Tötung des letzten Drachens.«

Die Plötzlichkeit, mit der meine Hand seinen Arm fester packte, hatte zur Folge, daß er stehenblieb. Seine Darstellung rief mir die unergründliche Hintersinnigkeit der Herrscherin von Lodan von neuem ins Bewußtsein. – »Ist es wahr?« entfuhr es mir fast unwillkürlich.

Am Eingang zum Ballsaal drehte er sich mir zu. Aus dem Saal drangen greuliche Töne, während die Musikanten ihre Instrumente stimmten. »Daß Scour um den Vortrag jenes Gesangs auf dem Fest ersucht hat? Ich weiß es nicht. Freilich wollte er's mir glauben machen.«

Ich hielt seinem Blick stand, mit dem er in mir zu forschen trachtete. »Ist es wahr, daß der Basilisk-König den letzten Drachen erschlagen hat?«

Er schnitt eine düstere Miene, während er mich musterte, zu erraten versuchte, was ich dachte. »So wird's erzählt«, sagte er langsam. »Mag sein, es ist wahr. Viele Menschen glauben, daß es auf der Welt noch einen Drachen gab, als des Basilisk-Königs Herrschaft begann – und daß er nicht mehr lebte, als seine Herrschaft endete. Mit Gewißheit ist nur eine Einzelheit jener Erzählung als wahr überliefert – daß nämlich der Basilisk-König während der letzten Jahre seines Herrschens die Hände umhüllt trug.«

Nicht willens, Ryzels Neugier zu trotzen oder zufriedenzustellen, näherte ich mich der Tür. Aber als man sie mir öffnete, befand ich anders über mein Schweigen. Auf der Schwelle zum Tanzsaal wandte ich mich zum

Magus um. »Dann muß seine Trauer«, sagte ich, »so furchtbar gewesen sein wie sein Verbrechen.«

Ein oder zwei Schritte vor ihm betrat ich den Saal, um an den weiteren Festlichkeiten des Abends teilzuhaben.

Die Mehrzahl der Gäste hatte sich schon früher als ich wieder eingefunden. König Thones Gefolge wirkte aufgrund seiner Abwesenheit ein wenig verstört; dagegen bestimmte Königin Damia das Geschehen in jenem Teil des Saals, wo sie und ihr Gefolge sich aufhielten, mit beträchtlicher Großartigkeit und gewaltigem Pomp; Graf Thornden und seine Begleiter zeigten ihr mit der größtmöglichen Schroffheit den Rücken; und in den Randbereichen des Saals schlenderten jene Familien, Horcher sowie Liebhaber des Tanzes und Vergnügungen umher, denen keinerlei Zwänge durch Bündnisse oder persönliche Interessen auferlagen.

Bei meinem Eintreten dämpften die Versammelten ihre Lautstärke. Die Musikanten hörten mit dem Stimmen der Instrumente auf; die Fürsten und ihr Anhang schauten mir entgegen; nach dem einen oder anderen letzten Kichern schickten sich auch die ausgelasseneren Jungfern in die allgemeine Ruhe. Einige Augenblicke lang hielt ich im Saal Umschau und bemühte mich darum, einen Eindruck der Wohlgelauntheit zu machen. Insgesamt boten diese Menschen im hellen Lichtschein der Kerzenleuchter einen erfreulichen, ja zauberhaften Anblick. Sie waren schön anzusehen, fesch gekleidet und sichtlich wohlhabend. Tatsächlich war kaum jemand darunter zu finden, der nicht in irgendeiner Beziehung Reichtum zur Schau trug. Hier offenbarte sich dafür der Beweis, daß das Reich in erheblichem Maß erblüht und gediehen war in dem Frieden, zu dem die Großkönige es genötigt hatten. Die Herrschaft die ich anstrebte, hatte sich unverkennbar als eine Sache von Wert und der Bewunderung würdig erwiesen; doch gleichzeitig erinnerten alle diese vornehmen Edlen und Damen, wahrlich zum Staunen herausgeputzt, mich daran, daß ich die unscheinbarste Frau in allen Drei Königreichen war, wie Ryzel sich ausgedrückt hatte. Trotz meines Siegs über König Thone schnitt ich im Vergleich mit den Gästen des Königsschlosses schlecht ab.

Nichtsdestoweniger erfüllte ich meine Aufgabe, so gut ich es vermochte. Indem ich mich in einer Anmut übte, die ich nicht besaß, begab ich mich in des Ballsaals Mitte und breitete dort die Arme zu einer Geste des Willkommens aus. »Ich bitte Euch, gebt Euch nun der Lustbarkeit des Tanzes hin«, sagte ich mit klarer Stimme. »Heute ist der Abend meiner Thronbesteigung, und es ist mein Wunsch, das ganze Reich in froher Stimmung zu sehen.«

Sofort fingen die Musikanten eine schwungvolle Melodei zu spielen an; und nach einer kurzen Frist des Zauderns nahm der Ball seinen Lauf. Stets darauf bedacht, jedwede Gelegenheit zu vorteilhafter Selbstdarstellung zu nutzen, ließ sich Königin Damia von den Armen eines glücklichen Verehrers umfangen und begann über den Tanzboden dahinzuschweben. Rasch suchten auch andere eifrige Jünglinge sich Tänzerinnen; ehrwürdige alte Adelige und ihre Gemahlinnen drehten sich im Tanze feierlich im Kreis. Im Augenwinkel sah ich, wie König Thone in den Ballsaal kam, im Wirbeln des ersten Tanzes unbemerkt. Insgeheim brachte ich ihm für das Geschick, mit dem es ihm gelang, sich wieder unter die Festgäste zu mischen, ohne Aufmerksamkeit zu erregen, einiges an Achtung entgegen; und ich beobachtete, daß er es zudem geschafft hatte, zum Teil andere Gewandung anzulegen, so daß sich ihm die Folgen der Maßnahmen, mit denen Cashon ihn zum Umdenken bewogen hatte, nicht länger ansehen ließen. Gleich darauf hatte er eine Dame zum Tanze aufgefordert – die Gattin eines seiner Vasallen – und befaßte sich damit, sich ganz so zu betragen, als hätte sich zwischendurch nichts ereignet.

Sogar Magus Ryzel schob sich das Zepter unter den Arm und nahm sich eine Tänzerin – ein Edelfräulein, das ihn anstarrte, als verkörpere er den Höhepunkt eines Menschenlebens. So spielte auch er seine Rolle. Bald hatte es den Anschein, als ob nur Graf Thornden und ich nicht tanzten. Er blieb abseits, zu griesgrämig für derlei Zeitvertreib. Und ich … Vermutlich befanden sich im Saal keine Männer, die keck genug waren, um sich mir zu nahen.

Verkrampft wandte ich mich ab, um den Tanzenden Platz zu machen. Ich hatte vor, mich an den Rand des Dahinwirbelns von Leibern zu begeben, von dort aus zuzuschauen und den Klängen zu lauschen, bis ich die Möglichkeit fand, mich unauffällig zurückzuziehen. Mir mißbehagten meine Empfindungen, wie ich so selbst die jüngsten Töchter der unbedeutendsten Familien mich an Lieblichkeit und Glanz übertreffen sah. Doch als ich meinen Standort in der Mitte des Ballsaals verließ, prallte ich ums Haar mit Wallin zusammen, dem Diener.

Er hatte seine Livree gegen einen schlichten Rock aus feinem Wollstoff ausgetauscht, sauber und von tadellosem Schnitt, allerdings weder von förmlichem noch festlichem Aussehen; das Kleidungsstück hob seine ungewöhnliche Wohlgestaltetheit gerade durch die Einfachheit hervor. Er nutzte meine Überraschung aus, schlang einen Arm um meine Taille, ergriff meine Hand und zog mich mit sich, in den allgemeinen Tanz.

Ein Diener. Derselbe Bedienstete, der von sich behauptet hatte, Verlangen nach meiner Person zu verspüren. In meiner anfänglichen Verwirrung brachte er mich ganz unter seinen Einfluß, und an ihm verblüffte mich allein die Tatsache nicht, daß er sich als vortrefflicher Tänzer bewährte. Was er auch ansonsten sein mochte, ich konnte in ihm keinen Mann sehen, der sich so etwas herausnahm, ohne die angemessene tänzerische Geschicklichkeit zu haben.

Für die Dauer einer halben Durchquerung des Ballsaals hielt ich mich lediglich an ihm fest und ließ mich von ihm führen, versuchte unterdessen, wieder Klarheit in meinem Gemüt zu schaffen. Seine körperliche Nähe, die Kraft seiner Arme, sein Geruch – teils nach Schweiß vom Arbeiten in der Küche, teils nach ungekochter Suppe –, das alles trug dazu bei, mich zu verwirren. Da jedoch bemerkte ich Ryzels Blick, als wir an ihm vorübertanzten, sein beifälliges Nicken; und das verhalf mir zur Fassung zurück. Eindeutig vermittelte er den Eindruck, daß er in meinem Tanzen – und meinem Tänzer – einen besonders für diese Stunde vorbereiteten Auftritt sehen zu müssen glaubte, von mir ersonnen, um nicht töricht zu wirken, falls kein Gast aus freien Stücken meine Gesellschaft suchte. Und den anderen Anwesenden, deren Blicke auf mich fielen, konnte man in den Augen Neugier, Verdutztheit und Mutmaßerei ansehen, und anscheinend teilten sie Ryzels Annahme – oder dachten vielleicht, ich hätte fürwahr Wallin zu meinem Gatten auserkoren.

Der Magus besaß von mir eine zu hohe Meinung; und zur gleichen Zeit offenbarte er, daß Wallins Verhalten mit ihm in keinem Zusammenhang stand. Mit einer Aufbietung von Willenskraft meisterte ich meine innere Aufwühlung. »Du neigst zu Tollheiten«, sagte ich, lehnte mich näher an Wallin, so daß ausschließlich er mich zu hören vermochte.

»Mylady?« Mir war, als könnte ich durch seine breite Brust seine Stimme fühlen.

»Wenn der Tafelmeister entdeckt, daß du von deiner Arbeit abgelassen hast, wirst du ihrer gänzlich verlustig gehen. Du bist Diener, kein Sprößling eines reichen Edlen. Selbst Kerle von schönem Äußeren und staunenswerter Anmaßung müssen ein Tagewerk haben, wollen sie sich ernähren.«

Er lachte leise, fast auf vertrauliche Art. »Heute abend steht mir der Sinn weder nach Arbeit noch Speise, Mylady.«

»Dann bist du entweder ein Held oder ein Narr«, erwiderte ich ungnädig, um besser mit meinen Gefühlen von ihm auf Abstand bleiben zu können. »Hast du nicht Graf Thorndens Blick auf uns ruhen gesehen? Er hat bereits deinen Tod beschlossen. Auch König Thone wird gewißlich nicht auf dein Wohl sinnen. Und Königin Damia ...« Mußte es ihr nicht schier das Blut ins Wallen bringen, jemanden mit mir tanzen zu sehen, der besser aussah als jeder, der sie umwarb? »Du tätest klüger daran, deine Keckheit an ihr zu erproben.«

»Ach, Mylady.« Seine Erheiterung wirkte echt; aber seine Augen spiegelten Wachsamkeit wider, während wir uns im Kreise drehten. Sie waren wachsam und braun, glichen weichem Pelz. »Es wäre mir ein Hochgenuß, Euch wahrhaftig mit soviel Mut Kurzweil bereiten zu können. Unglücklicherweise unterliege ich keiner solchen Gefährdung. Ich bin nur ein Diener und entgehe der Beachtung von Fürsten.« Da lachte er ohne alle Zurückhaltung – ein wenig zu rauh, wie ich meinte. »Außerdem ist Graf Thornden ein großer, plumper Ochse und kann nicht schnell genug laufen, um mich zu fangen. Keiner von König Thones Mietlingen ist so mannhaft, daß er mit der Klinge gegen mich bestehen könnte. Und was die Königin von Lodan betrifft ...« – er spähte in Damias Richtung –, »so ist mir zu Gehör gelangt, der Rebell Kodar habe an ihr besonderen Gefallen gefunden. Daher wähne ich, daß ich in Sicherheit bin, solange er sie beschäftigt hält.«

»Und was tückischere Gefahren angeht«, merkte ich an, »so wie Gift oder gedungene Mörder, kennst du anscheinend keine Furcht. Du gibst mir Anlaß zur Verwunderung, Wallin. Woher kommt ein Mann wie du? Und wie erklärt's sich, daß du ›nur ein Diener‹ bist? Es sollte mich erfreuen, aus deinem Leben zu vernehmen, während wir tanzen.«

Flüchtig sah er mich scharf an, und sein Arm umfaßte meine Taille fester. Immer mehr Gäste widmeten uns Seitenblicke, derweil wir uns mit den übrigen Tanzenden dahinbewegten. Doch was er in meiner Miene erkannte – was es auch sein mochte –, beruhigte ihn; sofort drückte sein Gesicht Schelmerei und Erpichtheit aus. »Mylady, ich bin von gemeiner Herkunft. Dennoch habe ich eine gewisse Bildung erlangt.« Das bewies allerdings schon sein Tanzen. »Zumindest bin ich so gelehrt im Lauf der Welt, daß ich weiß, Männer nehmen Damen nicht für sich ein, indem sie ihnen Anekdoten von niedriger Abstammung und schmutziger Arbeit erzählen. Eine Romanze würde vielmehr erfordern, daß ich Prinz und Erbe in einem fernen Lande bin, zeitweilig um meinen Thron gebracht worden, aus einem Leben voller erregender Abenteuer zu berichten weiß ...«

»Nein«, sagte ich, und die Barschheit meines Tonfalls brachte ihn zum Verstummen. Dicht davor stand ich, ihm zu versichern, alle meine königlichen Ahnen hätten ihre Gatten aus weisen Beweggründen unterm gemeinen Volk ausgewählt – und zusätzlich aus dem Grunde, daß das gemeine Volk es war, dem der Großkönige Liebe gehörte, eben jenes Volk, das einst immer am meisten unter den ständigen Kriegen zwischen den Drei Königtümern zu leiden gehabt hatte. Aber ich verbot mir diese Äußerungen gerade noch rechtzeitig. »Wenn du fürwahr um mich zu werben gedenkst«, sagte ich statt dessen, dachte bei mir: Falls du nicht bloß mit mir ein Spiel treibst – ach, falls du kein Spiel mit mir betreibst!, »so wirst du von solchen Dingen morgen sprechen, nicht am heutigen Abend. Heute abend steht mir nach so etwas nicht der Sinn.«

Sogleich unterbrach er sein Tanzen, vollführte eine förmliche Verbeugung. Sein Gesicht war verschlossen; ich vermochte darin nicht zu lesen. »Mylady«, entgegnete er gefaßt, »sollte ich Euch in irgendeiner Hinsicht zu Diensten sein können, laßt mich rufen, und ich werde kommen.« Damit wandte er sich um und verließ mich mitten im Tanz, verschwand im lustigen Reigen der Tanzenden, so wenig auffällig wie jeder beliebige Diener.

Ich schaute ihm nach wie eine ganz und gar töricht gewordene Maid, aber in meinem Innern festigte sich der Entschluß, ihn auf keinen Fall rufen zu lassen – jedenfalls nicht in dieser Nacht. Ich konnte es mir nicht erlauben, trotz seines unverständlichen Benehmens Vertrauen zu ihm zu hegen; und im Falle, daß meine Inthronisierung zum Fehlschlag geriet, hatte er die unseligen Folgen, die sich für ihn daraus ergeben müßten, meine Bestrebungen offen unterstützt zu haben, nicht verdient.

Irgendwie schaffte ich es, mich aus dem Durcheinander- und Umeinanderwirbeln der Tanzenden zur breiten Treppe zu den oberen Stockwerken zu entfernen. Nah am Fuße der Treppe war auf einer niedrigen Estrade für mich ein Stuhl hingestellt worden, so daß ich als Gastgeberin mit einer gewissen Bequemlichkeit das Geschehen des Balls zu überblicken vermochte. Dort nahm ich nun Platz, dazu entschlossen, mich von jedem Anwesenden angaffen und ihn denken zu lassen, wie und was er wollte.

Für jene, die nur zum Ball gekommen waren, weil eben ein Ball stattfand, mochte es so sein, daß die Zeit flugs verstrich. Für mich dagegen schleppte sie sich dahin, als wäre sie in Ketten. Die Musikanten taten sich in Vielfalt und Lebendigkeit des Musizierens außerordentlich hervor, all die Tanzenden gleißten im Licht, als ob sie des Reichs Kronjuwelen wären, prächtig, glanzvoll und beneidenswert. Ab und zu kam Magus Ryzel zu mir, verweilte an meiner Seite; doch wir hatten uns gegenwärtig wenig zu sagen. Gewissenhaft spielte er auch weiterhin seine Rolle, damit alle Versammelten sehen konnten, er befaßte sich nicht andernorts mit anderen Angelegenheiten, entweder damit, meinen Untergang abzuwenden, oder mit Machenschaften zur ferneren Beibehaltung seiner Regentschaft. Und die Stelle, an der ich im Saal vor den Augen aller Gäste saß, verlangte mir ab, um jeden Preis den Schein von Selbstsicherheit zu wahren. Nichts konnte ich tun, um mein wahres Bedürfnis zu befriedigen, das daraus bestand, allen Mut für die bevorstehende Krisis zu sammeln. Höflich lächelte, nickte und antwortete ich, sobald irgendwer mich ansprach, während ich mich nach nichts anderem sehnte als Alleinsein, nach Ruhe und Frieden. Ich wünschte beileibe nicht zu sterben; noch weniger jedoch mochte ich scheitern.

Als der Abend zur Hälfte vorüber war, geschah es, daß Königin Damia am Ball die Lust verlor und die Festlichkeit abermals als Möglichkeit nutzte, um sich in den Vordergrund zu drängen. Während einer Pause zwischen zwei Tänzen gesellte sie sich zu mir, begleitet von Magus Scour. »Mylady«, sagte sie in einem Ton, so lieblich und reizend wie ihre Erscheinung, »Euren Gästen sollte eine Gelegenheit geboten werden, sich zu verschnaufen und wohl auch ein wenig zu erquicken, andernfalls sie womöglich am Tanze nicht länger Geschmack finden möchten. So Ihr Eure Einwilligung zu erteilen beliebt, werde ich zu ihrer Zerstreuung eine kleine, unterhaltsame Vorführung zeigen lassen.«

Ihre Stimme und ihr Vorschlag verursachten mir eine Gänsehaut. Ich empfand vor Königin Damia höchste Furcht. Und ich war – wie stets – ihre Absicht zu durchschauen außerstande. Aber ich konnte ihr Angebot schwerlich ablehnen. Der unreifste Unmündige im Saal hätte eine solche Ablehnung zu deuten verstanden.

Ich sah Ryzel sich durch die Menge der zum Stillstand gekommenen Anwesenden einen Weg zu mir bahnen. »Ihr seid zu gütig, Mylady Damia von Lodan«, antwortete ich, um die kurze Frist bis zu seinem Eintreffen zu überbrücken. »Was für eine Darbietung habt Ihr vorzuschlagen?«

»Eine Vorführung von Magie«, gab sie Auskunft, als wäre jedes einzelne Wort Wein und Honig. »Magus Scour hat eine Kunst gemeistert, die Euch in Staunen versetzen wird – eine Kunst, wie man sie bislang in den Drei Königtümern nicht gekannt hat.«

Daraufhin griff im Ballsaal ein Gemurmel der Überraschung und Aufregung um sich.

Ryzels Augen bezeugten wachsame Vorsicht, als er meinen Blick erwiderte; doch ich bedurfte seines knappen Nickens nicht, um eine Entscheidung zu fällen. Wir hatten oft Meinungen über das Gerücht ausgetauscht, Scours Forschungen hätten bemerkenswerte Früchte getragen. Nie jedoch waren diese Redereien mit irgendeinem aufschlußreichen Inhalt ausgestattet gewesen, so daß es uns verwehrt geblieben war, ihre Richtigkeit oder ihre Bedeutung einzuschätzen. Die Gelegenheit nun darüber Klarheit zu erlangen, durfte nicht versäumt werden.

Doch ich fürchtete mich davor, so wie ich Königin Damia selbst fürchtete. Keineswegs war sie mir wohlgesonnen.

Meine Kehle war trocken geworden. Für eines Augenblicks Dauer vermochte ich nicht zu sprechen. Unweit von mir stand mit wölfischer Miene Graf Thornden, und Brodwick, sein Magus, flüsterte ihm eifrig etwas ins Ohr. Scours Grinsen machte ihn mehr denn je einem Frettchen ähnlich. In König Thones milchigen Augen ließ sich nichts von seinen Gedanken und Empfindungen erkennen, doch hatte er nun keinen Magus mehr zum Gehilfen seiner Umtriebe, und so hielt er sich vom Großteil der Gäste fern. Bis zu dieser Stunde war mir nicht klar gewesen, daß es in meinem Kleid aus weißem Musselin dermaßen warm werden könnte. War der Abend in Wahrheit nicht kühler?

Obwohl die Blicke aller Anwesenden mich beobachteten, als stünde mir die Furcht im Angesicht geschrieben, wartete ich, bis ich meiner Stimme wieder sicher sein konnte. »Eine höchst ungewöhnliche Verheißung, Mylady«, sagte ich dann so huldvoll, wie ich es vermochte. »Gewiß wird ihre Verwirklichung uns alle in ihren Bann ziehen. Ich bitte Euch, gebt Magus Scour meine Erlaubnis.«

Sofort ließ Scour ein schrilles, scharfes Auflachen ertönen, vergleichbar mit einem Kläffen, und suchte eilends des Ballsaals Mitte auf.

Rings um ihn wichen die Menschen an die Wände zurück, machten ihm für seine Vorführung Platz. Galane und Edelfräulein drängten sich nach vorn, um die beste Aussicht zu haben, und hinter dem dichten Kreis der Zuschauer stiegen ein paar weniger feierlich gesonnene Gäste auf Stühle. Magus Ryzel erklomm einige Stufen der Treppe, um die Darbietung genau mitverfolgen zu können. Mit bewußter Anstrengung untersagte ich es mir, die Hände um meines Lehnstuhls Armlehnen zu klammern; vielmehr faltete ich die Hände im Schoß, wendete alle Mühe auf, um gelassen zu wirken.

Scour war ein kleinwüchsiger, leichtgewichtiger Mann, und doch schien er in seiner schwarzen Soutane zu Wunderwerken fähig zu sein: ein gefährlicher Mann. Im Ballsaal herrschte vollkommene Stille, während er sich auf seine Schaustellung vorbereitete. Er benutzte kein Pulver und keine magischen Gegenstände, er vollführte keinerlei mystische Zeichen, zog keine Pentagramme am Boden. Derlei Handlungen dörflicher Scharlatanerie hätten unter den Gästen des Königsschlosses nichts als Erheiterung ausgelöst. Diese Leute wußten, daß Magie eine innerliche Gabe war, das Ergebnis persönlicher Eignung und strebsamer Gelehrsamkeit, nicht irgendwelchen Humbugs oder von Mummenschanz. Dennoch gelang es Scour, seinen bescheidenen Vorbereitungen den Anschein von Wohldurchdachtheit und Bedeutung, von einem hohen Maß an magischer Kraft zu verleihen.

Es hieß, daß das Blut eines einstigen, fernen Ahnen, eines Magie-Menschen, Mann oder Weib, in manchen, in anderen Adern hingegen jedoch nicht floß, einige wenige Menschen mit der Befähigung ausgestattet, die geheime Essenz des Realiten anzutasten, während der ganze Rest gewöhnlich und zu solchen Werken außerstande blieb. Wie auch die Erklärung lauten mochte, Scour besaß etwas, an dem es mir ermangelte. Und ich war von Magus Ryzel so gründlich unterwiesen worden – wiewohl mit allzu geringem Erfolg –, daß ich bereits nach einem kurzen Weilchen ersah, bei Scour handelte es sich um einen wahren Meister.

Ich sah ihn Schritt um Schritt das ausüben, in dem ich immer versagt hatte.

Zuerst schloß er die Augen, legte die Hände vor der Brust zusammen. Das mochte erforderlich sein oder überflüssig, abhängig von der jeweiligen Begabung eines Magus, seinen Geist zu sammeln und ganz auf ein Vorhaben auszurichten. Seine Lippen formten schwierige Wörter, jedoch völlig lautlos; auch das war bloß ein Hilfsmittel für die Vorgänge in seinem Innern. Mit der linken Ferse begann er, anfangs leise, dann kräftiger, auf dem Fußboden einen ungleichmäßigen Rhythmus zu pochen. Ein anderer Mann hätte beim gleichen Tun nichts als lächerlich gewirkt. Aber Königin Damias Magus erregte den Eindruck eines Mannes, der in aller Bälde stark genug sein konnte, um das Schloß der Könige selbst der Verderbnis zu überantworten.

Langsam nahm er die Hände auseinander. Die Arme

straff ausgestreckt, spreizte er sie ganz allmählich immer weiter. In der Lücke zwischen seinen Händen entstand ein merkliches Knistern magischer Kraft. Weder war es ein deutliches Leuchten, wie man es bei einem Blitz erleben konnte, noch ein verschwommenes Flimmern, wie Hitze es erzeugte, sondern eher ein Mittelding, das etwas von beidem an sich hatte. Rote Streifengebilde schossen durch die Spannweite seiner Arme, dann waren es grüne, danach schimmerten sie wieder rot.

Und während die Farben knisterten und glommen, fingen in ihnen Umrisse zu erscheinen an.

Ich hätte ahnen müssen, was sich anbahnte. Es hatte Hinweise zur Genüge gegeben; ein Kind hätte sie richtig auszulegen gewußt. Doch Lodans Königin war von Anfang an viel zu listig für mich gewesen.

Die Gestalt nahm, indem sie wuchs, immer mehr Klarheit und Schärfe an. Ihre Umrisse verfestigten sich, schienen sich der Luft einzuätzen. Mit jedem Augenblick schwollen ihre Ausmaße. Zunächst hätte man zu meinen vermocht, es sei ein Star, dann hätte es eine Taube sein können, sodann ein Falke. Aber es war keineswegs irgendein Vogel. Zorn glühte in den Augen der Erscheinung, das Licht funkelte auf ihren Schuppen; Schwälle von Feuer fegten aus ihren Nüstern.

Als sie mit den Schwingen schlug und sich über Scours Haupt emporschwang, sah man unmißverständlich, es war eine Drache.

Daraufhin schollen Rufe des Schreckens und der Bestürzung durch den Ballsaal. Türen flogen geräuschvoll auf und krachten zu, während Männer und Weiber, indem sie ihre Kinder mitzerrten, die Flucht ergriffen. Etliche Gäste zogen sich an die Wände zurück oder duckten sich; andere Anwesende brachen in ein Geheul des Jubels aus, als wären sie Todesfeen.

Noch war der Drache klein. Aber er wuchs zusehends an Größe, während er sich in die Höhe erhob, an Festigkeit gewann; und die Spannweite von Scours Armen, das Ballen seiner Fäuste und das Pochen seiner Ferse zeigten an, daß er die Manifestation dieses Alten Wesens so groß machen konnte, wie es ihm gefiel.

Der Anblick drohte mir aus Liebe und Furcht das Herz zu zerreißen. Ich war vom Stuhl aufgestanden, als hätte ich für einen Augenblick des Irrwitzes gewähnt, mich mit dem Drachen in die Luft erheben, mein menschliches Fleisch gegen Schwingen austauschen zu können. Sofort war er mir lieb und teuer – etwas von solcher Schönheit und Unentbehrlichkeit, Leidenschaft, so überweltlich realit und bedeutsam, so herrlich, daß ohne ihn die ganze Welt für mich ärmer sein mußte.

Und gleichzeitig besiegelte er mein Unheil.

Noch während ich aus voller Seele inbrünstig über das Auffliegen des Drachens frohlockte, begriff ich, was ich da sah. Magus Scour hatte alle Grenzen der bekannten Magie-Künste überschritten und etwas von realiter Natur geschaffen – kein Abbild, sondern Wirklichkeit. Im ganzen Reich gab es keinen Drachen mehr, von dem sich ein Abbild hätte erschaffen lassen. Anhand eines Drachen, der nicht vorhanden war, hätte Scour ebensowenig ein Magie-Werk wie mit mir zu vollbringen vermocht. Er hatte ein Realit erzeugt, konnte es heraufbeschwören oder verschwinden lassen, wie er wollte. Und dadurch war er mächtiger geworden als jede Magie, jeder Magus und jeglicher König in der gesamten Geschichte der Drei Königtümer.

Oder es mußte sich so verhalten, daß er ganz einfach ein Abbild geschaffen hatte, wie auch jeder andere Magus es tun konnte – ein Bildnis eines Drachens, den es insgeheim irgendwo im Reich doch gab.

Die letztere Möglichkeit war auf gewisse Weise undenkbar. Das Wissen ums Dasein eines solchen Alten Wesens hätte nicht verborgen bleiben können; der eine oder andere Magus wäre darauf aufmerksam geworden, und die Kunde eines derartigen Wunders hätte sich verbreitet. In anderer Hinsicht allerdings war so etwas durchaus vorstellbar – unter der Voraussetzung, daß irgendein Mann oder Weib in Lodan, vielleicht Magus Scour selbst oder gar Königin Damia in Person, ein Altes Wesen war, so wie einst des Reiches Könige, ausgestattet mit der Gabe, sich nach Belieben als Mensch oder Realit zu zeigen. Dann mochte das Wissen in der Tat geheim geblieben sein, vor allem in dem Fall, wenn man diese Magie erst vor kurzem entdeckt hatte. Das wäre eine Erklärung für all die List und Tücke Königin Damias – ihre Zuversicht, die Auswahl von ihres Troubadors Gesangsvortrag, Scours Redensarten während des Essens der Magi.

Was dahinter auch stecken mochte, der Drache stieg majestätisch über Scours Haupt auf, und die Flammen, die er verschnaubte, kündeten mir das Ende an. Jeder Magus, dessen Fähigkeit ausreichte, um ein Realit zu erschaffen, war stark genug, um nach Gutdünken sich selbst die Herrschaft über das Reich anzueignen. Und ein Altes Wesen, insgeheim unter Königin Damias Anhängerschaft verborgen – nein, es mußte in der Königin selbst hausen, denn wie sollte sie sich einer solchen Zuversicht befleißigen können, wäre jemand in ihrem Umkreis stärker als sie und daher für sie eine Gefahr? –, mußte gleichfalls eine derartige Macht besitzen.

Im Augenblick jedoch begeisterte es mich, so etwas schauen zu dürfen. Ungeachtet der Folgen schätzte ich mich glücklich, weil vor meinen Augen soviel Schönheit ins Leben getreten war und die Schwingen spreizte. Andere Anwesende im Ballsaal waren jedoch weniger erfreut. Mit einem nebensächlichen Teil meiner Aufmerksamkeit hörte ich Graf Thorndens grobschlächtiges Gefluche – bemerkte dann sein plötzliches Schweigen.

Scours Schaustellung seiner Kräfte bedeutete für den Fürsten Nabals keine geringere Bedrohung als für mich. Nunmehr erkannte ich, daß Thornden eine Gegenmaßnahme Brodwicks verlangt hatte. Und Brodwick befand sich dabei ...

Eine Bö zupfte am Saum meines Kleids. Mit einem Aufschrei des Kummers oder Ärgers wandte ich ruckartig meinen Blick vom wundervollen Kreisen des Drachens und sah Thorndens Magus Wind beschwören.

Weitere Gäste flüchteten aus dem Ballsaal, manche von ihnen unter lautem Gejammer des Entsetzens; ein Abbild wahren Sturmwinds war alles andere als ein spaßiges Ding. Doch schon ließ ihr Geschrei sich durchs immer stärkere Brausen des Winds, das kraftvolle, dumpfe Schlagen der Schwingen des Drachens, sein Verschnauben von Flammen, das nach einem Schmiedeofen klang, durch des Alten Wesens Brüllen kaum noch vernehmen. Menschen riefen Ryzels Namen, forderten oder erflehten sein Eingreifen. Die Kronleuchter pendelten wild an ihren Ketten, reihenweise blies der Wind Kerzen aus. Mit barscher Stimme schnauzte Thornden seinen Magus an, er solle mehr Kraft aufwenden.

Der Drache hatte noch längst nicht seine volle Größe erlangt, und auch Brodwicks magische Verrichtung war geringer als der Sturmwind, den er erzeugen imstande zu sein man von ihm wußte, dem ungeheuren Wirbelsturm, dessen Gewalt ausreichte, um Dörfer einzuebnen, Wälder niederzumähen. Aber innerhalb der Wälle vermochte der Wind sich nicht frei zu entfalten. Weil er rundum von ihnen abprallte, entfachte er in der Luft ein solches Chaos, daß er den Drachen im Flug störte; das Alte Wesen vermochte nicht gegen den Angreifer vorzugehen.

Scour war von den Beinen geworfen worden; bäuchlings lag er auf dem Boden, die Soutane um den verkrampften Körper verwickelt. Doch seine Zielbewußtheit blieb unbeeinträchtigt. Nun hämmerten seine Fäuste den Takt, und fortgesetzt wuchs der Drache. Nicht mehr lange, und Brodwick würde einen regelrechten Sturm aufbieten müssen, um das Alte Wesen bändigen zu können.

Auf einmal wankte Graf Thornden vorwärts. Stark wie ein Baum hielt er sich wider des Windes wuchtiges Wehen aufrecht. Seine klobigen Fäuste umklammerten den Griff eines langen Schwerts, dessen er sich von einem seiner Gefolgsleute bemächtigt haben mußte. Schritt für Schritt kämpfte er sich voran, näherte sich Scour.

Falls er Königin Damias Magus erschlug, machte er sich eines gräßlichen Verbrechens schuldig. Noch ehe der kommende Morgen heraufdämmerte, würde er sich mit Lodan in erklärtem Krieg befinden – und vielleicht ebenso mit Canna, denn kein Fürst konnte es sich erlauben, so einen Mord ungesühnt zu lassen. Nicht einmal ein Großkönig des ganzen Reiches wäre einen solchen Zwist zu verhindern imstande, es sei denn, er stürzte Thornden zur Strafe von Nabals Thron. Nichtsdestotrotz verstand ich binnen eines Herzschlags, Scours Tod wäre meine Rettung.

Aber es verlangte mich nicht nach Rettung um den Preis von Blutvergießen. In diesem Augenblick versuchte ich Thornden durch nichts als meine bloße Willenskraft zurückzuscheuchen.

Da sah ich, daß seine Aufmerksamkeit nicht Scour galt. Dem Drachen zugewandt, schwang er seine Klinge. Er hatte vor, die Waffe zu werfen, sie dem Alten Wesen in die Brust zu schleudern, während es sich gegen Brodwicks Wind stemmte, sich nicht wehren konnte.

Diese Erkenntnis entrang mir einen Schrei. »Ryzel!« Doch durch das Brausen des Winds sowie das Gebrüll des Drachens vermochte ich die eigene Stimme nicht zu vernehmen.

Aber der Regent liebte alle Alten Wesen genauso wie ich, und er versäumte es nicht, nun einzuschreiten. Aus seinem Mund drang ein Donnerruf, wie ich ihn noch nie gehört hatte – der Befehl eines Magus in all seiner Macht.

»GENUG!«

Mit einem Ruck lenkte ich meinen Blick in seine Richtung, sah ihn auf der Treppe stehen, das Zepter hocherhoben, gehüllt ins Schimmern seiner Magie-Kraft.

Ohne jedwede Erscheinung des Übergangs verschwanden die Werke der zwei anderen Magi. Innerhalb der Frist eines Wimpernzuckens fand sowohl Scours wie auch Brodwicks Magie-Werk ein Ende, waren beide nicht länger vorhanden.

Das unvermutete Ausbleiben von Wind bewirkte, daß Graf Thornden aus dem Gleichgewicht geriet. Auch unter den übrigen Augenzeugen torkelten Menschen gegeneinander, sackten nieder. Urplötzlich ertönte im ganzen, weiten Ballsaal kein Laut mehr, ausgenommen gedämpftes Keuchen und helles Klirren der in wildes Baumeln versetzten Kronleuchter. Scours Haupt fuhr vom Fußboden hoch; Brodwick wirbelte herum zur Treppe.

Zum erstenmal hatte Ryzel gezeigt, was mit einem Zepter aus wahrem Holz vollbracht werden konnte. Allen Ränkeschmieden des Reiches zur Kenntnis hatte er das bestgehütete seiner Geheimnisse preisgegeben: Sein Ast von jener Esche, die der letzte Realit-Baum war, ermöglichte es ihm, Magie-Werke zunichte zu machen.

Erlaubte das Zepter es ihm auch, sogar Realites zu beseitigen?

In meiner Nähe lächelte Königin Damia nach wie vor, aber ihr Lächeln wirkte nun so starr wie bei einer Maske. König Thone stand reglos da, als wage er sich ohne Cashons Rückhalt oder Rat nicht einmal noch zu bewegen. Thornden raffte sich täppisch auf und fing allerlei Verwünschungen zu knirschen an.

Magus Ryzel senkte sein Zepter, stampfte erbittert mit einem Fuß auf eine Stufe der Treppe. »*Genug*, sage ich!« Er war nachgerade außer sich vor Grimm. »Ein Drache ist ein Altes Wesen und verdient alle Ehre. Realiter Wind zählt zu den ersten Gewalten der Welt. Solcher Dinge darf nicht durch so törichte Streitigkeiten gespottet werden. Schämt Ihr Euch nicht?«

»Pah!« brauste Thornden zur Erwiderung auf. »Schämt doch Ihr Euch, Magus. Wollt Ihr nun auch fernerhin vortäuschen, es gelüste nicht Euch selbst nach der Herrschaft über das Reich?«

»Ich gedenke nicht, Euch in irgendeiner Beziehung Täuschungen erliegen zu lassen, König von Nabal«, entgegnete Ryzel in bedrohlichem Ton. »Ich bin Regent, so wie schon einmal. Ihr seid, was mich angeht, mit der Wahrheit vertraut. Ich werde keinen Krieg zwischen den Drei Königtümern dulden – weder hier noch andernorts im Reich.«

Er stellte nicht klar, daß er, falls er die Oberherrschaft für sich begehrte, der Mittel ermangelte, um sie zu gewinnen. Er hatte lediglich bewiesen, daß er den Taten anderer Magi wirksam zu begegnen verstand. Das Vermögen, Abbilder von Realitem zum Erlöschen zu bringen, gab ihm keineswegs die Macht, anderen Menschen seinen Willen aufzuzwingen. So etwas brauchte nicht in Worte gekleidet zu werden; ließ man ihm dazu die Zeit, mußte sogar Graf Thornden es von sich aus erkennen.

Die Lage verlangte, daß ich das Wort ergriff, ehe Thornden Magus Ryzel noch mehr herausfordern konnte. Ich entfernte mich ein Stück weit von meinem Stuhl und wandte mich an die Gäste. Es erleichterte mich, zu merken, daß meine Stimme nicht bebte.

»Meine Edlen und Damen des Reiches, was wir hier geschaut haben, hat uns alle mit tiefem Staunen erfüllt.

Man wird Wein und anderes Erquickliche bringen, das uns helfen mag, unsere Verwunderung zu verwinden.« Ich wußte, daß der Tafelmeister meine Äußerungen mithörte und dafür sorgen würde, daß man entsprechend verfuhr. »Sobald wir uns wieder in der festlichen Stimmung befinden, zu welcher der heutige Abend uns Anlaß gibt, und wenn wieder die Kronleuchter angezündet worden sind ...« – ich blickte humorig zu der Vielzahl vom Wind ausgeblasener Kerzen hinauf –, »kann der Ball seinen Fortgang nehmen. Indessen werde ich Euch für ein Weilchen verlassen. Ich bedarf der Vorbereitung auf die Probe meiner Eignung, die meiner in kurzer Frist harrt.« Außerdem brauchte ich Zeit zum Überlegen. Ich verspürte den stärksten Drang, mit meinen Gedanken allein sein zu können, um unter Umständen irgendeinen Grund zur Hoffnung zu finden.

Nachdem ich mich vor der Versammlung verneigt hatte, strebte ich zum Fuße der Treppe. »Wollt Ihr mich begleiten, Magus?« fragte ich Ryzel.

»Mit Freuden, Mylady«, antwortete er bärbeißig. Allem Anschein nach war er froh darüber, durch mich einer überaus heiklen Auseinandersetzung entzogen zu werden. Ich nahm seinen Arm, und wir stiegen gemeinsam die Treppe empor, die aus dem Ballsaal nach oben führte.

Hinter uns gellte plötzlich Scours schrille Krächzstimme. »Hütet Euch, Magus! Ihr laßt Euch mit etwas ein, das Ihr weder versteht noch in der Hand habt.«

Ryzel drehte nicht den Kopf, auf den Stufen stockten nicht seine Schritte; aber seine Antwort war vom einen bis zum anderen Ende des Saals vollauf deutlich vernehmlich. »Ich werde stets vor Euch auf der Hut sein, Scour.«

In meiner Magengrube begann ein verspätetes Schlottern des Grauens, breitete sich von da in meine Gliedmaßen aus. Um Halt zu bewahren, klammerte ich mich fester an Ryzels Arm. Er widmete mir einen Blick, der auf der Absicht beruhen konnte, mich zu beruhigen, aber ebensogut stumme Fragestellung ausdrücken mochte; doch wir sprachen kein Wort, bis wir die Treppe überwunden hatten und den Korridor zu meinen Gemächern durchmaßen.

Dort hielt ich ihn zurück. Ich hatte nicht vor, ihm erneut Einlaß in meine Gemächer zu gewähren – oder Einblick in meine Gedankengänge –, bis diese Nacht vorüber war und ich alle offenen Fragen seiner Vertrauenswürdigkeit geklärt hatte. Einiges aber mußte besprochen werden. Indem ich mich an die Tür zu meinen Gemächern lehnte, um mein Gezitter zu unterbinden, musterte ich seine Miene. »Magus«, meinte ich, »Ihr habt Scours Drachen magisch beseitigen können. Also war er kein Realit.«

Er mied meinen Blick; sein Antlitz wirkte älter, als ich es im allgemeinen im Gedächtnis hatte. »Nur jemand«, sagte er matt, »der Realites erschaffen kann, vermag es auch zu beseitigen. Mag sein, mir war lediglich Erfolg beschieden, weil der Drache noch nicht realit genug gewesen ist.«

»Das glaubt Ihr nicht.« Ich überspielte meine Furcht mit Keßheit. »Stünde Königin Damia solche Magie zu Gebote, warum hat sie nicht einfach ihre Macht verkündet und die Herrschaft übers Reich für sich gefordert?«

Er hob die Schultern. »Vielleicht haben Scours Forschungen erst vor kurzem zu dieser Entdeckung geführt, und sie bedarf noch der Erprobung. Oder vielleicht ist seine Fähigkeit ein Altes Wesen erscheinen und verschwinden zu lassen, bloß von beschränkter Art.« Noch immer sah er mir nicht ins Gesicht. »Ich bin in dieser Sache ratlos.«

Und du fürchtest dich, fügte ich in Gedanken hinzu. Deine Pläne sind gefährdet. Es kann sein, du versuchst sie zu retten, indem du mich von anderen Möglichkeiten abzulenken trachtest. »Nein«, widersprach ich schroff. »Wenn das wahr sein sollte, was du da in Erwägung ziehst, dann bin ich voll und ganz verloren. Ich mag meinen Glauben nicht an etwas verschwenden, das mein Untergang sein müßte. Vielmehr denke ich bezüglich des Erzeugens von Abbildern nach. Im Falle Scours Drache kein Realit ist, muß fürwahr irgendwo im Reich ein wirklicher Drache am Leben sein – ein Altes Wesen jener Art, wie die Großkönige es waren, dessen fähig, in menschlicher Gestalt zu wandeln. Habe ich nicht recht Magus?«

Er nickte, ohne das Haupt zu heben.

»Aber wer ist dann dieser Drache? Muß nicht Königin Damia selbst es sein? Wie könnte sie sonst gewagt haben, was sie getan hat?«

Da erwiderte Ryzel meinen Blick. Furcht oder Grimm glomm in seinen braunen Augen. »Nein«, widersprach er, als hätte ich ihn mit Zweifeln an seinem Verstand beleidigt. »Das kann nicht sein. Damia ist keine solche Törin, daß sie Spielereien betriebe, wo zielstrebiges Vorgehen ihren Zwecken gerecht würde. Hier verbirgt sich irgendeine Tücke. Wenn sie ein Altes Wesen ist, warum hat sie nicht ohne weiteres gehandelt und das Reich zu ihrem gemacht? Nein!« Er wiederholte seine Verneinung mit erhöhtem Nachdruck. »Ihr Wagemut zeigt an, daß der Drache weder jemand ist, den sie in der Gewalt hat, noch jemand, den sie zu fürchten braucht. Ihre Vorsicht bezeugt, daß sie nicht weiß, wer der Drache ist, dessen Abbild Scour zu beschwören vermag.«

Das war eine einleuchtende Erklärung; sie überzeugte so sehr, daß ich beinahe neuen Mut gefaßt hätte. Sie ließ die Schlußfolgerung zu, daß ich möglicherweise durchaus noch Anlaß zur Hoffnung hatte, Gründe zu fernerem Planen und Streben besaß. Doch mir behagte das freudlose Drängen und die Bangigkeit in Ryzels

Blick nicht; es kam mir so vor, als verwiesen sie darauf, daß die Dinge gänzlich anders stünden.

Völlig unvermittelt, ehe ich mich irgendwie zwischen den verschiedenerlei Wahrscheinlichkeiten zurechtzufinden vermochte, brachte er das Gespräch auf etwas anderes. »Mylady«, erkundigte er sich ruhig – fast flehentlich, als läge ihm daran, mich zur Vernunft zu ermahnen –, »wollt Ihr mir nicht mitteilen, wie's sich zugetragen hat, daß Thone und Cashon sich entzweiten?«

Damit überraschte er mich – und bestärkte mich in dem von mir eingeschlagenen Weg. Hätte ich zuvor über seine Fähigkeit Bescheid gewußt, Magie-Werke zu bannen, ich wäre nicht der Notwendigkeit ausgesetzt gewesen, König Thones Anschlag allein vereiteln zu müssen. Aber Ryzel hatte sein Geheimnis sogar mir verheimlicht. Bedächtig antwortete ich auf seine Frage mit einer Gegenfrage.

»Vor seinem Verscheiden hat der Phönix-König zu mir von Euch gesprochen. Er hat gesagt: ›Er ist der eine wahre Mann in den Drei Königtümern. Schenke ihm nie Vertrauen!‹ Weshalb hat mein Vater mich vor Euch gewarnt Magus?«

Für einen Augenblick nahm seine Miene einen Ausdruck des finstersten Ingrimms an, und er mahlte mit den Kiefern, als bisse er auf Eisen, sei ihm danach zumute, mir einen Fluch bis mitten ins Herz zu schleudern. Dann jedoch bändigte er mit sichtlicher Mühe seine Empfindungen, ausgenommen die Verbitterung. »Mylady, Ihr müßt verfahren, wie's Euch am besten dünkt.« Die Knöchel der Faust, mit welcher er sein Zepter hielt, zeichneten sich weißlich unter der Haut ab. »Ich habe lediglich mein Leben in den Dienst am Reich gestellt – und auch Euch gedient so wohl ich's vermochte. Hingegen gebe ich nicht vor, ich könnte die schrulligen Einfälle von Großkönigen deuten.«

Auf dem Absatz vollzog er eine Kehrtwendung und stapfte davon.

Immer war er mein Freund gewesen, und ich hätte ihn zurückgerufen, hätte ich mich nur meiner eigenen Art von Erklärung für die anscheinmäßig so unnötige Umständlichkeit des Vorgehens Königin Damias verschließen können. Ihre verschiedenerlei Umtriebe mochten auf der Vorsicht einer Frau fußen, die den tatsächlichen Ursprung von Scours Drachen nicht kannte. Oder es handelte sich dabei um die Kniffe einer Frau, die noch mit Magus Ryzel um die Herrschaft über die Drei Königtümer schacherte.

In meinem Herzen beschuldigte ich ihn nicht der Schlechtigkeit oder gar des Verrats. Seine Treue zum Reich stand außer Frage. Dennoch hegte er die feste Überzeugung, mein Versuch der Thronbesteigung sei zum Mißlingen verurteilt. Wie wollte er dann die Königtümer am Krieg hindern? Wie denn, es wäre denn dadurch, daß er mit einem der drei Monarchen ein Bündnis einging und in einem der Königtümer die Macht übers gesamte Reich errichtete, bevor die beiden anderen Fürsten dagegen etwas unternehmen konnten?

Vielleicht war er in der Tat der eine wahrhaftige Mann, als den mein Vater ihn bezeichnet hatte. Für mich aber stand nun fest, daß ich ihm schon auf der Grundlage eigenständiger Überlegungen nicht trauen durfte.

So suchte ich allein meine Gemächer auf; ich schloß die Tür und verriegelte sie. Dann schlang ich die Arme um meinen Busen und versuchte, nicht zu weinen wie ein Weib, das um sein Leben fürchtete.

Eine Zeitlang war ich trotzdem nichts anderes als gerade so ein solches Weib. Ohne Ryzels Unterstützung war ich ganz und gar machtlos. Und er war wahrlich mein Freund gewesen. Jeder Mann, jedes Weib mußte zu irgend jemandem Vertrauen haben können, und während vieler Jahre hatte mein Vertrauen ihm gehört. Mit Damia gegen mich im Bunde sollte er sein? Ich wäre gewaltig voller Wut gewesen, hätte ich weniger Furcht verspürt.

Aber dann entsann ich mich des Drachens, den Scour im Ballsaal hatte in der Luft erscheinen lassen; und ich erlangte wieder ein gewisses Maß an Ruhe. Alle Alten Wesen waren gefährlich, und unter ihnen war ein Drache sicherlich eines der fürchterlichsten jener Geschöpfe. Doch die realite Gefahr so herrlicher Stärke verringerte das menschlichere Wagnis meiner Bestimmung zu etwas, das im Vergleich klein wirkte, unwichtig und durchaus erträglich. Mein Leben zu verlieren, war von minderer Bedeutung in einer Welt, in der Fliegende Drachen, Gorgos und Geflügelte Schlangen lebten. Und es war – wiewohl mir diese Einsicht nur langsam kam – ein wahrer Segen fürs Geschlecht der Großkönige, wenn es im Reich wieder einen Drachen gab. Sollte der Basilisk-König fürwahr einst einen Drachen erschlagen haben, so erfuhr die Schwere jenes Verbrechens nun eine Minderung. Meine Ahnen hatten weniger Anlaß zur Trauer.

Und solange Name und Verbündete des Alten Wesens verborgen blieben, war ich nicht zur Verzweiflung gezwungen.

Als ich neue Fassung errungen hatte, vermochte ich mit größerer Klarheit über meinen Verdacht bezüglich Magus Ryzels nachzudenken.

Ich sah nun ein, daß – obwohl mein Leben nur geringe Bedeutung hatte – in mir große Vermessenheit wohnte. Aus keinem anderen als dem Grunde, daß ich meines Vaters Tochter war – und er mich in Prophetie Chrysalis genannt hatte –, war ich mit meiner Absicht des Versuchs der Thronbesteigung das Reich selbst aufs Spiel zu setzen bereit gewesen – dasselbe Reich, für das der Basilisk-König das Blut des letzten Drachens vergossen hatte. Doch es gab keine Rechtfertigung für diese Bereitschaft; sie beruhte auf dem Stolz eines Mädchens, nicht dem verständigen Urteil eines reifen Weibes. Ryzel war weiser; hinter meinem Rücken trachtete er nicht etwa danach, mich der Hoffnung zu berauben, vielmehr sann er darauf, den Drei Königtümern für den Fall, daß ich scheiterte, einen Krieg zu ersparen.

Obschon dieser Entschluß mich schmerzte, entschied ich, das zu dulden, was er tat, was es auch sein mochte, und damit zufrieden zu sein. Wollte ich wahrlich die Tochter der Könige sein – zumindest in meiner Seele, wiewohl vielleicht nicht hinsichtlich der Magie –, durfte ich mich nicht anders verhalten, sollten nicht der Drei Königtümer Unschuldige in einem greulichen Ringen um die Macht untergehen.

Mit aller Inbrunst wünschte ich mir, ein Weib zu sein, dessen kein Altes Wesen sich zu schämen brauchte.

Ich hatte die Absicht gehegt, in meinen Gemächern zu verweilen, bis die Mitternacht näherrückte, doch nur eine kurze Frist war verstrichen, als eine Dienerin kam und an meine Tür klopfte. Als ich öffnete, meldete sie mir, Graf Thornden ersuche um Audienz.

Meine wiedergefundene innere Ruhe war beileibe nicht gefestigt genug, um mir das Verkraften einer solchen Begegnung zu gestatten; aber ich konnte mich der Sache unmöglich entziehen. Solange ich noch für mein Leben hoffen durfte, mußte ich auch weiter den schmalen Grat meiner Stellung einer Anwärterin auf den Thron beschreiten, und deshalb vermochte ich mir's nicht zu leisten, dem Beherrscher Nabals eine Unterredung zu verweigern, wie ich sie zuvor König Thone gewährt hatte.

Ich nannte der Dienerin ein Beratungszimmer, in dem hinter einem Wandbehang eine Tür verborgen war, durch welche Wächter eindringen konnten, sollte ich ihrer bedürfen; aber ich verließ meine Gemächer nicht sofort. Vielmehr gab ich den Wächtern etwas Zeit, um sich bereitzustellen; und damit mir selbst die Gelegenheit, mir einzureden, ich sei tatsächlich tapfer genug für das, was meiner harrte. Danach erst entriegelte ich meine Tür und machte mich zitternd auf zur Audienz mit Graf Thornden.

Ich bebte, weil er ungeschlacht, ohne Gewissen und feineren Geistes war, geradeso wie ein Untier. Und weil ich mir nicht auszumalen wußte, was ihn dazu bewogen haben mochte, um ein Gespräch mit mir zu ersuchen.

Am Eingang zur Beratungskammer flohen mich ums Haar die Kräfte. Die Tür war unbewacht, und das hätte nicht sein dürfen. Aber mir lag nicht daran, meine Furcht zu offenbaren, indem ich mich weigerte, dem Herrn von Nabal gegenüberzutreten, bevor man meinen Schutz gesichert hatte. Ich bot all meinen Mut auf, hob den Riegel und trat ein.

Sofort packte mich eine klobige Faust am Arm, riß mich ins Zimmer. Der Handrücken selbiger Faust war dunkel von schwarzer Behaarung, und ihre rohe Kraft warf mich gegen den Tisch. Oft hatten Großkönige dort mit Fürsten und Ratgebern gesessen; und der Friede im Reich war bewahrt worden. Ich strauchelte, prallte dermaßen mit den Rippen gegen des Tisches Kante, daß ich aufkeuchte.

Nur zwei Kerzen brannten im Zimmer. Ihre Flämmchen flackerten in meiner Sicht, während ich das Gleichgewicht wiederzuerlangen bemüht war, mich meinem Bedränger zuwenden wollte. Ich hörte die Tür mit einem Knall zufallen. Am Rande meines Blickfelds schien ein wuchtiger Lehnstuhl von allein vom Tisch zur Tür zu springen, um sie zu versperren. Als ich mich umdrehte, traf ein Handrücken mich mit solcher Gewalt auf die Wange, daß ich wahrlich unter den Füßen den Boden verlor und auf die Wand zuflog. Mit meinen

Händen fing ich den Anprall ab; doch er blieb heftig genug, daß ich niedersank.

Derweil das Zimmer um mich zu kreisen schien, Schmerz mir in Angesicht und Brust glühte, trat Graf Thornden zu mir, ragte neben mir empor.

Riesig und viehisch, wie er war, schleuderte er eine unflätige Beleidigung auf mich herab. Im Schweiß auf seiner wuchtigen Stirn schimmerte Kerzenschein. Ich befürchtete, er wollte mir einen Tritt versetzen, wie ich da so am Fußboden lag, doch es fiel mir schwer, die Gefahr zu begreifen. Wie kann er so etwas wagen? fragte ich mich inmitten von Pein und Schrecken. Ist er allzu blöde, um sich vorm Einschreiten der Wächter des Schlosses zu hüten?

Doch die Tür zum Beratungszimmer war unbewacht gewesen.

»Nein, ich werd's nicht tun«, schnob er, stierte auf mich nieder. »Ihr seid zu schlicht und kläglich, als daß Euch eines Mannes Achtung gebührte, *Mylady*.« Aus seinem Munde klang das *Mylady* wie eine schlimmere Kränkung als seine Unflätigkeiten. »Und Ihr habt keine Magie, *Mylady*. Eure Thronnahme wird mißlingen. Man hat mir geraten, Euch die Ehe anzutragen, auf daß wir gemeinsam herrschen könnten – aber ich gedenke mich nicht dadurch zu erniedrigen, daß ich ein so jämmerliches Luder eheliche.«

»Narr«, keuchte ich zu ihm hinauf. Noch immer blieb mir die Art meiner Gefährdung unklar. »Narr!«

»Vielmehr werde ich Euch so zurichten«, knirschte er, »daß Ihr für keinen Mann und keine Ehe noch taugt. Dann werdet Ihr aus nichts als aus Furcht und Verzweiflung an mir Halt suchen, weil kein anderer Mann Euch haben mag, und es wird nicht mehr als ein kleines Vergnügen vonnöten sein, um mich zum Großkönig zu machen ... *Mylady*.« Wut und Haß glommen in seinen Augen.

Ich raffte mich hoch, ohne mein Gleichgewicht wiederzufinden, ihm auszuweichen völlig außerstande. Mit geschwinder Bewegung packte er den weißen Musselin an meinen Schultern, fetzte ihn herunter, als wäre er bloß feinster Flor, bedeutungslos wie mein Anspruch auf die Herrschaft über die Drei Königtümer.

»Wachen!« schrie ich, wich zurück. Oder jedenfalls versuchte ich zu schreien; doch meine Stimme war zu kaum mehr als einem Krächzen fähig. »Wachen!«

Keine Wächter kamen. Die Wandgehänge im Beratungszimmer blieben unbewegt vom Aufgehen oder Schließen einer Tür, durch welche mir Männer mit Degen und Piken hätten zu Hilfe eilen sollen.

Graf Thornden grinste mir in all seiner verderbten Gier zu. »Ich bin schon König, wenngleich ich mich noch nicht so nennen darf. Niemand von jenen, die sich Eure Freunde heißen, wagt mir zu widerstehen. Ihr seid verloren, *Mylady!*«

Rücksichtslos grapschte er nach mir.

Ich entging ihm, indem ich mich unter den Tisch duckte. Ich verfügte über keinerlei Fertigkeiten, wie sie einem Kriegsmann zu Gebote standen, aber ich hatte mich stets fleißig in der Körperertüchtigung geübt. Man befähige den Leib, hatte Magus Ryzel mich gelehrt, um den Geist zu schärfen. Und nun hatte er mich verraten; niemand außer ihm im Königsschloß hatte die Befehlsgewalt, um die Wächter von ihren Pflichten fernhalten zu können. Ich wälzte mich unterm Tisch hindurch und auf seine andere Seite. Dort sprang ich auf die Füße.

Von da an jedoch war mir nicht länger der Sinn nach Fortlaufen, Hilferufen oder Flucht zumute. Nackt und aufrecht stand ich Thornden gegenüber, stellte mich ihm. Zorn, Schmerz und Verrat hatten mich nunmehr über alle Furcht erhaben gemacht. Ich hatte Ryzel zuviel der Ehre erwiesen, indem ich ihn verdächtigte, mit Königin Damia im Bunde zu sein; zweifellos fürchtete auch er sie viel zu sehr, um ein Bündnis mit ihr einzugehen. Statt dessen hatte er Thornden zum Mitverschwörer seiner Ränke auserkoren; es vorgezogen, mich eher der Schändung auszuliefern, als das Wagnis meiner Thronbesteigung hinzunehmen. Meine Wangen lohten, als wären darin die Knochen gesplittert.

»Leistet nur Gegenwehr!« knurrte Thornden voller Hohn. »So erhöht Ihr meine Lust.« Er begann sich um den Tisch anzuschleichen.

»NEIN!« schrie ich mit aller Stimmgewalt und hieb mit beiden Fäusten auf den Tisch.

Ich war nur ein Weib und nicht sonderlich stark. Der Schlag auf die Tischplatte brachte nicht einmal die Flämmchen der Kerzen ins Flackern. Doch die bloße Unerwartetheit veranlaßte Thornden zum Verharren. »Ihr seid ein Narr!« fuhr ich ihn an, ohne mich darum zu scheren, wie arg meine Stimme zitterte. »Wenn Ihr Euch weiter an mir vergreift, wird das Ergebnis nicht mein, sondern *Euer* Untergang sein.« Fürs erste hatte ich ihn so verdutzt, daß er reglos verharrte. Er pflegte seine Freude daran zu haben, die Schwachen und Furchtsamen zu drangsalieren; auf mein Aufbegehren war er unvorbereitet.

»Als erstes, Mylord Thornden von Nabal«, sagte ich mit einer Barschheit, die seiner Grobschlächtigkeit nahekam, »laßt uns feststellen, wir sind uns darin einig, daß Ihr's nicht wagt, mich zu töten. Tätet Ihr's, Ihr würdet gegen Euch einen unzerbrechlichen Bund zwischen Canna und Lodan schmieden. Um ihres Fortbestandes willen – und ebenso aufgrund eigenen Ehrgeizes – hätten sie keine andere Wahl, als gemeinsam die äußersten Anstrengungen zu unternehmen, um meinen Mörder zu strafen.« Ich räumte ihm keine Zeit ein, um mir zu antworten – oder nur daran zu denken –, daß er gewillt sei, jeden Widerstand zu brechen, um sich die Beherrschung des Reiches zu sichern. »Und wenn Ihr's nicht wagen könnt«, ergänzte ich statt dessen, »mich zu töten, dann dürft Ihr's Euch auch nicht erlauben, mir irgendein anderes Leid anzutun. Schaut mich an, Fürst von Nabal! *Schaut her!*« Erneut drosch ich auf die Tischplatte, um ihn noch tiefer zu verstören. »In der Tat, ich bin schlicht und kläglich. Aber wähnt Ihr, ich wäre auch blind und taub? Ich *weiß* um meine Erscheinung, Fürst von Nabal. Ich bin mir der Folgen solcher Schlichtheit bewußt. Ihr könnt mich nicht für einen Mann oder die Ehe untauglich machen. Längst habe ich der Hoffnung auf derlei Dinge entsagt. Deshalb würde ich keine Bedenken kennen, Euch in Canna und Lodan anzuklagen, solltet Ihr mir ein Leid zufügen. Weder Furcht noch Scham vermöchten mich daran zu hindern, Eure Schandtat aller Welt zu verkünden.« Wäre er nur etwas klüger gewesen als ein Schwachkopf, er hätte selbst gesehen, daß Furcht oder Scham in einem solchen Fall für mich kein Hemmnis sein könnte. »Daher wäre das Ergebnis das gleiche, als würdet Ihr mich ermorden. In Verteidigung ihrer Interessen, wenn schon nicht aus Sinn für Gerechtigkeit, wollten sich Canna und Lodan zusammenschließen, um Euch die Krone wieder zu entwinden, und so würden sie mich rächen.«

Thorndens Verblüffung schwand; aber ich ließ in meinen Bemühungen nicht locker, beabsichtigte ihm keine Gelegenheit zum Nachdenken zu geben. Ich war mir im klaren, welche Richtung seine Überlegungen nehmen müßten; in Schweiß und Düsternis seines Angesichts konnte man sie ersehen. Er hatte allen Grund, alles zu vermeiden was Canna und Lodan zu einem Bündnis gegen ihn bewegen mochte. Warum sonst hätte er die Empfehlung, mir eine Ehe vorzuschlagen, überhaupt in Erwägung ziehen sollen? Weshalb sonst war er darauf aus, mich nur zu schänden und zu verunstalten, statt mich zu ermorden? Ebenso jedoch hatte er Gründe zu der Annahme, stark genug zu sein, um auch einem Bündnis seiner Rivalen standhalten zu können – um so mehr mit Ryzel auf seiner Seite. Ich mußte diese letztere Schlußfolgerung widerlegen, noch bevor er darauf verfiel.

»Und wenn Ihr's nicht wagen dürft mich zu töten, ja nicht einmal, mir etwas anzutun, dann könnt Ihr's genausowenig wagen, den offenen Zwist zu suchen. Gegenwärtig gehört Euch Ryzels Unterstützung, weil Ihr der mächtigste der drei Fürsten seid. Doch sobald sich Cann und Lodan wider Euch zusammenschlössen, würdet Ihr schwächer als sie sein, und für die Sache des Reiches müßte sich Ryzel von Euch abkehren.«

Darin aber irrte ich. Plötzlich sah ich Thornden an, daß er an seiner Absicht festhielt. Seine Haltung drückte neue Entschlossenheit aus, ein Grinsen entblößte seine Zähne. Offenbar vermochte er auf Ryzels Beistand stärker zu vertrauen, als ich vermutete, und so konnte er die Drohung, die ich ausstieß, eine nach der anderen abtun. Und indem er sie verwarf, machte er sich bereit, um sich auf mich zu stürzen.

Doch ich ließ nicht ab. Die Wahrheit über das, was Ryzel und Thornden miteinander verband, blieb mir vorerst unsichtlich; aber meine Ungewißheit erhöhte nur meinen Zorn.

»Falls Ihr jedoch zu närrisch seid«, fügte ich hinzu, ohne zu verschnaufen, »um Ryzels Abfall zu fürchten, will ich davon nicht reden. Und so Ihr zu einfältig seid, um Königin Damias Drachen Furcht entgegenzubringen, mag ich auch davon nicht sprechen.« Wie beschränkt Thorndens Verstand auch sein mochte, Brodwicks Geist war so scharf, wie er selbst verderbt war; zweifellos hatte er zu seinem Herrn die gleiche Schlußfolgerung geäußert die Ryzel gezogen hatte: daß nämlich Damias Drache nur das Abbild eines Alten Wesens sei, dessen menschliche Gestalt sie nicht kannte, und daß er deshalb nicht so gefährlich war, wie er den Anschein erweckte. »Aber seid Ihr gar ein solcher Dummkopf, auch König Thone keine Beachtung zu schenken? Habt Ihr nicht beobachtet, daß sein Magus das Königsschloß verlassen hat?«

Dieser Versuch, wiewohl ich ihn nachgerade blindlings tat, fuhr Thornden als heftiger Schreck in die Glieder. Er erstarrte; sein Haupt ruckte rückwärts, die Augen geweitet. Der Erfolg bereitete mir wilde Genugtuung.

»Fürst von Nabal, Cashon ist Meister des Feuers. Ohne Brodwick zu ihrer Verteidigung sind Eure Heere der Vernichtung geweiht. Cashon wird das Erdreich selbst unter ihren Füßen in Lava und Tod verwandeln.«

Er konnte nicht ahnen, wie ich ihn belog. Mit einem Aufheulen der Wut stürmte er zur Tür, warf den Stuhl beiseite, rannte zum Beratungszimmer hinaus. Aus dem Korridor erscholl das Stampfen seines raschen Laufs, und weithin hallte sein lautes Brüllen. »*Brodwick!*«

Erleichterung und Kummer, Zorn und Furcht schwollen nun ungehemmt in mir empor wie Übelkeit. Zu gerne hätte ich mich jetzt auf den Stuhl sinken lassen, die Hände auf meinen Magen gepreßt, um ihn zu besänftigen. Aber ich tat es nicht. Vielmehr schritt ich zu der verborgenen Tür, durch die mir Wächter zu Hilfe hätten kommen sollen.

Als ich den Wandbehang fortschob, entdeckte ich dort Magus Ryzel.

Seine Augen waren voller Tränen.

Dieser Anblick überwältigte mich ums Haar vollends. Solche Erschütterung empfand ich, daß ich es mir nur mit Mühe versagen konnte, wie ein kleines Mägdelein hinzugehen und mich zum Trost in seine Arme zu schmiegen. Gleichzeitig allerdings verspürte ich das Verlangen, ihm das Herz mit Vorwürfen und Erbitterung zu kränken.

Ich tat weder das eine noch das andere. Ich stand nur da, musterte ihn und sagte kein Wort, ließ nur meine Nacktheit sprechen.

Er konnte oder mochte meinen Blick nicht erwidern. Langsam kam er aus seinem Versteck geschlurft, als wäre er binnen kurzer Frist in unerklärlichem Maße gealtert, durchquerte das Zimmer zur Tür. Er stützte sich an deren Rahmen, als schmerzten ihn sämtliche Knochen im Leibe, als genüge sein Zepter allein nicht, um ihn aufrechtzuhalten, und rief mit heiserer Stimme nach Bediensteten, die sich gerade in Hörweite befinden mochten, befahl ihnen, zu kommen.

Gleich darauf eilte eine Dienerin herbei. Kaum Herr seiner Stimme, wies er sie an, meine Gemächer aufzusuchen und ein Gewand zu holen. Dann schloß er die Tür – noch immer mit gequälter Langsamkeit –, wandte sich um und endlich mir zu.

»Ich habe ihm lediglich den Rat erteilt«, sagte er mit Zittern in der rauhen Stimme, »um Eure Hand zur Ehe zu ersuchen – oder zum Bündnis, falls Ihr ihn nicht ehelichen wolltet. Ich war der Meinung, Scours Drache würde Euch die Gefahr, der Ihr Euch aussetzt, so unzweifelhaft verdeutlichen, daß Ihr auf Eure unbegründeten Ansprüche verzichtet.«

»Oh, gewiß, guter Magus«, entgegnete ich sofort, strafte ihn mit soviel Hohn, wie ich aufzubringen vermochte. Ich konnte meine Tränen nur zurückhalten, indem ich mir die Fingernägel in die Handflächen grub. »Das war alles, wozu Ihr ihm geraten habt. Und dann habt Ihr die Wächter fortgeschickt, auf daß er ungehindert sei, sollte es ihm belieben, sich gewaltsam an mir zu vergreifen.« Matt nickte er, dazu außerstande, Wörter an den Gefühlen vorüberzuzwängen, die sich in seiner Kehle stauten und sie ihm verengten. »Und als er Anstalten machte, mich zu mißhandeln, da habt Ihr nichts unternommen. Er durfte sich dessen, daß Ihr

Euch fernhaltet, sicher sein.« Wieder nickte er. Nie zuvor hatte ich ihn so alt und niedergeschlagen wirken gesehen. »Magus«, fragte ich nach, um nicht länger mit ihm schelten zu müssen, »welcher Art ist der Druck, den er auf Euch ausübt?«

Da endlich schaute er mir in die Augen. Sein Blick spiegelte höchste Verzweiflung wider. »Mylady, ich will's Euch offenbaren.«

Doch er rührte sich nicht von der Stelle, äußerte kein Wort mehr, bis ein Pochen an die Tür die Rückkehr der Dienerin anzeigte. Er öffnete die Tür nur einen Spalt weit, so daß er das überbrachte Gewand entgegennehmen konnte.

Ohne Interesse bemerkte ich, daß es sich um ein Kleid aus schwerem Brokat handelte, so gefärbt, daß es die Farbe meiner Augen betonte, mir ein hübscheres Aussehen verlieh, als ich in Wahrheit besaß. Während ich es überstreifte und die Schärpe festzog, wandte Ryzel schamvoll das Haupt ab. Danach hielt er mir, nachdem ich bekundet hatte, bereit zu sein, die Tür auf, und ihm voraus verließ ich das Beratungszimmer.

Mir war nach Eile zumute; es drängte mich nach Betätigung, Handeln, Dringlichkeit um zu vermeiden, daß ich in den Gängen des Königsschlosses, so bar aller Freunde, meinen Gram laut hinausschrie. Doch irgendwie gelang es mir, meine Schritte der ungewohnten Langsamkeit Ryzels anzugleichen und nicht die Selbstbeherrschung zu verlieren. Nach meines Vaters Tod waren mir kaum Gründe zur Hoffnung und keinerlei Liebe verblieben; doch immerhin hatte er mir genug Stolz belassen, so daß ich mich wie eine Frau statt wie eine junge Maid zu betragen verstand. Ich fügte mich in Ryzels langsame Fortbewegung und ließ mich von ihm in die oberen Stockwerke und auf die Brüstungen führen, von denen aus man Ausblick auf die Hügel der Umgebung hat.

Der Abend war kühl, doch darum gab ich nichts. Das Kleid und mein Zorn wärmten mich. Und ich widmete dem verstreuten Reichtum an Sternen, obschon sie so hell und majestätisch glitzerten, als schwebe in der klaren Luft eine Krone, keine Aufmerksamkeit; sie waren so wenig königlich wie ich. Allein für den Mond hatte ich Augen. Er war voller Verheißung oder Segen; und sein Platz am nächtlichen Firmament enthüllte mir, bis zur Mitternacht war es nur noch kaum mehr als eine Stunde.

Das Königsschloß war weder Kastell noch Festung, nicht für Kämpfe gebaut worden; es hatte keine Ringwälle, die es gegen eine Belagerung geschützt, keine Zinnen, die eine Verteidigung ermöglicht hätten. Der erste Großkönig hatte es als eine Wohnstatt des Friedens errichten lassen – als Wahrzeichen für die Drei Königtümer, daß seine Macht nicht auf Heeren beruhte, die geschlagen, nicht auf Mauern, die zerbrochen werden konnten. Infolgedessen begegneten der Magus und ich, derweil wir an den Brüstungen entlangschlenderten, keinen Wachtposten, sah niemand uns.

Noch hatte er kein Wort gesprochen, und ich hatte keine Fragen gestellt. Aber nachdem wir um eine Ecke des Schlosses gebogen waren, verharrte er unvermittelt. Er lehnte sich an die Brüstung und spähte hinaus in die geballte Finsternis der Hügellandschaft. »Dort«, flüsterte er mit Nachdruck und deutete in die Dunkelheit.

Zuerst vermochte ich nichts zu erkennen. Dann unterschied ich in der Ferne ein winziges, gelbliches Flakkern von Helligkeit, vielleicht die Laterne eines Reisenden oder ein Lagerfeuer. »Ich seh's«, sagte ich leise und ungnädig.

Der Mondschein glänzte auf Ryzels kahlem Schädel, als er nickte. Wortlos begann er weiterzugehen.

Nach zehn Schritten blieb er erneut stehen, wies nochmals hinaus ins Land; und auch diesmal sah ich zwischen den benachbarten Hügeln ein gelbliches Flackern.

Während wir weiter an der Brüstung entlangschritten, zeigte er mir noch dreimal Helligkeitsschein, und längs des folgenden Abschnitts der Brüstung wieder zweimal; kaum sichtbares Auflohen von Flammen, so alltäglich wie das Licht von Fackeln, aber gleichzeitig so undeutbar wie Schimären. Nach einer vollständigen Umrundung des Schlosses hatte ich mich davon überzeugt, es war in größeren Abständen, jedoch zur Gänze von diesen ungewissen Lichtlein umgeben.

Rings um mich schien die Kühle der Nacht zuzunehmen. Aufgrund vielmaligen abendlichen Lustwandelns auf des Schlosses Söllern wußte ich, daß die wenigen Dörfer inmitten der Hügel allesamt in Tälern verborgen lagen und nicht gesehen werden konnten. Und die Lichter machten mir fürwahr nicht den Eindruck, als entstammten sie den Laternen von Reisenden; sie hatten sich nicht bewegt und keines leuchtete in der Nähe der Straßen, die zum Königsschloß verliefen.

Aber Ryzel sagte noch immer nichts. Sein Zepter an die Brust gedrückt, starrte er stumm in die Weite der ausgedehnten Finsternis hinaus. Ich hatte mich zur Geduld durchgerungen; doch schließlich konnte ich die Ungewißheit nicht länger ertragen. »Ich hab's gesehen, Magus«, äußerte ich mit unterdrückter, gepreßter Stimme. »Was ist's, das ich gesehen habe?«

»Sorglosigkeit Mylady.« Sein Tonfall klang nach innerer Zurückgezogenheit und Verlassenheit. »Auf seine Weise ist Graf Thornden ein gerissener Mann, aber nimmt so manches nicht peinlich genau. Ihr habt die schlecht getarnten Lagerfeuer seiner Heerscharen erblickt.« Ich blieb still und lauschte, obwohl seine Worte mir vor Furcht das Blut in den Schläfen zum Pochen brachten. »Er mag nicht glauben, daß ein Weib zur Großkönigin aufsteigen könnte, und so mangelt's ihm an der Vorsicht, die sowohl König Thone wie auch Königin Damia Schranken auferlegt. Er hatte die Absicht, in dieser Nacht das Königsschloß zu erstürmen – es in Brand zu stecken, falls nötig –, um sich aller Widersacher auf einen Streich zu entledigen. Ihr wißt, wider dergleichen haben wir keinen Schutz. Es kostete mich beträchtliche Mühe, ihn umzustimmen und zur Zurückhaltung zu bewegen, zumindest bis nach Mitternacht. Nur das Versprechen meines Beistands veranlaßte ihn, mir bloß das Ohr zu leihen, und allein mein Angebot ihm die Gelegenheit zu einer Regelung mit Euch – oder des Handelns wider Euch – zu gewähren, ließ ihn einwilligen, erst zu versuchen, mit meiner Hilfe an die Macht zu gelangen, anstatt sie sogleich mit Blutvergießen an sich zu reißen.«

Also hatte nur meine Lüge in bezug auf Cashon den Grafen daran gehindert, sein scheußliches Vorhaben, was mich betraf, in die Tat umzusetzen. Ausschließlich das Feuer, das Cashon hervorzurufen vermochte, war eine Hoffnung, die das Königsschloß vor Nabals Streitkräften schützen konnte.

Das begriff ich nun. Ich verstand jetzt vielerlei; meine Gedanken waren so klar wie die kühle Nacht. Und doch machten all der Verrat und die Ausweglosigkeit mich inwendig so beklommen, daß ich nicht länger das Haupt hochzuhalten vermochte. Den Aufmarsch jener Heerhaufen auch noch zu verkraften, war ich außerstande.

»Das habt Ihr gewußt«, flüsterte ich, als müßte ich weinen. So viele Männer konnten unmöglich zur Einschließung des Königsschlosses in den Hügeln des Umlands aufgezogen sein, ohne von Ryzels Kundschaftern bemerkt zu werden. »Ihr habt's gewußt ... und mir verschwiegen.«

Das Gefühl gescheiterter Hoffnung schnürte mir die Kehle ein. Nur das Entsetzen hinderte mich am

Schreien. »Diese Heerscharen zu fürchten, war nicht vonnöten. Cashon wäre mit Leichtigkeit zu unserer Unterstützung zu überreden gewesen, wäre es mir in den Sinn gekommen, ihn um Beistand zu ersuchen. Thornden hätte seine Streitkräfte nie und nimmer gegen Magie-Feuer in den Kampf zu senden gewagt – um so weniger, hätte er gewußt, daß Ihr Brodwicks Wind Einhalt zu gebieten vermögt. Das alles hätte sich abwenden lassen ... wäre ich von Euch in Kenntnis gesetzt worden.«

Aber nun waren alle Aussichten dahin. Stolz angesichts meines Sieges über König Thone – und in Unkenntnis der Lage – hatte ich selbst Cashon aus dem Königsschloß geschickt, dadurch das Gleichgewicht der mir freundlich gesonnenen Mächte verschoben, es zu Thorndens Gunsten verändert. Nunmehr konnte ich nur noch darauf bauen, daß Königin Damia es vermochte, ihm in den Arm zu fallen.

Dieser Gedanke war mir allzu bitter. Schon die bloße Vorstellung erfüllte mich über jedes Maß hinaus mit Unmut und Verdruß. Ich empfand Ryzels Gegenwart als unerträglich. »Laßt mich allein, Magus«, sagte ich, als wollte ich meine Stimme zwischen den Zähnen zermahlen.

»Mylady ...«, begann er; da versagte ihm die Stimme. Er war alt und wußte nicht länger dem eigenen Bedauern zu begegnen.

»Laßt mich allein!« wiederholte ich, so kalt wie die Nacht. »Eure Gegenwart ist mir in meiner Verzweiflung unerwünscht.«

Nach kurzem Zaudern ging er. Die Tür warf, als er sie öffnete, Licht auf den Söller, schloß es dann wieder ein. Danach weilte ich allein in der Dunkelheit, und nirgendwo gab es für mich irgendeinen Trost zu finden.

Ihr wart mein Freund! hätte ich ihn angeschrien, wäre er geblieben. Welchen Wert hat das Reich, wenn es sich nur durch Verräterei bewahren läßt?

Aber ich kannte die Wahrheit. Mein Vater hatte den Magus vollauf richtig eingeschätzt: Ryzel hätte sich durch nichts außer eines zu solcher Falschheit treiben lassen. Durch die Tatsache, daß ich keine Magie besaß.

Von jener Stunde an, da der Phönix-König starb, waren alle sonstigen Erwägungen vor der Frage der Nachfolge in den Hintergrund gerückt. Obzwar ich das Kind eines Alten Wesens war – Abkömmling eines ganzen Geschlechts Alter Wesen –, hatte ich mit ihnen nichts gemeinsam als Sehnsucht und Liebe. Ryzel wäre in seinem Dienst an mir nicht zu erschüttern gewesen, hätte er bezüglich meiner Inthronisation nur die gelindeste Hoffnung gehegt.

Ich hätte mein Vertrauen zu ihm früher ablegen sollen. Aber er hatte mir soviel gesagt, mich soviel gelehrt, daß ich mich kein einziges Mal fragte, ob er mir fürwahr alles sagte, mich wirklich alles lehrte. So war es denn dahin gekommen, daß ich aus Unwissenheit auf meinen eigenen Untergang hinwirkte.

Über mir schob sich der Mond in die letzte Stunde vor Mitternacht. Das Ende war nah. Mit mir mußten das gesamte Geschlecht der Großkönige und all ihre Werke vergehen. Weil ich nicht zu fliehen wünschte, blieb mir nichts anderes noch mit meinem Leben anzufangen, als mich dem Thron zu nähern, wie wenn er ein Richtblock wäre.

Vielleicht sollte ich eher als beabsichtigt den Thronsaal aufsuchen, die Thronnahme jetzt wagen, noch vor Mitternacht, um meine Teilnahme am Zerfall des Reiches nicht über Gebühr hinauszuzögern.

»Mylady...«

Die Stimme erschreckte mich. Ihr Besitzer war nicht durch die Tür hinter meinem Rücken gekommen; ich hatte keinen Lichtschein bemerkt. Und ich hatte keine Schritte gehört. Vor mir stand Wallin, im Mondlicht so schön wie ein Traum.

Ich wollte seinen Namen aussprechen, aber mein Herz hämmerte zu heftig. Die Arme unter meinem Busen verschränkt, drehte ich mich um, damit er nicht mein Ringen um Selbstbeherrschung mitansehen konnte. »Du bist ein Mann fortwährender Überraschungen«, sagte ich, um den Eindruck der Abweisung, den ich dadurch machen mußte, zu lindern. »Wie hast du mich gefunden?«

»Ich bin ein Diener.« Sein Ton verriet, daß er die Achseln zuckte. »Das muß ein schlechter Diener sein, der vom Kommen und Gehen seiner Herrin keine Kenntnis nimmt.« Ich spürte mehr, als daß ich es hörte, wie er nun nähertrat. Anscheinend verharrte er in Reichweite meiner Schultern. »Mylady«, ergänzte er mit Sanftmut, »Ihr seid voll des Kummers.«

Irgendwann im Laufe des Abends war ich meiner Abwehrhaltung gegenüber jedwedem Mitgefühl verlustig gegangen. Tränen quollen mir in die Augen. Ich vermochte nicht zu schweigen. »Wallin«, sagte ich in tiefstem Elend, »ich bin so gut wie tot. In mir wohnt keine Magie.«

Wenn er die Folgenschwere meiner Einlassung erfaßte – und wie hätte er es nicht tun können? –, so schenkte er ihr keine Beachtung. Von Anfang an hatte er Dinge gesagt und getan, die ich niemals von ihm erwartet hätte; und auch diesmal versäumte er es nicht, mich zu verdutzen.

»Mylady«, meinte er in seinem Tonfall von Freundlichkeit, »manche Leute sind des Glaubens, Eure Großmutter sei an der Thronersteigung gescheitert weil sie keine Jungfrau war.«

»Das ist Unfug«, erwiderte ich, durch seine Äußerung nicht minder betroffen gemacht als durch sein unvermutetes Auftauchen. Der Thron stellte das Blut auf die Probe, war ein Auslöser verborgener Magie, kein Maßstab für Lebenserfahrung. »Nie hat irgend jemand die Behauptung aufgestellt, die Großkönige seien Unberührte, sei's vor oder nach ihrem Antritt der Macht.«

»Dann kann's keinen Schaden anrichten, Mylady ...« – fest legte er eine Hand auf meine Schulter und drehte mich um, so daß ich ihn anschauen mußte –, »wenn Ihr mir erlaubt, Euch vor dem Ende Trost zu spenden.«

Die Nachdrücklichkeit seines Kusses tat mir in den Knochen meiner mißhandelten Wangen weh; doch im nächsten Augenblick spürte ich, wie ich diesen Schmerz willkommen hieß wie eine Verschmachtende, wie ein Weib, das in der Wüste ihres Lebens verhungerte. Wallins Geruch, Wärme und Härte erfüllten all meine Sinne.

»Komm!« sagte ich heiser, als er die Umarmung lockerte. »Wir wollen uns in meine Gemächer zurückziehen.«

Ich nahm ihn bei der Hand und zog ihn mit mir ins Innere des Schlosses.

Ich hatte keinen Grund, um zu ihm Vertrauen zu haben. Doch ohnehin hatte sich alles bislang Vertrauenswürdige als unverläßlich erwiesen, und deshalb empfand ich es nicht als Verrücktheit, jemandem Vertrauen entgegenzubringen, der sich noch gar keines verdient hatte. Und ich war in so großer Bedrängnis; mir war an nichts anderem mehr gelegen, als daß er mich von neuem küssen und während meiner letzten Stunde in seinen Armen halten sollte, so daß ich als Weib und nicht als Jungfrau sterben durfte.

Zum Teil, weil ich vorsichtig zu sein wünschte, in der Hauptsache jedoch, weil ich jeder Störung vorbeugen wollte, wählte ich einen heimlichen Weg durchs Schloß zurück zu meinen Gemächern. Deshalb begegneten wir nur einigen wenigen Bediensteten, die sich um die Erledigung der abschließenden Aufgaben des Abends kümmerten, aber keinen anderen Gästen oder anderen Festteilnehmern, und niemandem, in dem ich einen

Günstling Ryzels erkannte. Während wir unterwegs waren, blieb Wallin schweigsam. Doch er erwiderte den Druck meiner Hand; und als ich ihn einmal anschaute, machte sein Lächeln mir sein Angesicht lieber als jedes, das ich seit meines Vaters Ableben gesehen hatte. Ich wußte nicht, woher es rührte, daß solche Augen wie seine mich mit Verlangen betrachteten. Und doch – durch eine Art von Magie, wie ich sie nie zuvor empfunden hatte – schien ihr Blick zu bewirken, daß ich selbst mir weniger unscheinbar vorkam, flößte er mir Dankbarkeit für ein entferntes Gefühl einer Lieblichkeit ein, durch die ich mich in Wahrheit gar nicht auszeichnete.

An der Tür zu meinen Gemächern jedoch zögerte ich, aus Sorge ihn mißverstanden, in meiner Drangsal mich geirrt zu haben – daß er es sich zu guter Letzt doch anders überlegen und sich scheuen könnte. Aber seine Augen blickten nun dunkel und lebhaft drein, und unter der Haut spannten sich aus Leidenschaft an den Kanten seiner Kiefer die Muskeln, so stark waren die Empfindungen, die ihn antrieben.

Zu meiner Verwunderung bestärkte mich der Anblick seiner inwendigen Heftigkeit in meinem Zaudern. Plötzlich hegte ich gegen ihn ernste Bedenken. Ich gedachte der Gefahr, die er verkörperte.

Daß er gefährlich war, unterlag keinen Zweifeln. Ein harmloser Mann hätte sich nie und nimmer all das getraut, was er sich an diesem Abend herausgenommen hatte. Und wie sollte ein Weib mit meinem Angesicht ernstlich an sein Verlangen glauben können? Besonnen legte ich eine Hand auf seine Brust, um ihn vom Eingang zu meinen Gemächern fernzuhalten. »Du brauchst's nicht zu tun, Wallin«, sagte ich. Irgendwie rang ich mir ein Lächeln ab, das vortäuschte, ich sei keineswegs voll des Grams. »Dein Leben ist ein zu hoher Preis für meine Tröstung. Es stellt mich zufrieden, zu wissen, daß du vielleicht ein gewisses Maß an Zuneigung für mich aufgebracht hast. Das ist mir genug. Sei meines Dankes versichert und sieh zu, was du noch zu deinem Schutz zu unternehmen vermagst.«

Wirklich und wahrhaftig war er für mich ein Inbegriff der Überraschungen. Während ich sprach, verzog er das Antlitz unvermittelt zu einem wüsten Ausdruck. Er riß meine Hand von seiner Brust und dann mich selbst herum, preßte mir seine Hand auf den Mund, drückte mich an seine Seite, so daß es mir unmöglich blieb, mich ihm zu entwinden. Mit der freien Hand stieß er die Tür auf. »Mylady«, sagte er schnaufend, während er mich in meine Räume drängte, »Ihr begreift nicht im entferntesten, welchen Dingen mein Interesse gilt.«

Obwohl ich ihn mit den Fersen trat, mit den Händen an seinem Arm zerrte, hielt er mich fest und in Gewahrsam. Im Innern meiner Gemächer schloß er die Tür und verriegelte sie. Dann hob er mich von den Füßen und schleppte mich zum Bett.

Indem er mein Gesicht in des Bettes Überwurf drückte, kniete er sich auf meinen Rücken, um mich zum Stillhalten zu nötigen, während er von meinem Kleid die Schärpe löste. So geschickt als hätte er dergleichen schon viele Male getan, zwang er mir die Arme auf den Rücken und fesselte mir mit der Schärpe die Hände. Danach erst entfernte er seines Körpers Gewicht von mir, so daß ich mich herumwälzen und um Atem ringen konnte.

Als ich mich aufraffte und auf des Bettes Kante setzte, stand er mit einem langen, widerwärtigen Dolch vor mir, lässig in seiner Rechten gehalten.

Er hob die Klinge an meine Kehle und schenkte mir ein Grinsen purer Bosheit. »Ihr dürft getrost schreien, wenn's Euer Wunsch ist«, sagte er ruhig, »doch rate ich Euch davon ab. Ihr könnt nichts tun, um Euer Leben noch zu retten ... oder unseren Sieg abzuwenden. Aber wenn Ihr schreit, müssen wir mehr Blut vergießen, als uns lieb ist. Also bedenkt genau, wie Ihr Euch betragt. Die unschuldigen Wächter und Diener des Schlosses werden's sein, die in Eurem Namen den Tod finden, und am Ergebnis wird sich nichts ändern.«

Fieberhaft zerrte ich an der verknoteten Schärpe, aber konnte meine Hände nicht befreien. Mein Leben schien mir in der Kehle zu sitzen, mich zu ersticken. So mühelos war ich überwältigt worden. Dennoch trieb mich die bloße Schmach dazu – die Tatsache, daß nichts als ein schönes Antlitz und keckes Verhalten mir den Verstand verwirrt hatten –, überstürzt nach irgendeinem Ausweg zu trachten, Möglichkeiten zu entdecken, um das Blatt doch noch zu wenden. Ich sah ihn an, als vermöchte er mich nicht einzuschüchtern. »Du hast mich unablässig nur belogen«, sagte ich. »Von Anfang an hast du die Absicht gehabt, mich zu töten. Weshalb säumst du nun? Was fürchtest du?«

Er stieß ein abgehacktes Lachen aus, freudlos und bar jeglichen Mitleids. »Ich fürchte nichts. Ich bin längst über jede Furcht erhaben. Nur damit mein Verbündeter – die Person, die für mich übers Reich herrschen wird, und über die meinerseits ich herrschen werde – Zeuge Eures Todes sein kann, warte ich.«

Während ich mich weiterhin gegen die Fesseln stemmte, bot ich zu meiner Verteidigung Spott auf, weil es mir an Mut mangelte. »Du hast hochfliegende Träume, Wallin. Für gewöhnlich sind Diener zu klug, um so ehrgeizig zu sein.«

Sein Lächeln fiel gleichzeitig betörend und bösartig aus. »Aber ich bin kein Diener«, gab er zur Antwort. Seine Augen glitzerten wie steinerne Scherben. »Ich bin Kodar, der Rebell, und ich habe stets an großen Träumen gehangen.«

Er verblüffte mich, nicht durch seine Äußerung – obwohl er mich auch damit wiederum vollständig überraschte –, sondern aufgrund des Umstands, daß ich ihm augenblicklich Glauben schenkte. »Kodar?« brauste ich auf, nicht aus Zweifel oder im Hinblick auf das, was er mir erwidern würde, sondern um unterdessen mein Grausen zu verhehlen. »Auch das ist eine Lüge. Dem halben Reich ist bekannt, daß Kodar und seine Rebellen in dieser Stunde einen Überfall in Lodan durchzuführen gedenken.«

Allem Anschein nach fand er aufrichtiges Vergnügen an meiner Streitbarkeit. Behutsam strich er mir mit der Klinge seitlich am Hals entlang. »Freilich«, antwortete er selbstgefällig. »Es hat mir erhebliche Umsicht abgefordert, dafür zu sorgen, daß alle Spione in den Drei Königreichen wissen, was meine Männer tun. Doch indessen sind meine Zwecke nun erreicht. Während Männer niedrigeren Ranges für mich kämpfen und sterben, alle Aufmerksamkeit auf sich ziehen, haben meine tüchtigsten Helfer und ich hier im Königsschloß Anstellung gefunden, uns als Diener getarnt. Auf diese Nacht haben wir hingewirkt, ohne daß jemand Verdacht geschöpft hätte. Meine Verbündeten und ich werden Euch die Gurgel durchschneiden.« Die Spitze des Dolches piekste in meine Haut, bis ich zurückschrak. »Anschließend werden wir die anderen Fürsten zu einer Audienz mit Euch bitten, und dann werden wir auch ihnen die Gurgel aufschlitzen.« Er tat nichts, um seine frohe Erwartung zu verbergen. »Danach werden meine Gehilfen wider die Magi und Edlen vorgehen, die meinen Feinden die Treue halten. Auch Euren Ryzel wird man nicht verschonen. Noch ehe der Morgen anbricht, werden wir über das ganze Reich herrschen. In Wahrheit wird die Herrschaft mein sein, wiewohl mein Verbündeter Euren Platz einnehmen wird.« Vermutlich erachtete er sich als überaus schlau, weil er den Namen seines Bundesgenossen verschwieg. »Auf diese Weise«, ergänzte er mit einem Schmunzeln, »wird mein Triumph so groß sein wie meine Träume. Und solltet Ihr mich fürwahr mißverstanden haben ...« – auch diese Hinzufügung hielt er für erforderlich –, »laßt mich Euch versichern, daß ich nach Eurer Person niemals das geringste Verlangen verspürt habe. Für mich wärt ihr allzu geschmacklose Kost, mit der ich mich nicht langweilen möchte.«

Wortlos hörte ich ihn an. Doch falls er wähnte, seine Herabsetzung könnte mich kränken, so täuschte er sich in seinem Opfer. Seine Verachtung bewirkte lediglich, daß ich die Klarheit meines Denkvermögens wiedererrang. Äußerlich blieb meine Aufmerksamkeit auch weiter auf ihn gerichtet; innerlich jedoch weilte ich andernorts, suchte Hilfe und Hoffnung an Stätten, an die er mir nicht zu folgen vermochte.

Er musterte mich aus schmalen Lidern. Seine Erregung oder seine Überheblichkeit forderten die Genugtuung einer Antwort. »Ihr tätet wohl daran, mit mir zu sprechen«, sagte er mit gleichsam samtweicher Bedrohlichkeit. »Wenn Ihr mich darum anfleht, werde ich Euch, mag sein, noch für ein Weilchen das Leben belassen.«

Ich erwiderte nichts; das Wagnis, ihm weiter zu widersprechen, mochte ich nicht eingehen. Ich wollte nicht sterben. Mir lag daran, zu erfahren, um wen es sich bei seinem Verbündeten handelte.

Ein Stirnrunzeln furchte das Fleisch zwischen seinen Brauen. Sein Wunsch, mich vor ihm kriechen zu sehen, war unverkennbar. Aber ehe er sich daranmachen konnte, mich noch stärker zu demütigen, kam ihm ein leises Pochen an die Tür zuvor.

Das Klopfen trug keineswegs zu meiner Ermutigung bei. Eindeutig gab jemand damit ein Zeichen; diese offenbar verabredete Reihenfolge von Klopftönen galt zweifellos Kodar, und ich konnte mir davon nichts erhoffen. Er neigte den Kopf zur Seite, zur gleichen Zeit erfreut und gereizt – froh darüber, daß seine Pläne sich zügig nach seinen Vorstellungen entwickelten, jedoch verdrossen, weil er trotz seiner Bemühungen kein unterwürfiges Opfer vor sich hatte. Dennoch zögerte er nicht; keinesfalls war er so unbesonnen, statt seinem Ehrgeiz irgendwelchen Launen den Vorzug einzuräumen. Leichtfüßig und doch männlich in seinem Gebaren, strebte er zur Tür, pochte zur Antwort gleichfalls dagegen.

Nachdem er darauf wiederum ein Klopfzeichen erhalten hatte, entriegelte er die Tür und öffnete sie, gewährte Königin Damia Zutritt in meine Gemächer.

Sie wirkte wunderbarer als je zuvor. Sobald Kodar die Tür von neuem verriegelt hatte, schlang sie die Arme um seinen Hals und küßte ihn, als wäre sie von Unersättlichkeit nach ihm erfüllt. Die Leidenschaft, mit welcher er sie empfing, drückte alles aus, was ein Weib sich wünschen mochte, doch sie entzog sich der Umarmung, ehe er sie vollenden konnte. Ihr Blick fiel auf mich, und ihre Augen leuchteten.

»Kodar, mein Geliebter, du hast es vollbracht.« Ihre Miene spiegelte Begeisterung wider. »Sie gibt sich trotzig, aber sie wird ein wahres Opferlamm sein. Ich bin hocherfreut.«

Während ich sie beobachtete, fragte ich mich, ob es Kodar eigentlich auffiel, auf welche unmerkliche Weise sie sich sogleich die Oberhoheit über das Geschehen aneignete, ihn vom Herrn der Lage zu einem Befehlsempfänger machte.

Doch ich begriff nicht, weshalb sie sich mit ihm verbündet hatte. Aus bloßem Verlangen nach ihm? Vielleicht. In seinem Fall konnte ich mir so etwas vorstellen, aber ich hegte daran Zweifel. Und wenn ihr die Macht eines Drachens zu Gebote stand – ob realit oder durch Magie erschaffen –, wozu brauchte sie ihn?

Kodar war mit seinem Dolch mehrere Schritte weit von mir entfernt. Womöglich war es mir vergönnt, noch ein paar Worte zu sprechen, bevor man mich für immer zum Schweigen brachte. »Fürstin von Lodan«, sagte ich, während ich nur ihren Blick erwiderte, als vermöchte ich ihren Handlanger vollauf zu mißachten, »dieser Kodar hat mir den Rat erteilt, nicht um Hilfe zu rufen. Aber nun, nachdem er mir offenbart hat, wie er die eigene Sache verrät, um Euch dienstbar zu sein, daß er Euch die Herrschaft über die Drei Königtümer zu geben gedenkt, indem er alle hinmordet, die wider Euch sind, ersehe ich keinen Grund mehr, warum ich darauf verzichten sollte. Jede Warnung, wie geringfügig sie auch sein mag, kann seine Pläne vereiteln. Mit einem einzigen Schrei kann ich Euch um all das bringen, was er Euch bietet. Warum also sollte ich still sein ...?«

Kodar faßte seinen Dolch fester und trat näher. Ich schnappte nach Luft, füllte meine Lungen, um mit aller Kraft zu schreien.

Ihn beeindruckte meine Drohung nicht; doch Königin Damia gebot ihm Einhalt. »Warte noch ein kurzes Weilchen, Kodar.« Ihre Weisung duldete keinen Widerspruch. »Um der unschuldigen Menschen Leben willen, die andernfalls verloren wären, möchte ich ihr Belehrung zuteil werden lassen.«

Ihr Spiel war es, das hier ablief, und ich war der Verlierer. Aber angesichts des Todes konnte ich nicht anders, ich mußte auf Rettung meines Lebens sinnen. Ich musterte sie, als wäre Kodars Gegenwart zwischen uns ohne Bedeutung, hoffte unterdessen, daß er genug Geistesschärfe besaß, um sie zu verstehen – und ebenso mich.

»Mylady«, sagte Damia mit einer Freundlichkeit, die ich nur als Herabwürdigung zu empfinden vermochte, »gewißlich habt Ihr nicht die Schlußfolgerung zu ziehen versäumt, daß Magus Scour beileibe keine wahre Magie gemeistert hat. Stünde ihm solche Macht zur Verfügung, er täte niemanden als Herrn über sich dulden, und am allerwenigsten *mich*.« Ihr Ton jedoch besagte unmißverständlich, Scour war ein Mann und würde mit Freuden alles für sie erdulden. »Folglich war sein Drache lediglich Abbild. Und daraus ergibt sich, daß irgendwo im Reich ein Altes Wesen wohnt, das allen Augen verborgen geblieben ist. Nur meinen Augen nicht.« Sie lächelte auf wundervolle Weise.

Kodar grinste ihr zu. Am liebsten hätte ich ihn für seine Anmaßung verflucht, die ihn für die Durchtriebenheit der Königin blind machte; aber ich beließ meinen Blick auf sie gerichtet, wartete auf ihre weiteren Äußerungen.

»In Ermangelung der Inthronisation ist seine Macht verhohlen geblieben«, sprach sie weiter, »doch zum Glück haben Magus Scour und ich sie entdeckt.« Das war ohne Zweifel für sie ein Glücksfall gewesen. »Er ist der Grund, Mylady, warum Ihr nicht um Hilfe rufen werdet. Kodar und ich haben diesen Plan ersonnen, weil er wenig Blutvergießen kosten wird – und uns ungemein schnell der Herrschaft vergewissern kann. Solltet Ihr hingegen unsere Absicht durchkreuzen, werden wir einfach den im Schloß befindlichen Rebellen den Befehl zum Handeln erteilen. Mit ihrer Unterstützung wird der Drache den Thron besteigen, und dann vermag er zu nehmen, was wir begehren, nur dürfte er mehr Gewalt anwenden müssen. Ihr seht also ...« – sie redete, als wäre jeder Widerspruch undenkbar –, »wir können nicht geschlagen werden. Ihr werdet Euch in aller Ruhe in Euren Tod fügen, weil ihr dadurch in den Drei Königtümern sehr viele Menschenleben zu retten vermögt.«

Vielleicht war ich für sie zu langsam von Begriff. Möglicherweise hätte ich erheblich früher auf das kommen sollen, was sie mir einsichtig zu machen gedachte. Aber nun wußte ich endlich zur Gänze Bescheid. Ich hätte in meinem Kummer aufgeschrien, wäre ich nicht bereits zu verzweifelt gewesen; um so eine Schwäche an den Tag zu legen; Damia drängte mich bis zum äußersten dessen, was mein schon wundes Herz zu verkraften vermochte. Daß soviel Schönheit von solcher Schlechtigkeit strotzen konnte! Mir blieb keine Wahl, ich mußte mich als ihr gewachsen erweisen oder sterben.

»Mylady«, sagte ich bedächtig, »Ihr sprecht, als wäre sogar ein Drache froh, Euch dienen zu dürfen, während Ihr die Herrschaft für Euch beansprucht. Das ist recht klug von Euch, denn damit macht Ihr eine Tugend aus dem Notstand, daß Ihr bloß ein Strohmann sein werdet, indessen alle Macht in Wahrheit von jenem Alten Wesen ausgeht. Stets vorausgesetzt, es wird Euch nicht doch unterwerfen, sobald es sein Ziel erreicht hat. Ihr versucht, die Tatsachen vor mir zu verschleiern. Kodar dagegen fehlt's an soviel Klugheit. Er hat sich bereits in der abstoßendsten Art und Weise gebrüstet. Sicherlich wird Euer Drache ihn lehren, wie Hochmut enden muß. Es sei denn, er selbst ist das Alte Wesen.«

Kodar stand inzwischen dicht vor dem Bett. Anscheinend war er für Verunglimpfungen taub. Sein Mienenspiel war lebhaft, nicht aus Verärgerung, sondern aus wilder Freude. Er ahnte in seinem Innern die Kraftfülle der Wandlung, die ihn erwartete, und fühlte sich dadurch erregt.

Doch Königin Damia stand seitlich hinter ihm, und derweil sein Blick auf mir haftete, konnte er sie nicht sehen, und ihm entging das breite Lächeln, das sie mir schenkte.

Aber dessen achtete ich nicht. Vielmehr widmete ich meine Aufmerksamkeit nun Kodar. Nachdem es mir mißlungen war, sein Vertrauen zur Königin von Lodan zu untergraben, versuchte ich nunmehr, ihm mit ernsten, mahnungsvollen Worten Hochachtung und Bereitschaft zur Unterwerfung vorzuspiegeln. »Mylord«, sagte ich ruhig, »ich verstehe Euch nicht.« Wäre es mir in diesem Augenblick möglich gewesen, meine Hände zu befreien, ich hätte es nicht getan. Sie hätten mir nichts genutzt. »Warum habt Ihr Euch, wiewohl ihr solche Stärke besitzt, der Mühe unterzogen, Rebellion vorzutäuschen?« Ich bezweifelte nicht, daß jene *Männer niedrigeren Ranges,* deren Leben er hinopferte, es ehrlich meinten, wirkliche Rebellen, die wähnten – wie sehr sie sich damit auch irren mochten –, das Reich stünde ohne Herrscher besser da. »Weshalb beharrt Ihr noch immer auf derlei Trug? Warum bedient Ihr Euch für Eure Sache der Hand dieser heimtückischen Königin? Wieso offenbart Ihr Euch nicht vor aller Welt und verkündet ihr Euren Anspruch auf das, was Euch rechtmäßig gebührt? Ihr braucht nichts anderes als die Berührung wahren Steins.«

Ich sah ihm sofort an, daß er mir die Auskünfte nicht zu verweigern beabsichtigte. Was seine Magie-Gabe anbetraf, überwog der Stolz sein Urteilsvermögen.

»Eine verborgene Drohung, ist von größerer Wirkung als offen erklärte Macht«, versetzte er zur Antwort, während Damia ihn mit einer Verzücktheit betrachtete, die ebensogut Bewunderung wie Geringschätzung anzeigen mochte. »Als ich erstmals den Entschluß faßte, einmal Herrscher über das Reich zu werden, war meine wirkliche Natur mir noch unbekannt. Daher war Rebellion der einzige Weg, den ich beschreiten konnte. Und nun, da ich Klarheit über mich selbst habe, wird meine Stellung stärker sein, wenn niemand weiß, daß ich jene hintergehen muß, die mir dienen. Meine Königin wird auf dem Thron sitzen, und ein unbekannter Drache wird durch die Drei Königtümer streifen und für die Befolgung ihres und auch seines Willens sorgen, und zur gleichen Zeit werden meine Rebellen auch künftig überall dort zuschlagen, wo's mir beliebt, dabei glauben, nach wie vor dem Rebellenführer Kodar zu gehorchen. Bloße Furcht und Unwissenheit werden jedweden Widerstand ersticken. Das Reich wird so einig sein, wie noch kein Großkönig es zu einigen imstande war, und jeder Mann, jedes Weib werden mir zu Füßen liegen und vor mir erbeben!«

Das Wunschbild seiner Herrschaftsausübung schien ihn zu entrücken. Doch Königin Damia sah keinen Sinn in seiner Hingerissenheit. »Kodar, mein Geliebter«, mischte sie sich nun ein, »es sind schöne Worte, die du sprichst, aber uns verrinnt die Zeit.« Sie verhielt sich ihm gegenüber auf bewunderungswürdige Weise furchtlos. »Falls man die Gäste in den Thronsaal ruft, bevor wir uns Thones und Thorndens entledigt haben, wäre unsere Gelegenheit vertan. Wir müssen ans Werk gehen. Bist du damit einverstanden, diese Tochter der Könige mutig deiner Herrschaft zu opfern?«

Er senkte den Blick auf seinen Dolch und lächelte. »Mit Freuden.« Unzweideutig Gier nach Blut im Angesicht, wollte er Anstalten machen, mich zu töten.

Mir blieb keine Zeit. Ich hatte mit der außerordentlichsten Gründlichkeit darüber nachgedacht, was es zu tun galt, um mit dem Leben davonzukommen, was geschehen mußte, um mich zu retten. Es gab nur eine Hoffnung, und sie war ganz und gar gering. Doch wenn ich nicht sofort handelte, war ich endgültig verloren.

Indem ich alle Kraft aufwendete, die Wille, Gemütserregung und Erbe mir verliehen, äußerte ich einen lautlosen Schrei der Verzweiflung und des Aufbegehrens. Dann duckte ich mich unter dem Dolch hinweg, schnellte mich vom Bett ab und vorwärts. Da ich meine Hände nicht gebrauchen konnte, hatte ich arge Schwierigkeiten; aber ich schaffte es, die Füße unter mir auf den Boden zu setzen und aufzuspringen. Ich wirbelte herum, wandte mich Kodar zu.

Er stürzte mir hinterher. Der Dolch zuckte durch die Luft. Das durchs Fehlen der Schärpe weite, lockere

Kleid aus Brokat fing die Klinge, den Dolchstoß ab, als ich behende auswich. Obschon meine Sandalen nur höchst unzulängliche Waffen abgaben, trat ich Kodar mit aller Kraft ans Knie. Er knurrte einen Schmerzlaut.

Indem ich darauf baute, der unbedeutende Schmerz werde seine Bewegungen hemmen, lief ich aus seiner Reichweite. Er führte einen zweiten Stoß, verfehlte mich aber erneut. Mit einem erneuten Satz und einem Sprung floh ich zurück zum Bett, sprang darauf, geriet fast, weil mir der Gebrauch der Hände versagt blieb, aus dem Gleichgewicht. Von diesem erhöhten Standort aus war ich dazu imstande, mich seines Dolches – zumindest für ein Weilchen – mit den Füßen zu erwehren.

»Töte sie, Tölpel!« fauchte Königin Damia wütend.

Ein lautes Krachen tönte durchs Zimmer, als das Holz rings um den Riegel der Tür splitterte. Ein nochmaliges heftiges Bersten trennte Riegel und Haken. Die Türflügel schwangen einwärts, prallten beiderseits des Eingangs gegen die Wand.

Magus Ryzel kam herein.

Sein kahles Haupt war von der Anstrengung gerötet, doch nichts im Stapfen seiner Schritte oder im Atemholen seiner breiten Brust zeugte von Schwäche oder Erschöpfung. Gefährlich ragte sein Zepter in die Höhe, aus seinen Augen funkelten Drohungen.

Meine Erleichterung und Hochstimmung, welche ich bei seinem Eindringen empfand, waren so groß, daß ich beinahe auf die Knie gesunken wäre und mich Kodars Zugriff ausgeliefert hätte.

Sobald er den Dolch bemerkte, verharrte Ryzel. »Was hat das zu bedeuten, Wallin?« wünschte er zu erfahren.

Für eine Weile ruckte Kodars Blick hin und her, als wäre er ein in die Enge getriebenes Tier. Damia wirkte aus Überraschung oder Unentschlossenheit wie zu Stein erstarrt. Alle vier blieben wir völlig reglos, suchten die möglichen Weiterungen von Kodars blanker

Klinge einzuschätzen. Nun würde es für Kodar von keinem Vorteil mehr sein, seine Rebellen zu rufen – jedenfalls nicht, solange Ryzel ihn niederschmettern mochte, bevor Beistand eintreffen konnte. Aber Magus war allein. Obschon er sein Zepter bereithielt, war all seine Macht gegen einen Dolch nutzlos. Und er war längst nicht mehr jung. Konnte er für den hünenhaften, kraftvollen Rebellen ein Gegner sein?

Kodar entschied, das sei nicht der Fall. Er drehte mir den Rücken zu und näherte sich vorsichtig Ryzel.

Königin Damia verstand es, ihn ohne ersichtliche Mühe zum Stehen zu bringen. »Ihr seid im rechten Augenblick gekommen, Magus«, sagte sie gänzlich gelassen, leugnete jedwede Annahme, Drohungen oder Störungen vermöchten ihre Ruhe zu beeinträchtigen. »Dieser Mann ist nicht der Diener Wallin. Vielmehr ist er der Rebell Kodar. Er hegt die Absicht, sowohl Mylady Chrysalis wie auch mich zu meucheln. Und wenn er erst uns gemordet hat, gedenkt er gleichartige Schandtaten an König Thome und Graf Thorden zu verüben. Sodann will er die Herrschaft übers Reich an sich reißen...«

Mit einem Aufknurren stürzte Kodar auf sie zu, die Klinge auf die tiefe Mulde in ihrem großzügigen Ausschnitt gerichtet.

Er erreichte sie nicht. Ryzel war alt, aber seine Fäuste waren flink. Mit zielsicherem Zustoßen rammte er Kodar das obere Ende des Zepters in die Magengrube. Kodar brach zusammen und wand sich elendig auf dem Fußboden, röchelte nach Atem.

»Ich danke Euch, guter Magus«, sagte Königin Damia leise, als glaubte sie wahrhaftig, Ryzel irreführen zu können.

Er verschwendete nicht einmal einen Blick an sie. Sobald er sich dessen vergewissert hatte, daß Kodar zeitweilig außer Gefecht gesetzt war, kam er zu mir und half mir vom Bett herunter. Nur das Zittern seiner Hände, das ich spürte, als er meine Fesseln löste, legte von seiner Furcht Zeugnis ab.

»Mylady, ich habe Magie-Kraft wahrgenommen«, sagte er grimmig. »Aus diesem Grunde bin ich zu Euch geeilt.«

»Kodar ist der Ursprung«, sagte die Königin. »Er wähnt, er sei ein Altes Wesen.« Ihre Verachtung für ihren Bundesgenossen ließ sich nicht verkennen. »In der Tat steckt in ihm eine geringfügige Begabung zu magischen Verrichtungen. Doch zum größten Teil bleibt sie unabänderlich belanglos.«

Ich schaute sie nicht an; ich mochte sie nicht sehen lassen, was ich über diese neue Bekundung der Verworfenheit dachte. Ohne Zweifel hatte Scour auf gerissene Weise Kodar eingeflüstert, er wäre ein Altes Wesen, ein Drache, um sein Streben nach der Herrschaft übers Reich Damias Plänen nutzbar zu machen. Nichtsdestotrotz verriet sie ihn nun ohne das gelindeste Zaudern. Ich stellte nicht im mindesten in Frage, daß ihre wider mich gehegten feindseligen Absichten unverändert blieben. Meine Hände bebten nicht weniger als Ryzels Fäuste, als ich die Schärpe von ihm entgegennahm und mir wieder, um das Gewand zu schließen, um die Hüften band.

Am Fußboden, wo er noch immer lag, keuchte Kodar vor sich hin und krächzte Flüche.

»Magus«, sagte ich, darum bemüht, meine Stimme zu meistern, so gut ich es konnte. »Königin Damia und ihr Knecht können gehen. Wollt Ihr sie in die Thronhalle geleiten?«

Ryzel öffnete den Mund, um Einspruch zu erheben, schloß ihn jedoch wieder. Der Ausdruck im Blick meiner Augen bewog ihn zum Schweigen. Wiewohl das Mahlen seiner Kiefer von Fragen und Befürchtungen zeugte, verbeugte er sich vor mir, widmete dann seine

Aufmerksamkeit der Fürstin von Lodan und dem Rebellenführer Kodar.

Nachdem er Kodars Dolch vom Boden aufgehoben und irgendwo im Ärmel seiner Soutane untergebracht hatte, klammerte er eine klobige Faust ins Rückenteil von Kodars Rock, zerrte ihn hoch. »Mylady«, wandte er sich an Königin Damia, während er Kodar mit seinem Griff stützte, »beliebt's Euch, mich zu begleiten?«

»Mit dem größten Vergnügen«, antwortete sie. Indem sie ihre Hände um seinen Arm legte, kehrte sie sich von mir ab, ohne mich noch eines Wortes zu würdigen, hing in nachgerade vertraulicher Weise an Ryzel, als die drei meine Gemächer verließen. Noch immer behandelte sie mich, als wäre ich ohne jede Bedeutung – wogegen sie sich zu Ryzel verhielt, als hätte sie ihn, noch ehe sie an des Korridors Ende gelangten, zu verführen im Sinn.

Aber dann hörte ich ihn lautstark nach den Wächtern rufen; und im weiteren machte ich mir um ihn keine Sorgen. Solange er die Ereignisse lenken konnte, war er Damia zweifelsfrei gewachsen.

Ich benötigte Zeit; und doch stand mir keine Zeit zur Verfügung. Genug Zeit, um mich vom Grausen des nahen Todes zu erholen und neuen Mut zu schöpfen. Zeit zum Überlegen und Verstehen. Hinlängliche Zeit, um mich auf die Angriffe einzustellen, denen ich im Thronsaal ausgesetzt sein würde. Aber mir blieb keine Zeit. Wenn ich mich nicht umgehend in den Thronsaal begab, mochte es sein, daß ich das Schlagen der mitternächtlichen Stunde versäumte. Mehr als einmal hatte mein Vater die Wichtigkeit der Mitternacht vor meinem einundzwanzigsten Geburtstag betont, des Augenblicks, da der Mond hoch droben überm Reich in vollem Rund stand und es den Versuch meiner Thronbesteigung zu unternehmen galt.

An mein Äußeres vergeudete ich keinen Gedanken; das Kleid, welches ich gegenwärtig trug, eignete sich ausreichend für diesen Zweck. Doch ich trat vor den Spiegel und verwendete eine Weile, um mein Haar zurechtzumachen, steckte es auf diese und jene Weise fest, um mir ein wenig Anmut zu verleihen, wenn ich schon keinen Liebreiz besaß, darum bemüht, mit derlei nebensächlichen Nichtigkeiten die Leere zu überdecken, die Kodar in meinem Herzen hinterlassen hatte. Mit einer geringen Menge Schminke tarnte ich das Mal, welches von Thorndens Faust auf meiner einen Wange zurückgeblieben war, indem ich der anderen Wange eine ähnliche Färbung aufrieb. Aber die Erinnerung an Kodars Kuß vermochte ich nicht von meinen Lippen zu entfernen. Ich faßte mich in Gleichmut und gab den Versuch auf.

Allein, furchtsam und doch entschlossen verließ ich meine Gemächer und strebte meinem Schicksal entgegen.

Der Saal, in dem der Thron der Großkönige auf seinem Sockel emporragte, befand sich auf der anderen Seite des Schlosses. Als ich dort eintraf, hatten sich bereits sämtliche Gäste und alle hochgestellten Persönlichkeiten des Reiches eingefunden. Im wirren Raunen der Stimmen, das aus offenen Türen drang, vernahm ich ihre Aufregung und Erwartung. Und bei diesen Lauten floh mir dann fast doch aller Mut. Allein mit König Thone fertiggeworden zu sein, kam mir nun nicht länger als sonderlich erwähnenswerte Leistung vor. Mein Leben, ganz auf mich gestellt, wider Graf Thornden, Königin Damia und Kodar zu verteidigen, war notwendig gewesen, unvermeidlich. Den Verlust von Ryzels Rückhalt zu ertragen, war eine Bürde, der ich mich nicht entziehen konnte. Aber das Wagnis, womöglich zu scheitern und eine öffentliche Erniedrigung zu erleben, mich vor den versammelten Adeligen und Würdenträgern der Drei Königtümer als meines Erbes unwürdig zu erweisen – ach, das war eine ganz andere

Angelegenheit. Ich wüßte nicht, wie ich die Schande, falls es sich so ergab, verkraften sollte.

Während ich noch außerhalb des Saals zauderte, betrat Ryzel den Gang, kam auf mich zu.

Ich glaubte, er hätte vor, mich an meinem Vorhaben zu hindern oder mich zur Rede zu stellen. Sein Angesicht drückte einen Grimm aus, der von Zorn und Vorwürfen zeugte. Daher machte ich mich darauf gefaßt, ihn trotz all meiner Dankbarkeit zurückweisen zu müssen. Ich durfte mein unsicheres Überzeugtsein von mir selbst keinerlei Rücksichten auf seine ungewisse Treue unterordnen.

Doch er sprach nicht sofort. Er nahm mich am Arm und geleitete mich ein Stück weit beiseite, fort vom Eingang zum Thronsaal, damit wir weder gesehen noch belauscht werden könnten. »Chrysalis«, erkundigte er sich, ohne mir in die Augen zu schauen, »seid Ihr Euch der Sache sicher, die Ihr da beginnt?«

Diese Frage konnte ich getrost ehrlich beantworten. »Nein«, bekannte ich. »Sicher bin ich mir nur darin, daß ich den Versuch machen muß.«

Die Willensanstrengung, die es ihn kostete, meinen Blick zu erwidern, ließ sich ihm deutlich ansehen. »Dann vertraut mir«, sagte er kaum vernehmlich, nicht im Ton einer Forderung, sondern des Flehens. »Ich selbst bin mir zum Anlaß der Schmach geworden. Ich werde Euch unter Einsatz meiner äußersten Kräfte beistehen.«

Mit diesen wenigen Worten stellte er meine Entschlossenheit vollends auf feste Grundmauern. Und gleichzeitig kehrte er all meine Überlegungen um, die ihn betrafen. Noch unmittelbar zuvor war ich gewillt gewesen, seiner unter keinen Umständen noch zu achten, obschon er mir das Leben gerettet hatte. Aber nun faßte ich den Vorsatz, dafür zu sorgen, daß ich ihn nicht verlor.

»Es liegt bei mir, derlei Entscheidungen zu treffen, Magus«, sagte ich, sprach in gleichzeitig freundlichem und strengem Tonfall. »Wie auch des Abends Ergebnis sein mag, Ihr seid für das Reich unentbehrlich. Mischt Euch ins Geschehen nicht ein. Gehorcht nur meiner Weisung – und selbige lautet, daß Ihr Euch zurückzuhalten habt. Das wird mir genügen.«

Sein Blick gewann an Schärfe; er maß mich mit seinem Blick, als bemerkte er an mir Veränderungen und vermöchte sie nicht so recht zu ermessen. Dann drehte er das Haupt zur Seite, um mir zu verhehlen, wie er meinen Bescheid aufnahm. »Wie Ihr wünscht, Mylady«, antwortete er. Seine düstere Miene war voller Schwarzgalligkeit und Trübsinn, glich einem Spiegelbild der Erbitterung eines Menschen, dem es verwehrt worden war, für seine Vergehen Wiedergutmachung zu erbringen. Doch ich sagte nichts, das sein Los gelindert hätte. Falls ich scheiterte, konnte es für ihn allein dank meiner Ablehnung seiner Dienste Aussicht auf Rettung geben.

Seiner Verletztheit wegen ließ ich ihn stehen, strebte zum Eingang. Die Mitternacht rückte heran, und ich gedachte sie keinesfalls zu versäumen. Der nächste Tag würde mir reichlich Zeit zur Reue oder zur Vergebung gewähren, ob im Leben oder im Tode. Deshalb hätte ich fast die Äußerung überhört, die er hinter mir noch hinzufügte. »Ich habe mit König Thone gesprochen.«

Fast wäre ich verharrt, um eine Erklärung zu verlangen. Seine gedämpfte Bemerkung bedrängte mich mit einer Vielfalt gräßlicher, ungenauer Möglichkeiten. Lag ihm daran, mich zu warnen? Hatte er etwas getan, das ihm zusätzlichen Grund zur Scham gab? Welche Rolle hatte er dem Herrscher Cannas für meine letzte Krisis zugedacht?

Doch ich hatte keine Zeit, und ich befürchtete, nicht mehr zum Handeln zu gelangen, wenn ich jetzt verweilte. Ich befand mich vor der Beantwortung meiner letztendlichen Frage – der einen Frage, von der alles andere abhing. Obschon meine Schritte zu stocken drohten, ich das Haupt wandte und einen Blick zurück über die Schulter warf, setzte ich meinen Weg fort.

Ohne Begleitung und Ankündigung betrat ich den großen Thronsaal, in dem leer der hohe Thron der Großkönige stand.

Dem Saal haftete ein Eindruck reiner Majestät an, der sich schwerlich mit der festlichen Kleidung und den gänzlichen Träumen der Versammlung vereinbaren ließ; er war rund und besaß ein Kuppeldach mit gerripptem Deckengewölbe, gestützt von den mächtigsten Balken, die Lodan zu liefern vermocht hatte. Zahlreiche große, entzündete Feuerbecken, in denen aromatisierte Öle aus Canna auf Schmiedeeisen aus Nabal brannten, spendeten Helligkeit. Manche Feingeister bewerteten derlei Dinge als barbarisch, aber ich erachtete sie als der Großartigkeit Alter Wesen angemessen. Rundum standen an den Wänden erwartungsvoll die Augenzeugen meiner alles entscheidenden Krisis. Der Boden war aus großflächigen, allerdings unregelmäßigen Basaltplatten zusammengesetzt, die man erst geschliffen hatte, bis sie gediegen glänzten, dann ineinandergefügt wie die Teile eines Zusammensetzspiels, und die Fugen waren mit weißem Mörtel gefüllt worden, glichen einem Maßwerk. Es hieß, diese weißen Striche besäßen ein Muster, das man nur vom Thron aus erkennen könnte. Manche Leute behaupteten, das Muster zeige das Bild eines Basilisken, des ersten Großkönigs, andere hingegen, es stelle die Umrisse jenes Alten Wesens dar, welches das letzte seines Geschlechts sein würde, mit welchem im Reich der Herrschaft der Magie endigen sollte. Aber Ryzel hatte sich über alle derartigen Reden nur belustigt. Er pflegte unumwunden zu versichern, am Boden des Thronsaals sei nicht mehr oder weniger als eine Landkarte der Drei Königtümer abgebildet.

Und in des Saales Mitte erhob sich der Thron.

Auf einem abgestuften Sockel von weißem Marmor – selbst fast so hoch, wie ich groß war – stand wuchtig der aus rohen Balken erstellte Rahmen, in dem sich der wahre Stein befand. Eigentlich handelte es sich um keinen Thron im herkömmlichen Sinne, weder Armlehnen noch eine Rückenlehne waren vorhanden; vielmehr hatte man diesen Thron so gebaut, daß man ihn von allen Seiten ersteigen konnte. Aber das Beiwerk hatte keine Bedeutung. Allein der matte Stein zählte, aus dem der Sitz des Throns bestand, die magische Steinplatte, die von nichts, das nicht auch Magie war, angetastet werden konnte. In der Vergangenheit hatte mir Ryzel bei einer Gelegenheit gezeigt, daß der Stein das Gestell, welches ihm zur Stütze diente, in Wirklichkeit gar nicht berührte, statt dessen unmerklich zwischen den Balken aus gewöhnlichem Holz schwebte, aus denen es bestand.

Ich mußte meine Hände an diesen Stein legen oder sterben.

*Ganz Mensch und ebenso ganz Realit.*

Im geheimen hatte ich den Versuch schon durchgeführt und war gescheitert. Graf Thornden wartete mit Brodwick und seinen übrigen Anhängern unweit von der Tür, durch die ich den Saal aufsuchte, gefolgt von Magus Ryzel, obwohl er nicht an meine Seite zu treten wagte. Der Beherrscher Nabals hatte diesen Standort ausgesucht, weil dadurch der ganze Saal zwischen ihm und Königin Damia sowie deren Gefolge lag, darunter auch Kodar, den zwei Wächter an den Armen festhielten. Thornden machte sich meine Nähe zunutze, um mich anzusprechen.

»Ihr habt mich angelogen, Maid«, knurrte er, bemühte sich keineswegs, seinen Mißmut zu verheimlichen. »Meine Späher melden, daß Cashon, einem Wilden gleich, nach Canna prescht, mit nichts im Sinn als

Eile.« Allem Anschein nach störte es ihn nicht, daß man ihn in weitem Umkreis hören konnte. Mit zunehmender Enge in meiner Kehle merkte ich, daß nun alle seine Männer Waffen trugen. »Ich habe meine Befehle ausgesandt«, fügte er hinzu. »Ihr seid dem Verderben geweiht.«

Ich verstand, was er meinte. Die hitzige Wut in seiner Miene sprach deutlichere Worte als sein Mund. Er teilte mir mit, daß seine Heerhaufen gegen das Königsschloß zu ziehen begonnen hatten, daß ich ihn nicht hätte herausfordern sollen. Doch ich wußte, er hatte Ryzels Ratschlag verschmäht; und dieser Gedanke flößte meinem Herzen Verwegenheit ein. Zudem verdroß es mich – wiewohl es mich nicht verwunderte –, daß er und seine Gefolgsleute sich in Waffen zur Thronnahme eingestellt hatten. Deshalb widmete ich ihm einen Blick, der einem feinsinnigeren, klügeren Mann durch Mark und Bein gefahren wäre. »Nein, Mylord«, sagte ich. »Das Verderben wird Euch heimsuchen. Bislang war ich den Preis Eurer Torheit von Euch abzuwenden geneigt. Damit jedoch ist's nun vorbei.«

Ich erwiderte sein Stieren festen Blicks, bis ich sah, daß er es endlich nicht länger als ausgeschlossen empfand, mich zu fürchten. Dann schritt ich mit aller Würde an ihm vorüber, die meine schmächtige Gestalt und mein unscheinbares Angesicht mir erlaubten.

Ich begab mich geradewegs zum Sockel des Throns, bezog dort vor den Augen der drei Fürsten Aufstellung. Umgehend sank das Gemurmel der Spannung, Neugierde und Vermutungen im Saal herab und verstummte. Alle Aufmerksamkeit richtete sich auf mich. Nun war ich der Mittelpunkt des Abends. Beiläufig nahm ich davon Kenntnis, wie wenige Adelige ihre Gattinnen und Kinder zu meiner Inthronisation mitgebracht hatten.

Da ich Graf Thornden und Königin Damia einander

gegenüber gesehen hatte, ging ich davon aus, König Thone von beiden in gleichem Abstand erblicken zu können. Aber das war nicht der Fall; er und seine Gefolgschaft standen neben Thornden und dessen Leuten, so nah bei ihnen, daß die zwei Haufen sich beinahe vermengten. Thones Beachtung galt weniger mir als dem Herrscher Nabals.

Eine beträchtliche Anzahl von Cannas Höflingen hatte sich ebenfalls mit Waffen gerüstet.

Da war mir, als müßte ich benommen niedersinken, ein solcher Wirbelwind an Einsichten brauste auf mich ein. Graf Thornden hatte seine Streitkräfte gegen das Schloß zu ziehen geheißen. Folglich hegte er nicht länger Interesse an Ryzels Unterstützung. Oder Ryzel hatte ihm eingeredet, daß meine Thronerhebung ein Fehlschlag werden müßte. Und der Magus hatte mit König Thone gesprochen. Um Cashons Macht beraubt, hatte sich da Thone überreden lassen und sich auf Thorndens Seite gestellt – weil er darin womöglich das geringere Übel sah –, um Königin Damia die Machtergreifung zu verwehren? Diese Aussichten erfüllten mich mit solcher Betroffenheit, als erlitte ich einen Schwindelanfall.

Doch zu weit war ich schon in jeder Hinsicht gegangen, als daß es für mich noch ein Zurück gegeben hätte; und viel zu nah war ich der höchsten Wut. Wenn mir das Leben blieb, würde sich die Wahrheit offenbaren. Falls ich den Tod fand, entbehrten von da an alle Lügen der Bedeutung. Daher begegnete ich dieser Versammlung aller Zweifel, Hoffnungen und Machtgier der Drei Königtümer, als wäre ich in nichts zu erschüttern. Und als ich sprach, konnte man mir nicht die mindeste Unsicherheit anmerken.

»Bewohner des Reiches«, sagte ich mit klarer Stimme, »das Verscheiden des Phönix-Königs hat eine Zeit der Prüfung über uns gebracht. Die Zukunft des Friedens, den uns die Großkönige bescherten, ist ungewiß, und

Ungewißheit erzeugt so unzweifelhaft Furcht, wie Furcht ihrerseits Gewalt zeugt. Eine große Versuchung ist's, in jenen, die unsere Widersacher sind, üble Menschen zu sehen, zu glauben, sie sännen auf nichts als Böses, und daraus zu folgern, sie müßten erschlagen werden, ehe sie uns erschlagen. Und keine Vernunft vermag solchem Blutvergießen ein Ende zu bereiten, denn wie könnten wir's wagen, unsere Furcht zu mißachten, während unsere Feinde uns fürchten und nicht von ihrer Gewalttätigkeit ablassen? Aus diesem Grunde brauchen wir Großkönige. Die Großkönige sind Alte Wesen, die vor uns keine Furcht haben müssen, so daß nichts sie zur Gewalt treibt. Statt dessen schenkt die Macht eines Großkönigs uns Frieden, weil sie uns der Furcht des einen vor dem anderen enthebt, die uns sonst zum Krieg zwänge.«

An einer Seite des Saals beobachteten Graf Thorndens Männer angespannt ihn und einander. König Thone gab das lebensechte Bildnis eines Stutzers ab, der versonnen seine Fingernägel betrachtete. Königin Damia atmete so, daß ihr schöner Busen wogte, tat im übrigen jedoch nichts, was die Art ihrer Erwartungen angezeigt hätte; eine ihrer mit Ringen geschmückten, makellos gepflegten Hände ruhte auf Magus Scours Schulter. Kodar beäugte sie mit gleichsam mörderischen Blicken, doch sie erwies ihm nicht die Gnade, ihn zu beachten.

Ein unscheinbares Weib war ich, allein und machtlos; aber meinen Gegnern war die Fähigkeit abhanden gekommen, mir Bangigkeit zu verursachen. »In dieser heutigen Nacht«, sagte ich, vernähme ich das Geschmetter der Fanfaren, in die noch nie für mich gestoßen worden war, »werde ich der Ungewißheit ein Ende bereiten.«

So brachte ich denn selber die Krisis meiner Inthronisierung auf mein Haupt herab. Ohne Zaudern, aber auch ohne Hast, wandte ich mich zum Thron um und setzte meinen Fuß auf die Marmorstufen.

Hätte ich mich weniger deutlich geäußert oder einen minder überzeugenden Eindruck erweckt, möglicherweise hätten die Fürsten auf jedwedes Handeln verzichtet, den Urteilsspruch des Thrones selbst abgewartet, wie Klugheit und Umsicht es empfahlen. Aber ich hatte sie der Reihe nach an der Verwirklichung ihrer ursprünglichen Pläne gehindert, und sie waren nun genötigt, eine höhere Meinung von mir zu haben. Und ich schritt zur Thronnahme, als ob mich keinerlei Zweifel an ihrem Ergebnis plagten. Auf diese Weise stiftete ich selbst sie an, alles zu wagen und offen wider mich vorzugehen. Denn war mir Erfolg beschieden, wie sollten sie dann, so mußte ihre Erwägung lauten, nach ihren jüngsten Handlungsweisen hoffen dürfen, mit dem Leben davonzukommen?

Ich wußte, eine winzige Frist blieb noch, es hatte noch nicht Mitternacht geschlagen. Doch immerhin befand ich mich nun drauf und dran, meinen Entschluß auszuführen. Es dünkte mich klüger, das Wagnis zu früh zu beginnen, als etwa durch Saumseligkeit oder Behinderung zu spät zur Tat zu schreiten.

Noch ehe ich die zweite Stufe zum Thron betrat, vernahm ich Graf Thorndens barschen Befehl – und spürte Wind sich in meinem Rücken sammeln.

In der Zeitspanne zwischen zwei Herzschlägen schien Brodwicks Magie-Abbild aus dem Nichts aufzufahren. Im Saal brach wirrer Lärm von Geschrei und Eisen aus.

Unwillkürlich drehte ich mich um. Das war ein Fehler; der Wind traf mich, während er rasch an Stärke gewann, auf unsicheren Füßen. Aus sämtlichen Feuerbecken loderten Flammensäulen zum Gebälk des Deckengewölbes empor. Ich taumelte einmal durch einen engen Kreis und fiel auf den Basalt nieder.

Irgendwie gelang es mir, mich wieder aufzurichten – und stürzte sofort nochmals hin. Ich torkelte und prallte wuchtig gegen den Sockel des Throns. Heftig stieß ich mich in der Mitte meines Rückens an der Kante der untersten Stufe. Wind wehte mir das Kleid von den Beinen. Ich sah, daß ich mir beide Knie aufgeschlagen hatte und sie bluteten.

Dann blies Brodwicks Sturmwind mit solcher Gewalt, daß ich kaum noch das Haupt hochzuhalten vermochte. Doch ich sah, wie Kodar den überraschten Wächtern seine Arme entwand, mit einem Ruck sich losriß und ihnen entsprang. »Kodar und Freiheit!« scholl sein Rufen durch den Tumult. »Zu mir, Rebellen!«

Unverzüglich flogen alle Türen auf; und ein Dutzend Männer stürmte in den Wind. Gekleidet waren sie wie Bedienstete des Schlosses; aber sie waren mit Haudegen und Piken bewaffnet und stemmten sich durch den Wind, drängten hinüber zu Kodar.

Er wartete nicht, bis sie ihn erreichten. Mit einem Hieb fällte er einen Wächter, brachte aus dem Gürtel des Mannes einen langen Dolch in seinen Besitz. Er stach mit der Klinge um sich, hielt sich Damias Beschützer vom Leibe, indem er sich auf Lodans Fürstin zu stürzen trachtete.

Mit der Hand, die auf Scours Schulter lag, schob Damia den Magus beiseite, stieß ihn aus Kodars Reichweite. So tief war Scour in völlige geistige Ausrichtung auf sein Magie-Werk versunken, daß er schlichtweg der Länge nach den Boden maß, den eigenen Sturz nicht bemerkte. Unverändert lächelte Damia, als sie Kodars Angriff begegnete.

Eine geschwinde Handbewegung und ein Aufglänzen von Metall machten seinen Anschlag zunichte. Als die Knie unter ihm nachgaben, schien es, als nähme der Wind ihn in die Arme und würde ihn behutsam auf den

Basaltboden sinken lassen, während aus einer Wunde in seiner Kehle helles Blut sprudelte.

Droben in der Luft begann sich Scours Drache zu zeigen.

Unvermittelt war er da, das Abbild schlug mit den Schwingen, strebte begierig nach Wachstum, als hätte es bereits Beute gewittert und lechze danach. Anfangs war es zu klein, um sich gegen Brodwicks wüsten Wind, der durch den Saal fegte, behaupten zu können. Aber Brodwicks Kräfte waren gegen mich gerichtet, nicht wider das Alte Wesen, und Scour bedurfte nicht erst irgendwelcher Verlockungen seitens seiner Herrin, um sich vollen Einsatzes zu befleißigen. Zweifellos war ihm klar, so wie jedem im Saal, daß er sich kein Versagen leisten konnte, weder bezüglich Thorndens Magus noch in bezug auf mich. Er lag ausgestreckt da, als wäre er so leblos wie Kodar, bot seine ganze Seele für sein Magie-Werk auf, und der Drache fauchte einen Schwall von Flammen heraus, der dem Wind trotzte und die halbe Entfernung zu der Stelle durchlohte, an der ich mich an die Stufen duckte. Die Hitze berührte meine wunde Wange, ehe der Wind die Glut zerstob. Der Drache wendete furchterregende Kraft auf und flatterte im Griff des Sturmwinds vorwärts.

Ich vermochte mich nicht zu regen. Meine Gliedmaßen fühlten sich lahm und nutzlos an, als wäre mein Rückgrat gebrochen. Brodwicks gesamte Bemühungen galten mir, und er war ein Meister. Ich hatte vorausgesehen, daß sich so etwas ereignen mußte, daß meine Gegenspieler mich hier mit allem Ingrimm angreifen würden – aber ich hatte nicht geahnt, ich könne mich als so schwach erweisen. Die bloße Anstrengung, mich umzudrehen, um auf allen vieren die Stufen hinaufzuklimmen, überforderte meine Körperkräfte. Mit dem Blut, das mir aus den Knien floß, schien auch mein Wille zu verrinnen; der Mut floh mich, als versickere das Wasser einer geborstenen Zisterne. Der Drache war gleichermaßen wunderbar wie schrecklich; sogar der Wind wirkte ebenso schön wie wild. Ich war ihnen nicht ebenbürtig. Wahrhaftig, ich hatte gar keinen wirklichen Grund, um mich vom Fleck zu rühren.

Magus Ryzel hätte sowohl Drache wie auch Wind bändigen können, aber er tat es nicht. Zu guter Letzt ließ er mich im Stich.

Ich selbst hatte ihm geboten, sich nicht einzumischen.

Und noch immer war mir nicht vollauf klar, daß das Klirren von Eisen, welches das Schreien und Wüten ringsum durchdrang, seinen Ursprung im Gebrauch blanker Degen hatte.

Ich reckte mein Gesicht in den Wind, das Haupt vom Drachen abgewandt, und sah, daß Graf Thornden und seine Männer um ihr Leben – und zu Brodwicks Schutz – gegen des Schlosses Wächter und König Thones Höflinge fochten.

Ein seltsames Kampfgetümmel hatte seinen Lauf genommen. Herumgestoßen vom Wind, hieben und stachen Thorndens Gefolgsleute, Thones Männer, die Rebellen sowie die Wächter im größten Wirrwarr aufeinander ein. Die Schar des Herrschers von Nabal war zahlenmäßig stark und schwerbewaffnet, doch die Notwendigkeit, den Magus zu verteidigen, gedieh ihr zum Nachteil; es blieb ihr unmöglich, die Oberhand zu gewinnen.

Zu meiner Verblüffung beobachtete ich, wie König Thone entschieden dem Grafen Thornden den Weg zu mir verwehrte. Thones Zierdegen war keine Waffe, die sich mit Thorndens schwerem Haudegen vergleichen ließ; aber Cannas Fürst setzte die Spitze der Klinge mit solcher Geschicklichkeit ein, daß er es fertigbrachte, Thornden auf Abstand zu halten, zu verhindern, daß er sich nähern und auf mich stürzen konnte.

*Ich habe mit König Thone gesprochen.*

Ryzel hatte mich nicht im Stich gelassen. Vielmehr hatte er Thone zum Eingreifen zu meinen Gunsten bewogen. Und fürwahr, welche Hoffnung könnte Canna verbleiben, sollte heute Thornden obsiegen? Und der Magus unternahm nichts zur Bändigung der beschworenen Magie-Werke, weil ich ihm befohlen hatte, sich nicht dreinzumengen.

Vielleicht vermochte ich mich doch von der Stelle zu bewegen. Mein Leben war es, das auf dem Spiel stand – letzten Endes jedoch keineswegs meins allein. Es ging um alle Lebenden im Reich. Während ich hier in meiner Schwäche verharrte, vergoß man bereits Blut; und dieser Mord und Totschlag mußte sich unweigerlich zum Krieg ausweiten, gegen den ich, meinem Erbteil gemäß, Abscheu empfand. Sicherlich konnte ich zuletzt doch handeln.

Aber als ich meine Haltung so verändert hatte, daß ich wider des Windes Gewalt und den Hammerschlägen gleichen Schwingenschlag des Drachen Hände und Füße unter mir hatte, erkannte ich, mit bloßer Fortbewegung war es nicht getan. Wenn ich durchhielt, mochte ich vielleicht die Höhe des Sockels ersteigen können, doch ohne Frage würde es mir unmöglich, sein, mich droben aufzurichten und meine Hände auf den Stein zu legen.

*Dieser Zustand wird nicht ohne Mühe erreicht. Auf einem Wege vermag man ihn zu erlangen, nämlich anhand der Berührung von Realit-Stein mit jemandem, der mit Fleisch und Blut verkörperte, geheime Magie ist.* Und einmal hatte ich schon versagt.

Ich benötigte Beistand.

Ich forderte ihn, als besäße ich auch darauf von Geburt an ein Recht. In meiner Not war es mir gegeben, mit meiner Stimme Kampflärm, Brausen und Getöse zu durchdringen.

»Ryzel! Euer Zepter!«

Auch diesmal gehorchte er. Ohne Zaudern warf der eine wahre Mann der Drei Königtümer mir sein Zepter zu.

Der Wind trug es, so daß es in hohem Bogen auf den Sockel des Throns zuflog. Es prallte auf die Stufen, traf meines Körpers Seite wie ein Peitschenhieb.

Doch ich verspürte keinen Schmerz; ich war über jeglichen Schmerz hinaus. Wild schlang ich die Arme um das Zepter, drückte es an mich, um es mir auf keinen Fall entgleiten zu lassen.

Meine sämtlichen Versuche, das von rauher Rinde umhüllte Holz mit den Händen festzuhalten, waren mißlungen. Es war ein Realit von gemeinem Fleisch nicht handhabbar, und doch in seiner Art herkömmlicher und weniger gefährlich als Realit-Stein. Den Stein konnte niemand anrühren, der nicht selbst Magie war; hingegen verlangte das Zepter nur das Vermögen zu magischen Werken. So erklärte es sich, daß Ryzel ein Zepter hatte, jedoch nie den Thron beanspruchen könnte. Und nun klammerte ich mich um des Lebens willen an das wahre Holz.

Seine Natur überstieg die meine bei weitem. Obwohl ich es mit beiden Armen an mich preßte, schien es sich meinem Halt zu entziehen, als wäre es aus Flüssigkeit statt aus fester Materie; es war ein Zepter, das aus einer hölzernen Substanz bestand, die ich nicht zu begreifen vermochte. Brodwicks Sturmwind sauste durch den Saal, durchheulte mein Herz wie zunichte gewordene Hoffnung. Und der Drache …! Sicherlich hatte er inzwischen nahezu seine volle Größe erlangt, seine natürliche Kraft und seinen Grimm. Die Luft war ganz Feuer und Tosen. Jene Anwesenden, die sich nicht am Gefecht beteiligten, hatten sich an den Wänden niedergeduckt oder mühten sich an den vom Wind unablässig hin- und hergeworfenen Türen ab.

Doch ich behielt das Zepter. Indem ich eine Hand

aufs obere Ende legte, verhinderte ich, daß es mir entglitt. Dann begann ich wie ein elender Bettler die Stufen hinaufzukriechen, mich auf ihnen nach oben zu winden.

Der Sturm mißhandelte mich regelrecht, stieß mir das Haupt auf den Marmor, lähmte meine Glieder, schien meine Sicht in Fetzen zu reißen. Ich befürchtete, mein Augenlicht zu verlieren, ließ mein Angesicht von Thorndens Magus abgewandt, statt dessen dem Alten Wesen zugekehrt, das mit seinen Schwingen wie eine lebendige Ungeheuerlichkeit gegen das Blasen ankämpfte, um zu mir vorzudringen und mich zu verschlingen. Seine großen Kiefer verschleuderten in grauenhaftem Ausatmen Flammen; wiederholt trafen mich Hitzewellen, versengten mir die Wange, breiteten schwarze Brandflecken über die Seite meines Kleids aus. Nur Brodwicks Stärke, die er voll und ganz ins Ringen einbrachte, um sich Scour überlegen zu zeigen, bewahrte mich vor dem Feuertod.

Dennoch fürchtete ich den Drachen nicht. Ein Wunder war er für alle Welt, und sein Anblick weckte in mir Kraft.

Dank dieser Kraft stemmten meine Beine mich die Stufen empor, während ich das Zepter unter den linken Arm geklemmt hielt und meine Rechte sein oberes Ende umfaßte.

Wie Wasser, das unvorstellbarerweise aufwärts strömte, legte sich nach oben hin schwarzer Ruß auf Stufe um Stufe, indem der Drache über mir schwebte, Glut aus seinem Rachen hauchte. Der Sturm drohte das Deckengewölbe des Saals aus dem Gebälk zu lösen. Gewicht, Nägel und Pflöcke konnten nicht länger zur Gänze standhalten; Bretter trudelten hinaus in die finstere Nacht. Ein neuer Laut, einem Schrei aus vielen Kehlen gleich, ergänzte den Lärm. Nur der wahre Stein selbst in seinem Stützgestell unverrückbar, bewahrte das gewöhnliche Holz des Throns davor, in Bruchstücke und Splitter zertrümmert und fortgeweht zu werden.

Mir blieb nicht die Zeit, um überhaupt darüber nachzudenken, was ich zu tun beabsichtigte. Das Alte Wesen, furchtbar und voller Wildheit, holte Atem; sein nächstes Verspeien von Flammen würde mich bis aufs Gebein verbrennen. Ein Ruf nach meinem Vater entrang sich mir, ohne daß ich einen Ton aus meinem Mund vernommen hätte, als ich meinen letzten Trumpf ausspielte.

Indem ich das Zepter mit dem linken Arm führte, stieß ich das Holz vorwärts, nach oben – auf den Thron zu.

Um Mitternacht, am Vorabend meines einundzwanzigsten Geburtstags, brachte ich bei Vollmond das Ende des Zepters mit dem wahren Stein in Berührung.

Von augenblicklicher und gleichzeitig gewaltiger Wirkung, anfangs langsam und doch geschwind in der Ausbreitung, begann das Ergebnis dieser Berührung in meiner Linken und meinem linken Ellbogen einzutreten, griff sogleich auf meinen ganzen Körper über, und das Kribbeln heftiger Schwingungen stattete Fleisch, Muskeln und Knochen mit Macht aus. Angefacht durch diese beispiellose Verbindung von realitem Stein und Holz und Geburtsrecht, erwachte das Blut, welches der Basilisk-König vergossen hatte, in mir zum Leben. Verzückung und Triumph verscheuchten all meine Schwäche. Ein Brüllen wie Posaunenschall entfuhr mir, eine Kampfansage an jeden Verräter am Reich und dessen sämtliche Feinde.

Ich tat einen Satz vom Marmor in die Höhe, wandte mich mit Flammen und Klauen gegen mein Abbild und vernichtete es inmitten der Luft, ohne auf Scours Geheul zu achten. Danach wirbelte ich in Brodwicks Richtung herum, und rasch wich seine tiefe geistige Sammlung höchster Panik, er warf sich kriecherisch vor mir nieder, sein Magie-Wind flaute ab.

Dann verließ ich den Saal, schwang mich in schier grenzenloser Freude und Machtfülle hinaus in die Nacht.

Vor Anbruch der Morgendämmerung, nachdem ich meine Schwingen in vollem Umfang erprobt und mein leidenschaftliches Entzücken auf ihnen durch des Himmels Weite getragen hatte – und außerdem, ganz wie nebenbei, Thorndens Heerhaufen aus den Hügeln vertrieben –, kehrte ich ins Königsschloß zurück, in den Thronsaal, nahm die Huldigungen der drei Fürsten entgegen. Dann entließ ich sie gemeinsam mit den übrigen Gästen. Diener beförderten die Verwundeten zur Behandlung, die Toten zum Begräbnis aus dem Saal, ich selbst jedoch blieb. Ich setzte mich in meiner menschlichen Gestalt auf den Thron, mein Körpergewicht auf die behagliche Kraft des Steins gelagert, und unterhielt mich eine Zeitlang allein mit Magus Ryzel.

Angesichts dessen, was sich ereignet hatte, war er aufs äußerste erstaunt, und ebenso mehr denn je beschämt wegen der Dinge, die er aufgrund seiner Zweifel getan hatte. Aber er war ein aufrechter Mann und vermied es, seine Fehler zu beschönigen, so wie er davon absah, sich wegen seiner Irrtümer zu erniedrigen. Statt dessen stand er mit seinem Zepter vor mir, so wie er einst vor dem Phönix-König gestanden hatte, meinem Vater.

»Mylady«, sagte er bärbeißig, »wie ist's möglich, daß ein Weib von nicht übermäßiger Schönheit einem Mann von beileibe nicht geringem Wissen oder unzulänglichen Kräften eine Lehre der demütigendsten Art erteilt und er nichtsdestotrotz an selbiger Lehre seine Freude hat? Ihr seid für das Reich zu einem Quell des Stolzes geworden.«

Ich lächelte ihm zu. Mein Herz hatte Ruhe gefunden, und mein Frohsinn verdrängte all die Irrungen und

Wirrungen der vergangenen Nacht aus meinem Bewußtsein. Hätten die drei Fürsten geahnt, wie wenig ich ihnen Schaden zuzufügen gedachte, sie hätten mich noch viel mehr gefürchtet. Doch um dem Magus eine Antwort zu geben – und um ihn vor seinem Gewissen von Schuld freizusprechen –, versuchte ich mich mit einer Erklärung.

»Das Blut des letzten Drachen hatte sich tief ins Fleisch der Großkönige gefressen. Eine gänzlich außergewöhnliche Verbindung gewisser Kräfte war vonnöten, um es wieder ins Leben zu rufen. Deshalb besorgte mein Vater Euch, als ich zur Welt kam und er sah, ich war frei von Magie, einen Ast der letzten realiten Esche, auf daß das Holz dem Entstehen von Neuem in mir dienlich sein, zur Wiedergeburt des letzten Drachen, seiner Rückkehr in die Welt, verhelfen möge, und damit auch zur Wiedergutmachung der Schandtat, zu welcher sich einst der Basilisk-König gezwungen gesehen hatte.«

»Soviel ist offenkundig, Mylady«, entgegnete Ryzel. Daß sein Betragen mir gegenüber sich so wenig verändert hatte, war mir überaus angenehm. »Doch warum hat der Phönix-König mir den Zweck meines Zepters nicht offenbart, so daß ich Euch hätte beistehen können?«

»Aus zweierlei Gründen.« Ich durchschaute meines Vaters Zwangslage nun mit aller Klarheit. »Zum einen plagte ihn die Ungewißheit, ob das mir vererbte Blut stark genug sei, um des Drachen Wiederbelebung zu gewährleisten. Falls es nicht so gewesen wäre, hätte des Reiches alleinige Hoffnung darin gelegen, daß Ihr mich hintergeht.« Der Magus begann Einspruch zu erheben, aber ich gebot ihm mit einer Geste Schweigen. »Der Phönix-König vertraute darauf, daß Ihr, sollte ich scheitern, irgendeine Art von Bund zwischen den Drei Königtümern zu schaffen verstündet, daß Ihr Mittel und

183

Wege zu ersinnen vermöchtet, um mir das Leben zu retten. Darin erblickte er Hoffnung. Falls ich lange genug lebte, um eine Ehe zu schließen und ein Kind zu gebären, würde das Blut des erschlagenen Drachen in ihm um so stärker sein, dann vielleicht, wenn es schon in mir versagte, in meinem Kind erwachen. Diese Hoffnung sicherte er, indem er den eigentlichen Zweck des Zepters verhehlte. Zum zweiten wünschte er nicht, daß das Blut erwache, wie kraftvoll es auch sei, wenn ich selbiges Blut nicht in solchem Maße verdiente, daß ich seine Bedeutung selber entdecken und mich seiner als wert erweisen konnte. Ihm lag daran, mich auf die Probe zu stellen. Sollten mir Drang, Wille und Hingabe ermangeln, um meinen eigenen Weg zu finden, müßte aus mir ohnehin eine schlechte Großkönigin werden, lautete seine Erwägung, und dem Reich wäre durch mein Scheitern oder meine Flucht weit mehr genutzt. Er hat versucht mir Hoffnung einzuflößen.« Ich war recht versonnen. Es verwunderte mich, daß mich die Probe, welche mir mein Vater auferlegt hatte, nicht ärgerte. Vielmehr wußte ich zu schätzen, was er getan hatte, und war ihm dafür dankbar. »Aber um des Reiches willen konnte er mich nicht ohne jede Probe die Macht ergreifen lassen.«

Ryzel nahm meine Erläuterungen zur Kenntnis und nickte. »Ihr überfordert mich, Mylady«, gestand er jedoch nach einem Weilchen des Überlegens. »Ich verstehe noch immer nicht zur Gänze. Wenn Euch des Phönix-Königs Absicht so völlig klar gewesen ist ... Doch nein, ich will Euch nicht fragen, warum Ihr zu mir nicht darüber gesprochen habt. Aber warum habt Ihr mir Zurückhaltung befohlen? Hättet Ihr mir erlaubt, Scour und Brodwick entgegenzutreten, Eure Inthronisierung wäre unbehindert geblieben.«

Da lachte ich – nicht über seine Begriffsstutzigkeit, sondern über die Vorstellung, ich hätte gewußt, was ich tat. Mir war klar gewesen, daß es für mich nur einen einzigen aussichtsreichen Weg gab; daher war es kaum erstaunlich, daß ich ihn beschritten hatte. Doch was geschehen würde, hatte ich nicht gewußt. Ich hatte lediglich die feste Absicht gehegt, auf keinen Fall zu scheitern. Die Einsichten, über welche ich jetzt verfügte, waren mir gleichzeitig mit der Wandlung meines Blutes gekommen, hatten vielerlei erhellt, in dem ich bis dahin in Unwissenheit gewesen war.

Das jedoch ließ ich unerklärt. »Nein, Magus«, sagte ich statt dessen. »Es hätte an unserem Los nichts geändert, wärt Ihr Brodwick und Scour in den Arm gefallen. Wir hätten uns lediglich wider Degen und Piken wehren müssen, nicht gegen magische Werke. Vielleicht wären wir beide erschlagen worden. Und überdies ...« – ich schaute ihm in die Augen, um ihm volles Verständnis zu ermöglichen – »war's mein Wunsch, Euer Leben zu schonen. Wäre ich gescheitert, das Reich hätte keine andere Hoffnung mehr als Euch gehabt.«

Daraufhin strich er sich mit der Hand über die Augen und vollführte eine tiefe Verbeugung. Als er das Haupt wieder hob, rechnete ich damit, er werde erwidern, er hätte meine Sorge um sein Leben nicht verdient. Aber er bereitete mir das Vergnügen, auf derlei Redensarten zu verzichten. »Was werdet Ihr nunmehr tun, Mylady?« erkundigte er sich in seiner unumwundenen Art. »Diese und jene Maßnahmen gilt's einzuleiten, um Eure Oberhoheit übers Reich zu sichern. Und die Verrätereien der drei Fürsten verlangen Vergeltung.«

Aus schlichtem Glücksgefühl hätte ich gern ausgiebig gelacht; doch ich bewahrte Gefaßtheit. »Magus«, antwortete ich gelassen, »ich glaube, ich werde eine beträchtliche Aushebung anordnen. Ich werde alle Kriegsleute Thorndens mir zum Dienst verpflichten. Jeden Schurken, der an Thones Umtrieben mitwirkt, werde ich an meinen Hof rufen. Und ich gedenke jeden tüchtigen Mann ...« – ein schalkhaftes Lächeln verzog mir den Mund – »im einen Tagesritt weiten Umkreis von Damias Reizen kommen zu lassen. Diese Männer werde ich ans Werk schicken. Mancherlei schwierige Arbeit wird zu verrichten sein, um das Reich zu einen, eine im Gleichgewicht heikle Ansammlung von Königtümern zu etwas zu machen, das man mit mehr Recht ein vereintes Volk heißen kann.«

Ryzel erwog, was ich sprach; aber sein Blick wich nicht von meinen Augen. »Und was für ein Werk soll das sein, Mylady?« fragte er bedächtig nach.

Ich schenkte ihm mein lieblichstes Lächeln. »Ich bin mir sicher, Magus, daß Euch etwas einfallen wird.«

Gleich darauf erwiderte er mein Lächeln.

Außerhalb des Königsschlosses zog die morgendliche Dämmerung herauf. Nachdem ich meinen Magus und Berater aus dem Saal entlassen hatte, nahm ich meine andere Gestalt an und flog hinaus in die Welt, um mit den anderen Alten Wesen Bekanntschaft zu schließen.

JACK VANCE

## *Liane der Wanderer*

Durch den dichten Wald kam Liane der Wanderer, und tänzelnden Schritts überquerte er die Lichtungen. Er pfiff und sang, er sprang und hüpfte und war in bester Stimmung. Am einen Finger ließ er einen bronzenen Armreif hin und her baumeln – ein Schmuckstück, das kantige Zeichen aufwies, Symbole, die im Laufe der Zeit schwarz geworden waren.

Allein durch Zufall hatte er den Reif gefunden, um die Wurzel einer alten Eibe geschlungen. Er grub sie aus dem Boden und betrachtete die Zeichen in der Innenfläche des metallenen Rings – tiefe Hieroglyphen, vielleicht Runen von besonderer Bedeutung ... Und er beschloß, den Reif einem Magier zu zeigen und ihn auf Zauberei untersuchen zu lassen.

Bei diesem Gedanken verzog Liane das Gesicht, denn es gab da einige Schwierigkeiten. Manchmal gewann er den Eindruck, als hätten sich alle lebenden Geschöpfe dazu verschworen, Ärger in ihm zu erwecken. Zum Beispiel der Gewürzhändler an diesem Morgen – was er doch für einen Aufruhr gemacht hatte! Wie unachtsam von ihm, Blut auf die prächtigen Stiefel Lianes tropfen zu lassen! Andererseits, so dachte er, wurden Unannehmlichkeiten in der Regel durch freudige Überraschungen ausgeglichen: Beim Ausheben des Grabes fand er den bronzenen Reif.

Und als er sich daran erinnerte, juchzte Liane wieder, und er lachte glücklich. Er sprang, drehte sich um die eigene Achse, sang und tanzte. Hinter ihm flatterte der grüne Umhang wie eine Fahne, und die lange rote Feder an seinem Hut neigte sich auf und ab. Dennoch – Liane schritt langsamer aus – war er der Lösung des magischen Rätsels noch nicht näher gekommen. Vorausgesetzt natürlich, bei dem Reif handelte es sich tatsächlich um einen thaumaturgischen Gegenstand.

Ein Experiment – warum denn nicht?

Er blieb an einer Stelle stehen, an der das rubinrote Sonnenlicht, nicht von dichtem Blattwerk behindert, bis zum Boden herabreichte, und in diesem hellen Schein betrachtete er den Reif eingehend, strich mit den Fingerkuppen behutsam über die Hieroglyphen. Er hielt ihn hoch und blickte hindurch. Ein Schimmern und Flackern? Noch einmal sah er sich das metallene Schmuckstück genau an. Vielleicht stellte es eine Art Krone dar. Er nahm die Mütze ab und setzte den Reif so auf, daß die eine Seite seine Stirn berührte. Dann rollte er mit seinen großen, golden funkelnden Augen und reckte sich stolz... Seltsam. Der Reif glitt ihm vom Kopf, stieß ans Ohr und streifte das eine Auge. Finsternis. Erschrocken griff Liane danach und ließ ihn sinken. Ein bronzener Ring, der eine halbe Handbreite durchmaß... Wirklich sonderbar.

Er versuchte es noch einmal. Der Reif glitt ihm über den Kopf und fiel ihm auf die Schulter. Und plötzlich reichte der Blick Lianes in die Dunkelheit einer ganz anderen Welt. Als er nach unten blickte, stellte er fest, daß der Rand der Finsternis das Licht auf der Lichtung verdrängte, während er das Schmuckstück sinken ließ.

Ganz langsam... Die Schwärze kroch in Richtung seiner Fußknöchel, und Panik entstand in Liane. Hastig hob er den Reif hoch über den Kopf – und blinzelte im hellen Schein der Sonne.

Kurz darauf sah er einen blau- und grünweißen Schemen im Blattwerk. Es war ein Twk-Mann, der auf einer Libelle ritt, und farbiges Licht reflektierte von den Flügeln des Insekts.

»Hier!« rief Liane laut. »Hier, mein Herr!«
Der Twk-Mann landete mit seiner Libelle auf einem Ast. »Nun, Liane, was hast du auf dem Herzen?«
»Sieh genau hin und präg dir ein, was du siehst!« Liane hielt sich den Reif über den Kopf, ließ ihn zu Boden fallen, griff danach und hob ihn wieder hoch. Anschließend richtete er seine Aufmerksamkeit auf den Twk-Mann, der an einem Blatt nagte. »Was hast du gesehen?«
»Ich sah, wie Liane aus der Welt der Sterblichen verschwand – nur die roten runden Spitzen seiner Stiefel blieben von ihm zurück. Der Rest war nichts weiter als leere Luft.«
»Ha!« entfuhr es Liane. »Denk nur! Hast du so etwas schon einmal erlebt?«
Doch der Twk-Mann fragte nur im Plauderton: »Führst du Salz bei dir? Mit Salz schmecken die Blätter besser.«
Liane wurde wieder ernst und musterte den Twk-Mann wachsam.
»Welche Neuigkeiten bringst du?«
»Drei Teufel haben Florejin den Traumbauer getötet und alle Blasen platzen lassen. Noch eine ganze Zeit lang schwebten gleißende Splitter über dem Haus.«
»Ein Gramm.«
»Lord Kandive der Goldene hat ein Schiff aus zugeschnittenem Moholz gebaut. Es ist zehn Längen hoch, schwimmt auf dem Scaumstrom und soll an der Regatta teilnehmen. Viele Schätze befinden sich an Bord.«
»Zwei Gramm.«
»Eine goldene Hexe namens Lith hat sich auf Thamberaue niedergelassen. Sie ist jung und schön.«
»Drei Gramm.«
»Das genügt«, sagte der Twk-Mann und beugte sich vor, als Liane das Salz mit einer kleinen Waage abwog. Er verstaute es in den beiden winzigen Beuteln, die an

der rechten und linken Seite des gerippten Brustsegments hingen, und dann ließ er die Libelle aufsteigen und verschwand mit ihr im Zwielicht des Waldes.

Erneut probierte Liane den bronzenen Reif aus, und diesmal strich er ihn ganz über die Füße, trat aus ihm heraus und befand sich in völliger Dunkelheit. Was für ein herrliches Refugium! Ein Schlupfwinkel, dessen Zugang in ihm selbst versteckt werden konnte! Und dann noch einmal hinein in den viel größeren Ring, ihn ganz hochziehen, auch die Arme und den Kopf hindurchstrecken ... Daraufhin befand er sich wieder im Wald, und der große Ring wurde zu einem kleinen Reif.

Ho! Und fort zur Thamberaue, um mit der schönen goldenen Hexe zu sprechen.

Ihre Hütte bestand nur aus geflochtenem Bast – eine niedrige Halbkugel mit zwei runden Fenstern und einer kleinen Tür. Lith stand barfüßig am Teich, schritt langsam durchs Schilf und suchte offenbar nach Fröschen. Sie hatte ihr weißes Gewand bis zu den Oberschenkeln gehoben und blieb ganz still stehen; nur im Bereich ihrer schmalen Knie kräuselte sich das Wasser.

Sie war noch schöner, als es Liane erwartet hatte – so als sei eine der prächtigen Blasen Florejins über dem Teich geplatzt. Ihre Haut schimmerte in einem satten cremefarbenen Ton, und das Haar schien aus goldenen Locken zu bestehen. Ihre Augen ähnelten denen Lianes, zwei gleißenden Juwelen, doch im Falle der Hexe waren sie etwas größer und ähnelten mehr einer Ellipse.

Liane trat vor und näherte sich dem Ufer. Überrascht sah Lith auf, und ihre vollen Lippen zitterten ein wenig.

»So vernimm meine Worte, goldene Hexe: Liane ist gekommen, um dich in Thamberaue willkommen zu heißen. Er bietet dir nicht nur Freundschaft an, sondern auch seine Liebe ...«

Lith bückte sich, ergriff eine Handvoll Schlamm und warf ihm die schmutzige Masse ins Gesicht.

Liane fluchte hingebungsvoll und wischte sich den Schlick aus den Augen, doch die Tür der Hütte hatte sich bereits geschlossen.

Liane schritt darauf zu und hieb einige Male mit der Faust aufs Holz.

»Mach auf und zeige dein Hexengesicht – oder ich brenne die Hütte nieder!«

Die Tür öffnete sich, und die junge Frau sah ihn lächelnd an. »Was nun?«

Liane trat ein und versuchte, die Hexe zu ergreifen. Zwanzig Klingen zuckten ihm entgegen, und zwanzig Spitzen verharrten unmittelbar vor seiner Brust. Der Wanderer verharrte reglos, hob die Augenbrauen und sah Lith groß an.

»Fort mit dir, Stahl!« rief die junge Frau – und die Klingen verschwanden. »Ich hätte dich ganz einfach töten können, wäre das meine Absicht gewesen«, erklärte die Hexe.

Liane runzelte die Stirn, rieb sich das Kinn und wirkte nachdenklich. »Weißt du«, sagte er nach einer Weile, »das war wirklich dumm von dir. Liane wird von denen gefürchtet, die Angst vor der Angst haben, und geliebt von jenen, die die Liebe lieben. Und du«, – sein Blick glitt über ihre goldene Gestalt –, »bist reif wie eine süße Frucht. Ohne Zweifel hast du Leidenschaften und sehnst dich danach, Liebe zu empfangen. Du gefällst Liane, und er wird dir die Zärtlichkeit schenken, nach der du verlangst.«

»Nein, nein«, erwiderte Lith und lächelte zaghaft. »Du hast es zu eilig.«

Liane musterte sie überrascht. »Ach, ja?«

»Ich bin Lith«, sagte die junge Hexe, »und es ergeht mir so, wie du eben meintest. Ich bin reif, ja, ich koche und brodle innerlich. Doch ich darf nur den Mann lieben, der mir zuvor gedient hat. Er muß tapfer und kühn sein, klug und geschickt.«

»Dann bin ich genau der Richtige für dich«, stellte Liane fest. Er kaute auf der Unterlippe. »Allerdings halte ich nichts von Zeitverschwendung, und deshalb ...« Er trat einen Schritt vor. »Komm, laß uns ...«

Lith wich zurück. »Nein, nein. Hast du mich denn nicht verstanden? Du kannst mich erst dann lieben, wenn du zuvor in meinen Diensten gewesen bist.«

»Was für ein Unfug!« ereiferte sich Liane. »Sieh mich an! Betrachte meine Anmut, meinen prächtigen Körper, die feinen Züge meines Gesichts, den Glanz in meinen Augen, die so golden sind wie deine. Ich bin die Verkörperung von Eleganz und Kraft ... Eigentlich solltest du mir dienen. Ja, so wollen wir es halten.« Er ließ sich auf einigen Kissen nieder. »Bring mir Wein, Frau!«

Lith schüttelte den Kopf. »In diesem kleinen Heim kann ich zu nichts gezwungen werden. Außerhalb von Thamberaue mag das anders sein – doch hier, bei meinen blauen und roten Quasten, den zwanzig Klingen, die meinem Gebot gehorchen ... Nein, hier kannst du mir nichts befehlen. Entscheide dich. Entweder du stehst auf, gehst fort und kommst nie wieder, oder du hilfst mir bei einer kleinen Aufgabe, woraufhin ich mich dir mit all meiner Leidenschaft hingeben werde.«

Liane blieb stocksteif sitzen. Eine seltsame Frau, diese goldene Hexe. Andererseits jedoch war sie durchaus einige Anstrengungen wert, und anschließend würde sie für ihre Unverschämtheit büßen.

»Nun gut«, sagte er schlicht. »Ich werde dir dienen. Was wünschst du? Ich kann dich mit Perlen ersticken, dich mit Diamanten blenden. Ich besitze zwei Smaragde, so groß wie deine Faust, und sie sind wie grüne Ozeane, die den Blick des Betrachters einfangen, so daß er für immer und ewig an schillernden Prismen entlangstreicht ...«

»Nein, nein, nach Juwelen steht mir nicht der Sinn ...«

»Dann geht es vielleicht um Feinde? Ach, ganz einfach. Liane tötet zwei Männer für dich. Zwei Schritte vorwärts, dann zustoßen – so!« Er sprang. »Und die Seelen steigen empor wie Gasblasen in einem Humpen Bier.«

»Nein. Ich möchte nicht, daß jemand ums Leben kommt.«

Liane ließ sich wieder auf die Kissen sinken und runzelte die Stirn. »Was willst du dann?«

Lith trat an die rückwärtige Wand und zog ein Tuch beiseite. Es enthüllte einen goldenen Gobelin. Die Darstellung darauf zeigte ein Tal, das von zwei hohen Bergen begrenzt wurde – eine breite Senke, durch die die ruhigen Wasser eines Stromes flossen, vorbei an einem stillen Dorf und in einen kleinen Wald. Golden schimmerte der Fluß, golden waren die Berge und auch die Bäume. Und die einzelnen Goldtöne unterschieden sich auf so subtile Weise, daß der Eindruck einer geradezu bunten Landschaft entstand. Doch irgend jemand hatte den Gobelin in zwei Teile geschnitten.

Liane war fasziniert. »Prächtig, wundervoll ...«

»Es ist ein Bild des Magischen Tals von Ariventa«, erklärte Lith. »Die andere Hälfte wurde mir gestohlen, und dein Dienst soll darin bestehen, sie mir zurückzubringen.«

»Wo befindet sie sich?« fragte Liane. »Und wer ist der Schuft, der sie dir stahl?«

Daraufhin bedachte die Hexe Liane mit einem nachdenklichen Blick. »Hast du jemals von Chun gehört? Von Chun dem Unvermeidlichen?«

Liane überlegte. »Nein.«

»Er war es, der die andere Hälfte des Gobelins stahl, und er hing sie in einem marmornen Saal auf, der zu den Ruinen nördlich von Kaiin gehört.«

»Ha!« brummte Liane.

»Du findest den Saal am Orte des Raunens. Er wird

gekennzeichnet von einer schrägen Säule, die ein schwarzes Medaillon aufweist. Es zeigt sowohl einen Phönix als auch eine doppelköpfige Eidechse.«

»Ich mache mich auf den Weg«, sagte Liane. »Einen Tag nach Kaiin, einen zweiten Tag, um die fehlende Gobelinhälfte zu stehlen, und einen dritten für die Rückkehr. Drei Tage insgesamt.«

Lith begleitete ihn zur Tür. »Sei auf der Hut vor Chun dem Unvermeidlichen!« flüsterte sie.

Fröhlich pfeifend wanderte Liane los, und die rote Feder an seinem Hut tanzte auf und nieder. Lith sah ihm nach, kehrte dann in die Hütte zurück und näherte sich langsam dem Wandbehang. »Goldenes Ariventa«, hauchte sie. »Die Sehnsucht nach dir erfüllt mein Herz mit Kummer ...«

Beim Derna handelt es sich um einen kleineren Strom als den Scaum, und er fließt weiter im Süden. Dort, wo sich die Fluten des Scaum durch ein breites Tal ergießen, in dem purpurne Collinsonien blühen und sich auf den Anhöhen die weißgrauen und pockennarbigen Buckel alter Schlösser und Burgen erheben, hat der Derna eine tiefe Schlucht in den Fels gefressen. Auf den Klippen rechts und links davon wachsen lichte Gehölze.

Vor langer Zeit führte eine alte und mit Steinen gepflasterte Straße am Ufer des Derna entlang, doch inzwischen war sie teilweise den Stromschnellen zum Opfer gefallen. Auf seinem Weg nach Kaiin war Liane aus diesem Grund mehrmals dazu gezwungen, die Straße zu verlassen und durch das Dickicht aus Dornen und Losträuchern zu klettern.

Die blutrote Sonne kroch so langsam über den Himmel wie ein alter Mann, der seinem Totenbett entgegenwankt. Sie hing dicht über dem Horizont, als Liane Porphironklippe erreichte und von dort aus über das weiße

Kaiin und die blau glänzende Bucht von Sanreale hinwegblickte.

Direkt unten sah er den Marktplatz, ein buntes Durcheinander aus Ständen, Buden und kleinen Läden, in denen Obst, fades Fleisch, Muscheln aus dem Uferschlamm und bauchige Kannen mit Wein angeboten wurden. Die stillen und ruhigen Bewohner Kaiins schritten umher, machten ihre Einkäufe und kehrten mit ihren gefüllten Körben anschließend in die steinernen Häuser zurück.

Auf der anderen Seite des Marktplatzes erhoben sich einige teilweise geborstene Säulen, die aussahen wie die gesplitterten Zähne eines Titanen – einst hatten sie sechzig Meter in die Höhe geragt und zu der Arena gehört, die auf Anweisung des Verrückten Königs Shin errichtet worden war. Jenseits davon, inmitten einer Ansammlung von Lorbeerbäumen, konnte man die glänzende Kuppel des Palastes sehen. Von dort aus herrschte Kandive der Goldene sowohl über Kaiin als auch die Bereiche Ascolais, die man von Prophironklippe aus überblicken konnte.

An jenem Ort waren die Wasser des Derna nicht mehr so klar wie Kristall. Sie flossen durch ein Netzwerk aus Kanälen und unterirdischen Rohren, und vorbei an den verfallenden Molen sickerten sie schließlich in die Bucht von Sanreale.

Ein Bett für die Nacht, dachte Liane. Und morgen dann ans Werk.

Er eilte über die im Zickzack angeordneten Stufen der granitenen Treppe und gelangte auf den Marktplatz. Und als er seinen Weg fortsetzte, hielt er es für angeraten, besondere Vorsicht walten zu lassen. Liane der Wanderer war in Kaiin nicht ganz unbekannt, und es gab nicht wenige Leute, die noch eine Rechnung mit ihm zu begleichen hatten.

Wachsam schritt er im Schatten der Panonischen

Mauer und huschte durch eine schmale Gasse. Gesäumt wurde sie von alten Häusern aus Holz, deren Wände im Lichte der untergehenden Sonne einen satten kastanienbraunen Ton annahmen. Nach einer Weile erreichte Liane den kleinen Platz vor der Schenke zum Magier.

Der Wirt war ein kleiner dicker Mann mit traurig blickenden Augen und einer zwar kurzen, dafür aber recht breiten Nase, die von der Form her eine Entsprechung des Körpers darstellte. Er war gerade damit beschäftigt, Asche aus dem Kamin zu kratzen. Als er hörte, wie sich die Tür öffnete und wieder schloß, hastete er hinter seinen Tresen.

»Ein gut gelüftetes Zimmer wünsche ich«, sagte Liane, »und eine Mahlzeit aus Pilzen und Austern, dazu guten Wein.«

Der Wirt verneigte sich unterwürfig.

»Natürlich, Herr – und wie gedenkst du zu zahlen?«

Liane holte einen kleinen ledernen Beutel hervor, den er gerade erst am Morgen dieses Tages an sich gebracht hatte. Der Wirt hob anerkennend die Augenbrauen, als er den Duft roch.

»Die Bodenknospen des Lieblichstrauchs«, sagte Liane. »Sie stammen aus einem fernen Land.«

»Ausgezeichnet, wunderbar ... Du sollst das Zimmer haben, Herr, und auch das Essen.«

Als Liane speiste, trafen einige der anderen Gäste ein, setzten sich vor den Kamin und tranken Wein. Schon nach kurzer Zeit ging es bei den Gesprächen um Zauberer vergangener Epochen und die mächtige Magie der guten alten Zeit.

»Der Große Phandaal kannte Geheimnisse, die inzwischen der Vergessenheit anheimfielen«, behauptete ein alter Mann, dessen Haar die Farbe vertrockneter Orangen hatte. »Er band weiße und schwarze Fäden an die Beine von Spatzen und unterwarf sie seinem Willen. Und wo sie ihre magischen Gespinste flochten, erschienen riesige Bäume, die Äste und Zweige voller Blumen. Früchte und Nüsse. Manchmal bildeten sich daran auch dicke Blasen, die mit köstlichen Elixieren gefüllt waren. Es heißt, auf diese Weise schuf er den Großen Da-Wald an den Gestaden von Sanra-Wasser.«

»Ha!« machte ein finster aussehender Mann, der in ein Gewand mit dunkelblauen, braunen und schwarzen Mustern gekleidet war. »Dazu bin ich fähig ...« Und er holte eine Schnur hervor, ließ sie einige Male hin und her baumeln und sprach ein leises Wort. Sofort verwandelte sich der Faden in eine rot und gelb leuchtende Flamme, die hin und her tanzte, über den Tisch glitt, ohne etwas zu verbrennen, flackerte und zischte – bis der Zauberer eine bestimmte Geste vollführte und das unstete Leuchten verblaßte.

»Und das kann ich ...«, sagte jemand, dessen Gesicht im Schatten einer Kapuze verborgen war; auf seinem schwarzen Umhang zeigten sich silberne Kreise. Er legte ein kleines Tablett auf den Tisch und streute etwas Kaminasche darauf. Dann nahm er eine Pfeife zur Hand und blies hinein, woraufhin ein heller Ton erklang – und aus der Asche stiegen kleine Motten empor, die in den Regenbogenfarben Rot, Blau, Grün und Gelb glänzten. In einer Höhe von etwa dreißig Zentimetern flogen sie über den Tisch und zerplatzten, woraufhin bunt schillernde und sternförmige Blüten entstanden. Nach einigen Sekunden fielen sie auseinander, und dabei erklang erneut jener einzigartige helle Ton. Die Anzahl der Motten verringerte sich rasch, und daraufhin setzte der Magier noch einmal die Pfeife an die Lippen und blies hinein. Winzige geflügelte Geschöpfe lösten sich aus der Asche und überraschten die Zuschauer mit immer neuen und prächtigeren Farben. Schließlich ließ der Zauberer die Pfeife sinken, wischte das Tablett ab, verstaute es in seiner Tasche und lehnte sich schweigend zurück.

Daraufhin gaben auch die anderen Thaumaturgen Beispiele ihres Könnens zum besten, und innerhalb kurzer Zeit herrschte über dem Tisch ein Durcheinander aus Dutzenden von Visionen und Manifestationen. Die Luft schien infolge der magischen Kraft nachgerade zu vibrieren. Ein Mann zeigte seinen Kollegen neun neue Farben, und jede einzelne von ihnen zeichnete sich durch unvergleichliche Pracht aus. Ein anderer sorgte mit einer Beschwörung dafür, daß sich an der Stirn des Wirts ein Mund bildete, der den Gästen Flüche und Verwünschungen zurief – sehr zum Kummer des dicken Mannes, denn immerhin war es seine eigene Stimme, die die Anwesenden verhöhnte. Ein weiterer offenbarte eine grüne Flasche, aus der das fratzenhafte Gesicht eines Dämonen starrte. Ein vierter präsentierte eine kleine Kugel aus reinem Kristall: Auf entsprechende Befehle hin rollte sie vor und zurück, und der Zauberer behauptete, sie habe einst dem berühmten Meister Sankaferrin als Ohranhänger gedient.

Liane sah die ganze Zeit über aufmerksam zu und kicherte, als er den in der Flasche gefangenen Wicht sah. Vergeblich versuchte er, den Magier dazu zu überreden, ihm die gehorsame Kristallkugel zu überlassen.

Der Mißerfolg verdroß Liane sehr, und er klagte, die Welt sei voller hartherziger Menschen. Doch der Zauberer, der den faszinierenden Ohranhänger besaß, ließ sich davon nicht erweichen. Selbst als Liane ihm zwölf kleine Pakete anbot, die kostbare Gewürze enthielten, lehnte er es ab, sich von seinem kleinen Spielzeug zu trennen.

»Ich möchte doch nur die Hexe Lith mit einem Geschenk erfreuen«, bettelte Liane.

»Dann erfreu sie mit deinen Gewürzen!«

»Eigentlich hat sie nur einen Wunsch«, erklärte Liane offen. »Sie möchte die Hälfte eines Gobelins, die ich für sie von Chun dem Unvermeidlichen stehlen soll.«

Und daraufhin schwiegen die Zauberer und musterten ihn erschrocken.

»Warum seid ihr denn plötzlich so ernst? He, Wirt, bring mehr Wein!«

Der Zauberer, der die Kristallkugel bei sich führte, sagte: »Selbst wenn wir alle in Wein schwömmen – dem süßen Rotwein Tanvilkats –, könnten wir nicht vergessen, jenen Namen gehört zu haben.«

»Ha!« machte Liane und winkte ab. »Solange ihr schwimmt, mag das durchaus der Fall sein. Aber wenn ihr ihn trinkt, denkt ihr sehr bald an ganz andere Dinge.«

»Seht nur seine Augen!« flüsterte jemand. »Sie sind groß und golden.«

»Und sie haben einen scharfen und wachsamen Blick«, fügte Liane hinzu. »Und meine Beine – flink und geschwind, wie Sternenlicht, das über Wellen hinwegtanzt. Und dieser Arm – meisterlich beherrscht er das Schwert. Und meine Magie – sie gibt mir die Möglichkeit, mich in ein Refugium zurückzuziehen, das nur mir zur Verfügung steht.« Er trank Wein aus seinem Becher. »Gebt acht ihr Zauberer! Dies ist äonenalte Magie ...« Er setzte sich den bronzenen Reif auf den Kopf, und sofort erweiterte sich der Ring. Er zog ihn herab, trat aus ihm heraus und hob ihn in die Finsternis. Als er glaubte, es sei genügend Zeit verstrichen, kehrte er in die Welt des Lichts zurück.

Ruhig brannte das Feuer im Kamin, und der Wirt wartete hinter seinem Tresen. Direkt vor Liane stand der Becher Wein, aus dem er eben noch einen großen Schluck genommen hatte. Doch von den Zauberern und Thaumaturgen war weit und breit nichts mehr zu sehen.

Verwirrt blickte sich Liane um. »Wohin sind denn meine magischen Freunde verschwunden?«

Der Wirt zuckte mit den Schultern. »Sie zogen sich in

ihre Zimmer zurück. Der Name, den du nanntest, belastete ihre Seelen.«

Und in nachdenklichem Schweigen trank Liane seinen Becher aus.

Am nächsten Morgen verließ er die Herberge und machte sich auf den Weg nach der Alten Stadt. Dabei handelte es sich um einen Bereich aus umgestürzten Säulen, verwitterten Sandsteinblöcken und auseinandergebrochenen Giebelfassaden. Im Granit mancher Steine zeigten sich noch fleckige Inschriften. Auf einstmals prächtigen Terrassen wucherte rostrotes Moos. Eidechsen, Schlangen und Insekten wohnten in den Ruinen. Sonst regte sich dort nichts.

Liane wanderte an den Schutthaufen vorbei und wäre dabei fast über eine Leiche gestolpert – den Körper eines jungen Mannes, der aus leeren Augenhöhlen gen Himmel starrte.

Kurz darauf spürte Liane die Nähe eines Wesens. Sofort sprang er zurück und nahm sein Rapier zur Hand. Ein buckliger alter Mann stand in der Nähe und beobachtete ihn. »Was führt dich in die Alte Stadt?« fragte er mit rauher und zittriger Stimme.

Liane schob das Rapier in die Scheide zurück. »Ich suche den Ort des Raunens. Kannst du mir den Weg weisen?«

Der alte Mann lachte leise und krächzend. »Schon wieder einer? Wann hört das endlich auf …?« Er deutete auf den Toten. »Jener Mann kam gestern und war ebenfalls auf der Suche nach dem Ort des Raunens. Er wollte Chun dem Unvermeidlichen etwas stehlen. Sieh nur, was aus ihm geworden ist!« Er wandte sich um. »Komm mit!« Und er verschwand hinter einigen geborstenen Felsen.

Liane folgte ihm. Der alte Mann stand neben einer weiteren Leiche, und auch die Augenhöhlen dieses Toten waren leer und blutig. »Dieser hier kam vor vier Tagen und begegnete Chun dem Unvermeidlichen ... Und dort drüben, hinter dem Bogen, liegt noch jemand, ein tapferer Krieger in stählerner Rüstung.« Der alte Mann streckte den Arm aus und deutete in verschiedene Richtungen. »Überall liegen Tote. Einst waren sie voller Tatendrang und Wagemut, doch hier verloren sie ihr Leben.«

Er richtete den Blick seiner hellblauen Augen auf Liane. »Kehr um, junger Mann – denn sonst wirst du ebenfalls hier enden, auf daß dein Leichnam inmitten der Ruinen verfault.«

Liane zog sein Rapier und hob es wie zum Schlag. »Ich bin Liane der Wanderer. Sollen diejenigen, die es wagen, sich mir entgegenzustellen, vor Furcht erstarren. Wo befindet sich der Ort des Raunens?«

»Wenn du es unbedingt wissen willst ...«, seufzte der alte Mann. »Dort, hinter dem gesplitterten Obelisken. Doch du begibst dich in große Gefahr.«

»Ich bin Liane der Wanderer. Die Gefahr ist mein ständiger Begleiter.«

Als sich Liane in Bewegung setzte, stand der Greis völlig reglos und ähnelte einer der vielen verwitterten Statuen.

Kurz darauf fragte sich Liane, ob es sich bei dem alten Mann um einen Helfer Chuns handeln mochte. Vielleicht war er jetzt auf dem Weg, um den Unvermeidlichen zu warnen ... Liane hielt es für besser, eine solche Möglichkeit zu berücksichtigen und daraus die Konsequenzen zu ziehen. Er kletterte auf ein hohes, von Säulen getragenes Gebälk und eilte geduckt in die Richtung zurück, aus der er gekommen war.

Und dort kam der Greis, brummend und krächzend, auf einen Stock gestützt. Liane ließ einen Stein fallen, der so groß war wie sein Kopf. Ein dumpfes Pochen, ein überraschtes Stöhnen und Ächzen – und dann Stille.

Zufrieden wandte sich Liane um und ging los. Er

schritt an dem gesplitterten Obelisken vorbei und erreichte einen großen Platz – den Ort des Raunens. Direkt gegenüber sah er den Zugang des Saales, und davor stand eine schräge Säule mit einem großen schwarzen Medaillon, das sowohl einen Phönix als auch eine zweiköpfige Eidechse zeigte.

Liane verbarg sich im Schatten einer Mauer, und wachsam wie ein Wolf hielt er nach irgendwelchen Bewegungen Ausschau.

Nirgends rührte sich etwas. Der Sonnenschein verlieh den Ruinen eine unheimlich anmutende Pracht. Auf allen Seiten erstreckte sich eine Landschaft aus geborstenem Stein, eine Wüste aus Tausenden von eingestürzten Gebäuden. Die menschliche Aura dieser Stadt hatte sich längst verflüchtigt, und es herrschte Stille. Die Felsen sahen aus wie die gebrochenen Knochen der Erde.

Langsam kroch die Sonne über den dunkelblauen Himmel. Nach einer Weile wagte sich Liane weiter vor und schlich an den Außenwänden des Saales entlang. Auch dort bot sich seinen Blicken nichts dar, was auf irgendeine Gefahr hingedeutet hätte.

Er näherte sich dem rückwärtigen Teil des Gebäudes und preßte das eine Ohr an den Stein. Er konnte nichts hören, spürte nicht einmal eine Vibration. An der Seite entlang – und Liane sah sich immer wieder mißtrauisch um. Er entdeckte einen schmalen Riß im Stein und spähte in den Saal. An der Rückwand hing die eine Hälfte eines goldenen Gobelins. Etwas anderes war nicht zu erkennen.

Erneut blickte sich Liane um. Nach wie vor rührte sich nichts in den Ruinen. Und daraufhin schlich er weiter an der Wand entlang.

Er gelangte an eine zweite Fuge, und wieder sah er in die Halle. Der goldene Gobelin an der Rückwand, und rechts und links – nichts. Alles blieb still.

Liane erreichte die Vorderfront des Gebäudes und beobachtete den Dachrand. Auch dort hielt sich kein Gegner verborgen.

Er konnte nun den ganzen Saal deutlich erkennen. Er war leer – bis auf den goldenen Gobelin an der hinteren Mauer.

Liane trat mit leisen federnden Schritten ein. In der Mitte der Halle blieb er stehen. Von allen Seiten drang Licht in den Saal, und nur die Rückwand blieb dunkel. Es gab Dutzende von Öffnungen, durch die er fliehen konnte, und außer dem dumpfen Pochen seines Herzens hörte er nicht das geringste Geräusch.

Zwei weitere Schritte – und der Gobelin war so nahe, daß er nur noch die Hände ausstrecken mußte.

Noch ein Schritt, und mit einem Ruck riß er die Gobelinhälfte von der Wand.

Dahinter wartete Chun der Unvermeidliche.

Liane schrie. Er wirbelte um die eigene Achse und lief los, doch seine Beine schienen gelähmt zu sein, und wie in einem Traum fiel es ihm schwer, einen Fuß vor den anderen zu setzen.

Chun trat aus der Wand und folgte ihm. Über dem glänzenden schwarzen Rücken trug er einen Umhang aus aneinandergereihten Augäpfeln.

Die bleierne Schwere in Lianes Beinen schien sich zu verringern, und er lief nun schneller und leichtfüßiger. Er sprang, flog geradezu, und die Sohlen seiner Stiefel schienen den Boden kaum zu berühren. Aus dem Saal, über den Platz, hinein in das öde Durcheinander aus umgestürzten Säulen und geborstenen Statuen. Und hinter ihm kam Chun, so schnell wie ein Windhund.

Liane setzte über eine niedrige Mauer hinweg und stürmte an den Resten eines Springbrunnens vorbei. Chun schloß zu ihm auf.

Liane sauste durch eine schmale Gasse, erkletterte einen Schutthaufen, eilte über ein Dach und lief über einen kleineren Platz. Und Chun näherte sich ihm weiter.

Liane raste durch eine breite Straße, die zu beiden Seiten von verkrüppelt wirkenden alten Zypressen gesäumt wurde, und Chun war ihm dicht auf den Fersen. Er warf sich durch einen Türbogen, setzte sich den bronzenen Reif auf den Kopf und zog ihn bis zu den Füßen herunter. Dann trat er aus dem Ring und hob ihn in die Finsternis. Seine Zuflucht. Liane war allein in einem Kosmos aus dunkler Magie, aus Stille und Leere...

Hinter ihm regte sich etwas, und fauliger Atem strich über die Haut Lianes. Dicht an seiner Seite erklang eine düstere Stimme: »Ich bin Chun der Unvermeidliche...«

Lith saß auf einem Kissen neben den Kerzen und fertigte eine Mütze aus Froschhäuten an. Die Tür ihrer Hütte war verriegelt, die Fenster fest geschlossen. Draußen kroch die Schwärze der Nacht über Thamberaue.

Etwas kratzte an der Tür. Jemand drehte den Knauf. Und Lith erstarrte und riß die Augen auf.

Eine dunkle Stimme sagte: »Heute nacht, o Lith, heute nacht bringe ich dir zwei lange und bunte Fäden. Zwei – denn die Augen waren so groß, so glänzend, so golden...«

Lith gab keine Antwort. Eine Stunde lang wartete sie, und dann schlich sie an die Tür und horchte. Sie konnte die fremde Gegenwart nicht mehr spüren. Am Teich quakte ein Frosch.

Sie öffnete die Tür einen Spaltbreit, griff nach den beiden Fäden und machte sofort wieder zu. Anschließend eilte sie an den goldenen Gobelin und fügte die Fasern an der richtigen Stelle an.

Und sie betrachtete das goldene Tal und sehnte sich von ganzem Herzen nach Ariventa. Tränen verschleierten die Konturen des schimmernden Flusses, und der Glanz des goldenen Waldes schien sich zu trüben. »Das Tuch wird langsam breiter... Eines Tages ist es vollständig, und dann kehre ich nach Hause zurück...«

ANDRZEJ SAPKOWSKI

## Die Grenze des Möglichen

I

»Der kommt da nicht mehr raus, sag ich euch«, erklärte der Picklige mit überzeugtem Kopfnicken. »Es ist schon ein und eine Viertelstunde her, daß er hineingestiegen ist. Mit dem ist es aus.«

Die Bürger, die sich um die Ruinen drängten, schwiegen, den Blick auf die im Schutt klaffende Öffnung gerichtet, den halbverschütteten Eingang in das Gewölbe. Ein dicker Mann im goldenen Wams trat von einem Fuß auf den anderen, räusperte sich, nahm das zerknitterte Barett vom Kopf.

»Wir wollen noch etwas warten«, sagte er und wischte sich den Schweiß aus den dünnen Brauen.

»Worauf?« schnaubte der Picklige. »In dem Verlies sitzt ein Basilisk, habt Ihr das vergessen, Schulze? Wer da reingeht, ist schon verloren. Sind doch genug Leute da umgekommen. Worauf also warten?«

»Wir haben es ja vorher so abgemacht«, murmelte der Dicke unsicher. »Haben wir doch?«

»Abgemacht habt Ihr's, als er noch lebte, Schulze«, ließ sich der Gefährte des Pickligen vernehmen, ein Riese mit lederner Fleischerschürze. »Aber jetzt ist er tot, das ist sonnenklar. Es stand von vornherein fest, daß er ins Verderben geht wie die anderen. Er ist ja sogar ohne Spiegel gegangen, nur mit dem Schwert. Aber ohne Spiegel kriegt man keinen Basilisken tot, das weiß jeder.«

»Das Geld habt Ihr gespart, Schulze«, setzte der Picklige hinzu. »Denn für den Basilisken braucht Ihr auch niemanden zu bezahlen. Also geht alle ruhig nach Hause. Aber das Pferd und die Habe des Zauberers nehmen wir uns, wär ja schade drum.«

»Ja«, sagte der Fleischer. »'ne stattliche Stute, und auch die Satteltaschen sind nicht schlecht gefüllt. Laßt uns nachschauen, was drin ist.«

»Wieso? Was soll das?«

»Seid still, Schulze, und mischt Euch nicht ein, sonst kriegt Ihr Scherereien«, warnte ihn der Picklige.

»'ne stattliche Stute«, wiederholte der Fleischer.

»Laß das Pferd in Ruhe, mein Lieber.«

Der Fleischer wandte sich langsam zu dem Fremden um, der aus einer Mauerlücke hervorkam, hinter den Leuten hervor, die vor dem Eingang ins Verlies standen.

Der Fremde hatte lockiges, dichtes kastanienfarbenes Haar, trug einen braunen Umhang über dem wattegefütterten Rock und hohe Reiterstiefel. Und keine Waffen.

»Geh von dem Pferd weg«, wiederholte er mit giftigem Lächeln. »Was soll denn das? Ein fremdes Pferd, fremde Satteltaschen, fremdes Eigentum, und du beäugst es mit deinen Triefaugen, streckst deine räudige Hand danach aus? Gehört sich das?«

Der Picklige schob langsam die Hand unter sein Wams und blickte den Fleischer an. Der Fleischer nickte erst ihm zu, dann der Gruppe, aus der noch zwei kräftige, kurzgeschorene Kerle traten. Beide trugen Knüppel, wie man sie im Schlachthaus zum Betäuben des Viehs benutzt.

»Wer seid Ihr denn«, fragte der Picklige, ohne die Hand aus dem Wams zu nehmen, »daß Ihr uns lehren wollt, was sich gehört und was nicht?«

»Das geht dich nichts an, mein Lieber.«

»Ihr tragt keine Waffen.«

»Stimmt.« Der Fremde lächelte noch giftiger. »Ich trage keine.«

»Das ist nicht gut.« Der Picklige zog die Hand – mit einem langen Messer – aus dem Wams. »Das ist gar nicht gut, daß Ihr keine tragt.«

Auch der Fleischer zog ein Messer hervor, lang wie ein Hirschfänger. Die beiden anderen traten vor, die Knüppel erhoben.

»Ich brauche keine zu tragen«, sagte der Fremde, ohne sich von der Stelle zu rühren. »Meine Waffen folgen mir nach.«

Hinter den Ruinen kamen mit leichtem, sicherem Schritt zwei junge Mädchen hervor. Augenblicklich wich die Menge zurück, zerstreute sich.

Die beiden Mädchen lächelten, ließen die Zähne blitzen und die Augen funkeln, von deren Winkeln breite blaue Streifen einer Tätowierung zu den Ohren liefen. In den kräftigen Schenkeln, die unter den um die Hüften geschlungenen Luchsfellen zu sehen waren, und auf den bloßen runden Armen oberhalb der Kettenhandschuhe spielten die Muskeln. Über den ebenfalls von Kettenhemden bedeckten Schultern ragten die Griffe von Säbeln empor.

Langsam, schön langsam beugte der Picklige die Knie, ließ das Messer fallen.

Aus dem Loch im Schutt ertönte das Poltern von Steinen, worauf aus der Finsternis Hände auftauchten und den schartigen Mauerrand packten. Nach den Händen erschienen nach und nach: ein Kopf mit weißen, von Ziegelstaub bedeckten Haaren, ein bleiches Gesicht, das Heft eines Schwertes, das hinter den Schultern emporragte. Die Menge begann zu murmeln.

Der Weißhaarige bückte sich und zog eine sonderbare Gestalt aus dem Loch, einen wunderlichen Körper, in blutverschmierten Staub gehüllt. Das Geschöpf am langen, echsenartigen Schwanz gepackt, warf er es wortlos dem dicken Schulzen vor die Füße. Der Schulze sprang zurück und stolperte über einen Mauerbrocken, den

Blick auf den gebogenen Vogelschnabel gerichtet, die ledrigen Flügel und die schuppenbedeckten Pfoten. Auf den aufgedunsenen Kropf, einst karminrot, jetzt schmutzig rötlich. Auf die glasigen, eingesunkenen Augen.

»Da ist der Basilisk«, sagte der Weißhaarige und klopfte sich den Staub von der Hose. »Wie vereinbart. Meine zweihundert Lintar, wenn's beliebt. Gute Lintar, wenig beschnitten. Ich prüf das nach, ich sag's gleich.«

Der Schulze kramte mit zitternden Händen einen Geldbeutel hervor. Der Weißhaarige sah sich um, ließ den Blick einen Moment lang auf dem Knienden verharren, auf dem zu seinen Füßen liegenden Messer. Er sah den Mann im braunen Umhang an, die Mädchen in den Luchsfellen.

»Wie üblich«, sagte er und nahm die Geldkatze aus den bebenden Händen des Schulzen. »Ich riskier euretwegen für ein paar Pfifferlinge den Hals, und ihr macht euch inzwischen über meine Sachen her. Ihr ändert euch nie, hol euch der Teufel.«

»Wir haben nichts angerührt«, murmelte der Fleischer und wich zurück. Die beiden mit den Knüppeln waren längst in der Menge untergetaucht. »Wir haben Eure Sachen nicht angerührt, Herr.«

»Sehr erfreut.« Der Weißhaarige lächelte. Angesichts dieses Lächelns, das auf dem bleichen Gesicht erblühte wie eine aufbrechende Wunde, begann sich die Menge rasch zu zerstreuen. »Und darum, Brüderchen, werde ich dich auch nicht anrühren. Geh in Frieden. Aber geh schnell.«

Der Picklige wollte sich ebenfalls zurückziehen, rückwärts. Die Pickel auf seinem bleich gewordenen Gesicht traten plötzlich häßlich hervor.

»He, warte«, sagte der Mann im braunen Umhang zu ihm. »Du hast etwas vergessen.«

»Was ... Herr?«

»Du hast das Messer gegen mich gezückt.«

Das größere der beiden Mädchen, das breitbeinig dastand, ruckte plötzlich, drehte sich in der Hüfte. Ohne daß jemand gesehen hätte, wie sie den Säbel zog, pfiff dieser scharf durch die Luft. Der Kopf des Pickligen flog im Bogen hoch und in die dunkle Öffnung des Verlieses. Der Körper fiel steif und schwer wie ein gefällter Baumstamm zwischen den Ziegelschutt. Die Menge schrie auf wie mit einer Stimme. Das andere Mädchen, die Hand am Heft, drehte sich behende um und gab Rückendeckung. Es war nicht nötig. Über die Trümmer stolpernd und sich drängelnd, lief die Menge zur Stadt, so schnell sie nur konnte. An der Spitze rannte mit beeindruckenden Sätzen der Schulze, der den riesenhaften Fleischer um etliche Klafter überholt hatte.

»Ein hübscher Hieb«, bemerkte der Weißhaarige kalt und schirmte mit der Hand im schwarzen Handschuh die Augen gegen die Sonne ab. »Ein hübscher Hieb mit einem serrikanischen Säbel. Ich verneige mich vor der Tüchtigkeit und der Schönheit der freien Kriegerinnen. Ich bin Geralt von Rivien.«

»Und ich«, der Unbekannte im braunen Umhang zeigte auf ein verschossenes Wappen auf der Vorderseite seiner Kleidung, das drei schwarze Vögel darstellte, die in einer Reihe in einem ungeteilten goldenen Feld saßen, »ich bin Borch, genannt Drei Dohlen. Und das sind meine Mädchen, Tea und Vea. So nenne ich sie, denn bei ihren richtigen Namen kann man sich die Zunge brechen. Sie sind beide, wie du richtig erraten hast, Serrikanerinnen.«

»Ihnen habe ich es anscheinend zu verdanken, daß mir Pferd und Habe geblieben sind. Ich danke euch, Kriegerinnen. Ich danke auch Euch, Herr Borch.«

»Drei Dohlen. Und schenk dir den ›Herrn‹. Hält dich etwas an diesem Ort, Geralt von Rivien?«

»Ganz im Gegenteil.«

»Hervorragend. Ich habe einen Vorschlag – hier in der Nähe, bei der Weggabelung an der Straße zum Flußhafen, gibt es eine Herberge. Sie heißt ›Zum Nachdenklichen Drachen‹. Die Küche dort hat in der ganzen Gegend nicht ihresgleichen. Dorthin bin ich eigentlich unterwegs, um was zu essen und ein Nachtlager zu bekommen. Es wäre mir lieb, wenn du mir Gesellschaft leisten wolltest.«

»Borch« – der Weißhaarige wandte sich vom Pferd ab, schaute dem Unbekannten in die hellen Augen –, »ich möchte nicht, daß es zwischen uns Unklarheiten gibt. Ich bin Hexer.«

»Das hab ich mir gedacht. Aber du sagst es in einem Ton, als würdest du sagen: ›Ich bin aussätzig.‹«

»Es gibt Leute«, sagte Geralt langsam, »die die Gesellschaft von Aussätzigen der eines Hexers vorziehen würden.«

»Es gibt auch Leute« – Drei Dohlen lächelte –, »die ein Schaf einem Mädchen vorziehen. Nun ja, sie können mir nur leid tun, die einen wie die anderen. Ich bleibe bei meinem Angebot.«

Geralt zog den Handschuh aus, drückte die ihm dargebotene Hand. »Ich nehme an und freue mich über unsere Bekanntschaft.«

»Also dann, auf den Weg; ich habe nämlich Hunger.«

II

Der Herbergswirt wischte mit einem Lappen über die rauhen Tischbretter, verneigte sich und lächelte. Ihm fehlten zwei Vorderzähne.

»Soo …« Drei Dohlen ließ den Blick kurz auf der rußigen Zimmerdecke und den darunter hausenden Spinnen verweilen. »Für den Anfang … Für den Anfang Bier. Damit du nicht zweimal zu gehen brauchst, gleich ein ganzes Fäßchen. Und dazu ... Was kannst du zum Bier empfehlen, mein Lieber?«

»Käse?« schlug der Wirt unsicher vor.

»Nein.« Borch verzog das Gesicht. »Käse gibt's zum Nachtisch. Zum Bier wollen wir was Saftiges und Scharfes.«

»Sehr wohl.« Der Wirt lächelte noch breiter. Die beiden Vorderzähne waren nicht die einzigen, die ihm fehlten. »Aale mit Knoblauch in Olivenöl und Essig, oder marinierte grüne Paprikaschoten ...«

»In Ordnung. Sowohl als auch. Und dann Suppe, so eine, wie ich sie hier mal gegessen habe, da schwammen verschiedene Muscheln, Fischchen und anderes schmackhaftes Viehzeug drin.«

»Flößersuppe?«

»Genau. Und dann Lammbraten mit Zwiebeln. Und dann ein Schock Krebse. Tu soviel Dill in die Töpfe, wie reinpaßt. Und dann Schafskäse und Salat. Und dann sehen wir weiter.«

»Sehr wohl. Für alle, also viermal?«

Die größere der Serrikanerinnen schüttelte den Kopf, klopfte sich vielsagend auf die Taille in dem engen Leinenhemd.

»Ach ja.« Drei Dohlen zwinkerte Geralt zu. »Die Mädchen achten auf die Figur. Herr Wirt, den Hammelbraten nur für uns beide. Das Bier bring gleich, zusammen mit den Aalen. Mit dem Rest wart ein Weilchen, daß es nicht kalt wird. Wir sind nicht zum Fressen gekommen, sondern einfach, um die Zeit zu verplaudern.«

»Verstehe.« Der Wirt verneigte sich nochmals.

»Umsicht ist wichtig in deinem Beruf. Komm, gib die Hand, mein Lieber.«

Goldmünzen klimperten. Der Schankwirt zog den Mund bis an die Grenze des Möglichen breit.

»Das ist keine Anzahlung«, ließ Drei Dohlen wissen.

»Das ist ein Draufgeld. Und jetzt geschwind in die Küche, guter Mann.«

In dem Alkoven war es warm. Geralt öffnete den Gürtel, zog den Kittel aus und krempelte die Hemdsärmel hoch.

»Wie ich sehe«, sagte er, »leidest du nicht unter Mangel an Barem. Du lebst von den Vorrechten des Ritterstandes?«

»Zum Teil.« Drei Dohlen lächelte und vermied Einzelheiten.

Mit den Aalen und einem Viertel des Fäßchens waren sie bald fertig. Auch die beiden Serrikanerinnen verschmähten das Bier nicht, und beide wurden alsbald sichtlich fröhlicher. Sie tuschelten etwas miteinander. Vea, die größere, brach plötzlich in kehliges Lachen aus.

»Reden die Mädchen die Gemeinsprache?« fragte Geralt leise und betrachtete sie aus den Augenwinkeln ...

»Wenig. Und sie sind nicht sehr gesprächig. Was zu loben ist. Wie findest du die Suppe, Geralt?«

»Hmm.«

»Laß uns trinken.«

»Hmm.«

»Geralt.« Drei Dohlen legte den Löffel hin und stieß würdevoll auf. »Laß uns für einen Moment auf unser Gespräch von unterwegs zurückkommen. Soweit ich verstanden haben, ziehst du als Hexer überall in der Welt umher, und wenn du unterwegs auf ein Ungeheuer triffst, tötest du es. Und verdienst damit dein Geld. Darin besteht der Hexerberuf?«

»Mehr oder weniger.«

»Und es kommt vor, daß du eigens gerufen wirst? Sagen wir, ein Spezialauftrag. Was dann? Reitest du hin und führst ihn aus?«

»Kommt drauf an, wer da ruft und wozu.«

»Und für wieviel?«

»Das auch.« Der Hexer zuckte mit den Achseln. »Es

wird alles teurer, und das Leben muß weitergehen, wie eine mir bekannte Zauberin zu sagen pflegte.«

»Eine ziemlich wählerische Betrachtungsweise, sehr praktisch, würde ich sagen. Aber die Grundlage bildet ja eine bestimmte Idee, Geralt. Der Konflikt der Mächte der Ordnung mit den Mächten des Chaos, wie ein mir bekannter Zauberer zu sagen pflegte. Ich habe mir vorgestellt, daß du eine Mission erfüllst, die Menschen vor dem Bösen beschützt, immer und überall. Ohne Wenn und Aber. Daß du auf einer deutlich festgelegten Seite der Palisade stehst.«

»Die Mächte der Ordnung, die Mächte des Chaos. Schrecklich große Worte, Borch. Natürlich willst du mich auf einer bestimmten Seite der Palisade sehen, und das in einer Auseinandersetzung, die, wie allgemein angenommen wird, lange vor uns begonnen hat und noch andauern wird, wenn es uns längst nicht mehr gibt. Auf welcher Seite steht der Schmied, der ein Pferd beschlägt? Unser Wirt, der da gerade den Topf mit dem Hammelbraten bringt? Was, meinst du, bestimmt die Grenze zwischen dem Chaos und der Ordnung?«

»Sehr einfach.« Drei Dohlen blickte ihm geradezu in die Augen. »Das, was das Chaos vertritt, ist die Bedrohung, die angreifende Seite. Die Ordnung dagegen ist die bedrohte Seite, die der Verteidigung bedarf – und Verteidiger braucht. Ach, laß uns trinken. Und uns an den Braten machen.«

»Richtig.«

Die auf ihre Figur bedachten Serrikanerinnen legten eine Essenspause ein, die sie mit beschleunigtem Trinken ausfüllten. Vea, über die Schulter ihrer Gefährtin gebeugt, flüsterte wieder etwas, wobei sie mit dem Zopf über die Tischplatte fegte. Tea, die kleinere, lachte laut auf und blinzelte fröhlich mit den tätowierten Lidern.

»So«, sagte Borch, während er einen Knochen abnagte. »Fahren wir mit unserem Gespräch fort, wenn du erlaubst. Ich habe verstanden, daß du keinen besonderen Wert darauf legst, dich auf eine der beiden Mächte festzulegen. Du machst deine Arbeit.«

»Mach ich.«

»Aber dem Konflikt zwischen Chaos und Ordnung kannst du nicht ausweichen. Obwohl du diesen Vergleich benutzt hast, bist du kein Schmied. Ich habe gesehen, wie du arbeitest. Du gehst in einen Keller in den Ruinen und kommst mit einem erschlagenen Basilisken heraus. Es gibt da, mein Lieber, einen Unterschied zwischen dem Beschlagen eines Pferdes und dem Töten von Basilisken. Du hast gesagt, wenn der Lohn stimmt, eilst du bis ans Ende der Welt und erledigst das Geschöpf, das man dir bezeichnet. Sagen wir, ein wütender Drache verwüstet ...«

»Ein schlechtes Beispiel«, unterbrach ihn Geralt. »Siehst du, schon kommst du mit deinem Chaos und deiner Ordnung durcheinander. Denn Drachen, die zweifellos das Chaos vertreten, töte ich nicht.«

»Wie das?« Drei Dohlen leckte sich die Finger ab. »Ausgerechnet! Schließlich ist unter allen Ungeheuern der Drache wohl das schädlichste, grausamste und gefräßigste. Das widerwärtigste Scheusal. Er fällt Menschen an, speit Feuer und raubt – na ja, Jungfrauen. Solche Geschichten hört man doch oft genug. Es kann nicht sein, daß du als Hexer nicht ein paar Drachen auf dem Konto hast.«

»Ich mache keine Jagd auf Drachen«, erklärte Geralt trocken. »Auf Gabelschwänze schon. Auf Flugschlangen. Auf Flatterer. Aber nicht auf echte Drachen, grüne, schwarze und rote. Nimm das einfach zur Kenntnis.«

»Du überraschst mich. Aber schön, ich hab's zur Kenntnis genommen. Genug übrigens von den Drachen, ich seh am Horizont etwas Rotes, das werden wohl unsere Krebse sein. Laß uns trinken!«

Knackend zerbissen sie die roten Panzer, schlürften das weiße Fleisch heraus. Das Salzwasser spritzte und lief ihnen über die Handgelenke. Borch schenkte Bier nach, das er mit der Kelle vom Boden des Fäßchens holte. Die Serrikanerinnen waren noch lustiger geworden, beide ließen mit boshaftem Lächeln den Blick durch die Schenke schweifen, der Hexer war sicher, daß sie die Gelegenheit zu einem Abenteuer suchten. Drei Dohlen mußte das auch bemerkt haben, denn plötzlich drohte er ihnen mit einem am Schwanz gehaltenen Krebs. Die Mädchen begannen zu kichern, und Tea spitzte die Lippen wie zum Kuß und kniff ein Auge zusammen – bei ihrem tatöwierten Gesicht sah das makaber aus.

»Die sind wild wie der Teufel.« Drei Dohlen zwinkerte Geralt zu. »Man muß ein Auge auf sie haben. Bei ihnen, mein Lieber, geht's ruck-zuck, und ehe man sich's versieht, fliegen ringsum die Fetzen. Aber sie sind ihr Geld allemal wert. Wenn du wüßtest, was sie können ...«

»Ich weiß.« Geralt nickte. »Eine bessere Eskorte findet man schwerlich. Serrikanerinnen sind die geborenen Kriegerinnen, von Kindesbeinen an im Kampfe ausgebildet.«

»Das meine ich nicht.« Borch spuckte einen Krebsfuß auf den Tisch. »Ich meinte, wie sie im Bett sind.«

Geralt warf einen beunruhigten Blick auf die Mädchen. Beide lächelten. Vea langte mit einer blitzschnellen, fast unsichtbaren Bewegung nach der Schüssel. Während sie den Hexer aus zusammengekniffenen Augen ansah, zerbiß sie krachend die Schale. Aus ihrem Mund troff das Salzwasser. Drei Dohlen rülpste vernehmlich.

»Also machst du, Geralt«, sagte er, »keine Jagd auf Drachen, grüne und andersfarbige. Zur Kenntnis genommen. Aber warum, wenn man fragen darf, nur auf diese drei Farben nicht?«

»Vier, wenn man es genau nimmt.«

»Du hast von dreien gesprochen.«

»Du interessierst dich sehr für Drachen. Aus einem bestimmten Grunde?«

»Nein. Reine Neugier.«

»Aha. Was diese Farben betrifft, so beschreibt man damit üblicherweise die echten Drachen. Obwohl die Beschreibung nicht genau ist. Die grünen Drachen, die bekanntesten, sind eher grau, wie gewöhnliche Flugschlangen. Die roten sind praktisch rötlich oder ziegelrot. Für die großen Drachen von dunkelbrauner Farbe hat sich die Bezeichnung ›schwarz‹ eingebürgert. Am seltensten sind die weißen Drachen, so einen hab ich nie gesehen. Sie leben weit im Norden. Heißt es.«

»Interessant. Und weißt du, von was für Drachen ich außerdem gehört habe?«

»Ich weiß.« Geralt nahm einen Schluck Bier. »Von denselben, von denen auch ich gehört habe. Goldenen. Die gibt es nicht.«

»Aus welchem Grunde behauptest du das? Weil du nie einen gesehen hast? Einen weißen hast du anscheinend auch nie gesehen.«

»Darum geht es nicht. Jenseits des Meeres, in Ophir und Sangwebar, gibt es weiße Pferde mit schwarzen Streifen. Die hab ich auch nie gesehen, aber ich weiß, daß es sie gibt. Doch der goldene Drache ist eine Mythenschöpfung. Eine Legende. Wie der Phönix, sagen wir. Phönixe und goldene Drachen gibt es nicht.«

Vea, die Ellenbogen aufgestützt, sah ihn neugierig an.

»Du weißt sicherlich, wovon du redest, du bist der Hexer.« Borch schöpfte Bier aus dem Fäßchen. »Ich denke aber, daß jeder Mythos, jede Legende einen Ursprung haben muß. Und in diesem Ursprung liegt etwas.«

»Stimmt«, bestätigte Geralt. »Meistens ein Traum, ein Wunsch, eine Sehnsucht. Der Glaube, daß es keine

Grenzen des Möglichen gibt. Und manchmal der Zufall.«

»Eben, der Zufall. Vielleicht gab es einmal einen goldenen Drachen, eine einmalige, unwiederholbare Mutation?«

»Wenn es so war, dann hat ihn das Los aller Mutanten ereilt.« Der Hexer wandte den Kopf ab. »Er war zu verschieden, um überdauern zu können.«

»Ha«, sagte Drei Dohlen, »jetzt widersprichst du den Naturgesetzen, Geralt. Mein Bekannter, der Zauberer, pflegte zu sagen, daß in der Natur jedes Wesen seine Fortsetzung hat und fortdauert auf die eine oder andere Weise. Das Ende des einen ist der Beginn von etwas anderem, es gibt keine Grenzen des Möglichen, zumindest kennt die Natur keine.«

»Ein großer Optimist war dein Zauberer. Nur eins hat er nicht berücksichtigt: einen Irrtum der Natur. Oder derjenigen, die mit ihr gespielt haben. Der goldene Drache und dergleichen Mutanten, soweit es sie gegeben hat, konnten nicht überdauern. Dem stand wohl eine sehr natürliche Grenze des Möglichen entgegen.«

»Was ist das für eine Grenze?«

»Mutanten« – die Muskeln in Geralts Gesicht zuckten heftig –, »Mutanten sind unfruchtbar, Borch. Nur in Legenden kann überdauern, was in der Natur nicht zu überdauern vermag. Nur Legende und Mythos kennen keine Grenzen des Möglichen.«

Drei Dohlen schwieg. Geralt betrachtete die Mädchen, ihre plötzlich ernst gewordenen Gesichter. Vea neigte sich unerwartet zu ihm hinüber, legte einen harten, muskulösen Arm um seinen Hals. Er spürte ihre vom Bier feuchten Lippen auf der Wange.

»Sie lieben dich«, sagte Drei Dohlen langsam. »Verdammt will ich sein, sie lieben dich.«

»Was ist daran ungewöhnlich?« Der Hexer lächelte traurig.

»Nichts. Aber das müssen wir begießen! Wirt! Noch ein Fäßchen!«

»Übertreib nicht. Höchstens einen Krug.«

»Zwei Krüge!« blaffte Drei Dohlen. »Tea, ich muß mal eben raus.«

Die Serrikanerin stand auf, nahm den Säbel von der Tischplatte, ließ einen scharfen Blick durch den Saal schweifen. Obwohl zuvor etliche Augenpaare, wie der Hexer bemerkt hatte, angesichts des prallen Geldbeutels argwöhnisch aufgeleuchtet hatten, machte niemand Anstalten, Borch zu folgen, der leicht wankend auf den Ausgang zum Hof hin ging. Tea zuckte mit den Schultern und folgte ihrem Dienstherrn.

»Wie heißt du wirklich?« fragte Geralt die am Tisch Zurückgebliebene. Vea ließ die weißen Zähne blitzen. Ihr Wams hatte sie weit aufgeschnürt, fast bis an die Grenze des Möglichen. Der Hexer zweifelte nicht daran, daß das die nächste Attacke auf den Saal war.

»Alveaenerle.«

»Schön.« Der Hexer war sich sicher, daß die Serrikanerin das Mündchen spitzen und ihm zuzwinkern würde. Er täuschte sich nicht.

»Vea?«

»Hm?«

»Warum reitet ihr mit Borch? Ihr, die freien Kriegerinnen? Kannst du antworten?«

»Hm.«

»Hm, was?«

»Er ist ...« Mit gerunzelter Stirn suchte die Serrikanerin nach Worten. »Er ist ... der ... Schönste.«

Der Hexer nickte. Die Maßstäbe, nach denen Frauen männliche Attraktivität beurteilten, waren ihm nicht zum erstenmal ein Rätsel.

Drei Dohlen kam polternd in den Alkoven, wobei er sich die Hosen zu Ende zuknöpfte, und gab dem Wirt laut Bestellungen. Tea, die sich zwei Schritte hinter ihm hielt und sich gelangweilt gab, schaute sich in der Schenke um, aber die Kaufleute und Flößer wichen ihrem Blick sorgsam aus. Vea schlürfte den nächsten Krebs aus, wobei sie dem Hexer alle Naselang vielsagende Blicke zuwarf.

»Ich hab noch für jeden einen Braten bestellt, diesmal gebacken.« Drei Dohlen setzte sich schwer, und sein offener Gürtel klirrte. »Ich hab mich mit diesen Krebsen abgequält und irgendwie Hunger gekriegt. Und ich hab dir hier ein Nachtlager besorgt, Geralt. Es hat keinen Sinn, daß du dich nachts auf den Weg machst. Wir werden noch Spaß haben. Euer Wohl, Mädchen!«

»Vessekhea!« sagte Vea und trank ihm zu. Tea blinzelte und reckte sich, wobei ihr attraktiver Busen entgegen Geralts Erwartung das Hemd nicht aufriß.

»Wir werden Spaß haben.« Drei Dohlen lehnte sich über den Tisch und kniff Tea in den Hintern. »Wir werden Spaß haben, Hexer! He, Wirt! Komm her!«

Der Wirt eilte herbei, wobei er sich die Hände an der Schürze abwischte.

»Findet sich bei dir ein Zuber? Für die Wäsche, solide und groß?«

»Wie groß, Herr?«

»Für vier Personen.«

»Für ... vier ...« Dem Wirt blieb der Mund offen stehen.

»Für vier«, bestätigte Drei Dohlen und holte aus der Tasche einen prallen Beutel.

»Findet sich.« Der Wirt leckte sich die Lippen.

»Sehr gut.« Borch lachte. »Laß ihn nach oben tragen, in mein Zimmer, und mit heißem Wasser füllen. Hurtig, mein Lieber. Und laß auch Bier hinauftragen, so drei Krüge.«

Die Serrikanerinnen begannen zu kichern und zu blinzeln.

»Welche möchtest du?« fragte Drei Dohlen. »Na? Geralt?«

Der Hexer kratzte sich den Nacken.

»Ich weiß, die Wahl fällt schwer«, sagte Drei Dohlen verständnisvoll. »Ich hab selber manchmal Schwierigkeiten. Gut, wir entscheiden uns im Bad. He, Mädchen! Helft mir die Treppe hinauf!«

## III

Die Brücke war zu. Den Weg versperrte ein langer, fester Balken auf Holzböcken. Vor ihm und hinter ihm standen Hellebardenträger in nietenbesetzten Lederwämsen und Kapuzen aus Ringgeflecht. Über der Sperre wehte träge eine purpurne Fahne mit dem Zeichen eines silbernen Greifen.

»Was, zum Teufel, soll das?« wunderte sich Drei Dohlen, während er im Schritt näher ritt. »Geht's hier nicht weiter?«

»Habt Ihr einen Geleitbrief?« fragte der am nächsten Stehende von den Soldaten, ohne den Zweig aus dem Mund zu nehmen, auf dem er kaute, sei es vor Hunger oder zum Zeitvertreib.

»Was für einen Geleitbrief? Was gibt es, die Pest? Oder vielleicht Krieg? Auf wessen Befehl sperrt ihr die Straße?«

»König Niedamirs, des Herrn von Caingorn.« Der Wächter schob den Zweig in den anderen Mundwinkel und zeigte auf die Fahne. »Ohne Geleitbrief darf keiner ins Gebirge.«

»So ein Blödsinn«, sagte Geralt mit müder Stimme. »Hier ist schließlich nicht Caingorn, sondern Barfelder Land. Barfeld, nicht Caingorn erhebt den Zoll an den Brücken über die Braa. Was hat Niedamir damit zu schaffen?«

»Was fragt Ihr mich das?« Der Wächter spuckte den Zweig aus. »Geht mich doch nichts an. Ich hab bloß den

Geleitbrief zu prüfen. Wenn Ihr wollt, könnt Ihr mit unserem Truppführer sprechen.«

»Und wo ist er?«

»Dort, hinter dem Zollhäuschen, sonnt er sich«, erklärte der Hellebardenträger, wobei er nicht Geralt ansah, sondern die bloßen Schenkel der Serrikanerinnen, die sich lässig über die Sättel streckten.

Hinterm Häuschen des Zöllners saß auf einem Stapel getrockneter Bretter ein Wächter und malte mit dem Schaft der Hellebarde ein Mädchen in den Sand, genauer gesagt, einen Teil von ihr, aus ungewöhnlicher Perspektive gesehen.

Neben ihm saß zurückgelehnt, leise auf der Laute klimpernd, ein dürrer Mann mit einem über die Augen gezogenen phantastischen Hütchen von pflaumenblauer Farbe mit silberner Borte und einer langen, nervösen Reiherfeder.

Geralt kannte dieses Hütchen und diese Feder, die berühmt waren von der Buina bis zur Jaruga, wohlvertraut in Schlössern, Burgen, Gasthäusern, Schenken und Bordellen. Besonders in Bordellen.

»Rittersporn!«

»Der Hexer Geralt!« Unter dem herabgezogenen Hütchen spähten fröhliche blaue Augen hervor. »Na so was! Du willst auch dorthin? Hast du vielleicht einen Geleitbrief?«

»Was redet ihr denn alle von einem Geleitbrief?« Der Hexer sprang aus dem Sattel. »Was geht hier vor, Rittersporn? Wir wollten ans andere Ufer der Braa, ich und dieser Ritter, Borch Drei Dohlen und unsere Eskorte. Und wir können's nicht wie sich zeigt.«

»Ich auch nicht.« Rittersporn stand auf, nahm das Hütchen ab, verneigte sich mit erlesener Höflichkeit vor den Serrikanerinnen. »Mich wollen sie auch nicht ans andere Ufer lassen. Mich, Rittersporn, den berühmtesten Sänger und Poeten im Umkreis von tausend Meilen, läßt dieser Truppführer hier nicht durch, obwohl er selber ein Künstler ist, wie ihr seht.«

»Ohne Geleitbrief lasse ich keinen durch«, sagte der Truppführer mürrisch, worauf er seiner Zeichnung das abschließende Detail hinzufügte, indem er das hölzerne Ende der Hellebarde in den Sand stieß.

»Dann eben nicht«, sagte der Hexer. »Nehmen wir das linke Ufer. Der Weg nach Hengfors ist da länger, aber was sein muß, muß sein.«

»Nach Hengfors?« wunderte sich der Barde. »Heißt das, Geralt, du reitest nicht Niedamir nach? Dem Drachen?«

»Welchem Drachen?« wollte Drei Dohlen wissen.

»Das wißt ihr nicht? Ihr wißt es wirklich nicht? Na, dann muß ich euch alles erzählen, meine Herren. Ich warte sowieso hier, vielleicht kommt jemand mit einem Geleitbrief, der mich kennt und mir erlaubt, mich ihm anzuschließen. Setzt euch.«

»Gleich«, sagte Drei Dohlen. »Die Sonne steht fast dreiviertel zum Zenit, und mir ist verdammt trocken. Wir werden nicht mit trockener Kehle reden. Tea, Vea, im Galopp zurück ins Städtchen, ein Fäßchen kaufen.«

»Ihr gefallt mir, Herr …«

»Borch, genannt Drei Dohlen.«

»Rittersporn, genannt der Unvergleichliche. Von einigen Mädchen.«

»Erzähl, Rittersporn«, sagte der Hexer ungeduldig. »Wir wollen nicht bis zum Abend hier hängenbleiben.«

Der Barde umfaßte mit den Fingern den Griff der Laute, schlug hart über die Saiten.

»Wie wollt ihr es, in gebundener Rede oder gewöhnlich?«

»Gewöhnlich.«

»Bitte sehr.« Rittersporn legte die Laute nicht weg. »So hört denn, edle Herren, was sich vor einem Tag unweit der freien Stadt begab, die Barfeld heißt. Alsdann, im fahlen Morgenlicht, kaum daß die aufgehende Sonne der Wolken Bahrtuch gerötet, das über die Wiesen gebreitet lag ...«

»Es sollte wie gewöhnlich sein«, brachte ihm Geralt in Erinnerung.

»Ist es doch, oder? Na gut, gut. Ich verstehe. Kurz und ohne Metaphern. Auf die Weidegründe bei Barfeld ist ein Drache geflogen gekommen.«

»Na-na«, sagte der Hexer. »Irgendwie kommt mir das ziemlich unwahrscheinlich vor. Seit Jahren hat niemand in dieser Gegend Drachen gesehen. Ob das nicht eine gewöhnliche Flugschlange war? Manchmal werden sie fast so groß ...«

»Kränk mich nicht, Hexer. Ich weiß, was ich sage. Ich hab ihn gesehen. Es traf sich, daß ich gerade in Barfeld auf dem Jahrmarkt war und alles mit eigenen Augen gesehen habe. Die Ballade ist schon fertig, aber ihr wolltet ja nicht ...«

»Erzähl. War er groß?«

»Drei Pferdelängen. Im Widerrist nicht höher als ein Pferd, aber viel breiter. Sandgrau.«

»Also ein grüner.«

»Ja. Er kam unverhofft angeflogen, stieß mitten in eine Schafherde, verjagte die Hirten, zerriß rund ein Dutzend Schafe, fraß vier auf und flog weg.«

»Flog weg ...« Geralt wiegte bedächtig den Kopf. »Und Schluß?«

»Nein. Denn am Morgen darauf kam er wieder, diesmal näher bei der Stadt. Er stieß auf eine Schar Weiber herab, die am Ufer der Braa Wäsche wuschen. Die stoben vielleicht davon, Mann! Ich hab im Leben noch nicht so gelacht. Der Drache aber drehte ein, zwei Runden über der Stadt und flog zu den Weiden, wo er sich wieder die Schafe vornahm. Erst da begann das Geschrei und die Hektik, denn zuvor hatte kaum jemand den Hirten geglaubt. Der Bürgermeister mobilisierte die Bürgerwehr und die Zünfte, aber ehe die sich formiert hatten, hatte das einfache Volk die Sache in die Hand genommen und erledigt.«

»Wie?«

»Auf reizvolle, volkstümliche Weise. Ein Schustermeister am Ort, ein gewisser Ziegenfras, hatte sich ein Mittel gegen das Scheusal ausgedacht. Man tötete ein Schaf und stopfte es voll Nieswurz, Wolfsmilch, Tollkraut, Schwefel und Schusterpech. Sicherheitshalber schüttete der Stadtapotheker noch zwei Quart von seiner Mixtur gegen Furunkel dazu, und ein Priester aus dem Kreve-Heiligtum betete über dem Kadaver. Dann ließen sie das präparierte Schaf inmitten der Herde zurück, von einem kurzen Pfahl gestützt. Niemand glaubte im Ernst, daß sich das Drachenvieh mit diesem eine Meile gegen den Wind stinkenden Kadaver ködern lassen würde, aber die Wirklichkeit übertraf unsere Erwartungen. Der Drache übersah die lebenden und blökenden Schafe und verschlang das präparierte mitsamt dem Pfahl.«

»Und? Nun red schon, Rittersporn.«

»Was tu ich denn anderes? Ich rede doch. Hört, was weiter geschah. Es verging weniger Zeit als ein geschickter Mann braucht um ein Damenkorsett aufzuknüpfen, da begann der Drache plötzlich zu brüllen und Rauch auszustoßen, vorn und hinten. Er schlug Purzelbäume, versuchte aufzufliegen, dann wurde er schlaff und regte sich nicht mehr. Zwei Freiwillige gingen los, um nachzuschauen, ob das vergiftete Vieh noch lebte. Es waren der städtische Totengräber und der Stadttrottel, gezeugt von der schwachsinnigen Tochter eines Holzfällers und einer halben Einheit Pikeniere, die noch seinerzeit beim Aufstand des Barons Tauchbiber durch Barfeld zog.«

»Jetzt lügst du aber, Rittersporn.«

»Ich lüge nicht, sondern schmücke nur aus, und das ist ein Unterschied.«

»Kein großer. Erzähl, schade um die Zeit.«

»Also wie gesagt, der Totengräber und der tapfere Idiot zogen als Späher los. Wir haben ihnen später einen kleinen, aber dem Auge wohlgefälligen Grabhügel aufgeschüttet.«

»Aha«, sagte Borch. »Der Drache lebte also noch.«

»Und ob«, erklärte Rittersporn fröhlich. »Er lebte. Aber er war so schwach, daß er weder den Totengräber noch den Trottel auffraß, nur das Blut leckte er auf. Und dann flog er zur allgemeinen Verwunderung weg, wobei er beim Start große Mühe hatte. Alle anderthalb Ellen krachte er runter, kam dann wieder hoch. Manchmal lief er und zog die Hinterbeine nach. Die Mutigeren folgten ihm in Sichtweite. Und wißt ihr was?«

»Red schon, Rittersporn.«

»Der Drache verzog sich in die Schluchten des Falkengebirges, in der Gegend der Braa-Quellen, und versteckte sich in den Höhlen dort.«

»Jetzt ist alles klar«, sagte Geralt. »Der Drache ist wahrscheinlich seit Jahrhunderten in diesen Höhlen gewesen, in Starre verfallen. Ich habe von solchen Fällen gehört. Und dort muß auch sein Schatz liegen. Jetzt weiß ich, warum sie die Brücke sperren. Jemand möchte die Hand auf diesen Schatz legen. Und dieser Jemand ist Niedamir von Caingorn.«

»Genau«, bestätigte der Troubadour. »Ganz Barfeld kocht übrigens deswegen, denn dort sind sie der Ansicht der Drache und der Schatz gehörten ihnen. Aber sie zögern, sich mit Niedamir anzulegen. Niedamir ist ein grüner Junge, der sich noch nicht einmal rasiert, aber er hat schon bewiesen, daß es nicht ratsam ist, sich mit ihm anzulegen. Und an diesem Drachen liegt ihm verdammt viel, deshalb hat er so rasch reagiert.«

»Ihm liegt an dem Schatz, wolltest du sagen.«

»Eben nicht, ihm liegt an dem Drachen mehr als am Schatz. Denn seht ihr, Niedamir ist auf das benachbarte

Fürstentum Malleore scharf. Dort ist nach dem plötzlichen und sonderbaren Ableben des Fürsten eine Prinzessin im, wie es heißt, mannbaren Alter übriggeblieben. Die Magnaten von Malleore blicken scheel auf Niedamir und die anderen Bewerber, denn sie wissen, daß ein neuer Herrscher ihnen wieder die Zügel straff zieht, nicht wie die rotznäsige Prinzessin. Also haben sie irgendwo eine alte und verstaubte Prophezeiung ausgegraben, wonach der Fürstenhut und die Hand der Prinzessin dem gehören, der einen Drachen erlegt. Da man hier seit Jahrhunderten keinen Drachen gesehen hat, dachten sie, sie hätten Ruhe. Niedamir lachte natürlich über die Legende, er hätte Malleore mit Waffengewalt genommen, und basta. Aber als die Kunde von dem Barfelder Drachen zu ihm drang, begriff er, daß er den malleorischen Adel mit seinen eigenen Waffen schlagen kann. Wenn er dort mit dem Kopf des Drachen erschiene, würde ihn das Volk als gottgesandten Herrscher begrüßen, und die Magnaten würden sich nicht zu mucksen wagen. Wundert ihr euch also, daß er hinter dem Drachen her ist wie die Katze hinterm Baldrian? Zumal hinter einem Drachen, der kaum die Beine bewegen kann? Für ihn ist das die reinste Wohltat, ein Geschenk des Himmels, verdammich.«

»Und die Straßen hat er für die Konkurrenz gesperrt.«

»Na klar. Und vor den Barfeldern. Wobei er in der ganzen Gegend berittene Boten mit Geleitbriefen ausgeschickt hat. Für diejenigen, die den Drachen töten sollen, denn Niedamir brennt nicht darauf, höchstpersönlich mit dem Schwert in der Hand in die Höhle zu gehen. Er hat im Handumdrehen die berühmtesten Drachentöter zusammengeholt. Die meisten wirst du kennen, Geralt.«

»Kann sein. Wer ist gekommen?«

»Eyck von Denesle, zum ersten.«

»Oho ...« Der Hexer stieß einen leisen Pfiff aus. »Der gottesfürchtige und tugendsame Eyck, der Ritter ohne Furcht und Tadel, in eigener Person.«
»Du kennst ihn, Geralt?« fragte Borch. »Ist er wirklich so ein großer Drachenjäger?«
»Ja, und nicht nur Drachen. Eyck wird mit jedem Ungeheuer fertig. Er hat sogar Mantikoras und Greifen erlegt. Ein paar Drachen hat er auch erledigt, ich hab davon gehört. Er ist gut. Aber er verdirbt mir das Geschäft, der Lump, denn er nimmt kein Geld. Wer noch, Rittersporn?«
»Die Haudegen von Cinfrid.«
»Na, dann ist der Drache hinüber. Sogar, wenn er genesen sein sollte. Diese drei sind eine eingespielte Truppe, sie kämpfen nicht besonders sauber, aber wirksam. Sie haben sämtliche Flugschlangen und Gabelschwänze in Redanien ausgerottet, und bei der Gelegenheit sind drei rote Drachen und ein schwarzer gefallen, und das ist schon was. Sind das alle?«
»Nein. Es haben sich noch sechs Zwerge unter dem Kommando von Yarpen Zigrin angeschlossen.«
»Den kenne ich nicht.«
»Aber vom Drachen Ocvist vom Quarzberg hast du gehört?«
»Hab ich. Und ich habe Steine gesehen, die aus seinem Schatz stammen. Da waren Saphire von unvergleichlicher Farbe und Diamanten, groß wie Kirschen.«
»Nun, dann sollst du wissen, daß es Yarpen Zigrin und seine Zwerge waren, die Ocvist erledigt haben. Es gibt eine Ballade darüber, die ist aber langweilig, weil nicht von mir. Wenn du sie nicht gehört hast, hast du nichts verpaßt.«
»Das sind alle?«
»Ja. Dich nicht mitgerechnet. Du behauptest, du wüßtest nichts von dem Drachen, wer weiß, das war vielleicht sogar wahr. Aber jetzt weißt du's. Und?«

»Und nichts. Dieser Drache kümmert mich nicht.«

»Ha! Schlau, Geralt. Du hast ja sowieso keinen Geleitbrief.«

»Dieser Drache reizt mich nicht, ich sag's noch mal. Aber was ist mir dir, Rittersporn? Was zieht dich so sehr dort hinüber?«

»Ist doch klar.« Der Troubadour zuckte mit den Achseln. »Ich muß in der Nähe sein, wenn etwas passiert. Vom Kampf mit diesem Drachen wird man viel hören. Gewiß, ich könnte eine Ballade nach Berichten dichten, aber es klingt anders, wenn der Sänger den Kampf mit eigenen Augen gesehen hat.«

»Den Kampf?« Drei Dohlen lachte auf. »Eher etwas in der Art des Schweineschlachtens oder der Aufteilung von Aas. Ich höre zu und muß mich mehr und mehr wundern. Edle Kämpen, die drauflosgaloppieren, was das Zeug hält, um einem halbtoten Drachen den Rest zu geben, den irgend so ein Kerl vergiftet hat. Mir ist zum Lachen und zum Kotzen.«

»Du irrst dich«, sagte Geralt. »Wenn der Drache dem Gift nicht an Ort und Stelle erlegen ist, dann ist sein Organismus sicherlich schon damit fertig geworden – und er inzwischen wieder vollends bei Kräften. Das hat übrigens nicht viel zu bedeuten. Die Haudegen von Cinfrid werden ihn auch so töten. Aber ohne Kampf, wenn du's wissen willst, wird es nicht abgehen.«

»Du setzt also auf die Haudegen, Geralt?«

»Klar.«

»Genau«, ließ sich der bis dahin schweigsame Wächter mit dem Hang zur Kunst vernehmen. »So ein Drach' ist ein Zauberwesen, und man kann es nicht anders töten, als mit Zauber. Wenn jemand mit ihm fertig wird, dann die Zauberin, die gestern hier durchgeritten ist.«

»Wer?« Geralt legte den Kopf schief.

»Eine Zauberin«, wiederholte der Wächter. »Sag ich doch.«

»Hat sie ihren Namen genannt?«

»Ja, aber ich hab ihn vergessen. Sie hatte einen Geleitbrief. So eine junge, auf ihre Art hübsch, aber diese Augen ... Ihr wißt selber, ihr Herren. Es wird einem kalt wenn so eine einen anschaut.«

»Weißt du etwas davon, Rittersporn? Wer kann das sein?«

»Nein.« Der Barde verzog das Gesicht. »Jung, hübsch und diese Augen. Das sind mir vielleicht Merkmale. So sind sie alle. Keine, die ich kenne – und ich kenne eine Menge –, sieht älter als fünfundzwanzig, dreißig aus, dabei erinnern sich manche, wie ich gehört habe, an die Zeiten, als der Urwald noch rauschte, wo heute Nowigrad steht. Wozu gibt es schließlich die Mandragora-Elixiere? In die Augen tropfen sie sich auch Mandragora, damit sie blitzen. Eben Weiber.«

»Rothaarig war sie nicht?« fragte der Hexer.

»Nein, mein Herr«, antwortete der Truppführer. »Schwarz.«

»Und das Pferd, welche Farbe hatte es? Ein Fuchs mit einem weißen Sternchen?«

»Nein. Ein Rappe, schwarz wie sie selber. Ja, ihr Herren, ich sag Euch, sie wird den Drachen töten. Ein Drache ist etwas für einen Zauberer. Menschenkraft ist ihm nicht gewachsen.«

»Was dazu wohl der Schuster Zigenfras sagen würde?« Rittersporn lachte. »Wenn er etwas Kräftigeres als Nieswurz und Tollkraut zur Hand gehabt hätte, würde die Drachenhaut jetzt auf den Palisaden von Barfeld trocknen, die Ballade wäre fertig, und ich würde hier nicht in der Sonne bleichen ...«

»Wieso hat Niedamir dich nicht mitgenommen?« Geralt warf dem Dichter einen schiefen Blick zu. »Du warst doch in Barfeld, als er aufgebrochen ist. Mag der König etwa keine Künstler? Wie kommt es, daß du hier bleichst, anstatt an des Königs Steigbügel aufzuspielen?«

»Das lag an einer jungen Witwe«, erklärte Rittersporn mißmutig. »Hol's der Teufel. Ich hab mich verbummelt, und am nächsten Tag waren Niedamir und die anderen schon übern Fluß. Sie haben sogar diesen Zigenfras und Kundschafter von der Barfelder Bürgerwehr mitgenommen, bloß mich haben sie vergessen. Ich erkläre das dem Truppführer, aber der antwortet stur ...«

»Wer einen Geleitbrief hat, den laß ich rüber«, sprach der Hellebardenträger ungerührt, an die Wand des Zollhäuschens gelehnt. »Wer keinen hat, den nicht. So lautet der Befehl ...«

»Oh«, unterbrach ihn Drei Dohlen. »Die Mädchen kommen mit dem Bier.«

»Und nicht allein«, fügte Rittersporn hinzu und stand auf. »Seht nur, was für ein Pferd. Wie ein Drache.«

Vom Birkenwäldchen her kamen die Serrikanerinnen, zwischen ihnen ein Reiter auf einem großen, unruhigen Schlachtroß.

Auch der Hexer stand auf.

Der Reiter trug einen violetten Samtrock mit silbernem Besatz und einen kurzen Mantel mit Zobelfutter. Hoch aufgerichtet im Sattel, schaute er sie stolz an. Geralt kannte solche Blicke. Und mochte sie nicht besonders.

»Mein Gruß den Herren. Ich bin Dorregaray«, stellte sich der Reiter vor, während er langsam und würdevoll absaß. »Meister Dorregaray. Schwarzkünstler.«

»Meister Geralt. Hexer.«

»Meister Rittersporn. Poet.«

»Borch, genannt Drei Dohlen. Und meine Mädchen, die da gerade den Spunt aus dem Fäßchen schlagen, hast du schon kennengelernt Herr Dorregaray.«

»So ist es in der Tat«, sagte der Zauberer ohne ein Lächeln. »Wir haben einander unsere Reverenz erwiesen, ich und die schönen Kriegerinnen aus Serrikanien.«

»Na dann zum Wohl.« Rittersporn teilte die ledernen

Becher aus, die Vea gebracht hatte. »Trinkt mit uns, Herr Zauberer. Herr Borch, soll der Truppführer auch was kriegen?«

»Klar. Komm her zu uns, Soldat.«

»Ich nehme an«, sagte der Schwarzkünstler, nachdem er würdevoll einen kleinen Schluck genommen hatte, »daß die Herren dasselbe Ziel vor die Brückensperre geführt hat, wie auch mich?«

»Wenn Ihr den Drachen meint Herr Dorregaray«, antwortete Rittersporn, »dann ist dem in der Tat so. Ich will dort sein und eine Ballade verfassen. Leider will mich dieser Truppführer, anscheinend ein Mensch ohne Schliff, nicht durchlassen. Einen Geleitbrief verlangt er.«

»Ich bitte um Nachsicht.« Der Hellebardenträger trank sein Bier aus und begann zu schmatzen. »Mir ist bei Todesstrafe befohlen, niemanden ohne Geleitbrief durchzulassen. Und inzwischen scheint schon ganz Barfeld mit Pferd und Wagen losgezogen zu sein und will nach dem Drachen ins Gebirge ziehen. Ich habe den Befehl...«

»Dein Befehl, Soldat« – Dorregaray zog die Brauen zusammen –, »betrifft diesen Mob, der womöglich Händel anzettelt, Dirnen, die womöglich Unzucht und widerwärtige Krankheiten verbreiten, Verbrecher, Unruhestifter und Gesindel. Aber nicht mich.«

»Ohne Geleitbrief lasse ich niemanden durch«, erwiderte der Truppführer stur. »Ich schwöre...«

»Schwör nicht«, unterbrach ihn Drei Dohlen. »Trink lieber noch. Tea, schenk unserem tapferen Krieger nach. Und wir wollen uns setzen, ihr Herren. Im Stehen zu trinken, hastig und ohne Andacht, ziemt sich nicht für den Adel.«

Sie setzten sich auf Bohlen rund um das Fäßchen. Der Hellebardenträger, soeben geadelt, lief vor Zufriedenheit rot an.

»Trink, wackerer Leutnant«, ermunterte ihn Drei Dohlen.

»Truppführer bin ich bloß, kein Leutnant.« Der Hellebardenträger errötete noch mehr.

»Aber du wirst Leutnant, zwangsläufig.« Borch bleckte die Zähne. »Bist doch ein heller Bursche, da wirst du im Handumdrehen befördert.«

Dorregaray lehnte das Nachschenken ab und wandte sich Geralt zu.

»Im Städtchen ist der Basilisk noch in aller Munde, Herr Hexer, und du hältst schon nach dem Drachen Ausschau, wie ich sehe«, sagte er leise. »Ich frage mich, brauchst du das Geld so dringend oder ermordest du zum schieren Vergnügen Geschöpfe, die vom Aussterben bedroht sind?«

»Eine sonderbare Frage«, erwiderte Geralt, »von jemandem, der Hals über Kopf einherprescht, um rechtzeitig zum Schlachten des Drachen zu kommen, um ihm die Zähne auszubrechen, die ja für die Anfertigung von Zaubertränken und Elixieren so wertvoll sind. Ist es wahr, Herr Zauberer, daß die Zähne am besten sind, wenn sie einem lebenden Drachen herausgerissen werden?«

»Bist du sicher, daß ich deswegen dorthin reite?«

»Ja. Aber es ist dir schon jemand zuvorgekommen, Dorregaray. Vor dir ist schon eine deiner Kolleginnen durchgekommen, mit einem Geleitbrief, wie er dir fehlt. Eine Schwarzhaarige, falls es dich interessiert.«

»Auf einem Rappen?«

»Scheint so.«

»Yennefer«, sagte Dorregaray verdrießlich. Der Hexer zuckte zusammen, ohne daß jemand es bemerkt hätte.

Es trat Stille ein, unterbrochen vom Rülpsen des künftigen Leutnants.

»Niemand ... ohne Geleitbrief ...«

»Genügen zweihundert Lintar?« Geralt zog ruhig den Beutel aus der Tasche, den er von dem dicken Schulzen erhalten hatte.

»Geralt« – Drei Dohlen lächelte geheimnisvoll »also dich...«

»Entschuldige, Borch. Es tut mir leid, ich werde nicht mit euch nach Hengfors reiten. Vielleicht ein andermal. Vielleicht begegnen wir uns wieder.«

»Nichts zieht mich nach Hengfors«, sprach Drei Dohlen langsam. »Überhaupt nichts, Geralt.«

»Steckt diesen Beutel weg, Herr«, sagte der künftige Leutnant drohend. »Das ist eine gewöhnliche Bestechung. Ich laß Euch auch für dreihundert nicht durch.«

»Und für fünfhundert?« Borch holte seine Geldkatze hervor. »Steck den Beutel weg, Geralt. Ich zahle den Zoll. Es fängt an, mich zu amüsieren. Fünfhundert, Herr Soldat. Hundert pro Stück, wenn wir meine Mädchen als *ein* schönes Stück rechnen. Also?«

»Oje, je, je«, jammerte der ehemalige Leutnant, während er sich Borchs Geldbeutel unters Wams stopfte. »Was soll ich dem König sagen?«

»Du sagst ihm«, erklärte Dorregaray, während er sich aufrichtete und einen verzierten Stab von Elfenbein hervorholte, »daß dich die Angst packte, als du es gesehen hast.«

»Was, Herr?«

Der Zauberer winkte mit dem Stab, rief einen Spruch. Die Fichte, die auf der Flußböschung wuchs, flammte vollständig auf, in einem einzigen Augenblick, und brannte lodernd vom Erdboden bis zum Wipfel.

»Aufs Pferd!« Rittersporn sprang auf, warf sich die Laute auf den Rücken. »Aufs Pferd, ihr Herren! Und Damen!«

»Die Sperre weg!« herrschte der reiche Truppführer mit guten Aussichten, Leutnant zu werden, die Soldaten an.

Auf der Brücke, jenseits der Sperre, zog Vea die Zügel an, das Pferd begann zu tänzeln, daß die Hufe auf den Bohlen dröhnten. Das Mädchen schüttelte die Locken und schrie durchdringend.

»Richtig, Vea!« rief Drei Dohlen. »Weiter, ihr Herrschaften, im Galopp! Laßt uns auf serrikanische Art reiten, mit Getöse und Pfiffen!«

## IV

»Sieh einer an«, sagte der älteste der Haudegen, Boholt, riesig und massig wie ein alter Eichenstamm. »Niedamir hat euch nicht zum Teufel gejagt, meine Herrschaften, obwohl ich sicher war, daß er genau das tun würde. Je nun, wir gemeinen Leute haben an den Entscheidungen des Königs nicht zu deuteln. Wir bitten Euch ans Feuer. Richtet euch ein Lager, Jungs. Und unter uns gesagt Hexer, worüber hast du mit dem König geredet?«

»Über nichts«, sagte Geralt und stützte die Schultern bequemer auf den ans Feuer gezogenen Sattel. »Er ist nicht einmal aus dem Zelt zu uns herausgekommen. Er hat nur sein Faktotum zu uns herausgeschickt, wie hieß der doch gleich ...«

»Gyllenstiern«, sagte Yarpen Zigrin, ein stämmiger, bärtiger Zwerg, während er einen riesigen harzigen Stubben ins Feuer stieß, den er aus dem Unterholz herbeigezogen hatte. »Ein aufgeblasener Laffe. Ein Masteber. Als wir uns angeschlossen haben, kam er, die Nase himmelhoch gereckt, so und so, sagte er, merkt euch, Zwerge, wer hier das Sagen hat, wem ihr zu gehorchen habt, hier befiehlt König Niedamir, und dessen Wort ist Gesetz und so weiter. Ich stand da, hörte zu, und ich dachte bei mir, daß ich meinen Jungs sage, sie sollen ihn zu Boden werfen, und ihm auf den Mantel pissen. Aber ich habe es mir anders überlegt, wißt ihr, es würde wieder heißen, die Zwerge sind bösartig, angriffslustig, Mistkerle – und es gibt mit ihnen keine ... verdammt wie heißt das noch ... Kuh-Ochsistenz oder so. Und gleich gäbe es wieder irgendwo ein Pogrom, in irgendeinem Städtchen. Also hab ich brav zugehört und genickt.«

»Sieht so aus, daß Herr Gyllenstiern weiter nichts kann«, sagte Geralt. »Denn uns hat er dasselbe gesagt, und wir mußten auch zuhören und nicken.«

»Also ich denke«, ließ sich der zweite von den Haudegen vernehmen, während er eine Pferdedecke über einen Reisighaufen legte, »es ist schlecht, daß euch Niedamir nicht fortgejagt hat. Gegen diesen Drachen zieht so ein Haufen Leute, daß einem angst wird. Der reinste Ameisenhaufen. Das ist schon keine Expedition mehr, sondern ein Leichenbegängnis. Ich jedenfalls schlag mich nicht gern im Gedränge.«

»Gib Ruhe, Neuntöter«, sagte Boholt. »Wenn man in Gesellschaft reist, hat man mehr Abwechslung. Als ob du noch nie Drachen gejagt hättest. Gegen einen Drachen zieht immer eine Unmenge Leute, der reinste Jahrmarkt, ein Bordell auf Rädern. Aber wenn sich das Vieh zeigt, dann weißt du, wer an Ort und Stelle bleibt. Wir, niemand sonst.«

Boholt schwieg einen Augenblick, nahm einen kräftigen Schluck aus einer großen, bauchigen, mit Weidenruten umflochtenen Flasche, schmatzte geräuschvoll, räusperte sich.

»Etwas anderes ist es«, fuhr er fort, »wie die Praxis zeigt, daß oft erst dann, wenn der Drache tot ist, das Schlachtfest beginnt und die Köpfe wie die Erbsen rollen. Erst wenn der Schatz geteilt wird, gehen sich die Jäger gegenseitig an die Kehle. Was, Geralt? He? Hab ich recht? Hexer, ich red mit dir.«

»Mir sind solche Fälle bekannt«, bestätigte Geralt trocken.

»Bekannt, sagst du. Sicherlich vom Hörensagen, denn mir ist nicht zu Ohren gekommen, daß du jemals Jagd auf Drachen gemacht hättest. Mein Lebtag hab ich noch nicht gehört, daß ein Hexer einem Drachen nachgestellt hätte. Um so erstaunlicher, daß du hier aufgetaucht bist.«

»Stimmt«, zischte Kennet, genannt der Häcksler, der jüngste der Haudegen. »Das ist sonderbar. Aber wir ...«

»Warte, Häcksler. Jetzt rede ich«, fiel ihm Boholt ins Wort. »Lange gedenke ich übrigens nicht zu reden. Der Hexer weiß ohnehin schon, worauf ich hinaus will. Ich kenne ihn und er kennt mich, bisher sind wir einander nicht ins Gehege gekommen und werden es wohl auch in Zukunft nicht tun. Denn bedenkt Jungs, wenn zum Beispiel ich den Hexer bei der Arbeit stören oder ihm einen Happen vor der Nase wegschnappen wollte, dann würde mich der Hexer schnurstracks mit seiner Hexerklinge erledigen, und er wäre im Recht. Stimmt's?«

Niemand bestätigte es oder widersprach. Es sah nicht so aus, als wäre Boholt sonderlich am einen oder anderen gelegen.

»Aber«, fuhr er fort, »in Gesellschaft reist es sich besser, wie gesagt. Und der Hexer kann sich als nützlich erweisen. Die Gegend ist wild und menschenleer, laßt nur eine Greule oder einen Steinbeißer uns anfallen, oder eine Striege – die können uns Schereien machen. Wenn aber Geralt in der Nähe ist, gibt es keine Schereien, denn das ist sein Metier. Stimmt's?«

Abermals gab es weder Bestätigung noch Widerspruch.

»Herr Drei Dohlen«, fuhr Boholt fort, während er die Korbflasche dem Zwerg weiterreichte, »ist zusammen mit Geralt gekommen, und das genügt mir als Bürgschaft. Wer also stört euch, Neuntöter, Häcksler? Etwa Rittersporn?«

»Rittersporn«, erklärte Yarpen Zigrin und gab Rittersporn die Flasche, »stellt sich immer ein, wenn etwas Wichtiges passiert und alle wissen, daß er nicht stört, nicht hilft und den Marsch nicht verzögert. Je nun, wie ein Floh auf dem Hundeschwanz. Oder, Jungs?«

Die ›Jungs‹, bärtige und untersetzte Zwerge, brachen in lautes Gelächter aus, daß die Bärte wackelten. Rittersporn schob das Hütchen zurück und nahm einen Schluck aus der Flasche.

»Ooach, verdammt«, stöhnte er und schnappte nach Luft. »Das verschlägt einem ja die Sprache. Woraus wird das gebrannt, aus Skorpionen?«

»Eins gefällt mir nicht Geralt«, sagte der Häcksler, während er dem Troubadour die Flasche abnahm. »Daß du diesen Zauberer hergebracht hast. Hier wimmelt es bald schon von Zauberern.«

»Stimmt«, fiel ihm der Zwerg ins Wort. »Der Häcksler sagt's, wie's ist. Diesen Dorregaray haben wir nötig wie ein Schwein einen Sattel. Wir haben neuerdings schon unsere eigene Hexe, die edle Yennefer, toi-toi-toi.«

»Tja«, sagte Boholt und rieb sich den Stiernacken, nachdem er gerade ein ledernes, mit Stahlnieten besetztes Halsband abgenommen hatte. »Zauberer gibt's hier zuviel, meine Herrschaften. Genau zwei zuviel. Und sie haben sich zu sehr an unseren Niedamir rangemacht. Seht doch, wir sitzen hier unter freiem Himmel am Feuer, die aber, meine Herrschaften, schmieden schon im Warmen, im königlichen Zelt, ihre Ränke, die Schlaufüchse, Niedamir, die Hexe, der Zauberer und Gyllenstiern. Aber Yennefer ist die schlimmste. Und wollt ihr wissen, was für Ränke sie schmieden? Wie sie uns über's Ohr hauen, das ist es.«

»Und Rehbraten futtern sie«, warf der Häcksler mürrisch ein. »Und was haben wir gegessen? Ein Murmeltier! Und was, frag ich, ist ein Murmeltier? Eine Ratte ist das. Was haben wir also gegessen? Eine Ratte!«

»Laß sein«, sagte Neuntöter. »Bald kriegen wir einen

Drachenschwanz. Es geht nichts über Drachenschwanz, auf Kohlen gebraten.«

»Yennefer«, fuhr Boholt fort, »ist ein garstiges, boshaftes und großmäuliges Weib. Ganz anders als deine Mädchen, Herr Borch. Die sind still und lieb, sitzen da bei den Pferden, schärfen die Säbel, und wie ich vorbeikomme und 'nen Witz mache, lächeln sie, zeigen die Zähnchen. Ja, die gefallen mir, nicht so wie Yennefer, die andauernd Ränke schmiedet. Ich sag euch, wir müssen aufpassen, sonst ist es Essig mit unserem Abkommen.«

»Welchem Abkommen, Boholt?«

»Also, Yarpen, sagen wir's dem Hexer?«

»Ich wüßte nicht, was dagegen spricht«, erklärte der Zwerg.

»Der Stoff ist alle«, warf der Häcksler ein und drehte die Flasche um.

»Dann hol neuen. Du bist der jüngste, meine Herrschaften. Und das Abkommen, Geralt, haben wir uns ausgedacht, weil wir keine Söldner oder irgendwelche Lohnknechte sind, und Niedamir wird uns nicht gegen den Drachen schicken, um uns dann ein paar Goldstücke hinzuwerfen. Die Wahrheit ist, daß wir ohne Niedamir mit dem Drachen fertig werden, aber Niedamir kommt nicht ohne uns aus. Und daraus folgt eindeutig, wer mehr wert ist und wessen Anteil größer sein muß. Und wir haben einen ehrlichen Handel ausgemacht – die, die selbst in den Kampf ziehen und den Drachen erlegen, kriegen die Hälfte des Schatzes. Niedamir bekommt in Anbetracht seiner Herkunft und Stellung jedenfalls ein Viertel. Und die übrigen, soweit sie helfen, teilen das restliche Viertel unter sich auf, zu gleichen Teilen. Was hältst du davon?«

»Was hält denn Niedamir davon?«

»Er hat weder ja noch nein gesagt. Aber er sollte sich lieber nicht sperren, der Grünschnabel. Wie gesagt, allein wird er den Drachen nicht jagen, er muß sich auf die Fachleute verlassen, also auf uns, die Haudegen, und auf Yarpen und seine Jungs. Wir und sonst niemand werden dem Drachen auf Schwertlänge gegenübertreten. Und die übrigen, darunter auch die Zauberer, wenn sie sich nützlich machen, werden ein Viertel des Schatzes unter sich aufteilen.«

»Wen außer den Zauberern zählt ihr zu den übrigen?« wollte Rittersporn wissen.

»Jedenfalls keine Spielleute und Verseschmiede.« Yarpen Zigrin lachte auf. »Wir zählen die dazu, die mit der Axt arbeiten, nicht mit der Laute.«

»Aha«, sagte Drei Dohlen, den Blick zum gestirnten Himmel gewandt. »Und womit arbeiten der Schuster Zigenfras und sein Gesindel?«

Yarpen Zigrin spuckte ins Feuer und murmelte etwas in der Zwergensprache.

»Die Barfelder Bürgerwehr kennt diese beschissenen Berge und dient als Führer«, sagte Boholt leise, »also wird es gerecht sein, sie bei der Verteilung auch zu bedenken. Beim Schuster liegt der Fall indes etwas anders. Wißt ihr, es wäre nicht gut, wenn das Lumpenpack zu der Überzeugung käme, man könnte, wenn sich ein Drache in der Gegend zeigt, statt nach den Fachleuten zu schicken, ihm nebenbei einen Giftköder verpassen und weiter mit den Mädels im Korn rummachen. Wenn sich das einbürgert, müssen wir wohl unter die Bettler gehen. Was?«

»Stimmt«, setzte Yarpen hinzu. »Deshalb, sag ich euch, muß diesem Schuster rein zufällig etwas Betrübliches zustoßen, ehe der Hundsfott in die Legenden eingeht.«

»Muß es, und wird es auch«, erklärte Neuntöter überzeugt. »Überlaßt das mir.«

»Und Rittersporn«, griff der Zwerg den Gedanken auf, »wird ihm in der Ballade den Arsch versohlen, ihn dem Gelächter preisgeben. Daß ihm nichts als Schimpf und Schande bleibt, für alle Zeit.«

»Einen habt ihr vergessen«, sagte Geralt. »Es ist einer dabei, der euch die Suppe versalzen kann. Der sich auf keine Aufteilung und Abmachung einlassen wird. Ich rede von Eyck von Denesle. Habt ihr mit ihm gesprochen?«

»Worüber?« fragte Boholt, während er mit einer Stange die Scheite im Feuer zurechtrückte. »Mit Eyck, Geralt kann man nicht reden. Er versteht nichts von Geschäften.«

»Als wir zu eurem Lager kamen«, sagte Drei Dohlen, »haben wir ihn getroffen. Er kniete auf den Steinen, in voller Rüstung, und starrte zum Himmel.«

»Das macht er andauernd«, sagte der Häcksler. »Er meditiert oder betet. Er sagt, das muß so sein, weil er von den Göttern den Auftrag erhielt, die Menschen vor dem Bösen zu beschützen.«

»Bei uns in Cinfrid«, murmelte Boholt, »hält man solche im Stall, an einer Kette, und gibt ihnen ein Stück Kohle, dann malen sie seltsames Zeug an die Wände. Aber genug von den Mitmenschen geschwätzt, laßt uns vom Geschäft reden.«

In den Lichtkreis trat geräuschlos eine nicht besonders große junge Frau, die schwarzen Haare von einem goldenen Netz zusammengehalten, in einen Wollmantel gehüllt.

»Was stinkt hier so?« fragte Yarpen Zigrin und tat so, als sähe er sie nicht. »Etwa Schwefel?«

»Nein.« Boholt sah zur Seite und zog demonstrativ die Luft durch die Nase. »Das ist Moschus oder ein anderer Riechstoff.«

»Nein, es ist wohl …« Der Zwerg verzog das Gesicht. »Ach! Das ist ja die edle Frau Yennefer! Willkommen, willkommen.«

Die Zauberin ließ den Blick langsam über die Versammelten schweifen, ließ die blitzenden Augen einen Moment lang auf dem Hexer verweilen. Geralt lächelte sacht.

»Darf ich mich zu euch setzen?«

»Aber natürlich, unsere Wohltäterin«, sagte Boholt und schnippte. »Setzt Euch dorthin, auf den Sattel. Beweg den Hintern, Kennet und gib der Dame den Sattel.«

»Die Herren sprechen hier vom Geschäft, wie ich höre.« Yennefer setzte sich und streckte die wohlgeformten Beine in schwarzen Strümpfen aus. »Ohne mich?«

»Wir haben es nicht gewagt«, erklärte Yarpen Zigrin, »eine solch wichtige Persönlichkeit zu stören.«

»Du, Yarpen« – Yennefer blinzelte und wandte den Kopf zum Zwerg –, »sei lieber still. Vom ersten Tag an behandelst du mich ostentativ, als wäre ich Luft, also tu das weiterhin, mach dir keine Umstände. Denn mir macht das auch keine Umstände.«

»Wo denkt Ihr hin, meine Dame.« Yarpen zeigte lächelnd seine unregelmäßigen Zähne. »Die Zecken sollen mich befallen, wenn ich Euch nicht besser als Luft behandle. Die Luft beispielsweise verderbe ich mitunter, was ich mir Euch gegenüber unter keinen Umständen erlauben würde.«

Die bärtigen ›Jungs‹ brachen in brüllendes Gelächter aus, verstummten aber augenblicklich angesichts des Lichtscheins, der die Zauberin plötzlich umgab.

»Noch ein Wort und von dir bleibt verdorbene Luft übrig, Yarpen«, sagte Yennefer mit einer Stimme, in der Metall klang. »Und ein schwarzer Fleck im Gras.«

»Also wirklich.« Boholt räusperte sich und entschärfte die eingetretene Stille. »Sei still, Zigrin. Laßt uns hören, was uns Frau Yennefer zu sagen hat. Gerade hat sie sich beklagt, daß wir ohne sie vom Geschäft reden. Daraus schließe ich, daß sie einen Vorschlag für uns hat. Laßt uns hören, meine Herrschaften, was das für ein Vorschlag ist. Wenn sie uns nur nicht vorschlägt, daß sie selber mit Zaubersprüchen den Drachen ins Jenseits befördert.«

»Ja und?« Yennefer hob den Kopf. »Glaubst du, das sei unmöglich, Boholt?«

»Mag sein, daß es möglich ist. Aber für uns rechnet sich das nicht, denn dann würdet Ihr sicherlich den halben Drachenschatz verlangen.«

»Mindestens«, sagte die Zauberin kalt.

»Na, Ihr seht selber, daß das kein Geschäft für uns ist. Wir, meine Dame, sind arme Krieger, und wenn uns eine Beute entgeht, sehen wir dem Hunger in die Augen. Wir nähren uns von Sauerampfer und Melde ...«

»Es ist schon ein Fest, wenn wir manchmal ein Murmeltier kriegen«, warf Yarpen Zigrin traurigen Tones ein.

»... und trinken Quellwasser.« Boholt nahm einen Schluck aus der Flasche und schüttelte sich ein bißchen. »Für uns, Frau Yennefer, gibt's keinen Ausweg. Entweder eine Beute oder im Winter unter der Hecke erfrieren. Die Gasthäuser kosten Geld.«

»Und das Bier«, fügte Neuntöter hinzu.

»Und unzüchtige Weiber«, sagte der Häcksler träumerisch.

»Darum« – Boholt blickte zum Himmel – »werden wir selbst, ohne Zauberei und ohne Eure Hilfe, den Drachen erlegen.«

»Bist du dir so sicher? Bedenke, es gibt Grenzen des Möglichen, Boholt.«

»Mag sein, mir sind sie nie begegnet. Nein, meine Dame. Ich wiederhole, wir werden den Drachen selbst erlegen, ganz ohne Zauberei.«

»Zumal«, fügte Yarpen Zigrin hinzu, »Zauberei gewiß auch ihre Grenzen des Möglichen hat, die wir im Gegensatz zu unseren nicht kennen.«

»Bist du selber darauf gekommen«, fragte Yennefer langsam, »oder hat es dir jemand geflüstert? Ist es vielleicht die Anwesenheit eines Hexers in dieser werten Gesellschaft, die euch derlei große Töne erlaubt?«

»Nein«, antwortete Boholt und schaute zu Geralt hin, der scheinbar vor sich hin döste, faul auf der Pferdedecke ausgestreckt, den Sattel unterm Kopf. »Der Hexer hat damit nichts zu tun. Hört zu, edle Yennefer. Wir haben dem König einen Vorschlag gemacht, er hat uns keiner Antwort gewürdigt. Wir haben Geduld, bis zum Morgen werden wir warten. Wenn der König unser Angebot annimmt, reiten wir weiter zusammen. Wenn nicht, kehren wir um.«

»Wir auch«, knurrte der Zwerg.

»Wir lassen nicht mit uns handeln«, fuhr Boholt fort. »Entweder – oder. Überbringt Niedamir unsere Worte, Frau Yennefer. Und Euch sage ich – das Abkommen ist auch für Euch günstig, und für Dorregaray, falls Ihr Euch mit ihm einigt. Wir, wohlgemerkt, brauchen den Kadaver des Drachen nicht, nur den Schwanz nehmen wir uns. Der Rest gehört Euch, nehmt, was Euch beliebt. Wir machen Euch weder die Zähne noch das Hirn streitig, nichts, was Ihr für die Zauberei braucht.«

»Selbstverständlich«, fügte Yarpen Zigrin hinzu. »Das Aas gehört euch Zauberern, niemand macht es euch streitig. Höchstens die anderen Geier.«

Yennefer stand auf, zog sich dabei den Mantel um die Schultern.

»Niedamir wird nicht bis zum Morgen warten«, sagte sie scharf. »Er ist schon jetzt mit euren Bedingungen einverstanden. Gegen meinen und Dorregarays Rat, sollt ihr wissen.«

»Niedamir«, brachte Boholt langsam hervor, »zeigt eine Weisheit, die bei solch einem jungen König erstaunlich ist. Denn für mich, Frau Yennefer, bedeutet Weisheit unter anderem die Fähigkeit, dumme oder unaufrichtige Ratschläge zu überhören.«

Yarpen Zigrin lachte sich in den Bart.

»Ihr werdet anders singen« – die Zauberin stemmte die Hände in die Hüften –, »wenn euch morgen der

Drache zusammenhaut, euch durchlöchert und die Schienbeine knackt. Ihr werdet mir die Stiefel lecken und um Hilfe winseln. Wie üblich. Wie gut ich euch kenne, wie gut ich solche wie euch kenne. Zum Erbrechen.«

Sie drehte sich um, ging in die Dunkelheit, ohne ein Wort des Abschieds.

»Zu meiner Zeit«, sagte Yarpen Zigrin, »saßen Zauberinnen in Türmen, lasen gelehrte Bücher und rührten mit dem Spatel im Schmelztiegel. Sie liefen nicht den Kriegern vor den Füßen herum, mischten sich nicht in unsere Angelegenheiten. Und sie schwenkten nicht den Hintern vor den Augen der Jungs.«

»Der Hintern, ehrlich gesagt, ist nicht ohne«, sagte Rittersporn, während er die Laute stimmte. »Was, Geralt? Geralt? He, wo ist denn der Hexer hin?«

»Was kümmert's uns?« knurrte Boholt und warf neue Scheite ins Feuer. »Er ist gegangen. Vielleicht muß er mal, meine Herrschaften. Seine Sache.«

»Stimmt«, bestätigte der Barde und schlug über die Seiten. »Soll ich euch was singen?«

»Sing schon, verdammich«, sagte Yarpen Zigrin und spuckte aus. »Aber denk nicht Rittersporn, daß ich dir für dein Geblöke einen roten Heller gebe. Das hier, mein Junge, ist nicht der königliche Hof.«

»Man sieht's.« Der Troubadour nickte.

### V

»Yennefer.«

Sie wandte sich um, als sei sie überrascht, obwohl der Hexer nicht daran zweifelte, daß sie schon von weitem seine Schritte gehört hatte. Sie stellte einen kleinen Holzzuber zu Boden, richtete sich auf, strich sich die von dem goldenen Netz befreiten Haare aus der Stirn die ihr in Locken auf die Schultern fielen.

»Geralt.«

Wie üblich trug sie nur zwei Farben. Ihre Farben – Schwarz und Weiß. Schwarze Haare, lange schwarze Wimpern, die die dahinter verborgene Farbe der Augen nicht erahnen ließen. Ein schwarzer Rock, eine kurze schwarze Jacke mit weißem, gefüttertem Kragen. Ein weißes Hemd aus feinstem Leinen. Am Hals ein schwarzes Samtband, mit einem brillantenbesetzten Obsidianstern verziert.

»Du hast dich überhaupt nicht verändert.«

»Du auch nicht.« Sie verzog den Mund. »Und in beiden Fällen ist das gleichermaßen üblich. Oder, wenn du willst, gleichermaßen unüblich. Jedenfalls mag diese Feststellung ein guter Anfang für ein Gespräch sein, aber sie hat keinen Sinn. Stimmt's?«

»Stimmt.« Er nickte und sah zur Seite, zu Niedamirs Zelt und den Lagerfeuern der königlichen Bogenschützen, die halb hinter den schwarzen Silhouetten der Wagen verborgen lagen. Vom weiter entfernten Feuer her klang volltönend die Stimme Rittersporns, der ›Sterne überm Weg‹ sang, eine seiner gelungensten Liebesballaden.

»Also die Einleitung haben wir hinter uns«, sagte die Zauberin. »Laß hören, was noch kommt.«

»Siehst du, Yennefer ...«

»Ich sehe«, unterbrach sie ihn scharf. »Aber ich verstehe nicht. Wozu bist du hergekommen, Geralt? Doch nicht wegen des Drachens. Diesbezüglich hat sich doch wohl nichts geändert?«

»Nein. Es hat sich nichts geändert.«

»Wozu also, frage ich, hast du dich uns angeschlossen?«

»Wenn ich dir sage, deinetwegen, glaubst du es mir?«

Sie blickte ihn schweigend an, und in ihren funkelnden Augen lag etwas, was keinen Gefallen finden konnte.

»Ich glaube es, warum auch nicht«, sagte sie schließlich. »Männer treffen sich gern mit ihren ehemaligen Geliebten, lassen gern die Erinnerung aufleben. Sie bilden sich gern ein, daß ehemaliger Liebesrausch ihnen eine Art lebenslängliches Besitzrecht an der Partnerin gibt. Das wirkt sich günstig auf ihr Wohlbefinden aus. Du bist keine Ausnahme. Trotz allem.«

»Trotz allem« – er lächelte – »hast du recht, Yennefer. Dein Anblick wirkt sich hervorragend auf mein Wohlbefinden aus. Mit anderen Worten, ich freue mich, dich zu sehen.«

»Und das ist alles? Na, dann sagen wir mal, daß ich mich auch freue. Nachdem ich mich erfreut habe, wünsche ich eine Gute Nacht. Ich habe nämlich vor, mich zur Ruhe zu legen. Vorher gedenke ich mich zu waschen, und zu diesem Zwecke pflege ich mich auszuziehen. Also gewähre mir freundlichst ein Mindestmaß an Diskretion und entferne dich.«

»Yen.« Er streckte die Hände zu ihr hin.

»Red so nicht mit mir!« zischte sie wütend, wobei sie zurücksprang und von den Fingern, die sie ihm entgegenhielt, blaue und rote Funken sprühten. »Und wenn du mich anrührst, brenn ich dir die Augen aus, du Mistkerl.«

Der Hexer wich zurück. Die Zauberin, wieder etwas ruhiger, strich sich abermals die Haare aus der Stirn, stellte sich vor ihn hin, die Hände in die Hüften gestemmt.

»Was hast du denn gedacht, Geralt? Daß wir fröhlich plaudern werden, uns an die alten Zeiten erinnern? Daß wir vielleicht am Ende der Unterhaltung zusammen auf den Wagen steigen und uns auf den Pelzen lieben werden, einfach so, um die Erinnerungen aufzufrischen? Was?«

Geralt, der sich nicht sicher war, ob die Zauberin nicht seine Gedanken magisch las oder nur außergewöhnlich treffend riet, schwieg mit einem schiefen Lächeln.

»Die vier Jahre haben das ihre getan, Geralt. Ich bin schon drüber hinweg, und einzig und allein deshalb habe ich dich bei unserer heutigen Begegnung nicht angespuckt. Aber laß dich von meiner Höflichkeit nicht irreführen.«

»Yennefer...«

»Sei still! Ich hab dir mehr gegeben als sonst einem Mann, du Mistkerl. Ich weiß selber nicht weshalb ausgerechnet dir. Aber du... O nein, mein Lieber. Ich bin keine Dirne oder eine zufällig im Walde aufgegabelte Elfe, die man eines schönen Morgens verlassen kann, indem man einfach weggeht ohne sie zu wecken, und auf dem Tisch ein Veilchensträußchen zurückläßt. Die man zum Gespött machen kann. Sieh dich vor! Wenn du jetzt auch nur ein Wort sagst, wird es dir leid tun!«

Geralt sagte kein Wort, er spürte unfehlbar die Wut, die in Yennefer kochte. Die Zauberin strich sich abermals die widerspenstigen Locken aus der Stirn, sah ihm in die Augen, aus der Nähe.

»Wir haben uns nun mal getroffen«, sagte sie leise. »Wir werden den anderen kein Schauspiel bieten. Werden das Gesicht wahren. Gute Bekannte mimen. Aber mach keinen Fehler, Geralt. Zwischen dir und mir ist überhaupt nichts mehr. Nichts, verstehst du? Und sei froh drüber, denn das bedeutet, daß ich gewisse Pläne aufgegeben habe, die ich noch unlängst in bezug auf dich hegte. Aber das bedeutet keineswegs, daß ich dir verziehen hätte. Ich werde dir niemals verzeihen, Hexer. Niemals.«

Sie drehte sich jäh um, packte den Holzzuber, daß Wasser herausspritzte, und trat hinter den Wagen.

Geralt verscheuchte eine an seinem Ohr summende Mücke, ging langsam auf das Lagerfeuer zu, wo Rittersporns Vortrag gerade mit spärlichem Beifall belohnt wurde. Er schaute auf den tiefblauen Himmel über der schwarzen Zackenreihe der Gipfel. Er hatte Lust zu lachen. Er wußte nicht, warum.

## VI

»Vorsichtig da! Obacht geben!« rief Boholt und wandte sich auf dem Bock nach hinten, der Kolonne zu. »Näher an die Felsen! Gebt Obacht!«

Die Wagen holperten hintereinander über die Steine. Die Kutscher fluchten, schlugen die Pferde mit den Zügeln, beugten sich herüber, äugten unruhig, ob die Räder noch weit genug vom Rande der Schlucht entfernt waren, an der die schmale, unebene Straße entlanglief. Unten im Abgrund brodelte mit weißem Schaum zwischen den Felsbrocken der Fluß Braa.

Geralt zügelte des Pferd, drängte sich an die Felswand, die mit spärlichem braunen Moos und mit weißem Ausschlag bedeckt war, der wie Flechten aussah. Er ließ sich vom Packwagen der Haudegen überholen. Vom Kopf der Kolonne kam der Häcksler herangaloppiert, der zusammen mit den Kundschaftern aus Barfeld den Zug anführte.

»In Ordnung!« rief er. »Macht hin! Weiter vorn wird's breiter!«

König Niedamir und Gyllenstiern, beide zu Pferde, schlossen mit einigen berittenen Bogenschützen zu Geralt auf. Hinter ihnen rumpelten die Wagen des königlichen Lagers einher. Noch weiter hinten folgte der Wagen der Zwerge, von Yarpen Zigrin gelenkt, der unaufhörlich schimpfte.

Niedamir, ein dürres und sommersprossiges Bürschchen in einem weißen Pelzmäntelchen, ritt am Hexer vorbei und ließ den geduldigen, aber sichtlich gelangweilten Blick über ihn hingleiten. Gyllenstiern richtete sich auf, zügelte das Pferd.

»Auf ein Wort, Herr Hexer«, sagte er gebieterisch.

»Ich höre.« Geralt gab der Stute ein paar Püffe mit den Fersen, drängte sie langsam an die Seite des Kanzlers, hinter dem Wagen. Er wunderte sich, daß Gyllenstiern im Besitz eines derart imposanten Bauches lieber ritt, anstatt hübsch auf dem Wagen zu fahren.

»Gestern« – Gyllenstiern zog leicht die mit goldenen Nieten besetzten Zügel an, schob den türkisfarbenen Mantel vom Oberarm zurück – »gestern habt Ihr gesagt, daß Euch der Drache nicht kümmert. Was kümmert Euch dann, Herr Hexer? Wozu reitet Ihr mit uns?«

»Dies ist ein freies Land, Herr Kanzler.«

»Gewiß. Aber bei diesem Zug, Herr Geralt, muß jeder wissen, wohin er gehört. Und die Rolle, die er nach dem Willen König Niedamirs zu spielen hat. Versteht Ihr das?«

»Worauf wollt Ihr hinaus, Herr Gyllenstiern?«

»Ich will es Euch sagen. Ich habe gehört, daß in letzter Zeit schwer mit euch Hexern ins Reine zu kommen ist. Die Sache ist die, daß allemal, wenn man einem Hexer ein Ungeheuer weist, damit er es umbringe, der Hexer, statt das Schwert zu nehmen und dreinzuhauen, zu meditieren anfängt, ob sich das denn auch gehört, ob das nicht die Grenzen des Möglichen übersteigt, ob es nicht der Regel zuwiderläuft und ob denn das Ungeheuer tatsächlich ein Ungeheuer sei. Als ob man das nicht auf den ersten Blick sähe. Mir scheint, es geht euch einfach schon zu gut. Zu meiner Zeit stanken die Hexer nicht nach Hochmut, sondern ausschließlich nach Fußlappen. Sie räsonierten nicht, hauten zusammen, was man ihnen auftrug, es war ihnen gleich, ob es nun ein Werwolf, ein Drache oder ein Steuereinnehmer war. Was zählte, war, ob er gut kleingehauen war. Was, Geralt?«

»Habt ihr für mich einen Auftrag, Gyllenstiern?« fragte der Hexer trocken. »Dann sagt, worum es geht. Wir werden sehen. Und wenn ihr keinen habt, dann ist es doch schade, sich den Mund fusselig zu reden, nicht wahr?«

»Einen Auftrag?« seufzte der Kanzler. »Nein, hab ich nicht. Hier geht es um einen Drachen, und das geht eindeutig über die Grenzen deiner Möglichkeiten, Hexer. Da sind mir die Haudegen schon lieber. Dir möchte ich nur einen Rat geben. Eine Warnung. Die Hexerflausen, wonach Ungeheuer in gute und böse zu unterscheiden sind, können ich und der König dulden, aber wir wollen nichts davon hören und erst recht nicht sehen, wie sie in die Tat umgesetzt werden. Mischt Euch nicht in die Angelegenheiten des Königs, Hexer. Und macht Euch nicht mit Dorregaray gemein.«

»Ich pflege mich nicht mit Zauberern gemein zu machen. Wie kommt Ihr darauf?«

»Dorregaray«, sagte Gyllenstiern, »übertrifft mit seinen Flausen sogar die Hexer. Er begnügt sich nicht damit, die Ungeheuer in gute und böse zu unterteilen. Er hält sie alle für gut.«

»Da übertreibt er ein wenig.«

»Zweifellos. Aber er verteidigt seine Anschauungen mit erstaunlicher Vehemenz. Wirklich, ich würde mich nicht wundern, wenn ihm etwas zustieße. Und daß er sich uns mit seltsamen Gefährten angeschlossen hat ...«

»Ich bin kein Gefährte für Dorregaray. Und er nicht für mich.«

»Unterbrich mich nicht. Sonderbare Gefährten. Ein Hexer, der voller Skrupel ist wie ein Fuchspelz voller Flöhe. Ein Zauberer, der andauernd die Faseleien der Druiden vom Gleichgewicht in der Natur wiederholt. Der schweigsame Ritter Borch Drei Dohlen mit seiner Eskorte aus Serrikanien, wo, wie allgemein bekannt ist, einem Drachenbild Opfer dargebracht werden. Und alle schließen sie sich plötzlich der Jagd an. Seltsam, nicht wahr.«

»Meinetwegen.«

»Du sollst also wissen«, sprach der Kanzler, »daß sich für die rätselhaftesten Probleme, wie das Leben zeigt, die einfachsten Lösungen finden. Zwing mich nicht Hexer, zu diesen Lösungen zu greifen.«

»Ich verstehe nicht.«

»Du verstehst, du verstehst. Danke für das Gespräch.«

Geralt hielt das Pferd zurück. Gyllenstiern trieb seins voran, schloß zum König auf und zu dem Wagenzug. Vorüber ritt Eyck von Denesle in einem gesteppten Wams von hellem Leder, auf dem Abdrücke des Panzers zu sehen waren; er führte ein Packpferd, das die Rüstung trug, einen einfarbig silbernen Schild und eine mächtige Lanze. Geralt hob grüßend die Hand, doch der bleiche Ritter wandte den Kopf ab, preßte die schmalen Lippen zusammen und gab dem Pferd die Sporen.

»Du bist nicht sein Fall«, sagte Dorregaray, der herangeritten kam. »Was, Geralt?«

»Ganz offensichtlich nicht.«

»Die Konkurrenz, was? Ihr geht beide einem ähnlichen Metier nach. Nur daß Eyck ein Träumer ist und du ein Fachmann. Kein großer Unterschied, vor allem nicht für die, die ihr umbringt.«

»Vergleich mich nicht mit Eyck, Dorregaray. Weiß der Teufel, wem du damit Unrecht tust, ihm oder mir, aber vergleich uns nicht.«

»Wie du willst. Für mich seid ihr, offen gesagt, gleichermaßen abstoßend.«

»Danke.«

»Keine Ursache.« Der Zauberer klopfte seinem Pferd auf den Hals, das von den Rufen Yarpens und seiner Zwerge irritiert war. »Einen Mord Jagd zu nennen, Hexer, ist für mich abscheulich, gemein und dumm. Unsere Welt ist im Gleichgewicht. Die Vernichtung, Ermordung jeglicher Geschöpfe, die diese Welt bevölkern, stört dieses Gleichgewicht. Und das Fehlen des Gleichgewichts führt den Untergang herbei, den Untergang und das Ende der Welt, wie wir sie kennen.«

»Die Theorie der Druiden«, bestätigte Geralt. »Kenne ich. Die hat mir einmal ein alter Hierophant erklärt, noch in Rivien. Zwei Tage nach unserem Gespräch haben ihn Werratten zerrissen. Eine Bewahrung des Gleichgewichts war nicht festzustellen.«

»Die Welt, wiederhole ich« – Dorregaray sah ihn gleichgültig an –, »ist im Gleichgewicht. Einem natürlichen Gleichgewicht. Jede Art hat ihre natürlichen Feinde, jede ist der natürliche Feind anderer Arten. Das gilt auch für die Menschen. Die Ausrottung der natürlichen Feinde des Menschen, der du dich widmest und die allmählich auch schon festzustellen ist, droht, die Rasse herunterkommen zu lassen.«

»Weißt du was, Zauberer« – Geralt verlor die Geduld –, »geh doch mal zu einer Mutter, deren Kind ein Basilisk gefressen hat, und sag ihr, daß sie sich freuen soll, denn so ist die menschliche Rasse dem Verfall entgangen. Du wirst sehen, was sie dir antwortet.«

»Ein gutes Argument, Hexer«, sagte Yennefer, die von hinten auf ihrem großen Rappen herangeritten war. »Und du, Dorregaray, überleg dir, was du sagst.«

»Ich pflege aus meinen Ansichten kein Hehl zu machen.«

Yennefer ritt zwischen ihnen beiden. Der Hexer bemerkte, daß an die Stelle des goldenen Haarnetzes ein Stirnband aus einem aufgerollten weißen Kopftuch getreten war.

»Du solltest schleunigst anfangen, ein Hehl daraus zu machen, Dorregaray«, sagte sie. »Insbesondere gegenüber Niedamir und den Haudegen, die schon argwöhnen, daß du vorhast, sie am Erlegen des Drachen zu hindern. Solange du nur redest, behandeln sie dich als harmlosen Irren. Wenn du aber versuchst, etwas zu unternehmen, schneiden sie dir die Kehle durch, ehe du auch nur seufzen kannst.«

Der Zauberer lächelte böse und geringschätzig.

»Und außerdem«, fuhr Yennefer fort, »schädigst du mit diesen Ansichten den Ruf unseres Berufes und unserer Berufung.«

»Wie denn das?«

»Deine Theorie kannst du auf alle möglichen Geschöpfe und Ungeziefer beziehen, Dorregaray. Aber nicht auf Drachen. Denn Drachen sind die natürlichen und schlimmsten Feinde des Menschen. Und da geht es nicht um den Verfall der menschlichen Rasse, sondern um ihren Fortbestand. Um zu überleben, muß man mit den Feinden fertig werden, mit denen, die dieses Überleben vereiteln können.«

»Drachen sind keine Feinde des Menschen«, warf Geralt ein. Die Zauberin sah ihn an und lächelte. Nur mit den Lippen.

»In dieser Frage«, sagte sie, »überlaß das Urteil uns Menschen. Du, Hexer, bist nicht zum Urteilen geschaffen. Du bist für die grobe Arbeit.«

»Wie ein willenloser Golem?«

»Der Vergleich stammt von dir, nicht von mir«, erwiderte Yennefer kalt. »Aber ja, er trifft's ziemlich genau.«

»Yennefer«, ließ sich Dorregaray vernehmen. »Für eine Frau von deiner Bildung und in deinem Alter redest du überraschend viel Unsinn. Wie kommen bei dir ausgerechnet die Drachen an die Spitze der Menschenfeinde? Warum nicht andere, hundertmal gefährlichere Geschöpfe, die hundertmal mehr Opfer auf dem Gewissen haben als die Drachen? Warum nicht Hirikkas, Gabelschwänze, Mantikoras, Amphisbaenen oder Greifen? Warum nicht Wölfe?«

»Ich will dir sagen, warum. Das Übergewicht des

Menschen über die anderen Rassen und Arten, sein Sieg im Kampf um den ihm zustehenden Platz in der Natur, um Lebensraum, kann nur dann gewonnen werden, wenn das Nomadentum endgültig ausgelöscht wird, die Wanderungen von Ort zu Ort auf der Suche nach Nahrung, wie es der Kalender der Natur befiehlt. Andernfalls wird nicht das nötige Bevölkerungswachstum erreicht, das Menschenkind ist zu lange unselbständig. Nur in der Sicherheit hinter den Mauern einer Stadt oder Festung kann eine Frau regelmäßig Kinder zur Welt bringen, das heißt alle Jahre. Fruchtbarkeit, Dorregaray, ist gleichbedeutend mit Entwicklung, ist die Bedingung für Fortbestand und Herrschaft. Und da kommen wir zu den Drachen. Nur ein Drache, kein anderes Ungeheuer, kann eine Stadt oder eine Festung bedrohen. Wenn die Drachen nicht ausgerottet würden, würden sich die Menschen sicherheitshalber verstreuen, statt sich zusammenzuschließen. Denn in einer dicht bebauten Siedlung bedeutet das Feuer eines Drachen einen Alptraum, Hunderte von Opfern, schreckliche Zerstörungen. Darum müssen die Drachen bis auf den letzten ausgemerzt werden, Dorregaray.«

Dorregaray betrachtete sie mit einem sonderbaren Lächeln auf den Lippen.

»Weißt du, Yennefer, ich möchte den Zeitpunkt nicht erleben, da deine Vorstellung von der Herrschaft des Menschen Wirklichkeit wird, wenn deinesgleichen den euch zustehenden Platz in der Natur einnimmt. Zum Glück wird es nie dazu kommen. Eher schlachtet ihr euch gegenseitig ab, vergiftet euch, verreckt an Fleckfieber und Typhus, denn nicht die Drachen, sondern Dreck und Läuse bedrohen eure glorreichen Städte, wo die Frauen Jahr für Jahr ein Kind bekommen, aber nur eins von zehn Neugeborenen älter als zehn Tage wird. Ja, Yennefer, Fruchtbarkeit, Fruchtbarkeit und nochmals Fruchtbarkeit. Befaß dich, meine Liebe, mit dem Kinderkriegen, das ist für dich die natürliche Beschäftigung. Dann hast du genug zu tun, statt deine Zeit mit dem Erfinden von Unsinn zu vergeuden. Ich empfehle mich.«

Der Zauberer trieb das Pferd an und ritt im leichten Galopp auf die Spitze des Zuges zu. Geralt warf einen seitlichen Blick auf Yennefers blasses und wutverzerrtes Gesicht, und Dorregaray begann ihm schon im voraus leid zu tun. Er wußte, worum es ging. Wie die meisten Zauberinnen war Yennefer unfruchtbar. Aber wie nur wenige litt sie unter dieser Tatsache und reagierte auf die Erwähnung mit wahrer Raserei. Dorregaray wußte das sicherlich. Er wußte wahrscheinlich nicht, wie rachsüchtig sie war.

»Er wird Ärger kriegen«, zischte sie. »O ja, wird er. Paß auf, Geralt. Denk nicht, daß ich dich, wenn was passiert und du keine Vernunft zeigst, beschützen werde.«

»Nur keine Angst.« Er lächelte. »Wir, das heißt die Hexer und die willenlosen Golems, handeln immer vernünftig. Schließlich sind die Grenzen des Möglichen, zwischen denen wir uns bewegen können, eindeutig und deutlich abgesteckt.«

»Na, na, sieh einer an.« Yennefer sah ihn an, noch immer blaß. »Du bist beleidigt wie ein Fräulein, der man Mangel an Tugend vorwirft. Du bist Hexer, daran kannst du nichts ändern. Deine Berufung ...«

»Hör auf mit dieser Berufung, Yen, denn mir wird allmählich schon übel.«

»Nenn mich nicht so, hab ich dir gesagt. Und deine Übelkeit kümmert mich wenig. Wie auch die übrigen Regungen aus dem beschränkten Vorrat eines Hexers.«

»Trotzdem wirst du einige davon erleben, wenn du nicht aufhörst, mich mit dem Gerede von höherer Bestimmung und dem Kampf ums Wohl der Menschen zu bedenken. Und von den Drachen als schrecklichen Feinden des Menschengeschlechts. Ich weiß es besser.«

»So?« Die Zauberin blinzelte. »Und was weißt du denn, Hexer?«

»Beispielsweise« – Geralt überging das heftig warnende Zucken das Medaillons am Hals –, »daß, wenn die Drachen keine Schätze hätten, sich kein Schwein um sie kümmern würde, und erst recht kein Zauberer. Eigenartig, daß bei jeder Drachenjagd irgendein Zauberer dabei ist, der enge Beziehungen zur Juweliersgilde unterhält. So wie du. Und obwohl hernach eine Flut von Steinen auf den Markt strömen müßte, kommt es irgendwie nicht dazu, und die Preise sinken nicht. Erzähl mir also nichts von Berufung und vom Kampf ums Überleben der menschlichen Rasse. Dazu kenne ich dich zu gut und zu lange.«

»Zu lange«, wiederholte sie, den Mund böse verzogen. »Leider. Aber denk bloß nicht, daß du mich gut kennst, du Hundesohn. Verdammt, wie dumm ich war... Ach, geh zum Teufel! Ich kann dich nicht mehr sehen!«

Sie schrie, gab dem Rappen die Sporen, galoppierte scharf nach vorn. Der Hexer hielt sein Reitpferd an, ließ den Wagen der Zwerge vorbei, die brüllten, fluchten, auf Knochenpfeifen pfiffen. Zwischen ihnen lag auf Hafersäcken ausgestreckt Rittersporn und klimperte auf der Laute.

»He!« schrie Yarpen Zigrin, der auf dem Bock saß, und zeigte auf Yennefer. »Was ist das Schwarze da auf dem Weg? Was ist es wohl? Sieht aus wie 'ne Stute!«

»Ohne Zweifel!« erwiderte Rittersporn und schob sich das pflaumenblaue Hütchen auf den Hinterkopf. »Es ist eine Stute! Und reitet auf einem Wallach! Unglaublich!«

Yarpens Jungs ließen in vielstimmig dröhnendem Gelächter die Bärte wackeln. Yennefer tat, als hörte sie nichts.

Geralt hielt weiter das Pferd zurück, ließ Niedamirs

berittene Bogenschützen vorbei. In einigem Abstand hinter ihnen kam langsam Borch geritten, und wiederum hinter ihm die Serrikanerinnen, die die Nachhut der Kolonne bildeten. Geralt wartete, bis sie heran waren, lenkte die Stute neben Borchs Pferd. Schweigend ritten sie nebeneinander her.

»Hexer«, ließ sich Drei Dohlen plötzlich vernehmen. »Ich will dir eine Frage stellen.«

»Stell sie.«

»Warum kehrst du nicht um?«

Der Hexer schaute ihn einen Augenblick lang schweigend an.

»Willst du es wirklich wissen?«

»Will ich«, sagte Drei Dohlen und wandte ihm das Gesicht zu.

»Ich reite hier mit weil ich ein Golem ohne eigenen Willen bin. Weil ich ein Büschel Werg bin, das der Wind die Straße entlang treibt. Sag mir, wohin soll ich reiten? Und wozu? Hier sind wenigstens Leute beisammen, mit denen ich reden kann. Die nicht das Gespräch unterbrechen, wenn ich hinzutrete. Die sogar dann, wenn sie mich nicht leiden können, es mir ins Gesicht sagen, statt aus dem Hinterhalt Steine zu werfen. Ich reite mit ihnen aus demselben Grunde, aus dem ich mit dir in die Flößer-Herberge geritten bin. Weil mir alles gleich ist. Ich habe keinen Ort, dem ich zustreben könnte. Ich habe kein Ziel, das sich am Ende des Weges befinden müßte.«

Drei Dohlen räusperte sich.

»Ein Ziel, das am Ende des Weges liegt. Das hat jeder. Sogar du, obwohl es dir scheint, daß du so verschieden seiest.«

»Jetzt werde ich dir eine Frage stellen.«

»Stell sie.«

»Hast du ein Ziel, das am Ende des Weges liegt?«

»Ja.«

»Glückspilz.«

»Das ist keine Frage des Glücks, Geralt. Es hängt davon ab, woran du glaubst und welcher Sache du dich widmest. Das sollte niemand besser wissen als ... als ein Hexer.«

»Heute höre ich andauernd was von Berufung«, seufzte Geralt. »Niedamirs Berufung ist es, sich Malleore unter den Nagel zu reißen. Die Berufung Eycks von Denesle ist es, die Menschen vor den Drachen zu beschützen. Dorregaray fühlt sich zu etwas ganz Entgegengesetztem berufen. Yennefer kann aufgrund gewisser Veränderungen, denen ihr Organismus unterzogen wurde, ihre Berufung nicht erfüllen und quält sich deshalb schrecklich. Verdammt, nur die Haudegen und die Zwerge fühlen keinerlei Berufung, sie wollen sich einfach die Taschen vollschlagen. Vielleicht ist das der Grund, weshalb ich mich so zu ihnen hingezogen fühle?«

»Die sind es nicht, zu denen es dich hinzieht, Geralt von Rivien. Ich bin weder blind noch taub. Nicht ihre Namen waren es, die dich kürzlich zum Geldbeutel greifen ließen. Aber mir scheint ...«

»Es braucht dir nicht zu scheinen«, sagte der Hexer ohne Zorn.

»Entschuldige.«

»Du brauchst dich nicht zu entschuldigen.«

Sie zügelten die Pferde, gerade rechtzeitig, um nicht in die plötzlich stehengebliebene Kolonne der Caingorner Bogenschützen zu reiten.

»Was ist los?« Geralt richtete sich in den Steigbügeln auf. »Warum haben wir angehalten?«

»Ich weiß nicht.« Borch wandte den Kopf zur Seite. Mit seltsam verzerrtem Gesicht sagte Vea rasch ein paar Worte.

»Ich reite vor«, erklärte der Hexer, »und seh nach.«

»Bleib.«

»Warum?«

Drei Dohlen schwieg einen Augenblick lang, den Blick gesenkt.

»Warum?« wiederholte Geralt.

»Reit«, sagte Borch. »Vielleicht ist es besser so.«

»Was soll besser sein?«

»Reit.«

Die Brücke, die die beiden Ränder des Abgrunds verband, wirkte solide, aus dicken Kiefernbalken gebaut, auf einen viereckigen Pfeiler gestützt, an dem sich rauschend mit langen Schaumfäden die Strömung brach.

»He, Häcksler!« brüllte Boholt, der gerade mit dem Wagen heranfuhr. »Warum hältst du an?«

»Was weiß denn ich, was das für 'ne Brücke ist?«

»Wieso sollen wir dort rüber?« fragte Gyllenstiern im Heranreiten. »Es schmeckt mir nicht, mit den Wagen auf solchem Pflaster zu fahren. He, Schuster! Warum führst du uns da rüber und nicht auf der Straße? Die Straße führt doch weiter nach Westen?«

Der heldenhafte Giftmischer aus Barfeld kam näher, nahm die Schafspelzmütze ab. Er sah mit seinem über den Bauernkittel geschnallten altmodischen Brustpanzer bemerkenswert aus, der gewiß noch zu König Sambuks Zeiten gehämmert worden war.

»Da ist der Weg kürzer, gnädiger Herr«, sagte er, nicht an Gyllenstiern, sondern gleich an Niedamir gewandt dessen Gesicht weiterhin geradezu schmerzhafte Langeweile ausdrückte.

»So?« fragte Gyllenstiern mit gerunzelter Stirn. Niedamir würdigte den Schuster nicht einmal eines Blickes.

»Das«, sagte der Schuster und zeigte auf drei über der Landschaft aufragende schroffe Gipfel, »sind die Chiava, der Ödstein und der Springerzahn. Die Straße führt zu den Ruinen der alten Festung und dann nördlich, hinter den Flußquellen, um die Chiava herum. Aber über die Brücke können wir den Weg abkürzen. Durch einen Hohlweg kommen wir auf die Ebene zwischen den Bergen. Und wenn wir dort keine Drachenspuren finden, reiten wir weiter nach Osten und suchen die Schluchten ab. Und noch weiter im Osten liegt ein schön glatter Talkessel, von da geht der Weg geradewegs nach Caingorn, zu Euer Majestät Ländern.«

»Und wo hast du, Zigenfras, so viel über diese Berge gelernt?« erkundigte sich Boholt. »Beim Leisten?«

»Nein, Herr. Hab hier in jungen Jahren Schafe gehütet.«

»Und die Brücke wird halten?« Boholt richtete sich auf dem Bock auf, schaute hinab zu dem schäumenden Fluß. »Der Abgrund ist gut vierzig Klafter tief.«

»Sie hält Herr.«

»Wo kommt in dieser Wildnis überhaupt eine Brücke her?«

»Diese Brücke«, erklärte Zigenfras, »haben vor Zeiten Trolle gebaut, wer drüber wollte, mußte einen gepfefferten Preis zahlen. Aber weil selten jemand drüber kam, haben die Trolle ihr Bündel geschnürt. Und die Brücke ist dageblieben.«

»Ich wiederhole«, sagte Gyllenstiern ärgerlich, »wir haben Wagen mit Gerät und Futter, wir können im weglosen Gelände steckenbleiben. Sollten wir nicht lieber auf der Straße bleiben?«

»Wir können auch die Straße nehmen« – der Schuster zuckte mit den Schultern –, »aber da ist es länger. Und der König hat gesagt, daß es ihm mit dem Drachen eilig ist, daß es ihn zu ihm zieht wie die Weihe zum Regenwurm.«

»Zum Regen«, berichtigte der Kanzler.

»Wie Ihr wollt zum Regen«, stimmte Zigenfras zu. »Aber über die Brücke ist es jedenfalls näher.«

»Na, dann los, Zigenfras«, entschied Boholt. »Zieh voran, du und deine Leute. Das ist so Brauch bei uns, die Kriegerischsten vorneweg gehen zu lassen.«

»Nicht mehr als ein Wagen auf einmal«, warnte Gyllenstiern.

»Gut.« Boholt ließ die Zügel locker, der Wagen begann über die Brückenbalken zu rumpeln. »Folg uns, Häcksler! Paß auf, daß die Räder gleichmäßig rollen!«

Geralt zügelte das Pferd, ihm versperrten Niedamirs Bogenschützen in ihren purpur-goldenen Wämsern den Weg. Sie drängten sich auf dem steinernen Brückenkopf.

Die Stute des Hexers wieherte.

Die Erde begann zu beben. Die Berge gerieten ins Zittern, der gezackte Rand der Felswand verschwamm plötzlich vorm Hintergrund des Himmels, und die Wand selbst ließ plötzlich ein dumpfes, spürbares Dröhnen ertönen.

»Achtung!« schrie Boholt schon auf der anderen Seite der Brücke. »Achtung da drüben!«

Die ersten Steine, zunächst noch kleine, begannen über den krampfhaft zuckenden Abhang zu rollen und zu springen. Vor Geralts Augen klaffte ein Teil des Weges zu einem schwarzen, erschreckend schnell wachsenden Spalt auf, brach weg, fiel mit ohrenbetäubendem Krach in den Abgrund.

»Vorwärts!!« brüllte Gyllenstiern. »Gnädiger Herr! Auf die andere Seite!«

Den Kopf zur Mähne des Pferdes herabgebeugt, sprengte Niedamir auf die Brücke, ihm nach galoppierten Gyllenstiern und ein paar Bogenschützen. Hinter ihnen rumpelte der königliche Wagen auf die bebenden Balken, daß das Greifenbanner flatterte.

»Eine Lawine! Aus dem Weg!« heulte von hinten Yarpen Zigrin, während er mit der Peitsche auf die Hintern der Pferde einhieb und Niedamirs zweiten Wagen überholte, so daß die Bogenschützen beiseite springen mußten. »Aus dem Weg, Hexer! Aus dem Weg!«

Neben dem Wagen der Zwerge preschte Eyck von

Denesle einher, aufgerichtet und steif. Wären nicht das leichenblasse Gesicht und die in einer verkniffenen Grimasse zusammengepreßten Lippen gewesen, hätte man meinen können, der fahrende Ritter bemerke die auf die Straße herabregnenden Felsbrocken und Steine überhaupt nicht. Hinten in der Gruppe der Bogenschützen schrie jemand gellend auf, es wieherten Pferde.

Geralt ließ die Zügel schießen, gab dem Pferd die Sporen, unmittelbar vor ihm wurde die Erde von herabfliegenden Steinen aufgewühlt. Der Wagen der Zwerge fuhr knirschend zwischen den Steinen dahin, direkt vor der Brücke sprang er hoch, kippte krachend um auf die gebrochene Achse. Ein Rad prallte vom Geländer ab, fiel hinunter in das schäumende Wasser.

Die Stute des Hexers, von scharfen Steinsplittern getroffen, bäumte sich auf. Geralt wollte abspringen, blieb aber mit der Stiefelschnalle am Steigbügel hängen und fiel seitlich zu Boden. Die Stute wieherte und preschte vor, geradewegs auf die überm Abgrund wabernde Brücke. Auf der Brücke rannten schimpfend und fluchend die Zwerge.

»Schneller, Geralt!« rief der hinter ihnen laufende Rittersporn mit einem raschen Blick zurück.

»Spring auf, Hexer!« rief Dorregaray, der sich mit Mühe im Sattel und das durchgehende Pferd im Zaum hielt.

Hinter ihnen versank die ganze Straße in einer von den herabfallenden Felsbrocken aufgewirbelten Staubwolke. Aus Niedamirs Wagen wurde so Kleinholz gemacht. Der Hexer krallte die Finger in die Riemen der Satteltaschen des Zauberers. Er hörte einen Schrei.

Yennefer stürzte mit dem Pferd hin, rollte zur Seite, fort von den blindlings dreinschlagenden Hufen, preßte sich an den Boden, die Arme übern Kopf geschlagen. Der Hexer ließ den Sattel los, lief zu ihr hin, tauchte in die Steinflut ein, setzte über sich unter den Füßen öffnende Spalten. Yennefer, an der Schulter verletzt, erhob sich auf die Knie. Ihre Augen waren weit offen, aus einer aufgerissenen Braue floß ein Rinnsal Blut, das schon den Rand des Ohres erreicht hatte.

»Steh auf, Yen!«

»Geralt! Vorsicht!«

Ein riesiger, flacher Felsblock, der krachend und knirschend die Felswand herabglitt, löste sich, fiel geradewegs auf sie zu. Geralt warf sich über die Zauberin. Im selben Augenblick explodierte der Block, zersprang in Milliarden Splitter, die auf sie herabfielen, stechend wie Wespen.

»Schneller!« schrie Dorregaray. Er fuchtelte auf dem tänzelnden Pferd mit dem Stab und ließ weitere Felsbrocken, die sich vom Hang lösten, zu Staub zerfallen. »Auf die Brücke, Hexer!«

Yennefer winkte mit der Hand, die Finger ausgestreckt, schrie etwas Unverständliches. Die Steine, die auf die plötzlich über ihren Köpfen entstandene bläuliche Sphäre trafen, verschwanden wie Wassertropfen auf einem glühenden Blech.

»Auf die Brücke, Geralt!« rief die Zauberin. »Bleib in meiner Nähe!«

Sie liefen, holten Dorregaray und ein paar dahineilende Bogenschützen ein. Die Brücke wogte und krachte, die Balken bogen sich nach allen Seiten und warfen sie zwischen den Geländern hin und her.

»Schneller!«

Plötzlich senkte sich mit durchdringendem Krachen die Brücke, die Hälfte, die sie schon hinter sich gebracht hatten, stürzte donnernd in den Abgrund, zusammen mit dem Wagen der Zwerge, der unter dem wahnsinnigen Wiehern der Pferde an den Felsvorsprüngen zerschellte. Der Teil, auf dem sie sich befanden, hielt, doch plötzlich kam Geralt zu Bewußtsein, daß sie jetzt eine rasch immer steiler werdende Schräge hinanliefen. Yennefer stieß schwer atmend einen Fluch aus.

»Hinlegen, Yen! Festhalten!«

Der Rest der Brücke knarrte laut, krachte und sackte ab. Sie warfen sich hin, die Finger in die Ritzen zwischen den Balken gekrallt. Yennefer fand keinen Halt. Sie kreischte auf und rutschte hinab. Mit einer Hand festgekrallt, zog Geralt das Stilett, hieb die Klinge zwischen zwei Balken, packte mit beiden Händen den Griff. Seine Ellenbogengelenke knirschten, als Yennefer an ihm ruckte, an Riemen und Scheide des auf dem Rücken hängenden Schwertes geklammert. Die Brücke knarrte abermals und senkte sich noch weiter, fast lotrecht.

»Yen«, preßte der Hexer hervor. »Mach was ... Verdammt, einen Zauberspruch!«

»Wie denn?« hörte er sie wütend knurren. »Ich hänge doch!«

»Mach eine Hand frei!«

»Ich kann nicht ...«

»He!« schrie von oben her Rittersporn. »Könnt ihr euch halten? He!«

Geralt hielt es nicht für angebracht, das zu bejahen.

»Gebt ein Seil her!« verlangte Rittersporn. »Schnell, verdammich!«

Neben dem Troubadour erschienen die Haudegen, die Zwerge und Gyllenstiern. Geralt hörte Boholt leise sagen: »Wart ab, Sänger. Gleich fällt sie runter. Dann ziehen wir den Hexer rauf.«

Yennefer zischte los wie eine Schlange und wand sich auf den Schultern des Hexers. Der Riemen schnitt ihm schmerzhaft in die Brust.

»Yen? Kannst du einen Halt finden? Mit den Füßen? Kannst du was mit den Füßen machen?«

»Ja«, stöhnte sie. »Zappeln.«

Geralt blickte hinab in den Fluß, der inmitten scharfer Felsen brodelte, gegen die es ein paar herumwirbelnde

Brückenbalken, ein Pferd und einen Leichnam in den grellen Farben Caingorns geschleudert hatte. Jenseits der Felsen bemerkte er im smaragdgrünen, klaren Wasser die Leiber großer Forellen, die träge durch die Strömung glitten.

»Hältst du dich, Yen?«
»Ja ... noch ...«
»Zieh dich hoch. Du mußt einen Halt zu fassen kriegen ...«
»Ich ... kann nicht ...«
»Ein Seil her!« brüllte Rittersporn. »Seid ihr denn ganz verblödet? Sie werden beide fallen!«
»Ist vielleicht auch besser so?« gab der unsichtbare Gyllenstiern zu bedenken.

Die Brücke knarrte und senkte sich noch weiter. Geralt begann das Gefühl in den Fingern zu verlieren, die den Griff des Stiletts umklammerten.

»Yen ...«
»Sei still ... und hör auf zu stören ...«
»Yen?«
»Red nicht so mit mir ...«
»Hältst du's noch aus?«
»Nein«, sagte sie kalt. Sie kämpfte nicht mehr, hing ihm als tote, kraftlose Last an den Schultern.
»Yen?«
»Sei still.«
»Yen. Verzeih mir.«
»Nein. Niemals.«

Etwas kam über die Balken nach unten gekrochen. Schnell. Wie eine Schlange.

Ein Seil, das kaltes Licht ausstrahlte, bog und wand sich wie lebendig, glitt mit dem beweglichen Ende über Geralts Nacken, unter den Achseln hindurch, schlang sich zu einem lockeren Knoten. Die Zauberin unter ihm stöhnte, holte geräuschvoll Luft. Er war sicher, daß sie zu schluchzen beginnen würde. Er irrte sich.

»Achtung!« rief von oben her Rittersporn. »Wir ziehen euch hoch! Neuntöter! Kennet! Hoch mit ihnen! Zieht!«

Ein Ruck, der schmerzhafte, einschnürende Druck des straff gespannten Seils. Yennefer seufzte laut auf. Sie glitten aufwärts, rasch, mit den Bäuchen über die rauhen Planken scheuernd.

Oben stand Yennefer als erste auf.

## VII

»Vom ganzen Troß«, sagte Gyllenstiern, »ist ein Wagen übriggeblieben, König, nicht gerechnet den Wagen der Haudegen. Von der Truppe sind sieben Bogenschützen übrig. Auf der anderen Seite des Abgrunds gibt es keine Straße mehr, nur Geröll und die glatte Felswand, soweit die Biegung zu blicken erlaubt. Man weiß nicht, ob jemand von denen am Leben geblieben ist, die noch drüben waren, als die Brücke einstürzte.«

Niedamir antwortete nicht. Eyck von Denesle stand aufrecht vor dem König, den funkelnden, fiebrigen Blick auf ihn geheftet.

»Uns verfolgt der Zorn der Götter«, sagte er und reckte die Arme empor. »Wir haben gesündigt, König Niedamir. Das war ein heiliger Feldzug, ein Zug gegen das Böse. Denn der Drache ist das Böse, ja, jeder Drache ist das fleischgewordene Böse. Ich gehe nicht gleichgültig am Bösen vorüber, ich zermalme es unter der Ferse ... Vernichte es. So, wie es die Götter und das Heilige Buch gebieten.«

»Was faselt er da?« Boholt runzelte die Stirn.

»Keine Ahnung«, erklärte Geralt und rückte das Zaumzeug der Stute zurecht. »Ich habe kein Wort verstanden.«

»Seid still«, sagte Rittersporn. »Ich versuche, es mir

zu merken, vielleicht läßt sich was damit anfangen, wenn sich genug Reime finden.«

»Also spricht das Heilige Buch« – Eyck war in Fahrt gekommen –, »daß aus dem Abgrund die Schlange emportaucht, der abscheuliche Drache, so sieben Häupter hat und zehn Hörner! Und auf seinem Rücken sitzt das Weib, bekleidet mit Purpur und Scharlach, mit einem goldenen Becher in der Hand, und an ihrer Stirn steht geschrieben ein Name: die Mutter der Hurerei und aller Übel auf Erden!«

»Die kenn ich!« freute sich Rittersporn. »Das ist Cilia, die Frau des Schulzen Sommerhalder!«

»Haltet Euch still, Herr Poet«, sagte Gyllenstiern. »Und Ihr, Ritter von Denesle, sprecht klarer, wenn's beliebt.«

»Gegen das Böse, König«, rief Eyck aus, »muß man mit reinem Herzen und Gewissen antreten, erhobenen Hauptes! Doch wen sehen wir hier? Zwerge, die verworfen sind, im Dunkeln geboren sind und finstere Mächte anbeten! Ketzerische Zauberer, die sich göttliche Rechte, Kräfte und Privilegien anmaßen! Einen Hexer, der ein widerwärtiger Wechselbalg ist, ein verfluchtes, widernatürliches Geschöpf. Wundert Ihr Euch, daß eine Strafe über uns gekommen ist? König Niedamir! Ihr habt die Grenzen des Möglichen erreicht! Laßt uns nicht die göttliche Gnade auf die Probe stellen. Ich rufe Euch auf, König, unsere Reihen von dem unreinen Abschaum zu säubern, ehe ...«

»Und von mir kein Wort«, warf Rittersporn bekümmert ein. »Kein Wort von den Dichtern. Dabei geb ich mir solche Mühe.«

Geralt lächelte Yarpen Zigrin zu, der mit einer beiläufigen Bewegung über die Schneide der hinter seinem Gürtel steckenden Axt strich. Der Zwerg bleckte amüsiert die Zähne. Yennefer wandte sich entschieden ab und tat so, als ärgere sie der bis zur Hüfte aufgerissene Rock mehr als die Worte Eycks.

»Wir haben ein wenig übertrieben, Herr Eyck«, ließ sich Dorregaray scharf vernehmen. »Wenn auch zweifellos aus edlen Beweggründen. Ich halte es überhaupt für überflüssig, uns wissen zu lassen, was Ihr von Zauberern, Zwergen und Hexern haltet. Obwohl ich meine, daß wir alle an derlei Ansichten gewöhnt sind, ist das weder anständig noch ritterlich, Herr Eyck. Und erst recht unverständlich, nachdem Ihr und kein anderer lauft und ein magisches Elfenseil einem vom Tode bedrohten Hexer und einer Zauberin zuwerft. Aus dem, was Ihr gesagt habt, folgt, daß Ihr eher hättet beten sollen, sie möchten abstürzen.«

»Verdammt«, flüsterte Geralt Rittersporn zu. »Er war es, der das Seil geworfen hat? Eyck? Nicht Dorregaray?«

»Nein«, murmelte der Barde. »Es war Eyck, wirklich er.«

Geralt schüttelte ungläubig den Kopf. Yennefer fluchte halblaut, richtete sich auf.

»Ritter Eyck«, sagte sie mit einem Lächeln, das jeder außer Geralt für nett und freundlich halten konnte. »Wie das? Ich bin unreiner Abschaum, und Ihr rettet mir das Leben?«

»Ihr seid eine Dame, Frau Yennefer.« Der Ritter verneigte sich steif. »Und Euer schönes und aufrichtiges Gesicht läßt hoffen, daß Ihr eines Tages der verfluchten schwarzen Kunst entsagt.«

Boholt lachte auf.

»Ich danke Euch, Ritter«, sagte Yennefer trocken. »Und auch der Hexer Geralt dankt Euch. Danke ihm, Geralt.«

»Eher soll mich der Schlag treffen«, erklärte der Hexer mit entwaffnender Offenheit. »Wofür denn? Ich bin ein widernatürliches Wechselbalg, und mein unschönes Gesicht gibt zu keinen Hoffnungen auf Besserung Anlaß. Der Ritter Eyck hat mich wider Willen aus dem Abgrund gezogen, nur, weil ich mich krampfhaft an einer schönen Dame festgehalten hab. Wenn ich allein dort gehangen hätte, hätte Eyck keinen Finger gerührt. Ich irre mich doch nicht, oder, Ritter?«

»Ihr irrt Euch, Herr Geralt«, sagte der fahrende Ritter ruhig. »Keinem, der in Not ist, versage ich Hilfe. Nicht einmal so einem wie dem Hexer.«

»Danke ihm, Geralt. Und entschuldige dich«, sagte die Zauberin scharf. »Sonst beweist du, daß zumindest in bezug auf dich Eyck völlig recht hatte. Du kannst nicht mit Menschen zusammenleben. Denn du bist anders. Deine Teilnahme an dieser Expedition ist ein Irrtum. Ein sinnloses Ziel hat dich hergetrieben. Vernünftig wäre es also, wenn du dich von uns trennst. Ich denke, das hast du selber schon begriffen. Und wenn nicht, dann begreif es endlich.«

»Von welchem Ziel sprecht Ihr?« schaltete sich Gyllenstiern ein. Die Zauberin blickte ihn an, ohne zu antworten. Rittersporn und Yarpen Zigrin lächelten vielsagend vor sich hin, aber so, daß die Zauberin es nicht bemerkte.

Der Hexer blickte Yennefer in die Augen. Sie waren kalt.

»Ich entschuldige mich und danke Euch, Ritter von Denesle.« Er senkte den Kopf. »Allen Anwesenden danke ich. Für die rasche Rettung ohne Vorbehalte. Als ich da hing, habe ich gehört, wie ihr – einer wie der andere – zu Hilfe geeilt seid. Alle Anwesenden bitte ich um Verzeihung. Ausgenommen die edle Yennefer, der ich danke, ohne um etwas zu bitten. Lebt wohl. Der Abschaum verläßt freiwillig die Gesellschaft. Denn der Abschaum hat genug von euch. Mach's gut Rittersporn.«

»Na nun, Geralt«, rief Boholt. »Hab dich nicht wie 'ne Jungfer, mach aus 'ner Mücke keinen Elefanten. Zum Teufel mit ...«

»Leuteee!«

Vom Beginn des Hohlwegs her kamen Zigenfras und ein paar Mann von der Barfelder Bürgerwehr gelaufen, die man auf Kundschaft geschickt hatte.

»Was gibt's? Was zittert der so?« Neuntöter hob den Kopf.

»Leute ... Euer Gnaden ...« Der Schuster rang nach Luft.

»Heraus mit der Sprache, Mann«, sagte Gyllenstiern, die Daumen hinter den goldenen Gürtel gesteckt.

»Ein Drache! Dort, ein Drache!«

»Wo?«

»Hinterm Hohlweg ... Wo es eben ist ... Herr, er ...«

»Zu den Pferden!« befahl Gyllenstiern.

»Neuntöter!« donnerte Boholt. »Auf den Wagen! Häcksler, aufs Pferd und mir nach!«

»Auf die Latschen, Jungs!« bellte Yarpen Zigrin. »Auf die Latschen, verflucht noch mal!«

»He, wartet!« Rittersporn warf sich die Laute über den Rücken. »Geralt! Nimm mich aufs Pferd!«

»Spring auf!«

Die Schlucht endete in einer Ansammlung heller Felsen, die in größerem Abstand einen unregelmäßigen Kreis bildeten. Dahinter fiel das Gelände leicht ab zu einem grasbewachsenen, hügeligen Talkessel, der von allen Seiten von Kalkwänden gesäumt war, in denen Tausende von Öffnungen gähnten. Drei enge Schluchten, die Mündungen ausgetrockneter Bäche, gingen vom Talkessel aus.

Boholt, der als erster an die Barriere aus Felsbrocken herangesprengt war, hielt plötzlich das Pferd an, richtete sich in den Steigbügeln auf.

»O verdammt«, sagte er. »O verdammt noch mal. Das ... das kann nicht sein!«

»Was?« fragte Dorregaray im Heranreiten. Neben ihm sprang Yennefer vom Wagen der Haudegen, lehnte

sich nach vorn gegen einen Felsblock, lugte hervor, zog sich wieder zurück und rieb sich die Augen.
»Was? Was ist?« schrie Rittersporn und lehnte sich hinter Geralts Schultern hervor. »Was ist, Boholt?«
»Dieser Drache ... ist golden.«
Gerade mal hundert Schritt vom steinernen Schlund des Hohlwegs, aus dem sie gekommen waren, auf dem Wege zu der nach Norden führenden Klamm – saß auf einem hübsch ovalen, nicht allzu hohen Hügelchen ein Geschöpf. Es saß da, den langen, schlanken Hals zu einem gleichmäßigen Bogen gekrümmt, den flachen Kopf auf die vorgewölbte Brust gelegt, den Schwanz um die ausgestreckten Vorderpfoten.
Es lag in diesem Geschöpf, in der Haltung, wie es dasaß, etwas von unaussprechlicher Grazie, etwas Katzenhaftes, etwas, was seiner unverkennbaren, nicht zu leugnenden Echsennatur widersprach. Denn das Geschöpf war mit Schuppen bedeckt, die sich deutlich abzeichneten und in einem blendend hellen, gelben Gold funkelten. Denn das Geschöpf auf dem Hügel war golden – golden von den Spitzen der in den Boden geschlagenen Krallen bis zum Ende des langen Schwanzes, der sich leicht zwischen den auf dem Hügel wachsenden Disteln bewegte. Den Blick der großen, goldenen Augen auf sie gerichtet, breitete das Geschöpf große, goldschimmernde Fledermausflügel aus und verharrte so reglos, daß man es betrachten konnte.
»Ein goldener Drache«, flüsterte Dorregaray. »Unmöglich ... Eine lebende Legende!«
»Zum Kuckuck, es gibt keine goldenen Drachen«, behauptete Neuntöter und spuckte aus. »Ich weiß, wovon ich rede.«
»Was ist das dann, was da auf dem Hügel sitzt?« erkundigte sich Rittersporn vernünftig.
»Irgendein Schwindel.«
»Eine Einbildung.«

»Das ist keine Einbildung«, sagte Yennefer.

»Es ist ein goldener Drache«, stellte Gyllenstiern fest. »Ganz offensichtlich ist das ein goldener Drache.«

»Goldene Drachen gibt's nur in Legenden!«

»Hört auf«, warf Boholt plötzlich ein. »Da gibt's keinen Grund zur Aufregung. Jeder Trottel sieht, daß das ein goldener Drache ist. Aber, meine Herrschaften, wo ist da der Unterschied, ob der Drache golden, blau, kackfarben oder kariert ist? Groß ist er nicht, den erledigen wir in null komma nichts. Häcksler, Neuntöter, ladet den Wagen ab, holt das Gerät runter. Was kümmert's mich, ob er golden ist oder nicht.«

»Es gibt einen Unterschied, Boholt«, sagte der Häcksler. »Und einen grundlegenden. Das ist nicht der Drache, auf den wir Jagd machen. Nicht der, den sie bei Barfeld vergiftet haben, der in der Höhle auf Gold und Juwelen sitzt. Der da sitzt bloß auf dem Arsch. Was soll uns der?«

»Dieser Drache ist golden, Kennet«, knurrte Yarpen Zigrin. »Hast du jemals so einen gesehen? Verstehst du nicht? Für seine Haut kriegen wir mehr, als wir für einen gewöhnlichen Schatz bekämen.«

»Und das, ohne den Markt für Edelsteine zu verderben«, fügte Yennefer mit bösem Lächeln hinzu. »Yarpen hat recht. Die Absprache gilt weiterhin. Es gibt etwas aufzuteilen, oder?«

»He, Boholt«, brüllte Neuntöter vom Wagen her, wo er laut in der Ausrüstung kramte. »Was legen wir uns und den Pferden an? Was kann dieses goldene Vieh spucken, he? Feuer? Säure? Dampf?«

»Weiß der Teufel, meine Herrschaften«, sagte Boholt bekümmert. »He, Zauberer! Sagen die Legenden von goldenen Drachen was darüber, wie man so einen erlegt?«

»Wie man ihn erlegt? Na, ganz gewöhnlich!« schrie plötzlich Zigenfras. »Da gibt's nichts zu sinnieren, gebt rasch irgendein Tier her. Wir stopfen es mit was Giftigem voll und werfen es dem Vieh zum Fraß vor.«

Dorregaray sah den Schuster scheel an, Boholt spuckte aus, Rittersporn wandte mit einer Grimasse des Abscheus den Kopf ab. Yarpen Zigrin lachte aus vollem Halse und hielt sich die Seiten.

»Was guckt ihr so?« fragte Zigenfras. »Gehen wir an die Arbeit, wir müssen uns überlegen, womit wir den Köder füllen, damit das Vieh möglichst rasch krepiert. Es muß was sein, was ungeheuer giftig oder verwest ist.«

»Aha«, sagte der Zwerg, noch immer lachend. »Etwas, was giftig ist, ekelhaft und stinkt. Weißt du was, Zigenfras? Das bist doch du!«

»Was?«

»Scheiße. Verschwinde von hier, du Häufchen Dreck, ich kann dich nicht mehr sehen.«

»Herr Dorregaray«, sagte Boholt und trat auf den Zauberer zu. »Macht Euch nützlich. Erinnert Euch an die Legenden und Überlieferungen. Was weiß man da über goldene Drachen?«

Der Zauberer lächelte und richtete sich hochmütig auf.

»Was ich über goldene Drachen weiß, fragst du? Wenig, aber genug.«

»Wir hören also.«

»Dann hört, und hört gut hin. Da vor uns sitzt ein goldener Drache. Eine lebende Legende, vielleicht das letzte und einzige Geschöpf seiner Art, das von eurer mörderischen Wut verschont geblieben ist. Legenden bringt man nicht um. Ich, Dorregaray, erlaube euch nicht, diesen Drachen anzurühren. Verstanden? Ihr könnt euch trollen, eure Sachen packen und nach Hause gehen.«

Geralt war sich sicher, daß gleich ein Handgemenge entstehen würde. Er irrte sich.

»Herr Zauberer«, brach Gyllenstierns Stimme das

Schweigen. »Überlegt Euch, was Ihr sagt und wem. König Niedamir kann Euch, Dorregaray, befehlen, Eure Sachen zu packen und Euch zum Teufel zu scheren. Aber nicht umgekehrt. Ist das klar?«

»Nein«, sagte der Zauberer stolz. »Ist es nicht. Denn ich bin Meister Dorregaray, und mir hat niemand zu befehlen, dessen Königreich ein Gebiet umfaßt, das man von den Palisaden einer lausigen, dreckigen und stinkenden Festung aus überschaut. Wißt Ihr, Herr Gyllenstiern, daß ich nur einen Spruch zu sagen und eine Handbewegung zu machen brauche, und Ihr verwandelt Euch in einen Kuhfladen und Euer minderjähriger König in etwas unaussprechlich Schlimmeres? Ist das klar?«

Gyllenstiern kam nicht zum Antworten, denn Boholt, der an Dorregaray herangetreten war, packte ihn an der Schulter und riß ihn zu sich herum. Neuntöter und der Häcksler, schweigend und finster, schoben sich hinter Boholts Rücken hervor.

»Hört mal zu, Herr Zauberkünstler«, sagte der riesige Haudegen leise. »Ehe Ihr anfangt, diese Eure Handbewegungen zu machen, hört zu. Ich könnte lange erklären, meine Herrschaften, was ich mir aus deinen Verboten mache, deinen Legenden und deinem dummen Gerede. Aber ich hab keine Lust. Mag dir das als meine Antwort genügen.«

Boholt räusperte sich, legte einen Finger an die Nase und rotzte dem Zauberer auf die Stiefelspitzen.

Dorregaray erbleichte, rührte sich aber nicht. Er sah – wie alle anderen – den Morgenstern, mit einer Kette an dem ellenlangen Schaft befestigt, den Neuntöter in der gesenkten Hand hielt. Er wußte – wie alle anderen –, daß die für einen Zauberspruch nötige Zeit ungleich länger war als die Zeit, die Neuntöter brauchte, um ihm den Schädel zu zertrümmern.

»So«, sagte Boholt. »Und jetzt geht hübsch beiseite,

meine Herrschaften. Und wenn du Lust bekommst, wieder das Maul aufzureißen, dann stopf dir rasch ein Büschel Gras rein. Denn wenn ich noch einmal dein Gewinsel höre, wirst du an mich denken.«

Boholt drehte sich um, wischte sich die Hand ab.

»Also, Neuntöter, Häcksler, an die Arbeit, sonst entwischt uns das Vieh noch.«

»Es sieht nicht so aus, als hätte es vor zu entwischen«, sagte Rittersporn, der das Vorfeld beobachtete. »Seht ihn euch doch an.«

Der goldene Drache, der auf dem Hügel saß, riß das Maul auf, hob den Kopf, schlug mit den Flügeln, und fegte mit dem Schwanz die Erde hinweg.

»König Niedamir und ihr Ritter!« brüllte er mit einer Stimme, die einer Messingtrompete glich. »Ich bin der Drache Villentretenmerth! Wie ich sehe, hat euch die Lawine, die ich, ohne mich dessen rühmen zu wollen, auf eure Köpfe losgelassen habe, nicht alle aufgehalten. Ihr seid bis hierher gekommen. Wie ihr wißt, gibt es nur drei Ausgänge aus diesem Tal. Im Osten nach Barfeld und im Westen nach Caingorn. Und diese beiden Ausgänge dürft ihr benutzen. Durch den nördlichen Ausgang, ihr Herren, werdet ihr nicht gehen, denn ich, Villentretenmerth, verbiete es euch. Wenn indes jemand mein Verbot nicht achten will, so fordere ich ihn zum Kampfe heraus, zum ehrlichen, ritterlichen Zweikampf. Auf konventionelle Waffen, ohne Magie, ohne Feuerspeien. Kampf bis zur völligen Kapitulation einer der beiden Seiten. Ich erwarte eure Antwort durch euren Herold, wie es der Brauch gebietet!«

Alle standen offenen Mundes da.

»Er redet!« schnaufte Boholt. »Unerhört!«

»Und noch dazu schrecklich klug«, bemerkte Yarpen Zigrin. »Weiß jemand, was konfessionelle Waffen sind?«

»Gewöhnliche, ohne Magie«, sagte Yennefer mit gerunzelten Brauen. »Mich macht aber etwas anderes stutzig. Man kann nicht artikuliert reden, wenn man eine gespaltene Zunge hat. Der Kerl benutzt Telepathie. Paßt auf, das wirkt nach beiden Seiten. Er kann eure Gedanken lesen.«

»Was denn nun, ist er ganz bescheuert, oder was?« fragte Kennet der Häcksler mißmutig. »Ehrlicher Zweikampf? Mit einer dummen Echse? Und so einer! Wir stürzen uns alle gemeinsam auf ihn! Gemeinsam sind wir stark!«

»Nein.«

Sie blickten sich um.

Eyck von Denesle, schon zu Pferde, in voller Rüstung, die Lanze auf den Steigbügel gestellt, machte einen viel besseren Eindruck als zu Fuß. Unter dem hochgeklappten Helmvisier brannten fiebrige Augen im bleichen Gesicht.

»Nein, Herr Kennet«, wiederholte der Ritter. »Höchstens über meine Leiche. Ich lasse nicht zu, daß in meiner Anwesenheit die Ritterehre verletzt wird. Wer es wagt, die Regeln eines ehrlichen Zweikampfes zu verletzen ...«

Eyck sprach immer lauter, die erregte Stimme kippte über und zitterte vor Begeisterung.

»... wer die Ehre mißachtet, mißachtet auch mich, und sein Blut oder meines wird auf diese gequälte Erde fließen. Die Bestie verlangt einen Zweikampf? Also gut! Möge der Herold meinen Namen verkünden! Möge das Urteil der Götter entscheiden! Auf seiten des Drachen sind die Kraft der Klauen und Fänge und höllische Bosheit, auf meiner Seite aber ...«

»Was für ein Kretin«, murmelte Yarpen Zigrin.

»... ist das Recht, ist der Glaube, sind die Tränen der Jungfrauen, die diese Bestie ...«

»Hör auf, Eyck, sonst kommt mich das Kotzen an!«

brüllte Boholt. »Los, ins Feld! Greif dir den Drachen, statt zu quasseln!«

»Äh, Boholt, Moment mal«, sagte plötzlich der Zwerg und strich sich den Bart. »Hast du das Abkommen vergessen? Wenn Eyck das Echsenvieh erlegt, nimmt er die Hälfte...«

»Eyck nimmt nichts.« Boholt bleckte die Zähne. »Ich kenne ihn. Ihm genügt es, wenn Rittersporn ein Liedchen über ihn dichtet.«

»Ruhe!« verkündete Gyllenstiern. »Soll es so sein. Gegen den Drachen tritt der edle fahrende Ritter Eyck von Denesle an, der in den Farben von Cainforn als Lanze und Schwert König Niedamirs kämpft. So lautet der Beschluß des Königs!«

»Na fein.« Yarpen Zigrin knirschte mit den Zähnen. »Lanze und Schwert Niedamirs. Hereingelegt hat uns der kleine König von Caingorn. Und was nun?«

»Nichts.« Boholt spuckte aus. »Du willst dich doch wohl nicht mit Eyck anlegen, Yarpen? Er redet dummes Zeug, aber wenn er erst mal aufs Pferd gestiegen und in Fahrt gekommen ist, geht man ihm lieber aus dem Weg. Soll er doch hingehen, verdammt, und den Drachen erledigen. Und dann sehen wir weiter.«

»Wer ist der Herold?« fragte Rittersporn. »Der Drache wollte einen Herold. Vielleicht ich?«

»Nein. Das ist was anderes, als Liedchen singen, Rittersporn.« Boholt verzog das Gesicht. »Den Herold soll Yarpen Zigrin machen. Der hat 'ne Stimme wie ein Stier.«

»Schön, meinetwegen«, sagte Yarpen. »Gebt das Banner mit dem Zeichen her, damit alles seine Richtigkeit hat.«

»Aber redet anständig, Herr Zwerg. Und höflich«, bemerkte Gyllenstiern.

»Ihr braucht mich nicht zu lehren, wie man redet.« Der Zwerg reckte stolz den Bauch vor. »Ich bin schon

Gesandter gewesen, als Ihr noch zum Brot ›Bot‹ und zu den Fliegen ›Fifn‹ sagtet.«

Der Drache saß weiterhin ruhig auf dem Hügelchen und schlug fröhlich den Schwanz hin und her. Der Zwerg kletterte auf den größten Felsbrocken, räusperte sich und spuckte aus.

»He, du da!« brüllte er, die Arme in die Hüften gestemmt. »Drache, beschißner! Hör zu, was dir der Herold sagt! Das heißt ich! Als erster nimmt sich der ehrenhalber zerfahrene Ritter Eyck von Denesle dich vor! Und rammt dir die Lanze in die Kaldaunen, nach heiligem Brauch, dir zum Verderben, aber den armen Jungfrauen und dem König Niedamir zur Freude! Der Kampf muß ehrenhaft und nach den Regeln sein, Feuer speien darf man nicht, bloß konfessionell aufeinander einhauen, bis der andere den Geist aufgibt oder krepiert! Was wir dir von ganzem Herzen wünschen! Hast du verstanden, Drache?«

Der Drache riß das Maul auf, wedelte mit den Flügeln, dann kam er, wieder ganz am Boden, rasch vom Hügel auf ebenen Grund herab.

»Ich habe verstanden, ehrwürdiger Herold!« brüllte er zurück. »Es soll also der edle Eyck von Denesle zum Kampfe antreten. Ich bin bereit!«

»Das reinste Irrenhaus.« Boholt spuckte aus und folgte mit mißmutigem Blick Eyck, der im Schritt durch die Barriere aus Felsbrocken ritt. »Verdammt komisch das alles…«

»Mach die Futterluke zu, Boholt!« rief Rittersporn und rieb sich die Hände. »Verdammt, wird das eine schöne Ballade!«

»Hurra! Vivat Eyck!« rief jemand aus der Gruppe von Niedamirs Bogenschützen.

»Also ich«, antwortete Zigenfras trübsinnig, »ich hätte ihn sicherheitshalber voll Schwefel gestopft.«

Eyck, schon auf dem Kampfplatz, grüßte den Drachen mit erhobener Lanze, klappte das Visier herunter und gab dem Pferd die Sporen.

»Na ja«, sagte der Zwerg. »Dumm mag er ja sein, aber von der Attacke versteht er wirklich was. Seht nur!«

Eyck, vorgebeugt, in den Sattel gepreßt, senkte in vollem Galopp die Lanze. Entgegen Geralts Erwartungen sprang der Drache nicht beiseite, wirbelte nicht herum, sondern rannte einfach auf den angreifenden Ritter zu.

»Schlag ihn! Stoß zu, Eyck!« schrie Yarpen.

Eyck wurde zwar vom Galopp vorwärtsgetrieben, doch er stieß nicht einfach blindlings zu. Im letzten Augenblick änderte er geschickt die Richtung, schwenkte die Lanze über den Kopf des Pferdes herum. Während er an dem Drachen vorbeischoß, stieß er mit ganzer Kraft zu, in den Steigbügeln aufgerichtet. Alle schrien wie aus einem Munde auf. Geralt schloß sich dem Chor nicht an.

Der Drache wich dem Stoß mit einer leichten, so geschickten wie graziösen Wendung aus, krümmte sich wie ein lebendiges goldenes Band und langte blitzschnell, aber sacht, wirklich wie eine Katze, mit der Pfote unter den Bauch des Pferdes. Das Pferd schrie auf, riß den Hintern hoch, der Ritter schwankte im Sattel, ließ aber die Lanze nicht los. In dem Augenblick, als sich das Pferd fast mit den Nüstern in den Boden grub, warf der Drache mit einer heftigen Bewegung der Pfote Eyck aus dem Sattel. Alle sahen die emporfliegenden, wirbelnden Bleche der Rüstung, alle hörten das Krachen und Scheppern, mit dem der Ritter zu Boden fiel.

Der Drache setzte sich auf, drückte das Pferd mit der Pfote zu Boden, senkte das von Zähnen starrende Maul. Das Pferd schrie durchdringend auf, zuckte und lag still.

In der eintretenden Stille hörten alle die tiefe Stimme des Drachen Villentretenmerth.

»Der tapfere Ritter Eyck von Denesle kann vom

Schlachtfeld geholt werden. Er ist nicht mehr kampffähig. Der Nächste bitte.«

»O Scheiße«, sagte Yarpen Zigrin in die Stille hinein.

## VIII

»Beide Beine«, sagte Yennefer, während sie sich die Hände an einem Leinentuch abwischte. »Und anscheinend was mit der Wirbelsäule. Die Rüstung ist am Rücken eingedrückt, als hätte er eins mit der Ramme gekriegt. Aber das mit den Beinen war seine eigene Lanze. Er wird so bald kein Pferd mehr besteigen. Wenn überhaupt je wieder.«

»Berufsrisiko«, murmelte Geralt. Die Zauberin runzelte die Stirn.

»Weiter hast du nichts zu sagen?«

»Was möchtest du denn noch gern hören, Yennefer?«

»Dieser Drache ist unglaublich schnell, Geralt. Zu schnell, als daß ein Mensch mit ihm kämpfen könnte.«

»Verstehe. Nein, Yen. Nicht ich.«

»Prinzipien?« Die Zauberin lächelte bissig. »Oder einfach nur ganz gewöhnliche Angst? Die einzige menschliche Empfindung, die sie dir nicht ausgetrieben haben?«

»Sowohl als auch«, stimmte der Hexer gleichmütig zu. »Wo ist da der Unterschied?«

»Genau.« Yennefer kam näher. »Kein Unterschied. Prinzipien kann man brechen, die Angst überwinden. Töte diesen Drachen, Geralt. Für mich.«

»Für dich?«

»Für mich. Ich will diesen Drachen, Geralt. Im ganzen. Ich will ihn für mich allein haben.«

»Benutze Zauberkräfte und töte ihn.«

»Nein. Töte du ihn. Und ich halte mit Zauberkräften

die Haudegen und die anderen zurück, damit sie dich nicht dran hindern.«

»Dann gibt es Tote, Yennefer.«

»Seit wann kümmert dich das? Befaß du dich mit dem Drachen, ich nehme die Menschen auf mich.«

»Yennefer«, sagte der Hexer kalt. »Ich kann's nicht verstehen. Was soll dir dieser Drache? Hat dich die goldene Farbe seiner Schuppen derart geblendet? Du leidest schließlich keine Not, du hast zahllose Einnahmequellen, bist berühmt. Worum also geht es? Sag nur nichts von Berufung, bitte.«

Yennefer schwieg; schließlich kniff sie die Lippen zusammen und trat mit Schwung gegen einen im Gras liegenden Stein.

»Es gibt jemanden, der mir helfen kann, Geralt. Anscheinend ... Du weißt, worum es mir geht ... Anscheinend ist das doch nicht unumkehrbar. Es gibt eine Chance. Ich kann noch welche kriegen ... Du verstehst?«

»Ich verstehe.«

»Das ist eine komplizierte Operation, teuer. Aber im Tausch gegen einen goldenen Drachen ... Geralt?«

Der Hexer schwieg.

»Als wir an der Brücke hingen«, sagte die Zauberin, »hast du mich um etwas gebeten. Ich werde deine Bitte erfüllen. Trotz alledem.«

Der Hexer lächelte traurig, berührte mit dem Zeigefinger den Osidianstern an Yennefers Hals.

»Zu spät, Yen. Wir hängen nicht mehr da. Es kommt mir nicht mehr darauf an. Trotz alledem.«

Er rechnete mit dem Schlimmsten, mit Feuerkaskaden, Blitzen, einem Hieb ins Gesicht, Beschimpfungen, Flüchen. Er wunderte sich, als er nur ein beherrschtes Zucken der Lippen sah. Yennefer wandte sich langsam ab. Geralt bereute seine Worte. Er bereute das Gefühl, dem sie entsprungen waren. Die Grenze des Möglichen, die er überschritten hatte, riß wie eine Lautensaite. Er blickte Rittersporn an, sah, wie der Troubadour rasch den Kopf wegdrehte, seinem Blick auswich.

»Gut, also das mit der Ritterehre haben wir nun hinter uns, meine Herrschaften«, rief Boholt. Er stand schon gewappnet vor Niedamir, der mit einem unveränderten Ausdruck von Langerweile noch immer auf dem Stein saß. »Die Ritterehre liegt da und stöhnt leise. Das war ein elender Plan, Herr Gyllenstiern, Eyck als Euren Ritter und Vasallen vorzuschicken. Ich will auf niemanden mit dem Finger zeigen, aber ich weiß, wem Eyck die gebrochenen Stelzen verdankt. So sind wir auf einen Schlag zweierlei los. Einen Irren, der in seinem Wahn die Legenden zum Leben erwecken wollte, wie ein kühner Ritter im Zweikampf den Drachen besiegt. Und einen Intriganten, der daraus seinen Nutzen zu ziehen beabsichtigte. Ihr wißt, von wem ich spreche, Herr Gyllenstiern? Das ist gut. Und jetzt sind wir am Zuge. Jetzt werden wir, die Haudegen, diesen Drachen erledigen. Aber auf eigene Rechnung.«

»Und das Abkommen, Boholt?« preßte der Kanzler zwischen den Zähnen hervor. »Was ist mit dem Abkommen?«

»Ich scheiß auf das Abkommen.«

»Das ist unerhört! Das ist Majestätsbeleidigung!«

Gyllenstiern stampfte mit dem Fuß auf. »König Niedamir ...«

»Was ist mit dem König?« donnerte Boholt, auf das riesige, zweihändige Schwert gestützt. »Hat der König vielleicht Lust, persönlich, also selber gegen den Drachen zu kämpfen? Oder vielleicht stopft Ihr, sein treuer Kanzler, Eueren Wanst in die Rüstung und tretet an? Warum denn nicht, bitte sehr, wir warten dann noch, meine Herrschaften. Ihr hattet Eure Chance, Gyllenstiern; wenn Eyck den Drachen erledigt hätte, hättet Ihr ihn Euch ganz genommen, wir hätten nichts abgekriegt, keine einzige goldene Schuppe von seinem Kamm. Aber jetzt ist es zu spät. Seht Euch doch mal um. Da ist niemand mehr, der für die Farben Caingorns kämpfen könnte. Noch so einen Dummkopf wie Eyck findet Ihr nicht.«

»Das ist nicht wahr!« Der Schuster Zigenfras fiel vor dem König auf die Knie, der noch immer in die Betrachtung eines nur ihm bekannten Punktes am Horizont vertieft war. »Herr König! Wartet nur ein Weilchen, bis die Unseren aus Barfeld heranziehen, da könnt Ihr was sehen! Spuckt auf den neunmalklugen Adel, jagt ihn zum Teufel! Ihr werdet sehen, wer wirklich mutig ist, wer Mumm in den Knochen hat und nicht in der Zunge!«

»Halt's Maul«, erwiderte Boholt ruhig, während er einen Rostfleck vom Brustpanzer rieb. »Halt's Maul, Kerl, denn sonst stopf ich es dir, daß dir die Zähne in den Schlund fliegen.«

Zigenfras, der sah, wie Kennet und Neuntöter näher kamen, zog sich rasch zurück, tauchte in der Barfelder Bürgerwehr unter.

»König!« rief Gyllenstiern. »König, was befiehlst du?«

Der Ausdruck von Langerweile verschwand plötzlich vom Gesicht Niedamirs. Der minderjährige Monarch rümpfte die sommersprossige Nase und stand auf.

»Was ich befehle?« wiederholte er mit dünner Stimme. »Endlich hast du danach gefragt, Gyllenstiern, statt für mich zu entscheiden und für mich und in meinem Namen zu sprechen. Ich bin sehr erfreut. Und so soll es bleiben, Gyllenstiern. Von diesem Augenblick an wirst du schweigen und den Befehlen gehorchen. Der erste davon lautet: Sammle die Leute, laß Eyck von Denesle auf den Wagen legen. Wir kehren nach Caingorn zurück.«

»Herr...«

»Kein Wort, Gyllenstiern. Frau Yennefer, Ihr edlen Herren, ich sage Euch Lebwohl. Ich habe bei dieser Expedition ein wenig Zeit verloren, aber auch viel gewonnen. Ich habe sehr viel gelernt. Ich danke Euch für Eure Worte, Frau Yennefer, Herr Dorregaray, Herr Boholt. Und danke für das Schweigen, Herr Geralt.«

»König«, sagte Gyllenstiern. »Was soll das? Der Drache ist doch da, hier. Man braucht nur die Hand auszustrecken. König, dein Traum ...«

»Mein Traum«, wiederholte Niedamir nachdenklich. »Den hab ich noch nicht. Und wenn ich hierbleibe ... Vielleicht werde ich ihn dann nie haben.«

»Und Malleore? Und die Hand der Prinzessin?« beharrte der Kanzler und fuchtelte mit den Armen. »Und der Thron? König, das Volk dort wird dich anerkennen ...«

»Ich scheiß auf das Volk dort, wie Herr Boholt zu sagen pflegt.« Niedamir lächelte. »Der Thron von Malleore gehört mir sowieso, denn ich habe in Caingorn dreihundert Panzerreiter und anderthalbtausend Mann Fußvolk gegen deren tausend elende Schildträger. Und was die Anerkennung betrifft, die bekomme ich auch so. Ich werde solange aufhängen, enthaupten und vierteilen lassen, bis sie mich anerkennen. Und was die Prinzessin angeht, dieses fette Kalb, so pfeif ich auf ihre Hand, ich brauch bloß ihren Steiß, daß sie mir einen Thronfolger gebärt, danach wird sie sowieso vergiftet. Nach der Methode von Meister Zigenfras. Genug geredet, Gyllenstiern. Mach dich an die Ausführung der erteilten Befehle.«

»In der Tat«, flüsterte Rittersporn Geralt zu. »Er hat viel gelernt.«

»Hat er«, bestätigte Geralt, den Blick auf den Hügel gerichtet, wo der goldene Drache, den dreieckigen Kopf gesenkt, mit der gespaltenen, scharlachroten Zunge etwas leckte, was neben ihm im Grase saß. »Aber ich möchte nicht sein Untertan sein, Rittersporn.«

»Und was geschieht jetzt, was meinst du?«

Der Hexer blickte ruhig auf das kleine graugrüne Wesen, das neben den goldenen Klauen des herabgebeugten Drachen mit den Flügelchen wedelte.

»Und was meinst du zu alledem, Rittersporn? Was denkst du darüber?«

»Was hat es denn zu bedeuten, was ich darüber denke? Ich bin ein Dichter, Geralt. Hat meine Meinung irgendeine Bedeutung?«

»Hat sie.«

»Gut, dann sag ich dir's. Also, Geralt, wenn ich ein Reptil seh, eine Schlange, sagen wir, oder sonst eine Echse, dann schüttelt's mich, so ekle und fürchte ich mich vor dem Ungeziefer. Aber dieser Drache...«

»Ja?«

»Er... er ist schön, Geralt.«

»Dank dir, Rittersporn.«

»Wofür?«

Geralt wandte den Kopf ab, griff langsam nach der Schnalle des Riemens und machte ihn zwei Löcher enger. Er hob die rechte Hand, um zu prüfen, ob sich der Schwertgriff an der richtigen Stelle befand. Rittersporn sah mit aufgerissenen Augen zu.

»Geralt! Du willst...«

»Ja«, sagte der Hexer ruhig. »Es gibt eine Grenze des Möglichen. Ich hab das alles satt. Gehst du mit Niedamir oder bleibst du hier, Rittersporn?«

Der Troubadour bückte sich, schob die Laute vorsichtig und behutsam unter einen Stein, richtete sich auf.

»Ich bleibe. Wie hast du gesagt? Die Grenze des Möglichen? Den Titel lege ich mir für die Ballade zurück.«

»Das wird vielleicht deine letzte Ballade sein, Rittersporn.«

»Geralt?«

»Hm?«

»Ohne zu töten... Geht das?«

»Ein Schwert ist ein Schwert, Rittersporn. Wenn man erst einmal danach greift ...«
»Versuch es.«
»Ich versuch's.«
Dorregaray räusperte sich, wandte sich zu Yennefer und den Haudegen um, zeigte auf das sich entfernende Gefolge des Königs.
»Dort«, sagte er, »zieht der König Niedamir ab. Er erteilt keine königlichen Befehle mehr durch den Mund Gyllenstierns. Er geht und beweist damit Vernunft. Gut, daß du da bist, Rittersporn. Ich schlage vor, du fängst an, die Ballade zu dichten.«
»Worüber?«
»Darüber« – der Zauberer zog seinen Stab aus dem Wams –, »wie Meister Dorregaray, der Schwarzkünstler, eine Bande von Schurken nach Hause gejagt hat, die nach Schurkenart den letzten goldenen Drachen umbringen wollten, den es noch auf der Welt gab. Keine Bewegung, Boholt! Yarpen, Hände weg von der Axt! Wag dich ja nicht zu zucken, Yennefer! Los, Schurken, hübsch brav dem König nach. Auf die Pferde, auf die Wagen. Ich warne euch, wer eine falsche Bewegung macht, von dem bleibt ein nasser Fleck im Sand. Ich scherze nicht.«
»Dorregaray!« zischte Yennefer.
»Herr Zauberer«, sagte Boholt versöhnlich. »Gehört sich das denn ...«
»Schweig, Boholt. Ich habe gesagt, ihr werdet diesen Drachen nicht anrühren. Man tötet keine Legende. Kehrt marsch und ab mit euch.«
Yennefers Hand schoß plötzlich vor, und der Boden rings um Dorregaray explodierte in blauem Feuer, begann mit einem Gemengsel von ausgerissenen Gräsern und Erde zu brodeln. Der Zauberer strauchelte inmitten der Flammen. Neuntöter sprang herbei und schlug ihm mit dem Ansatz der Faust ins Gesicht. Dorregaray fiel,

aus seinem Stab schoß ein roter Blitz und verlosch zwischen den Felsbrocken, ohne Schaden anzurichten. Der Häcksler, der von der anderen Seite herbeigesprungen war, trat nach dem liegenden Zauberer, holte aus, um es abermals zu tun. Gerat warf sich dazwischen, stieß den Häcksler zurück, zog das Schwert, hieb mit der flachen Klinge zu, zielte auf die Stelle zwischen Brust- und Rückenpanzer. Ihn hinderte Boholt, der den Hieb mit der breiten Klinge des Zweihänders parierte. Rittersporn stellte Neuntöter ein Bein, doch vergebens – Neuntöter krallte sich im bunten Wams des Barden fest und setzte ihm die Faust zwischen die Augen. Yarpen Zigrin, der von hinten herangelaufen kam, hieb Rittersporn die Beine weg, indem er ihm mit dem Schaft der Axt in die Kniekehlen schlug.

Geralt wirbelte in einer Pirouette herum, um Boholts Schwert auszuweichen, schlug kurz nach dem herbeispringenden Häcksler und riß ihm den eisernen Handschuh ab. Der Häcksler sprang beiseite, stolperte, fiel. Boholt stöhnte, ließ das Schwert wie eine Sense sausen, Geralt sprang über die singende Schneide hinweg, rammte Boholt den Schwertknauf gegen den Brustpanzer, stieß ihn weg, schlug zu und zielte dabei auf die Wange. Boholt sah, daß er mit dem schweren Schwert nicht parieren konnte, warf sich zurück und fiel zu Boden. Der Hexer sprang auf ihn zu und fühlte in diesem Augenblick, wie die Erde ihm unter den starr werdenden Beinen wegrutschte. Er sah, wie der Horizont sich aus waagerechter Lage senkrecht aufrichtete. Er versuchte vergebens, die Finger zu einem Schutzzeichen zu formen, prallte schwer mit der Seite auf den Boden, und das Schwert glitt ihm aus der erstarrten Hand. In den Ohren hämmerte und rauschte es.

»Fessel sie, solange der Spruch wirkt«, sagte Yennefer von irgendwo oben und weit entfernt her. »Alle drei.«

Dorregaray und Geralt, betäubt und ohnmächtig, ließen sich ohne Widerstand und ohne ein Wort fesseln und am Wagen festbinden. Rittersporn zappelte und fluchte, so kriegte er, noch ehe er festgebunden war, eins aufs Maul.

»Wozu sie fesseln, die Verräter, die Hundesöhne«, sagte Zigenfras, der näher kam. »Sofort kaltmachen und fertig.«

»Bist selber 'n Sohn, und nicht von 'nem Hund«, sagte Yarpen Zigrin. »Wozu hier die Hunde schlechtmachen. Verzieh dich, du Latsch.«

»Ihr seid mächtig mutig«, knurrte Zigenfras. »Es wird sich zeigen, ob euer Mut ausreicht, wenn meine Leute aus Barfeld kommen, dann werden wir sehen ...«

Mit einer für seine Figur unerwarteten Gewandtheit drehte sich Yarpen herum und hieb ihm den Axtstiel vor die Stirn. Der neben ihm stehende Neuntöter korrigierte mit einem Fußtritt die Richtung. Zigenfras flog ein paar Klafter weit und landete mit der Nase im Gras.

»Daran werdet ihr noch denken!« brüllte er auf allen vieren. »Euch alle ...«

»Jungs!« schrie Yarpen Zigrin. »In den Arsch den Schuster, den Hurensohn! Greif ihn dir, Neuntöter!«

Zigenfras wartete nicht ab. Er stürzte los und rannte, was das Zeug hielt, auf die östliche Klamm zu. Hinter ihm liefen wirr durcheinander die Barfelder Fährtensucher. Die Zwerge warfen ihnen mit brüllendem Gelächter Steine nach.

»Irgendwie ist gleich die Luft frischer geworden.«

Yarpen grinste. »Also, Boholt, nehmen wir uns den Drachen vor.«

»Gemach.« Yennefer hob die Hand. »Nehmen könnt ihr, aber die Beine in die Hand. Hurtig. Allesamt, wie ihr hier steht.«

»Ach was?« Boholt zog sich zusammen, und seine

Augen funkelten feindselig. »Was sagt Ihr da, durchlauchtigste Frau Hexe?«

»Verschwindet von hier, dem Schuster nach«, wiederholte Yennefer. »Alle. Mit dem Drachen werde ich allein fertig. Mit unkonventionellen Waffen. Und im Gehen könnt ihr euch bei mir bedanken. Wenn ich nicht gewesen wäre, hättet ihr das Hexerschwert zu spüren bekommen. Also los, macht hin, Boholt, ehe ich die Geduld verliere. Ich warne euch, ich kenne einen Spruch, mit dem ich Wallache aus euch machen kann. Ich brauche bloß die Hand zu heben.«

»Also nein«, preßte Boholt hervor, »meine Geduld hat die Grenze des Möglichen erreicht. Ich laß mich nicht zum Narren halten. Häcksler, mach die Deichsel vom Wagen los. Ich merke, daß auch ich eine unkonventionelle Waffe brauche. Gleich wird sich hier jemand das Kreuz verrenken, meine Herrschaften. Ich will auf niemanden mit dem Finger zeigen, aber gleich wird sich eine bestimmte ekelhafte Hexe das Kreuz verrenken.«

»Versuch's nur, Boholt. Dann hab ich heut noch ein bißchen Spaß.«

»Yennefer«, sagte der Zwerg vorwurfsvoll. »Warum?«

»Vielleicht mag ich einfach nicht teilen, Yarpen?«

»Na ja.« Yarpen Zigrin lächelte. »Das ist zutiefst menschlich. So menschlich, daß es fast zwergisch ist. Es macht Freude, so vertraute Züge bei einer Zauberin zu sehen. Denn ich teile auch nicht gern, Yennefer.«

Er krümmte sich mit einer kurzen, blitzschnellen Bewegung. Eine Stahlkugel, die er wer weiß woher und wann genommen hatte, pfiff durch die Luft und traf Yennefer mitten auf die Stirn. Ehe die Zauberin zur Besinnung kam, hing sie schon in der Luft, an den Armen vom Häcksler und Neuntöter festgehalten, und Yarpen umwickelte ihr die Finger mit einer Schnur. Yennefer schrie wütend auf, aber einer von Yarpens Jungs, der hinter ihr stand, warf ihr einen Zügel über den Kopf, zog fest zu, daß der Riemen in den offenen Mund geriet und den Schrei erstickte.

»Und was nun, Yennefer?« sagte Boholt und kam auf sie zu. »Wie willst du einen Wallach aus mir machen? Wo du keine Hand rühren kannst?«

Er riß ihr den Kragen des Wamses auf, zerriß den Rock und schob ihn beiseite. Yennefers Kreischen wurde von dem Zügel gedämpft.

»Ich hab jetzt keine Zeit«, sagte Boholt, während er sie ungeniert unter dem brüllenden Gelächter der Zwerge befingerte, »aber wart ein Weilchen, Hexe. Wenn wir mit dem Drachen fertig sind, werden wir Spaß haben. Fesselt sie ordentlich an ein Rad, Jungs. Beide Pfötchen an den Reifen, so, daß sie nicht mal mit einem Finger wackeln kann. Und es soll sie jetzt keiner anrühren, verdammich, meine Herrschaften. Die Reihenfolge werden wir danach festlegen, wie sich wer beim Drachen schlägt.«

»Boholt«, meldete sich der gefesselte Geralt, leise, ruhig und feindselig. »Sieh dich vor. Ich finde dich, und sei es am Ende der Welt.«

»Ich wundre mich über dich«, erwiderte der Haudegen, ebenfalls ruhig. »Ich an deiner Stelle würde mich still verhalten. Ich kenne dich und muß deine Drohung ernst nehmen. Mir wird keine Wahl bleiben. Du kannst das nicht überleben, Hexer. Wir kommen darauf noch zurück. Neuntöter, Häcksler, auf die Pferde.«

»Da haben wir den Salat«, stöhnte Rittersporn. »Was, zum Teufel, hab ich mich eingemischt?«

Dorregaray blickte mit gesenktem Kopf auf die dicken Blutstropfen, die ihm langsam aus der Nase auf den Bauch tropften.

»Du könntest aufhören, so zu glotzen!« rief die Zauberin Geralt zu und versuchte vergeblich, die entblößten Reize zu bedecken. Der Hexer wandte gehorsam den Kopf ab. Rittersporn nicht.

»Für das, was ich sehe«, sagte der Barde lächelnd, »hast du wohl ein ganzes Fäßchen Mandragora-Elixier aufgewendet, Yennefer. Eine Haut wie eine Sechzehnjährige, daß mich ...«

»Halt's Maul, Hurensohn!« schrie die Zauberin.

»Wie alt bist du eigentlich, Yennefer?« Rittersporn gab nicht auf. »Über zweihundert? Na, sagen wir, hundertfünfzig. Aber gehalten hast du dich wie ...«

Yennefer verdrehte den Hals und spuckte ihn an, traf aber nicht.

»Yen«, sagte der Hexer vorwurfsvoll und wischte sich an der Schulter das bespuckte Ohr ab.

»Er soll aufhören zu glotzen!«

»Ich denke gar nicht dran«, erklärte Rittersporn, ohne den Blick von dem tröstlichen Anblick zu wenden, den die aufgelöste Zauberin bot. »Ihretwegen sitzen wir hier. Und vielleicht schneiden sie uns die Kehle durch. Während sie sie höchstens vergewaltigen werden, und in ihrem Alter ...«

»Halt den Mund, Rittersporn«, sagte Geralt.

»Ich denk gar nicht dran. Ich hab gerade vor, eine Ballade über zwei Titten zu verfassen. Ich möchte nicht gestört werden.«

»Rittersporn« – Dorregaray zog das Blut in der Nase hoch. »Sei ernst.«

»Ich bin ernst, zum Kuckuck.«

Von den Zwergen gestützt, wuchtete sich Boholt mit Mühe in den Sattel, schwer und steif von der Rüstung und den darüber befestigten ledernen Schutzschichten. Neuntöter und der Häcksler saßen schon zu Pferde und hielten quer über den Sätteln riesige beidhändige Schwerter.

»Gut«, knurrte Boholt. »Ziehen wir los gegen ihn.«

»Nicht doch«, sagte eine tiefe Stimme mit dem Klang

einer Messingposaune. »Ich bin doch zu euch gekommen!«

Über dem Ring aus Felsbrocken tauchte eine goldglänzende lange Schnauze auf, ein langer Hals, mit einer Reihe dreieckiger, gezackter Platten bewehrt, Pfoten mit Schwimmhäuten. Böse Echsenaugen mit senkrechter Pupille schauten unter hornigen Lidern hervor.

»Das dauerte mir da draußen zu lange«, sagte der Drache Villentretenmerth und sah sich um, »also bin ich selber gekommen. Wie ich sehe, hat sich die Zahl der Kampflustigen sehr verringert?«

Boholt nahm die Zügel zwischen die Zähne und das Schwert in beide Hände.

»Esch reischt noch«, sagte er undeutlich. »Stell disch tschum Kamff, Eksche!«

»Ich steh«, sagte der Drache, krümmte den Rücken in hohem Bogen und hob anstößig den Schwanz.

Boholt blickte sich um. Neuntöter und der Häcksler kreisten den Drachen langsam, auffällig ruhig von beiden Seiten her ein. Hinten warteten Yarpen Zigrin und seine Jungs, die Äxte in den Händen.

»Aaargh!« brüllte Boholt, trat dem Pferd heftig die Fersen in die Flanken und hob das Schwert.

Der Drache wich aus, ließ sich zu Boden fallen und schlug von oben her über den eigenen Rückenkamm wie ein Skorpion mit dem Schwanz – nicht nach Boholt, sondern nach Neuntöter, der von der Flanke her angriff. Neuntöter stürzte mitsamt seinem Pferd inmitten von Krachen, Poltern und Wiehern. Boholt duckte sich in vollem Galopp und hieb mit fürchterlichem Schwung zu; der Drache wich der breiten Klinge geschickt aus. Der Galopp trug Boholt vorbei. Der Drache krümmte sich, stellte sich auf die Hinterpfoten und verpaßte dem Häcksler einen Hieb mit den Krallen, daß er zugleich dem Pferd den Bauch und dem Reiter die Hüfte aufriß. Boholt, weit im Sattel zurückgelehnt, schaffte es, das

Pferd unter Kontrolle zu bringen, indem er mit den Zähnen die Zügel anzog, und griff erneut an.

Der Drache fuhr mit dem Schwanz über die ihm entgegenlaufenden Zwerge hinweg und warf sie alle um, worauf er sich auf Boholt stürzte und unterwegs wie beiläufig kräftig den Häcksler, der aufzustehen versuchte, zu Boden trat. Boholt warf den Kopf hin und her und versuchte das Pferd in vollem Galopp zu lenken, doch der Drache war viel schneller und tüchtiger. Er näherte sich ihm schlau von links, um ihm das Zuschlagen mit dem Schwert zu erschweren, und erwischte ihn mit der krallenbewehrten Pfote. Das Pferd bäumte sich auf und warf sich zur Seite, Boholt flog aus dem Sattel, wobei er Schwert und Helm verlor, und stürzte rücklings zu Boden, mit dem Kopf auf einen Felsbrocken.

»Nichts wie weg, Jungs!! In die Berge!!« überschrie Yarpen Zigrin das Gebrüll Neuntöters, der unter dem Pferd lag. Mit wehenden Bärten rannten die Zwerge auf die Felswände zu, in einem – bei ihren kurzen Beinen – erstaunlichen Tempo. Der Drache verfolgte sie nicht. Er saß ruhig da und schaute sich um. Neuntöter wand sich und fluchte unter dem Pferd. Boholt lag reglos da. Der Häcksler kroch auf die Felsen zu, rückwärts wie ein riesiger eiserner Krebs.

»Das ist unglaublich«, flüsterte Dorregaray. »Unglaublich ...«

»He!« Rittersporn ruckte an den Fesseln, daß der ganze Wagen wackelte. »Was ist das? Dort! Seht!«

Von der östlichen Klamm her war eine große Staubwolke zu sehen, und sogleich drangen auch Rufe, Rumpeln und Hufgetrappel heran. Der Drache reckte den Hals und blickte hin.

In den Talkessel kamen drei große Wagen gefahren, vollbeladen mit Bewaffneten. Sie schwärmten aus und begannen den Drachen zu umzingeln.

»Das ... verdammt, das sind die Bürgerwehr und die

Zünfte aus Barfeld!« rief Rittersporn. »Sie haben die Quellen der Braa umgangen! Ja, das sind sie! Seht, das ist Zigenfras, dort, an der Spitze!«

Der Drache senkte den Kopf und schob behutsam ein kleines graues, piepsendes Wesen zum Wagen hin. Dann schlug er mit dem Schwanz auf den Erdboden, brüllte laut und schoß wie ein Pfeil den Barfeldern entgegen.

»Was ist das?« fragte Yennefer. »Das Kleine? Was da im Grase herumwuselt? Geralt?«

»Das, was der Drache gegen uns verteidigt hat«, sagte der Hexer. »Das, was vor kurzem in der Höhle ausgeschlüpft ist, dort in der nördlichen Klamm. Ein kleiner Drache aus dem Ei des Drachenweibchens, das von Zigenfras vergiftet worden ist.«

Stolpernd und mit dem Bäuchlein über den Boden schleifend lief das Drachenjunge unentschlossen auf den Wagen zu, piepste, machte Männchen, breitete die kleinen Flügel aus, dann aber schmiegte es sich ohne zu zögern an die Seite der Zauberin. Yennefer machte eine schwer zu deutende Miene und seufzte.

»Er mag dich«, murmelte Geralt.

»Jung, aber nicht dumm.« Rittersporn drehte sich in den Fesseln zur Seite und bleckte die Zähne. »Seht nur, wo er das Köpfchen hingesteckt hat, ich wär gern an seiner Stelle, verdammt. He, Kleiner, lauf weg! Das ist Yennefer! Der Schrecken der Drachen! Und der Hexer. Zumindest eines Hexers.«

»Sei still, Rittersporn«, rief Dorregaray. »Seht dort drüben! Sie fallen ihn schon an, daß sie der Teufel hole!«

Polternd wie Streitwagen fuhren die Wagen der Barfelder dem angreifenden Drachen entgegen.

»Haut drauf!« brüllte Zigenfras, an die Schultern des Kutschers gekrallt. »Haut drauf, Gevattern, wie's grade kommt und wo! Kein Mitleid!«

Der Drache wich geschickt dem ersten auf ihn zu fahrenden Wagen aus, von dem die Spitzen und Schneiden von Sensen, Gabeln und Spießen blitzten, geriet aber zwischen die beiden folgenden, von denen, mit Riemen aufgespannt, ein großes, doppeltes Fischernetz auf ihn fiel. Darin verstrickt, ließ der Drache sich fallen, drehte sich, rollte sich zusammen, nahm ruckartig die Pfoten auseinander. Das Netz riß laut in Fetzen. Vom ersten Wagen, der inzwischen gewendet hatte, wurden weitere Netze auf ihn geworfen – sie wickelten ihn buchstäblich ein. Die beiden übrigen Wagen wendeten ebenfalls, preschten auf den Drachen zu, holperten und sprangen über Erdhuckel.

»Bist ins Netz gegangen, Forelle!« frohlockte Zigenfras. »Gleich werden wir dich abschuppen!«

Der Drache brüllte auf, ein zum Himmel hochschießender Strahl Dampf brach aus ihm hervor. Die Barfelder Bürgerwehr sprang von den Wagen, schwärmte aus und lief auf ihn zu. Der Drache brüllte abermals, verzweifelt, mit vibrierendem Ton.

Aus der nördlichen Klamm kam eine Antwort, ein hoher Kriegsschrei.

Im gestreckten Galopp, mit hell wehenden Zöpfen, gellenden Pfiffen und eingehüllt ins Blitzen der Säbel, brachen aus der Klamm hervor...

»Die Serrikanerinnen!« schrie der Hexer und zerrte ohnmächtig an den Fesseln.

»O verdammt!« fiel Rittersporn ein. »Geralt! Begreifst du?«

Die Serrikanerinnen fuhren durch das Getümmel wie ein heißes Messer durch Butter und säumten ihren Weg mit Leichen, sprangen von den Pferden, nahmen neben dem im Netz zappelnden Drachen Aufstellung. Der erste von den herbeilaufenden Barfeldern verlor sofort den Kopf. Der zweite zielte mit einer Mistgabel auf Vea, doch die Serrikanerin, den Säbel umgekehrt in beiden Händen, mit der Spitze nach unten, spaltete ihn vom

Schritt bis zum Brustbein. Die übrigen zogen sich eilends zurück.

»Auf die Wagen!« brüllte Zigenfras. »Auf die Wagen, Gevattern! Mit den Wagen fahren wir sie nieder!«

»Geralt!« schrie Yennefer plötzlich, krümmte die gefesselten Beine und streckte sie mit einer heftigen Bewegung nach hinten unter die gefesselten Hände des Hexers. »Das Zeichen Igni! Fühlst du die Fesseln? Brenn sie durch, verdammt!«

»Blindlings?« stöhnte Geralt. »Ich werde dich verbrennen, Yen!«

»Form das *Zeichen!* Ich werd's aushalten!«

Er gehorchte, spürte das Kribbeln in den Händen, die unmittelbar unter den gefesselten Knöcheln der Zauberin das Zeichen Igni formten. Yennefer wandte den Kopf ab, biß in den Kragen des Wamses, um ein Stöhnen zu unterdrücken. Der kleine Drache piepste und wedelte an ihrer Seite mit den Flügeln.

»Yen!«

»Mach weiter!« schrie sie auf.

Die Fesseln rissen in dem Augenblick, als der widerliche, beklemmende Geruch verbrannter Haut nicht mehr auszuhalten war. Dorregaray ließ ein sonderbares Echo ertönen, dann hing er bewußtlos in den Fesseln am Wagenrad.

Mit schmerzverzerrtem Gesicht gab sich die Zauberin einen Ruck, reckte den nun freien Fuß vor. Sie schrie mit rasender, von Schmerz und Wut erfüllter Stimme. Das Medaillon an Geralts Hals zuckte, als wäre es lebendig. Yennefer streckte das Bein aus und fuchtelte mit dem Fuß in Richtung der attackierenden Wagen der Barfelder Bürgerwehr, rief einen Spruch. Die Luft begann zu zittern, und es roch nach Ozon.

Der Zauberspruch, mit dem hübschen Bein statt der Hand, gelang der Zauberin nicht vollends. Der erste

Wagen mitsamt allem, was sich darauf befand, wurde einfach gelb wie eine Butterblume, was die Barfelder Krieger im Eifer des Gefechts gar nicht bemerkten. Mit dem zweiten Wagen ging es besser – seine gesamte Besatzung verwandelte sich augenblicklich in riesige unförmige Kröten, die mit schrecklichem Gebrüll nach allen Seiten davonsprangen. Der führungslose Wagen kippte um und brach in Stücke. Die Pferde jagten mit hysterischem Wiehern von dannen und schleiften die zerbrochene Deichsel hinter sich her.

Yennefer biß sich auf die Lippen und machte wieder eine Bewegung mit dem Fuß. Unter den Klängen abgehackter Musik, die von irgendwoher aus den Bergen drang, verwandelte sich der butterblumengelbe Wagen in butterblumengelben Rauch, und seine gesamte Besatzung schoß verdattert ins Gras, wo sie einen malerischen Haufen bildete. Die Räder des dritten Wagens wurden plötzlich viereckig, und die Wirkung stellte sich prompt ein. Die Pferde bäumten sich auf, der Wagen kippte vornüber, und die Barfelder Streitmacht verstreute sich über den Boden. Schon aus purer Rachsucht fuchtelte Yennefer mit dem Fuß herum und verwandelte die Barfelder aufs Geratewohl in Schildkröten, Gänse, Tausendfüßler, Flamingos und gestreifte Ferkel. Die Serrikanerinnen hieben geschickt und methodisch die übrigen zusammen.

Der Drache, der endlich das Netz in Fetzen gerissen hatte, sprang auf, schlug mit den Flügeln, brüllte und stürzte, gespannt wie eine Saite, dem Schuster Zigenfras nach, der dem Gemetzel entkommen war und das Weite suchte. Zigenfras rannte wie ein Hase, aber der Drache war schneller. Geralt sah den sich öffnenden Rachen und die stilettscharfen Zähne und wandte den Kopf zur Seite. Er hörte ein makabres Krachen und ein widerwärtiges Knirschen. Rittersporn schrie mit erstickter Stimme auf. Yennefer, das Gesicht kreidebleich, krümmte sich, drehte sich auf die Seite und übergab sich unter den Wagen.

Es trat Stille ein, nur gelegentlich unterbrochen vom Gackern, Unken und Quieken der Überreste der Barfelder Bürgerwehr.

Mit bösem Lächeln stellte sich Vea breitbeinig vor Yennefer hin. Die Serrikanerin hob den Säbel. Yennefer, bleich geworden, hob den Fuß.

»Nein«, sagte Borch, genannt Drei Dohlen, der auf einem Stein saß. Auf dem Schoß hielt er den kleinen Drachen, ruhig und zufrieden.

»Wir werden Frau Yennefer nicht töten«, wiederholte der Drache Villentretenmerth. »Das hat sich erledigt. Mehr noch, jetzt sind wir Frau Yennefer für die unschätzbare Hilfe dankbar. Lös ihnen die Fesseln, Vea.«

»Begreifst du, Geralt?« flüsterte Rittersporn, während er sich die tauben Hände rieb. »Begreifst du? Es gibt da so eine alte Ballade vom goldenen Drachen. Der goldene Drache kann...«

»Er kann jede Gestalt annehmen«, murmelte Geralt. »Auch eine menschliche. Ich hab davon gehört. Aber ich hab's nicht geglaubt.«

»Herr Yarpen Zigrin!« rief Villentretermerth dem Zwerg zu, der in zwanzig Ellen Höhe an die senkrechte Felswand gekrallt hing. »Was sucht Ihr dort? Murmeltiere? Das wird euch nicht schmecken, wenn ich Euch recht in Erinnerung habe. Kommt herunter und widmet Euch den Haudegen. Sie brauchen Hilfe. Es wird nicht mehr getötet. Niemand.«

Während er unruhige Blicke auf die Serrikanerinnen warf, die wachsam über das Schlachtfeld streiften, versuchte Rittersporn, den noch immer bewußtlosen Dorregaray zur Besinnung zu bringen. Geralt rieb Yennefers verbrannte Fußknöchel mit Salbe ein und verband sie. Die Zauberin zischte vor Schmerz und murmelte Verwünschungen.

Als er fertig war, stand der Hexer auf.

»Bleibt hier«, sagte er. »Ich muß mit ihm reden.«

Yennefer stand mit schmerzverzerrtem Gesicht gleichfalls auf.

»Ich komme mit dir, Geralt.« Sie nahm ihn bei der Hand. »Ja? Bitte, Geralt.«

»Mit mir, Yen? Ich dachte ...«

»Denk nicht.« Sie schmiegte sich an seine Schulter.

»Yen?«

»Schon gut, Geralt.«

Er blickte ihr in die Augen, und sie waren warm. Wie einst. Er neigte den Kopf und küßte sie auf die Lippen, die heiß waren, weich und bereitwillig. Wie einst.

Sie gingen.

Yennefer, von Geralt gestützt, hielt den Rock mit den Fingern und machte einen tiefen Knicks wie vor einem König.

»Drei Doh ... Villentretermerth ...«, sagte der Hexer.

»Mein Name bedeutet, frei übersetzt in eure Sprache: Drei Schwarze Vögel«, sagte der Drache. Das Drachenjunge, die kleinen Krallen am Unterarm von Drei Dohlen, bot den Hals der streichelnden Hand dar.

»Chaos und Ordnung.« Villentretenmerth lächelte. »Weißt du noch, Geralt? Chaos ist Angriffslust. Ordnung ist die Verteidigung dagegen. Es lohnt, bis ans Ende der Welt zu eilen, um der Kampfeslust und dem Bösen entgegenzutreten, nicht wahr, Hexer? Besonders, wie du sagtest, wenn es anständig bezahlt wird. Diesmal wurde es das. Es war der Schatz der Drächin Myrgtabrakke, der, die bei Barfeld vergiftet worden ist. Sie hat mich gerufen, daß ich ihr helfe, daß ich das Böse abwende, das ihr drohte. Myrgtabrakke ist schon weggeflogen, kurz nachdem Eyck von Denesle vom Schlachtfeld getragen wurde. Zeit hatte sie genug, während ihr redetet und euch strittet. Aber sie hat mir ihren Schatz dagelassen, meinen Lohn.«

Der kleine Drache piepste und schlug mit den Flügelchen.

»Also bist du ...«

»Ja«, unterbrach ihn der Drache. »Nun ja, die Zeiten sind so. Die Wesen, die ihr Ungeheuer zu nennen pflegt, fühlen sich seit einiger Zeit immer stärker von den Menschen bedroht. Sie werden allein nicht damit fertig. Sie brauchen einen Verteidiger. So einen ... Hexer.«

»Und das Ziel ... Das Ziel, das am Ende des Weges liegt?«

»Da ist es.« Villentretenmerth hob den Vorderarm. Das Drachenjunge piepste erschrocken. »Eben habe ich es erreicht. Dank ihm werde ich überdauern, Geralt von Rivien, werde beweisen, daß es keine Grenze des Möglichen gibt. Auch du wirst eines Tages solch ein Ziel finden, Hexer. Sogar die, die anders sind, können überdauern. Leb wohl, Geralt. Leb wohl, Yennefer.«

Die Zauberin faßte die Schulter des Hexers fester und machte abermals einen Knicks. Villentretenmerth stand auf, sah sie an, und sein Gesicht war sehr ernst.

»Verzeih die Offenheit und Geradlinigkeit, Yennefer. Es steht euch im Gesicht geschrieben, ich brauche nicht einmal zu versuchen, eure Gedanken zu lesen. Ihr seid füreinander geschaffen, du und der Hexer. Aber es kommt nichts dabei heraus. Nichts. Tut mir leid.«

»Ich weiß.« Yennefer wurde etwas blasser. »Ich weiß, Villentretenmerth. Aber auch ich hätte gern geglaubt daß es keine Grenze des Möglichen gibt. Oder wenigstens, daß sie noch sehr weit entfernt liegt.«

Vea, die hinzugetreten war, berührte leicht Geralts Schulter, sagte rasch ein paar Worte. Der Drache lächelte.

»Geralt, Vea sagt, daß sie noch lange an das Bad beim ›Nachdenklichen Drachen‹ denken wird. Sie rechnet darauf, daß wir uns irgendwann wieder begegnen.«

»Was?« fragte Yennefer und kniff die Augen zu einem Spalt zusammen.

»Ach, nichts«, sagte der Hexer rasch. »Villentretenmerth ...«

»Ich höre, Geralt von Rivien.«

»Du kannst jede Gestalt annehmen. Jede, die du nur willst.«

»Ja.«

»Warum also ein Mensch? Warum Borch mit den drei schwarzen Vögeln im Wappen?«

Der Drache lächelte heiter.

»Ich weiß nicht, Geralt, unter welchen Umständen die entfernten Vorfahren unserer Rassen einander zum erstenmal begegnet sind. Aber Tatsache ist, daß es für Drachen nichts Abstoßenderes als den Menschen gibt. Ein Mensch ruft in einem Drachen eine instinktive, unbegreifliche Abscheu hervor. Bei mir ist das anders. Für mich ... seid ihr anziehend. Lebt wohl.«

Es war keine allmähliche, fließende Verwandlung, auch nicht das nebelhaft verschwommene Zittern wie bei einer Einbildung. Es geschah plötzlich wie ein Lidschlag. An der Stelle, wo eben noch der Ritter mit dem lockigen Haar und dem Rock mit den drei schwarzen Vögeln darauf gestanden hatte, saß der goldene Drache, der in einer Dankesgebärde den langen, schlanken Hals reckte. Nachdem er den Kopf geneigt hatte, entfaltete er die Flügel, die golden im Sonnenschein glänzten. Yennefer seufzte laut auf.

Vea, wie Tea schon im Sattel, winkte.

»Vea«, sagte der Hexer, »du hattest recht.«

»Hm?«

»Er ist der Schönste.«

MICHAEL MOORCOCK

## Könige in Dunkelheit

*Drei Könige liegen in Dunkelheit*
*Unter einem öden, düst'ren Himmel*
*Gutheran von Org und ich, befreit,*
*der dritte unter dem Hügel.*

Verkads Lied
von James Cawthorn

1

Elric, König des untergegangenen und zerfallenen Reiches von Melniboné, ritt wie ein bissiger Wolf aus einer Falle – von Kopf bis Fuß bebende Erregung und freudlose Heiterkeit. Er verließ Nadsokor, die Stadt der Bettler, Haß hinterlassend, denn man hatte ihn als den alten Feind erkannt, ehe er das Geheimnis zu erlangen vermochte, das er dort zu finden gedachte. Jetzt wurde er gejagt, er und der groteske kleine Mann, der lachend an Elrics Seite ritt: Mondmatt, der Ausländer aus Elwher, aus dem unerschlossenen Osten.

Die Flammen von Fackeln verzehrten den Samt der Nacht, geschwenkt von der zerlumpten brüllenden Menge, die ihre knochigen Reittiere hinter den Fliehenden herjagte.

So ausgehungert und schakalhaft abgerissen sie auch sein mochten – ihre bunte Zahl brachte Kraft, und lange Messer und Knochenbögen leuchteten im Fackelschein. Sie waren zu übermächtig, als daß zwei Männer gegen sie kämpfen konnten, doch wiederum nicht zahlreich genug, um bei einer Verfolgung ernsthaft gefährlich zu sein. So hatten es Elric und Mondmatt vorgezogen, die Stadt ohne Diskussionen zu verlassen, und galoppierten nun dem aufsteigenden Vollmond entgegen, dessen kränkliche Strahlen durch die Dunkelheit strömten und ihnen das aufgewühlte Wasser des Varkalk-Flusses zeigten – und die Chance, sich vor dem aufgebrachten Mob in Sicherheit zu bringen.

Sie waren halb entschlossen, sich umzudrehen und gegen die Menge zu kämpfen, da der Varkalk die einzige Alternative war. Aber sie wußten wohl, was die Bettler mit ihnen anstellen würden, wohingegen es im dunkeln lag, was aus ihnen wurde, wenn sie im Fluß schwammen. Die Pferde erreichten das abfallende Ufer des Varkalk und stiegen mit wirbelnden Vorderhufen auf die Hinterhand.

Fluchend trieben die beiden Männer ihre Tiere an und zwangen sie zum Wasser hinab. Schnaubend und prustend stürzten sich die Pferde in den Fluß, in das Wasser, das brausend dem höllengezeugten Wald von Troos entgegenschoß, der innerhalb der Grenzen von Org lag, eines Landes der Hexerei und eines uralten schwärenden Übels.

Elric spuckte prustend Wasser und hustete. »Ich glaube kaum, daß sie uns nach Troos folgen!« rief er seinem Begleiter zu.

Mondmatt sagte nichts. Er grinste nur und zeigte weiße Zähne und unverhohlene Angst im Blick. Die Pferde schwammen kraftvoll mit der Strömung; hinter den beiden schrie der wilde Mob in frustrierter Blutgier, während einige lachten und spotteten.

»Soll doch der Wald die Arbeit für uns tun!«

Elric lachte grimmig zurück, während die Pferde weiter durch den dunklen, geraden Fluß schwammen, der breit und tief war, einem sonnenhungrigen Morgen entgegen, kalt und von Eiskristallen besetzt. Da und dort ragten spitze Felsbrocken aus der flachen Ebene, durch die der Fluß mit großer Geschwindigkeit strömte. Grünschimmernd aufragende Schwarz- und Brauntöne brachten Farbe ins Gestein, und auf der Ebene winkte das Gras, als verfolge es damit eine Absicht. Durch die Morgendämmerung galoppierte die Bettlerhorde am Ufer entlang, doch nach einiger Zeit gab sie ihre Beute auf, um erschaudernd nach Nadsokor zurückzukehren.

Als sie fort waren, ließen Elric und Mondmatt die Tiere auf das Ufer zuschwimmen und stolpernd die Schräge erklimmen; oben hatten Gestein und Gras bereits einem dünnen Waldbewuchs Platz gemacht, der sich nackt auf allen Seiten erhob und die Erde mit düsteren Schatten befleckte. Das Laubwerk bewegte sich ruckhaft, als wäre es am Leben – intelligent.

Es war ein Wald boshaft hervorbrechender Blüten, blutfarben und mit widerlichen Flecken bedeckt. Ein Wald aus gekrümmten, gewunden-glatten Stämmen, die schwärzlich schimmerten; ein Wald voller spitzer Blätter in gedämpften Purpurtönen und schimmernden Grünfärbungen – auf jeden Fall allein schon nach dem Geruch ein ungesunder Ort – verfaulende Vegetation verbreitete einen beinahe unerträglichen Gestank und kränkte die empfindlichen Nasen Elrics und Mondmatts.

Mondmatt rümpfte die Nase und bewegte den Kopf ruckhaft in die Richtung, aus der sie gekommen waren. »Zurück?« fragte er. »Wir können Troos umgehen und in schnellem Ritt durch einen Winkel Orgs reiten und in gut einem Tag Bakshaan erreichen. Was meinst du dazu, Elric?«

Elric runzelte die Stirn. »Zweifellos würde man uns in Bakshaan mit derselben Wärme empfangen, die wir in Nadsokor zu spüren bekommen haben. Dort hat man bestimmt nicht die Zerstörung vergessen, die wir angerichtet haben – und den Reichtum, den wir den dortigen Kaufleuten abnehmen konnten. Nein, mir steht der

Sinn danach, ein wenig den Wald zu erkunden. Ich habe von Org und seinem unnatürlichen Wald erzählen hören und möchte den Geschichten auf den Grund gehen. Meine Klinge und meine Zauberei werden uns notfalls schützen.«

Mondmatt seufzte. »Elric – dies eine Mal wollen wir der Gefahr nicht so offen entgegenreiten.«

Elric lächelte eisig. Seine roten Augen funkelten mit besonderer Intensität in seinem totenblassen Gesicht. »Gefahr? Sie kann doch nur den Tod bringen.«

»Der Tod schmeckt mir noch nicht«, sagte Mondmatt. »Die Fleischtöpfe von Bakshaan, oder, wenn dir das mehr liegt, Kadmar – andererseits ...«

Doch schon trieb Elric sein Pferd zur Eile an, in Richtung auf den Wald. Seufzend folgte ihm Mondmatt.

Nach kurzer Zeit verhüllten dunkle Blüten den größten Teil des Himmels, der für sich schon ziemlich dunkel war, und die beiden Männer vermochten nur eine kurze Strecke zu überschauen. Der Rest des Waldes wirkte hoch und ausgedehnt; sie spürten dies, obwohl die Details in dem deprimierenden Dämmerlicht untergingen.

Mondmatt kannte den Wald aus Beschreibungen von Reisenden, die mit wahnerfüllten Augen in den Schatten von Nadsokors Tavernen saßen und zielstrebig dem Alkohol zusprachen.

»Dies scheint mir wahrhaft der Wald von Troos zu sein«, sagte er zu Elric. »Es wird berichtet, daß das Verdammte Volk gewaltige Kräfte auf die Erde schickte und unter den Menschen, Tieren und Pflanzen schreckliche Veränderungen verursachte. Dieser Wald ist seine letzte Schöpfung, die nun auch als letzte untergeht.«

»Zu bestimmten Zeiten haßt jedes Kind seine Eltern«, sagte Elric.

»Das waren aber Kinder, vor denen man sich sehr in

acht nehmen muß, würde ich sagen«, gab Mondmatt zurück. »Manche behaupten, daß sie, als sie im Gipfel ihrer Macht standen, keine Götter zu fürchten brauchten.«

»Ein wagemutiges Volk, da hast du recht«, sagte Elric mit feinem Lächeln. »Ich erweise ihm meinen Respekt. Jetzt sind Angst und Götter wieder da, und das zumindest finde ich tröstend.«

Mondmatt grübelte eine Weile über diese Worte nach, antwortete dann aber doch nichts darauf.

In ihm aber erwuchs Unbehagen.

Die Gegend war angefüllt mit unbekanntem Rascheln und Flüsterlauten, obwohl, soweit sie feststellen konnten, kein lebendiges Tier hier wohnte. Störend machte sich das Fehlen von Vögeln, Nagetieren und Insekten bemerkbar, und obwohl die Männer solchen Geschöpfen normalerweise mit wenig Zuneigung begegneten, hätten sie ihre Gesellschaft in diesem beunruhigenden Wald sehr begrüßt.

Mit zitternder Stimme begann Mondmatt ein Lied zu singen, in der Hoffnung, sich damit die Stimmung zu erhalten und zu verhindern, daß sich seine Gedanken zu sehr mit dem lauernden Wald beschäftigten:

»Mein Handwerk ist Lachen und Reden,
Damit friste ich mein Leben,
Ich bin zwar nicht groß, und mein Mut ist klein,
Doch wird mein Ruhm so schnell nicht vergessen
  sein.«

Mit solchem Gesang, der ihm die natürliche gute Laune zurückbrachte, ritt Mondmatt hinter dem Mann her, den er für seinen Freund hielt – einen Freund, der für ihn eine Art Herr und Meister war, obwohl keiner der beiden es zugab.

Elric lächelte über Mondmatts Lied: »Über den eigenen Mangel an Größe und Mut zu singen – das dürfte nicht gerade dazu beitragen, Feinde zu verscheuchen, Mondmatt.«

»Aber auf diese Weise stelle ich auch keine Provokation dar«, antwortete Mondmatt wortgewandt. »Wenn ich meine Fehler besinge, bin ich sicher. Würde ich mit meinen Talenten prahlen, könnte dies jemand als Herausforderung ansehen und den Entschluß fassen, mir eine Lektion zu erteilen.«

»Das stimmt«, sagte Elric ernst, »und du hast wohl gesprochen.« Er begann auf bestimmte Blüten und Blätter zu deuten, erklärte ihre fremdartige Färbung und Beschaffenheit und belegte sie zuweilen mit Bezeichnungen, die Mondmatt nicht verstand; er wußte, daß die Ausdrücke zum Vokabular eines Zauberers gehörten. Der Albino schien unberührt von den Ängsten, die den Ostländer heimsuchten, doch bei Elric verhüllte der äußere Schein oft gegensätzliche Realitäten.

Sie machten eine kurze Pause, während Elric einige Muster sortierte, die er von Bäumen und Pflanzen abgerissen hatte. Sorgsam verstaute er seine Funde im Gürtelbeutel, verriet Mondmatt aber nicht den Grund für sein Tun.

»Komm!« sagte er schließlich. »Troos' Geheimnisse erwarten uns.«

Doch im nächsten Augenblick sagte eine fremde Stimme, eine Frauenstimme, leise in dem Dämmerlicht: »Hebt euch den Ausflug für ein andermal auf, Fremde.«

Elric zügelte sein Pferd, eine Hand auf Sturmbringers Griff gelegt. Die Stimme hatte eine überraschende Wirkung auf ihn. Sie klang leise und tief und versetzte einen Augenblick lang den Puls in seinem Hals in hektische Eile. Es war unglaublich – doch er spürte plötzlich, daß er auf einer Straße des Schicksals stand – doch wohin ihn diese Straße führen würde, wußte er nicht. Hastig bezwang er seine Gedanken und dann seinen Körper und blickte zu den Schatten hinüber, aus denen die Stimme gesprochen hatte.

»Sehr freundlich von dir, uns deinen Rat anzubieten, meine Dame«, sagte er streng. »Komm, zeig dich, gib uns eine Erklärung ...«

Da ritt sie herbei, sehr langsam, auf einem schwarzverhüllten Wallach, der im Banne von Kräften tänzelte, die sie kaum zurückzuhalten vermochte. Mondmatt zog anerkennend den Atem ein, denn sie hatte zwar ein rundes, volles Gesicht, war aber unglaublich schön. Gesichtsausdruck und Haltung verrieten eine hohe Abkunft, die Augen schimmerten graugrün und verbanden Rätselhaftigkeit mit Unschuld. Sie war noch sehr jung. Trotz ihrer Fraulichkeit und Schönheit schätzte Mondmatt sie auf etwa siebzehn Jahre oder wenig mehr.

Elric fragte stirnrunzelnd: »Bist du allein unterwegs?«

»In letzter Zeit«, erwiderte sie und versuchte ihr offenkundiges Erstaunen über die Hautfarbe des Albinos zu verbergen. »Ich brauche Hilfe – Schutz. Männer, die mich sicher nach Karlaak geleiten. Dort werden sie dafür bezahlt werden.«

»Karlaak an der Tränenwüste? Das liegt doch auf der anderen Seite von Ilmiora, hundert Meilen entfernt, ein Wochenritt, selbst wenn man sich beeilt.« Elric wartete nicht ab, bis sie auf seine Äußerung antwortete. »Wir sind keine Lohndiener, meine Dame.«

»Dann seid ihr durch die Kavalierspflichten gegenüber einer Frau gebunden, Herr, und könnt euch meiner Bitte nicht widersetzen!«

Elric lachte kurz auf. »Kavalierspflichten? Wir gehören nicht zu den emporgekommenen Nationen des Südens mit ihren seltsamen Sitten und Verhaltensregeln. Wir sind Edelleute reineren Wassers, die sich in ihrem Tun ausschließlich von den eigenen Wünschen leiten lassen. Du würdest uns nicht um solchen Gefallen bitten, wären dir unsere Namen bekannt.«

Sie befeuchtete ihre vollen Lippen und fragte beinahe schüchtern: »Ihr seid …?«

»Elric von Melniboné, werte Dame, im Westen als Elric Frauentöter bekannt, und dies ist Mondmatt aus Elwher; er hat kein Gewissen.«

»Es gibt Legenden«, sagte sie. »Vom weißgesichtigen Räuber, einem höllengezeugten Zauberer mit einer Klinge, die die Seelen von Menschen trinkt.«

»Das sind keine Legenden. Das entspricht den Tatsachen. So sehr die Geschichten durch das ewige Wiederholen auch verzerrt werden, sie lassen doch noch etwas von den düsteren Wahrheiten erkennen, die ihren Ursprung ausmachen. Nun, meine Dame, suchst du noch immer unsere Hilfe?« In Elrics Stimme lag keine Drohung; sie klang weich und sanft, erkannte er doch, daß sie große Angst hatte, obwohl sie ihre Furcht zu bezwingen wußte und die Lippen entschlossen zusammenpreßte.

»Ich habe keine andere Wahl. Ich bin euch ausgeliefert. Mein Vater, der Erste Senator von Karlaak, ist sehr reich. Karlaak wird auch die Stadt der Jadetürme genannt, das wißt ihr bestimmt, und solche seltenen Jadesteine und Bernsteine besitzen wir. Viele davon könnten euch gehören.«

»Nehmt euch in acht, meine Dame, damit ihr mich nicht erzürnt«, sagte Elric warnend, während in Mondmatts helle Augen ein gieriges Glitzern trat. »Wir sind keine primitiven Schwertkämpfer, die man anwerben kann, oder Waren, die sich einfach kaufen lassen. Außerdem …« – er lächelte verächtlich – »komme ich aus dem zerfallenen Imrryr, der Träumenden Stadt, von der Insel der Drachen, Nabe des Alten Melniboné, und ich weiß, wie wahre Schönheit aussieht. Schätze, wie ihr sie uns anbietet, bilden keine Verlockung für einen

Mann, der das milchige Herz Ariochs gesehen hat, der die blendende Strahlung kennt, die pulsierend vom Rubinthron ausgeht, der die matten und unbeschreiblichen Farben im Actorios-Stein des Rings der Könige geschaut hat. Diese Dinge sind mehr als Edelsteine, meine Dame – sie enthalten den Lebensstoff des Universums.«

»Ich entschuldige mich, Lord Elric, und auch dir gegenüber, Herr Mondmatt.«

Elric lachte, beinahe liebevoll. »Wir sind ernste Clowns, meine Dame, aber die Götter des Glücks haben uns bei der Flucht aus Nadsokor geholfen, und wir stehen in ihrer Schuld. Wir geleiten dich nach Karlaak, zur Stadt der Jadetürme, und erforschen den Wald von Troos ein andermal.«

Ihr Dank wurde abgeschwächt durch einen besorgten Ausdruck in ihren Augen.

»Nachdem wir uns nun vorgestellt haben«, fuhr Elric fort, »hättest du vielleicht die Güte, uns deinen Namen zu sagen und deine Geschichte zu erzählen.«

»Ich bin Zarozinia aus Karlaak, Tochter der Voashoon, des mächtigsten Klans in Südost-Ilmiora. Wir haben Angehörige in den Handelsstädten an den Küsten von Pikarayd, die ich mit zwei Cousins und meinem Onkel besuchte.«

»Eine gefährliche Reise, Lady Zarozinia.«

»Ja, und nicht nur wegen natürlicher Gefahren. Vor zwei Wochen verabschiedeten wir uns und traten die Heimreise an. Problemlos überquerten wir die Straße von Vilmir und stellten dort Bewaffnete ein, die uns als kampfstarke Karawane durch Vilmir nach Ilmiora begleiten sollten. Wir umgingen Nadsokor, weil wir erfahren hatten, daß die Stadt der Bettler ehrlichen Reisenden keine rechte Unterkunft bietet...«

Elric mußte lächeln. »Das gilt zuweilen auch für unehrliche Reisende, wie wir wohl zu berichten wissen.«

Wieder deutete ihr Gesichtsausdruck an, daß sie

Mühe hatte, seine offenkundige gute Laune mit seinem bösen Ruf in Einklang zu bringen. »Nachdem wir Nadsokor umgangen hatten«, fuhr sie fort, »schlugen wir diese Richtung ein und erreichten die Grenzen von Org, in welchem Land sich natürlich Troos befindet. Wir gingen sehr behutsam ans Werk, kannten wir doch den Ruf des düsteren Org, und hielten uns am Waldrand. Und doch wurden wir überfallen und dabei von den Bewaffneten im Stich gelassen.«

»Überfallen, soso?« warf Mondmatt ein. »Durch wen, meine Dame? Hast du das mitbekommen?«

»Nach dem widerlichen Aussehen und der gedrungenen Gestalt zu urteilen, schien es sich um Eingeborene zu handeln. Sie stürzten sich auf die Karawane, und mein Onkel und meine Cousins kämpften mutig, wurden aber getötet. Einer der Cousins schlug meinem Wallach auf die Hinterhand und ließ ihn losgaloppieren, daß ich ihn nicht mehr lenken konnte. Ich hörte ... fürchterliche Schreie, verrückte, kichernde Rufe, und als ich das Pferd endlich anhalten konnte, wußte ich nicht mehr, wo ich war. Später hörte ich euch näherkommen und wartete angstvoll darauf, daß ihr vorbeireiten würdet, denn ich nahm an, daß ihr ebenfalls aus Org stammtet, aber als ich euren Akzent hörte und Teile des Gesprächs, sagte ich mir, daß ihr mir vielleicht helfen könntet.«

»Und das werden wir auch tun, meine Dame«, sagte Mondmatt und verneigte sich elegant im Sattel. »Ich stehe in deiner Schuld, weil du Lord Elric von deiner Not überzeugt hast. Wärst du nicht gewesen, ritten wir jetzt schon in dem fürchterlichen Wald herum und erlebten zweifellos allerlei Schrecknisse. Ich spreche dir mein Mitgefühl aus für deine toten Angehörigen und versichere dir, daß du ab jetzt durch mehr als Schwerter und mutige Herzen Schutz finden wirst, denn notfalls können wir auch Zauberkräfte bemühen.«

»Hoffen wir, daß diese Notwendigkeit nicht eintritt«, sagte Elric achselzuckend. »Er redet da so gelassen von Zauberei, mein Freund Mondmatt – dabei haßt er diese Kunst.«

Mondmatt lächelte.

»Ich habe nur die junge Dame getröstet, Elric. Und ich hatte bereits Gelegenheit, für deine schrecklichen Fähigkeiten dankbar zu sein, das muß ich zugeben. Jetzt würde ich vorschlagen, daß wir unser Lager für die Nacht aufschlagen und im Morgengrauen erfrischt weiterreiten.«

»Einverstanden«, sagte Elric und blickte das Mädchen beinahe verlegen an. Wieder spürte er den seltsamen Pulsschlag im Hals und hatte diesmal größere Mühe, die Regung in den Griff zu bekommen.

Das Mädchen schien von dem Albino ebenfalls fasziniert zu sein. Zwischen ihnen gab es eine Anziehung, die stark genug sein mochte, um ihr Geschick auf völlig andere Wege zu führen, als sie sich beide vorgestellt hatten.

Wieder brach sehr schnell die Nacht herein, denn die Tage waren in jener Gegend nur kurz. Während sich Mondmatt um das Feuer kümmerte und dabei nervös in die Runde blickte, ging Zarozinia, deren kostbar besticktes Goldgewand im Feuerschein leuchtete, anmutig zu Elric, der am Boden saß und gesammelte Kräuter sortierte. Sie sah ihn zögernd an, ein Blick, der zu einem neugierigen Starren wurde, als sie bemerkte, daß er auf seine Arbeit konzentriert war.

Er hob den Kopf und lächelte flüchtig, die Augen einmal ausnahmsweise unverhüllt, das seltsame Gesicht offen und gutgelaunt. »Einige dieser Kräuter haben Heilkräfte«, sagte er, »andere werden dazu benutzt, Geister herbeizurufen. Wieder andere verleihen unnatürliche Kräfte, wenn man sie einnimmt, und einige lassen einen Mann den Verstand verlieren. Sie alle werden mir nützlich sein.«

Sie setzte sich neben ihn und schob sich mit dicklichen Fingern das schwarze Haar aus dem Gesicht. Ihre kleinen Brüste hoben und senkten sich im Rhythmus ihres raschen Atems.

»Bist du wirklich der schreckliche Mann aus den Legenden, der das Böse über die Menschen bringt, Lord Elric? Ich kann es nicht glauben.«

»Ich habe so manchem Ort Böses gebracht«, antwortete er, »doch gewöhnlich gab es dort schon vorher böse Kräfte, die den meinen ebenbürtig waren. Ich will mich nicht entschuldigen, denn ich weiß, was ich bin und was ich getan habe. Ich habe böse Zauberer getötet und Unterdrücker vernichtet, doch ich bin auch dafür verantwortlich, daß gute Männer umgekommen sind, und eine Frau, meine Cousine, die ich liebte. Ich brachte sie um – oder zumindest mein Schwert.«

»Und du bist Herr deines Schwertes?«

»Ich zweifle oft daran. Ohne die Waffe bin ich hilflos.« Er legte die Hand um Sturmbringers Griff. »Ich müßte ihr dankbar sein.« Wieder schien ein seltsamer Ausdruck in seine roten Augen zu treten, wie eine Schutzschicht vor einem bittern Gefühl, das im Kern seiner Seele wurzelte.

»Es tut mir leid, wenn ich unangenehme Erinnerungen wecke ...«

»Es braucht dir nicht leid zu tun, Zarozinia. Der Schmerz ist in mir – du hast ihn nicht dorthin gebracht. Ich würde sogar sagen, daß deine Gegenwart ihn sehr lindert.«

Erschrocken sah sie ihn an und lächelte dann. »Ich bin keine leichtfertige Buhlerin, Herr«, sagte sie, »aber ...«

Hastig stand er auf.

»Mondmatt, brennt das Feuer ordentlich?«

»Wie du siehst, Elric. Für die Nacht reicht es.« Mondmatt legte den Kopf auf die Seite. Es sah Elric gar nicht ähnlich, solche unwichtigen Fragen zu stellen, doch Elric sagte nichts mehr, und so zuckte der Ostländer die Achseln und wandte sich ab, um seine Ausrüstung nachzusehen.

Da ihm nichts anderes einfallen wollte, wandte sich Elric um und sagte leise und nachdrücklich: »Ich habe getötet und gestohlen und bin ungeeignet für ...«

»Lord Elric, ich bin ...«

»Dich lockt eine Legende, das ist alles.«

»Nein! Wenn du spürst, was ich spüre, dann weißt du auch, daß es mehr ist.«

»Du bist sehr jung.«

»Alt genug.«

»Sei auf der Hut. Ich muß mein Schicksal erfüllen.«

»Dein Schicksal?«

»Eigentlich kein Schicksal, sondern eine schreckliche Sache, die Untergang genannt wird. Und ich kenne kein Mitleid, außer ich sehe etwas in meiner eigenen Seele. Dann empfinde ich Mitleid und leide mit. Doch ich halte nicht gern danach Ausschau, und das ist ein Teil des bösen Geschicks, das mich antreibt. Nicht das Schicksal, nicht die Sterne und auch nicht die Menschen oder Dämonen oder Götter. Schau mich an, Zarozinia – vor dir sitzt Elric, das bedauernswerte weiße Spielzeug der Götter der Zeit – Elric von Melniboné, der seine allmähliche, schreckliche Vernichtung selbst herbeiführt.«

»Ist das Selbstmord?«

»So ist es. Ich treibe mich selbst dem langsamen Tod entgegen. Und wer mich begleitet, wird mit mir leiden.«

»Du sprichst die Unwahrheit, Lord Elric – aus verdrehten Schuldgefühlen heraus.«

»Weil ich eben schuldig bin, meine Dame.«

»Und geht Herr Mondmatt mit dir in die Vernichtung?«

»Er ist anders als die anderen – in seiner Selbstsicherheit ist er unzerstörbar.«
»Ich bin auch selbstbewußt, Lord Elric.«
»Aber dein Selbstbewußtsein ist das der Jugend, das ist etwas anderes.«
»Muß ich es denn mit meiner Jugend verlieren?«
»Du hast Kraft. Du bist so stark wie wir, das will ich dir zugestehen.«
Sie stand auf und breitete die Arme aus. »Dann solltest du deine Bedenken aufgeben, Elric von Melniboné.«
Und das geschah. Er ergriff sie und küßte sie aus einem Verlangen heraus, das tiefer reichte als Leidenschaft. Zum erstenmal war Cymoril von Imrryr vergessen, als sie sich auf den weichen Boden niederlegten, ohne auf Mondmatt zu achten, der mit lächelnd verhohlener Eifersucht sein Krummschwert polierte und den Geräuschen ihrer Lust lauschte.

Alle schliefen, und das Feuer brannte nieder.
In seiner Liebeserschöpfung hatte Elric vergessen oder es nicht für wichtig gehalten, daß er ja eine Zeitlang wachen mußte, und Mondmatt, der seine Kräfte voll aus sich selbst schöpfen mußte, blieb so lange wach wie es ging, wurde jedoch schließlich auch von Schlaf überwältigt.
In den Schatten der Bäume bewegten sich Gestalten mit gemessener Vorsicht. Die verformten Männer Orgs begannen auf die Schlafenden zuzukriechen.
Von einem Instinkt plötzlich geweckt, öffnete Elric die Augen, blickte auf Zarozinias friedliches Gesicht neben sich, bewegte die Augen, ohne den Kopf zu drehen, und sah die Gefahr. Er rollte sich blitzschnell herum, packte Sturmbringer und riß die Runenklinge aus der Scheide. Das Schwert summte, als wäre es zornig, geweckt zu werden.

»Mondmatt! Gefahr!« brüllte Elric angstvoll, denn er hatte mehr zu schützen als sein eigenes Leben. Der Kopf des kleinen Mannes fuhr ruckartig hoch. Sein Krummsäbel lag bereits auf seinen Knien, und er sprang auf und lief zu Elric, als die Männer aus Org das Lager stürmten.
»Entschuldigung«, sagte er.
»Das war mein Fehler. Ich ...«
Und schon waren die Männer aus Org heran. Elric und Mondmatt standen über dem Mädchen, das nun auch erwachte, die Situation erkannte und nicht losschrie. Statt dessen sah sie sich nach einer Waffe um, fand aber keine. So blieb sie reglos sitzen – etwas anderes konnte sie nicht tun.

Die schrill plappernden Gestalten, etwa ein Dutzend, die einen üblen Gestank verbreiteten, hackten auf Elric und Mondmatt ein. Sie waren mit schweren Klingen wie Schlachteräxten bewaffnet, schwer, lang und gefährlich.

Sturmbringer jaulte auf, schlug eine Axt durch, biß sich in einen Hals und trennte den Kopf vom Körper. Blut schoß aus dem Hals des Enthaupteten, der rücklings ins Feuer fiel. Mondmatt duckte sich unter einer zischenden Klinge hindurch, verlor das Gleichgewicht, stolperte, ging zu Boden, hieb nach den Beinen seines Gegners und trennte sie ihm ab, worauf dieser kreischend zu Boden stürzte. Mondmatt stemmte sich hoch und stieß einem zweiten Angreifer die Klinge ins Herz. Dann sprang er auf und stand Schulter an Schulter neben Elric, während Zarozinia sich hinter den beiden aufrichtete.

»Die Pferde!« rief Elric. »Wenn es geht, versuch sie doch zu holen!«

Noch standen sieben Eingeborene vor ihnen, und Mondmatt ächzte, als eine Axt ein Stück Fleisch aus seinem linken Arm biß. Er griff seinerseits an, durchbohrte dem Mann den Hals, drehte sich um und hieb einem weiteren das Gesicht ab. Elric und Mondmatt stürmten vor, übernahmen die Initiative und begannen, die immer noch siegessicheren Gegner zu bedrängen. Mondmatts linke Hand war von eigenem Blut bedeckt, als er nun den langen Dolch aus der Scheide riß, mit dem Daumen an der Scheide hochhielt und den Hieb eines Gegners abblockte, vorsprang, und den Mann mit einem heftigen Stoß nach oben tötete – eine Bewegung, die seine Wunde heftig schmerzen ließ.

Elric faßte das mächtige Runenschwert mit beiden Händen, schwang es im Halbkreis herum und machte die wütend aufheulenden Wesen nieder. Zarozinia lief zu den Pferden, sprang auf ihr Tier und führte die beiden anderen zu den Kämpfenden zurück. Erneut ausholend sprang Elric in den Sattel, wobei er seiner Vorsicht dankte, die ihn bewogen hatte, den Tieren Zaumzeug und Sättel nicht abzunehmen. Mondmatt gesellte sich schnell zu ihm, und schon galoppierten sie von der Lichtung.

»Die Satteltaschen!« rief Mondmatt mit einer Pein, die nicht nur von seiner Wunde herrühren konnte. »Wir haben die Satteltaschen zurückgelassen!«

»Was ist damit? Stell dein Glück nicht zu sehr auf die Probe, mein Freund!«

»Aber unsere gesamten Schätze sind darin!«

Elric lachte – teils erleichtert, teils weil er wirklich amüsiert war. »Wir holen sie uns zurück, mein Freund, keine Angst.«

»Ich kenne dich, Elric. Du hast kein rechtes Auge für die Wirklichkeit.«

Doch selbst Mondmatt lachte, während die erzürnten Männer aus Org zurückblieben. Gleich darauf ließen sie die Pferde nur noch traben.

Elric hob den Arm und drückte Zarozinia an sich. »Du hast den Mut deines noblen Klans in den Adern«, sagte er.

»Danke«, erwiderte sie und freute sich sehr über das Kompliment. »Allerdings haben wir keine solche Schwertkunst zu bieten, wie du und Mondmatt sie eben gezeigt habt. Es war schrecklich und phantastisch.«

»Danke der Klinge«, meinte Elric kurz.

»Nein. Ich möchte dir danken. Ich glaube, du verläßt dich zu sehr auf die Höllenwaffe, so mächtig sie auch sein mag.«

»Ich brauche sie.«

»Wozu?«

»Um meine Kräfte zu bewahren und jetzt auch, um dir Kraft zu schenken.«

»Ich bin kein Vampir«, sagte sie lächelnd, »und brauche keine schreckliche Kraft, wie sie jene Waffe schenkt.«

»Dann sei versichert, daß ich sie brauche«, antwortete er ernst. »Du würdest mich nicht lieben, gäbe mir die Klinge nicht, was ich brauche. Ohne sie bin ich ein rückgratloses Nichts, wie ein haltloses Meereswesen an Land.«

»Das glaube ich zwar nicht, will mich jetzt aber nicht mit dir streiten.«

Sie ritten eine Zeitlang, ohne zu sprechen. Später machten sie halt und stiegen ab. Zarozinia legte Kräuter, die ihr Elric gegeben hatte, auf Mondmatts verwundeten Arm und verband ihn.

Elric hing seinen Gedanken nach. Der Wald war angefüllt mit einem makabren, sinnlichen Rascheln. »Wir sind im Herzen von Troos«, sagte er, »und unsere Absicht, den Wald zu umgehen, ist zunichte gemacht worden. Ich spiele mit dem Gedanken, beim König von Org vorbeizuschauen und unseren Besuch auf diese Weise abzurunden.«

Mondmatt lachte. »Sollen wir unsere Schwerter vorausschicken? Und uns selbst die Hände fesseln?« Schon wurden seine Schmerzen durch die schnellwirkenden Kräuter gelindert.

»Ich spreche im Ernst. Wir alle haben mit den Männern von Org ein Hühnchen zu rupfen. Sie haben Zarozinias Onkel und Cousins getötet, sie haben dich verwundet und sind jetzt im Besitz unseres Schatzes. Wir haben so manchen Grund, vom König eine Entschädigung zu verlangen. Außerdem kommen diese Leute mir dumm vor und müßten leicht hereinzulegen sein.«

»Gewiß. Der König wird uns für unseren Mangel an Vernunft entschädigen, indem er uns Arme und Beine ausreißen läßt.«

»Kein Spaß. Ich meine, wir sollten hinreiten.«

»Ich will dir zustimmen, daß ich gern unsere Schätze wiederhätte. Aber wir dürfen die Dame nicht in Gefahr bringen, Elric.«

»Ich werde Elrics Frau sein, Mondmatt. Wenn er also den König von Org besucht, komme ich mit.«

Mondmatt hob eine Augenbraue. »Das war aber ein schneller Entschluß.«

»Sie spricht aber die Wahrheit. Wir alle reiten nach Org – und die Zauberkraft wird uns vor dem Zorn des Königs schützen.«

»Und trotzdem geht es dir um Tod und Rache, Elric«, sagte Mondmatt achselzuckend und stieg in den Sattel. »Nun, mir ist das gleich, da deine Wege zumindest sehr gewinnträchtig sind. Du magst ja in deinen eigenen Augen der Lord des Pechs sein, doch mir bringst du Glück, das muß ich sagen.«

»Wir wollen dem Tod nicht länger hofieren«, sagte Elric lächelnd, »doch ich hoffe, daß uns ein wenig Rache zusteht.«

»Bald ist der Morgen da«, sagte Mondmatt. »Die orgische Zitadelle liegt nach meiner Berechnung sechs Reitstunden von hier, Südsüdost nach dem Alten Stern, wenn die Karte stimmt, die ich mir in Nadsokor eingeprägt habe.«

»Dein Richtungssinn hat uns noch nie im Stich gelassen, Mondmatt. Jede Karawane sollte einen Mann wie dich dabei haben.«

»In Elwher basiert eine ganze philosophische Richtung auf den Sternen«, gab Mondmatt zurück. »Wir halten sie für das Grundmuster aller Dinge, die auf der Erde passieren. So wie sie um den Planeten kreisen, sehen sie alle Dinge aus Vergangenheit, Gegenwart und Zukunft. Sie sind unsere Götter.«

»Wenigstens sind es berechenbare Götter«, stellte Elric fest, dann ritten sie in Richtung Org – angesichts der Größe des Risikos ziemlich leichten Herzens.

2

Nur wenig war über das winzige Königreich Org bekannt, außer daß der Wald von Troos in seinen Grenzen lag – eine Tatsache, auf die andere Länder gern verzichteten. Die Bevölkerung bot keinen sehr angenehmen Anblick, vom Körperbau her wirkten die Orger seltsam verkümmert und entstellt. Den Legenden zufolge waren sie Abkommen des Verdammten Volkes. Ihre Herrscher, so hieß es, waren äußerlich ganz normal gestaltet, doch ihr Verstand sollte noch schrecklicher verformt sein als die Gliedmaßen ihrer Untertanen.

Es gab nur wenige Orger. Sie lebten weit verstreut, beherrscht von dem König in seiner Zitadelle, die ebenfalls den Namen Org trug.

Diese Zitadelle nahmen sich Elric und seine Gefährten zum Ziel, und unterwegs erklärte Elric, wie er sie alle vor den Eingeborenen zu schützen gedachte.

Im Wald hatte er ein spezielles Kraut gefunden, das im Verein mit gewissen Anrufungen (die insoweit harmlos waren, als die angesprochenen Geister dem Anrufenden keinen Schaden zufügen würden) vorübergehende Unverwundbarkeit vermittelte – das galt auch für jeden anderen, der die aus dem Kraut destillierte Droge einnahm.

Der Zauber formte auf irgendeine Weise die Struktur von Haut und Fleisch um, so daß sie jeder Klinge und beinahe jedem Hieb zu widerstehen vermochten. In selten redseliger Laune erklärte Elric, wie Droge und Zauber gemeinsam diesen Effekt bewirkten, doch seine archaischen Ausdrücke und esoterischen Worte bedeuteten den anderen nur wenig.

Eine Stunde vor dem Ort, an dem Mondmatt die Zitadelle vermutete, hielten sie an, damit Elric die Droge vorbereiten und den Zauberspruch aufsagen konnte.

Mit schnellen Bewegungen machte er sich über einem kleinen Feuer zu schaffen, wobei er Stößel und Mörser eines Alchemisten verwendete; er mischte das zerrissene Blatt mit etwas Wasser. Als das Gebräu über den Flammen brodelte, ritzte er seltsame Runen in den Boden, von denen einige dermaßen verzerrt waren, daß sie in einer anderen Dimension zu verschwinden und dahinter wieder aufzutauchen schienen.

»An Knochen, Blut und Fleisch und Sehnen
Soll Zauberwort und Geist sich lehnen;
Der Trank soll unserem Leben nützen
Und uns vor üblem Schaden schützen.«

So rezitierte Elric, und eine kleine rosa Wolke bildete sich über dem Feuer in der Luft, schwankte, nahm Spiralform an, die sich in die Schale hinabkrümmte. Der Sud spritzte und beruhigte sich. Der Albino sagte: »Ein alter Kinderzauber, so einfach, daß ich ihn beinahe vergessen hatte. Das Kraut für den Sud wächst nur in Troos, deshalb hat man selten Gelegenheit ...«

Der Trank, der flüssig gewesen war, hatte sich verfestigt, und Elric brach ihn in kleine Brocken. »Nimmt man zuviel auf einmal«, sagte er warnend, »ist es giftig, trotzdem kann die Wirkung mehrere Stunden anhalten. Allerdings nicht in jedem Fall, doch dieses kleine Risiko müssen wir eingehen.« Er reichte den beiden einen Brocken; zweifelnd betrachteten sie die Masse. »Schluckt es hinunter, wenn wir die Zitadelle erreichen«, sagte er, »oder wenn uns die Orger vorher aufstöbern.«

Dann stiegen die drei in die Sättel und setzten ihren Ritt fort.

*Einige Meilen südöstlich von Troos sang ein blinder Mann ein düsteres Lied im Schlaf und wachte darüber auf...*

Gegen Abend erreichten sie die abweisende Zitadelle Org. Gutturale Stimmen riefen von den Zinnen der Residenz des Königs von Org. Stinkende Flüssigkeit sickerte aus den dicken Steinen, die befallen waren von Flechten und kränklichem, fleckigem Moos. Der einzige Eingang, der für einen Berittenen groß genug war, befand sich am Ende eines Pfads, der durch einen Fuß tiefen stinkenden schwarzen Schlamm verlief.

»Was habt ihr am Königlichen Hof Gutherans des Mächtigen zu schaffen?«

Der Fragesteller war nicht zu sehen.

»Wir erstreben die Gastfreundschaft und eine Audienz bei deinem Herrn!« rief Mondmatt fröhlich; ihm gelang es, seine Nervosität zu verbergen. »Wir bringen Org wichtige Nachrichten.«

Ein wüstes, verzerrtes Gesicht starrte von den Zinnen herab. »Tretet ein, ihr Fremden, und seid willkommen!« sagte die Stimme aller Einladung zum Trotz abweisend.

Die schwere Holztür wurde hochgezogen, um sie einzulassen; langsam stapften die Pferde durch den Schlamm in den Hof der Zitadelle.

Der Himmel über den Männern war wie eine Rennbahn, auf der schwarze Wolkenfetzen dem Horizont entgegenströmten, als wollten sie den schrecklichen Grenzen Orgs und dem widerlichen Wald von Troos schnellstens entrinnen.

Der Hof war ebenfalls von Schlamm bedeckt, wie er schon draußen den Zugang erschwert hatte, allerdings nicht mehr ganz so tief. Ringsum waren tiefe, reglose Schatten. Rechts von Elric führte eine Treppe zu einem Torbogen empor, der zum Teil von denselben abgestorbenen Flechten verhüllt war, die die Außenwände und auch den Wald von Troos bedeckten.

Durch dieses Tor trat nun ein großer Mann, der die Flechten mit beringter bleicher Hand zur Seite streifte. Er blieb auf der obersten Stufe stehen und musterte die Besucher aus Augen, die durch schwere Lider fast ganz verhüllt waren. Im Gegensatz zu den anderen Kreaturen sah er recht wohlgestaltet aus – er hatte einen mächtigen Löwenkopf und eine lange Mähne, die so weiß schimmerte wie Elrics Haar, wenn sie auch schmutzig, verfilzt und ungekämmt wirkte. Der große, kräftige Mann trug ein dickes Wams aus gestepptem Leder und einen gelben Mantel, der bis zu den Knöcheln reichte, außerdem steckte ein breiter Dolch blank im Gürtel. Er war älter als Elric, zwischen vierzig und fünfzig Jahre alt, und sein kraftvolles, wenn auch leicht dekadentes Gesicht war faltig und pockennarbig.

Er starrte die Besucher schweigend an, ohne sie willkommen zu heißen; statt dessen gab er einem Wächter auf der Zinne ein Zeichen, der das Tor wieder herabließ. Krachend fiel es zu und versperrte den Fluchtweg.

»Tötet die Männer, und behaltet die Frau«, sagte der kräftige Mann leise und monoton. Elric hatte nur Tote auf ähnliche Weise reden hören.

Wie geplant, nahmen Elric und Mondmatt zu beiden

Seiten Zarozinias Aufstellung und warteten mit verschränkten Armen ab.

Zögernd näherten sich geduckte Gestalten, die weiten Hosen im Schlamm nachziehend, die Hände unter den langen formlosen Ärmeln der schmutzigen Kleidungsstücke verborgen. Sie schwangen ihre Äxte. Elric spürte eine leichte Erschütterung, als die Klinge gegen seinen Arm prallte, aber das war alles. Mondmatt erging es ähnlich.

Die Männer wichen zurück; ihre tierischen Gesichter verrieten Erstaunen und Verwirrung.

Der große Mann riß die Augen auf. Er hob eine beringte Hand an die dicken Lippen und begann an einem Nagel zu kauen.

»Unsere Waffen haben keine Wirkung, König! Sie werden nicht verwundet und bluten nicht. Was sind das für Wesen?«

Elric lachte theatralisch. »Wir sind keine gewöhnlichen Leute, kleiner Mensch, dessen kannst du gewiß sein. Wir sind Boten der Götter und bringen eurem König eine Botschaft unserer mächtigen Herren. Sei unbesorgt, wir werden dir nichts tun, da du uns nichts tun kannst. Mach Platz und heiße uns willkommen!«

Elric sah, daß König Gutheran verwirrt war und sich von seinen Worten noch nicht hatte überzeugen lassen. Er fluchte lautlos vor sich hin. Er hatte die Intelligenz dieses Volkes nach seinen bisherigen Begegnungen mit den mißgestalteten Orgern beurteilt. Dieser König aber, mochte er nun wahnsinnig sein oder nicht, war weitaus intelligenter und ließ sich bestimmt nicht so einfach täuschen. Vor den andern erstieg er die Treppe und näherte sich dem düster blickenden Gutheran.

»Sei gegrüßt, König Gutheran. Die Götter sind endlich nach Org zurückgekehrt und möchten dir dies zur Kenntnis geben.«

»Org hat seit Ewigkeiten keine Götter gehabt«, sagte

Gutheran hohl und wandte sich ab, um in die Zitadelle zurückzukehren. »Warum sollten wir sie jetzt anerkennen?«

»Du bist unverschämt, König.«

»Und du sehr kühn. Woher soll ich wissen, daß ihr von den Göttern kommt?« Er ging den beiden voran, führte sie durch die niedrigen Säle.

»Du hast selbst gesehen, daß die Waffen deiner Untertanen keine Wirkung auf uns hatten.«

»Das stimmt. Diesen Umstand will ich im Augenblick als Beweis anerkennen. Vermutlich muß es wohl ein Essen zu deinen Ehren geben – ich ordne es an. Seid willkommen, ihr Sendboten.« Seine Worte klangen mürrisch, doch es war praktisch unmöglich, aus Gutherans Stimme irgend etwas herauszulesen, da er grundsätzlich ohne jede Betonung sprach.

Elric streifte sich den schweren Reitmantel von den Schultern und sagte leichthin: »Wir werden unseren Herren von deiner Freundlichkeit berichten.«

Der Hof bestand aus düsteren Sälen, gefüllt von Rascheln und falschem Gelächter, und auf die vielen Fragen, die Elric stellte, antwortete König Gutheran gar nicht oder nur mit vagen Sätzen, die nichts zu bedeuten hatten. Die Besucher erhielten keine Zimmer, in denen sie sich erfrischen konnten, sondern mußten mehrere Stunden lang im Hauptsaal der Zitadelle herumstehen, während Gutheran, soweit er sich bei ihnen aufhielt und gerade keine Anordnungen für das Bankett gab, zusammengesunken auf seinem Thron saß und an seinen Fingernägeln kaute, ohne sich um sie zu kümmern.

»Eine bemerkenswerte Gastfreundschaft«, flüsterte Mondmatt.

»Elric, wie lange wird die Droge wirken?« Zarozinia war in seiner Nähe geblieben. Der Albino legte ihr den Arm um die Schultern. »Ich weiß es nicht. Nicht mehr lange. Aber das Mittel hat seinen Zweck erfüllt. Ich glaube nicht, daß man uns ein zweitesmal angreifen wird. Doch nehmt euch vor anderen Attacken in acht, raffinierteren Vorstößen, die uns das Leben kosten könnten.«

Der Hauptsaal, der ein höheres Dach hatte als die anderen Räumlichkeiten und auf allen Seiten von einer Galerie gesäumt war, die in einiger Höhe an der Wand entlangführte, war kalt und ungeheizt. Kein Feuer brannte in den Kaminen, die als Öffnungen im Boden klafften, und an den schmucklosen Wänden tropfte Wasser herab; feuchtes, festes Gestein, von der Zeit zerschlissen, kahl. Auf dem Boden lagen nicht einmal Riedgräser, sondern nur alte stinkende Knochen und verfaulende Speisereste.

»Nicht gerade zivilisiert, diese Burschen«, bemerkte Mondmatt, sah sich angewidert um und wandte sich schließlich dem düster grübelnden Gutheran zu, der die Gegenwart der drei Besucher nicht mehr wahrzunehmen schien.

Dann stolzierte ein Diener in den Saal und flüsterte dem König einige Worte zu. Dieser nickte, stand auf und verließ den großen Saal.

Einige Männer erschienen; sie trugen Bänke und Tische und begannen sie im Saal aufzustellen.

Das Bankett sollte endlich beginnen. Die Atmosphäre aber wirkte eher bedrohlich.

Die drei Besucher saßen nebeneinander zur Rechten des Königs, der die mit kostbaren Juwelen besetzte Kette seines Amtes angelegt hatte, während sein Sohn und mehrere bleich aussehende weibliche Mitglieder der Königsfamilie auf seiner linken Seite Platz nahmen und sich nicht einmal miteinander unterhielten.

Prinz Hurd, ein mürrischer Jüngling, der seinen Vater nicht zu mögen schien, stocherte in dem wenig appetitanregenden Essen herum, das allen vorgesetzt worden war.

Um so begieriger sprach er dem Wein zu, der ziemlich geschmacklos, doch sehr stark war und die Runde etwas zu befeuern schien.

»Und was wollen die Götter von uns armen Orgern?« fragte Hurd schließlich und starrte Zarozinia mit mehr als nur freundschaftlichem Interesse an.

»Sie fordern nichts außer eurer Anerkennung«, antwortete Elric. »Als Gegenleistung werden sie euch gelegentlich helfen.«

»Das ist alles?« lachte Hurd. »Das ist mehr, als die Leute vom Hügel bieten können, nicht wahr, Vater?«

Gutheran drehte langsam den mächtigen Kopf und sah seinen Sohn an. »Ja«, murmelte er, und in dem Wort schien eine Warnung mitzuschwingen.

»Der Hügel – was ist das?« fragte Mondmatt.

Doch er bekam keine Antwort. Statt dessen war vom Eingang zum Großen Saal ein schrilles Lachen zu hören. Ein großer hagerer Mann stand dort und stierte vor sich hin. Sein Gesicht wirkte ausgemergelt, doch verband ihn eine große Ähnlichkeit mit Gutheran. Er trug ein Saiteninstrument im Arm und zupfte daran herum, das mit melancholischem Nachdruck klagte und stöhnte.

»Hör mal, Vater«, sagte Hurd, »der blinde Veerkad, der Sänger, dein Bruder. Soll er für uns singen?«

»Singen?«

»Soll er seine Lieder vortragen, Vater?«

Gutherans Lippen begannen zu zittern und verzogen sich, und nach kurzem Schweigen sagte er: »Er darf unsere Gäste mit einer heroischen Ballade unterhalten, wenn er möchte, aber ...«

»Aber gewisse andere Lieder soll er nicht singen ...« Hurd grinste boshaft. Er schien seinen Vater absichtlich auf eine Weise zu quälen, die Elric nicht zu ergründen vermochte. Hurd brüllte zu dem blinden Mann hinüber: »Komm, Onkel Veerkad – sing uns etwas!«

»Es sind Fremde hier«, sagte Veerkad mit hohler Stimme durch das Klagen seiner Musik. »Fremde in Org.«

Hurd kicherte und trank noch mehr Wein. Gutheran runzelte die Stirn und zitterte noch immer, wobei er nicht von seinen Fingernägeln abließ.

»Ein Lied wäre uns willkommen, Sänger«, rief Elric.

»Dann sollt ihr das Lied der Drei Könige in der Dunkelheit hören, ihr Fremden, und die scheußliche Geschichte von den Königen von Org.«

»Nein!« brüllte Gutheran aufspringend, doch Veerkad hatte bereits zu singen begonnen:

»Drei Könige liegen in Dunkelheit,
Unter einem öden, düst'ren Himmel,
Gutheran von Org und ich, befreit,
der dritte unter dem Hügel.
Wann wird der dritte sich erheben?
Nur wenn ein anderer läßt sein Leben...«

»Halt!« Sichtlich außer sich vor Zorn sprang Gutheran auf und warf sich über den Tisch, vor Entsetzen bebend, das Gesicht totenblaß. Er hieb nach dem blinden Mann, seinem Bruder. Nach zwei Schlägen sank der Sänger zusammen und blieb reglos am Boden liegen. »Raus mit ihm! Er darf nie wieder hier herein!« kreischte der König, und Speichel sprühte ihm von den Lippen.

Hurd, der einen Augenblick lang nüchtern wirkte, sprang über den Tisch, wobei Geschirr und Becher in alle Richtungen davonflogen, und nahm seinen Vater am Arm.

»Beruhige dich, Vater! Ich habe einen neuen Plan für unser Vergnügen.«

»Du! Du strebst doch nur nach meinem Thron. Du hast Veerkad verleitet, dieses fürchterliche Lied zu singen. Du weißt, ich kann es nicht hören, ohne ...« Er starrte zur Tür. »Eines Tages wird die Legende wahr werden und der Hügelkönig wird kommen. Dann sind ich, du und Org verloren.«

»Vater!« Hurd hatte ein schreckliches Lächeln aufgesetzt. »Unsere Besucherin soll uns einen Tanz der Götter vorführen.«

»Was?«

»Laß die Frau für uns tanzen, Vater.«

Elric hörte die Worte. Die Wirkung der Droge mußte inzwischen nachgelassen haben. Er konnte sich nicht erlauben, das Geheimnis preiszugeben, indem er seinen Gefährten eine neue Dosis anbot. Er stand auf.

»Welches Sakrileg sprichst du da aus, Prinz!«

»Wir haben euch Zerstreuung geboten. In Org ist es üblich, daß Besucher solche Freundlichkeit erwidern.«

Die Drohung hing in der Luft. Elric bedauerte seinen Plan, die Orger hereinzulegen. Doch nun konnte er nicht mehr zurück. Er hatte ihnen im Namen der Götter einen Tribut abnehmen wollen, doch offensichtlich hatten diese Verrückten mehr Angst vor unmittelbaren Gefahren als vor der Macht der Götter.

Es war ein Fehler gewesen, das Leben seiner Freunde wie auch das eigene in Gefahr zu bringen. Was sollte er tun? Zarozinia murmelte: »Ich habe in Ilmiora tanzen gelernt – das können dort alle hohen Damen. Laß mich für sie tanzen. Vielleicht beruhigt es sie und lenkt sie ab, so daß unsere Aufgabe leichter wird.«

»Arioch weiß, daß unser Vorhaben schwer genug ist. Dumm von mir, einen solchen Plan auszuhecken. Nun gut, Zarozinia, tanze für sie, aber mit Vorsicht.« Er rief Hurd zu: »Unsere Gefährtin wird für euch tanzen, um euch ein Beispiel der Schönheit zu zeigen, die die Götter erschaffen können! Und dann werdet ihr den Tribut zahlen, denn unsere Herren werden allmählich ungeduldig.«

»Tribut?« Gutheran hob den Kopf. »Von Tribut war nicht die Rede.«

»Eure Anerkennung der Götter muß in der Form von kostbaren Juwelen und Edelmetallen erfolgen, König Gutheran. Ich dachte, das hättest du begriffen.«

»Ihr kommt mir eher wie gewöhnliche Diebe vor, denn als ungewöhnliche Sendboten, meine Freunde. Org ist arm, wir haben nichts, um es Scharlatanen in den Rachen zu werfen.«

»Achte auf deine Worte, König!« Elrics klare Stimme hallte warnend durch den Saal.

»Wir werden uns den Tanz anschauen und dann über die Wahrheit deiner Äußerungen urteilen.«

Elric nahm Platz und drückte Zarozinias Hand tröstend unter dem Tisch, ehe sie aufstand.

Anmutig und zuversichtlich schritt sie in die Mitte des Saals und begann zu tanzen. Elric, der sie liebte, war verblüfft über ihre Anmut und Geschicklichkeit. Sie tanzte die alten schönen Tänze Ilmioras und verzauberte damit sogar die begriffsstutzigen Orger. Während sie sich noch bewegte, wurde ein großer goldener Gastkelch hereingetragen.

Hurd lehnte sich an seinem Vater vorbei und sagte zu Elric: »Der Gastkelch, Herr. Es ist bei uns üblich, daß unsere Gäste davon in Freundschaft trinken.«

Elric nickte, verärgert, daß er in seiner Betrachtung des wunderschönen Tanzes gestört wurde, die Augen auf Zarozinia gerichtet, die schwerelos über den Boden schwebte und immer neue Posen erfand. Im Saal herrschte Stille.

Hurd reichte ihm die Schale, die er geistesabwesend an die Lippen setzte, während Zarozinia zum Tisch tanzte und daran entlangwirbelte, auf Elric zu. Als er den ersten Schluck trank, schrie Zarozinia auf und schlug ihm den Kelch mit dem Fuß von den Lippen. Der Wein ergoß sich über Gutheran und Hurd, die wutentbrannt aufsprangen. »Der Wein war vergiftet, Elric! Sie haben ihn vergiftet!«

Hurd schlug mit der Hand nach ihr und traf sie voll ins Gesicht. Sie fiel zurück und blieb leise stöhnend auf dem schmutzigen Boden liegen. »Hexe! Können denn die Boten der Götter an versetztem Wein Schaden nehmen?«

Zornig schob Elric Gutheran zur Seite und schlug außer sich vor Wut über die Mißhandlung Zarozinias nach Hurd, dem der Mund blutig aufplatzte. Aber das Betäubungsmittel zeigte bereits Wirkung. Gutheran brüllte etwas, und Mondmatt zog, nach oben blickend, seinen Säbel. Elric schwankte; seine Sinne verwirrten sich, die ganze Szene hatte plötzlich etwas Irreales. Er sah, wie Diener nach Zarozinia griffen, konnte aber nicht erkennen, wie es Mondmatt erging. Die Welt drehte sich um ihn, Übelkeit machte sich in seinem Magen breit, und er vermochte kaum noch seine Gliedmaßen zu kontrollieren.

Elric mobilisierte seine letzten Kräfte und schlug Hurd mit einem gewaltigen Fausthieb nieder. Dann sank er selbst bewußtlos zusammen.

3

Der kalte Griff von Ketten umgab seine Handgelenke, und Wasser sprühte ihm dünn ins Gesicht, das dort schmerzte, wo Hurds Nägel seine Haut aufgerissen hatten.

Er blickte sich um. Er war zwischen zwei Steinsäulen angekettet und lag offensichtlich auf einem Begräbnishügel von erheblicher Größe. Es war Nacht, und ein bleicher Mond schwebte am Himmel über ihm. Er blickte auf die Gruppe von Männern unter sich hinab. Hurd und Gutheran gehörten dazu. Sie grinsten ihn spöttisch an.

»Lebwohl, Sendbote! Du wirst uns nützlich sein und die Kreaturen vom Hügel beruhigen!« rief Hurd zu ihm empor, und er und die anderen eilten zur Zitadelle zurück, die sich unweit als Silhouette erhob.

Wo war er? Was war aus Zarozinia geworden – und Mondmatt? Warum hatte man ihn so angekettet, offensichtlich auf – Erkenntnis und Erinnerung kehrten zurück – auf dem *Hügel?*

Er erschauderte, hilflos in kräftige Ketten geschlagen. Verzweifelt begann er daran zu zerren, doch sie gaben nicht nach. Er durchforschte sein Gehirn nach einem Plan, doch Schmerzen und die Sorge um die Sicherheit seiner Freunde verwirrten ihn. Er hörte ein fürchterliches raschelndes Geräusch von unten und sah eine gespenstische weiße Gestalt in das Dämmerlicht huschen. Verzweifelt bäumte er sich auf, gehalten von rasselndem Eisen.

Im Großen Saal wurde die wilde Feier zu einer ekstatischen Orgie. Gutheran und Hurd waren total betrunken und lachten brüllend über ihren Sieg.

Außerhalb des Saals hörte Veerkad den Lärm der Ausschweifungen und empfand Haß. Vor allem haßte er seinen Bruder, den Mann, der ihn verstoßen und geblendet hatte, um zu verhindern, daß er die Zauberei studierte, mit deren Hilfe er den König unter dem Hügel hatte wiedererwecken wollen.

»Der Augenblick ist endlich gekommen«, flüsterte er vor sich hin und hielt einen vorbeieilenden Diener an.

»Sag mir – wo wird das Mädchen festgehalten?«

»In Gutherans Gemach, Herr.«

Veerkad ließ den Mann los und tastete sich durch die düsteren Korridore und gewundene Treppen hinauf, bis er das gesuchte Zimmer erreichte. Hier zog er einen Schlüssel aus der Tasche, einen von vielen, die er ohne Gutherans Wissen angefertigt hatte, und öffnete die Tür.

Zarozinia sah den Blinden eintreten, konnte aber nichts tun. Sie war mit ihrem eigenen Kleid geknebelt und gefesselt worden und fühlte sich nach Hurds Schlag noch immer wie betäubt. Man hatte ihr Elrics Schicksal verkündet, doch Mondmatt war dem Verderben bisher entronnen; die Wächter machten in den stinkenden Korridoren Orgs Jagd auf ihn.

»Ich bin gekommen, um dich zu deinem Gefährten zu bringen, meine Dame«, sagte der blinde Veerkad lächelnd, packte sie grob mit Kräften, die der Wahnsinn ihm verlieh, hob sie hoch und tastete sich zur Tür. Er kannte die Gänge Orgs sehr gut, denn er war hier geboren und aufgewachsen.

Doch vor Gutherans Gemach standen zwei Männer im Korridor. Einer von den beiden war Hurd, Prinz von Org, dem es nicht gefiel, daß sein Vater das Mädchen für sich beanspruchte, wollte er sie doch selbst besitzen. Er sah Veerkad, der das Mädchen forttrug, und verharrte stumm, während sein Onkel ihn passierte.

Der andere Mann war Mondmatt, der das Ereignis aus den Schatten beobachtete, die ihn vor den suchenden Wächtern schützten. Als Hurd Veerkad zu folgen begann, schlich Mondmatt dem Orger nach.

Veerkad verließ die Zitadelle durch eine kleine Nebentür und trug seine lebendige Last auf den hochaufragenden Begräbnishügel zu.

Rings um den Fuß der mächtigen Erhebung schwärmten die leprös-weißen Ghuls, die die Anwesenheit Elrics spürten, das Opfer, das ihnen die Orger darboten.

Endlich begriff Elric, was hier vor sich ging.

Es waren Wesen, die die Orgs mehr fürchteten als die Götter. Es waren die lebendig-toten Vorfahren jener Wesen, die zur gleichen Zeit im Großen Saal feierten. Vielleicht bildeten sie tatsächlich das Verdammte Volk. War dies der ihnen vorbezeichnete Weg? Nie zur Ruhe zu kommen? Niemals sterben zu dürfen? Einfach zu geistlosen Ghuls zu verkümmern? Elric erschauderte.

Die Verzweiflung führte dazu, daß er sich auf sein Gedächtnis besann. Er schickte einen gepeinigten Klageruf zum düsteren Himmel und zur pulsierenden Erde.

»*Arioch! Vernichte die Steine. Rette deinen Diener! Arioch – Herr – hilf mir!*«

Es reichte nicht. Die Ghuls versammelten sich, huschten geifernd den Hang herauf und näherten sich dabei dem hilflosen Albino immer mehr.

»*Arioch! Dies sind die Wesen, die dein Ansehen mißachten würden! Hilf mir, sie zu vernichten!*«

Die Erde bebte, und der Himmel bezog sich; Wolken verhüllten den Mond, nicht aber die bleichen, blutlosen Chuls, die ihn nun beinahe erreicht hatten.

Im nächsten Augenblick bildete sich ein Feuerball über Elric, und der ganze Himmel schien darum zu beben und zu schwanken. Mit brausendem Krachen zuckten zwei Blitzstrahlen herab, zerschmetterten die Steine und befreiten Elric.

Er stand auf in dem Bewußtsein, daß Arioch seinen Preis fordern würde; doch schon waren die ersten Ghuls bei ihm.

Er zog sich nicht zurück, sondern sprang voller Zorn und Verzweiflung mitten zwischen sie und hieb wütend mit den freien Kettenenden um sich. Die Ghuls wichen zurück; sie flohen geifernd vor Angst und Zorn den Hügel hinab und in das Grabmal.

Elric sah nun, daß unter ihm eine große Öffnung im Grabhügel klaffte; schwarz in der Schwärze. Schweratmend stellte er fest, daß man ihm seinen Gürtelbeutel gelassen hatte. Er zog ein Stück dünnen Golddraht heraus und machte sich mit raschen Bewegungen an den Schlössern der Armreifen zu schaffen.

Veerkad lachte leise vor sich hin, und als Zarozinia dies hörte, verlor sie vor Entsetzen beinahe den Verstand. Immer wieder girrte er ihr die Worte ins Ohr: »Wann wird der dritte sich erheben? – Nur wenn ein anderer läßt sein Leben. Und fließt erst des anderen rotes Blut, macht uns der Toten Schritte Mut ... Und du und ich, wir werden ihn wiederauferstehen lassen, und solche Rache wird er über meinen verfluchten Bruder bringen. Dein Blut, meine Liebe, wird ihn befreien.« Er spürte, daß die Ghuls fort waren, und nahm an, sie seien durch ihre Mahlzeit zufriedengestellt. »Dein Liebhaber hat mir genützt!« kicherte er und betrat den Grabberg. Der Todesgeruch war beinahe zuviel für das Mädchen, während sie von dem blinden Verrückten in die Tiefe des Hügels getragen wurde.

Hurd, der durch seinen Spaziergang an der frischen Luft wieder zu sich gekommen war, spürte Entsetzen, als er Veerkads Ziel erkannte; der Grabhügel, der Hügel des Königs, war der gefürchtetste Ort in Org. Hurd zögerte vor dem schwarzen Eingang und wäre am liebsten geflohen. Dann sah er plötzlich Elrics große, blutige Gestalt den Hang herabkommen; der Fluchtweg war ihm abgeschnitten.

Mit einem verzweifelten Schrei floh er in den Hügeleingang.

Elric hatte den Prinzen vorher gar nicht wahrgenommen, so daß der Schrei ihn überraschte, und er sogleich festzustellen versuchte, wer da geschrien hatte. Doch er kam zu spät. Er lief die steile Schräge zum Eingang hinab. Da hastete eine weitere Gestalt aus der Dunkelheit herbei.

»Elric! Dank sei den Sternen und allen Göttern der Erde! Du lebst!«

»Dank sei Arioch, Mondmatt. Wo ist Zarozinia?«

»Dort drinnen – der verrückte Sänger hat sie mitgenommen, und Hurd ist den beiden gefolgt. Sie sind alle verrückt, diese Könige und Prinzen, ich sehe keinen Sinn in ihrem Tun!«

»Ich habe so eine Ahnung, als hätte der Sänger mit Zarozinia nichts Gutes vor. Schnell, wir müssen hinterher!«

»Bei den Sternen, was für ein Totengestank! So etwas habe ich noch nicht eingeatmet – nicht einmal nach der großen Schlacht im Eshmir-Tal, wo die Armeen Elwhers die von Kaleg Vogun bekämpften, des Usurpatorprinzen der Tanghensi. Eine halbe Million Leichen lag im Tal verstreut, von einem Ende zum anderen!«

»Wenn dein Magen zu schwach ist ...«

»Ach, komm!«

Die beiden Männer stürmten in den Gang, gelenkt von dem leisen Wahnsinnslachen Veerkads und den nicht ganz so fernen Bewegungen eines von Angst überwältigten Hurd, der nun zwischen zwei Feinden gefangensaß und im Grunde vor einem dritten die meiste Angst hatte.

Hurd stolperte durch die Schwärze und schluchzte entsetzt vor sich hin.

Im phosphoreszierenden Hauptgrab, umgeben von den mumifizierten Leichen seiner Vorfahren, sang Veerkad das Wiederauferstehungsritual vor dem gewaltigen Sarg des Hügelkönigs – ein Riesengebilde, etwa anderthalbmal so groß wie Veerkad, der nicht gerade klein gewachsen war. Veerkad dachte nicht mehr an seine eigene Sicherheit, sondern ausschließlich an seine Rache gegenüber dem Bruder Gutheran. Er hielt einen langen Dolch über Zarozinia, die sich nahe dem Sarg entsetzt auf dem Boden zusammengekrümmt hatte.

Zarozinias Blut würde den Höhepunkt des Rituals bilden, und dann ...

... dann würde im wahrsten Sinne des Wortes die Hölle losbrechen. Jedenfalls plante es Veerkad so. Er beendete seinen Gesang und hob das Messer in dem Augenblick, als Hurd mit einem gellenden Aufschrei und gezogenem Schwert in den Grabraum stürzte. Veerkad fuhr herum, das blinde Gesicht wütend verzerrt.

Ohne auch nur einen Augenblick lang im Lauf innezuhalten, stieß Hurd dem Blinden das Schwert in den Leib; er rammte die Klinge bis zum Griff hinein, so daß die blutige Spitze aus dem Rücken ragte. Der andere aber schloß in ächzendem Todeskampf die Hände um den Hals des Prinzen. Schloß sie endgültig.

Irgendwie gelang es den beiden Männern, sich einen Anschein von Leben zu bewahren; in makabrem Todeskampf miteinander ringend, schwankten sie durch die phosphoreszierende Kammer. Der Sarg des Hügelkönigs begann leicht zu zittern und zu beben – eine kaum merkliche Bewegung.

So fanden Elric und Mondmatt Veerkad und Hurd. Als er sich überzeugt hatte, daß die beiden dem Tode nahe waren, hastete Elric durch den Grabraum zu Zarozinia, die zum Glück bewußtlos geworden war; die Aufregungen waren zuviel für sie gewesen. Elric hob sie hoch und machte Anstalten, den Grabraum zu verlassen.

Da fiel sein Blick auf den bebenden Sarg.

»Schnell, Mondmatt! Der blinde Dummkopf hat die Toten gerufen, das spüre ich. Beeil dich, mein Freund, ehe die Horden der Hölle sich auf uns stürzen!«

Mondmatt hielt keuchend den Atem an und eilte hinter Elric den Gang entlang, der frischen Nachtluft entgegen.

»Wohin jetzt, Elric?«

»Wir müssen riskieren, zur Zitadelle zurückzukehren. Dort befinden sich unsere Pferde und unsere Vorräte. Wir brauchen die Pferde, damit wir schnell von hier fort können, denn wenn mein Instinkt mich nicht trügt, gibt es hier bald ein schlimmes Blutvergießen.«

»Es dürfte nicht allzuviel Opposition geben, Elric. Als ich ging, waren alle betrunken. So konnte ich meinen Häschern überhaupt erst entkommen. Wenn sie so weitergemacht haben, können sie sich jetzt überhaupt nicht mehr von der Stelle rühren.«

»Dann wollen wir uns beeilen.«

Sie verließen den Hügel und liefen auf die Zitadelle zu.

## 4

Mondmatt hatte richtig vermutet. Im Großen Saal lagen die Zecher und schliefen ihren Rausch aus. Offene Feuer brannten in den Herdstellen und warfen zuckende Schatten durch den Saal.

»Mondmatt« sagte Elric leise, »geh mit Zarozinia zum Stall, und mach die Pferde bereit! Ich will zunächst noch unsere Schuld mit Gutheran begleichen.« Er hob den Arm. »Sieh doch, sie haben ihre Beute auf den Tisch gelegt, vor Freude über ihren scheinbaren Sieg.«

Sturmbringer lag auf einem Stapel aufgeplatzter Säcke und Satteltaschen bei der Beute von Zarozinias Onkel und Cousins und von Elric und Mondmatt.

Zarozinia, die wieder zu sich gekommen war, doch noch nicht recht wußte, was hier vorging, machte sich mit Mondmatt auf die Suche nach dem Stall, und Elric stieg über die herumliegenden Trunkenbolde, umging die lodernden Feuerstellen und nahm dankbar seine höllengeschmiedete Runenklinge wieder an sich.

Dann sprang er über den Tisch und wollte schon Gutheran packen, der noch immer seine prachtvolle Königskette trug, als die mächtige Tür des Saals aufkrachte und ein heulender Schwall eiskalter Luft die Flammen der Fackeln tanzen und zucken ließ. Elric vergaß Gutheran und drehte sich um. Er riß die Augen auf.

Auf der Schwelle stand der König unter dem Hügel, der Erdkönig.

Der vor langer Zeit gestorbene Monarch war von Veerkad geweckt worden, dessen eigenes Blut das Werk der Wiederauferstehung vollendet hatte. Er trug verfaulende Kleidung, die fleischlosen Knochen von gespannter, zerrissener Haut bedeckt. Sein Herz schlug nicht, denn er besaß keins; er zog keinen Atem ein, waren doch seine Lungen von Geschöpfen verzehrt worden, die sich von solchen Dingen ernähren. Trotzdem lebte er auf schreckliche Weise ...

Der König aus dem Hügel. Er war der letzte große Herrscher des Verdammten Volks gewesen, das in seinem Zorn die halbe Erde vernichtet und den Wald von Troos geschaffen hatte. Hinter dem toten König drängten sich die gespenstischen Horden, die in einer legendenumwobenen Vergangenheit mit ihm begraben worden waren.

Das Massaker begann!

Welche geheime Rache hier erfüllt wurde, konnte Elric nur vermuten – doch wie immer die Ursache auch aussehen mochte, die Gefahr war sehr real.

Elric zog Sturmbringer, während die erweckte Horde ihren Zorn an den Lebendigen auszutoben begann. Der Saal füllte sich mit den schrillen Todesschreien der hingemetzelten Orger. Elric verharrte neben dem Thron, halb gelähmt vor Entsetzen. Gutheran erwachte und sah den König aus dem Hügel und seine Gefolgschaft. Beinahe dankbar kreischte er: »Endlich finde ich Ruhe!« Er sank, von einem Krampf befallen, sterbend zusammen und raubte Elric seine Rache.

Veerkads schauriges Lied hallte durch Elrics Erinnerung *Drei Könige leben in Dunkelheit* – Gutheran, Veerkad und der König unter dem Hügel. Jetzt lebte nur noch der letzte – und er war seit Jahrtausenden tot.

Die kalten toten Augen des Königs suchten den Saal

ab und sahen Gutheran zu Füßen seines Throns liegen, die alte Amtskette auf der Brust. Elric nahm sie dem Toten ab und wich zurück, während der König unter dem Hügel vortrat. Schließlich stand er mit dem Rücken an einer Säule, und überall im Saal tobten sich die Ghuls aus.

Der tote König kam näher und stürzte sich mit einem pfeifenden Stöhnen, das aus den Tiefen seines zerfallenen Körpers aufstieg, auf Elric, der verzweifelt gegen die abnorme krallende Kraft des Hügelkönigs kämpfte, gegen Fleisch hauend, das nicht blutete und auch keinen Schmerz vermittelte. Selbst die magische Runenklinge vermochte nichts gegen das Schrecknis auszurichten, dem man keine Seele und kein Blut nehmen konnte.

Verzweifelt hieb Elric auf den Hügelkönig ein, doch schartige Nägel fuhren ihm durch die Haut, und Zähne versuchten sich in seinen Hals zu bohren. Und über allem lag der beinahe unerträgliche Totengestank der Ghuls, die den Großen Saal mit ihren scheußlichen Leibern füllten und sich an Lebenden und Toten gütlich taten.

Dann hörte Elric Mondmatts Stimme und sah ihn auf der Galerie stehen, die rings um den Saal führte. Er hielt einen großen Ölkrug in der Hand.

»Locke ihn in die Nähe des großen Feuers, Elric. Vielleicht gibt's eine Möglichkeit, ihn zu besiegen. Schnell, Mann, sonst ist es um dich geschehen!«

Mit verzweifelter Kraftanstrengung drängte der Melnibonéer den Riesenkönig auf die Flammen zu. Ringsum zehrten die Ghuls von den Überresten ihrer Opfer, von denen einige sogar noch lebten; ihre entsetzlichen Schreie erhoben sich hoffnungslos über die schmatzenden Laute des blutigen Mahls.

Der Hügelkönig stand nun achtlos mit dem Rücken vor den zuckenden Flammen des großen Feuers. Noch immer hieb er auf Elric ein. Mondmatt schleuderte den Krug.

Das Gefäß zerbrach auf den Steinen des Herds und besprühte den König mit brennendem Öl. Die Gestalt taumelte, und Elric schlug mit voller Kraft zu, Mann und Klinge bemühten sich gemeinsam, den Hügelkönig rückwärts zu stoßen. Schon sank der König in die Flammen, die ihn zu verzehren begannen.

Ein fürchterliches verlorenes Heulen ging von dem brennenden Riesen aus, der in den Flammen verging.

Überall im Großen Saal breiteten sich die Flammen aus, und nach kurzer Zeit glich der Raum einer Hölle, einem Inferno zuckenden Feuers, durch das die Ghuls hin und her rannten und nicht von ihrem blutigen Mahl abließen, ohne auf den drohenden Untergang zu achten. Der Weg zum Ausgang war versperrt.

Elric blickte sich um und sah einen Fluchtweg – den einzigen.

Er steckte Sturmbringer ein, nahm einige Schritte Anlauf und sprang hinauf, wobei er gerade noch das Geländer der Galerie erreichte, bevor Flammen die Stelle überfluteten, an der er eben noch gestanden hatte.

Mondmatt griff zu und half ihm über das Geländer.

»Ich bin enttäuscht, Elric«, sagte er lächelnd. »Du hast unseren Schatz vergessen.«

Elric zeigte ihm, was er in der linken Hand hielt – die juwelenbesetzte Königskette von Org.

»Dieses Prunkstück ist ein kleiner Lohn für unsere Mühen«, sagte er lächelnd und hob die funkelnde Kette. »Ich habe nichts gestohlen, bei Arioch! Es gibt in Org keine Könige mehr, die sie tragen könnten! Komm, wir wollen Zarozinia nicht länger warten lassen! Laß uns die Pferde besteigen!«

Sie verließen den Laufgang, als sich erste Brocken aus der Decke zu lösen begannen und in den Saal hinabstürzten.

Im Galopp entfernten sie sich von der Zitadelle Org. Zurückblickend sahen sie breite Risse in den Mauern erscheinen und hörten das Grollen der Vernichtung: Die Flammen verzehrten alles, was einmal Org gewesen war. Sie vernichteten den Sitz der Monarchie, die Überreste der Drei Könige in Dunkelheit, in Gegenwart und Vergangenheit. Von Org würde nichts zurückbleiben außer einem leeren Grabhügel und zwei Leichen, die eng umschlungen im großen Grabraum lagen, wo ihre Vorfahren jahrhundertelang geruht hatten. Sie vernichteten das letzte Bindeglied zum vorhergehenden Zeitalter und befreiten die Erde von einem alten bösen Einfluß. Nur der schreckliche Wald von Troos kündete noch vom Aufstieg und Fall des Verdammten Volkes.

Und der Wald von Troos war eine Warnung.

Müde und doch erleichtert sahen die drei die Silhouette von Troos in der Ferne, hinter dem lodernden Begräbnisfeuer.

Trotzdem wurde Elric nun, nachdem die Gefahr vorüber war, von einem neuen Problem heimgesucht.

»Warum schaust du so finster, Liebster?« fragte Zarozinia.

»Weil ich glaube, du hast die Wahrheit gesagt. Erinnerst du dich an deine Worte? Du sagtest, ich verließe mich zu sehr auf meine Runenklinge.«

»Ja – und ich sagte, ich würde mich darüber mit dir nicht streiten.«

»Richtig. Aber ich habe so ein Gefühl, als hättest du zum Teil recht. Auf und im Grabhügel hatte ich Sturmbringer nicht bei mir – trotzdem habe ich gekämpft und gesiegt, weil ich Angst um dich hatte.« Er sagte es leise. »Vielleicht kommt einmal die Zeit, da ich meine Kräfte mit Hilfe gewisser Kräuter, die ich in Troos gefunden habe, bewahren kann und die Klinge für immer los bin.«

Bei diesen Worten lachte Mondmatt laut auf.

»Elric – ich hätte nie geglaubt, so etwas von deinen Lippen zu hören. Du wagst es, auch nur daran zu denken, von deiner üblen Waffe abzulassen? Ich weiß nicht recht, ob du das jemals fertigbringst, doch schon allein der Gedanke daran ist sehr tröstlich.«

»In der Tat, mein Freund, in der Tat.« Der Albino beugte sich aus dem Sattel, umfaßte Zarozinias Schultern und zog sie wagemutig zu sich herüber, ohne daß die Pferde ihren Galopp verlangsamten. Im Reiten küßte er sie, ohne das Tempo zu vermindern.

»Ein neuer Anfang!« rief er in den Wind. »Ein neuer Anfang, meine Liebste!«

Und dann ritten sie lachend in Richtung Karlaak an der Tränenwüste, um sich dort vorzustellen, um sich zu bereichern und um an der seltsamsten Hochzeit teilzunehmen, die die Nordländer jemals erlebt hatten.

TANITH LEE

## Die Tochter des Magiers

*Doch Atmehs sterbliche Seele konnte nicht sterben; und mit dem irdischen Leben war auch nicht alles zu Ende.*

### 1 Die Schmetterlingsfalle

Lord Rathaks neue Braut trug Atlas und hatte Kummer. Das junge Mädchen war einem Tempel versprochen gewesen, eine Aussicht, die sie den Anforderungen des Ehestandes bei weitem vorgezogen hätte. Aber dann hatte ihr Vater ein Festessen gegeben und auf dem Höhepunkt der Zecherei zwei oder drei ausgewählten Gästen gestattet, einen Blick in den abgeschirmten Hof der Frauen zu tun. Und einer dieser Auserwählten, der Magier Rathak, hatte sie dort erspäht.»Wer ist das?« fragte er.»Sie ist eindeutig die schönste von allen.«

»Das ist meine jüngste Tochter Shemsin. Ein verträumtes Mädchen. Ich habe die Absicht, sie dem Tempel der Drei Göttinnen zu geben. Es ist kein Fehler, sich die Priesterschaft gewogen zu halten.«

Darauf hatte Rathak bemerkt:»Man sollte die Blüte zwar unbedingt schneiden, aber sie dann nicht in eine Grube werfen. Gebt den Göttinnen eine andere. Diese hier will *ich* haben.«

Die Macht und der Einfluß des Magiers waren so groß, viel größer als alles, was der Tempel zu bieten hatte, daß sich Shemsins Vater schnell einverstanden erklärte. Daraufhin wurden alle früheren Pläne verworfen. Man gab für die Ausstattung der Braut ein Vermögen aus. Sie hatte schon früh gelernt, daß Proteste vergebens waren, und fügte sich in ihr Unglück. In den Hof der Frauen drangen zwar immer wieder Gerüchte über die Männer, doch von Rathak, dessen dunklem Gehirn schwarze Taten entsprangen, wurde nur das Schlimmste erzählt. Er hatte vertrauten Umgang mit Teufelswesen und verkehrte sogar mit Dämonen. Seine Macht im Lande rührte daher, daß der König der Stadt Angst vor ihm empfand. Seine Freunde und alle, die ihm gehorsam waren, wurden vom Glück begünstigt, doch seine Feinde füllten schon ganze Friedhöfe. *Ich gehe in ein eigenes Grab,* dachte Shemsin. Man kleidete sie an, schmückte sie mit Juwelen, und dann brachte sie der Hochzeitszug zum Haus des Bräutigams.

Das stand auf einem felsigen Vorgebirge ein paar Meilen außerhalb der Stadtmauern. Obwohl das Land ringsum grünte und blühte, war dieses Gebiet kahl und steinig. Unterhalb des Vorgebirges lag jedoch auf drei Seiten ein unerforschter Sumpf, aus dem ständig wie aus einem großen Kessel Dämpfe aufstiegen. So abgeschirmt von Sumpf und Felsen war der Palast des Magiers nicht leicht zu erreichen, obwohl man ihn aus allen Richtungen schon von weitem sehen konnte. Es war ein imposantes Gebäude, mit Kuppeln aus roter Bronze und schwarzgrünem Schmelzglas, auf der Nordseite ragte ein dicker, eherner Turm drohend gen Himmel.

Der Zug erreichte das Vorgebirge und gelangte über eine steinige Straße an die ehernen Tore, die von Zauberhand aufgerissen wurden.

Dahinter gähnte ein Hof aus schwarzem Marmor mit einem Dach aus blutrotem und smaragdgrünem Glas.

Hier wurde Shemsin in aller Form nach dem Gesetz mit Rathak mit der Schwarzen Seele vermählt, und als sie ihm mit dumpfer Scheu ins Gesicht blickte, schwanden ihr fast die Sinne. Niemand hatte sie nämlich darauf vorbereitet, daß er zwar ein böser, aber auch ein schöner Mann war, mit Haaren so rot wie das Glas im Dach und Augen so dunkel wie der Marmor.

Als die Dämmerung sich über den Palast legte, begannen unheimliche Lichter über dem Sumpf zu tanzen. Man hatte Shemsin in ein Gemach im ehernen Turm geführt, und sie sah jenseits der Brüstungen den steinernen Hang, der in die Nacht hinabführte, und die gespenstisch zuckenden Irrlichter. Sie wußte nicht mehr, was sie denken sollte. Sie hatte schon begonnen, Entschuldigungen für gewisse Merkwürdigkeiten im Hause zu suchen, da es ja sein Haus war ... für das sonderbare Kreischen unbekannter Wesen tief unten in den Gewölben, für die an einer Brustwehr aufgereihten, gehörnten Schädel ... Er war ihr Gatte. Sie durfte nicht voreingenommen sein.

In einem siebeneckigen, von würzigen Düften und Musik erfüllten Zimmer empfing Rathak seine Braut.

Er küßte sie auf den Mund. »Mein teures Weib«, sagte er, »du sollst wissen, daß ich mich auf den ersten Blick in dich verliebt habe.«

Er ließ sie an einem grünen Blümchen riechen, dessen Duft sie berauschte. Er gab ihr schwarzen Wein zu trinken, und sie sank ihm in die Arme.

»Ich habe gehofft, aber nicht geglaubt, daß es jemanden wie dich geben könnte, meine Shemsin. Ich habe nämlich ein bestimmtes Ziel, mein liebes Kind, und du sollst mir helfen, es zu erreichen.«

Er trug sie zu einem Bett, das so rot war wie Mohnblumen, wie Rubine, wie Feuer. Es stand innerhalb eines noch offenen Kreises aus verschiedenen Pulvern und seltsamen Steinen, und jetzt, nachdem er darin war, schloß er die Linie mit einer qualmenden, brennenden Substanz aus einer Phiole.

Shemsin lag nackt auf dem Bett und hob sich strahlend von dem roten Untergrund ab, denn sie hatte sehr helles Haar, und ihre Haut war wie Schnee.

Rathak streichelte sie mit Händen und Lippen, aber zuvor mit einem Stab aus Basalt.

Meilenweit unter ihnen heulten die Ungeheuer in seinen Kellern; Spannen entfernt tanzte der Phosphor über den Sumpf. Shemsin war hilflos. Sie streckte flehend die Arme nach ihm aus.

»Warte noch, mein Schwan. Bald bin ich bei dir.«

Da erblickte sie eine Glasblase, die in der Luft schwebte. Sie wußte nicht, was es war, es war ihr auch gleichgültig. Ihr war nur wichtig, daß er sie umarmte, in sie eindrang, sie erlöste ...

»Gleich, mein Schwan, mein Mondkind!«

Und dann sah sie, daß die Luft voller Schmetterlinge war. Sie flatterten hier und dort, überall. Wenn eine Lampe darauf schien, waren sie durchsichtig wie Seide.

Rathak rezitierte einen Zauberspruch. Dann legte er sich auf sie, bewegte sich auf ihr wie die See über ein Ufer. Sie war der Strand, er der Ozean. Sie wurde zermalmt, sie wurde zerrissen. Die Wellen durchliefen sie. Sie schnellte in die Höhe, schrie, wollte den Himmel berühren, und dann berührte sie ihn und fiel tot zurück.

»Nein, Shemsin. Du bist nicht tot. Du lebst. Du lebst *zweifach.*«

»Schick mich nicht fort!« jammerte sie. Aber das Bett schien nach unten zu schweben. Tief unter der Erde kam es zur Ruhe. Sie hörte die Ungeheuer schreien, drehte sich um, drückte das Gesicht in die Kissen und schlief ein.

Im Schlaf sah sie in ihrem Inneren eine Glasblase, die jetzt einen Schmetterling gefangen hielt. Die Flügel flatterten und klopften gegen das Glas, bis sie ermatteten. Eine Puppenhülle bildete sich um den Schmetterling und fesselte ihn, er konnte die Flügel nicht mehr bewegen.

»Verzeih mir«, flüsterte Shemsin dem Schmetterling in der Glasfalle zu.

Doch im ehernen Turm hockte Rathak mit dem Dunklen Gehirn auf einer großen Goldplatte im Zentrum vieler neuer Kreise aus Symbolen, Pulvern und Talismanen. Ganz so schön, wie Shemsin ihn gesehen hatte, war er nicht mehr, aber dessen ungeachtet sang er eine Beschwörung und schlug mit Stäben um sich. Außerhalb des schützenden Kreises und der goldenen Platte öffnete sich der Boden. Ein häßlicher Zwerg stieg herauf, mit Haaren, für die manche Frau (übrigens auch mancher Mann) einen Mord begangen hätte. Er trug lediglich einen Metallrock aus feinster Schmiedearbeit, aus dem drei gewaltige, silberne, mit Jadeblättern geschmückte und mit einer Spirale von Zirkonen besetzte Phallen hervorragten. Ein Drin.

»Meister«, sagte der Drin, und sein Grinsen verriet, daß der Titel nicht ganz aufrichtig gemeint war.

»Du kleiner Rüpel«, erwiderte Rathak mit gebührender Verachtung. »Ich darf sagen, es ist vollbracht.«

»In der Tat?« fragte der Drin. Er sprang von einem Fuß auf den anderen, dann hob er den linken, um an einem Zehennagel zu knabbern. Schließlich blinzelte er Rathak an. »Dann seid Ihr auf dem Weg zu Eurem Ziel. Wo ist mein Anteil an Eurem Glück?«

»Einen Augenblick noch. Ich habe mich deines Rates bedient. Aber du solltest auch deinen Teil dazutun, und es ist an der Zeit, daß du den Wert deiner Arbeit unter Beweis stellst. Das kommt zuerst.«

Der Drin senkte schmollend seinen Fuß.

»*Meister*, Ihr seid stets vorsichtig und von großer Gelehrsamkeit. Darf ich Euch daran erinnern, daß meine Kaste zu solchen Dingen keinen Zugang hat? Ich mußte mich daher an andere Dämonen wenden und sie mit zauberhaften Geschenken aus meiner Schmiede bestechen. (Dafür steht Ihr in meiner Schuld.) Nun ergab es sich, daß ein mächtiger Fürst, dem ich diene, von Eurem Wunsch hörte. Er nahm es, sehr zu meinem Erstaunen, auf sich, Euch den Weg zu bahnen. Für die Vazdru bereitet es keine Schwierigkeiten, diesen *Ort* zu betreten. Und nun«, fügte der Drin hinzu und warf sich ob der Vornehmheit seines dämonischen Partners in die Brust, »steht dieser mächtige Herr im psychischen Vorraum. Wenn Ihr genügend Mut habt, wird er hier eintreten und Euren Erfolg bestätigen.«

Es mag sein, daß Rathak innerlich zitterte, aber wenn dem so war, dann verbarg und beherrschte er seine Nervosität. »Braucht ein solcher Herr«, fragte er, »meine Aufforderung?«

Bei diesen Worten schob sich die Nachtluft beiseite wie ein Vorhang. Ein dunkler, hochgewachsener, schlanker Mann betrat das Gemach, er war von so unglaublicher Schönheit, daß die falsche Maske, die Rathak für seine Hochzeit angelegt hatte, daneben zum Gespött wurde.

»*Azhrarn?*« murmelte Rathak und fiel auf die Knie (wobei er sich mit einem schnellen Blick vergewisserte, daß der Kreis geschlossen war).

»Sein Schatten«, antwortete Fürst Hazrond. »Ich werde manchmal mit ihm verwechselt, doch niemals von jenen, die seine Manifestation mit eigenen Augen gesehen haben.«

»Erhabener Fürst«, sagte Rathak. Dann zögerte er unterwürfig und fuhr schließlich fort: »Kann ich jenem dort glauben, der mir sagt, Ihr selbst habt Euch meiner Sache angenommen?«

»Du kannst ihm glauben.«

»Dann – ist es so gut wie geschehen.«

»Nicht ganz, Magier. Du bist in einem weit verbreiteten, menschlichen Irrtum begriffen. Die Seele dringt nicht bei der Befruchtung in den Schoß einer Frau ein. Sie kommt erst später, wenn das Kind gewachsen ist, dann erfüllt sie es, weckt es und treibt es heraus.«

»Dann ...?«

»In einem nebeligen Sumpf außerhalb der Erde bin ich deiner Beute begegnet. Da sie zur Rückkehr bereit war, war es nicht schwer, den Schmetterling dort im körperlosen Gestrüpp festzuhalten.«

»Und ist es *sie?*«

»Im Augenblick weder er noch sie noch sonst etwas. Aber einst war sie es. Alles weist darauf hin. Es ist die Seele, die einst der Gestalt aus Ebenholz, Milch und Saphir innewohnte, welche Azhriaz war, die Tochter der Nacht.«

Rathak schloß die Augen. Er kniete da wie die Verkörperung der Habgier. Dann sagte er: »Aber – *ihn* – erzürne ich damit nicht?«

Hazrond lächelte wie die Dämmerung der Dunkelheit: »Nein. Was kümmert es ihn? Er hat das Fleisch geschaffen, das sie einst *war*. Der Geist ist *ihr* Werk. Es ist nur eine Seele, eine von Milliarden, selbst *du*, Magier, besitzt ein solches Exemplar, wenn es auch ein wenig angeschmutzt und verwahrlost ist.«

Rathaks Mund verzerrte sich, und er sagte hastig: »Es freut mich, daß meine unbedeutende Verworfenheit Euch gefällt, Herr. Aber habt doch die Güte, mir zu sagen, ob die Zauber, die ich wirkte, den gewünschten Erfolg hatten.«

»Dein schwanenweißes Weib hat empfangen. Der Samen in ihrem Inneren hat mit Hilfe deiner Magie einen Faden von einer unerklärlichen Substanz und von nicht wahrnehmbarem Licht ausgeschickt. Das andere Ende dieses Fadens ist in jenes Land außerhalb der Welt, in das Gestrüpp jenes Grenzgebietes eingedrungen und hat dort deinen Schmetterling gefangen. Wenn die Zeit kommt, muß diese eine Seele in den Körper des Kindes einfahren, das du geschaffen hast.«

Bei diesen Worten verlor Rathak ein wenig die Kontrolle über sich und stieß einen tierischen Schrei aus.

Hazrond wandte den Kopf und spuckte aus. Der Speichel brannte mit einer wunderbaren violetten Flamme. Der Drin sprang vor und sprach einen Zauber darüber, um sein Wesen unversehrt zu erhalten, zweifellos mit der Absicht, daraus einen Edelstein zu machen – aber der entflammbare Speichel des Vazdru verschwand. Der Drin stampfte mit dem Fuß auf und sah Rathak böse an. Auch von Hazrond war keine Spur mehr zu sehen.

»Gib mir nun, was du mir versprochen hast!« krächzte der Drin.

Rathak erhob sich. »Es ist dein, viel Freude damit.«

Er winkte. Eine schmale Tür ging auf. Ein Mädchen aus dem Harem des Magiers kam in den Raum geglitten. Es war jung und schön und stand völlig unter einem Bann. Mit glasigen Augen erblickte sie den Dämonenzwerg, sah offensichtlich jemand anderen und winkte ihn leidenschaftlich zu sich. Bereitwillig sprang der Drin auf sie zu.

Aus seinem sicheren Kreis heraus beobachtete Rathak die Vereinigung, aber die ungewöhnlichen Verrenkungen erregten sein Interesse nicht allzu sehr. Er selbst würde sich das letzte Wissen verschaffen, Kräfte, die es mit der Macht der Götter aufnehmen konnten. Der gefangene Schmetterling sollte ihm alles enthüllen, was er aus früheren Zeiten wußte, und danach würde er sein Gefäß und seine Waffe sein, ein schönes Mädchen, völlig in seiner Gewalt, eine – wie schon einmal, damals von einer weißhaarigen Mutter – wiedergeborene Göttin in seiner Hand. Was konnte er mit ihr und durch sie nicht erreichen? Alles, woran Azhrarn gescheitert war. Nicht die Götter wollte er erzürnen, sondern all die kleinen Reiche der Menschen stürzen – das würde ihm, Rathak, genügen.

Solche Vorstellungen lenkten ihn von den erotischen und athletischen Kunststücken ab, die der Drin (in dessen Rasse es kein weibliches Gegenstück gab) mit dem Sklavenmädchen ausprobierte. Ja, Rathak bedauerte es nicht, als der Dämon, sobald er das Nahen des Sonnenaufgangs spürte, sich wieder durch den Fußboden zwängte und seine Geliebte wie einen weggeworfenen Fetzen auf den Teppichen liegen ließ.

Shemsin träumte, sie wandere in einem Nebel dahin. Sie glaubte, sich in dem Sumpf unterhalb des Palastes verirrt zu haben, aber sie befand sich in einem anderen Reich, an einem Ort, an den sie sich undeutlich erinnerte, ohne jedoch zu wissen, aus welcher Zeit ihres jungen Lebens. Es schien ihr aber, als sei es erst gestern gewesen... Während sie suchend umherwanderte, rauschten andere an ihr vorüber. Und wenn diese Schatten ihr nahe kamen, riefen sie ihr mit schwacher Stimme zu: »Weiter, weiter – folge uns auf dieser großen, schrecklichen Reise.« – »Was ist euer Ziel?« schrie sie. »Geboren zu werden!« kam es zurück. »Wir streben dem Grab des Fleisches zu.« – »Ich befinde mich schon in diesem Grab«, sagte Shemsin traurig, »und dies ist nur ein Traum.«

Dann sah sie, daß sie eine seidene Schnur um die Taille trug, deren Ende so lang war, daß es am Boden schleifte und immer weiter führte, bis es nicht mehr zu sehen war. Shemsin folgte der Schnur in den Nebel hinein... und gelangte schließlich an einen brennenden Busch. Nicht, daß die Erscheinung tatsächlich ein Busch gewesen wäre oder in Flammen gestanden hätte, sie zeigte sich ihr nur in dieser Gestalt. Und das Brennen des Busches wurde durch das Element verursacht, das sich dort verstrickt hatte. Es hatte keine eigene Form, jedenfalls keine sterbliche, die Shemsin hätte erkennen können, doch es flimmerte und schien den Nicht-Busch aufflammen zu lassen. Shemsins seidene Gürtelschnur lief in den Busch hinein, wieder heraus und ringsherum und hatte ihn mit einem Käfig umgeben.

»Du bist ja ein Schmetterling«, sagte Shemsin. »Armes Ding, deine Flügel haben sich in meinem Gürtel verfangen.«

Und sie beugte sich vor, um das leuchtende Geschöpf zu befreien.

Aber als sie die Arme ausstreckte, sah sie ein anderes, ebenfalls flammendes Wesen, schwarz und lodernd, das den Busch bewachte. Dieses Wesen schien Schlangen anstelle von Haaren zu haben, schwarze Schlangen mit zuckenden Silberstreifen, und in der erhobenen Hand hielt es ein Schwert.

Shemsin wich zurück. Sie faßte an den Gürtel um ihre Taille und wollte ihn zerreißen. Ein schrecklicher Schmerz durchfuhr sie.

Sie öffnete die Augen und fand sich auf ihrem Bett in einem Gemach im Haus des Magiers. Die beiden obersten Hebammen von Rathaks Harem beugten sich tief über sie.

»Herrin, Ihr tragt ein Kind.«

»Er wird erfreut sein, Herrin, daß er Euch schon bei einem einzigen Beilager seinen Samen einpflanzen konnte.«

Shemsins Leib wurde schwer, eine Blume, die die Last einer Knospe trug.

Sie lag matt neben einem Springbrunnen hoch oben in einem mit türkisgrünem Glas überdachten Hof. Man hielt sie fern von den anderen Frauen im Hause, doch manchmal sah sie diese weiter unten auf einer abgeschlossenen, von Orangenbäumen eingefaßten Allee spazierengehen. Wenn ihre Fächer sich hin und her bewegten, mußte sie an Schmetterlinge denken. Gelegentlich, wenn sie des Nachts schlaflos dalag, vernahm sie auf der Innentreppe ein Rascheln und das *Klirr Klirr* eines Fußkettchens. Dann war eine von Rathaks Frauen in sein Schlafgemach gerufen worden. (Im Morgengrauen wurde sie von dem gleichen Geräusch aus der anderen Richtung geweckt.)

»Er hat mir erklärt, er liebe mich. Ich sei ihm so teuer, sagte er. Und doch läßt er mich niemals rufen.«

Die dunklere Hebamme – beide kamen stets verschleiert zu ihr – antwortete auf dieses Selbstgespräch. »Es gibt ein uraltes Gesetz. Sobald Leben in Euch heranwächst, seid Ihr unantastbar. Er darf Euch nicht wieder berühren.«

»Nein. Er ist meiner nur überdrüssig«, sagte das Mädchen. »Dagegen wurde ich, sobald ich ihn gesehen hatte, auf ewig die seine.« Sie hatte sonst niemanden, dem sie sich anvertrauen konnte. Ihre Umgebung bot stets einen erfreulichen Anblick, unsichtbare Diener servierten ihr Speisen, wie sie einer Königin würdig gewesen wären. Wenn sie das Zimmer betrat, fand sie den Tisch gedeckt, aber niemand war da, und sie hatte fast den Verdacht, daß dies durch Zauberei geschah. Wenn sie nach Musik verlangte, spielten hinter einer hohen dünnen Wand aus Porphyr Musikanten für sie, zu ihrer Zerstreuung las man ihr vor oder führte kleine Theaterstücke auf.

So dachte die junge Frau immer mehr an die dunklere Hebamme, die sie jetzt ohnehin allein betreute. Natürlich führte diese Frau sie durch das Labyrinth der Schwangerschaft, beruhigte sie, ging auf ihre Ängste ein und kümmerte sich um die kleinen Unpäßlichkeiten, die sich in diesem Zustand einzustellen pflegten. Außerdem hatte die Frau eine dunkle, angenehme Stimme, und ihre schmalen Hände waren niemals grob. Schließlich bat Shemsin darum, daß sie ihr nicht nur bei Tag, sondern auch in den Stunden der Nacht Gesellschaft leistete.

Eines Abends sagte Shemsin: »Du kommst immer verschleiert zu mir. Ich möchte so gerne das Gesicht meiner Freundin sehen.«

»Den Schleier trage ich auf Befehl von Lord Rathak.« Dann fügte sie flüsternd hinzu: »Es wäre besser, Ihr hättet durch den Schleier des Magiers geblickt.«

Shemsin war überrascht.

»Aber ich habe sein Gesicht gesehen. Ich habe seine Schönheit geschaut. Deshalb bricht es mir doch das Herz, daß er mich vernachlässigt.«

»Ihr seid ein Unschuldslamm«, sagte die Frau. »Wisset, daß ich einst eine ähnliche Stellung bekleidete wie Ihr. Auch ich war die Gemahlin dessen, von dem Ihr sprecht, von Rathak mit dem Dunklen Gehirn. Damals habe ich viele von seinen Geheimnissen erfahren. Dann wurde er meiner müde, er machte mich durch seine Zauberkräfte zur Sklavin, und da ich so viel wußte, übertrug er mir diese Aufgabe. Ich kann seine Dienste niemals verlassen und auch nicht verraten, was ich weiß. Nun muß ich die Hündinnen aus seinem Zwinger betreuen.«

»O weh«, sagte Shemsin, »dann bist du also meine Feindin!«

»Seltsamerweise nicht«, antwortete die Frau, »denn Ihr seid nur ein Kind und noch völlig unverdorben. Ich hege daher keinen Groll gegen Euch. *Er* ist es, den ich hasse.«

»Aber wenn du seine Sklavin bist, wie du sagst, wie kannst du es dann wagen, so zu sprechen?«

»Ich darf ihn nicht verlassen. Ich kann seine schändlichen Verbrechen nicht vor Gericht bringen. Aber ansonsten läßt er mir Freiheit. Mein Haß belustigt ihn. Daher schwelge ich nur selten in diesem Genuß. Auch jetzt spreche ich nur, um Euch zu warnen.«

»Aber wovor?«

Die dunkle Frau setzte sich, betrachtete ihren Schützling eine Weile, und Shemsin konnte sogar durch den dichten Schleier hindurch die wilde Glut in ihren Augen erkennen. Schließlich sprach sie weiter.

»Ihr seid in ihn verliebt, dafür hat er gesorgt. Laßt es dabei bewenden. Denkt an das Kind in Eurem Leib. Noch einen Monat, und Ihr werdet es in Euren Armen halten.«

Doch Shemsin sagte: »Wenn ich am Rande eines Abgrunds stehe, möchte ich die Leere vor meinen Füßen sehen.«

Die Hebamme nickte und erhob sich.

»Erwartet mich drei Stunden nach Mitternacht. Ich kenne den geheimen Weg in den ehernen Turm. Wenn Ihr geistig und körperlich stark genug seid, werde ich Euch Euren geliebten Gatten im Schlaf zeigen, trunken von Wein und Verworfenheit. Heute ist nach dem Kalender eine Nacht, in der er sich mit seiner Magie beschäftigen wird, und danach schläft er alleine.«

Shemsin schauderte.

»So möge es sein.«

Denn ihr Herz, das seine Zweifel nie ganz verloren hatte, hatte sich schon der Hebamme zugewandt.

Mitternacht kam und ging vorüber, die erste Stunde des neuen Tages schleppte sich dahin, aber die zweite Stunde eilte vorbei und die dritte kam auf schnellen Füßen. Ein Klopfen an der Tür. Shemsin, mit ihrem ungeborenen Kind beladen, trat hinaus in den Gang. Da stand die Dunkle mit verhülltem Antlitz und hatte nicht einmal eine Lampe in der Hand. »Folgt mir. Sprecht kein Wort, stellt keine Fragen, macht nicht das leiseste Geräusch, was immer Ihr zu sehen oder zu hören bekommt. Sonst sind wir beide des Todes.«

Sie gingen durch viele Korridore und stiegen auf und ab im Dunkel des Palastes, das nur hier und dort von eindringendem Sternenlicht erhellt wurde. Shemsin bewegte sich mühsam und ängstlich. Endlich erreichten sie eine Tür, die nicht breiter war als die Schultern eines Knaben. Die dunkle Frau wartete einen Augenblick, die

Hand warnend erhoben. Dann lüftete sie ihren Schleier und hauchte die Tür an. Sie öffnete sich.

Dahinter lag keine Treppe, sondern eine steinerne Rampe, die von phosphorgefüllten Lampen beleuchtet wurde. Die Lampen waren Menschenschädel von unnatürlichen Ausmaßen, ungewöhnlich groß oder klein.

Die Frau schwebte im Licht der Schädel die Rampe hinauf wie auf Rädern. Shemsin folgte ihr schwerfällig.

Sie hatten noch kaum ein Viertel des Anstiegs zurückgelegt, als von allen Seiten ein unheimliches Klingen und Summen einsetzte. Shemsin fürchtete, der Magier könne davon erwachen, aber da sie versprochen hatte, völliges Stillschweigen zu wahren und keine Fragen zu stellen, und da ihre Freundin nicht stehenblieb, zögerte sie nicht und rief auch nicht laut nach ihr. Nach einer Weile war die Atmosphäre nicht mehr nur von dem Summen und Klingen erfüllt, es tauchten auch seltsam leuchtende Flocken und Stäubchen auf, die auf sie zuflogen, manchmal kurz an ihrer Kleidung und an ihrer Haut haften blieben und sie furchtbar erschreckten. Aber sie blieb stumm und ging weiter.

Oben an der Rampe blieb die Hebamme erneut stehen. Die Lichter umwirbelten sie, aber sie schenkte ihnen keinen Blick. Sie winkte Shemsin, und als die junge Frau herangekommen war, beugte sie sich zu ihr.

»Wir befinden uns nun im ehernen Turm. Jetzt kommt der schwierigste Teil. Was immer geschieht, zuckt nicht zurück und gebt keinen Laut von Euch, sonst sind wir beide verloren.«

Dann glitt sie weiter, und Shemsin mußte sich anstrengen, um ihr folgen zu können.

Der Fußboden, über den sie gingen, schien aus schwarzem Glas zu bestehen, und wenn die Lichtstäubchen darauf fielen, lösten sie sich zischend auf. Dann trübte plötzlich tiefe Schwärze Shemsins Blick. Sie stolperte und stellte fest, daß sie nun von der Luft oder von einer Schicht auf dem Fußboden getragen wurde. Ihr Entsetzen war so groß, daß sie ihren bleischweren Körper als schwerelos empfand.

Während sie weiterging, entstanden über, neben und unter ihr Erscheinungen, die ihr in die Ohren wimmerten, manchmal nach ihr schlugen oder sie liebkosten. Ein- oder zweimal tauchte aus der Schwärze plötzlich ein Alptraumgesicht auf wie leuchtender Rauch. Shemsin biß sich auf die Zunge, um nicht zu schreien. Sie wagte nicht, die Augen mit den Händen zu bedecken, weil sie befürchtete, ihre Führerin zu verlieren, die – auch jetzt noch – schwach erkennbar ebenso wie sie über dem Boden schwebte.

Die Fahrt endete an einer Plattform, die im leeren Raum zu stehen schien. In ihrer Mitte erschien eine weitere Tür, die in feurigem, tödlichem Schein glühte. Auf der Schwelle lag, in zuckenden Schlingen zusammengerollt, ein Tier mit seelenlosen Augen, die ebenso glühten wie die Tür. Und als diese Augen sie erblickten, fuhr das Wesen auf.

Shemsin wußte nun nicht mehr, ob sie träumte oder wachte, lebte oder schon tot war. Als ihre Begleiterin weiterging, folgte sie ihr in dumpfem Entsetzen.

Der Türhüter schlängelte seinen langen Hals in einen Springbrunnen, aus dem mehrere andere Köpfe aufstiegen und sich herausneigten. Jeder Kopf öffnete langsam die Augen, zwei bösartig glitzernde Punkte. Viele Kiefer klafften auf, und wieder hob die Hebamme ihren Schleier ein wenig an und spuckte geradewegs in jedes Maul hinein – *Psch! Psch! Psch!*. Blitze zuckten auf. Der Wächter wurde zu einem Mosaik aus Feuer, Funken, Schlacke, zersprang wie ein brechender Teller und erlosch vollständig – all dies ging völlig lautlos vor sich.

Die Frau fing das umsinkende Mädchen auf und schüttelte es. »*Noch nicht.* Nun müßt Ihr Eure Belohnung einfordern.«

Die Tür schmolz zusammen, und Shemsin erblickte, wie im Wasser schwimmend, das siebeneckige Zimmer, wo sie in jener ersten Nacht ihrem Gemahl beigelegen hatte.

Das rubinrote, mohnrote Bett war nicht mehr da. Nun stand da ein Bett in Messinggelb und Schwarz mit dicht zugezogenen Vorhängen, doch in allen sieben Ecken des Raumes loderten Fackeln.

»Kommt«, sagte die Hebamme laut, »wir haben seine Schutzvorrichtungen überwunden. Er wird nicht aufwachen.«

Sie ergriff eine Fackel und zog Shemsin an das Bett heran. Dann riß sie die Vorhänge beiseite und hielt das Licht in die Höhe.

»Seht ihn Euch nun an, ihn, den Ihr so verehrt, und zu dem Ihr unter solchen Mühen vorgedrungen seid.«

Und Shemsin sah ihn liegen, Rathak, ihren Gatten und ihren Geliebten.

Er war so grotesk und widerlich anzusehen, wie es nach mehr als neunzig Jahren verbrecherischen, von magischen Künsten gestützten Lebens nur sein konnte, denn so lange weilte er schon auf Erden. Sein Haar war nicht blutrot und seidig, sondern wie verwelktes rostiges Gras. Seine Augen, selbst im blinden Schlaf weit aufgerissen, waren farblose, trübe Membranen. Wie ein Sack voll Knochen mit dem Bauch eines vollgefressenen Drachen quoll er über die Laken. Er lächelte im Schlaf und zeigte dabei seine verfaulten, durch Magie mit Gift gefüllten und scharf gehaltenen Zähne. Er lächelte, er schlummerte, vielleicht hatte er sogar einen glücklichen Traum, er wußte ja nicht, daß irgend jemand auf der Welt in seine Höhle einbrechen und ihn so sehen konnte. Auch Rathak hatte nämlich seine kleinen Eitelkeiten.

Shemsin kreischte, wie sie es bei all den Schreckensgestalten auf dem Weg nicht getan hatte. Doch in diesem Augenblick trat die Herrscherin Schmerz von hinten an sie heran, schlang ihre dürren Arme um Shemsins Herz und ihren Leib und verschloß ihr den Mund.

Nach langen schrecklichen Wehen wurde das Kind, ein Mädchen, geboren. Es war mißgebildet, aber es lebte.

Und da ohne eine Seele das sterbliche Leben keinen Eingang in den Körper gefunden hätte, mußte die Falle zugeschnappt sein. Der Schmetterling war *gefangen*.

## 2  Die Gefangenen

Rathak tobte. Sein Plan war gescheitert. Das Kind, das Gefäß für die Seele der Göttin und Zauberin Azhriaz, war ein abstoßender Krüppel. Irgendwie hatte sich die Mutter Einlaß in sein Allerheiligstes verschafft. Sie hatte ihn so gesehen, wie er *war*, und der Anblick hatte sie in ihrem Schwachsinn so erschreckt, daß sie sein so sorgfältig geschaffenes Werk zerstört hatte. Er hatte die junge Frau allein am Fuß einer Treppe zum ehernen Turm liegend gefunden. Hierher mußte sie geflüchtet und dann gestürzt sein, nachdem ihre Schreie die Sphäre seines Schlafes durchdrungen hatten. Wie sie die Schutzvorrichtungen seiner Festung überwunden hatte, vermochte er nicht zu ergründen, und sie war rasend vor Schmerz und Panik und schien sich an nichts erinnern zu können.

Er bestrafte sie nicht sofort. Er wollte ja das Kind. Aber sie hatte das Kind verdorben – o weh! Und wie sie es verdorben hatte. Die vorzeitige Vertreibung in die Welt hätte vielleicht zu einer Totgeburt geführt, wäre nicht die Seele auf magische Weise mit dem Fleisch verbunden gewesen (und das mit besserem Stahl, als ihn selbst Rathak herstellen konnte). So wurde der Geist, das Wesen, zusammen mit dem Körper von der unerbittlichen Hand des Lebens eingeholt. Das Doppelwesen lag nun vor ihm im Inneren des Kreises aus Kräften und Pulvern, buckelig, schief und weinend. In dem zerdrückten, formlosen Gesicht folgten kränkliche Augen ohne Sinn und Verstand irgendwelchen Lichtflecken.

»Ja, du kleines Scheusal, ich kann nichts mit dir anfangen. Nicht einmal meine Künste könnten einen solchen Fehlschlag ungeschehen machen, sie sind gewöhnt zu schaffen, nicht Schäden zu beseitigen. Und eine schöne Maske ... diese Fähigkeit brauche ich für jemand anderen, nämlich für mich selbst. Es hat wohl den Anschein, als könne ich mit dir nicht das anfangen, was ich mir so inbrünstig erhoffte. Trotzdem wirst du mir alles geben, was du hast.«

Dann sprach Rathak erschreckende Worte und machte Zeichen der Macht, die den Raum erbeben ließen wie von unhörbarem Donner.

Die Flammen in den Lampen schrumpften, bis nur noch mattes Licht herrschte, die Luft wurde eiskalt.

»Ich gebiete dir, Geist«, sprach Rathak, »Geist, der du eben aus dem Nichts gekommen bist. Die Erinnerungen an dein früheres Leben sind noch in dir, doch du kannst sie nicht zu Hilfe rufen. Du befindest dich in der mißgebildeten, fleischlichen Hülle eines Säuglings, aber im Innersten bist du noch immer *Azhriaz*. Ich gebiete dir, Azhriaz, mit *diesem* und *diesem* Zeichen. Du mußt mir antworten.«

Da öffnete sich der formlose Mund des Kindes. Eine beinahe menschliche, aber geschlechtslose Stimme erklang, von großer Schönheit, körperlos, außerdem metallisch, fließend, ätherisch. Äonen entfernt, erfüllte sie doch den Raum.

*Ja, ich antworte dir, Magier. Aber ich bin nicht die, deren Namen du gerufen hast. Ich bin nur ich.*

»Treibe keine theosophischen Spiele mit mir. Du warst die, der du *innewohntest*.«

*Vor tausend irdischen Jahren oder vor einem halben Tag war es so.*

»Und ich habe dich eingefangen. Weißt du, daß du gefangen bist?«

*Ich weiß mich gefangen.*

»Und ich bin dein Herr.«

*Du magst der Herr des Leibes sein, in dem ich mich befinde. Doch über das, was ich bin, über das, was nun zu dir spricht, hast du keine Macht.*

»Und dennoch mußt du mir gehorchen.«

*Du irrst dich.*

Rathak sagte: »Ich verlange von dir alles Wissen, das du einst besessen hast, du wirst dich daran erinnern, und es wird einen gewissen Umfang haben, auch wenn bei der Übertragung einiges verloren ging. Wenn du dich weigerst, werde ich jenen Käfig aus Haut, Knochen und Blut, dem du bis zu deinem Tod nun nicht mehr entrinnen kannst, in aller Ruhe und mit zielbewußter Präzision quälen. Wird dir das Freude bereiten?«

*Du kannst mich verletzen an Körper und Geist. Auch ich werde leiden, und das weißt du. Aber wisse auch, daß Azhriaz, als sie ich war, einige Schuld auf sich geladen hat. Ich werde mich dem Leiden unterwerfen und es meinem inneren Ich als Wiedergutmachung für früheres Unrecht anbieten, das sie getan hat. Auf diese Weise ist jede Grausamkeit von dir letztlich ein Gewinn für mich. Wird dir das Freude bereiten?*

»Seele«, sagte Rathak, »deine Pläne kümmern mich nicht. Ich habe Diener, denen es großes Vergnügen bereiten wird, dich zu foltern. Sie werde ich jetzt rufen. *Ihnen* wollen wir eine Freude bereiten.«

Shemsin kam zu sich, weil sie das schrille Schreien ihres Kindes hörte, sie blickte sich verwirrt um und fragte: »Wo ist meine Tochter?«

Aber das Schreien war verstummt, statt dessen hörte

sie ein seltsames Geräusch, das ihr völlig unbekannt war.
So murmelte sie denn: »Was ist das für ein Lärm?«
»Herrin«, sagte jemand neben ihr, »wenn man es Euch verheimlichen könnte, würde ich das gerne tun. Aber da Ihr es schließlich doch erfahren müßt, will ich es Euch gleich erzählen. Die Maurer von Rathak mit dem Dunklen Gehirn sind gerade dabei, uns in diesem Raum lebendig einzumauern.«
Shemsin fuhr von ihren Kissen auf. Nun erkannte sie die Geräusche sofort, riesige Steinplatten wurden in Mörtel eingesetzt.
Und sie sah, daß das Tageslicht im Raum schon zu einem winzigen Punkt zusammengeschrumpft war, der in diesem Augenblick ebenfalls erlosch.
Sonderbarerweise konnte sie jetzt ihre Umgebung in allen Einzelheiten wahrnehmen. Der Raum war leer bis auf eine flackernde Kerze und den Diwan, auf dem sie gelegen hatte, auf dem Fußboden standen ein Krug mit Wasser und ein Laib Brot.
»Man hat uns Proviant dagelassen, nicht etwa, um unser Leiden zu lindern, sondern um es zu verlängern«, sagte die Stimme ruhig.
Shemsin drehte sich um und sah neben sich ihre Gefährtin, die Hebamme, sitzen, sie war immer noch verschleiert und wirkte so ruhig wie ein Stein.
»Du – warum bist du hier?«
»Auch ich soll bestraft werden. Wir haben zugelassen, daß Lord Rathaks Kind schwach und mißgebildet zur Welt kam.«
»Mein Baby«, sagte Shemsin.
Die verschleierte Frau zögerte, dann schien sie zu einem Entschluß zu gelangen. »Herrin, es hat nicht lange gelebt. Und das ist gut so, denn in Eurer jetzigen Lage hättet Ihr es nicht retten können.«
Shemsin weinte. Doch ihre Gedanken jagten wild in

ihrem Kopf herum, und sie sagte unter Tränen: »Trotzdem müssen wir beide, du und ich, nicht deshalb sterben, sondern weil wir den verbotenen Raum betreten haben. Weil wir den Betrüger in seiner Abscheulichkeit gesehen haben.«

Die verschleierte Frau fuhr nun ihrerseits heftig auf. »Habt Ihr das getan?«

Shemsins Stimme wurde lauter, bis sie fast schrie.

»Das weißt du doch genau, du warst ja bei mir! Oh, wie hast du mich betört, du hast das Kind in meinem Leib durch die Schrecken auf diesem Weg getötet und mich diesem Schicksal ausgeliefert. Doch«, und nun wurde ihre Stimme ganz leise, »ich habe ein noch größeres Unrecht begangen, denn ich liebte ein Scheusal. Die Göttinnen wissen, daß das Kind wahrscheinlich mißgebildet war, seit er seinen Samen in mich ergoß, und daß es besser tot ist. Wie ich.«

Auch die Kerze im Raum war nun dem Tode nahe. Alle Geräusche von draußen waren verstummt. Stille und Dunkelheit legten sich über das Gemach.

»Shemsin«, sagte ihre verschleierte Gefährtin schließlich, »das Ende ist nahe, daher glaubst du mir sicher, daß ich keinen Grund habe, dich zu belügen. Wenn du den Turm des Magiers betreten hast, so war nicht ich bei dir. Wenn du es freilich von mir verlangt hättest, wäre ich das Wagnis vielleicht eingegangen, denn ich bin dir von Herzen zugetan.«

»Dann muß ich wahnsinnig sein«, sagte Shemsin teilnahmslos. »Denn ich weiß ganz genau, wie du mich dazu überredet hast. Und du hast mich an diesen Ort geführt, du hast die unüberwindlichen Türen geöffnet und mit Zauberei die Teufelswesen und übernatürlichen Wächter überwältigt.«

»Nicht ich. Wie könnte ich solche Wunder wirken?«

Mitten in der Finsternis erhellte sich für Shemsin alles wie im Schein eines Blitzes.

»Es ist wahr. Du kannst es nicht gewesen sein, die an diesem Abend zu mir kam, denn sie hatte nicht deinen Gang, nicht deine gewohnte Art und auch nicht deine Güte. Sie war stolz und hart wie eine Frau aus Eisen.«

»Als ich in der Dämmerung zu dir kommen wollte«, sagte die andere, »begegnete mir auf der Treppe unter deinem Hof eine Frau und schickte mich weg. Auch sie war verschleiert – o Herrin, in diesem Haus wimmelt es von unheimlichen Wesen, von Flitzern und, wie ich höre, auch von Dämonen. Dergleichen Gesindel treibt sinnlosen Unfug, nur zum Vergnügen, um Schaden anzurichten.«

(In diesem Punkt hatte die junge Hebamme nicht ganz recht. Fürst Hazrond, der ihre Gestalt angenommen hatte, um Shemsin ins Unglück zu locken, hatte ein klares Ziel verfolgt und es auch in der Tat erreicht – die physische Schädigung des Kindes. Ob er damit eine alte Rechnung begleichen wollte?)

Doch Shemsin sagte: »Wir wollen nicht mehr von diesen schrecklichen Dingen sprechen. Für uns wird es bald Nacht sein.« Dann fügte sie hinzu: »Doch ehe die Kerze erlischt, möchte ich dein Gesicht sehen, damit ich Ruhe finde. Oder ist dir das nicht gestattet?«

»Jederzeit.«

Und die Hebamme zog sich den Schleier von Kopf und Schultern und ließ ihn zu Boden fallen. Ohne Hüllen war sie eine junge Frau in Shemsins Alter oder nur sehr wenig älter, von dunkler Schönheit wie die Iris im Vergleich zur Lilie.

»Shemsin«, wiederholte sie, »das Ende ist nahe.«

»Das hast du schon gesagt, und auch ich bin mir dessen bewußt.«

»Dann will ich dir erklären, warum ich meinen Schleier niemals ablegte. Es geschah aus Furcht, denn ich liebte dich, seit ich dich zum erstenmal sah.«

Shemsin antwortete: »Das sagte auch Rathak bei unserem Beilager.«

»Aber *er* hat gelogen.«

In diesem Augenblick erlosch die Kerzenflamme.

Die Frauen umarmten sich. Auf dem schwarzen Meer des Todes klammerten sie sich aneinander, und jede dachte in ihrem Herzen: *Wenigstens bin ich nicht allein.*

Er hatte nichts erfahren.

Die Seele hatte sich geweigert, noch ein Wort mit ihm zu sprechen. Sie hatte nicht laut aufgeschrien wie das Kind. Die Luft war erfüllt von den stinkenden Ausdünstungen und den finstern Gliedmaßen von Rathaks Lakaien. Nach einigen Stunden war vorauszusehen, daß das Kind unter dieser Behandlung sterben mußte, obwohl er es mit einem Zauber belegt hatte, um es am Leben zu erhalten. Sein Tod war nicht das, was er wollte. Wenn es tot war, entwich ihm die Seele erneut und konnte überdies noch Rache an ihm nehmen. So stellte sich der große Magier die Astralwelt vor: Er beurteilte alle Welten nach sich selbst.

Also gab er seine Bemühungen auf.

Seiner Frustration und seinem Zorn machte er nun auf verschiedene Weise Luft.

Und danach sprach Rathak in jenem leeren, von Magie versengten, psychisch mißbrauchten, turmhohen, moralischen Keller wie einen mörderischen Fluch einen Heilzauber über seine Tochter.

Trotz all seiner Zauberkräfte verstand sich Rathak freilich nicht besonders gut auf die Heilkunst. Er hatte seine Tage damit verbracht, Gift zu züchten. Die Formel wehrte zwar den Tod ab, doch das Leben förderte sie kaum.

Als das erledigt war, rief er aus den Gewölben tief unter dem Palast ein Wesen zu sich herauf.

Es kam mit langsamen, schlurfenden Schritten und

ließ den schweren Schädel so tief hängen, daß seine dicke Zunge über die Pflastersteine schleifte. Es war mit keinem Geschöpf auf Erden zu vergleichen, vielmehr war es aus so vielen verschiedenen irdischen Teilen zusammengesetzt, daß es unnötig pedantisch und vielleicht sogar unmöglich wäre, es zu beschreiben. Jedenfalls war es da und sah mit zwei oder drei knollenförmigen, glanzlosen Augen den Magier, seinen Meister an.

»Sklave«, sagte dieser, »siehst du dieses Kind dort?«

Auf irgendeine Weise gab das Wesen eine zustimmende Antwort.

»Ich habe mit diesem Kind etwas vor, aber im Augenblick kann ich mein Ziel nicht erreichen. Vielleicht wird es mir nie gelingen. Aber vorerst muß das Balg mein Gefangener bleiben. Und es darf auf keinen Fall sterben. Tue mir kund, daß du diese Worte begriffen hast.«

Auf irgendeine Weise tat ihm das Wesen dies kund.

»Dich, Sklave, bestimme ich zu seinem Wärter. Nimm das Kind mit hinunter zu dir und füttere es dort mit der Nahrung aus deinem eigenen Trog. Sorge dafür, daß ihm nichts zustößt, verhindere, daß es flüchtet und laß nicht zu, daß es durch den Tod befreit wird. Mit der Zeit wird es wachsen, vielleicht gibt es irgendwann auch Laute von sich. Nur darauf sollst du mich aufmerksam machen, indem du den Pfeifton ausstößt, den ich dich gelehrt habe. Ansonsten ist alles dir allein überlassen.«

Das Wesen nickte und machte eine entsprechende Geste der Zustimmung.

»Deine Wachsamkeit und Mühe werde ich dir nach den Regeln derartiger magischer Vereinbarungen entgelten. Dein Lohn ist folgender: Du wirst jeden Tag drei Minuten lang eine unsagbare, alle Sinne umfassende Glückseligkeit erleben, die ich dir verschaffen kann. Um eine immer wiederkehrende Verzückung vergleichbaren Ausmaßes zu erlangen, würden viele Menschen weit größere Mühen auf sich nehmen. Bist du mit dieser Bezahlung einverstanden?«

Das Wesen bekundete geifernd seine Zustimmung.

Rathak schnippte mit den Fingern.

Das Wesen kroch zu dem geöffneten Kreis und zog den Säugling heraus. Es trug die Kleine auf einem ungewöhnlichen Weg, der für es selbst ganz alltäglich war, hinab in die Tiefen des Hauses des Magiers.

Die Sonne ging über dem Palast unter, ihr Licht spiegelte sich auf den ehernen Türen und ließ sie rot aufleuchten. Nachdem die Sonne verschwunden war, kam die melancholische Dämmerung und blieb eine Weile. Dann stieg die Nacht über den Felsen herauf – aber die Dämmerung stand noch immer im Portiko. Die Dämmerung war ein Mann in violettem Mantel.

Er hob die behandschuhte Hand und klopfte an die Türen.

Hoch oben auf der linken Seite war der versteinerte Schädel eines Drachen angebracht. Nun klaffte das Maul weit auf und sprach.

»Wer ist da?«

»Finsternis«, war die Antwort, »ein Fünftel davon.«

»Wen suchst du?«

»Den, der dich dorthin genagelt hat.«

»Du kannst nicht eintreten«, sagte der Schädel des Drachen.

»Mir scheint, ich bin schon drin. Soll ich meine Handschuhe ausziehen?«

Der Schädel zischte. Der linke Türflügel öffnete sich zwei oder drei Zoll weit.

Der violett gekleidete Mann im Portiko war verschwunden. Er stand jetzt in dem schwarzen, blutroten und smaragdgrünen Hof und blickte sich um. Er hatte ein wenig Phosphor aus dem Sumpf mit hereingebracht, und der glitzerte so scharf wie Glas. Der Mann sah gut aus, doch die linke Seite des Gesichts hielt er stets unter der Kapuze verborgen.

»Rathak, Rathak, Rathak«, flüsterte er.

Der Hof nahm die Worte auf und gab sie brüllend weiter.

Plötzlich erschien Rathak in einer Wolke von Licht. Er blickte den Besucher an, holte einen Nebelschal aus der Luft und verhüllte damit seine Augen. Dann verneigte er sich tief.

»Du kennst mich«, sagte der Besucher.

»Ich glaube schon, hoher Herr.«

»Aber nicht alle Geschichten über mich.«

»Wenn ich Eure königliche Hoheit in irgendeiner Form gekränkt habe, werde ich angemessen Wiedergutmachung leisten.«

»Nenne meinen Namen«, verlangte der Violette.

»Herr, bitte erlaßt mir das.«

»Nenne meinen *Namen*.«

»Ihr seid«, sagte Rathak, »ein Gebieter der Finsternis und ein Fürst.«

»Weiter.«

»Ihr seid Chuz, der Herr der Illusionen.«

»Weiter.«

»Ihr seid Wahnsinn.«

Chuz lächelte mit der sichtbaren, schönen Seite seines Gesichts und schüttelte sich eine blonde Locke von seinem langwimprigen, gesenkten Auge.

»Du hast nichts zu befürchten«, sagte Chuz. »Du bist so durchtränkt von Verworfenheit, daß du schon jetzt ein geistloser Irrer bist, Rathak. Doch eines Tages wirst du in deinen eigenen Spiegel blicken und mich sehen. Du wirst sehen, was du bist. Und dann wirst du tanzen und das Lied singen.«

Rathak formte mit den Lippen ein Wort der Abwehr.

Chuz lächelte wieder. »Du kannst nicht entrinnen, denn nicht ich jage dich. Du jagst dich selber. Du bist dir selbst dicht auf den Fersen, Rathak mit der Dunklen Seele. Hörst du dich nicht bellen?«

Rathak zitterte, aber er beherrschte sich so gut, daß es nicht zu sehen war. Nicht einmal Chuz, Fürst Wahnsinn, sah es. Nur Rathak selbst wußte, daß er gezittert hatte. Und einen Augenblick lang vernahm er ein fernes Bellen in seinen Ohren wie von Hunden auf einer Fährte.

Als er diese Vorstellung abgeschüttelt hatte, stand Chuz nicht mehr vor ihm.

Rathak stieg wieder in seinen ehernen Zauberturm hinauf und umgab sich dort mit solchen Bollwerken der Macht, daß die Luft in jenen Räumen so zäh wurde wie Sirup, am Himmel über dem Turm waren weder Sterne noch Mond zu sehen, und wenn die Sonne wieder aufging, würde sie von dort aus wie eingeschrumpft aussehen, wie ein verkümmerter Granatapfel.

Doch selbst im Inneren dieser überladenen schützenden Wabe spürte Rathak Chuz' Gegenwart. Chuz schien wie ein violettes Insekt über alle Mauern und Dächer zu kriechen, die Pfeiler hinauf und über die Decken.

»Er kratzt an einer Fensterscheibe«, sagte Rathak. »Er pocht an die Steine.« Rathak schlug Musikfunken aus der Atmosphäre. Hinter der Musik glaubte er immer noch, Chuz wie ein Insekt herumwandern zu hören. »Wer sonst kratzt an den Steinen? Wer pocht an die Fenster?«

»Wer?« flüsterte das blasse Mädchen dem dunklen zu, »wer ist das, der an die Steine pocht und kratzt?«

»Still, mein Liebes. Das bilden wir uns nur ein. Ein Traum, aus Hunger und Verzweiflung entstanden. Vielleicht kommt auch der sanfte Gebieter Tod, um uns schnell aus dem Gefängnis zu befreien.«

In diesem Augenblick verschwanden die Steine der frischen Mauer.

Chuz in seinem Mantel, zur Hälfte verborgen, zur anderen Hälfte schön, mit behandschuhten Händen und gesenkten Augen, lächelte freundlich.

»Verlaßt diese düstere Zelle, ihr reizenden Damen!«

Nachdenklich standen sie auf und spürten, wie sie zu der verschwundenen Barriere geweht wurden. Draußen war der Abend sehr still und drückend. Unter sich erblickten sie die Kuppeln des Palastes und einen riesigen Teppich, aus Samt gewoben, mitternachtsschwarz und mitternachtsblau, magentarot, veilchenfarben und golden.

Und der schöne, nur zur Hälfte sichtbare Chuz winkte und lockte. Ehe sie sich dessen bewußt wurden, hatten sie schon den Wunderteppich bestiegen und segelten alle drei über den sternenbestickten Himmel dahin.

»Hier sind Wein und Milch«, sagte Chuz höflich. »Auch Fleisch, Obst und Kuchen. Und hier sind durchsichtige Lilien für dich und dunkle Iris für dich.«

Er strahlte sie an und erzählte ihnen Geschichten. Er pries ihre Schönheit mit einer Stimme, die sie niemals vergessen und an die sie sich niemals erinnern würden.

»Es ist eine Todeshalluzination«, sagten die beiden Frauen zueinander. Aber die Schwäche wich von ihnen, Gesundheit durchströmte sie. Sie lachten, aßen und tranken und scherzten sogar mit Fürst Wahnsinn.

»Ihr seid mir teuer«, sagte Chuz. »Einst war ich ein anderer und liebte eine andere, die jetzt wieder eine andere ist, aber diese letzte andere habt ihr beide vor kurzem kennengelernt.«

Dann küßte er sie mit der Hälfte der Mondsichel seines lächelnden Mundes in den Schlaf.

Der Teppich war wie ein Sturm aus Seide über einen Ozean und über ein Diadem von Bergen geflogen, und nun, in einem Land voller Flüsse und grünem Getreide, lenkte Chuz ihn herunter und verließ die beiden Frauen. Er ließ sie schlafend zurück, zugedeckt von dem

Samtfahrzeug, die Blumen und die Speisen an ihrer Seite.

Doch auf das Flußbett schrieb er in goldenen Lettern (die sie bei Sonnenaufgang erstaunt und jubelnd entdeckten):

**AZHRIAZ**

»Aber wer ist Azhriaz?« fragte Shemsin leise.
»Ich weiß es nicht.«
Inmitten des meergrünen Getreides sahen sie sich an. Die Schrift verblaßte bald im Sonnenlicht.


3   Unverdienter Lohn

Tief unten in den Kellergewölben des Hauses verrichtete das Geschöpf des Magiers seine Pflichten. Zweimal am Tag zerrte es das Kind, ein kleines, von Narben übersätes Bündel, an einen Obsidiantrog, der zu diesen Zeiten durch Zauberei mit einem geschmacklosen und ziemlich widerlichen, aber nahrhaften Brei gefüllt war. Danach ging das Geschöpf mit seinem Schützling im Schlepptau an die Dachrinne. Der Säugling, anfangs nicht mehr als einen Monat alt, hätte eigentlich schon lange zugrunde gehen müssen, und schon gar nicht hätte er in der Lage sein dürfen, die Nahrung eines nichtmenschlichen Viehs zu verdauen, Rathaks Zaubersprüche hatten dem Kind zwar nichts genützt, verhinderten im Augenblick aber doch, daß es starb oder erkrankte. Die Kleine wurde am Trog und an der Dachrinne ernährt. Davon abgesehen schlief sie Tag und Nacht in schmutzigem Stroh aus den Pflanzen, die hier im Dunkeln wuchsen und die das Sklavengeschöpf abhackte, um daraus ein Lager zu bereiten. Ihre Existenz hing nur an einem seidenen Faden, doch ganz unmerklich nahm sie den Weg, der ins Leben und zum Wachstum hinauf führte.

Das Sklavengeschöpf erhielt einmal in jeder Tagesspanne seinen dreiminütigen Lohn. Während dieser drei Minuten lag es da und hatte alles um sich herum vergessen. Dieser Zustand überkam es zu verschiedenen Stunden, ohne Vorwarnung. Einmal war es sogar in den Trog gefallen, so überwältigend war sein Entzücken, und erst, als die Lust zu Ende ging, war es wieder herausgestiegen, von Brei bedeckt, den es hinterher verzehrte. (Bei dieser Gelegenheit unterblieb die Fütterung des Kindes, aber das konnte inzwischen soweit laufen, daß es selbst an den Trog stolperte und seinen Hunger stillte.)

In der unterirdischen Düsternis des Kellers gab es nicht viel zu sehen, doch von den Bettpflanzen ging ein ganz matter Schimmer aus, gelegentlich sickerte auch ein Lufthauch aus dem Moor durch die Steine, und dann glühte alles einschließlich der Mißgestalten des Sklaven und des Kindes im Phosphorschein.

Das Mädchen war ein bedauernswertes kleines Ding, ganz krumm und buckelig. Der Kopf ragte schräg nach vorn wie bei einer Schildkröte, die dürren Beine waren ungleich lang, die mageren Arme hingen schief in den Schultern. Die Narben waren zu seltsamen Wülsten und Schichten verheilt, so daß ihr Fleisch einer seit Jahren vom Meer gezeichneten Muschel oder einer Schieferplatte ähnelte.

Ihre Seele oder ein Element davon hatte zwar bei Rathaks Verhör gesprochen, doch jetzt war diese Seele tief in ihrem Inneren verschlossen, und sie erinnerte sich ebenso wenig daran wie an die Ereignisse des gestrigen Tages in diesem taglosen, nachtlosen Loch. Wenn jemand zu ihr gekommen wäre und sie *Azhriaz* genannt hätte, hätte sie ihn, ebenso wie ihre Mutter, nur verständnislos angestarrt.

Ihr Leben und ihre Welt waren der dunkle Keller und das verschimmelte Stroh. Besondere Ereignisse waren der Trog, die Dachrinne, der gelegentliche Phosphorschein oder die Bewegungen ihres Kerkergenossen, des Sklavengeschöpfs. (Ihm gegenüber empfand sie weder Angst noch Zuneigung, denn es hatte ihr weder zu dem einen noch zu dem anderen Anlaß gegeben.) Im Schlaf – und schlafen war ihre einzige Zerstreuung – hätten abstrakte Träume ihr von anderen Formen und Bedingungen des Lebens berichten können. Aber da sie keinen Bezugsrahmen, ja, nicht einmal eine Sprache für diese Träume hatte, vergaß ihr ausgehungertes, unentwickeltes Gehirn sie auf der Stelle wieder.

Auf diese Weise verbrachte das Mädchen ihre ersten Monate, ihre frühen Jahre. Sie wuchs zwar, und manchmal trainierte sie sogar unbewußt ihren Körper, indem sie umherkroch, sich streckte, in den Pflanzen wühlte und an der Dachrinne hin- und herschaukelte, aber nichts drängte sie zu sprechen, irgendwelche differenzierte Laute hervorzubringen, und deshalb tat sie es auch nicht.

Irgendwann war es sogar so weit, daß das Geschöpf seinen Schützling übersehen, sich nur auf seine eigenen Bedürfnisse konzentrieren und gierig die drei Minuten der Verzückung erwarten konnte, um sie zu genießen und sich dann auf ihre Wiederkehr zu freuen.

Wieviel Zeit tatsächlich verging, ist ungewiß. Es mögen bis zu fünf Jahre gewesen sein,

Ohne daß all die Bewohner dieser höhlenähnlichen Gewölbe es wußten, wurde ihr Herr, der Magier, von Zweifeln und Sorgen geplagt. Sein abgeschiedenes Haus war mehr und mehr zu einer Einsiedelei geworden. Nun schützte den Felsen ein Wald von Dornen, unter dem die Straße verschwand und den nur die höchsten Kuppeln des Hauses durchdrangen. Die Steine und Ziegel waren aufs intensivste mit Magie verstärkt worden. Keines der Fenster, keine Tür öffnete sich, es sei denn, man rezitierte einen bestimmten, magischen

Rhombus. Was das sterbliche Gesinde des Hauses anging, die Sklavenmädchen und Diener und den Harem von Frauen, sie waren alle entlassen – oder, wie man munkelte, hingemetzelt worden. Rathak hauste jetzt allein, so ging das Gerücht, nur sein Zoo von Phantomen, Flitzern und Teufelswesen leistete ihm Gesellschaft.

Vielleicht hatte er das Kind ganz vergessen. Der Plan war so gründlich gescheitert, es war zweifellos besser, die Sache auf sich beruhen zu lassen.

Doch das Wärter-Geschöpf bekam weiter seinen Lohn, jene drei köstlichen Minuten des Entzückens. Sobald ein Segen einmal aktiv war, konnte nur Rathaks Befehl ihm Einhalt gebieten.

Eines Morgens bei Tagesanbruch bebte unter dem Felsen ganz schwach die Erde. Viel wurde nicht zerstört. Ein oder zwei bunte Glasscheiben im Palast zersprangen, und da sie verzaubert waren, verschwanden die Sprünge auf der Stelle wieder. Eine Fliese fiel von einer Decke. Im ehernen Turm drehte sich ein Amulett um.

Unten in den Gewölben verschoben sich die Fundamente und senkten sich. An einer Stelle, wo der Stein an einen höhlenähnlichen Tunnel unter dem Sumpf grenzte, klaffte ein Stück Mauer auf. Die Öffnung war gerade groß genug für ein im Wachstum zurückgebliebenes Kind von fünf Jahren.

Vielleicht war es der Geruch der Höhle, der das Mädchen anzog, denn dort draußen wucherten die Bettpflanzen, und ihr Lager mußte längst erneuert werden. Vielleicht war auch hinter dem Kellergestank und im Miasma des Sumpfs ein Hauch von freiem Himmel zu spüren.

Zufällig wurde das Geschöpf, das ihr Kerkermeister hätte sein sollen, in dem Augenblick, als die Wand sich teilte, das Kind sich ihr näherte, sie ziellos untersuchte und, nur halb wissend, was es tat, hinausstieg, von seiner dreiminütigen Verzückung erfaßt.

Als es wieder zu sich kam, war der Riß im Fundament schon dabei, sich auf magische Weise wieder zu schließen. Der Sklave, der träge den Nachgeschmack der Seligkeit auskostete, bemerkte auch in den nächsten paar Minuten nichts. Erst viel später vermißte er das Mädchen und machte sich auf die Suche. Die Höhle bot nur wenige Möglichkeiten, sich zu verstecken, aber diese Winkel durchstöberte das Geschöpf immer und immer wieder. Der Spalt in der Mauer hatte sich inzwischen völlig geschlossen.

Da wurde der Sklave von gewaltigem Entsetzen gepackt. Sicher würde der Magier erfahren, daß sein Schützling entkommen war. Der Wärter mußte mit einer Strafe rechnen, und bei dieser Aussicht fiel er vor Angst in wilde Zuckungen.

Aber kein Ruf erging, keine Strafe wurde verhängt.

Ja, am nächsten Tag, als das Wesen gerade voller Angst auf seinem Stroh lag, wurde es von seiner Dosis an Entzücken überschwemmt, und der Kontrast war so stark, daß es vor Seligkeit fast umgekommen wäre.

War es möglich, daß Rathak nichts wußte?

Als ein Tag dem nächsten folgte und jeder seine Spanne der Freude brachte, wurde dem Geschöpf wieder leichter ums Herz. Es vergaß ebenfalls. Den Lohn nahm es als Entgelt für früher geleistete Dienste.

In der Tat, Rathak hatte keine Zeit, um sich mit abhanden gekommenen Kindern zu befassen oder einem anderen sein Quantum an Vergnügen zu kürzen.

Nachdem er sich vor einem lauernden Feind eingemauert hatte, überfiel ihn angesichts der Ritzen, die sich durch das Erdbeben öffneten, nacktes Entsetzen. Obwohl auch der kleinste Spalt sich von selbst geschlossen hatte, glaubte Rathak, in seine Festung sei eine Bresche geschlagen. Als er die Fliese auf dem Fußboden fand, bildete er sich ein, sie sei drohend nach ihm geschleudert worden, und als er das umgedrehte Amulett sah, hielt er es für ein Vorzeichen künftiger Zerstörung.

Während er noch schrie und keuchend hin und her lief, erblickte er plötzlich ein Bild in einem Bronzespiegel.

Es war das Bild eines uralten Mannes, gezeichnet von einem verbrecherischen Leben, mit gesträubtem, rostrotem Haar, mit irren Augen und einem irren, keuchenden Mund voll schlechter Zähne.

Dann hörte er Hundegebell in seinem Kopf und spürte den heißen Atem der Bestien auf den Knochen.

»Chuz!« heulte Rathak auf, und dann erkannte er sich selbst und glaubte, sein Feind habe ihn zu fassen bekommen und er sei verloren.

Und da er es glaubte, geschah es auch.

Das Haus stand jedoch noch viele Jahrzehnte hinter seinem Dornenzaun, von allen gemieden, gleichzeitig tugendhaft und verderbt.


4   Der Wechselbalg

Während des Tages hielt sie sich in der Höhle auf, wo die Schatten so hell waren, daß ihr die Augen schmerzten. Nach einer Weile wollte sie in das Gewölbe und zu dem Geschöpf zurückkehren, aber die Öffnung war natürlich verschwunden. Da fürchtete sie sich und spürte ein unbestimmtes Nagen in der Brust, das nur Sehnsucht nach der gewohnten Umgebung sein konnte, Heimweh. Aber das Gefühl war so verworren, so schwach begründet, daß es keinen Bestand hatte. Dann wurde es draußen Nacht, als sie im Tunnel herumwanderte, schlug sie die falsche Richtung ein und kam statt dessen oben im Moor heraus.

Der Nebelschleier war herabgelassen. Weit entfernt sah sie darin matte silberne Augen leuchten und glaubte, das Geschöpf sei doch hier oben und glotze sie mit anderen seinesgleichen an. Die trüben Lichter waren jedoch nichts anderes als die Sterne im Nebel.

Als der Phosphor zu glimmen begann, war es ein vertrauter, tröstlicher Anblick, allerdings war das Licht so breit gestreut, daß es für einen eventuellen Beobachter so aussehen mußte, als kämpfe sich die winzige, gebückte Kindergestalt durch ein ganzes Meer aus milchiger Flüssigkeit. Manchmal stiegen Wolken von der Oberfläche auf wie geisterhafte Riesenfalter und flogen langsam nach oben davon. Manchmal stießen Phosphorsterne, feuriger, als es die Himmelssterne zu sein schienen, durch den Nebel. Das Kind hatte keine Angst vor ihnen, sondern sah ihnen mit staunenden Augen nach. Sie folgte ihnen nicht. Und merkwürdigerweise hielt sie ein animalischer Instinkt stets von den gefährlichen Stellen im Sumpf fern und lenkte ihre kleinen verdrehten Füße in eine andere Richtung. Sie war außerdem fast so leicht wie die Dämpfe. Das Moor hätte mit aller Kraft ziehen müssen, um sie einzusaugen und zu verschlingen.

Während sie dahinging, wurde für den Beobachter noch etwas Seltsames deutlich. Denn obwohl sie mißgestaltet, mit Narben bedeckt, entmenschlicht war, lag über ihr ein Schleier aus reinster Seide, den die umherstreifenden Lichter in einer Reihe flüchtiger Farben aufleuchten ließen, doch erst der Sonnenaufgang hätte seine Wärme zu enthüllen vermocht: Das arme kleine Mädchen hatte herrliches Haar.

»Sieh nur, sieh!« zischte ein Beobachter dem anderen zu.

»Ich sehe, ich sehe!« zischte der andere zurück.

Denn das verirrte Mädchen hatte sein Publikum.

Zwei Flitzer des Moores, freie Geister, die der Magier nie in seine Gewalt gebracht hatte, hingen im Nebel und starrten das Mädchen mit ihren kalten Quecksilberaugen an.

»Welch schillernde Polsterung für unser liebes Nest!« zischelte der erste.

»So weich, unsere Schwestern werden wunderbar schlafen!« zischelte der zweite.

»So ist es! So ist es!«

»So ist es! So ist es!«

Und nachdem das entschieden war, stießen sie wie Wespen auf das Kind herab. Und wie Wespen trieben sie die glitzernden Stacheln unter ihren Nägeln in die Kleine hinein. Sie war nur ein wenig größer als die Flitzer, aber die stachen ausgiebig zu, und kaum war ihr staunender Blick in ein dünnes Schmerzensgejammer übergegangen, da fiel sie auch schon vom Gift betäubt zu Boden.

Nun riefen die Flitzer mit Lautsignalen andere Angehörige ihres Stammes herbei. Schließlich schwebten etwa dreizehn von ihnen auf ihren Chitinflügeln über dem Mädchen.

Biegsam waren diese Flitzer, ihre Knochen waren hohl. Sie ähnelten hauptsächlich Frauen, hatten aber eigentlich keine bestimmten Geschlechtsmerkmale, es war typisch für sie, daß ihrem Körper gewisse Dinge fehlten. An Händen und Füßen hatten sie Finger und Zehen, alle von gleicher Länge und von der Natur mit Pfeilspitzen versehen. Gekleidet waren sie in dünne Streifen aus Dunst, Metall und Nebel, darunter waren sie unbehaart. Ihre Gesichter, die fast so flach waren wie glattgeschliffene, weiße Perlmuttscheiben, hatten weder Nasen noch Ohren, nur einen kleinen Schmollmund und zwei riesige Augen.

»Wir wollen es uns in unser liebes Nest bringen.«

»Wir wollen das Seidenzeug abschneiden und verstreuen.«

»Wie weich wir schlafen werden.«

»Aber der Rest? Was machen wir mit den Knochen und der Haut?«

»Werft es weg! Die Sumpfschwimmer sollen es fressen.«
»Die *Göttin* muß sprechen.«
»Ja, die *Göttin* soll Recht sprechen.«

Dann hoben sie das Mädchen auf, wobei sie ihre Flitzerflüche ausstießen, die wie Küsse klangen, setzten ihre Flügel in Bewegung und machten sich mit ihr auf den Weg zu ihrem Bau.

Die *Göttin* lag tief im Inneren auf einem Lager aus Moos und Sumpflotos, mit Kissen aus Krötenhaut unter den Schultern, um die Flügel zu entlasten. Wie jedes Wespennest eine Königin besitzt, so hatte jeder Flitzerbau eine gewählte Gottheit. Sie war für einen Flitzer fett und schwerfällig, außerdem drückten sie die schweren königlichen Juwelen nieder, die ihr Hofstaat ständig anschleppte, denn die Flitzer waren passionierte Sammler. Zu diesem Schmuck gehörten Dinge wie der blanke Nierenstein eines toten Ochsen, der im Moor versunken war, die schönsten Zähne einer Eidechse, ein Quarzsplitter, ein Glaskörnchen, ein paar mumifizierte, leuchtend maulbeergrüne Käferschalen, Katzengolddraht aus den Ohrläppchen und Nasenlöchern von Reisenden, die ein dem Ochsen nicht unähnliches Ende gefunden hatten, Ringe, Nadeln und Dolchgriffe der gleichen Herkunft, und ein vollständiges Rattenskelett.

Die Flitzerpatrouille brachte das Kind, das zwar bei Bewußtsein, aber gelähmt war, herein und ließ es der *Göttin* vor die Füße fallen. Der Bau hatte sich für den Fang als gerade groß genug erwiesen, und der Eingang war beschädigt worden, als sie das Kind hindurchzogen.

Die *Göttin* betrachtete das Ding teilnahmslos.
»Sieh doch, sieh doch, Durchlaucht!«

Sie hoben das Haar des Kindes an, schwenkten es hin und her, um es der *Göttin* zu zeigen, und erklärten ihr, wie gut sich dieses Material als Polsterung für das Schlafnest eignen würde.

Die *Göttin* zeigte auf einen schlanken Urwurm mit Zähnen, der an ihrem Diwan festgebunden war. Die Flitzer setzten ihn energisch als Werkzeug ein, und er mußte so lange die Haarsträhnen durchbeißen, bis der Kopf des Kindes ganz kahlgeschoren war.

Dann wurde ein großer Teil des Haares in die inneren Gemächer des Baus getragen. Aber ein paar Strähnen wurden zu Girlanden geflochten, auf den Hals der *Göttin* geladen und dort mit einem schon früher gefundenen Glasknopf befestigt.

Das Kind begann zu zittern, als das Gift aus ihrem Körper ausgeschieden wurde. Einige Flitzer hielten sich ganz in der Nähe bereit, sie noch einmal zu stechen.

»Soll sie hinaus, *Göttin?*«

Die *Göttin* überlegte. Es war schwierig und ermüdend für sie, sich zu bewegen. Endlich sprach sie.

»Sie soll bleiben. Sie soll mir dienen. Sie soll Nahrung holen und mir helfen, mich hinzulegen und wieder aufzusetzen. Fesselt sie, damit sie niemals entkommen kann.«

So geschah es, das Kind wurde gegenüber der Stelle, wo der Wurm befestigt war, an das Ende des Diwans gebunden.

Die *Göttin* sank in sich zusammen.

Die übrigen Flitzer eilten in die Nestkammer, von wo man bald begeistertes Zischeln hörte, das schließlich in folgendes Lied überging:

*Schlafe, Schlafe, Durchlaucht*
*Seht, wie ist sie*
*Träge – Ach! Welch süßer Trost.*
*Welch seidiger Schlaf.*

Doch die Göttin war durch die Last ihres Schmucks so übermüdet, daß sie nur wenige Stunden schlief, und dem gestochenen Kind erging es ebenso.

So wurde die Tochter des Magiers zur Dienerin. Sie war eine Kuriosität im Bau, überall wurde mit ihr geprahlt. In der Flitzersprache wurde sie als ›Kind‹ bezeichnet, ein neu geprägter, abfälliger Begriff, denn Flitzer gingen direkt aus dem Larven- in das Erwachsenenstadium über und hielten jede Zwischenstufe für eine Torheit. Aus praktischen Gründen und damit man sie besser beschimpfen konnte, brachte man Kind auch etwas von der Flitzersprache bei. Obwohl sich nämlich alle mit ihr brüsteten, waren sie eifersüchtig, weil sie der *Göttin* so nahestand, und machten ihr Schwierigkeiten, wo sie nur konnten. Außerdem wurde Kind ständig von ihnen gestochen, wie aus Versehen, aber in Wirklichkeit geschah es aus Bosheit.

Kind war jedoch ein widerstandsfähiges Wesen, zäh in ihrer mißgestalteten Zerbrechlichkeit, anmutig in ihrer Häßlichkeit. Vor allem hatte ihre völlige Unerfahrenheit ihr die unbezahlbare Gabe verliehen, sich mit allem abzufinden. Sie zuckte nicht zurück, und sie kämpfte nicht. Sie klagte nicht und wurde nie von Sorgen oder Hoffnung gequält.

Früh am Morgen und spät am Abend streiften die Flitzer im Sumpf umher, sammelten Tau und Moorpflanzen und stachen alle Reptilien und Insekten, die sie gerne aßen, so daß diese durch Gift starr wurden. Außerdem waren sie unaufhörlich auf Schatzsuche. In der Hitze des Tages lagen sie am Rand von moosgepolsterten Teichen herum und ruhten sich im Schatten großer Pflanzen aus. Nachts gingen sie manchmal mit den Phosphorlichtern im Moor tanzen oder krakeelten im Bau herum, tranken vergorene Säfte und polierten ihren eigenen Schmuck aus Drähten und Samenkörnern auf. Sie waren wild, und manchmal gingen sie in den Untiefen auf die Jagd nach Zahnfischen oder kämpften mit riesigen Hornissen und Flügelkäfern so groß wie Spatzen. Nach solchen Raubzügen geschah es manchmal, daß die eine oder andere Angehörige der Schwesternschaft nicht zurückkehrte. Dann hielten die anderen Totenwache und kreischten und krümmten sich die ganze Nacht unter dem Mond – aber nicht vor Kummer, eher vor Zorn. Wenn es dämmerte und der Mond und der Nebel verschwanden, war die Tote vergessen.

Die *Göttin* rührte sich nie von ihrem Diwan weg, höchstens, um natürlichen Bedürfnissen abzuhelfen, die sich mittlerweile nur noch zögernd und unregelmäßig einstellten.

Eigentlich mußten bestimmte Flitzer stets den Eingang zum Bau bewachen, aber sie ließen sich oft ablenken und verließen ihren Posten. Die übrigen rannten unablässig mit Beute ein und aus. Kind, die Zofe der *Göttin*, mußte nun alle privateren Dienstleistungen erledigen. Diese bestanden darin, die *Göttin* mit taugetränktem Moos zu waschen und ihr behilflich zu sein, wenn sie sich aufsetzen oder zurücklegen wollte – oder wenn ein Gang zum königlichen Dunghügel nötig wurde. Kind mußte sich auch um die Kissen auf dem Lager ihrer Herrin kümmern, ihr den Schmuck zurechtrücken, wie sie ihn haben wollte, ihr die Flügel mit Kräuteröl einreiben und die immer neu hereingebrachten Eßwaren zwischen Steinscherben zerkleinern und zu Brei zermahlen. Die Fütterung der *Göttin* hörte, ebenso wie das Schmücken, niemals auf. Ihre Dickleibigkeit, ihr Fleisch waren die Ehre des Baus. (Keine *Göttin* lebte lange. Wenn sie das Zeitliche segnete, wurde eine Ersatzgottheit gewählt, der Bau verlassen und das ganze Flitzerleben von Grund auf neu gestaltet.)

Doch davon oder von den früheren Verhältnissen wußte Kind nichts. Sie tat nur, was man ihr sagte, und manchmal, wenn es verlangt wurde, antwortete sie auch mit den Lauten der Flitzersprache. Den ständigen Ärger und die Stiche ertrug sie mit Gleichmut. Die öden Arbeiten und die langweilige Gesellschaft der *Göttin* selbst ebenfalls. Kind erhob auch keine Einwände, wenn die *Göttin,* sobald sie alleine waren, verlangte, daß ihr dieses oder jenes Schmuckstück abgenommen oder sogar versteckt oder weggeworfen wurde, auch wenn die Flitzer manchmal bemerkten, daß etwas fehlte, und Kind dafür beschimpften. Kind nahm auch keinen Anstoß daran, daß die *Göttin* oft nicht aß, einen ganzen Mund voll Speisen ausspuckte oder befahl, daß Kind ganze Gerichte verschlang – der ihr zugewiesene Anteil war kärglich bemessen – oder sie im Kothaufen vergrub.

Hin und wieder trällerte die *Göttin* tonlos vor sich hin. Ihre riesigen Augen starrten kurzsichtig ins Nichts.

Eines Morgens, als noch der rötliche Schleier der Dämmerung im Bau hing, sprach die Göttin zu Kind.

»Hör zu. Mir ist etwas eingefallen. Ja.«

Dann zeigte sie auf einige Kügelchen aus schwarzem Silber, die um ihre Arme und Knöchel geschlungen waren.

»Weg damit. Du sollst sie anlegen.«

So nahm Kind der *Göttin* die Kügelchen ab und legte sie sich selbst an.

»So ist es gut. Jetzt das, das und das.«

So entfernte Kind einige Samenhülsen, Käferpanzer und einen großen Knochen. Und schmückte sich selbst damit.

»So ist es gut. Ja, so ist es sehr gut. Nun dies.«

In dieser Weise ging es fast eine Stunde lang weiter, nur unterbrochen durch das Eintreten anderer Flitzer, die wie immer so aufgeregt und in Eile waren, daß ihnen offenbar nichts Ungewöhnliches auffiel.

Endlich war die *Göttin* bis auf die Dunststreifen nackt und so erleichtert, daß sie ohne Hilfe von ihrem Lager taumeln konnte.

»Steh jetzt auf! Streck dich dort aus, wo ich gesessen habe. Schieb den Rattenschädel tiefer und das Katzengold auch, so! Siehst du? Senk dein Gesicht. Gebrauch nur die Augen. Rühr dich nicht vom Fleck! Wenn du Dung tun mußt, suche den heiligen Haufen auf. Iß alles, was man schickt. Wenn jemand fragt, wo ist Kind? dann sag: Sie muß Moos tränken. Oder: Sie sucht Leckereien für mich.«

Dann wälzte die Göttin ihren fetten Leib keuchend aus dem Bau und fiel mit einem hörbaren *Platsch!* hinunter in ein paar Sumpfblumen.

Kind blieb auf dem Diwan. Sie war so zugedeckt mit dem königlichen Schmuck, daß tatsächlich nicht mehr viel von ihr zu sehen war. Und obwohl ihr Haar inzwischen recht üppig nachgewachsen war, war auch das nicht verräterisch, da die *Göttin* der Flitzer schon lange eine Kappe aus den vom Wurm abgeschnittenen Haaren verlangt und auch erhalten hatte.

Die Flitzer schossen weiterhin ein und aus, hinterließen ohne zu zögern Speisen und behängten die Masse auf dem Diwan mit Schmuck.

Kind bereitete die Speisen ebenso zu wie früher, aber sie aß nicht viel davon. Nach einiger Zeit begannen die Flitzer zu fragen: »Warum hast du nichts verbraucht, Durchlaucht? Wo ist Kind?«

»Tränkt Moos«, sagte Kind in der Flitzersprache.

»Wie tief deine Stimme ist, Durchlaucht! Du bist ausgehungert.«

Und sie gelobten, Kind absichtlich zu stechen und stopften ihr Speisen in den Mund, denn sie hielten sie noch immer für ihre Gottheit.

In Wirklichkeit war nur das Symbol für sie von Bedeutung. Eine genügend große Kröte hätte den Zweck ebenso erfüllt, vorausgesetzt, sie hätte gegessen, sich schmücken lassen und ungefähr die richtigen Antworten gegeben.

Zahllose Tage und Nächte vergingen mit dieser Komödie.

Ein- oder zweimal sah Kind die rechtmäßige Göttin am Bau vorüberflitzen. Zuerst war sie schwer und unbeholfen gewesen und hatte sich meist versteckt gehalten, aber bald schrumpfte sie, wurde schlank und aktiv, jagte mit ihren Schwestern Hornissen und Motten und kehrte, wenn es dunkel wurde, mit ihnen in den Bau zurück. Keiner der Flitzer schien jemals Verdacht zu schöpfen oder sie anzusprechen. Sie selbst ließ in nichts erkennen, daß sie etwas anderes war als eine Schwester der Schwesternschaft. Irgendwann war sie nicht mehr von den anderen zu unterscheiden. Selbst wenn Kind gewollt hätte, hätte sie die *Göttin* nicht aus ihren Untertanen herausfinden können. (Aber ein solcher Gedanke wäre Kind natürlich niemals in den Sinn gekommen.)

Andererseits war Kind auf natürliche Weise ein wenig gewachsen, und dank des niemals versiegenden Nahrungsstroms wurden ihre versteckten Reize nun durch eine gesunde, blühende Frische noch verstärkt. Da saß sie nun, ein Berg von Schmuck, und gereichte dem Bau zu höchster Ehre. Nirgendwo in der Welt (dem Moor) gab es eine solche Göttin.

Das Menschenwesen, das Ungeheuer, das sie bei sich gehalten hatten, um es zu scheren wie ein Schaf, hatten sie bald vergessen, wie es ihre Art war. Bis eines Vormittags, kurz vor Mittag, drei Flitzer mit dem buntesten Schatz nach Hause kamen, den sie je gefunden hatten, und damit das Ende der Täuschung herbeiführten.

Der Schatz war eine große Messingrassel, so blank poliert – ehe sie im Schlamm landete –, daß sie glänzte wie altes Gold. Wenn man sie schüttelte, gab sie ein wildes, klirrendes Geräusch von sich, als würden viele Scherben aneinandergeschlagen. Um den Griff hatte sich ein Gewirr malvenfarbener Lotosblüten gerankt. Das Ganze wurde der *Göttin* gebracht, die keine war, und über ihrem Kopf geschwungen. Die drei Flitzer zischelten befriedigt.

Doch irgendwie verschoben die Rassel und das Lotosgerank dabei ein wichtiges Teil des Schmuckes. Alles geriet ins Rutschen – die Rattenknochen und die Eidechsenzähne, die Samenkörner und Hülsen, die Perlen und Bommeln, die Drähte, Nadeln und Käferteile – und prasselte wie Regen um den Diwan herum auf den Boden.

Die Kammerzofen stießen zischende Entrüstungsrufe aus. Die künstlerische Arbeit von Monaten war zerstört und mußte neu begonnen werden. Ein Flitzer hastete an den Eingang des Baus, um die ganze Schwesternschaft zu Hilfe zu rufen.

Die beiden zurückgebliebenen beugten sich näher über ihre Herrin.

»Was ist das?«

»Das ist sicher diese Schnauze, die manche eine Nase nennen!«

»Und dies?«

»Nasenlöcher! Brauen! Ohren!«

»Sieh doch, sieh! Nur fünf Finger, von ungleicher Länge!«

»Unsere Göttin ist krank!«

»Das ist nicht unsere Göttin.«

»Das ist irgendeine abscheuliche Gattung.«

»Es ist Kind!«

Nun brach im Bau ein schrecklicher Tumult aus, der sich noch steigerte, als der Rest der Schwesternschaft zurückkehrte.

Wie eine Kolonie von aufgescheuchten Wespen schossen die Flitzer hin und her und rundherum, stürmten schwirrend und zischend aus dem Baueingang und jagten wieder herein, so daß der ganze Hügel erbebte.

Alle Flitzer waren hysterisch. Auch die ursprüngliche *Göttin,* die ihre eigenen Kapriolen vergessen hatte, tobte und raste mit den anderen.

Im Zentrum des ganzen Wirbels saß das ertappte Kind.

Ob sie Angst hatte, ließ sie sich nicht anmerken. Vielleicht bezog sie, da sie an derartige Ausbrüche im Bau gewöhnt war, die Aufregung nicht so ganz auf sich selbst.

Aber als schließlich der Nachmittag seinen Baldachin über den Sumpf breitete (gewöhnlich eine Zeit der Ruhe), flogen die Flitzer aus dem Bau und schwärmten auf ein Floß von öligen Lilienpolstern herab. Dort saßen sie vibrierend wie abgefeuerte Pfeile, plötzlich fast stumm, und gingen mit sich zu Rate. Das Nest mußte verlassen, eine neue *Göttin* geschaffen, alles neu gebaut, von Grund auf neu begonnen werden. Aber zuvor mußte man noch Rache nehmen.

Wie eine Speerspitze fuhren sie zurück in ihr entehrtes Haus und fielen über Kind her, um sie zu Tode zu stechen.

Kurz vor Sonnenuntergang zog eine Karawane am Rand des Moores entlang. Dort lief ein Damm. Trotzdem hatten die Reisenden diese Gegend vor Einbruch der Nacht hinter sich lassen wollen. Sie hatten schon genug Geschichten über den Sumpf gehört und fühlten sich nicht wohl in ihrer Haut. Kurz vorher hatte man ihnen in weiter Ferne das Haus des Magiers gezeigt, von Dunkelheit umgeben, mit unheimlichen Lichtern auf den glasierten und ehernen Kuppeln, und die Reisenden hatten Zuflucht zu abergläubischen Zeichen genommen. Den Phosphorlichtern des Sumpfes, die mit der Dämmerung auftauchen würden, schrieb man schreckliche Fähigkeiten zu.

Der Wagenführer der Karawane war jedoch ein beherzter Mann. Als er sah, daß sie die Gegend bis Sonnenuntergang nicht hinter sich gebracht haben würden, gab er Anweisung, Lampen und Fackeln anzuzünden.

»Da wir es nicht wagen, an einer solchen Stelle zu schlafen, werden wir weiterziehen und dabei umsichtig Wache halten.«

Nun befanden sich unter den Reisenden ein paar Angehörige einer religiösen Gemeinschaft, und diese verabredeten unter sich, eine zusätzliche Vorsichtsmaßnahme zu treffen. Sie wollten den Elementarwesen des Moores ein Opfer bringen und es neben dem Damm niederlegen. Also trugen sie Fleisch zusammen, das sie zum Abendessen hatten verzehren wollen, etwas Wein, Feigen und Süßigkeiten, sechs Kupfer- und eine Goldmünze und ein Gebet, auf Pergament geschrieben, in dem sie ihre guten Absichten bekundeten. Dies alles wurde sodann in einen gebleichten Sack gepackt, den man wegen seiner hellen Farbe gewählt hatte, damit die hier ansässigen Unholde ihn besser finden konnten. Die Leute schlichen sich von der Karawane weg und deponierten das Geschenk unterhalb des Weges in Schlamm und Moos. Die Sonne verabschiedete sich gerade vom Himmel, und im schwächer werdenden Licht unterhielten sich die Opfernden über die Form ihrer Gabe. »Es sieht aus«, sagte einer und machte ein Schutzzeichen über sich, »wie ein totes Kind.« – »Pah!« sagte ein zweiter. »Still«, mahnte ein dritter, »Sie zünden Laternen an, wir wollen nicht zurückbleiben«, plapperte schnell ein vierter.

Der Tag starb, das Land verlor alle Farbe. Die mit Fackeln erleuchtete Karawane stapfte voran wie ein riesiges Tier mit vielen lodernden Augen. Draußen auf dem Sumpf begannen sich hundert andere Phantomkarawanen mit silbernen Lampenaugen hin- und herzuschlängeln.

Zufällig waren einige der Ordensleute auf ihren Maultieren inzwischen weiter nach vorne gekommen, in der Absicht, sich neben dem Wagenführer einzureihen und ihm vielleicht beim Abendessen Gesellschaft zu leisten, da sie selbst ja nichts mehr hatten.

Sie hatten jedoch noch kaum höfliche Grüße ausgetauscht, als der erste Mann einen Schrei ausstieß.

»Im Namen aller Götter, Wagenführer, haltet die Karawane an!«

Der Wagenführer sah ihn mit undurchdringlicher Miene an. »Warum?«

»Weil ich und meine Freunde den bösen Geistern hier schon vor mehreren Meilen und einer Stunde ein Opfer gebracht haben – und sieh nur, da liegt besagtes Opfer *vor* uns am Wegrand! Sie haben es uns vor die Füße geworfen. Der Himmel weiß, was uns nun bevorsteht.«

Da wurde die Karawane angehalten, und es kam zu einer heftigen Auseinandersetzung. Endlich schritt der Wagenführer, mit Stab und Fackel bewaffnet, aber ohne Begleitung, nach vorne, um das helle, sackähnliche Häufchen zu untersuchen.

Er beugte sich nieder und richtete sich wieder auf.

»Armes Ding. Das ist nicht das Opfer einiger Narren, sondern ein totes Kind.« Und er hob die Stimme, um dies der Karawane mitzuteilen.

»Das ist ja noch schlimmer«, sagten die Ordensleute und zitterten am ganzen Leibe. »Teufelswesen haben unsere einwandfreie Opfergabe in eine unreife Leiche verwandelt.«

Doch der Wagenführer verlangte nur nach Spaten, um die traurigen Überreste mit Erde zu bedecken.

Als die Spaten ihr Werk begannen, regte sich das tote Kind, und als es sich umdrehte, sahen die Männer seine abscheulichen Narben und Mißbildungen, seine Unschuld, seine großen Augen – und den Schleier seines herrlichen Haares.

Die Flitzer hatten sie zwar heftig angegriffen, aber inzwischen war sie durch die vielen Stiche aus früheren Zeiten und dadurch, daß sie so viele gestochene Eidechsen gegessen hatte, gegen ihr Gift immun. Es hatte sie betäubt, aber ihr Leben nicht ausgelöscht. Doch die

Flitzerschwestern hatten sie in dem ehrlichen Glauben, die Hinrichtung sei vollzogen, an den Rand der Welt (die äußeren Grenzen des Moors) getragen und sie dort neben das gräßlichste Objekt geworfen, das sie entdecken konnten, einen von Menschen gebauten Damm. Da sie danach sehr viel zu tun hatten, waren sie sofort davongeeilt.

»Kind«, hauchte der Wagenführer voll Entsetzen und Zärtlichkeit, aber er redete in der Sprache der Menschen.

Sie verstand ihn nicht.

## 5   Ezail und Chavir

Man hätte sie nach ihrem Haar nennen können, das im Sonnenlicht die Farbe von Ringelblumen hatte. Dieses Haar war die einzige Mitgift, die sie in ihr neues Leben mitbrachte, aber man hatte nicht nach finanziellen Erwägungen geurteilt, als man sie aufnahm. Später machte sie selbst das großzügige Angebot und erklärte beredt, wenn auch mit sehr wenigen Worten, daß die riesigen Massen dieses Seidenschleiers sie belasteten und es ihren Wünschen entgegenkäme, wenn sie ihr jeden dritten Monat bis zur Schulter gekürzt würden – seit ihrem siebenten Jahr wuchs das Haar, wenn man es sich selbst überließ, nämlich immer weiter, bis an die Knie, bis zu den Füßen, und schließlich breitete es sich gar über den Boden aus. Neben seiner herrlichen Farbe, seiner wunderbaren Weichheit und seinem Glanz gab es auch noch einen schwachen, intensiven Duft ab. Die Pracht sowohl der abgeschnittenen wie der wachsenden Locken hielt sich auf unbestimmte Zeit. Der Wagenführer bewahrte in einer Schachtel eine Flechte aus dem zweiten Jahr auf, in dem das Kind bei ihm war, und an ihrem siebzehnten Geburtstag war sie noch ebenso makellos wie in dem Augenblick, als sie geschnitten wurde. Das Haar ließ sich auch gut verarbeiten, man konnte es zu Zöpfen flechten oder zu Fransen kleben. Wenn man es verkaufte, wurden damit kostbare Gewänder oder die Schabracken teurer Pferde verziert. Die Käufer wußten nicht, woher es stammte, doch es wurde oft *Engelsvlies* oder *Ätherfäden* genannt. An ihrem Haar spürte man intuitiv, was sie hätte sein können. Aber nicht nur daran.

Der Wagenführer, der sie aufnahm, als er sie im Sumpf fand, ohne daß sich jemand für sie verbürgt hätte, brachte sie bald darauf in seine Heimatstadt. Allen, die sich auf der Reise und in der Stadt erkundigten, was er sich dabei gedacht habe, antwortete er nur: »Sie ist mir über den Weg gelaufen. Die Götter stellen Blüten an den Wegrand. Wenn wir wollen, können wir sie pflücken.« – »Aber«, lautete die allgemeine Meinung, »*das* ist doch keine Blüte. Das ist eine verfluchte Mißgeburt, die zweifellos von ihren leidgeprüften Eltern ausgesetzt wurde.« »In meinem Haus fehlt ein weibliches Wesen«, sagte der Wagenführer. »Du hast doch wohl nicht vor, *dieses Ding* zu diesem Zweck aufzuziehen ...« – »Ich werde sie weder aufziehen noch benützen. Sie muß wachsen, sie selbst sein und ihr eigenes Leben führen. Aber das soll sie unter dem Schutz meines Daches tun.«

In der Tat waren die zwei Frauen des Wagenführers, die er beide sehr geliebt hatte, vor zehn Jahren an der Pest gestorben und hatten seine ungeborenen Nachkommen mitgenommen. Damals hatte er sehr gelitten, sich dem Karawanengeschäft zugewandt und sein Haus einfach zurückgelassen. Wenn er sich später dort aufhielt, beschäftigte er nur männliche Diener, und im Laufe der Zeit lernte er für andere Bedürfnisse Knaben schätzen. Beruflich kam er wiederum mit Kaufleuten und Viehtreibern, mit Priestern und jungen Adeligen zusammen. Es war, als habe er Angst, die Pest hafte immer noch an ihm und könne jenem anderen Geschlecht schaden, das er am meisten liebte und am wenigsten kannte.

Doch mit dem Kind wurde alles anders.

Als er sah, wie klein und jung sie war, stellte er sofort eine Pflegerin für sie ein, und später kaufte er ein kleines Sklavenmädchen und ließ es frei, das sollte die Spielgefährtin des Kindes sein.

Alle, die mit dem Mädchen zu tun hatten, wurden bei der ersten Begegnung vor Abscheu grau im Gesicht. Fünf Minuten später hatte sich der Abscheu in Mitleid verwandelt. Eine Stunde später waren die Leute besänftigt, neugierig oder auch nur stumm geworden. Nach sieben Tagen waren sie zu Späßen aufgelegt und von Heiterkeit erfüllt. Das Mädchen hatte sie für sich gewonnen.

Man konnte nicht genau sagen, wie das zuging. Da war etwas in ihren Augen, in ihrem Verhalten. Sie war ein buckeliges, kleines Zwergenwesen, das sich bewegte wie eine Meereswoge, wie ein fliegender Vogel. Sie war mißgestaltet, entstellt und vielleicht auch ziemlich einfältig – aber der Duft weißer Blüten umgab sie, und ihre Stimme, die selten zu hören war, hatte einen Klang wie helles Gold. Ihre schwachsinnigen Augen verrieten eine Weisheit, die von Intelligenz nur ausgelöscht worden wäre. Wie der Wagenführer es vorausgesagt hatte, so wurde es mit ihr. Sie *lebte* einfach. Sie machte sich keine Sorgen, sie strebte nach nichts. Niemand hatte sie jemals unzufrieden oder gereizt, ängstlich, begeistert, verwirrt, ungeduldig oder weinend erlebt. Wenn sie lächelte, dann nur so, wie ein Blatt sich der Sonne zuwendet.

Sie lebte, sie wuchs. Sie wurde erwachsen. Der ganze Haushalt wuchs mit ihr. Sie gewöhnte sich an die Sitten und Gebräuche der menschlichen Gesellschaft und respektierte sie, auch wenn sie sie nicht nachahmte. Sie lernte die Sprache, in der sich die Menschen in dieser Gegend verständigten, und gebrauchte sie auch manchmal.

Als sie sich zum erstenmal das Haar abschnitt, brachte sie es dem Wagenführer. Das war an dem Abend, an dem sie neun Jahre alt wurde, er rechnete ihre Geburtstage nämlich von dem Abend an, an dem er sie gefunden hatte. Er hatte ihr wie immer ein Geschenk mitgebracht, eine Kette aus Amethystperlen. Sie legte das herrliche Haar wie eine Rolle Goldschnur vor ihn hin, lächelte und sagte: »Zu schwer. Verkaufen, geht das nicht?« Dann setzte sie sich und spielte mit den Perlen, sie streichelte sie, küßte sie manchmal oder hielt sie hoch, damit sich die pulsierende Klarheit der Dämmerung darin spiegelte. Offensichtlich hatte sie, da sie in diesem Haus lebte, von Geschäften gehört. Aber was für ein Plan! (Der Wagenführer sah sich noch einmal die makellose Flechte ihres zweiten Jahres an, und der Gedanke ließ ihm keine Ruhe mehr.) Er erzählte die Geschichte seinen Partnern.

Der Gerissene sagte: »Tu es. Ich habe noch nie solches Material gesehen. Es liegt ein Zauber darauf, es wird dir deine Wege mit Geld pflastern.« Der andere sagte: »Du solltest auf sie hören. Sie ist so schön, daß du ihr kaum etwas abschlagen kannst.« »*Schön!*« rief der Wagenführer erschrocken und beschämt, weil ein anderer seine eigenen Gedanken aussprach. »Ja«, sagte der Partner, »dein schwerer Wein hat mir die Zunge gelöst. Aber ich bleibe bei meiner Beschreibung. Sie ist schön.« Und dann trank der Mann noch mehr von dem Wein und schaute zum Sternenhimmel auf (sie lagen zum Abendessen auf dem Sommerdach des Hauses, und es war Mitternacht). »Ich will einmal annehmen, daß alle Menschen eine Seele haben, eine Ansicht, die ich in nüchternem Zustand nicht vertrete. Und die Seele des

Mädchens, das du neben dem Damm gefunden hast, leuchtet durch ihre Haut wie eine Flamme durch eine zerbrochene Lampe. Wie soll ich noch die Lampe mit ihren Fehlern und Unvollkommenheiten sehen, wenn ein solches Licht in meine Augen scheint?«

»Aber wenn man das Haar auf ihrem Kopf betrachtet«, fügte der Gerissene hinzu, »dann sieht man nur die Flamme brennen, die Lampe nimmt man nicht mehr wahr.«

Der Wagenführer dachte immer an sie, wenn er sich Hunderte von Meilen entfernt auf den Karawanenstraßen befand, in den Höfen und Lagern, in Staub und Durcheinander, wenn Räuber drohten, übertriebene Abgaben gefordert wurden, Tiere oder Menschen sich zänkisch zeigten, wenn er selbst müde war oder sich seine Frauen in Erinnerung rief. Er dachte daran, daß sie in seinem Haus brannte wie eine Lampe in einem Fenster. Er hatte die Blüte seiner Jugend schon hinter sich, sonst hätte er sie zum Weib genommen – nicht, um bei ihr zu liegen oder sie in irgendeiner Weise zu besitzen, sondern um sie festzuhalten, um sie noch tiefer in sein Herz zu ziehen. Aber das war nicht nötig. Ein Instinkt hielt ihn davon ab. Dennoch liebte er sie.

Und dann, als sie etwa dreizehn war, fing er an, sie zusammen mit ihrer Pflegerin und ihrer Spielgefährtin auf seine Reisen mitzunehmen, und so zog er schließlich doch mit einem Wagen voller Frauen über die Straßen. Schon bald wurde auch anderen Frauen gestattet, sich unter die Reisenden zu mischen, Kaufmannsgattinnen und Konkubinen, Priesterinnen, Ziegenhirtinnen und feinen Damen. Diese nahmen ihn manchmal beiseite.

»Wer ist dieses Zwergenmädchen? Sie hat mich so freundlich angelächelt. Und ihr Haar wäre einer Göttin würdig.«

»Das ist meine Tochter.«

»Und wie ist ihr Name – ich möchte gerne ein paar Worte mit ihr sprechen.«

»Wir nennen sie Ezail.«

Ezail: Seele.

Und als Ezail fünfzehn Jahre alt war, geschah es, daß der Wagenführer in einer gewissen Nacht auf einer gewissen Reise einen sonderbaren Traum hatte.

Die Karawane war den ganzen Tag über eine weite, kahle Ebene gezogen, hatte aber gegen Sonnenuntergang ein Gebiet mit kleinen Wäldern und Dörfern erreicht. Hier schwebte ein See in der Erde wie ein schillernder Zauber, und cremefarbene Ochsen tranken unter Zedernbäumen daraus. Ezail hatte den Wagenführer diesmal nicht begleitet, denn der hatte vorausgesehen, daß es eine sehr anstrengende Reise werden würde, der Weg führte ständig durch Gegenden wie jene Ebene, und die Herbergen für die Nacht würden noch weniger Bequemlichkeit bieten. Als er nun das Dämmerlicht über dem Wasser erblühen und die Ochsen im Schatten der sich spiegelnden Zedern trinken sah, tat es ihm leid.

»Ich werde ihr erzählen, wie es war«, sagte er. Aber kaum war er eingeschlafen, da stand jemand vor seinem Zelt. Der Wagenführer erhob sich und ging hinaus. Es war ein junger Mann in einem magentaroten Mantel. Sein Profil war so edel geschnitten, daß der Wagenführer ihn für einen Prinzen hielt und sein mondgelbes Haar und die goldenen Wimpern seiner niedergeschlagenen Augen staunend anstarrte.

»Herr, wie kann ich Euch behilflich sein?«

Der schöne Prinz antwortete nicht. Er zog sich nur die Kapuze seines Umhangs über das Gesicht, so daß die linke Seite verdeckt war.

»Wenn es Euer Wunsch ist, Herr, Euch dieser Karawane anzuschließen, so versichere ich Euch, daß wir Euch unterbringen können.«

Da lachte der Prinz. Einen Augenblick lang war es

das abscheulichste Gekreische, das der Wagenführer je gehört hatte – gleich darauf der bezauberndste Laut, den er sich vorstellen konnte, mehr eine Melodie als ein Ausdruck der Belustigung. Aber als der junge Mann lachte, funkelten seine Zähne sehr merkwürdig.

Der Wagenführer trat einen Schritt zurück und dachte im Traum: *Ich muß vorsichtig sein.*

»Nicht unbedingt«, sagte der Prinz. »Ich bin *dir* ausgeliefert. Denn ich bin gekommen, um dich um die Hand deiner Tochter zu bitten.«

Der Wagenführer war so beunruhigt, daß er sofort sagte: »Ich habe keine Tochter.«

»O doch, du hast eine Tochter, Ezail die Seelenflamme.«

Da wußte der Wagenführer nicht mehr, was er empfand, zu viele Gefühle stürmten auf ihn ein. Und Abscheu und Schmerz, Eifersucht und Spott, Verachtung, befriedigte Eitelkeit und Wut fehlten dabei nicht.

»Das kann«, sagte er schließlich, »nicht Euer Ernst sein. Denn sie ist – sie ist nicht für die Ehe geeignet.«

»Das soll wohl heißen«, murmelte der Prinz, »sie ist nicht für die Liebe geeignet.«

»In der Tat ... das meine ich.«

»Dann für den Tod.«

Die Gefühle des Wagenführers ballten sich zu einer einzigen Empfindung zusammen. Entsetzen.

»Verflucht sie nicht, sie hat genug erduldet. Verflucht mich, wenn es denn sein muß.«

Und dann sah er ein Auge aufblitzen. Ein grausiges Auge, das eine ganz falsche Farbe hatte.

»Du verkennst mich«, sagte der Besitzer des Auges und wandte sich noch ein Stück weiter von ihm ab. »Liebe und Tod sind die Spiele, denen wir uns widmen, solange wir leben.«

Sehr zu seinem Unbehagen und zu seiner Überraschung platzte der Wagenführer heraus:

»Aber Ihr, Herr, Ihr lebt ewig. Euch kann der Tod nichts bedeuten. Von der Liebe gar nicht zu reden.«

In diesem Augenblick schwang sich der Mond über das Zedernwäldchen herauf und ließ den See zu einem weißen Spiegel erstarren. Er schickte Rauch durch die Gestalt des Prinzen, durch seine Kapuze, sein Haar, seinen Körper und seinen prächtigen Mantel, auf dem mit Glassplittern die Sternbilder aufgenäht waren.

»Ich betone, daß ich sterblich bin«, sagte die Erscheinung, »ebenso wie du. Aber dies ist mein Traum, oder träumst du? Träume ich dich? Träumst du mich? Ach, versprich mir Ezail, ehe einer von uns erwacht. Ihre körperliche Unvollkommenheit stört mich nicht. Auch ich bin mißgebildet. Meine linke Seite ist unter meinem Mantel verborgen, aber bei ihrem Anblick würdest du schreiend wie ein Wahnsinniger davonlaufen, das kann ich dir versichern.«

»Darin braucht Ihr Euch keine Hoffnung zu machen, daß ich sie Euch jemals gebe.«

»Du könntest sie mir nicht vorenthalten«, sagte der Prinz, das Teufelswesen oder was immer er war, »wenn sie es selbst so wollte.« Aber dann spülte ihn der Mond, der ihn durchströmte, fort. Nur einmal sprach er noch, mit einer Stimme wie dünner Kies, der durch ein ehernes Sieb rinnt. »Ich mag diesen Traum nicht. Erwache und laß mich erwachen. Ich brauche noch drei Jahre, um zum Mann heranzuwachsen. Ich bin der Sohn eines Königs, von einer seiner Nebenfrauen. Meine Geburt verleiht mir keinerlei Rechte. Mein Schicksal ist es, das Haus meines Vaters zu verlassen, in der Ferne umherzustreifen und so etwas wie einen Helden aus mir zu machen. Vertraue mir, ich habe nichts übrig für wahnwitzige Träume.«

Damit verschwand er. Aber wo er ging, glaubte der Wagenführer einen Augenblick lang ein anderes Land in der Nacht zu sehen, einen Palast hinter Mauern auf einem hohen Berg, ein vergittertes Fenster, dahinter ein Gemach, wo jemand sich stöhnend im Traum herumwälzte.

Doch auch dieses Bild verblaßte, der Wagenführer wandte sich ab und fand sich auf seiner Matratze im Zelt wieder. Er schrieb, wie es jeder vernünftige Mann getan hätte, alles dem Dattelwein und der kahlen Ebene, den in der Dämmerung trinkenden Ochsen und dem Duft der Zedern zu und schlief wieder ein. Und als er sich im Morgengrauen erhob, war der Traum nur noch wie eine heilende Prellung. Bis zum Mittag spürte er sie schon fast nicht mehr.

Chavir nahm seinen Anfang im königlichen Palast, als dreiunddreißigster Sohn des Königs, was ihm nicht gerade eine glänzende Zukunft verhieß. Sein Haar war rabenschwarz und seine Augen blau wie Türkis. Auch darin hatte er sich ein wenig vertan, denn man glaubte in dieser Gegend, schwarzes Haar bringe Unglück, und blaue Augen waren dort so gut wie unbekannt.

Chavirs Mutter hatte sich für unfruchtbar gehalten, denn sie war zwar nur eine der Nebenfrauen des Königs, war aber doch eine Weile seine Favoritin gewesen. Obwohl er sie oft in sein Bett rufen ließ, reagierte ihr Schoß nicht auf seine Bemühungen. So wandte sie sich an eine alte weise Frau, die hin und wieder die Frauenhöfe besuchte. Die Hexe untersuchte die Nebenfrau des Königs, stellte sachdienliche und impertinente Fragen und zog schließlich ein Kästchen aus ihrem Gewand.

»Da du den Wunsch hast, deinen Beitrag zu den siebenundneunzig anderen beiderlei Geschlechts zu leisten, die den Palast des Königs schon mit Lärm erfüllen oder es bald tun werden, stecke deine rechte Hand in dieses Kästchen und ziehe, ohne hinzusehen, den ersten Gegenstand heraus, den deine Finger ertasten.«

Die Nebenkönigin tat in nervöser Erregung, was man

ihr sagte. Ihre Finger fanden ein kleines, eckiges Ding, hart und kühl wie ein Flußkiesel.

»Ein Würfel?« fragte die alte Vettel, nun offenkundig interessiert. »Ich habe noch nie erlebt, daß jemand einen Würfel gezogen hat. Bist du sicher, daß du ihn nicht selbst hineingelegt hast?«

»Was sollte das für einen Sinn haben?« fragte die Nebenkönigin gereizt.

»Was hat überhaupt einen Sinn?« gab die Hexe wenig hilfreich zurück. »Fleisch ist Staub, das Leben unwirklich, eine Illusion, ein Spiel, mit dem wir uns beschäftigen.«

Die Königin klopfte mit der Fußspitze auf den Boden und runzelte die Stirn.

»Soll ich meinen Sklaven rufen und dir die Illusion vermitteln, du würdest mit einem unwirklichen Stock auf deinen Staub geschlagen?«

»Wie es dir beliebt«, sagte die Hexe mit gleichgültiger Miene. »Aber erwarte in diesem Fall nicht, daß ich dir einen Rat gebe.«

»Es wird weder einen wirklichen, noch einen unwirklichen Stock geben. Dafür aber zwei Becher Honigbier und einen goldenen Ring.«

»Dann kannst du den Würfel nehmen, ihn zu Pulver zerreiben, dies in eine Flüssigkeit schütten und das Gebräu trinken, wenn dein Gemahl das nächstemal nach dir schickt und deine Dienste verlangt.«

Die Königin gehorchte und ließ den Würfel, der eine gewisse Ähnlichkeit mit Bernstein hatte, aber von mürberer Beschaffenheit war, in einem Mörser zerstoßen. Die Körnchen behielt sie bei sich und schluckte sie, als die Stunde dafür gekommen war. Die Verzückung, die sie daraufhin in den Armen des Königs erlebte, ging über jedes gebührende Maß hinaus, und schon bald stellte sie fest, daß sie empfangen hatte.

Daraufhin verlor sie für den König jeden Reiz, und

als nach der üblichen Zeit das Kind, ein Sohn, geboren wurde, hatte dies keine besonderen Folgen. Sogar die Freude der Mutter legte sich bald. Das Kind war zwar hübsch, aber es hatte blaue Augen und schwarzes Haar und benahm sich so merkwürdig, daß einige behaupteten, es sei nicht ganz richtig im Kopf. Der Junge hatte die Neigungen einer Katze, er schlief gerne und viel und hielt sich an keinerlei Regeln. Noch ehe ihr Sohn fünf Jahre alt war, hatte ihn die Königin abgeschrieben und nahm sich verschiedene Liebhaber. Als sie der Haushofmeister des Königs mit einem davon ertappte, verschwand sie, noch ehe ihr Sohn sieben Jahre alt war.

Als entehrtes Anhängsel des Hofes setzte der Junge die Reise seines Lebens fort, und sie wurde ihm durch die Verhätschelung und Nörgelei, die Bevormundung und die Szenen, die amourösen Angebote und die Streiche eines müßigen Harems, mehrerer gelehrter Erzieher und der meisten Soldaten im Hohen Hause des Königs nicht gerade leicht gemacht.

Als er vierzehn Jahre alt war, konnte oder wollte er weder lesen noch schreiben, weder kämpfen noch der Fleischeslust frönen. Dafür beleidigte er jeden so lange, bis er um Haaresbreite einem Mord entging, sang die Vögel von den Zweigen, rezitierte den Schweinen Gedichte und warf Höherrangigen giftige Bemerkungen hin. Er konnte bis in unvorstellbare Höhen auf Bäume klettern. Er konnte träumen, daß das Erwachen eine Störung darstellte. Das waren seine Stärken, so erschien er, und außerdem konnte er, wenn er ruhig war, wie ein erwachsener und sehr kluger Mann wirken. Und wenn seine Vitalität durchbrach, konnte er auch wie ein Krieger auftreten, wie der wahre Erbe von Königen und möglicherweise wie ein Zauberer. Aber das alles war er eigentlich nicht. Wenn schon, dann war er ein gebildeter Luchs in Menschengestalt.

*Was will er hier?* so wurde im ganzen Palast gefragt,

und das hieß eigentlich, warum war er jemals hier geboren worden, um allen ein Ärgernis zu sein.

»Du mußt dich bessern«, sagten die Schulmeister zu Chavir, wenn er über ihnen in den sonnengefleckten Ästen lag.

»Da gibt es nichts zu verbessern«, antwortete Chavir und sprang in einen Felsenteich.

»Es wäre denkbar, daß er von einem Teufel besessen ist. Oder von einer Vielzahl von Teufeln«, murrten einige. »Verwandelt er sich vielleicht in ein Werwesen, wenn der Mond voll ist?«

Aber das tat Chavir nicht, höchstens in seinen Träumen.

»Iß mit uns, betrink dich mit uns, intrigiere mit uns, streit mit uns, leg dich zu uns!« sagte der Hof.

»Schert euch fort!« rief Chavir.

Mehr als dreimal schickten Feinde – abgewiesene Bewerber, andere, die er erzürnt hatte – ihre Meuchler. Die leichtfüßigen Mörder stolperten oder fielen von Dächern. Die Kobras fand man an die Brust des unversehrten Chavir geschmiegt.

»Wer ist dieser Junge?« fragte der König, als Chavir an ihm vorbeistolzierte, ohne sich zu verneigen oder ihn zu beachten, während die Menge sich ergeben zu Boden warf.

»Der dreiunddreißigste Sohn, Majestät.«

»So verabreicht ihm«, sagte der König, »dreiunddreißig Peitschenhiebe.«

»Das ist bestimmt sein Tod«, sagte der Haushofmeister des Königs voller Hoffnung.

Nachdem ihnen der Junge entwischt war, fanden sie ihn vor Tagesanbruch nicht wieder, denn er befand sich an einem Ort, an den sie nicht gedacht hatten – in seinem eigenen Schlafgemach. Da lag er, als die Sonne zu ihm hereinstarrte und warf sich in einem goldenen Alptraum hin und her. Er sang im Schlaf, ganz im Bann seines Traumes. Er sang, er sei eine Gottesanbeterin und schwebe über einem See. Er sang, er sei ein Herr und liege in einem Beutel mit Würfeln. Er sang, er liebe die junge Tochter eines Magiers oder eines Wagenführers oder eines Fürsten mit Augen wie die Nacht. Er sang von einer, die er die Tochter der Nacht nannte.

Seine Stimme war so klangvoll, daß alle innehielten, um zu lauschen. Dann schüttelten sie sich und weckten ihn auf.

»Komm auf den Hof, Chavir!«

»Komm und laß dich auspeitschen, Chavir!«

»Dreiunddreißig Hiebe. Du hast dich vor dem König selbst übertroffen.«

»Dreiunddreißig?« sagte Chavir. »Wahnsinn. Ich bin doch nicht geboren, um zu sterben. Ich habe Besseres zu tun.«

Und er fuhr in die Höhe, schoß wie ein einziger Blitz durch ihre Hände, durchbrach das Metallgitter vor dem Fenster, sprang vom Sims in einen Baum – loderte dort kurz auf, heller als die Sonne diesmal – und war verschwunden.

Auf Befehl des Königs wurde Chavir ein paar Monate lang durch das Hügelland verfolgt. Aber man fand ihn nicht.

Ein paar Tage nach Ezails siebzehntem Geburtstag saß ihr Vormund gerade da und betrachtete jene Locke des niemals verwelkenden Haares, als ein Fremder kam und ihn sprechen wollte.

»Wagenführer, ich will ganz offen sein. Ich und meine Freunde wollen eine Pilgerreise in die heilige Stadt Jhardamorjh unternehmen. Das ist ein weiter Weg, und niemand anderer will uns führen. Wir möchten während des Festmonats der Erhebung dort eintreffen, weil wir die geheimen Riten studieren wollen. Hier ist Gold. Wir werden dich großzügig entlohnen. Was sagst du dazu?«

»Ich habe von Jhardamorjh gehört, hielt es aber für eine Legende. Weißt du genau, daß es existiert?« Der Pilger versicherte es ihm. »Dann gibt es dort große Wunder, nicht wahr? Tiere aus Stein, die sprechen können, einen mystischen Springbrunnen, der jede Krankheit heilt?«
»So sagt man.«
Nach einigem Hin und Her erklärte sich der Wagenführer zu dem Unternehmen bereit. In seinem Herzen hatte er in jener unbekannten Stadt Ezail gesehen, wie sie schön und mit geraden Gliedern dem Zauberbecken entstieg. Er schalt sich selbst für diese Träumerei, denn Wunder geschahen zu jener Zeit nur noch selten. »Trotzdem soll sie mich begleiten. Denn wenn es wahr ist, daß die Statuen sprechen oder singen können, wie man es mir in meiner Kindheit erzählte, sollten wir uns das ansehen, ehe ich zu alt dafür bin. Außerdem führt die Straße nach Norden, sagt dieser Bursche, und es ist eine Reise von fast einem halben Jahr. So lange möchte ich nicht von ihr getrennt sein.«

Die Straße nach Norden führte über Hochebenen und durch riesige Wälder. Der Winter kam ihnen entgegen. Wo keine Bäume standen, reichten Regensäulen von der Erde bis in den Himmel. Sie erreichten einen gelben Fluß, der in der Nässe tobte. Eine Brücke aus schwarzem Granit führte hinüber, und sie brauchten eine Stunde, um sie zu überqueren. Vier Monate waren schon verstrichen.
Dann gelangten sie in ein Land mit vielen Tälern, ein Frühlingsland. Auf den Wegen trafen sie andere Karawanen. Wenn die Männer einander begrüßten, sprachen sie alle davon, daß sie nach Jhardamorjh ziehen wollten. Und in den Lagern tanzte man und hielt Märkte ab, es wurde getauscht und verkauft, und man erzählte sich wilde Geschichten. Viele schöne Mädchen

fuhren auf Karren, wurden von kräftigen Sklaven in Sänften getragen oder saßen in Wagen, die von schneeweißen Eseln gezogen wurden.

»Es ist wegen des Fests«, sagten die Pilger, die mit jedem schwatzten. »Der Monat der Erhebung findet nur alle sieben Jahre einmal statt.«

Auf die Riten wurde freilich nur angespielt, niemand sprach offen darüber. Die schönen Mädchen schauten stolz zwischen ihren Perlenvorhängen oder unter ihren Perlenschleiern heraus.

Soviel erfuhren die Pilger: Man würde ein Mädchen zu einem unbekannten Ehrendienst wählen. Alle strebten danach, und jede musterte die andere mit mörderischen Blicken. Ebenso war es mit ihren Familien und den Verwandten, die sie begleiteten. Als man sich der Stadt näherte, kam es manchmal zu hitzigen Wortgefechten oder gar zu Schlägereien, und einmal wurde angeblich sogar jemand vergiftet. Dann erblickte der Wagenführer unterwegs ein Mädchen, das schluchzend am Wegesrand saß. Er zog die Zügel an und sprach sie an, aber sie wollte nicht antworten, sondern verbarg ihr Gesicht.

Nun war Ezails Pflegerin schon zu alt geworden und nicht auf die Reise mitgekommen, aber Ezails Gefährtin, die helle, scharfe Augen und sehr feine Ohren hatte, erzählte dem Wagenführer: »Letzte Nacht sah ich dieses Mädchen weinend am Karren ihres Vaters stehen. *Sie* sagte: ›Ich will nicht‹, und *er* sagte: ›Dann kehr allein nach Hause zurück.‹ Und das will sie nun tun.«

»Aber was wollte sie denn nicht tun?«

»Es geht irgendwie um die Wahl, die Erhebung. Du weißt, ich bin herumgekommen und habe mich auf den Märkten und bei den Karawanen umgesehen und genau aufgepaßt. *Sie* ist nicht so hübsch wie andere, die ich gesehen habe, und befürchtet deshalb sicher, daß man sie in aller Öffentlichkeit ablehnt.«

Sie erreichten Jhardamorjh, die heilige Stadt, am Morgen. Die Sonne ging zu ihrer Linken auf. Die Türme und Spitzen von Jhardamorjh blitzten golden und in allen Regenbogenfarben, die Stadt war umringt von drei mächtigen Mauern, die innerste war die höchste und die äußerste die niedrigste, denn sie war nur so hoch wie siebzig große Männer, von denen neunundsechzig einander auf den Schultern standen. Die niedrigste Mauer hatte mit Kupfer gedeckte Türme, die Türme der mittleren Mauer hatten Messingdächer. Die höchste Mauer hatte gar keine Türme, sondern einen breiten Wehrgang, auf dem Gärten angelegt waren. Während des Festes wurden jeden Tag bei Sonnenaufgang tausend blaue Vögel in den Himmel entlassen. Bei Sonnenuntergang schickte man ihnen tausend rote Vögel hinterher. Die Straße, die zur Stadt führte, war gesäumt mit Statuen und Obelisken aus rotem und schwarzem Basalt, und dahinter lagen blühende, von zahllosen Kanälen bewässerte Felder.

Dort, wo die Straße auf die niedrigste der drei Mauern traf, befand sich ein Tor mit drei Flügeln. Zwischen diesen Flügeln und auf beiden Seiten des Tores standen vier riesige Tiere aus kohlschwarzem Basalt. Jedesmal, wenn eine Stunde des Tages der nächsten Platz machte, hoben diese Tiere, entweder durch einen Mechanismus oder durch Magie, einen Fuß nach dem anderen, drehten die Köpfe, als wollten sie sich umsehen, und stießen schließlich einen langgezogenen, glockenähnlichen Ton aus, der in der ganzen Stadt und noch meilenweit im Umkreis zu hören war.

Zufällig näherte sich die Karawane des Wagenführers gerade zusammen mit vielen anderen dem Tor, als die erste Morgenstunde in die zweite überging.

Steif regten die schwarzen Tiere ihre Glieder, drehten die Hälse, öffneten die Schnäbel und ließen den unvergleichlichen Ton erschallen.

Mehrere Pferde, Esel und Maultiere begannen zu bocken und sich aufzubäumen, darunter auch das Tier des Wagenführers. Auf den Karren schrien Männer und Frauen laut auf oder sanken auf die Knie und machten geheimnisvolle Verneigungen.

Aber die großen steinernen Wesen am Tor waren nicht zu erschüttern, und als sie ihre Pflicht erfüllt hatten, brachten sie nur ihre Füße wieder in die alte Stellung, drehten ihre Köpfe (mit den Gesichtern von Adlern) erneut nach Süden und verstummten.

Beim Erreichen der Toröffnung starrte jeder Reisende dieses Wunder an. Jedes der vier Tiere war so groß wie ein Elefant. Ihre Körper waren denen von Pferden nachgebildet, aber die Beine waren die von riesigen Vögeln. Sie hatten goldene Halsbänder, die Klauen und Schnäbel waren aus Gold, und in die Augen waren schwarze Spiegel eingesetzt.

Ezails Vormund hatte befürchtet, das Mädchen könnte erschrecken; ihre Gefährtin hatte in ehrlicher Furcht aufgeschrien. Aber Ezail zeigte keine Angst und schien auch nicht erstaunt. Sie betrachtete die Basaltbestien ebenso interessiert, wie sie sich die gewöhnlicheren Dinge angesehen hatte.

»Die Stadt ist eindeutig«, sagte der Anführer der Pilger, »nach diesen Wesen benannt. Denn in der Ritualsprache des Festes, der alten Sprache dieses Landes, bedeutet *Jhardamorjh* – ein aus verschiedenen Teilen zusammengesetztes Ungeheuer, ein Pferd mit den Beinen und dem Kopf eines Adlers.«

Es dauerte eine Weile, bis man das Tor passiert hatte, weil so viele Pilger und andere Besucher sich davor drängten. Und während des Wartens war hin und wieder ein Geräusch wie von zerbrechendem Geschirr zu hören.

Endlich war der Weg frei, und ein Mann trat an den Wagenführer heran.

»Ich wünsche dir viel Erfolg in unserer Stadt, Fremder. Hast du Frauen bei dir?«

»Wie du siehst«, antwortete der Wagenführer, denn Ezail hatte sich zwar den Blicken entzogen, aber ihre Gefährtin spähte neugierig heraus.

»Und sie sind Jungfrauen, unvermählt?«

»Soweit ich weiß.«

»Willst du dann für sie die Täfelchen der Erhebung annehmen?«

Dem Wagenführer kamen Bedenken.

»Ist das so üblich?«

»Zu dieser Zeit darf sich kein unverheiratetes Mädchen zwischen fünfzehn und dreiundzwanzig Jahren in der Stadt aufhalten oder sie betreten, wenn sie nicht ein Lehmtäfelchen annimmt, das zerbrochen wird, eine Hälfte bekommt sie, auf der anderen Hälfte werden ihr Name und ihre Herkunft vermerkt, und dieses Täfelchen wird mit allen anderen ausgelost. Auf diese Weise wird, wenn die Stunde der Wahl herankommt, jede Ungerechtigkeit mit ziemlicher Sicherheit ausgeschlossen.«

»Ich habe von einer Wahl gehört«, sagte der Wagenführer, »und ich habe gesehen, wie die Schönheiten aus allen Ländern in Scharen herbeiströmen. Aber ehe ich so eine Marke für meine Mädchen annehme, die eher unscheinbar sind, möchte ich noch mehr erfahren. Wenn es eine Wahl zwischen Frauen ist, warum wird überhaupt gewählt?«

»Darüber sprechen wir nicht«, sagte der Beamte am Tor mit steinernem Gesicht. »Trotzdem wird es allgemein verstanden.«

»Ich bin ein Fremder in Eurem Land und verstehe es *nicht*.«

»Dennoch darf ich nicht mehr sagen. Entweder nimmst du die Täfelchen an, oder du läßt deine Frauen vor dem Tor.«

»Ich nehme sie nicht an. Sie und ich werden draußen bleiben. Diese Pilger, die ich und meine Diener begleitet haben, laßt ein, denn sie wollen die Stadt besuchen.«

Dann fuhr der Wagen beiseite, und seine Männer versammelten sich darum. Mit verwirrten Gesichtern verabschiedeten sich die Pilger und eilten in die Stadt. Die übrige Menge drängte hinterher, mehrere ungewöhnlich anziehende Mädchen und junge Frauen liefen eilig mit.

Da der Wagenführer der Stadt eine Abfuhr erteilte, bekam er sie nie zu sehen, obwohl er doch so weit gereist war. Er hatte sich jedoch verpflichtet, die Pilger wieder nach Hause zu geleiten, wenn das Fest vorüber war, und so schlug er für seine eigenen Wagen und seine Leute nahe bei einem Dorf in den blühenden Feldern ein Lager auf. Das Dorf selbst war fast verlassen, die meisten Bewohner waren nach Jhardamorjh gegangen.

Da stand nun die Stadt, etwa drei Meilen entfernt, die Mauern mit den Türmen glänzten unter der Sonne und unter dem Mond. Wenn der Morgen dämmerte, schwang sich eine blaue Wolke von Vögeln in die Lüfte, am Abend erhob sich ein gefiederter, scharlachroter Donner. Den ganzen Tag lang riefen die Tiere am Tor die Stunden aus, doch zwischen Sonnenuntergang und Sonnenaufgang waren sie stumm.

Der Wagenführer langweilte sich, während er auf die Pilger wartete. Allmählich wuchs in ihm das Verlangen, hinter die Mauern von Jhardamorjh sehen zu können. Gleichzeitig wollte er es auch wieder nicht. Außerdem belastete ihn die Enttäuschung von Ezails Gefährtin. »Könnte ich mich nicht als Junge verkleiden und mich in diese Stadt voller Sehenswürdigkeiten schleichen?« Der Wagenführer ließ sich nicht umstimmen. »Irgend etwas an diesem Ritual ist nicht geheuer. Sie wollen nicht darüber sprechen. Du darfst dich nicht in Gefahr begeben, darfst die Stadt nicht betreten. Ich tue es auch nicht.«

Doch er sah keinen Grund, es seinen Männern noch länger zu verbieten.

»Geht hin«, sagte er, »und wenn ihr euch sattgesehen habt, dann kommt zurück und erzählt mir, was ihr erlebt und erfahren habt.«

Also begaben sich die Fuhrleute an diesem Abend nach Jhardamorjh und blieben eine Weile dort. Nach zwei oder drei Tagen und Nächten kehrte der älteste Mann zurück.

»Herr«, sagte der zu Ezails Vormund, »in meinem ganzen Leben habe ich noch keinen solchen Ort gesehen. Man erzählt sich, daß einst eine Göttin auf Erden herrschte, ihre riesige Metropole kann nicht prächtiger gewesen sein als diese Stadt.

Die Hauptstraßen sind mit farbigen Steinen gepflastert, die Gebäude bestehen aus milchweißem und aus schwarzem Marmor mit goldenen Ornamenten, und die Dächer sind mit drachengrünen oder rosenroten Ziegeln gedeckt. Überall gibt es Springbrunnen, das Wasser sprudelt aus Bronzerohren in Porphyrbecken. Sie alle sollen Zauberkräfte besitzen, und ich habe aus fast allen getrunken, irgend etwas hat es mir also sicher genützt! Außerdem gibt es Parks und Gärten mit den verschiedensten Pflanzen, sie sind merkwürdig angelegt, einige bilden Muster, die man nur sehen kann, wenn man aus den oberen Fenstern blickt und außen herum geht, andere haben nur eine Art von Formen oder nur eine Farbe. Zum Beispiel gab es einen Garten mit weißen Magnolien und Hyazinthen, in dem das Gras ebenfalls weiß war wie der reinste Zucker, und dort wuchs auch eine weiße Palme mit einem Stamm wie ein Knochen und Wedeln wie aus Pergament, nur ein paar grüne Schmetterlinge flatterten herum, und der Gärtner versuchte vergeblich, sie zu verscheuchen.

In der Nähe des Stadtzentrums gibt es viele Türme aus Basalt, auf deren hohen, mit Goldgeländern eingefaßten Dächern ebenfalls Gärten gedeihen, und dort stehen gewaltige Prismen, um die Sonne einzufangen.

Während des Festes braucht ein Besucher sich nur als solcher zu erkennen zu geben, dann bekommt er zu essen und zu trinken vom Besten, aber niemand lädt ihn in sein Haus ein, denn es ist eine heilige Zeit, und das wäre anscheinend eine Entweihung. Was Schenken und Freudenhäuser angeht, so habe ich keine gefunden, es gibt allerdings viele schöne Frauen von vierundzwanzig oder mehr Jahren in der Stadt, die bei früheren Erhebungen, als sie noch im richtigen Alter waren, nicht erwählt wurden und jetzt nur noch der Sinnenlust leben. Jetzt im Frühling macht es einem auch nichts aus, in den herrlichen Parks im Freien zu liegen.

Ganz in der Mitte der Stadt erhebt sich ein Hügel, und ob er von Menschenhand gemacht wurde oder natürlich entstanden ist, kann ich nicht sagen, und es wollte mich auch niemand aufklären. Denn wenn man zu einer Bewohnerin von Jhardamorjh sagt: ›Erkläre mir das Ritual‹, dann wird sie antworten: ›Nimm doch bitte noch einen Apfel.‹ Und wenn man fragt: ›Was ist das für ein Hügel?‹ dann entgegnet sie: ›Oh, küsse mich noch einmal! Hier ist ein noch schönerer Hang.‹ Aber der Hügel ist da, und er steigt in riesigen Stufen oder Terrassen an, ein Wald scheint ihn zu bedecken, wo sich die Sonne oder der Mond in goldenen Säulen spiegeln und wo glitzernde Wasser sprudeln. Ganz oben befindet sich etwas Glänzendes. Aber wenn man zu ihr sagt: ›Was leuchtet denn dort so?‹ dann gibt sie zurück: ›Hast du denn nicht genug Kraft, um mich dreimal zu umarmen?‹

Doch ich habe noch etwas beobachtet: Manchmal in der Nacht hörte ich Tambourine schlagen und das Sistrum rasseln, dann tanzen die schönen Jungfrauen von Jhardamorjh wie Geister in den Straßen und unter den weißen und blauen, den rosenfarbenen und drachengrünen Palmen. Sie tanzen mit Bändern im Haar, und ihre Augen sind weit aufgerissen und wild wie die Augen wahnsinniger Träumer. Sicher essen oder trinken die Frauen dort ab dem Alter von vierzehn oder fünfzehn irgend etwas Besonderes, sie bringen es vermutlich auch in die Umgebung, und die weiblichen Besucher bekommen es ebenfalls. Vielleicht liegt es auch nur an dem, was man sie zu glauben gelehrt hat, und nicht an dem, was man sie schlucken läßt.

Ich habe jedenfalls genug gesehen. Morgen findet diese Wahl statt, von der alle sprechen – und dann nicht mehr sprechen werden – und die wie Staub in der Luft liegt. Und ich wollte nicht dabei sein.

Aber eines will ich dir noch erzählen. Um Mitternacht sah ich ein Mädchen an einem magischen Springbrunnen tanzen, und sie trug ein goldenes Kleid mit Fransen aus funkelndem Orange, die aus dem Haar deines Mündels gemacht waren. Die Gefährtin deines Mündels hat, das muß man zugeben, das Haar geflochten und geklebt und insgeheim unterwegs auf den Lagermärkten verkauft, und für dieses Mädchen, das dort tanzte, muß jemand einige Ätherfäden gekauft haben, um ihr Kleid damit zu schmücken. Als sie mit ihren weißen Füßen unter dem Springbrunnen tanzte und mit ihren schmalen Händen das Tamburin schlug, hörte ich sie immer und immer wieder murmeln: ›Ich habe mein Täfelchen verhext, sie werden es ziehen. Ich werde unter den Erwählten sein. Und bin ich etwa nicht schön genug, um unter diesen Erwählten noch einmal erwählt zu werden, vor allen anderen, um die Erhabene zu werden?‹ Genau in diesem Augenblick schlich die etwa fünfundzwanzig Jahre alte Frau, mit der ich zusammen gewesen war (sie dachte, ich schliefe, und ich stellte mich ja auch so) an das tanzende Mädchen heran und beobachtete sie mit eifersüchtigem Haß. ›Hör mir gut zu‹, sagte sie, ›selbst wenn sie dich wählen, können sie die Regel brechen wie dieses Täfelchen, wenn sie eine entdecken, die schöner ist als du, und die sie nicht aus dem Haufen ausgesucht haben. Es ist so. Vor sieben Jahren war nämlich mein Täfelchen unter denen, die gezogen wurden, und von den auf diese Weise versammelten Mädchen wählten sie mich als die schönste. Aber dann trat meine Schwester vor, deren Täfelchen nicht in die engere Wahl gekommen war, zeigte ihre Haut, ihr Haar, ihre Brüste und ihr Gesicht, und die Richter fanden sie schöner als mich. Also brachen sie die Regel und nahmen sie an meiner Stelle. Seither gräme ich mich und lege mich zu fremden Männern, um meinen Kummer zu vergessen.‹ Und bei diesen Worten«, sagte der Mann des Wagenführers, »tat ich so, als erwachte ich, und die beiden liefen weg, aber ich hatte erfahren, soviel ich konnte, und nun sage ich es dir.«

»Im Namen des Lebens, was ist es, was ist es nur, was sie dort tun?« rief der Wagenführer, Ezails Vormund.

»Ich habe in ihrer Stadt weder einen König, noch einen Priester bemerkt, auch keinen Königspalast und keinen Tempel«, erklärte der Mann. »Ich glaube, ihr Reichtum und ihre Bräuche gehen auf irgendein mächtiges Wesen oder eine Idee zurück, auf etwas, das auf diesem Hügel zu finden ist. Und dafür werden die Frauen erwählt, sie müssen dorthin gehen. Diese Ehre und diese Gnade werden leidenschaftlich begehrt. Um gerecht zu sein, müssen die Richter zuerst aufs Geratewohl aus einer Wanne voll zerbrochener Täfelchen wählen und dann noch einmal aus der Zahl der Mädchen, die so gezogen wurden. Wenn die Erhabene auf diese Weise bestimmt ist, geht sie zum Hügel und kehrt nie wieder zurück. Sieben Jahre später wird das Ganze wiederholt. So geht es seit zweihundert Jahren oder noch länger. Ich will nur noch soviel sagen: Wenn ich ein Mann wäre und Schwestern oder Töchter zwischen fünfzehn und dreiundzwanzig Lenzen hätte, würde ich, obwohl es eine schöne Stadt ist, diese Mädchen bei Nacht und Nebel nehmen, ganz gleich, wie sehr sie auch jammerten, und mit ihnen weit fortziehen in ein anderes Land.«

Die Tiere am Tor sangen die letzte Stunde des Tages aus, die Sonne sank, die Vögel des Sonnenuntergangs flogen über den Himmel. Im goldenen Kelch des Abendrots betrat noch ein Reisender Jhardamorjh, ehe die Tore geschlossen wurden. Er war ein schöner Mann in der Blüte der Jugend, mit einer dichten, sorgfältig gekämmten Mähne von schwarzem, wie Seide glänzendem Haar. Von welcher Seite man ihn auch betrachtete, man war hingerissen von seinem Aussehen. Seinen hochgewachsenen, schlanken Körper kleidete ein Gewand in kräftigem Magentarot, an den Füßen trug er gebleichte Lederschuhe. Doch an seiner Hüfte hing kein Schwert, und obwohl seine blauen Augen manchmal wie Messerklingen blitzten, konnten sie auch verschleiert und heiter sein.

Aus der Dämmerung schwebten ihm auf Wogen von Parfüm und Schleiern und Stimmen die Frauen der Stadt entgegen. Er schob sie mit sanfter Hand weg wie mit einem Peitschenschlag.

Man bot ihm Wein an. Er goß ihn auf die gepflasterten Straßen.

»Ein Trankopfer für eure Götter. Welche sind es hier?«

Die Frauen lächelten geheimnisvoll, einige blickten auf zu einem hohen Hügel mit Terrassen, Wäldern und Säulen, auf dessen Westseite noch immer wie ein goldener Stern ein verblassender Sonnenfleck spielte.

Als er Hunger hatte, pflückte er sich Früchte von den Bäumen des Parks. Die Gärtner, die auch bei Nacht hier Wache hielten, protestierten. Sie waren nicht erfreut, einen schönen jungen Mann in den sorgfältig gepflegten Zweigen liegen und ihre schönen Zierfrüchte verspeisen zu sehen. Aber der Fremde verschwand wie eine Schlange zwischen den Ästen.

In Jhardamorjh wurde alle sieben Jahre ein neues Gremium gewählt, das bei der Erhebung das Urteil sprechen sollte. Diese Männer wurden benachrichtigt, daß am Vorabend der Wahl ein Fremder in ihren Mauern weilte, der sich nicht so verhielt, wie es einem Fremden anstand. Soldaten der Stadt zogen mit Fackeln aus, um ihn zu suchen. Ihre Schritte hallten laut auf den Straßen wider, denn in dieser Nacht war niemand unterwegs. Sogar die Besucher, von den Aufmerksamkeiten eingelullt, schliefen in den Tiefen der Gärten. Die wilden Tänzerinnen, die Mädchen zwischen fünfzehn und dreiundzwanzig Jahren, lagen schlaflos auf dem Rücken und versuchten, in die Zukunft zu schauen.

Die Soldaten fanden Chavir auf den Stufen eines Springbrunnens im Zentrum der Stadt, direkt an dem geheimnisvollen Hügel. Als Chavir den Fuß des Hügels erreicht hatte, hatte er gesehen, daß auch dieser von einer gewaltigen, mehr als siebzig Fuß hohen Mauer umgeben war. Obwohl er überall gesucht hatte, hatte er keinen Durchgang gefunden. Hier war es ganz still, bis auf den Abendwind, der hoch oben durch die Bäume strich, das Flüstern des Wassers auf den Hängen und das etwas lautere Plätschern des Springbrunnens auf dem Platz.

Nach einer Weile hörte er die rasselnden Schritte der Soldaten und das Knistern von Fackelpech näherkommen, und jemand fragte:

»Was, o Jüngling, hast du in dieser Stadt zu suchen?«

Chavir schlug die Augen nieder und antwortete mit geheimnisvoller Miene:

»Ich will mich von meinen Abenteuern ausruhen.«

»Du brüstest dich. Was waren dies für Abenteuer?

Wir hörten, daß du nicht einmal verschmachtenden Damen höflich begegnest. Und du trägst weder Stahl noch Eisen wie ein Krieger.«

»Ich habe nie«, sagte Chavir und hob seinen verschleierten Blick, »bei einer Frau gelegen, noch gegen einen Mann gekämpft.« Er lächelte. »Übrigens habe ich auch nicht gegen eine Frau gekämpft oder bei einem Mann gelegen. Doch ich weiß von anderen Taten zu berichten. Ich floh vor dem Zorn eines Königs, vor dem ich das Haupt nicht beugen wollte, und seither, seit etwa einem Jahr, ziehe ich so flink wie das Tageslicht durch viele Länder. Hier und dort liebte mich jemand oder nahm Anstoß an mir, die Hunde eines Herrn verfolgten mich, weil ich einen großen Reiz auf sie ausübte, manchmal wollte mir ein Schurke ans Leben, und etwas an meinem Verhalten ließ ihn schreiend davonlaufen. Ich habe Panther gezähmt und Rätsel gelöst, während andere Menschen, die sie nicht beantworten konnten, dem Tode ausgeliefert wurden. Für dieses und jenes entwickelte ich ein ungewöhnliches Geschick. Ich habe gesehen, wie Tempel gebaut oder Städte verbrannt wurden, ich habe donnernde Berge gesehen und Meere, die in der Kälte zu Glas erstarrten. Nichts von alledem kann sich jedoch mit den seltsamen Träumen messen, die über mich kommen, wenn ich schlafe. Ich werde sie euch nicht erzählen. Es möge genügen, daß mich diese Träume auf eine Weise, die ich nicht verstehe – was mich jedoch nicht weiter stört – in eure Stadt geführt haben.«

Die Soldaten standen da und starrten ihn an.

Ihr Hauptmann sagte: »Morgen ist ein heiliger Tag. Du darfst es uns nicht übelnehmen, aber ich glaube, es ist das beste, wenn du dich im Gefängnis ausruhst, bis morgen die Sonne untergegangen ist.«

»Wie ihr meint«, sagte Chavir. »Wollt ihr mich fesseln? Ich warne euch, ich habe mir Zauberkräfte erworben oder immer besessen, und damit kann ich alle Bande lösen.«

Die Soldaten verhöhnten ihn und veranstalteten auf der Straße einen großen Lärm. Drei von ihnen traten an Chavir heran, nahmen ihn zwischen sich und legten ihm Fesseln aus Stahl um die Handgelenke. Chavir hob die Arme, die Fesseln lösten sich und fielen klirrend auf das Pflaster.

»Offenbar bin ich ein Kettensprenger«, sagte er. »Aber ich will dennoch mit euch ins Gefängnis gehen und dort bleiben, bis morgen die Sonne untergeht.«

Die Soldaten waren entrüstet und bestürzt zurückgewichen. Der Hauptmann stand Chavir alleine gegenüber und hielt seinem Blick stand.

»Es ist Wahnsinn, dir zu vertrauen, aber wir haben keine andere Wahl. Wir bringen dich jetzt ins Gefängnis. Folge uns bitte!«

Dann drehten sie sich um und marschierten los, Chavir folgte ihnen auf seinen gebleichten Ledersohlen, und seine Augen blitzten so harmlos wie Messerklingen.

Vor Tagesanbruch, in einer Stunde von Amethyst, verließ das Mädchen, das mit dem Tamburin getanzt hatte, ihr Bett und legte ihr goldenes Kleid an. Wie es leuchtete, wie seine duftenden Fransen wogten. Sie hatten magische Kräfte. Eine Tante, die das Mädchen abgöttisch liebte und zur Erhebung nach Jhardamorjh gereist war, hatte sie einem gerissenen Frauenzimmer auf einem der Karawanenmärkte abgekauft. »Aus dem Haar von Engeln gemacht!« hatte das Frauenzimmer und folglich auch die Tante behauptet. »Vor langer Zeit«, hatte die Tante allein hinzugefügt, »habe ich es versäumt, an der Wahl teilzunehmen. Du weißt ja, Nichte, ich wurde eine halbe Welt von hier entfernt geboren, und dort wußten wir von nichts. Doch wer weiß, vielleicht erringst *du* dir mit deiner Schönheit diese berauschende Ehre und deiner Familie den Ruhm.«

Überall in der Stadt, das wußte das Mädchen, erhoben sich andere junge Frauen, badeten, wurden gesalbt und kleideten sich wie Königinnen. Das goldene Mädchen riß ihr Fenster auf. »*Laß es mich sein!*« bat sie die Stadt und den Himmel. Doch überall in Jhardamorjh standen die Mädchen an Fenstern und Balkonen und sagten genau das gleiche.

Dann riß die Sonne *ihr* Fenster auf, und aus tausend Toren, Zelteingängen und anderen Öffnungen strömten tausend verschiedene, menschliche Blumen, jede wurde von ihren Dienern und ihrer Familie begleitet, jede hielt eine Hälfte eines zerbrochenen Lehmtäfelchens fest in der Hand.

Zwischen den Türmen aus Basalt befand sich ein großer Platz; hier sollte die Wahl stattfinden. Gleich daneben, unter einer gewaltigen Mauer von siebzig oder mehr Fuß Höhe, die einen bewaldeten Hügel umgab, plätscherte ein Springbrunnen. (Auf seinen Stufen lagen zwei zerrissene Handfesseln und der Kern einer Pflaume, aber dies bemerkte niemand.)

Die Menge stand dicht gedrängt auf dem Platz, ringsum füllten Männer und Frauen die oberen Stockwerke und die Dächer. Und im Gewühl hoben, wie aus einem Grasfeld, hochgewachsene, schlanke Blumen ihre goldenen und honigfarbenen, kastanienbraunen, mit Henna und Chrysanthemensaft gefärbten Köpfe ...

Das Gremium der Richter bestieg eine Plattform in der Mitte des Platzes. Dann wurde eine lange Bronzewanne hinaufgehievt. Sie war mit einer Bleiplatte zugedeckt und mit mehreren Eisenschlössern und zwanzig oder dreißig Wachssiegeln verschlossen, die alle geöffnet und aufgebrochen werden mußten – die Richter hätten dafür, um Zeit zu sparen, einen hübschen jungen Mann anstellen können, der sich an diesem Morgen im

Gefängnis ausruhte, denn dort waren alle Schlösser von der Tür entfernt und lagen auf den Pflastersteinen. Aber sie bedienten sich Chavirs Fähigkeiten nicht, sondern öffneten die Siegel und die Schlösser mühsam und umständlich mit eigener Hand vor den Augen der Menge. Dabei war es völlig still.

Als die Platte abgenommen worden war, wurden Haufen von halben Lehmtäfelchen sichtbar. Sklaven mit verbundenen Augen mischten sie vorsichtig durch.

Dann führte ein Mann einen schwarzen, einjährigen Hengst durch die Menge, und ein zweiter Mann brachte einen Weidenkäfig, in dem ein gefleckter junger Adler mit starrem Blick von einem Fuß auf den anderen trat.

Der erste Richter des Gremiums wandte sich mit folgenden Worten an das Pferd und den Vogel:

»Sagt – wie viele Täfelchen sollen gezogen werden?«

Da warf der Jährling dreimal den Kopf, und der kleine Adler spreizte einmal, zweimal seine Stummelflügel.

»Die Zahl lautet fünf für jeden Mann.«

Nun rollten alle Richter die Ärmel ihrer kostbaren Gewänder auf, man streifte ihnen eine Kapuze über, die Kopf und Augen verhüllte, und dann wurde einer nach dem anderen zu der Wanne geführt, tauchte seinen Arm wie eine Waschfrau bis zu den Ellbogen hinein und wühlte und suchte so lange, bis er fünf zerbrochene Täfelchen herausgezogen hatte.

Da sich das Gremium in diesem Jahr aus zehn Männern zusammensetzte, lagen schließlich fünfzig dieser Täfelchen auf der Plattform.

Hörner und Trommeln ertönten. Dann wurden die Namen der fünfzig Erwählten ausgerufen.

Bei jedem Namen wurden Schreie laut, Mädchen sanken ohnmächtig zu Boden. Gleich darauf gab es in der Menge einen Wirbel, eine Bewegung. Das Mädchen trat allein vor. Sie ging, als sei sie betäubt und geblendet, schwebte wie eine Schlafwandlerin zur Plattform und stieg hinauf.

Als alle fünfzig Mädchen benannt waren und sich mit ihrer Hälfte der Täfelchen legitimiert hatten, war auf dem ganzen Platz ein stetig anschwellendes Klagen aus dem Munde derer zu hören, die nicht zum Zuge gekommen waren. Die jüngsten, die wußten, daß sich ihnen in sieben Jahren noch einmal eine Chance bieten würde, nahmen es nicht ganz so schwer. Aber jene, die schon weit im siebzehnten Jahr standen oder noch älter waren, waren außer sich. Einige zerrissen ihre Kleider und rauften sich das Haar. Andere drängten sich durch die Menge, warfen sich vor den Richtern zu Boden und stellten ziemlich rückhaltlos ihre Reize zur Schau.

Die fünfzig schon Erwählten waren jedoch selbst so unvergleichliche Exemplare, daß es nicht den Anschein hatte, als könnten sie noch übertroffen werden.

Nach einer Weile legte sich der Tumult. Schwere Lackwandschirme wurden auf die Plattform gestellt. Vornehme Frauen kamen und untersuchten hinter diesen Schirmen die erwählten Jungfrauen.

Inzwischen stieg die Sonne, vielleicht selbst von Neugier getrieben, über die Schirme und schickte ihr sengendes Licht auf die Untersuchungsliegen hinab. Es war Mittag.

Die Schirme wurden entfernt. Jedes Mädchen hatte sich als unberührt erwiesen.

Nun warteten fünfzig junge Edelsteine der Erde mit laut klopfenden Herzen voll Sehnsucht darauf, diese Erde zu verlassen und statt dessen – wohin zu gehen?

Die Wahrheit ist, daß keine einzige es zu sagen wußte. Der Stufenhügel, der schon immer da war, die Rituale, die stets vor oder hinter ihnen lagen, die weihevolle Atmosphäre, auf die beständig verwiesen wurde, über die man flüsternd diskutierte, nichts von alledem wurde jemals erklärt, von niemandem, denn niemand wußte etwas. Es fragte auch niemand danach, abgesehen von Fremden, und die wurden abgewimmelt. Es war ein Wunder. Es war etwas Heiliges. Es gehörte seit einer Ewigkeit zum Leben von Jhardamorjh. Aber es war *unbekannt*. Und daher waren viele in versteckten Winkeln ihres Gehirns zu der Überzeugung gelangt, daß sie Bescheid wüßten. Daß es dies oder jenes sei. Hin und wieder war in der Stadt auch ein Geheimkult entstanden, der behauptete, die Antwort zu kennen. Aber dergleichen wurde schnell als Ketzerei unterdrückt. Für die Mädchen der Stadt verkörperte es im Laufe der Zeit alles, was sie auf Grund der Epoche, ihrer Jugend, ihres weiblichen Geschlechts und ihrer weiblichen Erziehung erwarten konnten.

Das Mädchen in dem fransenbesetzten Goldkleid stand daher unter den fünfzig Erwählten auf der Plattform und sonnte sich in der Gewißheit, daß der Zauber, mit dem sie ihr eigenes Täfelchen belegt hatte, dafür gesorgt hatte, daß es gezogen wurde, und sie wob von Sekunde zu Sekunde neue Zauber um sich wie eine Spinne ihr Netz: *Nun wählt mich noch einmal.*

Sie glaubte nämlich zu wissen, was dem Ritual zugrunde lag. Die Erhebung war die Vermählung mit einem Gott. Mit dem Gott der Stadt, der auf dem Hügel lebte. Der Hügel führte auf märchenhafte Weise in eine andere Welt, in ein himmlisches Reich, wo ihr göttlicher Gemahl weilte. Die Art und die Umstände dieser Verbindung waren so gewaltig, daß ein Menschenleben diesem Ansturm nicht länger als sieben Jahre standzuhalten vermochte. Aber was machte das aus? In sieben Jahren würde auch in dieser Welt ihr Glanz verblaßt sein, dann war sie eine alte Hexe von dreiundzwanzig Jahren und hatte keine Möglichkeit mehr, erwählt zu werden. Außerdem, wenn der Gott sie liebte, würde er ihr in den himmlischen Gefilden nicht Unsterblichkeit verleihen? Würde sie nicht nach ihrem irdischen Tod eine Göttin werden, auf ewig jung, auf ewig schön – und, falls er sie *wahrhaft* liebte, auf ewig sein?

*Nun wählt mich noch einmal!* drang es aus so vielen träumenden Seelen, schrien so viele Gedanken.

Die drei Mystiker des Gremiums, die gefastet, die Nacht in tiefen Gedanken verbracht und zum Frühstück Weihrauch eingeatmet hatten, traten nun heran und watschelten vor der Reihe von Mädchen auf und ab. Manchmal zuckten die Hände dieser Männer, manchmal auch ihre Stirn. Manchmal blieben sie stehen und blickten mit geweiteten Pupillen ein Mädchen an, welches daraufhin noch bleicher wurde und krampfhaft die Fäuste ballte.

Der dritte Mystiker kam zu dem Mädchen in dem goldenen Gewand, dem Mädchen, das getanzt hatte und dessen Kleid mit rötlichgelben Fransen besetzt war. Er trat zu ihr und ging nicht wieder weg. Er blieb vor ihr stehen wie ein Bauernbursche, den die Liebe wie ein Blitzschlag getroffen hat. Und das goldene Mädchen begegnete seinem Blick. Ihre Augen brannten das *Wähle mich* in seinen Schädel.

Endlich wandte er sich ab, ging zu seinem Stuhl auf der Plattform, stützte sich auf den Arm eines anderen Mannes, setzte sich aber nicht.

Die Menge bemerkte es und ließ zustimmende und mißbilligende Rufe hören.

Vielleicht ein wenig beeinflußt von dem eindeutigen Verhalten des dritten Mystikers, traten auch der erste und der zweite auf das Mädchen in Gold zu, und schließlich wandten auch sie sich ohne einen weiteren Blick von der Reihe ab und gingen zu ihren Stühlen.

Schon quollen Tränen wie Glastropfen aus neunundvierzig Augenpaaren und mischten sich mit dem Khol und der Schminke auf den Blütenlidern. Schon welkten neunundvierzig Blumen. Doch eine Blume stand noch aufrechter auf ihrem Stengel aus Stahl, ihre Augen standen nicht voll Wasser, sondern blitzten in einem stählernen Feuer.

Und dann erhoben sich, wie es der Brauch war, der erste und der zweite Mystiker wieder von ihren Stühlen und zeigten auf das Mädchen, das sie erwählt hatten, auf das Mädchen aus Gold und Stahl. Sie gingen zu ihr zurück, faßten sie an den Händen und geleiteten sie nach vorne. In diesem Augenblick wurde auch sie von ihren Gefühlen überwältigt und weinte, während die neunundvierzig anderen in ihrer Verzweiflung stöhnten und wankten und Ströme von Tränen vergossen.

Doch der dritte Mystiker, der jetzt zu der Erhabenen treten und ihre Erwählung öffentlich verkünden sollte, breitete die Arme aus und schrie mit der Stimme eines Wahnsinnigen:

»Nein! Nicht sie! Nicht sie! Die andere, die dort ist, wo *sie* ist. Die *andere* ist die Erwählte! Die andere!«

Bei diesen Worten senkte sich mit einem Schlag wieder Schweigen über die Szene. Es war so still, daß man hundert Tränen hätte tropfen hören können.

Das Gremium und die beiden anderen Mystiker bedrängten den Abweichler.

»Was sagst du da?«

»Was meinst du damit?«

Der dritte Mystiker beherrschte sich mit einiger Mühe.

»Ich habe keine Ahnung, was ich damit meine oder was ich sage. Ich weiß nur soviel: Als ich bei jenem Mädchen stand, sah ich ein anderes. Sie war hochgewachsen und blaß wie eine weiße Lotosblüte. Ihre Augen waren wie das Licht selbst. Ihr Haar war wie ein Mantel aus bräunlichgoldenen Blüten, und es strömte einen Duft aus, der mich schwindeln machte. *Sie* ist die Erhabene. Niemand, der sie sieht, könnte daran zweifeln. Selbst wenn ihr Täfelchen nicht gezogen worden wäre, hätten wir sie wählen müssen, wenn sie vor uns hingetreten wäre. Aber als ich wieder hinschaute und sah, wie sie herausgeführt wurde, stand da nur ein hübsches Mädchen wie alle anderen. Nicht sie, die ich gesehen hatte.«

Das Gremium war ratlos. Die Menge erholte sich gerade wieder und begann, einen großen Wirbel zu machen.

»Kommt, es muß alles seine Ordnung haben«, drängte ein Mitglied des Gremiums. »Laßt uns an unserer Entscheidung festhalten. Das Mädchen in Gold ist die Erhabene.«

Und viele stimmten dem zu.

Aber der dritte Mystiker, der offenbar ehrlich an seine Berufung glaubte, schrie wieder: »Nein, nicht sie! Ihr Toren«, sagte er dann und sah verächtlich auf die Menge hinab, »begreift ihr denn nicht, daß mir eine Vision geschickt wurde? Versteht ihr denn nicht – *ein anderer als ich hat diese Wahl getroffen.*«

Auf diese sensationelle Erklärung hin breitete sich erneut die Stille über Plattform und Menge und stieg über die hohen Dächer bis hinauf in den Himmel.

Alle sahen das goldene Mädchen an, aber nun mit anderen Augen als zuvor. Sie fiel auf die Knie, und nun weinte sie Tränen der Angst. Sie war so überwältigt von ihrem Kummer, daß sogar einige ihrer besiegten Rivalinnen gerührt waren und zu ihr traten, um sie zu trösten. Außerdem sahen sie, daß nun auch dieses Mädchen seine Chance verloren hatte.

Auch der dritte Mystiker trat zu ihr und betrachtete sie ernst mit seinem verschwommenen Blick.

»Liebes Kind, es tut mir leid, wenn ich dich verletzt habe. Aber ich kann mich nicht gegen das Schicksal oder gegen die Wahrheit stellen. Sage mir, weißt du, wen ich an deiner Stelle gesehen haben könnte? Hast du vielleicht eine Schwester, die krank oder in eurem Haus verborgen ist? Oder in einem anderen Land? Wenn ja, dann müssen wir nach ihr schicken.« Das Mädchen weinte nur. Der silberne Regen ihrer Tränen hing in den goldenen Fransen ihres Kleides. »Siehst du«, sagte der Mystiker langsam, »diese Fransen an deinem Kleid – genauso war das Haar, das *sie* umhüllte. Wie ist das möglich?«

Bei diesen Worten, die durch Schicksals Akustik über den ganzen Platz getragen wurden, stieß die Tante des goldenen Mädchens einen schrecklichen Schrei aus. Sie konnte nicht anders. Und sie konnte auch nicht schweigen, als ein paar hundert Leute sich nach ihr umdrehten, um nach dem Grund dafür zu fragen.

»Auf einem Karawanenmarkt verkaufte mir ein durchtriebenes Mädchen diese Fransen und nannte sie *Engelsvlies*. Von jemand anderem erfuhr ich jedoch, dies sei das Haar der Herrin dieses Mädchens, und es sei so herrlich, daß man es oft in dieser Form verkaufe. Obwohl mein Gewährsmann diese Herrin niemals gesehen hatte, zeigte er mir doch ihren Wagen. Er steht jetzt vor der Stadt, nahe beim Dorf an der Krummen Straße, denn die Besitzer wollten nicht zur Wahl in die Stadt kommen.«

Als der Wagenführer den Lärm hörte, hielt er ihn für Donner.

»Aber eben war der Himmel doch noch klar.«

Er trat aus seinem Zelt, um nachzusehen.

Und er sah, daß der Donner nicht vom Himmel grollte, sondern auf der Erde entstand.

Ganz Jhardamorjh kam durch die Felder auf ihn zugelaufen.

Fluchend rief er die Männer, die in der Nähe waren, zu seinem Wagen. Dort warteten sie mit starren Blicken und gezückten Klingen.

Die Menge kam langsam heran. An der Spitze näherte sich, von Soldaten bewacht, das Gremium der Richter. Aber das Meer von Gesichtern war nicht feindselig, die Menschen bewegten sich verwirrt und unsicher. Der Wagenführer bemerkte, daß alle Augen auf ihn gerichtet waren. Das gefiel ihm nicht. »Was wollt ihr«, fragte er, »daß gleich die ganze Stadt angelaufen kommen muß?«

Da beglückwünschten ihn die Richter untertänig und freundlich, priesen ihn und erklärten ihm, was sie von ihm begehrten, verwendeten aber dabei die alte Ritualsprache. Als er wütend wurde, hielten sie inne und wiederholten, untertänig und freundlich, mit Glückwünschen und Lob alles noch einmal. Und die Menge umrahmte die Bitte mit Beifall.

»Ihr seid wahnsinnig geworden«, entschied der Wagenführer und stellte sich vor den Eingang zu seinem Wagen. »Meine Mädchen sind keine Schönheiten. Die, von der ihr sprecht, ist ...«, und hier begann er zu stottern, denn es war ihm im Innersten zuwider, es auszusprechen – »ist ... verkrüppelt und buckelig. Ihr Haar, von dem ihr sprecht, ist ihr einziger Schmuck. Sie ist eine Zwergin mit dem Gemüt eines Kindes – und mir ist sie teuer wie mein Leben.«

Die Richter taumelten wie unter einem Schlag und blickten sich an.

»Wir wollen sie sehen«, sagte einer, der aussah wie ein Mystiker.

Der Wagenführer hob seine Keule, und seine Männer, auch jene, die in Jhardamorjh herumkrakeelt hatten, zückten ihre Klingen und Stöcke.

Der dritte Mystiker trat vor und sprach: »Sie wurde erwählt ... nicht von uns ... sondern von jenem, von dem wir niemals sprechen. *Das* hat sie erwählt. Und wenn es sie schön findet, dann ist sie schön. Wir müssen sie sehen.«

Über dem Kopf und hinter dem Rücken ihres Vormunds teilte Ezail die Lederklappen des Wagens. Da stand sie. Sie war so klein und buckelig, daß die meisten aus der Menge sie gar nicht erkennen konnten, aber sie sahen, wie die Sonne ihr Haar aufleuchten ließ und jubelten ihr zu. Den Männern, die in der Nähe standen, fiel die Kinnlade herunter. Die Richter waren vor Schreck wie gelähmt. Und auch dem Wagenführer, der sich zu ihr umsah, stand das Entsetzen ins Gesicht geschrieben, aber bei ihm war es Angst um sie.

Nur der dritte Mystiker blickte Ezail mit Augen an, die zu sehen schienen, und sein Blick war es auch, den sie erwiderte.

»Sie ist der Mond vor Sonnenaufgang«, sagte der dritte Mystiker mit seiner weittragenden Stimme und in der alten Ritualsprache. »Sie ist die Libelle in der Puppe, die Rose unter dem Eis. Die Schönheit ist eingeschlossen – oh, die Schönheit ist so groß, daß nur eine solche Gestalt sie halten kann. Dies ist sie. Die Erwählte. Die Erhabene. Sie.«

Alles war so seltsam, daß auch die anderen davon ergriffen wurden. Sie sahen Ezail, und sie sahen *Ezail*, denn da stand sie, das Licht in der Lampe, die Rose unter dem Eis. Sie sahen sie und jauchzten. Sogar der Wagenführer, der (wie damals, als er sie zum allererstenmal auf dem Damm gesehen hatte) von einer plötzlichen Schwäche erfaßt und zwischen Grauen und Zärtlichkeit hin- und hergerissen wurde, selbst er wußte, daß das Schicksal gesprochen hatte, daß sie im Netz hingen, und daß es sinnlos war, sich zu wehren. Ezail selbst schien das alles gar nicht viel auszumachen. Sie küßte ihren Vormund und ihre totenbleiche Gefährtin. Dann ließ sie sich von den Richtern und den Bürgern in die heilige Stadt führen. Kein einzigesmal schaute sie über ihre verkrüppelte Schulter zurück, Kein Wort des Flehens, des Zweifels wurde laut. Kein Wort des Abschieds.

Man konnte kein Tor in der Mauer finden, weil es keines gab. Alle sieben Jahre kamen Handwerker und durchbrachen die Mauer an einer Stelle, die vom Kopfschütteln des Pferdes, vom Flügelschlagen des Adlers und anderen bedeutungsvollen Zeichen bestimmt wurde. Wenn das Loch groß genug war, ging die Erhabene hindurch und trat an den Fuß der bewaldeten Hügelterrassen. Dann verschlossen die Handwerker in aller Eile, wie in kopfloser Panik die Mauer wieder mit Ziegeln, Steinen und schon vorbereitetem Mörtel, dabei brach ihnen der Schweiß aus und die Augen traten ihnen aus den Höhlen. Umschloß diese Barriere schließlich nicht einen Ort, der an irgendeiner Stelle in eine andere Welt überging? Aber davon sprach man nicht. Man verschloß die Mauer, so schnell es ging, und entfernte sich dann erleichtert, um weitere sieben Jahre zu genießen.

Nachdem sich die Mauer hinter Ezail geschlossen hatte, blieb sie nicht am Fuß des Hügels stehen. Vielleicht war hier von den zahllosen ungeduldigen Mädchen eine magische Atmosphäre geschaffen worden, denn wer immer nun eintrat, mußte schnell mit dem Aufstieg beginnen, hinauf, immer weiter hinauf zum ... Gipfel.

Myriaden von Pfaden wanden sich über den Hügel. Alle schlängelten sich der Spitze zu. Kaum hatte man sich für einen davon entschieden, schon schlossen sich die dichten Wälder des Hügels wie Vorhänge. Manchmal war die Stadt beim Aufstieg zwar zu sehen, während sie sich immer weiter entfernte, aber das Muster des Laubes, der Gischt der Springbrunnen und eine Art leuchtender Nebel, der vielleicht nur im Auge des Betrachters lag, ließen jeden Ausblick verschwimmen,

Auch die Nachmittagssonne war den Hügel heraufgestiegen. Von einem so lieblichen Ort ließ sie sich nicht fernhalten. Hatte sie schließlich nicht selbst einst einen

Garten auf der Erde besessen? Aber das war Jahrtausende her.

Das kleine, buckelige Zwergenmädchen stieg stetig bergan, mit einer Kraft, die sie immer besessen hatte, und mit ihrem gewohnt leichten Schritt, unter dem sich das Gras und die Pflanzen neben dem Pfad kaum bewegten.

Vielleicht fiel es ihr auf, daß in den Bäumen keine Vögel sangen, keine Insekten geschäftig umherschwirrten. Kein Frosch, keine Eidechse sonnte sich zwischen den Becken der Springbrunnen. Die einzigen Schlangen waren die Wege.

Hinter einer Biegung kam plötzlich ein glänzender Pavillon in Sicht. Er hatte Säulen aus weißem Gold mit rotgoldenen Ringen und einem gelbgoldenen Dach, und er leuchtete, als sei er im Begriff, in Flammen aufzugehen. Es war ein Schrein, aber für wen?

Ohne sich darum zu kümmern, ging Ezail weiter. Und kurz darauf gelangte sie wieder an einen solchen Schrein, er bestand ebenfalls aus vielen verschiedenen Arten von Gold und strahlte hell.

Die Konturen der Hügelterrassen waren im Lauf der Jahre und durch die Pflanzen, die sie überwucherten, unscharf geworden, aber an kritischen Stellen fanden sich immer noch alte Steinstufen, die den Aufstieg erleichterten. Ezails Weg führte sie nun zu einer solchen Treppe. Daneben floß ein Bächlein, und auf dem grünen Moos unter den dichten Bäumen stand ein seltsames Ding.

Hatte Ezail so etwas schon einmal gesehen, daß sie jetzt wußte, was es war? Wahrscheinlich, denn sie war viel herumgekommen. Aber in solcher Stellung, in einem solchen Zustand? Das war zu bezweifeln.

Eine Hand war zum Kopf gehoben, die andere ausgestreckt, wie um das Gleichgewicht zu halten. Die Füße waren mit Moos überwachsen, und hier und dort wucherte Efeu in den Falten eines Gewandes, das nur seine Metallschuppen vor der völligen Zerstörung durch Wind und Wetter bewahrt hatten. Auf dem Kopf saß schief eine Tiara aus matten Perlen, doch darin hatte sich etwas Farbloses verfangen, das im Wind flatterte. Es war das Skelett eines Mädchens. Irgendein Unglück hatte es in dieser Stellung getroffen, und so verharrte es, aufrecht, hart und starr wie ein dünner, brauner Baum.

Was hätte eine andere gedacht oder getan, wenn sie diesen Weg genommen hätte, auf dieses Ding gestoßen wäre? Hätte sie die Spuren von Tod und Unglück auf diesen heiligen Höhen für möglich gehalten?

Oder hätte sie, wenn sie einen anderen Pfad gewählt hätte, nichts Schlimmes gesehen und ihre erhebende Reise ohne Bedenken fortgesetzt?

Hierzu muß gesagt werden, daß sie sehr wahrscheinlich auf jedem Weg, den die heraufsteigenden Mädchen genommen hatten, solche Überreste angetroffen hätte, denn der Hügel war übersät damit, und das entdeckte Ezail, als sie, kaum zögernd, sich nur auf ihre ruhige Art umsehend, weiterging.

Jede Statue war wie die erste, aber das lag nicht an ihrer gekünstelten Haltung, denn sie standen nicht einmal alle aufrecht, einige lagen sogar ausgestreckt auf dem Boden, und Narzissen hatten sich ihre leeren Augenhöhlen als Vasen erwählt. Doch sie waren alle *starr*. Dank dieser Starre waren sie stehengeblieben, wenn sie stehend zu dem wurden, was sie jetzt waren, und hatten diese Stellung viele, viele Jahrzehnte lang beibehalten. Und obwohl das Fleisch im Tod auf ganz natürliche Weise von den Knochen abgefallen war, blieben die Knochen selbst eingerastet wie im Augenblick des Sterbens, es waren Knochen wie Steine, es war, als hätten sich die Knochen in Stein *verwandelt*.

Wäre man auf dem Hügel herumgegangen und hätte sie gezählt, dann wäre man auf die Zahl aller bei der Erhebung erwählten Mädchen gekommen, seit man dieses Ritual vor zwei oder mehr Jahrhunderten begonnen hatte.

Doch Ezail stieg zwischen den Schreinen, den Springbrunnen und den Skeletten junger Mädchen weiter nach oben.

Eine Million Meilen war die Stadt jetzt entfernt. War es schade um die Welt?

Die Sonne wandte sich in einer ehernen Wolke nach Westen, als sich die Bäume am Abhang der höchsten Terrasse lichteten.

Der Pfad, den Ezail gewählt hatte, endete mit den Bäumen. Vor ihr lag ein glatter Rasen, kurzgeschoren wie von vielen Schafen. Mitten im Rasen befand sich ein Marmorhügel und darin ein Teich. Es war ein alter Teich mit stehendem, verschlammtem Wasser, und im Gegensatz zu den kristallklaren Fontänen weiter unten war er schwarz. Doch auf dem marmornen Rand des schlammigen Weihers standen naturgetreue Plastiken einer Schar von Gänsen aus massivem Gold. Gleich dahinter beugte eine goldene Ziege ihren Kopf über eine goldene Blüte. Weiter oben am Hang neigten sich drei Obstbäume, von Wind und Alter gekrümmt, zur Erde, sie waren unfruchtbar, und doch hingen an ihren Ästen silberne Früchte. War das nicht grotesk?

Doch für Ezail, die die Gabe hatte, alles hinzunehmen, war es nur eine weitere Facette des schrankenlosen Wunders der Erde. Denn alles war wunderbar, war es und ist es noch, doch die Menschheit gewöhnt sich an erstaunliche Dinge, wenn sie sich wiederholen – daß die Sonne aufgeht, daß aus einem winzigen Samenkorn ein Baum oder ein Mensch entstehen kann, daß das Leben aus dem Nichts kommt, uns in Bewegung setzt wie ein Uhrwerk und uns schlafend zurückläßt, wenn es wieder von uns geht. Vielleicht nimmt es uns auch wie damals mit sich, wer weiß? Aber an dies alles sind wir gewöhnt, an Dämmerung und Wachstum, an Leben und Sterben. Heute bedarf es eines Drachen auf dem Hausdach, um uns aufzuwecken – und so war es auch damals. Doch für Ezail war alles ein Wunder und kein Ding mehr als ein anderes. Dämmerungen und Drachen waren eins.

Oberhalb des Rasens mit der goldenen Ziege, dem goldenen Gänseweiher und den Bäumen mit den silbernen Früchten erhob sich ein Gebäude. Sein Dach war mit Kristallziegeln gedeckt und ruhte auf weißen Pfeilern, die wie die Arme einer Prinzessin mit vielen Ringen aus gelbem Gold geschmückt waren, freilich war jeder Reifen so groß wie ein Mühlstein. In die polierten Wände waren riesige goldene Türen eingelassen. Das schräg einfallende Sonnenlicht färbte sie rot und ließ erkennen, daß sie ein wenig offenstanden.

Auch die Schatten von den Plastiken der Gänse, der Ziege und der alten, krummen Bäume wurden länger. Und die Schatten der drei dürren Knochengestalten, die in starrer Haltung an verschiedenen Stellen auf dem Hang standen.

Aus dem riesigen Haus, wenn es ein solches war, strömte der Schatten wie eine schwarze Flüssigkeit nach Osten. Und das Rot des Sonnenuntergangs lief die goldenen Türen hinab.

Ezail ging über den Rasen und stieg den Abhang hinauf, dem goldenen Haus und dem Schatten entgegen.

Nach einer Weile schien sie zu entdecken, daß das letzte Sonnenlicht zwar auf den Türen lag, jedoch nicht in den Spalt dazwischen gelangen konnte. Dort befand sich etwas Undurchdringliches, Schwarzes, weit schwärzer als der Schatten oder die Vorboten der herannahenden Nacht. Und dann sah sie hoch oben zwischen den leicht geöffneten Türen ein Licht aufblitzen, einmal und noch einmal.

Nun begannen sich die Türen mit leisem Ächzen nach außen zu bewegen, und zwischen ihnen wurde der schwarze Kern des Nur-Schattens sichtbar, so hoch wie die Türen, fast so breit wie sie, schwarz wie der Inbegriff der Schwärze, feurige Augen, ein gesenkter, entsetzlicher Kopf, gewaltige Klauen, die auf dem Boden scharrten und den Hügel bis in die Grundfesten erschütterten ...

Und so erblickte Ezail das Wesen, um das es bei der Wahl, bei der Erhebung, bei dem ganzen Geheimnis ging, sie erblickte das Jhardamorjh, das der Stadt ihren Namen gegeben hatte.

Munteren Schrittes verließ Chavir das Gefängnis.

»Ich habe getan, was ihr wolltet«, sagte er. »Bis Sonnenuntergang habe ich im Kerker gesessen und den hübschen Ratten dort ein paar neue Lieder beigebracht.«

Ein Soldat trat ihm in den Weg.

»Wohin willst du nun? Du bist immer noch auf Unfug aus.«

»Wie wahr, mein liebes Schwein.«

Der Soldat zuckte zurück. »Willst du mich in ein Schwein verwandeln?«

»Mein Name ist Chavir; man zählt mich nicht zu den Magiern. Außerdem besteht schon eine ziemlich große Ähnlichkeit, wozu also eine weitere Verwandlung?«

Nur der Hauptmann fand den Mut, die Hand auszustrecken und den Gast aufzuhalten.

»Aber wohin *jetzt*, Chavir?«

»Es reizt mich sehr, noch einmal jenen bewaldeten Hügel dort hinter der Mauer ohne Tore zu bewundern.«

Der Hauptmann spürte Schicksals Hand auf seiner Schulter und antwortete: »Nun, so geh. Die Mauer ist nun wieder ohne Tor, wie du schon sagtest.«

Am rubinroten Himmel schwebte eine Mondsichel.

Auf der Erde lagen die Dunkelheit und die Launen der Nacht.

Chavir ging an den Basalttürmen vorbei zu dem Platz mit dem Springbrunnen und den Stufen. (In dieser Nacht war der Platz übersät mit Abfall – Hülsen und abgebrochene Blumen, Flitter, Fächerzinken, unleserliche Spuren von Tränen und Angst. Über diesen Platz war das goldene Mädchen-das-mit-dem-Tamburin-tanzte gelaufen, dem Wahnsinn verfallen, weil seine Hoffnungen so grausam enttäuscht worden waren. Chavir sah auf unbegreifliche Weise die Abdrücke ihrer laufenden Füße so deutlich wie Feuer auf dem Pflaster leuchten.)

In der Mauer waren die Spuren der jüngsten Arbeiten für jeden, der danach suchte, deutlich zu erkennen.

Chavir suchte danach.

Dann blickte er hinauf zur Mauerkrone, hinauf zur düsteren, tierähnlichen Schulter des Hügels. Alles lag jetzt im Dunkel. Jeder Laut hatte sich verdunkelt, weder Blätter noch Wasser hörte man rauschen.

Chavir setzte einen Fuß in einem unmöglichen Winkel gegen die Wand, die Sohle flach auf dem Mauerwerk und den Ziegeln.

Dann setzte er den zweiten Fuß daneben.

Erst ein Fuß, dann der zweite, in den Schuhen aus gebleichtem Leder.

Wenn man ihn sah, schien alles so einfach, daß man es fast geglaubt hätte. Sein Gewand hing nach hinten, sein hyazinthfarbenes Haar ebenso. Er bewegte sich genau in der Horizontalen. Die Arme hatte er an die Seiten gelegt. Wie eine Fliege marschierte Chavir die Mauer hinauf.

(Falls ihn wirklich jemand sah, dann schloß er die Fensterläden und die Augen.)

Die Mädchen, die in Erwartung aller möglichen ungewöhnlichen Freuden den Hügel erstiegen hatten, waren alle, jede einzelne, vor Entsetzen gestorben. Sie waren vor Angst versteinert, ihre Muskeln hatten sich in Stein verwandelt, ihre Knochen in Fels, ihr Blut in Regen, und ihre Herzen waren stehengeblieben.

Das Jhardamorjh kam wie die Nacht bei Sonnenuntergang oder in der gelben Mittagsstunde. Es war so schwarz, so riesig, so schrecklich. Es hatte den Körper eines riesigen Pferdes, vier Beine wie die eines Riesenadlers und einen gigantischen Adlerkopf mit einem Schnabel aus Basalt. Seine Haut war wie Pech, seine Federn wie Pechdraht, seine Augen wie glühende Kohlen. Grausam und seelenlos ragte es auf, die Schatten flohen vor ihm, und zurück blieb eine Mischung aus Schatten und Schwärze ohnegleichen.

Die Opfer schrien nicht: *Wo ist die glanzvolle, herrliche Belohnung? Wo bleibt die Erfüllung, wo das Entzücken?* Sie starben nur. Und das sagte alles.

Doch Ezail, das letzte Opfer, stand da und starrte zu der Bestie auf wie zu einem lebenden Turm. Vielleicht ohne zu wissen warum, sagte sie etwas. Sie sagte:

»Du warst für mich bestimmt. *Du bist mein.*«

Und das war nichts als eine Tatsache.

Als Fürst Hazrond vor Jahrhunderten um die Tochter Azhrarns warb, um Azhriaz die Göttin – was hatte er da getan? Er hatte eine Stute mit einem Adler gepaart und aus dem Ei der Stute das erste Kind der Stute aufgezogen, ein Pferd mit Flügeln, mit dem er die Dame seiner Werbung geneigt machen wollte. Doch Azhriaz hatte das Geschenk zurückgewiesen, weil sie Hazrond ablehnte. Das zweite Wesen im Ei, das zweite Kind der Stute das kleine Pferd mit den Adlerbeinen und dem Adlerkopf hatte man jedoch oben auf der Welt ausgesetzt, und dort war es zum Haustier eines blinden Mädchens geworden, zu ihrem Hausvogel, ihrem Beschützer. Es hatte sie auch tatsächlich beschützt und dabei entdeckt, wie es zu solcher Größe aufschwellen konnte, daß die Menschen in panischer Angst davonliefen.

Doch das blinde Mädchen war alt geworden. Sie wurde eine blinde alte Frau, und schließlich starb sie.

Inzwischen gab es Geschichten über sie und ihren grausigen Beschützer, und die Menschen kamen und brachten Opfergaben. Im Lauf der Jahre bauten sie ihr ein Marmorgrab mit goldenen Türen, pflanzten Bäume an, bohrten nach Wasser, stellten goldene Plastiken und Schreine auf und versteckten auch dort ihre Opfergaben. Doch die Bestie, die über den Hügel streifte, mieden sie. »Es ist ein Gott, und sie war seine Priesterin. Wir müssen sie beide beschwichtigen.« Mit der Zeit sah man das Tier zwar nicht mehr unterhalb des Hügels, aber man mauerte es doch ein, denn die Götter hält man am besten hinter einem Zaun, einem Altar, dem Himmel oder einem Käfiggitter. Mit der Zeit entstand am Fuß des Hügels auch eine Stadt, denn man schrieb diesem Ort wundersame Kräfte zu. Die Tradition, daß hier ein mächtiges Wesen weilte, das man ehren und meiden mußte – die blieb erhalten. Und schließlich gab man nach Art eines Mythos dem Gott alle sieben Jahre eine Braut. Alle Frauen wurden diesem Traum geweiht, und die ganze Stadt stellte sich in den Dienst der vergessenen Wahrheit. Das ganze Gebiet wurde zu einer Opfergabe. Jene, die dort um den Hügel lebten, beteten mit jedem Wort und jeder Tat, denn mit jedem Wort und jeder Tat wurde der Hügel beschworen – indem man ihn *nicht* ansah, *nicht* davon sprach. Und da die Stadt zu Wohlstand gelangte und ihre Wunder weithin berühmt waren, wußte man, daß man wohl daran getan hatte. Den ganzen Tag lang sangen die schwarzen Steinbestien an den Stadttoren stündlich ihre Hymne, und man hörte sie weit und breit. Und die Besucher sagten: »Was ist das für ein Hügel?« Oder sie fragten: »Was ist die Erhebung?«

Doch wenn die Mädchen, die man dem Gott opferte, das Jhardamorjh zu Gesicht bekamen, wurden sie zu Stein, und ihr Herz hörte auf zu schlagen. Daher ist nicht bekannt, was sonst mit ihnen geschehen wäre. Oder was die Bestie selbst dachte, wenn sie den Mädchen begegnete und Zeuge ihrer Not wurde. War die Bestie schließlich nicht immer noch das Haustier des kleinen blinden Mädchens, niemand anderer als ›Birdy‹, das zweite Kind der Stute, das geblieben war, um das Haus zu bewachen?

*Verschmähst du mein Geschenk?* hatte Hazrond gefragt. *Du bist es, den ich verschmähe,* hatte Azhriaz geantwortet. Aber jetzt wohnte die Seele von Azhriaz im Körper des Zwergenmädchens Ezail, und Ezail sagte zu dem vergessenen, zweiten Teil des Geschenks: Ich nehme dich an. *Du bist mein.*

Und Birdy senkte den nachtschwarzen Kopf mit den drahtigen Pechfedern und stieß einen inbrünstigen Seufzer aus. Es schlug nach den Blättern auf den Bäumen und wühlte den Gänseteich auf, an dem einst wirklich Gänse getrunken und gepickt hatten.

Dann setzte sich Ezail auf den Rasen, nahm ihre Amethystkette ab und begann damit zu spielen.

Wie ein gewaltiger Schatten näherte sich ihr das Jhardamorjh. Es stellte sich neben sie und senkte neugierig den Kopf. Ezail hielt die Perlen hoch und rieb sie sanft an dem harten Schnabel. Dann lehnte sie sich an eines der großen Beine, zwischen die gespreizten Klauen, während die Bestie die Perlen vorsichtig mit dem Schnabel betastete und sie einzeln in ihre Hand zurückfallen ließ.

So fand Chavir die beiden, als er in der Nacht durch den Wald geschritten kam, den aufgehenden Mond wie eine Leier auf der Schulter.

»Nun«, sagte Chavir, »muß in den Geschichten der Held das Ungeheuer erschlagen und die Jungfrau vom

Tode erretten.« Chavir runzelte die Stirn. »Aber ich habe weder Schwert noch Dolch.« Er riß einen Zweig von einem der uralten Bäume ab. »Der muß genügen.« Und Chavir trat an das Jhardamorjh heran und berührte es mit dem Zweig leicht an der Kehle und an der Flanke. (Die Augen des Jhardamorjh glühten. Es tat nichts, sondern ließ nur die letzte Perle aus seinem Schnabel in Ezails Hand fallen.) »Das wäre erledigt«, sagte Chavir, setzte sich dicht neben das Zwergenmädchen und lehnte sich gegen das andere Bein des Jhardamorjh. »Nun fällt mir ein, daß ich auch noch meine Geschichte erzählen muß.«

Doch sie saßen eine Weile nur da, er und sie, die Bestie im Rücken, und schauten zu dritt hinauf in den Himmel, wo alle Sterne am Weinstock der Nacht hingen.

Dann begann Chavir zu erzählen.

»Mir scheint, als wäre ich einst ein anderer gewesen, aber damit dieser Augenblick stattfinden konnte, ließ ich mich in den Schoß einer Frau hinabgleiten und weckte dort die ungeborene Rose ihres Kindes. In dieser Rose aus Fleisch wurde ich hinausgetragen in die Welt der Menschen, dort wuchs ich heran und wurde Chavir der deine Farben schwarz und blau trägt, so wie du die meinen trägst, mein Ringelblumenmädchen.«

Da antwortete Ezail Chavir, und sie sprach ganz anders, als sie jemals zuvor gesprochen hatte.

»Aber lieber Freund, du hast die Bestie ja gar nicht erschlagen. Und sollte das Mädchen nicht vielleicht wunderschön sein?«

»Oh, du bist wunderschön«, sagte er. »Als alte Frau warst du schön für mich, und ich, in der alten Doppelgestalt, der Häßliche mit den zwei Gesichtern, war dir ein ansehnlicher Liebhaber. Ist es nicht so?«

»Kein Zweifel. Aber ich wollte so leben, wie ich gelebt habe, so sein, wie ich bin. Und ich wollte ohne deine Liebe existieren, denn diesen Verzicht bin ich mir nach dem Verzicht auf das andere schuldig.«

»Geliebte«, sagte er. »Gewähre mir eine Bitte.«

»Nein.«

»Gestatte mir, dich zu befreien, nur für dieses eine Leben. Damit du mit mir zusammen sein kannst.«

»Nein«, sagte sie wieder.

»Wir werden sterblich sein. Wir müssen sterben. Was kann es schaden? Unsere Tage sind kurz.«

»Geliebter«, sagte sie, »bringe mich nicht von meinem Wege ab.«

»Wir haben alle Zeit der Welt«, sagte er. »Alle Zeit der Welt, um deinen Plan auszuführen. Spiele zu dieser Gelegenheit noch einmal das Spiel der Liebe mit mir. Das Spiel des Todes wird ihm allzu bald ein Ende setzen.«

»Soll ich denn«, sagte Ezail, »nur so wenig Widerstand leisten?«

»Du selbst hast mich doch den Kettensprenger genannt.«

Über ihnen glühten reglos die Sterne, der Mond schwebte langsam nach oben. Die riesige Welt der Flachen Erde lag in einem pantherschwarzen Gewand zwischen ihren Gebirgen und Meeren, mit den Lichtern der Menschheit wie mit Juwelen geschmückt. Und auf vielen Tausenden von Türmen suchten die Träumer und die Gelehrten den Himmel nach Spuren der Götter und des Schicksals ab, in vielen Millionen von Herzen brodelte und schlief das vergessene Wissen aller Zeiten. In den Wäldern streiften die Tiere der Nacht umher, tranken aus den Bächen, jagten und tanzten, und in den Städten feierte das Tier Mensch seine Feste und frönte seinen Begierden. Auf den Friedhöfen lag der Staub aller Gier und allen Kummers, unter den weißen Lilien der Wälder und Felder lagen die weißen Knochen. Im dunklen Versteck vieler Menschen wartete die Saat des Anfangs, in so manchem verschlossenen Kelch eines

Frauenschoßes der Geist neuen Lebens. Und über allem glühten die reglosen Sterne, und der langsame Mond schwebte nach oben.

Endlich kam ein riesenhaftes Tier, Pferd und Adler zugleich, jettschwarz, so leicht auftretend wie ein Herbstwind, einen bewaldeten Hügel herab und trat durch eine hohe Mauer, die ohne einen Laut zerbarst. Und vor dem Tier, das er an einem Grasseil führte, schritt ein hübscher junger Mann mit blauen Augen und schwarzem Haar einher, in Schuhen aus gebleichtem Leder und einem violetten Gewand. Doch hoch oben auf dem Rücken des Tieres saß ein schlankes, schönes Mädchen, hochgewachsen und blaß wie eine Lotosblüte, sie war in Weiß gekleidet, und ihr Haar hatte die Farbe von Ringelblumen.

Sie durchquerten lautlos die Stadt Jhardamorjh, gingen über die gepflasterten Straßen, zwischen den Häusern und den Parks hindurch. Am Tor, wenn nirgends sonst, wurden sie möglicherweise gesehen, oder vielleicht auch nicht, da sie zu außergewöhnlich waren, um bemerkt zu werden. Dennoch wurden die Stadttore geöffnet, und sie zogen hinaus auf die Straße, wo die Obelisken und Statuen nach Süden hin den Weg säumten.

Die magischen, mechanischen Tiere am Tor, sie regten sich nicht und stießen keinen Schrei aus, denn es war noch Nacht und nicht die rechte Stunde dafür.

Weiter wird nichts berichtet, nur daß Liebende lieben und leben und, wenn ihre Zeit gekommen ist, auch sterben, wie es allen Menschen auferlegt ist. So war es auch mit Ezail und Chavir, die einst Sovaz und Oloru, Azhriaz und Chuz gewesen waren. Denn so war und ist es mit dem irdischen Leben und mit dem irdischen Tod. Doch was die Liebe angeht, wer kann ein Ende voraussagen oder ermessen, planen, zuweisen oder verkünden? Die Liebe ist etwas vom Unsterblichen.

Barrington J. Bayley

## *Das Schiff des Unheils*

Das große *Schiff des Unheils* schlingerte ohne Unterlaß auf dem tiefen und endlosen Ozean. Lang war es, fest gebaut und golden, und die trüben Gewässer fluteten wie Öl unter seinem Bug. Und doch war es wahrlich ein Schiff des Unheils: Dunst nebelte die umgebende Luft ein, und nirgends war ein Horizont zu erblicken. Seine Besatzung wußte nicht, wo festes Land zu finden war, und seine hastig an Bord genommenen Vorräte gingen bereits bedenklich zur Neige.

Denn der Lebenssaft dieses Schiffes war das Unheil. Unheil hatte die Werften getroffen, in denen es gebaut worden war, und jetzt war das Unheil voll über die Elfennation hereingebrochen, die es für den Krieg ausgerüstet hatte.

In einem Hochsitz auf dem Heck ruhte Elen-Gelith, Herr der Elfen aus den jüngeren Tagen der Erde, als die Menschen in den Weltläuften noch keinerlei Bedeutung hatten. »Unheil«, so schwor er sich, »soll über jeden verdammten Feind kommen, den ich aufspüre!« Seine Hände – Knochen, wie mit einer dünnen Wachsschicht überzogen – lagen lässig da, und doch steckte Kraft in ihnen wie nur je in der Anmut eines Elfs. Ungeachtet seines Zorns waren seine bleichen und schönen Züge ruhig; seine Augen jedoch, groß und schwarz, blickten auf nichts als die eigene dunkle Spiegelung. Denn es gefiel keinem Elf, zusehen zu müssen, wie sein Volk im Kampf besiegt wurde, seine Städte dem Erdboden gleichgemacht und deren Bewohner in alle Winde zerstreut wurden.

Und als er über seinen düsteren und stechenden Gedanken brütete, kam plötzlich ein Ruf vom Ausguck. Schiff backbord voraus! Die Gebete des Elfenherrschers waren erhört worden! Rasch wendete das *Schiff des Unheils*, um seinem verletzten Stolz Genugtuung zu verschaffen. Die Waffen waren schon seit langem gerüstet, die Elfenkrieger dürstete es nach Vergeltung.

Beim Näherherangehen zeigte sich auf Elen-Geliths Antlitz ein Zeichen von Enttäuschung. Das war kein feindliches Schiff; denn diese waren, leicht erkennbar, riesige massige Meeresungetüme, die sich in der Dünung wälzten. Das hier war ein von Menschen erbautes Schiff, im Vergleich zur strahlenden Kriegsgaleere des Elfenherrschers ein armseliges Fahrzeug; denn die Menschen besaßen nichts von der Kenntnis der Elfen im Schiffsbau. Nichtsdestoweniger ging das Gerücht, daß sie in vergangenen Zeiten mit Trollen Handel getrieben hatten, und abgesehen von allen anderen Überlegungen war Elen-Gelith keineswegs bester Laune. Kalt und scharf erklang seine silberhelle Stimme:

»Rammt sie breitseits!«

Der zweite Offizier wiederholte den Befehl. Eine Reihe rhythmischer Ruderschläge brachten das Schiff in Position, dann verharrten die Ruder kaum eine Sekunde lang in der Schwebe.

Das Gewässer, auf dem die beiden Schiffe sich ausnahmen wie ein Königspalast neben einer Bauernkate, war von feinem Nebel bedeckt. Die Ruder tauchten ein und trieben das Schiff vorwärts. Das *Schiff des Unheils*, vorangetrieben von der Kraft der Troll-Galeerensklaven, zerschmetterte das wehrlose Schiff mit seinem Unterwasserrammsporn.

Elen-Gelith, der sich noch immer nicht aus seinem überdachten Stuhl auf dem Heck erhob, lachte im Vollgefühl seiner Bösartigkeit. Er erteilte einen neuen Befehl, und seine Seeleute beeilten sich, ihn auszuführen;

sie gossen glitschiges grünes Öl auf das Meer, wo überlebende Menschen verzweifelt gegen das Untergehen kämpften. Eine brennende Fackel folgte, und siehe – die Elfengaleere schwamm unversehrt auf einem Feuermeer! Das speziell imprägnierte Holz ihres eigenen großen Rumpfes war immun gegen die Flammen, die es mit solch tödlicher Wirkung einsetzte.

Und doch gab es einen, der selbst diese Gefahr überlebte. Als der Bug der Galeere sein Fahrzeug traf, war er hochgesprungen, um sich an ihrem geschnitzten und bemalten Holzwerk festzuhalten. Nunmehr, da die blasenwerfende Hitze des in Flammen stehenden Ozeans um ihn wogte, zog er sich an der Seite des Schiffes empor und ließ sich in eine Sklavengrube fallen.

Dort blieb er nicht lange. Das brennende Wrack und der sengende Ozean lagen kaum einige Meter achtern, als er schon vor Elen-Gelith geschleppt wurde. Der Elf blickte hochmütig auf den Gefangenen hinab. Für ihn war ein Mensch kaum mehr als ein wildes Tier.

»Sprich, Tier, wenn du den Verstand dazu hast«, sagte er. »Wie nennt man dich in jenem ungehobelten Grunzen, das euch als Sprache dient?«

Der Mensch antwortete in der Kaufmannssprache, einer primitiven Verballhornung der Elfensprache, die mit Müh und Not überall auf der Welt verstanden wurde. »Wir waren ein Handelsschiff!« protestierte er zornig. »Sie hatten kein Recht, uns anzugreifen. Was meinen Namen angeht, so bin ich nicht verpflichtet, ihn zu sagen.«

»Hoh, hoh!« Der Elfenherrscher war amüsiert. »Was haben wir denn da, ein noch nicht gezähmtes Tier! Das war immer der Jammer bei den Menschen, hörte ich.« Ein härteres Glitzern trat in die Elfenaugen. »Aber Tiere lassen sich zähmen.«

Er gab mit einem Finger ein Zeichen. Eine grausame Peitsche klatschte zweimal auf den Rücken des Mannes.

»Dein Name?« wollte Elen-Gelith beide Male leise wissen.

Der Mensch spuckte ohnmächtig aus. »Kelgynn von Borrod, Sohn des Jofbine, den Sie gerade auf den Grund des Ozeans geschickt haben.«

»Welch entsetzliche Gefahren diese Seeleute bedrohen!« spottete der Elf. »Also, Kelgynn von Borrod, wir haben einen unserer Trolle verloren. Unglücklicherweise wurde der arme Bursche krank und mußte über Bord geworfen werden. Ich fürchte, es mangelt dir an den Muskeln eines Trolls, aber wir müssen mit dir vorlieb nehmen.«

Zu diesem Zeitpunkt blickte ihn der Elfenherrscher nicht mehr an. Er starrte über seinen Kopf auf den Bugspriet, als beschäftige er sich bereits wieder mit schwerwiegenderen Problemen.

»Auf die Bank mit ihm«, befahl er zerstreut.

Mit der überraschenden Stärke der Elfen zerrten zarte Hände an Kelgynn und warfen ihn auf einen leeren Platz hinten auf den Ruderbänken. Benommen ließ er sich mit dem leichten, klickenden Metall festketten, das bei den Elfen in Verwendung stand und das angeblich fester als das beste Eisen war.

Zunächst weigerte er sich zu arbeiten. Allmählich jedoch, zum Teil wegen der Bestrafung, die ihm zuteil wurde, zum Teil wegen der Gleichgültigkeit des Elfenaufsehers, ließ er sich überreden, den Riemengriff zu umfassen und den Ruderschlag zu lernen.

Das war beinahe mehr, als er ertragen konnte. Das Ruder war für Trolle, nicht für Menschen gemacht. Wie ein großer, unhandlicher Pfosten war es so groß, daß seine Hände kaum den Griff fassen konnten. Vor und hinter ihm verloren die gewaltigen abgeschrägten Ruder nie ihren unaufhaltsamen Schwung und zwangen ihn, Schritt zu halten, bis sein Leib nach Ruhe schrie.

Nach endlosen Stunden wurden die Trolle gefüttert,

und er hörte ihr wohliges Schnauben und Grunzen. Ein Stück faules Fleisch wurde zu ihm herabgeworfen. Er wandte vor Ekel den Kopf ab. Selbst wenn das Fleisch frisch gewesen wäre, stammte es doch von einem Tier, das für ihn völlig ungenießbar war. Er übergab sich, als ihm der Gestank in Hals und Nase drang, und da der Elf seinen Abscheu sah, nahm er es wieder fort. Ein paar Minuten später wurde ihm ein kleines Stück Brot gebracht.

Trotz seines Unglücks mußte Kelgynn grinsen. Es war Elfenbrot, in seiner Heimatstadt ein kleines Vermögen wert, denn wenige Menschen bekamen je Gelegenheit, Elfennahrung kennenzulernen. Als er in die Oblate biß, löste sich das Brot in seinem Mund auf, und nichts davon gelangte in den Magen. Sofort durchliefen ihn die belebenden Auswirkungen des Brotes wie die Berührung einer Frau, aber er wußte, daß es ihn nicht wirklich so sättigen würde wie einen Elf mit zarterem Leib.

Er hatte kaum die Hände vom Ruder genommen, als eine Peitsche auf seinen Rücken fiel, zum Zeichen, weiterzurudern. Die stierähnlichen Trolle brummelten bedauernd und gaben Wolken unbeschreiblicher Ausdünstungen von sich. Kelgynns Kopf sank vor Müdigkeit nach vorn, er zog an seinem Ruder und versuchte ohne Aussicht auf Erfolg mit dem fernen Trommelschlag des Sklavenaufsehers Schritt zu halten.

Weiter und weiter ruderte das *Schiff des Unheils*. Elen-Gelith starrte ohne Unterlaß von seiner Position auf dem Heck des stetig Fahrt machenden Fahrzeugs nach vorn. Der Zornausbruch, der ihm einen Ruderer eingebracht hatte, bereitete ihm kein wirkliches Vergnügen. Er gehörte nicht zu jenen, die Triumphgefühle über kleine Siege empfinden. Elfen sind jedoch Geschöpfe der Beständigkeit, und die eisige Wut, die ihn bei dem Gedanken an die Niederlage seines Volkes durchraste, legte sich nicht so bald, wenn überhaupt je.

Elen-Gelith wußte nicht, wohin sie ihr Kurs führen würde. In diesem seltsamen Nebel waren sie hoffnungslos verloren. Seine einzige Hoffnung auf Rettung – wenn man von einem Elf sagen kann, daß er Hoffnung im Herzen hegt – lag in dem Gedanken, daß sie, wenn sie weiterfuhren, ohne die Richtung zu ändern, früher oder später auf Land stoßen mußten. Daher wartete er, geduldig, aber gespannt.

Auf diese Weise verstrichen sechs Tage, und trotz der ungeheuren Entfernung, die sie zurückgelegt hatten, blieb der Ausguck stumm. Das Meer war weiterhin ruhig, glänzte in seltsam dumpfen Farben und hob sich im regelmäßig-mechanischen Wellenschlag. Wie kalte, aufgespannte Vorhänge schnitten die Dämpfe die Welt in fünfzig Meter Entfernung ab und riefen die Illusion hervor, daß das Schiff absolut nicht vorwärtskam.

An Bord hatte die Lage bereits den kritischen Punkt erreicht. Die Vorräte der Galeere, ohnehin spärlich aufgrund ihres eiligen Auslaufens und der Mißernte des Vorjahres, waren so gut wie erschöpft.

Und doch schien es wenig zu geben, das man tun konnte. Auf der Suche nach ein bißchen Abwechslung ließ Elen-Gelith den Menschen durch seine Offiziere vorführen. Der neue Gefangene taugte als Ruderer nicht viel. Zum einen hatte es sich als unmöglich erwiesen, ihn länger als drei Tage wach zu halten, während die Trolle, wie die Elfen, falls erforderlich, unbegrenzt lange ohne Schlaf auskommen konnten. Sicher, Trolle schafften das nur um den Preis entsetzlicher Tagträume, entsetzlicher vererbter Erinnerungen, die ihnen vor Augen traten und ihre wachen Stunden mit Qualen und Entsetzen heimsuchten ... aber das kümmerte ihre Elfenherren wenig. Und nach einer Weile waren die Trolle dankbar für die Peitschen, die sie wach hielten. Denn ohne Ansporn fielen sie jetzt trotz verzweifelter Anstrengungen in einen noch böseren Schlummer, einen

Schlaf, in dem sie in ewigem Grauen lebten, in dem sie von Nachtmahren heimgesucht wurden, die noch hundertmal unerträglicher waren.

Daher ließ man Kelgynn rufen, der über seinem Ruder in einen beneidenswerten Schlaf der Erschöpfung gesunken war. Als man ihn von der Bank weggezerrt hatte, war sein Blick einige Zeit stumpf, aber nachdem ihm der Elfenherrscher großzügig einen Mundvoll Wein gestattet hatte, erholte er sich ausreichend, um zu sprechen.

»Tier«, sagte Elen-Gelith, »wir haben nichts, um dich zu füttern, es sei denn, du magst schließlich doch das Trollfutter.«

»Elfenbrot genügt mir völlig«, erwiderte Kelgynn müde, »auch wenn ich es etwas dünn finde.« Dann, als seine Sinne erwachten, verstand er plötzlich, was der Elf sagen wollte.

»So, so«, sagte er staunend, »ihr habt also auch nichts zu beißen.«

Nach kurzem Zögern nickte Elen-Gelith.

Sein Interesse an dem Gespräch schien jedoch bereits geschwunden, und er starrte mit abwesendem Ausdruck über Kelgynns Kopf. Da er seine Absicht nicht kannte, wartete Kelgynn ab, denn er vermutete, daß man ihn vielleicht auf die Ruderbank zurückschicken würde.

Der Elf stellte plötzlich seine spitzen Ohren auf und beugte sich nach vorn, um ihn genauer in Augenschein zu nehmen.

»Sag«, sprach er in vertraulichem Ton, »bist du mit diesen Gewässern vertraut?«

Kelgynn schüttelte langsam den Kopf. »Keiner von uns kannte sie. Wir versuchten, eine neue Route nach Posadoras zu finden.«

»Posadoras?« Der Elf hob die Augenbrauen. »Da habt ihr wahrlich den Kurs verloren.«

»Das wußten wir sehr wohl. Wir hatten beinahe die Hoffnung aufgegeben, jemals wieder Land zu erblicken, als ihr uns gesichtet habt.«

Der Elf lehnte sich zurück und begann zu überlegen. »Eine Vorstellung, die jeden Seemann melancholisch stimmen muß.«

Kelgynn zuckte die Schultern.

Elen-Gelith seufzte resigniert und starrte ausdruckslos über das Deck des Kriegsschiffes, hinaus auf Meer und Nebel. Den Nebel, der hing und wallte, in Fetzen dahintrieb und alle Oberflächen mit einer verschwommen perlfarbenen Schicht überzog, selbst hier unter dem Baldachin des Herrschers.

Kelgynn war aufrichtig erstaunt, um wieviel freundlicher Elen-Gelith geworden war. Der plötzliche Stimmungswandel war nach den einfachen Maßstäben seines eigenen Volks unerklärlich.

»Das ist zweifellos eine ungewöhnliche Gegend«, fuhr der Elf in freundlichem Ton fort, »und ich habe nie dergleichen gesehen. Ich muß dir gestehen, Mensch, diese See liegt auch jenseits meiner Kenntnis der Ozeane. Ich weiß nicht, wo wir uns befinden, und ich weiß auch kaum noch, wie wir hierhergeraten sind.«

Dann beugte er sich neuerlich zu Kelgynn, und seine Stimme wurde herrischer. »Jetzt wirst du mir verraten, wie ihr ins Nebelmeer geraten seid.«

»Das habe ich Ihnen bereits gesagt. Wir suchten eine Route nach Posadoras.«

»Und das ist alles?«

Kelgynn zögerte.

»Weiter«, drängte Elen-Gelith. »Du hast etwas zu sagen?«

»Vielleicht ist es von Interesse«, sagte Kelgynn schließlich, »daher will ich es erwähnen. Unsere Schamanen haben vor dem Auslaufen ein Opfer gebracht. Kaum waren die Zauberstäbe in das Blut eingetaucht,

als der Himmel von Ost nach West von einem einzigen Blitzschlag überzogen wurde. Ein Schamane sagte, das sei ein gutes Omen, ein zweiter, ein schlechtes. Wie dem auch sei, wir stachen in See. Nach fünfzehn Tagen in seltsamen Gewässern gab es einen weiteren Blitz. Von da an hat sich der Ozean verändert. Wir segelten zwanzig Tage weiter, ehe ... Sie uns überfielen.«
»Und wie erklärst du dir diese Blitze?«
»Mit dem Geschick unserer Schamanen bei der Opferhandlung.«
Kelgynn blickte den Elf bang an, um herauszufinden, ob diese Prahlerei in seinem stolzen, scharfen Antlitz Eifersucht hervorrufen würde. Elen-Gelith lachte spöttisch. »Die halbintelligenten Menschen sprechen von Magie«, sagte er. »Wir Elfen haben die Wissenschaft. Aber fahr in deiner Erzählung fort.«
»Sonst gibt es nichts zu berichten«, erwiderte Kelgynn. »Haben Sie ebenfalls«, wagte er einen Versuch, »ein Wetterleuchten gesehen?«
Elen-Gelith schnaubte innerlich. Natürlich nicht – und wenn es welches gegeben hätte, wie hätte er es im Getümmel der gewaltigen Seeschlacht bemerkt? Die Folter hole das Tier! Würde er ihm von dem welterschütternden Entscheidungskampf erzählen müssen, als das *Schiff des Unheils,* wie viele andere Davongekommene, geflohen war, um sich zu retten? Und doch, wenn er die Wahrheit sagen wollte, mußte er zugeben, daß es an Bord in den letzten Stadien des Gefechts ein Gefühl von etwas Unheimlichem gegeben hatte, denn sie waren von einem plötzlich aufwallenden Nebel erfaßt und hart unter seine schützende Decke gezogen worden und auf diese Weise dem unablässigen schwarzen Troll-Feuer und der Verfolgung durch die feindlichen Barken entgangen.
Dennoch konnte er den Versuch des Menschen nicht hinnehmen, den Ereignissen eine übernatürliche Be-

deutung zu geben. Dieses Meer gehörte zur Geographie der Welt, dessen war er sich sicher.

»Ich sah gar nichts«, erwiderte er wegwerfend, »aber ich habe ein Rätsel für dich. Die Trolle haben ein Feuer erfunden, das schwarz brennt und dem nichts widersteht. Was hältst du davon?«

Kelgynn lächelte. Das Eingeständnis des Elfs, daß er verloren war, erfreute ihn. Er kam zu dem Entschluß, daß Unterwürfigkeit keinen Sinn hatte.

»Mich beeindrucken weder die Tricks der Elfen noch die der Trolle«, erklärte er rundweg.

Elen-Geliths pupillenlose Augen glühten. Das Tier hatte Glück, daß es nicht wirklich vernunftbegabt war und seine Worte daher überhaupt keine Bedeutung hatten.

Kelgynn jedoch bewies Rückgrat. »Ich sehe nichts in den Elfen außer List und Trug. Nichts in Trollen außer brutaler Gewalt. Binnen kurzem wird die Welt erleben, wie es mit beiden zu Ende geht.«

Elen-Gelith fuhr abschätzig mit der Hand durch die Luft, denn er wußte, daß die Menschen selbst im Tierreich eine bedeutungslose Art waren. Sein Gefangener hatte daher wenig Ahnung von dem großen Krieg, der zwischen den zwei wahrhaft intelligenten Geschlechtern der Welt herrschte.

Vor einem Zeitalter war den Gelehrten der Elfen aufgefallen, wie der Mensch aus Zufallsmutationen unter niederen Tieren entstand. Daher waren die Menschen aus ganz anderen Ursprüngen entstanden als Elfen oder Trolle. Ja, die schöne Kultur der Elfen bestand schon so lange wie die Erinnerung! Die ganze Erde war lediglich ihre Spielwiese. Die kläglichen Versuche des Menschen, für sein Volk magische Fähigkeiten in Anspruch zu nehmen, ließ sich nur als Anzeichen eines dumpfen Ahnens der eigenen Unterlegenheit deuten.

Die Elfen hatten überhaupt keine tierischen Vorfahren. Der Überlieferung nach waren sie einem Akt der Selbstschöpfung entsprungen. Da sie perfekt entwickelt entstanden, aus eigenem Willen, war es ihre Bestimmung, die schönste Zierde der Erde zu sein.

Kelgynn erhärtete seinen Standpunkt. »Hören Sie«, sagte er, böswillig ernst, »ist es richtig, daß es Mißernten gab? Wir haben Geschichten davon gehört. Eure Vorräte an Elfenbrot schwinden dahin. In ein paar Jahren steht ihr vor dem Hungertod!«

Eine gefährliche Gefühlsaufwallung zuckte unwillkürlich über die Züge Elen-Geliths. »Das ist den Trollen zuzuschreiben.«

Kelgynn holte einen kleinen Beutel aus den Falten seiner Kleidung hervor. Er öffnete ihn und schüttete etwas von seinem Inhalt auf die Handfläche. Winzige Körner von stumpfer Goldfarbe glitzerten darin.

»Sehen Sie, wir haben zu essen. Zu grob für Elfen, zu fein für Trolle, aber Nahrung für Menschen. Wir nennen es Weizen.«

Elen-Gelith starrte die Körner an. Aus einem unerklärlichen Grund regte sich in ihm etwas so Entsetzliches, daß er kaum seine innere Erschütterung zu unterdrücken vermochte. Mit dem Versuch, gleichgültig zu erscheinen, sagte er: »Was soll das? Und wie leichtfertig du die Herren der Welt schmähst, denen niemand an Geschicklichkeit und Kenntnissen gleichkommt.«

»Und wozu verwendet ihr eure Kenntnisse, außer zur eigenen Befriedigung?« entgegnete Kelgynn, ohne zu zögern. »Verschwendet ihr je einen Gedanken an etwas, was nicht dem eigenen Vergnügen dient?«

Der Elfenherrscher beugte sich nach vorn und überraschte Kelgynn mit dem kalten Blitzen seines Antlitzes. »Du bist allzu scharfsinnig, Mensch. Lerne deine Zunge zu zügeln, oder sie wird dir herausgeschnitten.«

Einige Sekunden lang war Kelgynn eingeschüchtert. »Man behauptet, daß die Elfen einst Würde hatten«, murmelte er halb zu sich selbst, »doch sieh dir diesen an – vom ersten Zusammentreffen an ein Mörder.« Bei diesen Worten blickte er wieder zu Elen-Gelith auf.

Plötzlich, seinen Sinn für Humor wiedererlangend, erfreute sich der Elfenherrscher an der erschreckten, weißgesichtigen Auflehnung des jungen Mannes. »Wärst du ein vernunftbegabtes Wesen«, sagte er, »so würdest du für diese Worte gemartert werden, wie nur ein Elf zu martern versteht. Da du ein Mensch bist, sind sie ohne Belang. Es bleibt nur noch zu entscheiden, ob wir dich über Bord werfen oder als Futter für unsere Trolle verwenden sollen, die bald wieder Hunger bekommen werden.«

Kelgynn ließ die Weizenkörner auf das Deck fallen. »Sag mir«, fuhr Elen-Gelith nach einer Pause fort, »was machen Menschen, wenn ihnen auf hoher See die Lebensmittel ausgehen?«

»Wir führen wenig Nahrung mit uns. Wir fischen.«

»Was tut ihr? Fische fangen?«

»Ja, das Meer ist voll davon.«

Elen-Gelith dachte nach. »Könnten Elfen Fische essen?«

»Weiß ich nicht. Im Meer gibt es viele Arten von Fischen.«

»Wenn du mir hilfst, Kelgynn von Borrod, lasse ich dich vielleicht frei, wenn wir Land erreichen.«

Kelgynn lachte unangenehm. »Sie glauben, ich würde mich auf die Gnade eines Elfs verlassen! Trotzdem bin ich bereit, für Sie zu fischen, wenn auch nur, um mir den eigenen Magen zu füllen, solange ich lebe. Gebt mir einen Haken und eine Schnur.«

Während das Gerät zusammengestellt wurde, sah sich Kelgynn das *Schiff des Unheils* zum erstenmal genau an, betrachtete eingehend den langen, hohen Schwung der Decks, das wunderschöne abstrakte Schnitzwerk, das den hölzernen Aufbau schmückte. Ein Fahrzeug von gewaltiger Größe und Masse, war das Schiff zur Fortbewegung völlig auf die Troll-Ruderer angewiesen. Die Decks waren mit Intarsien aus Silber und Perlmutt verziert, die elfische Sagen und Mythen darstellten. Überall zeigte sich unstritig das Anzeichen grenzenlosen Reichtums und hoher Handwerkskunst, ein glitzernder Hintergrund für die Kampfausrüstung, mit der das Schiff übersät war.

Nur etwas beeinträchtigte die Wirkung. Eine Seite des goldenen Rumpfs trug ein langes, kohlschwarzes Brandmal, die Folge einer schlecht gezielten Salve Troll-Feuer.

Alles trat Kelgynn scharf vor Augen. Die Linien des Schiffes, der einhüllende Dunst, die ölige See. Sein Blick hob sich und blieb auf dem einsamen Elfenkommandanten haften. Kelgynn glaubte sich nicht zu irren, wenn er hinter der edlen, distanzierten Haltung einen Geist von erdrückender Niedergeschlagenheit zu entdecken glaubte.

Ja, diese fremde Kriegsgaleere war eine wunderbare Schöpfung. Wunderbar, mächtig, pflichtgemäß funktionierend. Ungeachtet all ihrer Schönheit trug sie jedoch die Attribute alles Elfenwerks: selbstgenügsame Arroganz. Die Elfenkultur war materialistisch, eine Folge der Inzucht.

Was die Trolle anging, mochte ihr Charakter verschieden sein; dieselben Fehler waren jedoch auch in ihr Wesen eingepflanzt.

Elen-Gelith erteilte Befehl an die Ruderer, die Riemen einzulegen. Die Trolle brüllten vor zügelloser Verzweiflung, zerrten an ihren Ketten und bettelten darum, keine Erholungspause einzuschalten. Elfenherren schienen jedoch taub zu sein, und gezwungenermaßen überließen sich die elenden Sklaven wohl oder übel dem allgefürchteten Schlaf.

Der Antriebskraft beraubt, fuhr das *Schiff des Unheils*

kurze Zeit weiter, bis es sich dem regelmäßigen Wellenschlag des Ozeans überließ. Kelgynn warf seine Schnur in einer glatten See aus.

Elen-Gelith kehrte zu seinen Gedanken zurück.

Viele Stunden lang rekelte er sich in seinem Hochsitz, sein Kopf ruhig, unbewegt, aber allumfassend und brütend. Kein Ausmaß an intellektueller Entrückung – und Elfen hatten genug davon – konnte die Elfen leidenschaftslos machen. Ein Blick auf ihre Körpergestalt, ihre scharfen, leuchtenden Gesichter, ihre leichten, nervenverbrennenden Leiber, hätte jedes Wesen davon überzeugt. Elen-Gelith würde seine beständig glosenden Elfengefühle beibehalten, würde grausam, egoistisch und beharrlich bleiben, auch wenn sein Kopf die fernen Weiten des Universums durchstreifte und herausfand, daß die gesamte Schöpfung gegen seine Lebensart aufschrie. So viele andere Forschungen er auch anstellen mochte, niemals würde er seine eigene Natur in Frage stellen.

Aber dennoch leidet die beständige Natur mehr als die flüchtige; Elen-Gelith fand keinen Trost für sich, noch suchte er welchen. Nicht einen Augenblick gab es, der die Qual seines heißen, unwandelbar-unbeirrten Kopfes gelindert hätte.

Er beugte sich nieder, hob die zwei Körner auf, die der Mensch hatte fallen lassen, und betrachtete sie neugierig. Der Mensch hatte mit seiner Information recht gehabt und unwissentlich Elen-Gelith an die tiefste Wurzel seiner Wut erinnert. Die Trolle hatten offenkundig eine Methode gefunden, die Saat zu vergiften, denn Jahr um Jahr weigerte sich die flaumige Ernte, Frucht zu tragen.

Und selbst in diesem Augenblick legte derselbe mächtige Feind die großartigste und gleichzeitig am meisten in sich selbst ruhende Kultur in Trümmer, die es vom Anfang bis zum Ende der Zeiten geben würde.

Inzwischen jedoch, anstatt zurückzukehren, um der Elfennation Beistand zu leisten, war das Kriegsschiff unter Elen-Geliths Befehl hoffnungslos und unerklärlicherweise verloren.

Dieser Umstand verursachte ihm ebenfalls viel Seelenqual. Er warf die zwei Körner beiseite. Unbemerkt fielen sie über Bord.

»Was?« murmelte er bei sich. »Werden die Trolle die Welt regieren?«

Schließlich erhob er sich und zog sich in den Schatten seines Sonnendaches zurück. Hier, auf einem Tischchen, standen ein Krug Wein und ein Becher; ferner lagen hier verschiedene kleine Schmuckstücke und Figürchen, wie sie jeder Elfenkommandant mitführte, damit sie ihn an abwesende Gefährten erinnerten. Er berührte eine und lächelte sanft. Imt-Tagar, ein mutiger Soldat, der mit seinem Schiff im Gewaber schwarzen Feuers verbrannt war!

Elen-Gelith schenkte sich einen Becher Wein ein.

Dann drang von draußen ein Schrei herein, und er schritt auf das offene Deck hinaus, wo er sah, daß der Mensch mit seiner Angel kämpfte. Wo die Angelschnur im Meer verschwand, zischte und schäumte das Wasser. Schnell bedeutete der Elfenherrscher einem Seemann, zu Hilfe zu eilen.

Plötzlich quoll das Meer über und floß von einem ungeheuren flachen Kopf ab, der von einem Ende zum anderen gute fünf Fuß maß.

Kelgynn starrte fasziniert auf das Meeresungetüm, das, so schien es, von der Angel so unerwartet angelockt worden war. Seine Haut schien aus gehämmertem Kupfer zu bestehen. Jeder schuppige Höcker glänzte vor Kraft und Masse, und Kelgynn starrte in einen halb aufgerissenen Rachen, der ihn mit Haut und Haar hätte verschlingen können.

Der Brennpunkt seiner Augen verschob sich leicht;

dann keuchte er vor zornigem Entsetzen. Das Tier *blickte* ihn an, mit Augen, die eine Intelligenz verrieten, die urtümlich und doch größer als die seine war.

Kelgynns ganzes Bewußtsein richtete sich auf den unbekannten Raum hinter diesen glotzenden Augen. Ein Zittern erschreckten Vergnügens durchflog ihn. Er schien aus der unmittelbaren Gegenwart der Welt hinausgesaugt worden zu sein.

Phantastische Vorstellungen bildeten sich in seinem Kopf. Das Tier starrte eindeutig auf etwas, das größer war als er. Die Augen schienen etwas widerzuspiegeln, das jenseits seines Wahrnehmungsvermögens lag. »Zukunft«, glitzerten sie, »Zukunft.«

Kelgynn bildete sich ein, im Auge des Tieres die Bewegung der sich entfaltenden Zukunft zu erblicken.

Das Erlebnis war in einer Sekunde vorbei. Er stolperte zurück. Zur selben Zeit verschwand der Kopf mit der Eisenschnauze im Meer.

Augenblicke später erkannte er, daß die Leine noch immer gespannt war. Er zog sie schwach ein, bis ein nervenstärkerer Elf ihm zu Hilfe eilte, und gemeinsam holten sie einen Fisch über die Reling.

Auf Deck hörte der Fisch zu zappeln auf und lag still, was es Kelgynn und den Elfen erlaubte, ihn gemächlich zu untersuchen. Er hatte nahezu die Größe eines Menschen. Seine Haut war von perlfarbener Blässe, zart mit Rosa getönt. Sein Rücken war eine breite Fläche und trug einen niederen flachen Aufbau aus rosa Meeresmuscheln, in komplizierten Mustern und Windungen angeordnet. Auf beiden Seiten, gegen die Rundung des Bauches zu leicht nach innen gedrückt, verliefen Doppelreihen flötenartiger Öffnungen. Die dünngerippten Flossen und der Schwanz glänzten in allen Farben, durchsichtig, schimmernd.

Das Maul lag offen und zeigte kremig-weißes Fleisch, das vom Metallhaken aufgerissen war. Die Augen waren geschlossen – zu Kelgynns Überraschung, denn er hatte nie zuvor geschlossene Fischaugen gesehen. Lange, gebogene Wimpern ruhten auf der zarten Haut.

Er wirkte dadurch wie ein schlafendes Kleinkind.

Dann zog Atemluft durch die flötenartigen Öffnungen, die Kelgynn für Kiemen gehalten hatte, und schwoll zu einem jaulenden gequälten Weinen an. Kelgynn glaubte halb zusammenhängende Worte festzustellen, ausgestoßen in hilflosem Protest. Es klang genau wie das Weinen eines gequälten Kindes.

Anders als Kelgynn schienen die Elfen unberührt geblieben zu sein. Eine Ruhepause legte sich über das *Schiff des Unheils,* während Elen-Gelith hervorkam. Sein Mantel fiel in losen Falten um seinen mageren Körper, und er beugte sich nieder, um Kelgynns Fang zu betrachten.

Er sah auf und warf Kelgynn einen fragenden Blick zu.

Kelgynns Handflächen bedeckten sich mit kaltem Schweiß. Was hatte der Elfenkommandant mit diesem – Ungeheuer – vor?

»Richtig«, sagte der Elf, ruhig und nachdenklich. Er winkte seinen Männern. »Weg damit.«

Während der Kadaver über Bord gehievt wurde, wandte er sich Kelgynn zu. »Und jetzt wirf deine Leine wieder aus.«

»Haben Sie noch nicht genug gesehen?« murmelte Kelgynn, die Augen auf das Deck gerichtet.

»Genug? Genug wovon?« Die Stimme des Elfs klang hochmütig und drohend. »Halte unsere Vereinbarung ein, oder die Strafe trifft dich schnell und endgültig.«

Kelgynn wagte es, einen kurzen Blick auf Elen-Geliths Augen zu werfen, die nicht zuckten. Spürte der Elf nicht die Macht dieser tiefen See? Etwas Wachsames, Unversöhnliches, das jedwede Absicht zu Eitelkeit verurteilte.

Der Elfenherrscher zog sich unter seinen Baldachin zurück und streckte sich bequem auf dem Sitz aus. »Triff deine Wahl«, sagte er gleichmütig und blickte in die andere Richtung.

Kelgynn überlegte einen Moment und versuchte, sein Zittern zu unterdrücken. »Hier möchte ich nicht mehr fischen«, erwiderte er mit unterwürfiger Stimme, »aber anderswo riskiere ich es.«

Der Elf nickte zerstreut.

Mit einem gewaltigen gemeinsamen Seufzer der Erleichterung erwachten die Trolle aus ihrem geräuschvollen, entsetzlichen Schlummer und versprachen den Peitschen ihrer Wärter reuevolle Dankbarkeit. Bald stachen die Riemen aufs neue ins Wasser, und das große Fahrzeug nahm wieder Fahrt auf.

Dann war alles still an Bord des Elfenschiffs, mit Ausnahme des langsamen Dröhnens der Aufsehertrommel, des Schlagens und Knarrens der Riemen, des Abfließens des Wassers, wenn sich die Riemenblätter aus dem Meer hoben. Seit dem Betreten des *Schiffs des Unheils* hatte Kelgynn keine Hoffnung für sich selbst gehegt, sich aber auch keine übermäßigen Sorgen gemacht. Jetzt aber fiel ein dunkler Schatten auf sein Gemüt. Er spürte eine unermeßliche Vorahnung.

Er tauchte so tief in sich selbst ein, daß ihm zunächst sogar das erwachende Interesse entging, das plötzlich die Schiffsbesatzung erfaßte. Als er schließlich seine Aufmerksamkeit der Ursache dieses Interesses zuwandte, erblickte er zunächst nur eine vage Bewegung und Färbung in der Ferne.

Beim Näherkommen zeigten sich jedoch klar umrissene Formen, die seine Aufmerksamkeit mit einem stillen, lautlosen Zauber gefangennahmen.

Sie glichen eher Bildern als realen Gegenständen. Formen, Blöcke, Anblicke und Szenen tauchten aus der Tiefe und flossen über die Meeresoberfläche. Sie wechselten ständig, ragten empor, zeigten etwas, fielen in sich zusammen und verwandelten sich wie die umgeblätterten Seiten eines Buches. Unvorstellbare Bauten, Straßen und Brücken breiteten sich über das Wasser aus. Es war eine Szene von schweigender, bewußter Aktivität.

Kelgynn blinzelte. Zunächst konnte er sich nicht klar werden, ob es Wirklichkeit war, was er sah. Es war wie ein Gedächtnisfilm, der abschloß, was vor den Augen lag. Oder wie ein lebendiger Traum, der vor dem geistigen Auge verharrt, die wirkliche Welt mehrere Sekunden überlagert, nachdem der Mensch aus dem Schlaf gerissen worden ist.

Aber selbst dieser Eindruck raubte nicht die Farbe, die Klarheit, die Empfindungen des Vorhandenseins. Wenn es sich um ein Phantom handelte, dann war es ein äußeres Phantom, keine Verwirrung des Geistes – es sei denn, dieses ganze unmögliche Meer war solch eine Verwirrung.

Auf den Decks fiel keine Bemerkung. Die Trollmuskeln trieben sie stetig vorwärts in das Gebiet der seltsamen Visionen, und Kelgynn blickte nach links und rechts. Dann befanden sie sich in der Mitte einer phantastischen Stadt. Breite Avenuen, ungeheure Boulevards, Riesengebäude und Menschenmassen ergossen sich in die See, verharrten ein wenig, um von anderen abgelöst zu werden. Rechteckige Turmsäulen stiegen zum Himmel empor. Er verrenkte den Hals, hinauf und hinauf, aber die Spitzen verschwanden einfach im Nebel.

»Was ist das, was wir sehen?« fragte sich Elen-Gelith. Und doch wußte er es in Wirklichkeit schon halb, denn auch er hatte dem Meeresungetüm in die Augen gesehen. Er hatte vor sich die Bilder künftiger Zeitalter.

Dieser Gedanke löste ein tieferes, entsetzliches Wissen aus, das zu ersticken er sich bemühte, denn im Vorbeifahren hatte er die Phantombewohner dieser Phantomstadt aus der Nähe betrachtet. Jetzt gelangten sie in einen Teil, den er nach einiger Zeit als Hafen erkannte. Dieses Erkennen dauerte seine Zeit, denn es war keineswegs auf den ersten Blick klar, daß er imstande war, die ungeheuren, dort ruhenden Formen als ... Schiffe zu erkennen. Es waren so riesige Schiffe, daß daneben sein eigenes *Schiff des Unheils* wie ein Boot wirkte.

Das Elfenfahrzeug hielt auf einen derartigen schwimmenden Berg zu, und in ein paar Sekunden hatten sie den stumpfen grauen Rumpf passiert und ruderten durch etwas Höhlenartiges. Die Vision schwebte rund um sie, flutete wie Gedanken durch das Gemüt. Unbekannte Vorrichtungen lagen herum, bemannt von ... Menschen.

Wo waren die Elfenaufseher, die sich um diese Tiere hätten kümmern sollen? Es gab keine. Es hatte keine in den Szenen in der Stadt gegeben; und die Menschen hatten nicht den Gesichtsausdruck von Sklaven.

Der Elfenherrscher blickte scharf hierhin und dorthin und rutschte unbehaglich auf seinem Sitz umher. Dann durchzuckte ihn ein Schauder, trotz aller Anstrengungen, die Selbstbeherrschung nicht zu verlieren.

Kelgynn, der näher gekommen war, bemerkte es und lachte grausam.

Kelgynn selbst wußte es nicht, aber das da war das Meer der Phantasie der Erde. Hier träumte die Erde und hing ihren eigenen Gedanken nach, plante die Umhüllung, mit der sie sich in Zukunft schmücken würde. Die Reden des Schamanen fielen ihm ein, und nun schlug er jede Vorsicht in den Wind und erhob wieder die Stimme.

Die andere Seite des Metallrumpfes durchbrechend, gelangte das Schiff ins offene Meer. Hinter ihnen starben die phantastischen Visionen dahin wie gesprochene Worte.

»Beweist das, was ich sagte?« rief er. »Die Welt hat genug von den Elfen. Ihr glaubt, die Erde sei bloß tote Materie, mit der ihr tun könnt, was ihr wollt. Es ist jedoch die *Erde,* die uns geschaffen hat, zu ihrem eigenen Vergnügen. Ihr Elfen habt alle Vergnügen für euch mit Beschlag belegt und deswegen aufgehört, weiterhin von Nutzen für sie zu sein.«

Elen-Gelith sagte leise: »Dir wurde nicht erlaubt zu sprechen, Tier.«

Kelgynn warf den Kopf zurück. »Der Hochmut verblendet euch noch. Ihr erkennt nicht, daß ihr euch völlig in der Gewalt der Welt befindet, auf der ihr seid. Wenn sie euch die Unterstützung entzieht, geht ihr zugrunde.«

Inbrünstig fuhr er fort: »Hört mir zu. Ihr glaubt, daß die Trolle eure Felder vergiften – aber in Wahrheit glauben sie dasselbe von euch. Ihre Herden von Dreihörnern und Langhälsen werfen keine Nachkommen mehr, und sie geben daran den Elfen die Schuld.«

Elen-Gelith funkelte ihn an, zum erstenmal in seinem jahrhundertealten Dasein wurde er mit einer völlig neuen Tatsache konfrontiert.

»Die Erde selbst verweigert euch die Nahrung«, sagte Kelgynn. »Hunderte von Jahren habt ihr sie ausgeraubt, ohne ihr etwas dafür zu geben. Unausweichlich hat sie ihr Füllhorn verschlossen; für euch arbeitet die Scholle nicht mehr. Und wenn ihr auch noch immer auf eure Wissenschaft stolz seid, nimmt euer Wissen stetig ab.«

Frecher Wurm! Im gesamten Universum zählte nur, daß die Elfen lebten und herrschten.

Elen-Gelith schwieg.

Schließlich regte er sich und sprach mit silberheller Stimme zu seinen Offizieren.

»Bringt mir einen dieser Faulpelze aus den Bänken«,

verlangte er. »Den intelligentesten, falls es unter ihnen intelligente gibt.«

Ein Troll wurde an Deck geführt, ein stiernackiger ungeschlachter Kerl mit dem Ausdruck der vom Unglück geprägten Melancholie, stumpfäugig von langen Jahren auf der Bank. Er blinzelte, wandte den Blick von den Intarsienbildern aus der Elfenmythologie ab und schnaubte vor abergläubischer Furcht. Kelgynn gestattete sich eine Spur Mitleid für das heruntergekommene Geschöpf.

»Sprich, Bursche«, sagte der Elfenherrscher mit schneidender Stimme, »was bedeutet das, was du gesehen hast, für dich?«

Die kurzen, krummen Hörner des Trolls wippten; er schien unfähig zu antworten. Kelgynn war es klar, daß er sich über das Gesehene überhaupt keine Gedanken machte. Die Sklaverei hatte seinen Geist gebrochen, und im Unterschied zu dem scharfsinnigen Elf hatte er wenig Interesse an Neuem. Er dachte nur an Zuhause, wo erdhafte, kräftig riechende Trolle einander im Reigen umarmten, manchmal traurig, manchmal ausgelassen, und Kühen ähnelnde Trollmädchen den Boden unter ihrem Tritt erzittern ließen.

»Fort mit diesem Dummkopf!« sagte Elen-Gelith nach kurzer Pause. »Über Bord mit ihm!«

Vor wirkungslosem Protest brüllend, wurde der Troll zur Bordwand des Schiffes getrieben und an die Reling gedrängt, wo er sich unglücklich niederkauerte. Ein paar Sekunden später gab es ein lautes Aufklatschen.

Elen-Gelith befahl anzuhalten.

»Paßt diese Stelle?«

»Eh?« knurrte Kelgynn.

»Fische.«

»Zum Teufel mit den Fischen! Ich rühre keinen Finger mehr für eine zum Aussterben verurteilte Gattung.«

Elen-Gelith richtete sich halb in seinem Sitz auf. Kelgynn wankte zurück, vor Entsetzen keuchend. Als er gebannt starrte, erkannte er, daß hinter dem Hochmut der Elfen eine Düsternis verborgen lag, die eine größere Intensität und Hoffnungslosigkeit der Haltung verriet, als sie ein bloß menschlicher Leib hätte ertragen können.

Der Elfenherrscher machte eine Bewegung, deren Bedeutung seinen Untergebenen wohlvertraut war. Kelgynn wurde über die reichgeschmückte Bordwand des Schiffes gehievt und fiel mit einem nicht allzu lauten, rasch vergessenen Platschen in den Ozean.

Diesmal machte er keinen Versuch, den Rumpf zu erklimmen. Das Meer war kalt und glatt, als es über seinen Kopf zusammenschlug, es fehlte ihm an Salz. Kelgynn sank, er wartete, bis ein paar Sekunden verstrichen waren, ehe er dieses ölige, schmerzhafte Wasser in sich aufnehmen mußte.

Dann bemerkte er Salz auf den Lippen und Meeresgetöse in den Ohren. Eine hochbrandende Welle traf ihn am Kopf und übergoß ihn mit Gischt.

Beim Einatmen füllte nach Tang riechende Luft seine Lungen. Er öffnete die Augen. Das Elfenschiff und der fremde Ozean waren verschwunden.

Er erblickte einen azurblauen Himmel und eine warme Sonne, unter denen ein lebender Ozean wogte und glänzte. Nicht allzu weit entfernt machte er eine weiße Brandungslinie und einen gelben Strand und hohe Bäume aus.

»Danke, Elfenherrscher«, dachte er. »Sie haben gesagt, Sie würden mein Leben schonen.«

Er schwamm auf die Küste zu.

Elen-Gelith setzte sich wieder. »Vorwärts!« rief er mit seiner hohen, kreischenden Stimme.

Er saß auf dem Heck, wachsam, intelligent, völlig

entmutigt. Wohlversehen lediglich mit Verzweiflung, fuhr das *Schiff des Unheils* stetig weiter, gelegentlich abdrehend beim vergeblichen Bemühen, eine Richtung zu finden, ohne festes Land, ohne Zukunft, aber stets von Rache beherrscht.

URSULA K. LE GUIN

# *Drachenkind*

## 1. Iria

Die Vorfahren ihres Vaters hatten eine große, fruchtbare Domäne auf der großen, fruchtbaren Insel Weg besessen. In den Tagen der Könige weder einen Titel noch das Hofprivileg gefordert, das Land und seine Menschen in den dunklen Jahren nach dem Fall von Maharion mit strenger Hand geführt, ihre Gewinne wieder in das Land investiert, eine Art von Gerechtigkeit aufrechterhalten und kleine Tyrannen abgewehrt. Als unter der Herrschaft der weisen Männer von Roke wieder Ordnung und Frieden im Archipel einkehrten, erlebte die Familie mit ihren Farmen und Dörfern zumindest eine Zeitlang eine Blüte. Wohlstand und die Schönheit der Wiesen und Hochlandweiden und eichengekrönten Hügel machten die Domäne zu einem geflügelten Wort, so daß die Leute sagten: »so fett wie eine Kuh von Iria« oder »glücklich wie ein Irianer«. Die Herren und viele Pächter der Domäne fügten den Namen ihrem eigenen hinzu und nannten sich selbst Irian. Aber auch wenn die Farmer und Schafhirten so zuverlässig und standhaft wie die Eichen von einer Jahreszeit zur nächsten lebten, von Jahr zu Jahr und Generation zu Generation, veränderte sich die Familie, die das Land besaß, durch Zeit und Wechselfall.

Ein Streit zwischen Brüdern wegen des Erbes entzweite sie. Ein Erbe trieb sein Gut durch Habgier in den Ruin, der andere durch Dummheit. Einer hatte eine Tochter, die einen Kaufmann heiratete und versuchte, ihr Gut von der Stadt aus zu führen, der andere hatte einen Sohn, dessen Söhne wieder stritten und das geteilte Land erneut teilten. Zu der Zeit, als das Mädchen namens Drachenkind geboren wurde, war die Domäne Iria, obschon immer noch eine der bezauberndsten Regionen von Hügeln und Feldern und Wiesen in ganz Erdsee, ein Schlachtfeld der Fehden und Prozesse. Farmland lag brach, Farmhäuser blieben ohne Dach, Melkschuppen standen leer, und die Schafhirten folgten ihren Herden über die Berge zu besseren Weiden. Das alte Haus, das einst Mittelpunkt der Domäne gewesen war, stand als Ruine zwischen den Eichen auf dem Hügel.

Sein Besitzer war einer von vier Männern, die sich Herren von Iria nannten. Die anderen drei nannten ihn Herr von Alt-Iria. Er verschwendete seine Jugend und den Rest seines Erbes in Gerichtssälen und den Vorzimmern der Lords von Weg in Shelieth, wo er versuchte, sein Anrecht auf das gesamte Gut geltend zu machen, wie es vor hundert Jahren gewesen war. Er kam ohne Erfolg und verbittert zurück und verbrachte sein Alter damit, den herben Rotwein seines letzten Weinbergs zu trinken und mit einem Rudel mißhandelter, unterernährter Hunde seine Grenzen abzuschreiten, um Eindringlinge von seinem Land fernzuhalten.

Während seines Aufenthaltes in Shelieth hatte er geheiratet, eine Frau, über die niemand in Iria etwas wußte, denn sie kam von einer anderen Insel, sagte man, irgendwo im Westen, und sie kam nie nach Iria, denn sie starb im Kindbett dort in der Stadt. Als er nach Hause kam, hatte er eine drei Jahre alte Tochter bei sich. Er übergab sie der Haushälterin und vergaß sie. Wenn er betrunken war, erinnerte er sich manchmal an sie. Wenn er sie finden konnte, ließ er sie neben seinem Stuhl stehen oder auf seinen Knien sitzen und anhören, welches Unrecht ihm und dem Haus Iria angetan worden war. Er fluchte und weinte und trank und ließ sie auch trinken und schwören, daß sie zu ihrem Erbe stehen und das Haus Iria ehren sollte. Sie trank den Wein, aber sie haßte die Flüche und Schwüre und Tränen und die feuchten Liebkosungen, die danach kamen. Sie floh, wenn sie konnte, und ging zu den Hunden und Pferden und dem Vieh hinunter und schwor ihnen, daß sie treu zu ihrer Mutter stehen würde, die niemand kannte oder ehrte oder achtete außer ihr.

Als sie dreizehn war, sagten der alte Winzer und die Haushälterin, die als einzige vom Personal übrig waren, dem Hausherrn, daß es Zeit für den Namenstag seiner Tochter wurde. Sie fragten, ob sie den Zauberer aus Westteich kommen lassen sollten oder ob die hiesige Dorfhexe genügte. Der Herr von Iria bekam einen Tobsuchtsanfall. »Eine Dorfhexe? Ein Hexenweib soll Irians Tochter ihren wahren Namen geben? Oder ein kriecherischer, verräterischer, zaubernder Lakai der diebischen Emporkömmlinge, die meinem Großvater Westteich gestohlen haben? Wenn dieser Haderlump es wagt, einen Fuß auf mein Land zu setzen, lasse ich die Hunde seine Leber fressen, sagt ihm das, wenn ihr wollt!« Und so weiter. Die alte Daisy ging in ihre Küche zurück, der alte Coney zu seinen Reben, und die dreizehnjährige Drachenkind rannte aus dem Haus und bergab ins Dorf und schleuderte den Hunden, die wegen des Gebrülls ihres Vaters ganz durchgedreht vor Aufregung waren und hinter ihr her rannten, seine Flüche entgegen. »Kehr um, du hartherzige Schlampe!« schrie sie. »Nach Hause, du kriecherischer Verräter!« Und die Hunde verstummten und schlichen mit eingeklemmten Schwänzen nach Hause zurück.

Drachenkind fand die Dorfhexe, wie sie gerade dabei war, Maden aus einem entzündeten Riß am Rumpf eines Schafes zu klauben. Der Rufname der Hexe war Rose, wie bei vielen Frauen von Weg und dem Hardischen Archipel. Leute mit geheimen Namen, in denen ihre Macht funkelt wie Licht in einem Diamanten, mögen es, wenn ihre öffentlichen Namen gewöhnlich und weit verbreitet sind wie die Namen anderer Menschen.

Rose murmelte mechanisch einen Zauberspruch, erledigte aber den größten Teil der Arbeit mit den Händen und einem kleinen scharfen Messer. Das Mutterschaf ertrug das Messer geduldig, seine milchigen, bernsteinfarbenen Augen blickten in die Stille; nur ab und zu stapfte es mit dem schmalen linken Vorderhuf auf und seufzte. Drachenkind sah Rose aufmerksam bei der Arbeit zu. Rose zog eine Made heraus, ließ sie fallen, spuckte darauf und suchte weiter. Das Mädchen lehnte sich gegen das Mutterschaf, und das Mutterschaf lehnte sich gegen das Mädchen, um Trost zu geben und zu nehmen. Rose zog die letzte Made heraus, ließ sie fallen, spuckte darauf und sagte: »Gib mir bitte den Eimer dort.« Sie wusch die Schwäre mit Salzwasser aus. Das Mutterschaf seufzte tief und lief plötzlich los, nach Hause. Es hatte genug Medizin gehabt. »Bucky!« rief Rose. Ein pummeliger Junge, der unter einem Busch geschlafen hatte, kam hervor und trottete hinter dem Mutterschaf her, dessen Aufseher er nominell sein sollte, obwohl das Tier älter, größer, besser im Futter und wahrscheinlich auch klüger war als er.

»Sie haben gesagt, du sollst mir meinen Namen geben«, sagte Drachenkind. »Vater hat einen Wutanfall bekommen. Soviel dazu.«

Die Hexe sagte nichts. Sie wußte, das Mädchen hatte recht. Wenn der Herr von Iria einmal gesagt hatte, daß er etwas duldete oder nicht duldete, ließ er sich nicht mehr umstimmen und brüstete sich mit seiner Unnachgiebigkeit, da nur schwache Männer etwas zurücknahmen, was sie gesagt hatten.

»Warum kann ich mir meinen wahren Namen nicht selbst geben?« fragte Drachenkind, während Rose ihre Hände und das Messer mit Salzwasser wusch.

»Geht nicht.«

»Warum nicht? Warum muß es eine Hexe oder ein Zauberer sein? Was macht ihr dabei?«

»Nun«, sagte Rose und schüttete das Salzwasser auf den kahlen Boden des kleinen Hofs vor ihrem Haus, das wie alle Hexenhäuser ein Stück vom Dorf entfernt stand. »Nun«, sagte sie, richtete sich auf und sah sich um, wie auf der Suche nach einer Antwort, einem Mutterschaf oder einem Handtuch. »Du mußt etwas über die Macht wissen, weißt du«, sagte sie schließlich und sah Drachenkind mit einem Auge an. Ihr anderes Auge schaute ein klein wenig zur Seite. Manchmal glaubte Drachenkind, daß Rose mit dem linken Auge schielte, und manchmal schien es das rechte zu sein, aber immer sah ein Auge einen gerade an, während das andere etwas außer Sichtweite zu beobachten schien, hinter einer Biegung, anderswo.

»Welche Macht?«

»*Die* Macht«, sagte Rose. So unvermittelt, wie das Mutterschaf fortgelaufen war, ging sie ins Haus. Drachenkind folgte ihr, aber nur bis zur Tür. Niemand betrat das Haus einer Hexe ungebeten.

»Du hast gesagt, daß ich sie habe«, sagte das Mädchen ins stinkende Halbdunkel des einzigen Zimmers der Hütte hinein.

»Ich habe gesagt, daß du eine Kraft in dir hast, eine ziemlich große«, sagte die Hexe aus der Dunkelheit. »Und das weißt du auch. Was du damit anfangen sollst, das weiß ich nicht, und du auch nicht. Das gilt es herauszufinden. Aber die Macht, sich selbst einen Namen zu geben, gibt es nicht.«

»Warum nicht? Was ist persönlicher als der eigene wahre Name?«

Ein langes Schweigen.

Die Hexe kam mit einer Spindel aus Speckstein und einem Knäuel fettiger Wolle heraus. Sie setzte sich auf die Bank neben der Tür und ließ die Spindel kreisen. Als sie antwortete, hatte sie schon einen Meter graubraunes Garn gesponnen.

»Mein Name bin ich. Stimmt. Aber was ist ein Name? Wie mich ein anderer nennt. Wenn es keinen anderen gäbe, nur mich, wozu bräuchte ich dann einen Namen?«

»Aber«, sagte Drachenkind und verstummte, weil das Argument sie aus dem Gleichgewicht brachte. Nach einer Weile sagte sie: »Also muß ein Name ein Geschenk sein?«

Rose nickte.

»Gib mir meinen Namen, Rose«, sagte das Mädchen.

»Dein Vater sagt nein.«

»Ich sage ja.«

»Er ist der Herr hier.«

»Er kann mich arm und dumm und wertlos halten, aber er kann mich nicht namenlos halten!«

Die Hexe seufzte, genau wie das Mutterschaf, unbehaglich und beklommen.

»Heute abend«, sagte Drachenkind. »Bei unserem Brunnen, unter dem Iriaberg. Was er nicht weiß, macht ihn nicht heiß.« Ihre Stimme klang halb lockend, halb wütend.

»Du solltest einen richtigen Namenstag haben, ein Fest mit Tanz, wie jedes junge Mädchen«, sagte die Hexe. »Bei Tagesanbruch sollte der Name vergeben werden. Und danach sollte ein Fest mit Musik und so weiter stattfinden. Kein nächtliches Herumschleichen, damit es niemand weiß ...«

»Ich werde es wissen. Woher weißt du, welcher Name es ist, Rose? Verrät ihn dir das Wasser?«

Die Hexe schüttelte kurz das stahlgraue Haupt. »Ich kann es dir nicht sagen.« Ihr »kann nicht« bedeutete nicht »werde nicht«. Drachenkind wartete. »Es ist die Macht, wie ich schon sagte. Das kommt einfach so.«

Rose hörte auf zu spindeln und sah mit einem Auge zu einer Wolke im Westen; das andere schaute ein wenig nordwärts in den Himmel. »Ihr seid zusammen im Wasser, du und das Kind. Du nimmst den Kindernamen weg. Die Leute benutzen diesen Namen vielleicht weiter als Rufnamen, aber es ist nicht mehr ihr Name und war es auch nie. Also ist sie jetzt kein Kind mehr und hat keinen Namen. Und dann wartest du. Du öffnest sozusagen den Geist. Als würdest du dem Wind die Türen eines Hauses öffnen. Und dann kommt er. Deine Zunge spricht ihn aus, den Namen. Dein Atem macht ihn. Du gibst ihn dem Kind, den Atem, den Namen. Du kannst ihn dir nicht ausdenken. Du läßt ihn zu dir kommen. Er muß durch dich zu ihr kommen, der er gehört. Das ist die Macht, so funktioniert sie. Es ist immer so. Es ist nichts, was du tust. Du mußt wissen, wie du es tun lassen kannst. Darin besteht die Meisterschaft.«

»Magier können mehr als das tun«, sagte das Mädchen.

»Niemand kann mehr als das tun«, sagte Rose.

Drachenkind ließ den Kopf auf dem Hals kreisen, überdehnte ihn, bis der Halswirbel knackte, streckte rastlos die langen Arme und Beine aus. »Wirst du es tun?« fragte sie.

Rose nickte einmal.

Sie trafen sich im Dunkel der Nacht, lange nach Sonnenuntergang, lange vor Sonnenaufgang, auf dem Weg unter dem Iriaberg. Rose erzeugte ein schwaches Leuchten von Werlicht, damit sie den Weg durch den marschigen Boden um die Quelle herum finden konnten, ohne in ein Sinkloch zwischen den Schilfgräsern zu fallen. In der kalten Dunkelheit, unter wenigen Sternen und der schwarzen Kurve des Hügels, zogen sie sich aus und wateten in das flache Wasser, wo ihre Füße tief in den samtigen Schlamm einsanken. Die Hexe berührte das Mädchen an der Hand und sprach die Worte:

»Ich nehme deinen Namen, Kind. Du bist kein Kind mehr. Du hast keinen Namen.«

Es war vollkommen still.

Flüsternd sägte die Hexe: »Frau, nimm deinen Namen. Du bist Irian.«

Sie verweilten noch einen Moment in der Stille; dann wehte der Nachtwind über ihre Schultern, sie wateten erschauernd hinaus, trockneten sich ab, so gut sie konnten, stolperten barfuß und kläglich durch das scharfkantige Schilfgras und das Wurzelgeflecht und gelangten wieder zum Weg zurück. Und dort sagte Drachenkind in einem abgehackten, wütenden Flüstern: »Wie konntest du mir diesen Namen geben!«

Die Hexe sagte nichts.

»Er ist nicht richtig. Das ist nicht mein wahrer Name! Ich dachte, mein Name würde bewirken, daß ich ich bin. Aber der macht es nur noch schlimmer. Du hast dich geirrt. Du bist nur eine Hexe. Du hast dich geirrt. Das ist *sein* Name. Er kann ihn haben. Er ist so stolz darauf, auf sein dummes Gut, seinen dummen Großvater. Ich will ihn nicht. Ich nehme ihn nicht. Er ist nicht ich. Ich weiß immer noch nicht, wer ich bin. Aber ich bin nicht Irian!« Sie verstummte unvermittelt, als sie den Namen ausgesprochen hatte.

Die Hexe sagte immer noch nichts. Sie schritten nebeneinander in der Dunkelheit dahin. Schließlich sagte Rose mit beschwichtigender, ängstlicher Stimme: »Er kam mir so ...«

»Wenn du ihn jemals jemandem sagst, töte ich dich«, sagte Drachenkind.

Daraufhin blieb die Hexe stehen. Sie fauchte wie eine Katze. »Jemand *sagen?*«

Drachenkind blieb ebenfalls stehen. »Tut mir leid«, sagte sie nach einem Moment. »Aber ich komme mir vor – ich komme mir vor, als hättest du mich betrogen.«

»Ich habe deinen wahren Namen ausgesprochen. Er

ist nicht das, was ich erwartet hatte. Und mir ist nicht wohl dabei. Als hätte ich etwas unvollendet gelassen. Aber es ist dein Name. Wenn er dich verrät, dann ist das seine Wahrheit.« Rose zögerte und fuhr dann kühl, aber nicht mehr so wütend fort: »Wenn du die Macht willst, mich zu verraten, Irian, die gebe ich dir. Mein Name ist Etaudis.«

Der Wind war wieder aufgekommen. Sie erschauerten beide und klapperten mit den Zähnen. Sie standen einander auf dem schwarzen Weg von Angesicht zu Angesicht gegenüber und konnten doch kaum erkennen, wo die andere war. Drachenkind streckte tastend die Hand aus und ergriff die der Hexe. Sie legten die Arme zu einer heftigen, langen Umarmung umeinander. Dann eilten sie weiter, die Hexe zu ihrer Hütte am Dorfrand, die Erbin von Iria den Hügel hinauf zu dem verfallenen Haus, wo alle Hunde, die sie ohne viel Aufhebens hatten gehen lassen, sie mit einem derartigen Lärm und Aufruhr von Bellen empfingen, daß im Umkreis von einer halben Meile alle davon wach wurden, außer dem Hausherrn, der besinnungslos betrunken vor seinem kalten Kamin lag.

## 2. Elfenbein

Birke, der Herr von Iria von Westteich, besaß das alte Haus nicht, aber ihm gehörte das zentral gelegene fruchtbarste Land der alten Domäne. Sein Vater, der sich mehr für Weingärten und Haine interessierte als für Zwistigkeiten mit seinen Verwandten, hatte Birke ein florierendes Unternehmen hinterlassen. Birke hatte Männer eingestellt, die sich um Farm, Weinberge, Böttcherei und Fahrlohn und alles kümmerten, während er seinen Reichtum genoß. Er heiratete die schüchterne Tochter des jüngeren Bruders des Lord von Wegfürde und erfreute sich maßlos an dem Gedanken, daß seine Töchter von adligem Geblüt waren. Zu der Zeit war es der letzte Schrei unter Adligen, einen Magier zu beschäftigen, einen echten Magier mit Stab und grauem Mantel, der auf der Insel der Weisen ausgebildet worden war, und so holte sich der Herr von Iria von Westteich einen Magier von Roke. Es überraschte ihn, wie leicht man einen bekommen konnte, wenn man den Preis bezahlte.

Der junge Mann, der Elfenbein hieß, hatte noch gar keinen Stab und Mantel; er erklärte, daß er zum Magier gemacht werden würde, wenn er nach Roke zurückkehrte. Die Meister hätten ihn in die Welt hinausgeschickt, um Erfahrungen zu sammeln, denn kein Schulunterricht kann einem Mann die Erfahrung vermitteln, die er braucht, um ein Magier zu sein. Das quittierte Birke mit einem zweifelnden Blick, aber Elfenbein erklärte ihm, daß ihm während seiner Ausbildung auf Roke jede Form von Magie beigebracht worden war, die in Iria von Westteich auf Weg gebraucht werden konnte. Um das zu beweisen, ließ er es so aussehen, als würde ein Rudel Wild durch das Eßzimmer laufen, gefolgt von einer Schar Schwäne, die auf wundersame Weise zur Südwand hereingeschwebt kamen und durch die Nordwand verschwanden; und zuletzt sprudelte ein Springbrunnen in einem silbernen Becken mitten auf dem Tisch. Und als der Hausherr und seine Familie zaghaft dem Beispiel des Magiers folgten und ihre Tassen daran füllten und das Wasser kosteten, schmeckte es lieblich wie goldener Wein. »Wein von den Andraden«, sagte der junge Mann mit einem bescheidenen, höflichen Lächeln. Inzwischen waren Frau und Töchter rundum überzeugt. Und Birke dachte, daß der junge Mann sein Geld wert war, auch wenn er insgeheim den trockenen roten Fanian seines eigenen Weinbergs bevorzugte, der einen betrunken machte, wenn man genug davon trank, wohingegen dieses gelbe Zeug nur Honigwasser war.

Wenn der junge Magier Erfahrung suchte, bekam er nicht viel geboten in Westteich. Wann immer Birke Gäste aus Kembermünde oder von den umliegenden Domänen hatte, hatten Wild, Schwäne und der Springbrunnen goldenen Weins ihren Auftritt. An einem warmen Frühlingsabend brachte er auch ein sehr hübsches Feuerwerk zustande. Aber wenn die Aufseher der Haine und Weinberge zum Hausherrn kamen und fragten, ob der Magier dieses Jahr einen Wachstumszauber über die Birnen sprechen oder die Schwarzfäule von den Fanianreben am Südhang hexen konnte, sagte Birke: »Ein Magier von Roke läßt sich nicht zu so etwas herab. Sagt dem Dorfzauberer, daß er sich seinen Lebensunterhalt verdienen soll!« Und als die jüngste Tochter einen schlimmen Husten bekam, wagte Birkes Frau nicht, den weisen jungen Mann damit zu behelligen, sondern schickte bescheiden nach Rose aus Alt-Iria und bat sie, zur Hintertür hereinzukommen und vielleicht einen Breiumschlag zu machen oder einen Gesang anzustimmen, der das Mädchen wieder gesund machte. Elfenbein merkte gar nichts von der Krankheit des Mädchens noch von den Birnbäumen oder Reben. Er blieb für sich, wie es einem Mann von Fertigkeit und Ausbildung geziemte. Er verbrachte seine Tage damit, auf dem hübschen schwarzen Pferd über Land zu reiten, das ihm sein Arbeitgeber überlassen hatte, nachdem er ihm klargemacht hatte, daß er nicht von Roke hierhergekommen war, um zu Fuß durch Schlamm und Staub von Feldwegen zu stapfen.

Bei seinen Ausritten kam er häufig an einem alten Haus unter großen Eichen auf einem Hügel vorbei. Wenn er vom Weg zum Dorf abwich und den Hügel hinaufritt, kam eine Meute abgemagerter, kläffender Hunde bellend auf ihn zugerannt. Die Stute hatte Angst vor Hunden und würde wahrscheinlich scheuen und ausschlagen, daher hielt er Abstand. Aber er hatte einen Blick für Schönheit und sah das alte Haus gern an, das verträumt im gesprenkelten Licht der Frühsommernachmittage stand.

Er fragte Birke nach dem Haus. »Das ist Iria«, sagte Birke. »Alt-Iria, wollte ich sagen. Rechtmäßig gehört das Haus mir. Aber nach hundert Jahren Fehden und Streit deswegen verzichtete mein Großvater darauf, um den Streit beizulegen. Obwohl der Hausherr dort immer noch mit mir streiten würde, wenn er nicht regelmäßig zu betrunken zum Reden wäre. Hab den Alten seit Jahren nicht gesehen. Ich glaube, er hatte eine Tochter.«

»Sie heißt Drachenkind und macht die ganze Arbeit, und ich hab sie letztes Jahr einmal gesehen. Sie ist groß und so schön wie ein Baum in der Blüte«, sagte Rose, die jüngste Tochter, die emsig damit beschäftigt war, ein ganzes Leben aufmerksamer Beobachtungen in die vierzehn Jahre zu zwängen, die sie dafür haben sollte. Sie verstummte hustend. Ihre Mutter warf dem Magier einen ängstlichen, flehenden Blick zu. Gewiß würde er das Husten doch diesmal hören? Er lächelte der jungen Rose zu, und ihrer Mutter wurde leicht ums Herz. Gewiß würde er nicht so lächeln, wenn Roses Husten etwas Ernstes wäre.

»Hat nichts mit uns zu tun, diese Bande in dem alten Haus«, sagte Birke ungehalten. Der taktvolle Elfenbein stellte keine weiteren Fragen. Aber er wollte das Mädchen sehen, das schön wie ein Baum in der Blüte war. Er ritt regelmäßig an Alt-Iria vorbei. Er versuchte, in dem Dorf am Fuß des Hügels Rast zu machen und Fragen zu stellen, aber man konnte nirgendwo Rast machen, und es gab niemanden, der Fragen beantwortete. Eine schielende Hexe warf einen Blick auf ihn und verschwand hastig in ihrer Hütte. Wenn er zum

Haus hinaufgehen würde, mußte er sich mit der Meute von Höllenhunden und wahrscheinlich mit einem betrunkenen alten Mann herumschlagen. Aber vielleicht lohnte sich das Risiko, dachte er; das öde Leben in Westteich langweilte ihn zu Tode, und er scheute sich nie, ein Risiko einzugehen. Er ritt den Hügel hinauf, bis die Hunde wie toll bellend um ihn herumsprangen und nach den Beinen der Stute schnappten. Sie bockte und schlug mit den Hufen nach den Hunden aus, und er hinderte sie nur durch einen Bleibezauber und die Kraft seiner Arme daran, einfach durchzugehen. Inzwischen sprangen die Hunde hoch und schnappten nach seinen Beinen, und er wollte der Mähre gerade ihren Willen lassen, als jemand zwischen die Hunde trat, ihnen Flüche entgegenschleuderte und sie mit einem Gürtel zurückjagte. Als er die schäumende, keuchende Stute dazu gebracht hatte, still stehenzubleiben, sah er das Mädchen, das so schön wie ein Baum in der Blüte war. Sie war sehr groß und sehr verschwitzt, hatte große Hände und Füße und Augen und Mund und Nase und einen dichten, staubigen Haarschopf. Sie schrie die winselnden, geduckten Hunde an: »Runter! Zurück zum Haus, ihr Aas, ihr elenden Hurensöhne!«

Elfenbein klopfte mit der Hand an sein rechtes Bein. Ein Hundezahn hatte ihm die Reithose an der Wade aufgerissen, ein dünnes Rinnsal Blut kam heraus.

»Ist sie verletzt?« sagte die Frau. »Oh, das verräterische Gezücht!« Sie strich über das rechte Vorderbein der Mähre. Ihre Hände wurden naß von blutigem Pferdeschweiß. »Sachte, sachte«, sagte sie. »Mein tapferes Mädchen, mein tapferes Herz.« Die Mähre senkte den Kopf und zitterte vor Erleichterung. »Warum hast du sie mitten zwischen den Hunden stehen lassen?« wollte die Frau wütend wissen. Sie kniete neben dem Bein des Pferdes und schaute zu Elfenbein auf, der vom Rücken seines Pferdes zu ihr hinabsah; und doch kam er sich klein vor, kam er sich winzig vor.

Sie wartete seine Antwort nicht ab. »Ich bringe sie hinauf«, sagte das Mädchen, stand auf und streckte die Hand nach dem Zügel aus. Elfenbein wurde klar, daß er jetzt absteigen sollte. Er tat es mit den Worten: »Ist es sehr schlimm?« und begutachtete das Bein des Pferds, sah aber nur blutigen Schaum.

»Komm mit, Liebes«, sagte die junge Frau, nicht zu ihm. Die Mähre folgte ihr zutraulich. Sie folgten dem unebenen Feldweg um den Hügel herum zu einem alten Stall aus Stein und Ziegeln, ohne Pferde, nur von den Schwalben bewohnt, die über den Dächern kreisten und zwitschernd Klatsch und Tratsch austauschten.

»Halt sie still«, sagte die junge Frau und ließ ihn die Zügel der Mähre an diesem verlassenen Ort halten. Nach einiger Zeit kehrte sie zurück, schleppte einen schweren Eimer und machte sich daran, das Bein der Mähre mit dem Schwamm zu säubern. »Nimm ihr den Sattel ab«, sagte sie, und in ihrem Tonfall schwang das unausgesprochene, ungeduldige »Du Narr!« mit. Elfenbein gehorchte, halb verärgert über diese unhöfliche Riesin und halb fasziniert. Sie erinnerte ihn ganz und gar nicht an einen Baum in der Blüte, aber schön war sie tatsächlich, auf eine großartige, heftige Weise. Die Mähre fügte sich ihr rückhaltlos. Wenn sie sagte: »Beweg das Bein«, dann bewegte die Mähre das Bein. Die Frau rieb sie am ganzen Körper ab, legte ihr die Satteldecke wieder auf und vergewisserte sich, daß sie in der Sonne stand. »Sie wird wieder«, sagte die junge Frau. »Sie hat eine Rißwunde, aber wenn Sie sie täglich mehrmals mit warmem Salzwasser auswaschen, wird sie sauber heilen. Es tut mir leid.« Das letzte sagte sie aufrichtig, wenn auch zähneknirschend, als könnte sie immer noch nicht fassen, daß er seine Stute einfach so stehenlassen konnte, während sie angegriffen wurde, und sah ihn zum erstenmal direkt an. Ihre Augen waren klar und orange-braun, wie dunkler Topas oder Bernstein. Es waren seltsame Augen, auf gleicher Höhe wie seine.

»Mir tut es auch leid«, sagte er und versuchte, sorglos und beiläufig zu sprechen.

»Das ist das Pferd Irias von Westteich. Demnach sind Sie der Magier?«

Er verbeugte sich. »Elfenbein, vom Großen Hafen von Havnor, zu Ihren Diensten. Darf ich?«

Sie unterbrach ihn. »Ich dachte, Sie kämen von Roke.«

»So ist es.« Er hatte seine Fassung wiedererlangt. Sie sah ihn mit diesen großen Augen an, die so undeutbar wie die eines Schafes waren, fand er. Dann platzte sie heraus: »Haben Sie dort gelebt? Dort studiert? Kennen Sie den Erzmagier?«

»Ja«, sagte er lächelnd. Dann zuckte er zusammen und preßte einen Moment die Hand ans Schienbein.

»Sind Sie auch verletzt?«

»Es ist nichts«, sagte er. Tatsächlich hatte die Verletzung, sehr zu seinem Verdruß, schon aufgehört zu bluten. Die Frau sah ihm wieder ins Gesicht.

»Wie ist … wie ist es so … auf Roke?«

Elfenbein ging, nur leicht hinkend, zu einem alten Aufsteigeblock in der Nähe und setzte sich darauf. Er streckte das Bein aus, rieb sich die verletzte Stelle und sah zu der Frau auf. »Es wird lange dauern, ihnen zu erzählen, wie Roke ist«, sagte er. »Aber es wäre mir ein Vergnügen.«

»Der Mann ist ein Magier, jedenfalls fast«, sagte Rose die Hexe, »ein Magier von Roke! Du darfst ihm keine Fragen stellen!« Sie war mehr als nur erschüttert, sie war verängstigt.

»Es stört ihn nicht«, versicherte Drachenkind ihr. »Er antwortet nur so gut wie nie.«

»Natürlich nicht!«

»Warum natürlich nicht?«

»Weil er ein Magier ist! Weil du eine Frau bist, ohne Kunstfertigkeit, ohne Wissen, ohne Ausbildung!«

»Du hättest mir etwas beibringen können! Du wolltest nur nie!«

Rose tat alles, was sie gelehrt hatte oder hätte lehren können, mit einer Handbewegung ab.

»Nun, dann muß ich eben von ihm lernen«, sagte Drachenkind.

»Magier unterrichten keine Frauen. Du bist von Sinnen.«

»Du und Besen, ihr tauscht Zaubersprüche aus.«

»Besen ist ein Dorfzauberer. Dieser Mann ist ein weiser Mann. Er hat die Hohen Künste im Großhaus auf Roke gelernt!«

»Er hat mir gesagt, wie es ist«, sagte Drachenkind. »Man geht durch die Stadt Thwil. Eine Tür befindet sich an der Straße, aber die Tür ist verschlossen. Sie sieht aus wie eine gewöhnliche Tür.« Die Hexe lauschte und war außerstande, der Verlockung offenbarter Geheimnisse und der ansteckenden Wirkung leidenschaftlichen Verlangens zu widerstehen. »Ein Mann kommt, wenn man klopft, der wie ein ganz normaler Mann aussieht. Und man muß eine Prüfung bei ihm bestehen. Man muß ein bestimmtes Wort sagen, ein Kennwort, ehe er einen einläßt. Wenn man es nicht weiß, kommt man nie hinein. Aber wenn er einen hineinläßt, dann sieht man, daß die Tür von innen ganz anders ist – sie besteht aus Horn, in das ein Baum geschnitzt wurde, und der Rahmen ist aus einem Zahn gemacht, dem Zahn eines Drachen, der lange, lange vor Erreth-Akbe und vor Morred lebte, bevor es Menschen auf Erdsee gab. Am Anfang gab es nur Drachen. Sie haben den Zahn auf dem Berg Onn in Havnor gefunden, im Mittelpunkt der Welt. Und die Blätter des Baums sind so dünn geschnitzt, daß das

Licht durch sie scheint, aber die Tür ist so stark, daß kein Zauberspruch sie je öffnen könnte, wenn der Türhüter sie geschlossen hat. Und dann führt einen der Türhüter einen Flur entlang, und noch einen Flur, bis man ratlos ist und sich verirrt hat, und plötzlich kommt man unter freiem Himmel heraus. Im Hof des Springbrunnens, im tiefsten Inneren des Großen Hauses. Und dort ist der Erzmagier, wenn er da ist ...«

»Fahr fort«, murmelte die Hexe.

»Das ist alles, was er mir bis jetzt erzählt hat«, sagte Drachenkind, die zurückkehrte zu dem milden, wolkenverhangenen Frühlingstag und der unendlich vertrauten Dorfstraße, in Roses Vorgarten, zu ihren eigenen sieben Milchschafen, die auf dem Berg Iria grasten, den bronzefarbenen Kronen der Eichen. »Er ist sehr vorsichtig, wenn er von den Meistern spricht.«

Rose nickte.

»Aber er hat mir von einigen der Schüler erzählt.«

»Ich schätze, das kann nicht schaden.«

»Ich weiß nicht«, sagte Drachenkind. »Es ist wunderbar, etwas über das Großhaus zu hören, aber ich dachte, die Leute dort wären – ich weiß auch nicht. Natürlich sind sie fast alle noch Knaben, wenn sie dorthin gehen. Aber ich dachte mir, sie wären ...« Sie sah mit besorgter Miene zu den Schafen auf dem Hügel. »Manche von ihnen sind wirklich schlecht und dumm«, sagte sie mit leiser Stimme. »Sie besuchen die Schule, weil sie reich sind. Und sie studieren nur dort, um noch reicher zu werden. Oder um Macht zu erlangen.«

»Aber natürlich«, sagte Rose, »deshalb sind sie doch dort!«

»Aber Macht – von der du mir erzählst hast – ist nicht dasselbe, wie Leute tun lassen, was du willst, oder dich bezahlen lassen ...«

»Nicht?«

»Nein!«

»Wenn ein Wort heilen kann, kann ein Wort auch verletzen«, sagte die Hexe. »Wenn eine Hand töten kann, dann kann eine Hand auch gesund machen. Ein Wagen, der nur in eine Richtung fährt, ist ein armseliger Wagen.«

»Aber auf Roke lernen sie, die Macht zum Guten einzusetzen, nicht zum Schaden oder um sich zu bereichern.«

»Alles geschieht irgendwie, um sich zu bereichern, würde ich sagen. Die Menschen müssen leben. Aber was weiß ich schon? Ich verdiene meinen Lebensunterhalt damit, daß ich das mache, wovon ich etwas verstehe. Aber ich spiele nicht mit den großen Künsten herum, den gefährlichen Mächten, zum Beispiel, die Toten zu rufen«, und Rose machte das Handzeichen, um die Gefahr abzuwenden, die sie angesprochen hatte.

»Alles ist gefährlich«, sagte Drachenkind und sah nun durch die Schafe, die Hügel und die Bäume hindurch in ruhige Tiefen, in eine farblose, weite Leere, die dem klaren Himmel vor Sonnenaufgang glich.

Rose beobachtete sie. Sie wußte, sie hatte keine Ahnung, wer Irian war oder was sie sein könnte. Eine große, kräftige, linkische, unwissende, unschuldige, zornige junge Frau, ja. Aber seit sie ein Kind war, hatte Rose etwas in ihr gespürt, etwas jenseits dessen, was sie war. Und wenn Irian so wie jetzt aus der Welt hinaus schaute, dann schien sie jenen Ort oder jene Zeit oder jenes Wesen jenseits ihrer selbst zu betreten, das sich Roses Kenntnis vollkommen entzog. Dann fürchtete Rose sie und fürchtete um sie.

»Du solltest aufpassen«, sagte die Hexe grimmig. »Alles ist gefährlich, das stimmt, am allermeisten aber, sich mit Magiern einzulassen.«

Aus Liebe, Respekt und Vertrauen hätte Drachenkind niemals eine Warnung von Rose in den Wind geschlagen; aber sie war unfähig, sich Elfenbein als gefährlich vorzustellen. Sie verstand ihn nicht, aber an die Vorstellung, ihn zu fürchten, ihn persönlich, konnte sie sich nicht gewöhnen. Sie versuchte, respektvoll zu sein, aber das war unmöglich. Sie fand ihn klug und recht hübsch, dachte aber nicht oft an ihn, lediglich daran, was er ihr alles erzählen konnte. Er wußte, was sie wissen wollte, und erzählte es ihr Stück für Stück, nur war es dann eigentlich doch nicht das, was sie wissen wollte, aber trotzdem wollte sie mehr erfahren. Er war geduldig mit ihr, und sie war ihm dankbar für seine Geduld, weil sie wußte, daß er viel schneller war als sie. Manchmal lächelte er über ihre Unwissenheit, aber er wurde niemals höhnisch oder machte sich über sie lustig. Er beantwortete Fragen gern mit Gegenfragen, genau wie die Hexe; aber die Antworten auf Roses Fragen waren stets etwas, das sie immer gewußt hatte, während die Antworten auf seine Fragen unvorstellbar und erschreckend waren, unerwünscht, manchmal schmerzlich, auf jeden Fall aber angetan, ihre sämtlichen Überzeugungen ins Wanken zu bringen.

Wenn sie sich Tag für Tag im alten Stall von Iria trafen, was ihnen zur Gewohnheit geworden war, stellte sie ihm Fragen, und er erzählte ihr mehr, wenn auch widerwillig und stets nur zum Teil; er schützte seine Meister, dachte sie, und versuchte, das strahlende Bild von Roke aufrechtzuerhalten, bis er eines Tages ihrer Beharrlichkeit nachgab und offen sprach.

»Es gibt gute Männer dort«, sagte er. »Der Erzmagier war bestimmt groß und weise. Aber er ist fort. Und die Meister ... Manche halten sich abseits, folgen geheimem Wissen, suchen immer mehr Formen, immer mehr Namen, nutzen ihr Wissen aber in keiner Weise. Andere verbergen ihren Ehrgeiz unter dem grauen Mantel der Weisheit. Roke ist nicht länger der Ort der Macht auf Erdsee. Die ist auf das Gericht in Havnor übergegangen. Roke lebt von seiner großen Vergangenheit und wird durch tausend Zaubersprüche vor der Gegenwart geschützt. Und was ist hinter diesen Mauern der Zaubersprüche? Wetteifernde Ambitionen, Angst vor allem Neuen, Angst vor jungen Männern, die die Macht der alten in Frage stellen. Und im Zentrum – nichts. Ein leerer Innenhof. Der Erzmagier wird nie zurückkehren.«

»Woher weißt du das?« flüsterte sie.

Er sah sie streng an. »Der Drache hat ihn fortgebracht.«

»Du hast es gesehen? Das hast du gesehen?« Sie ballte die Fäuste, als sie sich diesen Flug vorstellte.

Nach langer Zeit kehrte sie zum Sonnenlicht und dem Stall und ihren Gedanken und Rätseln zurück. »Aber auch wenn er fort ist«, sagte sie, »sind doch gewiß einige der Meister wahrhaft weise?«

Als er aufschaute und antwortete, geschah es mit der Andeutung eines melancholischen Lächelns. »Weißt du, bei Licht betrachtet laufen alle Geheimnisse und die Weisheit der Meister auf nicht besonders viel hinaus. Tricks des Berufs – wunderbare Illusionen. Aber die Leute wollen das nicht glauben. Sie wollen die Geheimnisse, die Illusionen. Wer kann es ihnen verdenken? Im Leben der meisten gibt es so wenig, das schön oder wertvoll ist.«

Als wollte er seinen Worten Nachdruck verleihen, hob er ein Stück Stein von dem gebrochenen Pflaster auf und warf es in die Luft, und als er weitersprach, flatterte es mit zarten blauen Schwingen um ihre Köpfe, ein Schmetterling. Er streckte den Finger aus, und der Schmetterling landete darauf. Er schüttelte den Finger, worauf der Schmetterling zu Boden fiel, ein Stück Stein.

»In meinem Leben gibt es nicht viel, das viel wert ist«, sagte sie und senkte den Blick auf das Pflaster. »Ich weiß nur, wie man die Farm führt, und versuche, aufrecht zu sein und die Wahrheit zu sagen. Aber wenn ich glaubte, daß alles nur Tricks und Lügen sind, selbst auf Roke, würde ich diese Männer dafür hassen, daß sie mich zum Narren halten, uns alle zum Narren halten. Es können keine Lügen sein. Nicht nur. Der Erzmagier ist zu den Eisgrauen Männern ins Labyrinth hinabgestiegen und mit dem Ring des Friedens zurückgekehrt. Er hat mit dem jungen König das Land des Todes besucht und den Spinnenmagier besiegt und ist zurückgekehrt. Das wissen wir durch das Wort des Königs selbst. Selbst hierher sind die Harfner gekommen, um dieses Lied zu singen, und ein Geschichtenerzähler kam, um davon zu berichten ...«

Elfenbein nickte ernst. »Aber der Erzmagier verlor seine ganze Macht im Land des Todes. Vielleicht wurde da die ganze Magie geschwächt.«

»Die Zaubersprüche von Rose funktionieren wie eh und je«, sagte sie verstockt.

Elfenbein lächelte. Er sagte nichts, aber sie wußte, wie unbedeutend ihm das Wirken einer Dorfhexe vorkommen mußte, wo er doch große Taten und Mächte gesehen hatte. Sie seufzte und sagte aus tiefstem Herzen: »Ach, wenn ich doch nur keine Frau wäre!«

Er lächelte wieder. »Du bist eine wunderschöne Frau«, sagte er, aber schlicht, nicht auf die schmeichelhafte Weise, die er anfangs ihr gegenüber angewandt hatte, bevor sie ihm klarmachte, wie zuwider ihr das war. »Warum möchtest du ein Mann sein?«

»Damit ich nach Roke gehen könnte! Um zu sehen, zu lernen! Warum, warum können nur Männer dorthin?«

»So wurde es vor Jahrhunderten vom ersten Erzmagier bestimmt«, sagte Elfenbein. »Aber ... das habe ich mich auch schon gefragt.«

»Wirklich?«

»Oft. Man sieht nur Knaben und Männer, tagein, tagaus, im Großhaus und auf dem gesamten Gelände der Schule. Man weiß, den Frauen aus der Stadt ist durch Bannspruch verboten, auch nur einen Fuß auf die Felder um den Kogel von Roke zu setzen. Einmal in vielen

Jahren gestattet man vielleicht einer großen Dame, kurz einen der äußeren Höfe zu betreten ... Warum das so ist? Sind alle Frauen unfähig zu verstehen? Oder fürchten die Meister sie, fürchten sie, korrumpiert zu werden – nein, aber sie fürchten, Frauen zuzulassen könnte das Gesetz ändern, an das sie sich klammern – die ... Reinheit dieses Gesetzes ...«

»Frauen können so gut wie Männer keusch leben«, sagte Drachenkind unverblümt. Sie wußte, daß sie unverblümt und grob war, wo er feinfühlig und hintergründig war, aber sie wußte nicht, wie sie sonst hätte sein sollen.

»Natürlich«, sagte er, und sein Lächeln wurde strahlend. »Aber Hexen sind nicht immer keusch, oder? ... Vielleicht haben die Meister davor Angst. Vielleicht ist der Zölibat nicht so zwingend notwendig, wie das Gesetz von Roke besagt. Vielleicht ist es kein Mittel, die Macht rein zu bewahren, sondern nur, die Macht für sich selbst zu bewahren. Frauen auszuschließen, alle auszuschließen, die nicht bereit sind, sich zu Eunuchen zu machen, um diese spezielle Form von Macht zu erlangen ... Wer weiß? Eine Magierin! Das würde alles verändern, sämtliche Regeln!«

Sie konnte sehen, daß sein Geist vor ihr her tanzte, Einfälle aufgriff und damit spielte, sie verwandelte, so wie er Steine in Schmetterlinge verwandelte. Sie konnte nicht mit ihm tanzen, sie konnte nicht mit ihm spielen, aber sie sah ihn staunend an.

»Du könntest nach Roke gehen«, sagte er mit vor Aufregung, Schalkhaftigkeit, Aufmüpfigkeit leuchtenden Augen. Als er ihr fast flehentliches, ungläubiges Schweigen bemerkte, beharrte er: »Das könntest du. Du bist eine Frau, aber es gibt Mittel und Wege, dein Äußeres zu verändern. Du hast das Herz, die Willenskraft, den Mut eines Mannes. Du könntest das Großhaus betreten. Ich weiß es.«

»Und was würde ich dort tun?«

»Was alle Schüler tun. Allein in einer Zelle aus Stein leben und lernen, weise zu sein! Es ist vielleicht nicht das, was du dir erträumt hast, aber auch das könntest du lernen.«

»Könnte ich nicht. Sie würden es merken. Ich könnte nicht mal hinein. Du hast gesagt, da ist der Türhüter. Ich weiß nicht, welches Wort ich ihm sagen muß.«

»Das Kennwort, ja. Aber das könnte ich dir beibringen.«

»Das kannst du? Ist das denn erlaubt?«

»Mir ist einerlei, was ›erlaubt‹ ist«, sagte er mit einem Stirnrunzeln, wie sie es noch nie bei ihm gesehen hatte. »Der Erzmagier selbst hat gesagt: *Regeln sind dazu da, gebrochen zu werden.* Ungerechtigkeit macht die Regeln, und Mut bricht sie. Ich habe den Mut, wenn du ihn auch hast!«

Sie sah ihn an. Sie brachte kein Wort heraus. Sie stand auf und ging nach einem Moment aus dem Stall, quer über den Hügel, auf dem Weg, der auf halber Höhe um ihn herum führte. Einer der Hunde, ihr Liebling, ein großer, häßlicher Köter mit breitem Schädel, folgte ihr. Auf dem Hang über der Quelle im Marschland, wo Rose ihr vor zehn Jahren ihren Namen gegeben hatte, hielt sie an. Sie stand dort; der Hund setzte sich neben sie und sah ihr ins Gesicht. Kein klarer Gedanke ging ihr durch den Kopf, aber dieselben Worte kamen immer wieder: Ich könnte nach Roke gehen und herausfinden, wer ich bin.

Sie schaute über die Schilfgraswiesen und Weidenbäume und ferneren Hügel nach Westen. Der gesamte westliche Himmel war leer, klar. Sie stand still, und ihre Seele schien in diesen Himmel einzugehen und fort zu sein, fort von ihr.

Ein kaum hörbares Geräusch ertönte, das leise Klippklapp der Hufe des Pferdes, das auf dem Weg näher kam. Dann kehrte Drachenkind in sich selbst zurück, rief nach Elfenbein und rannte den Hügel hinab zu ihm. »Ich werde gehen«, sagte sie.

Er hatte ein derartiges Abenteuer weder geplant noch beabsichtigt, aber so verrückt es war, es gefiel ihm um so besser, je länger er darüber nachdachte. Bei der Aussicht, den langen, grauen Winter in Westteich zu verbringen, wurde ihm ganz schwermütig ums Herz. Hier gab es nichts für ihn, außer dem Mädchen Drachenkind, das sein ganzes Denken beherrschte. Ihre enorme, unschuldige Kraft hatte ihn bereits vollkommen unterworfen, aber er tat, was ihr gefiel, damit sie tat, was ihm gefiel, und er fand, daß sich dieses Spiel lohnte. Wenn sie mit ihm fortging, war es so gut wie gewonnen. Und was den Spaß daran betraf, das Vorhaben, sie tatsächlich als Mann verkleidet in die Schule von Roke einzuschmuggeln, so bestand kaum eine Chance, es durchzuziehen, aber es gefiel ihm als Geste der Respektlosigkeit im Angesicht von Pietät und Pomp der Meister und ihrer Schmeichler. Und sollte es irgendwie doch gelingen, sollte er tatsächlich eine Frau durch diese Tür bringen können, und sei es nur für einen Augenblick, was wäre das für eine süße Rache!
 Geld war ein Problem. Das Mädchen glaubte natürlich, daß er als ein großer Magier nur mit den Fingern zu schnippen brauchte, um sie mit einem verzauberten Boot, das mit verzaubertem Wind reiste, über das Meer zu bringen. Aber als er ihr sagte, daß sie eine Schiffspassage buchen müßten, antwortete sie nur: »Ich habe das Käsegeld.«
 Er schätzte ihre derben Aussprüche. Manchmal machte sie ihm angst, was ihm nicht gefiel. In seinen Träumen von ihr gab sie sich ihm niemals hin, sondern er selbst ergab sich einer wilden, verzehrenden Süße, sank in eine vernichtende Umarmung; Träume, in de-

nen sie etwas Unbegreifliches war und er gar nichts. Er erwachte erschüttert und beschämt aus diesen Träumen. Bei Tage, wenn er ihre großen, schmutzigen Hände sah, wenn sie redete wie ein Bauerntölpel, ein Einfaltspinsel, fühlte er sich wieder überlegen. Er wünschte nur, es gäbe jemanden, vor dem er ihre Aussprüche wiederholen könnte, einem seiner Freunde in dem Großen Hafen, der sie amüsant finden würde. »Ich habe das Käsegeld«, wiederholte er bei sich, als er nach Westteich zurückritt, und lachte. »Das habe ich in der Tat«, sagte er laut. Die schwarze Mähre zuckte mit den Ohren.

Er erzählte Birke, er habe eine Sendung von seinem Lehrer auf Roke erhalten, dem Meister Hand, und müsse sofort zurückkehren, in welcher Angelegenheit, könne er natürlich nicht sagen, aber wenn er erst einmal dort sei, sollte es nicht allzu lange dauern; einen halben Monat für die Hinfahrt, einen halben für die Rückreise; spätestens vor den Brachen würde er wieder zurück sein. Er müsse Meister Birke bitten, ihm einen Vorschuß auf seinen Lohn zu geben, damit er Schiffspassage und Unterkunft bezahlen könne, denn ein Magier von Roke solle niemals ausnutzen, daß die Leute bereit wären, ihm alles zu geben, was er brauchte, sondern bezahlen wie ein gewöhnlicher Mann. Da Birke dem zustimmte, mußte er Elfenbein eine Börse für seine Reise geben. Es war das erste richtige Geld, das dieser seit Jahren in der Tasche hatte: zehn Elfenbeinscheiben mit dem Otter von Schelieth auf einer und der Rune des Friedens auf der anderen Seite, zu Ehren von König Lebannen. »Hallo, kleine Namensvettern«, sagte er zu ihnen, als er allein mit ihnen war. »Ihr und das Käsegeld werdet euch prächtig miteinander verstehen.«

Er erzählte Drachenkind recht wenig von seinen Plänen, hauptsächlich weil er kaum welche hatte und mehr dem Zufall und seinen Geistesgaben vertraute, die ihn selten im Stich ließen, wenn er eine faire Chance erhielt, sie einzusetzen. Das Mädchen stellte fast keine Fragen. »Werde ich den ganzen Weg als Mann reisen?« war eine. »Ja«, sagte er, »aber nur verkleidet. Ich werde den Ähnlichkeitszauber erst über dich sprechen, wenn wir auf der Insel Roke eingetroffen sind.«

»Ich dachte, es wäre ein Zauber der Verwandlung«, sagte sie.

»Das wäre unklug«, entgegnete er und ahmte den salbungsvollen Tonfall des Meisters Verwandler ausgezeichnet nach. »Sollte es erforderlich sein, werde ich es natürlich tun. Aber du wirst feststellen, daß Magier höchst sparsam mit den großen Zaubersprüchen umgehen. Und das mit gutem Grund.«

»Das Gleichgewicht«, sagte sie und akzeptierte seine Worte im einfachsten Sinne, wie immer.

»Und vielleicht, weil diese Künste nicht mehr die Macht haben, die sie einst hatten«, sagte er. Er wußte nicht, warum er ihr Vertrauen in die Zauberei erschüttern wollte; vielleicht, weil jede Abschwächung ihrer Stärke, ihrer Ganzheit, ein Gewinn für ihn war. Es hatte damit angefangen, daß er versucht hatte, sie in sein Bett zu locken, ein Spiel, das er nur zu gern spielte. Das Spiel war zu einer Art von Wettbewerb geworden, mit dem er nicht gerechnet hatte, den er aber auch nicht beenden konnte. Er war jetzt fest entschlossen, sie nicht nur zu erobern, sondern zu besiegen. Er konnte nicht zulassen, daß sie ihn besiegte. Er mußte ihr und sich selbst beweisen, daß seine Träume ohne Bedeutung waren.

Ziemlich zu Anfang, als er es sattgehabt hatte, gegen ihre massive körperliche Gleichgültigkeit anzugehen, hatte er eine Hexerei zu Hilfe genommen, den Verführungsspruch eines Magiers, dessen er sich schämte, noch während er ihn wob, auch wenn er um seine Wirksamkeit wußte. Er belegte sie damit, als sie, typisch für sie, ein Kuhhalfter flickte. Das Ergebnis war nicht die dahinschmelzende Willigkeit der Mädchen gewesen, bei denen er ihn in Havnor und Thwil angewandt hatte. Drachenkind war nach und nach verschlossen und mürrisch geworden. Sie stellte keine ihrer endlosen Fragen nach Roke mehr und antwortete nicht, als er sie ansprach. Als er sich ihr sehr zaghaft näherte und ihre Hand nahm, wehrte sie ihn mit einem Schlag auf den Kopf ab, von dem ihm ganz schwindlig wurde. Er sah, wie sie ohne ein Wort aufstand und den Stall verließ, und der häßliche Hund, den sie so mochte, trottete hinter ihr her. Der Köter drehte sich zu ihm um und schien zu grinsen.

Sie ging den Weg zum alten Haus hinauf. Als seine Ohren nicht mehr klingelten, folgte er ihr und hoffte, daß der Zauber doch wirkte und dies nur ihre besonders derbe Art war, ihn endlich zu ihrem Bett zu führen. Als er sich dem Haus näherte, hörte er Geschirr zerbrechen. Der Vater, der Trunkenbold, kam verwirrt und ängstlich aus dem Haus, und Drachenkinds Stimme hallte hinter ihm her: »Aus dem Haus, du betrunkener, kriechender Verräter! Du niederträchtiger, schamloser Lüstling!«

»Sie hat mir meinen Becher weggenommen«, sagte der Hausherr von Iria zu dem Fremden und winselte wie ein Welpe, während die Hunde an seiner Seite bellten. »Sie hat ihn zerbrochen.«

Elfenbein verabschiedete sich. Er kehrte zwei Tage nicht zurück. Am dritten Tag ritt er probehalber an Alt-Iria vorbei, und sie kam zu ihm herunter. »Es tut mir leid, Elfenbein«, sagte sie und sah mit ihren rauchigen orange-braunen Augen zu ihm auf. »Ich weiß nicht, was vorgestern über mich gekommen ist. Ich war wütend. Aber nicht auf dich. Ich bitte um Verzeihung.«

Er verzieh ihr gnädig und probierte nie wieder einen Liebeszauber an ihr aus.

Bald, dachte er jetzt, würde er keinen mehr brauchen. Er würde wahre Macht über sie haben. Endlich hatte er gesehen, wie er die Macht bekommen konnte. Sie hatte sie ihm in die Hände gegeben. Ihre Stärke und Willenskraft waren enorm, aber glücklicherweise war sie dumm und er nicht.

Birke schickte einen Fuhrunternehmer mit sechs Fässern zehn Jahre alten Fanians nach Kembermünde, die der dortige Weinhändler bestellt hatte. Seinen Magier schickte er mit Freuden als Begleitschutz mit, denn der Wein war wertvoll, und auch wenn der junge König sich bemühte, so schnell wie möglich die Ordnung wiederherzustellen, trieben immer noch Banden von Wegelagerern auf den Straßen ihr Unwesen. So verließ Elfenbein Westteich auf einem großen Wagen, der von vier großen Pferden gezogen wurde, die langsam dahintrabten, und ließ die Beine baumeln. Unten am Eselshügel erhob sich eine ungeschlachte Gestalt am Wegesrand und bat den Fuhrunternehmer, sie mitzunehmen. »Ich kenne dich nicht«, sagte der Fuhrunternehmer und hob die Peitsche, um den Fremden zu verscheuchen, aber Elfenbein kam um den Wagen herum und sagte: »Lassen Sie den Burschen mitfahren, guter Mann. Er wird keinen Schaden anrichten, solange ich bei Ihnen bin.«

»Dann behalten Sie ihn im Auge, Meister«, sagte der Fuhrunternehmer.

»Das werde ich tun«, sagte Elfenbein und zwinkerte Drachenkind zu. Sie war durch Schmutz und die alte Kutte eines Feldarbeiters und enge Hosen und einen abscheulichen Filzhut bestens verkleidet und erwiderte sein Zwinkern nicht. Sie spielte ihre Rolle sogar, während sie nebeneinandersaßen und die Beine über die Heckklappe baumeln ließen und sechs große Fässer Wein hinter ihnen rumpelten und der schläfrige Fuhrunternehmer dahinter saß und die verschlafenen sommerlichen Hügel und Felder langsam, langsam vorbeizogen. Elfenbein versuchte, sie zu necken, aber sie schüttelte nur den Kopf. Vielleicht hatte sie jetzt, wo sie ihn in die Tat umsetzten, Angst vor dem verwegenen Plan bekommen. Schwer zu sagen. Sie war ernst und schweigsam. Diese Frau könnte mich sehr langweilen, dachte Elfenbein, wenn ich sie erst einmal unter mir gehabt habe. Dieser Gedanke erregte ihn fast unerträglich, aber als er sie ansah, vergingen ihm solche Gedanken im Angesicht ihrer übermächtigen Präsenz.

Es gab keine Gasthäuser an diesem Abschnitt der Straße, die durch das Gebiet führte, das einst zur Domäne Iria gehört hatte. Als die Sonne sich den westlichen Ebenen näherte, machten sie Rast an einem Farmhaus, wo es einen Stall für die Pferde, einen Schuppen für den Wagen und Stroh im Heuschober für die Fuhrleute gab. Der Schober war dunkel und stickig, das Stroh klamm. Elfenbein verspürte nicht das geringste Begehren, obwohl Drachenkind keinen Meter von ihm entfernt lag. Sie hatte den ganzen Tag lang so überzeugend einen Mann gespielt, daß sie sogar ihn halb überzeugt hatte. Vielleicht würde sie die alten Männer doch zum Narren halten! dachte er, grinste bei dem Gedanken und schlief ein.

Den ganzen nächsten Tag ging es auf holprigen Wegen weiter, durch ein oder zwei Sommergewitter, bis sie in der Abenddämmerung in Kembermünde eintrafen, einer befestigten, wohlhabenden Hafenstadt. Sie ließen den Fuhrunternehmer die Geschäfte seines Herrn und Meisters erledigen und suchten ein Gasthaus bei den Docks. Drachenkind betrachtete die Sehenswürdigkeiten der Stadt schweigend, was auf Ehrfurcht oder Mißfallen oder bloße Gleichgültigkeit hindeuten konnte. »Dies ist eine hübsche kleine Stadt«, sagte Elfenbein, »aber die einzig wahre Stadt der Welt ist Havnor.« Es hatte keinen Zweck, sie beeindrucken zu wollen; sie sagte nur: »Es fahren nicht viele Handelsschiffe nach Roke, oder? Wird es lange dauern, bis wir eines finden, das uns mitnimmt – was meinst du?«

»Nicht, wenn ich einen Stab trage«, sagte er.

Sie sah sich nicht mehr um, sondern schlenderte eine Weile nachdenklich dahin. Sie war wunderschön, wenn sie sich bewegte, kühn und anmutig und den Kopf hoch erhoben.

»Du meinst, sie werden einem Magier gefällig sein? Aber du bist kein Magier.«

»Das ist eine reine Formsache. Wir ranghöheren Zauberer dürfen einen Stab tragen, wenn wir im Auftrag von Roke unterwegs sind. Und das bin ich.«

»Weil du mich hinbringst?«

»Weil ich ihnen einen Studenten bringe, ja. Einen hochbegabten Studenten!«

Sie stellte keine Fragen mehr. Sie widersprach niemals; das war einer ihrer Vorzüge.

An diesem Abend fragte sie beim Essen in dem Gasthaus am Hafen ungewöhnlich schüchtern: »Bin ich hoch begabt?«

»Meiner Meinung nach, ja«, sagte er.

Sie überlegte – eine Unterhaltung mit ihr war häufig eine langwierige Angelegenheit – und sagte: »Rose hat immer gesagt, daß ich Macht hätte, aber sie wußte nicht, was für eine. Und ich ... ich weiß auch, daß es so ist, aber ich weiß nicht, was sie ist.«

»Du gehst nach Roke, um das herauszufinden«, sagte er, hob das Glas und sah ihr in die Augen. Einen Moment später hob sie ihres und lächelte ihn an, ein so strahlendes und zärtliches Lächeln, daß er spontan hinzufügte: »Und möge, was du findest, alles sein, was du suchst!«

»Wenn, dann ist das dein Verdienst«, sagte sie. In diesem Augenblick liebte er sie ihres aufrichtigen Herzens wegen und hätte jeden Gedanken an sie aufgegeben, es sei denn als seine Gefährtin in einem kühnen Abenteuer, einem heldenhaften Streich.

In dem überfüllten Gasthaus mußten sie sich ein Zimmer mit zwei anderen Reisenden teilen, aber Elfenbeins Gedanken waren vollkommen keusch, obwohl er deshalb ein wenig über sich selbst lachte.

Am nächsten Morgen pflückte er einen Kräuterzweig aus dem Küchengarten des Gasthauses und verzauberte ihn zu einem stattlichen Stab, kupferbeschlagen und genau von seiner Größe. »Was ist das für ein Holz?« fragte Drachenkind fasziniert, als sie ihn sah, und als er lachend antwortete: »Rosmarin«, lachte sie auch. Sie schlenderten am Kai entlang und fragten nach einem Schiff Richtung Süden, das einen Magier und seinen Lehrling mit zur Insel der Weisen nehmen könnte, und fanden wenig später ein schweres Handelsschiff nach Wathort, dessen Kapitän den Magier umsonst und seinen Lehrling zum halben Preis beförderte. Selbst der halbe Preis war das halbe Käsegeld, aber sie kamen in den Vorzug einer Kabine, denn die *Seeotter* war ein gedeckter Zweimaster.

Als sie mit dem Kapitän sprachen, fuhr ein Wagen am Pier vor, und sechs altbekannte Fässer wurden ausgeladen. »Das sind unsere«, sagte Elfenbein, worauf der Kapitän erwiderte: »Für Hort bestimmt«, und Drachenkind leise sagte: »Von Iria.«

Da sah sie zum Land zurück. Es war das erste Mal, daß er sie je einen Blick zurückwerfen sah.

Der Wetterwirker des Schiffs kam kurz vor dem Auslaufen an Bord, kein Magier von Roke, sondern ein wettergegerbter Bursche im abgetragenen Seemantel. Elfenbein schwenkte den Stab ein wenig, um ihn zu grüßen. Der Zauberer sah ihn von oben bis unten an und sagte: »Ein Mann wirkt Wetter auf diesem Schiff. Wenn ich es nicht bin, verschwinde ich.«

»Ich bin lediglich Passagier, Meister Handlungsreisender. Die Winde überlasse ich gern Ihren Händen.«

Der Zauberer sah Drachenkind an, die stocksteif daneben stand und schwieg.

»Gut«, sagte er, und das war das letzte Wort, das er mit Elfenbein wechselte.

Während der Reise unterhielt er sich jedoch mehrmals mit Drachenkind, was Elfenbein ein wenig nervös machte. Ihre Unwissenheit und Vertrauensseligkeit konnten sie in Gefahr bringen, und damit auch ihn. Worüber hatten sie und der Handlungsreisende gesprochen? fragte er, worauf sie antwortete: »Was aus uns werden soll.«

Er sah sie an.

»Aus uns allen. Aus Weg und Felkweg und Havnor und Wathort und Roke. Aus allen Bewohnern der Inseln. Er sagt, als König Lebannen letzten Herbst gekrönt werden sollte, hat er nach dem alten Erzmagier auf Gont geschickt, damit der ihn krönen sollte, und er wollte nicht kommen. Und es gab keinen neuen Erzmagier. Also hat er sich die Krone selbst aufgesetzt. Aber viele sagen, das ist falsch und sein Anspruch auf den Thron nicht rechtens. Aber andere sagen, der König selbst ist der neue Erzmagier. Doch er ist kein Zauberer, nur ein König. Darum behaupten andere, die dunklen Jahre werden wiederkommen, als es keine Gesetze gab und die Magie mit bösen Absichten eingesetzt wurde.«

Nach einer Pause sagte Elfenbein: »Das alles sagt dieser alte Wetterwirker?«

»Ich glaube, das wird allgemein gesagt«, entgegnete Drachenkind in ihrer ernsten, schlichten Art.

Der Wetterwirker verstand immerhin sein Handwerk. Die *Seeotter* segelte geschwind nach Süden; sie gerieten in sommerliche Regenschauer und rauhen Seegang, aber nie in einen Sturm oder widrigen Wind. Sie legten an und nahmen Fracht in den Häfen an der Nordküste von O an Bord, in Ilien, Leng, Kamery und O Port, und dann segelten sie nach Westen, um die Passagiere nach Roke zu bringen. Und im Angesicht des Westkurses wurde Elfenbein ein wenig flau im Magen, denn er wußte nur zu gut, wie Roke bewacht wurde. Weder er noch der Wetterwirker würden irgend etwas gegen den Wind von Roke ausrichten können, falls er gegen sie wehte. Und falls er das tat, würde Drachenkind nach dem Warum fragen. Warum wehte der Wind gegen sie?

Es freute ihn zu sehen, daß auch der Zauberer nervös war, der beim Steuermann stand und einen Ausguck im Topp sitzen hatte, um bei einem Hauch von Westwind die Segel einzuholen. Aber der Wind wehte konstant von Norden. Er brachte ein Gewitter mit sich, und Elfenbein ging in die Kabine, aber Drachenkind blieb an Deck. Sie hatte Angst vor dem Wasser, hatte sie ihm erzählt. Sie konnte nicht schwimmen; sie sagte: »Es muß schrecklich sein, zu ertrinken! Keine Luft zu atmen ...« Sie erschauerte bei dem Gedanken. Es war das einzige Mal, daß sie Furcht vor etwas erkennen ließ. Aber sie mochte die niedrige, enge Kabine nicht, war jeden Tag an Deck geblieben und hatte in warmen Nächten sogar dort geschlafen. Elfenbein hatte nicht versucht, sie in die Kabine zu locken. Er wußte, daß es nichts nützte, sie zu locken. Wenn er sie haben wollte, mußte er sie meistern; und das würde ihm gelingen, wenn sie nur erst einmal auf Roke waren.

Er kam wieder an Deck. Als die Sonne unterging, brachen die Wolken im ganzen Westen auf und zeigten einen goldenen Himmel über der hohen, dunklen Silhouette eines Hügels.

Elfenbein sah den Hügel mit einer Art von Haßliebe an.

»Das ist der Kogel von Roke, Bursche«, sagte der Wetterwirker zu Drachenkind, die neben ihm an der Reling stand. »Wir laufen jetzt in die Bucht von Thwil ein. Wo es keinen Wind gibt außer dem Wind, den sie wollen.«

Als sie in die Bucht eingelaufen waren und den Anker gesetzt hatten, war es dunkel, und Elfenbein sagte zum Schiffsmeister: »Morgen früh gehe ich an Land.«

Unten in ihrer winzigen Kabine saß Drachenkind und wartete auf ihn, ernst wie immer, aber ihre Augen leuchteten vor Aufregung. »Wir gehen morgen früh an Land«, wiederholte er für sie, worauf sie ergeben nickte. Sie sagte: »Sehe ich gut aus?«

Er setzte sich auf seine schmale Pritsche und sah sie auf ihrer an, sie konnten einander nicht direkt gegenübersitzen, weil nicht genügend Platz für die Knie war. In O Port hatte sie sich ein anständiges Hemd und Reithosen gekauft, damit sie wie ein Kandidat der Schule aussah. Ihr Gesicht war vom Wind gerötet und sauber geschrubbt. Das Haar hatte sie zu einem Zopf geflochten, und der Zopf war eingeschlagen, wie der von Elfenbein. Auch die Hände waren sauber, und sie lagen flach auf den Oberschenkeln, lange, kräftige Hände, wie die eines Mannes.

»Du siehst nicht wie ein Mann aus«, sagte er. Sie machte ein langes Gesicht. »Für mich nicht. Für mich wirst du nie wie ein Mann aussehen. Aber sei unbesorgt. Für sie schon.«

Sie nickte mit besorgtem Gesichtsausdruck.

»Der erste Test ist der große Test, Drachenkind«, sagte er. Jede Nacht, die er allein in ihrer Kabine gelegen hatte, hatte er dieses Gespräch geübt. »In das Großhaus zu gelangen; durch jene Tür zu treten.«

»Ich habe darüber nachgedacht«, sagte sie hastig und ernst. »Könnte ich ihnen nicht einfach sagen, wer ich bin? Wenn du dabei bist, um für mich zu sprechen, um ihnen zu sagen, daß ich eine Gabe habe, auch wenn ich eine Frau bin – und ich könnte versprechen, den Eid zu schwören und das Gelübde des Zölibats abzulegen und abseits wohnen, wenn sie wollen ...«

Er schüttelte während der ganzen Rede den Kopf. »Nein, nein, nein, nein. Hoffnungslos. Nutzlos. Fatal.«

»Auch wenn du ...«

»Auch wenn ich für dich sprechen würde. Sie würden nicht zuhören. Das Gesetz von Roke verbietet, daß Frauen die Hohe Kunst oder auch nur ein Wort der Sprache des Schöpfens beigebracht wird. Das war immer so. Sie werden nicht zuhören. Also muß man es ihnen zeigen! Und wir werden es ihnen zeigen, du und ich. Wir werden ihnen eine Lektion erteilen. Du mußt tapfer sein, Drachenkind. Du darfst nicht schwach werden und denken: ›Oh, wenn ich sie einfach anflehe, mich einzulassen, können sie es mir nicht verwehren.‹ Sie können es tun, und sie werden es tun. Und wenn du dich zu erkennen gibst, werden sie dich bestrafen. Und mich.« Er legte eine besondere Betonung auf das letzte Wort und murmelte innerlich: »Behüte.«

Sie sah ihn mit unergründlichen Augen an und sagte schließlich: »Was muß ich tun?«

»Vertraust du mir, Drachenkind?«

»Ja.«

»Wirst du mir rückhaltlos vertrauen – wohl wissend, daß mein Risiko viel größer ist als dein Risiko bei diesem Unterfangen?«

»Ja.«

»Dann mußt du mir das Wort sagen, das du dem Türhüter sagen wirst.«

Sie sah ihn an. »Aber ich dachte, das würdest du mir sagen – das Kennwort.«

»Das Kennwort, das er von dir wissen will, ist dein wahrer Name.«

Er ließ sie das eine Weile verarbeiten, dann fuhr er sanft fort: »Und damit ich den Zauber der Ähnlichkeit bei dir wirken kann, damit er so vollständig und tief wird, daß die Meister von Roke einen Mann in dir sehen und nichts anderes, damit ich das kann, muß auch ich deinen Namen kennen.« Er machte wieder eine Pause. Während er es sagte, kam ihm jedes Wort wahr und aufrichtig vor, und seine Stimme klang bewegt und sanft, als er fortfuhr. »Ich hätte ihn schon vor langer Zeit erfahren können. Aber ich habe beschlossen, diese Künste nicht anzuwenden. Ich wollte, daß du mir genug vertraust, um mir deinen Namen selbst zu verraten.«

Sie betrachtete ihre Hände, die sie jetzt um die Knie geschlungen hatte. Im schwachen rötlichen Licht der Kabinenlaterne warfen ihre Wimpern lange, feine Schatten auf ihre Wangen. Sie schaute auf und sah ihn unverwandt an. »Mein Name ist Irian«, sagte sie.

Er lächelte. Sie lächelte nicht.

Er sagte nichts. Tatsächlich war er ratlos. Wenn er gewußt hätte, daß es so einfach sein würde, hätte er ihren Namen und damit die Macht, sie tun zu lassen, was er wollte, schon vor Tagen, vor Wochen haben können, hätte diesen irren Plan nur vortäuschen müssen – ohne sein Salär und sein zweifelhaftes Ansehen aufs Spiel zu setzen, ohne diese Seereise zu unternehmen, ohne den ganzen Weg bis Roke dafür zurücklegen zu müssen! Denn nun betrachtete er den ganzen Plan als Narretei. Er konnte sie unmöglich so verkleiden, daß sie den Türhüter auch nur eine Sekunde täuschen würde. Sein Wunsch, die Meister so zu demütigen, wie sie ihn gedemütigt hatten, war reine Traumtänzerei. Er war so besessen davon gewesen, das Mädchen rumzukriegen, daß er selbst in die Falle getappt war, die er ihr gestellt hatte. Verbittert sah er ein, daß er stets seine eigenen Lügen glaubte und sich in den Netzen verfing, die er auf so kunstvolle Weise knüpfte. Nachdem er sich auf Roke zum Narren gemacht hatte, war er zurückgekehrt, um es noch einmal zu machen. Eine gewaltige, trostlose Wut wallte in ihm auf. Es war vergeblich, alles war vergeblich.

»Was ist los?« fragte sie. Ihre sanfte, heisere und tiefe Stimme raubte ihm den Mut, und er verbarg das Gesicht in den Händen und kämpfte gegen die Schande der Tränen an.

Sie legte ihm eine Hand auf das Knie. Es war das erste

Mal, daß sie ihn berührte. Er ließ es geschehen, erduldete die Wärme und Last ihrer Berührung, für die er soviel Zeit vergeudet hatte.

Er wollte ihr weh tun, sie schütteln, damit diese schreckliche, unwissende Güte von ihr abfiel, aber als er endlich wieder Worte fand, sagte er: »Ich wollte nur mit dir schlafen.«

»Wirklich?«

»Hast du geglaubt, ich wäre einer ihrer Eunuchen? Daß ich mich mit Zaubersprüchen kastrieren würde, um heilig zu sein? Was meinst du, warum ich keinen Stab habe? Was meinst du, warum ich nicht in der Schule bin? Hast du alles geglaubt, was ich dir gesagt habe?«

»Ja«, sagte sie. »Es tut mir leid.« Ihre Hand lag immer noch auf seinem Knie. »Wir können immer noch miteinander schlafen, wenn du willst.«

Er richtete sich auf, blieb still sitzen.

»Was bist du?« sagte er schließlich zu ihr.

»Ich weiß nicht. Deshalb wollte ich nach Roke kommen. Um es herauszufinden.«

Er riß sich los, stand gebückt auf; sie konnten beide in der niedrigen Kabine nicht aufrecht stehen. Er ballte die Fäuste und entspannte sie wieder, wandte ihr den Rücken zu und blieb so weit von ihr entfernt stehen, wie er konnte.

»Du wirst es nicht herausfinden. Es sind alles nur Lügen und Täuschungen. Alte Männer, die Spiele mit Worten spielen. Ich wollte ihr Spiel nicht mitspielen, darum bin ich gegangen. Weißt du, was ich getan habe?« Er drehte sich um und bleckte die Zähne zu einer Fratze des Triumphs. »Ich habe ein Mädchen, ein Mädchen aus der Stadt, in mein Zimmer kommen lassen. Meine Zelle. Meine kleine Zölibatzelle aus Stein. Ich hatte ein Fenster mit Ausblick auf eine Gasse. Keine Zaubersprüche – man kann bei ihrer ganzen Magie keine Zaubersprüche wirken. Aber sie wollte kommen und kam, und ich ließ eine Strickleiter zum Fenster hinunter, und sie kletterte hoch. Und wir waren gerade dabei, als die alten Männer hereingeplatzt sind! Ich hatte es ihnen gezeigt! Und wenn ich dich hineingeschmuggelt hätte, dann hätte ich es ihnen wieder gezeigt, dann hätte ich *ihnen* eine Lektion erteilt!«

»Nun, ich werde es versuchen«, sagte sie.

Er starrte sie an.

»Nicht aus demselben Grund wie du«, sagte sie, »aber ich will es immer noch. Wir sind schon so weit gekommen. Und du kennst meinen Namen.«

Das stimmte. Er kannte ihren Namen: Irian. Er war wie ein Kohlefeuer, wie brennende Glut in seinem Geist. Sein Denken konnte ihn nicht halten. Sein Wissen konnte ihn nicht benutzen. Seine Zunge konnte ihn nicht aussprechen.

Sie schaute zu ihm auf, und das dunkle Laternenlicht machte ihr kräftiges, markantes Gesicht weicher. »Wenn du mich nur hergebracht hast, um mit mir zu schlafen, Elfenbein«, sagte sie, »das können wir tun. Wenn du es immer noch willst.«

Er schüttelte nur wortlos den Kopf. Nach einer Weile konnte er wenigstens lachen. »Ich glaube, über diese ... Möglichkeit sind wir hinaus ...«

Sie sah ihn ohne Bedauern, Vorwürfe oder Scham an.

»Irian«, sagte er, und nun kam ihm ihr Name mühelos, süß und kühl wie Quellwasser über die Lippen. »Irian, du mußt folgendes tun, wenn du das Großhaus betreten willst ...«


3. Azver

Er verabschiedete sich an der Straßenecke von ihr, einer schmalen, düsteren, irgendwie verschlagen aussehenden Straße, die zwischen konturlosen Mauern zu einer

Holztür in einer höher gelegenen Mauer führte. Er hatte seinen Zauber an ihr gewirkt, und sie sah wie ein Mann aus, auch wenn sie sich nicht wie einer fühlte. Sie und Elfenbein nahmen einander in die Arme, denn schließlich waren sie Freunde und Gefährten gewesen, und er hatte das alles für sie getan. »Mut!« sagte er und ließ sie gehen. Sie ging die Straße hinauf und blieb vor der Tür stehen. Dort drehte sie sich um, aber er war fort.

Sie klopfte.

Nach einer Weile hörte sie einen Riegel klappern. Die Tür ging auf. Ein Mann mittleren Alters von gewöhnlichem Aussehen stand da. »Was kann ich für dich tun?« fragte er. Er lächelte nicht, aber seine Stimme war freundlich.

»Sie können mich in das Großhaus einlassen, Sir.«

»Kennst du den Weg herein?« Seine mandelförmigen Augen waren aufmerksam und schienen sie doch aus Meilen oder Jahren Entfernung anzusehen.

»Dies ist der Weg hinein, Sir.«

»Weißt du, welchen Namen du mir sagen mußt, bevor ich dich einlasse?«

»Meinen eigenen: Irian.«

»Tatsächlich?« sagte er.

Das machte sie stutzig. Sie schwieg abwartend. »Es ist der Name, den mir die Hexe Rose aus meinem Dorf auf Weg im Frühling unter dem Iriaberg gegeben hat«, sagte sie schließlich und sprach aufrecht die Wahrheit.

Der Türhüter sah sie eine Weile an, die ihr lange vorkam. »Dann ist es dein Name«, sagte er. »Aber vielleicht nicht dein ganzer Name. Ich glaube, du hast noch einen.«

»Den kenne ich nicht, Sir.«

Nach einer weiteren langen Pause sagte sie: »Vielleicht kann ich ihn hier lernen, Sir.«

Der Türhüter verneigte sich ein wenig. Ein sehr schwaches Lächeln zauberte sichelförmige Kurven auf seine Wangen. Er trat beiseite. »Komm herein, Tochter«, sagte er.

Sie trat über die Schwelle des Großhauses.

Elfenbeins Ähnlichkeitszauber fiel von ihr ab wie ein Spinnennetz. Sie war wieder sie selbst und sah auch so aus.

Sie folgte dem Türhüter einen Durchgang aus Stein hinab. Erst am Ende dachte sie daran, sich umzudrehen und zu sehen, wie das Licht durch die tausend Blätter des in die hohe Tür mit ihrem weißen Hornrahmen geschnitzten Baums fiel.

Ein junger Mann in grauem Mantel, der den Gang entlang geeilt kam, blieb ruckartig stehen, als er sie sah. Er starrte Irian an; dann ging er mit einem kurzen Nicken weiter. Sie drehte sich nach ihm um. Er hatte sich nach ihr umgedreht.

Eine Kugel aus dunstigem grünen Licht schwebte in Augenhöhe rasch den Flur entlang und folgte dem jungen Mann offenbar. Der Türhüter winkte mit einer Hand danach, und die Kugel wich ihm aus. Irian sprang beiseite und duckte sich hastig, spürte aber dennoch, wie das kalte Feuer in ihrem Haar kribbelte, als es über sie hinweg schwebte. Der Türhüter hatte sich zu ihr umgeschaut, und nun war sein Lächeln breiter. Auch wenn er nichts sagte, spürte sie, daß er auf sie achtete, um sie besorgt war. Sie stand auf und folgte ihm.

Vor einer Eichentür blieb er stehen. Anstatt zu klopfen, skizzierte er mit der Spitze seines Stabs, eines leichten Stabs aus einem grauen Holz, ein kleines Zeichen oder eine Rune darauf. Die Tür ging auf, als eine tiefe Stimme dahinter sagte: »Herein!«

»Warte hier bitte einen Moment, Irian«, sagte der Türhüter und ging in das Zimmer, ließ die Tür hinter sich aber weit offen. Sie konnte Bücherregale sehen, einen Tisch mit weiteren Bücherstapeln, Tintenfässern und Schriftrollen, zwei oder drei Jungen, die an dem Tisch saßen, und den grauhaarigen, gedrungenen Mann, mit dem der Türhüter sprach. Sie sah, wie sich der Gesichtsausdruck des Mannes veränderte, wie er einen kurzen, verblüfften Blick auf sie warf, wie er dem Türhüter mit leiser, nachdrücklicher Stimme Fragen stellte.

Sie kamen beide zu ihr. »Der Meister Verwandler von Roke – Irian von Weg«, sagte der Türhüter.

Der Meister Verwandler starrte sie unverblümt an. Er war nicht so groß wie sie. Er sah den Türhüter an, dann wieder sie.

»Vergib mir, daß ich in deinem Beisein über dich spreche, junge Frau«, sagte er, »aber es muß sein. Meister Türhüter, Sie wissen, daß ich Ihr Urteil niemals in Frage stelle, aber das Gesetz ist eindeutig. Ich muß fragen, was Sie veranlaßt hat, das Gesetz zu brechen und ihr Einlaß zu gewähren.«

»Sie hat darum gebeten«, sagte der Türhüter.

»Aber ...« Der Meister Verwandler verstummte.

»Wann hat eine Frau zum letztenmal gebeten, die Schule zu betreten?«

»Sie wissen, daß das Gesetz es nicht erlaubt.«

»Hast du das gewußt, Irian?« fragte der Türhüter, und sie antwortete: »Ja, Sir.«

»Also, was hat dich hierhergeführt?« fragte der Meister Verwandler streng, aber ohne seine Neugier zu verbergen.

»Meister Elfenbein sagte, ich könnte als Mann gelten. Aber ich dachte, ich sage lieber, wer ich bin. Ich werde so enthaltsam wie alle anderen leben, Sir.«

Die langen Kurven erschienen wieder auf den Wangen des Türhüters und schlossen das langsam entstehende Lächeln ein. Das Gesicht des Meisters Verwandler blieb streng, aber er blinzelte und sagte nach kurzem Nachdenken: »Da bin ich sicher – ja – es war eindeutig der bessere Plan, ehrlich zu sein. Von welchem Meister hast du gesprochen?«

»Elfenbein«, sagte der Türhüter. »Ein junger Mann aus dem Großen Hafen von Havnor, den ich vor drei Jahren herein- und letztes Jahr wieder hinausgelassen habe, wie Sie sich erinnern werden.«

»Elfenbein! Der Bursche, der mit Hand studiert hat? Ist er hier?« wollte der Meister der Verwandlungen erbost von Irian wissen. Sie stand aufrecht und sagte nichts.

»Nicht in der Schule«, sagte der Türhüter lächelnd.

»Er hat dich zum Narren gehalten, junge Frau. Hat dich zur Närrin gemacht, indem er versucht hat, uns zu Narren zu machen.«

»Ich habe ihn benutzt, damit er mir hilft, hierherzukommen, und mir verrät, was ich dem Türhüter sagen muß«, sagte Irian. »Ich bin nicht hier, um jemanden zum Narren zu halten, sondern um zu lernen, was ich wissen muß.«

»Ich habe mich oft gefragt, warum ich den Jungen hereingelassen habe«, sagte der Türhüter. »Allmählich komme ich dahinter.«

Nun sah ihn der Meister Verwandler an und fragte nach einer kurzen Pause ernst: »Türhüter, woran denken Sie?«

»Ich glaube, Irian von Weg könnte nicht nur zu uns gekommen sein, um zu lernen, was sie wissen muß, sondern auch, was wir wissen müssen.« Der Tonfall des Türhüters war ebenfalls ernst, sein Lächeln verschwunden. »Ich denke, dies sollte Anlaß zu einem Gespräch unter uns neun sein.«

Das nahm der Meister Verwandler mit einer Miene aufrichtigen Erstaunens hin; aber er stellte dem Türhüter keine Frage. Er sagte nur: »Aber nicht unter den Schülern.«

Der Türhüter schüttelte zustimmend den Kopf.

»Sie kann in der Stadt wohnen«, sagte der Meister Verwandler sichtlich erleichtert.

»Während wir hinter ihrem Rücken reden?«
»Sie werden sie doch nicht in den Ratssaal bringen?« fragte der Meister Verwandler fassungslos.
»Der Erzmagier hat den Knaben Arren dorthin gebracht.«
»Aber ... aber Arren war König Lebannen ...«
»Und wer ist Irian?«
Der Meister Verwandler schwieg einen Moment und sagte dann leise, voll Respekt: »Mein Freund, was gedenken Sie zu tun, um zu lernen? Was ist sie, daß Sie das für sie verlangen?«
»Wer sind wir«, entgegnete der Türhüter, »daß wir sie ablehnen, ohne zu wissen, was sie ist?«

»Eine Frau«, sagte der Meister Gebieter.

Irian hatte einige Stunden in der Kammer des Türhüters gewartet, einem niedrigen, hellen, kahlen Raum mit einem Fenster, dessen kleine Scheiben Ausblick auf die Küchengärten des Großhauses boten – hübsche, gepflegte Gärten, lange Reihen und Beete mit Gemüse, Grünpflanzen und Kräutern, mit Beerenstauden und dahinter Obstbäumen. Sie sah einen vierschrötigen, dunklen Mann und zwei Jungen herauskommen und eines der Gemüsebeete jäten. Es beruhigte sie, ihnen bei ihrer gründlichen Arbeit zuzusehen. Sie wünschte sich, sie hätte ihnen dabei helfen können. Das Warten und die seltsame Atmosphäre waren schwer zu ertragen. Einmal kam der Türhüter herein und brachte ihr einen Teller mit kaltem Braten und Brot und Frühlingszwiebeln, und sie aß, weil er es ihr sagte, obwohl es Schwerarbeit war, zu kauen und zu schlucken. Die Gärtner gingen wieder, und danach gab es nichts mehr in dem Garten zu sehen, außer wachsenden Kohlköpfen und herumhüpfenden Sperlingen und ab und zu einen Falken am Himmel; und den Wind, der sanft durch die Wipfel der hohen Bäume jenseits der Gärten wehte.

Der Türhüter kam zurück und sagte: »Komm, Irian, und lerne die Meister von Roke kennen.« Ihr Herz begann zu galoppieren wie ein Karrengaul. Sie folgte ihm durch ein Labyrinth von Korridoren zu einem Zimmer mit dunklen Wänden und einer Reihe hoher Spitzbogenfenster. Eine Gruppe Männer stand darin, und jeder einzelne drehte sich zu ihr um, als sie das Zimmer betrat.

»Irian von Weg, meine Herren«, sagte der Türhüter. Sie schwiegen alle. Er winkte ihr, weiter in den Raum zu kommen. »Den Meister Verwandler hast du schon kennengelernt«, sagte er. Er nannte ihr die Namen der anderen, aber sie konnte sich nicht die Namen der Meisterschaften merken, abgesehen vom Kräutermeister – das war derjenige, den sie für den Gärtner gehalten hatte – und dem unter ihnen, der am jüngsten aussah, ein großer Mann mit strengem, schönem Gesicht, das aus dunklem Stein geschnitten zu sein schien – das war der Meister Gebieter. Er ergriff das Wort, als der Türhüter fertig war. »Eine Frau«, sagte er.

Der Türhüter nickte einmal, milde wie immer.

»Dafür hast du die neun zusammengerufen? Aus diesem und keinem andern Grund?«

»Aus diesem und keinem andern Grund«, sagte der Türhüter.

»Drachen wurden über dem Inneren Meer gesehen. Roke hat keinen Erzmagier, die Inseln keinen wahrhaft gekrönten König. Es gibt richtige Arbeit«, sagte der Gebieter, und seine Stimme war wie Stein, kalt und schwer. »Wann sollen wir sie tun?«

Es folgte ein unbehagliches Schweigen, als der Türhüter nicht antwortete. Schließlich sagte ein kleiner Mann mit leuchtenden Augen, der eine rote Tunika unter dem Magiermantel trug: »Haben Sie diese Frau als Schülerin in das Haus gebracht, Meister Türhüter?«

»Wenn ja, wäre es an Ihnen allen, die Entscheidung zu billigen oder abzulehnen«, sagte er.

»Ist es so?« fragte der Mann in der roten Tunika und lächelte verhalten.

»Meister Hand«, sagte der Türhüter, »sie hat gebeten, als Schülerin eintreten zu dürfen, und ich sah keinen Grund, es ihr zu verwehren.«

»Allen Grund«, sagte der Gebieter.

Ein Mann mit einer tiefen, klaren Stimme ergriff das Wort. »Nicht unsere persönliche Meinung ist hier ausschlaggebend, sondern das Gesetz von Roke, das zu befolgen wir geschworen haben.«

»Ich bezweifle, daß sich der Türhüter leichtfertig darüber hinwegsetzen würde«, sagte einer von ihnen, den Irian nicht bemerkt hatte, bis er sich zu Wort meldete, obwohl er ein großer Mann war, weißhaarig, mit kräftigem Knochenbau und einem faltigen Gesicht. Im Gegensatz zu den anderen sah er sie an, während er sprach. »Ich bin Kurremkarmerruk«, sagte er zu ihr. »Als der Meister Namengeber hier gehe ich nach Gutdünken mit Namen um, meinen eigenen eingeschlossen. Wer hat dir deinen Namen gegeben, Irian?«

»Die Hexe Rose aus unserem Dorf, Herr«, antwortete sie und blieb aufrecht stehen, auch wenn ihre Stimme sich schrill und brüchig anhörte.

»Trägt sie einen falschen Namen?« fragte der Türhüter den Namengeber.

Kurremkarmerruk schüttelte den Kopf »Nein. Aber ...«

Der Gebieter, der mit dem Rücken zu ihnen gestanden hatte, dem kalten Kamin zugewandt, drehte sich zu ihnen um. »Die Namen, die Hexen einander geben, gehen uns hier nichts an«, sagte er. »Wenn Sie ein Interesse an dieser Frau haben, Türhüter, sollte ihm außerhalb dieser Wände nachgegangen werden – vor der Tür, die zu hüten Sie geschworen haben. Sie hat hier nichts zu suchen und wird es nie haben. Sie kann nur Verwirrung, Zwietracht und größere Schwäche unter uns bringen. Ich werde nicht mehr sprechen und in ihrer Gegenwart nichts mehr sagen. Die einzige Antwort auf einen offensichtlichen Irrtum ist Schweigen.«

»Schweigen ist nicht genug, mein Herr«, sagte einer, der bis jetzt noch nichts gesagt hatte. Für Irian sah er seltsam aus mit seiner blaßroten Haut, dem langen hellen Haar und den schmalen eisfarbenen Augen. Seine Ausdrucksweise war ebenfalls seltsam, steif und irgendwie deformiert. »Schweigen ist die Antwort auf alles und auf nichts«, sagte er.

Der Gebieter hob das edle, dunkle Gesicht und sah durch das Zimmer zu dem blassen Mann, sagte aber nichts. Ohne ein weiteres Wort oder eine Geste drehte er sich wieder um und verließ den Raum. Als er langsam an Irian vorbeiging, wich sie vor ihm zurück. Es war, als hätte sich ein Grab aufgetan, ein winterliches Grab, kalt, naß, dunkel. Der Atem stockte ihr in der Kehle. Sie rang keuchend nach Luft. Als sie sich wieder erholt hatte, sah sie, daß der Meister Verwandler und der blasse Mann sie eindringlich ansahen.

Der mit der Stimme wie eine tief tönende Glocke sah sie ebenfalls an und sprach mit einer schlichten, freundlichen Strenge zu ihr. »Wie ich es sehe, hat der Mann, der dich hierhergebracht hat, Böses geplant, aber du nicht. Aber durch dein Hiersein, Irian, schadest du uns und dir. Alles, was nicht an seinem Platz ist, richtet Schaden an. Ein einziger Ton, wie schön er auch immer gesungen wird, verdirbt eine Melodie, wenn er nicht dazugehört. Frauen unterrichten Frauen. Hexen lernen ihr Gewerbe von anderen Hexen und Zauberern, nicht von Magiern. Was wir hier lehren, ist in einer Sprache, die nicht für die Zungen von Frauen bestimmt ist. Das jugendliche Herz rebelliert gegen solche Gesetze und nennt sie ungerecht und willkürlich. Aber es sind wahre Gesetze, die nicht darauf basieren, was wir wollen, sondern was ist. Die Gerechten und Ungerechten, die

Weisen und Törichten, alle müssen ihnen gehorchen, andernfalls vergeuden sie Leben und bringen Trauer über sich.«

Der Meister Verwandler und ein dünner alter Mann mit schmalem Gesicht, der neben ihm stand, nickten zustimmend. Meister Hand sagte: »Irian, es tut mir leid. Elfenbein war mein Schüler. Wenn ich ihn schon schlecht unterrichtet habe, so habe ich es noch schlimmer gemacht, als ich ihn weggeschickt habe. Ich hielt ihn für unbedeutend und darum harmlos. Aber er hat dich belogen und getäuscht. Du darfst keine Scham empfinden. Es war seine Schuld – und meine.«

»Ich schäme mich nicht«, sagte Irian. Sie sah alle an. Sie überlegte, ob sie ihnen für ihre Höflichkeit danken sollte, aber die Worte kamen ihr nicht über die Lippen. Sie nickte ihnen steif zu, drehte sich um und verließ den Raum.

Der Türhüter holte sie ein, als sie an eine Kreuzung kam und nicht wußte, welche Richtung sie einschlagen sollte. »Hier entlang«, sagte er und hielt mit ihr Schritt, und nach einer Weile: »Hier entlang«, und auf diese Weise kamen sie wenig später zu einer Tür. Sie bestand nicht aus Elfenbein und Horn. Sie bestand aus schmucklosem Eichenholz, schwarz und massiv, mit einem vom Alter abgenutzten Riegel aus Eisen. »Dies ist die Hintertür«, sagte der Magier und öffnete sie. »Medras Tor wurde sie genannt. Ich bin der Hüter beider Türen.« Er öffnete sie. Die Helligkeit des Tages tat Irian in den Augen weh. Als sie klar sehen konnte, sah sie einen Weg, der von der Tür durch die Gärten und Felder dahinter führte; jenseits der Felder standen hohe Bäume, und auf der rechten Seite erhob sich die Wölbung des Kogel von Roke. Aber unmittelbar vor der Tür stand der Mann mit hellem Haar und zusammengekniffenen Augen auf dem Weg, als hätte er auf sie gewartet.

»Formgeber«, sagte der Türhüter, nicht im geringsten überrascht.

»Wohin schicken Sie diese Dame?« fragte der Formgeber in seiner seltsamen Sprechweise.

»Nirgends«, sagte der Türhüter. »Ich lasse sie hinaus, wie ich sie hereingelassen habe, auf ihren Wunsch.«

»Möchtest du mit mir kommen?« fragte der Formgeber Irian.

Sie sah ihn und den Türhüter an und sagte nichts.

»Ich lebe nicht in diesem Haus. In keinem der Häuser«, sagte der Formgeber. »Ich lebe dort. In dem Hain. Ah«, sagte er und drehte sich unvermittelt um. Der große, weißhaarige Mann, der Namengeber Kurremkarmerruk, stand am Ende des Wegs. Er stand erst da, seit der andere Magier »Ah« gesagt hatte. Irian sah mit äußerster Verwunderung von einem zum anderen.

»Dies ist nur ein Abbild von mir, eine Darstellung, eine Sendung«, sagte der alte Mann zu ihr. »Ich lebe auch nicht hier. Meilen entfernt.« Er zeigte nach Norden. »Du kannst dorthin kommen, wenn du mit dem Formgeber fertig bist. Ich würde gern mehr über deinen Namen erfahren.« Er nickte den beiden anderen Magiern zu und war plötzlich nicht mehr da. Eine Hummel summte träge durch die Luft, wo er gewesen war.

Irian sah zu Boden. Nach einer langen Zeit räusperte sie sich und sagte, ohne aufzuschauen: »Stimmt es, daß ich durch mein Hiersein Schaden anrichte?«

»Ich weiß es nicht«, sagte der Türhüter.

»Im Hain kann es nicht schaden«, sagte der Formgeber. »Komm mit. Es gibt da ein altes Haus, eine Hütte. Alt, schmutzig. Das stört dich doch nicht, oder? Bleib ein Weilchen. Du wirst schon sehen.« Und er ging zwischen Petersilie und Staudenbohnen den Weg entlang. Sie sah den Türhüter an; er lächelte verhalten. Sie folgte dem Mann mit den hellen Haaren.

Sie gingen etwa eine halbe Meile. Rechts von ihnen

erhob sich der Kogel in der Sonne, die im Westen stand. Hinter ihnen erstreckte sich grau und mit vielen Dächern die Schule auf dem flacheren Hügel. Vor ihnen ragte nun der Hain auf. Sie sah Eichen und Weiden, Kastanien und Eschen und hohe Nadelbäume. Aus der dichten, sonnendurchfluteten Dunkelheit der Bäume floß ein Bach mit grünen Ufern und vielen braunen, abgetretenen Stellen, wo Rinder und Schafe zur Tränke gingen oder ihn überquerten. Sie waren von einer Wiese durch den Zauntritt gekommen, wo fünfzig oder sechzig Schafe in dem kurzen, hellen Grün grasten, und standen nun am Bach. »Dieses Haus«, sagte der Magier und zeigte auf ein flaches, moosbewachsenes Dach, das von dem nachmittäglichen Schatten der Bäume vor Blicken verborgen wurde. »Bleib heute nacht. Ja?«

Er bat sie, zu bleiben, er befahl es ihr nicht. Sie konnte nur nicken.

»Ich bringe etwas zu essen«, sagte er und ging mit schnellen Schritten, so daß er bald, wenn auch nicht so unvermittelt wie der Namengeber, in Licht und Schatten unter den Bäumen verschwand. Irian sah ihm nach, bis er ganz sicher fort war, dann ging sie durch hohes Gras und Unkraut zu dem kleinen Haus.

Es sah sehr alt aus. Es war sichtlich immer wieder ausgebessert worden, aber in letzter Zeit wohl nicht mehr. Und es machte den Eindruck, als hätte auch lange niemand mehr darin gewohnt. Aber es hatte eine angenehme Atmosphäre, als hätten alle, die darin geschlafen hatten, friedlich geschlafen. Was altersschwache Wände, Mäuse, Spinnweben und karges Mobiliar betraf, das alles war Irian nicht neu. Sie fand einen Reisigbesen und fegte ein wenig aus. Sie rollte ihre Decke auf dem Pritschenbett aus. Sie fand einen gesprungenen Krug in einem Schrank mit schiefen Türen und füllte ihn mit Wasser aus dem Bach, der zehn Schritte von der Tür entfernt klar und leise floß. Das alles erledigte sie in einer Art von Trance, und als sie es erledigt hatte, setzte sie sich mit dem Rücken zur Hauswand, die die Wärme der Sonne speicherte, ins Gras und schlief ein.

Als sie aufwachte, saß Meister Formgeber neben ihr, und ein Korb stand zwischen ihnen im Gras.

»Hungrig? Iß«, sagte er.

»Ich esse später, Sir. Danke«, sagte Irian.

»Ich bin jetzt hungrig«, sagte der Magier. Er holte ein gekochtes Ei aus dem Korb, schlug es auf, schälte und aß es.

»Sie nennen es das Otternhaus«, sagte er. »Sehr alt. So alt wie das Großhaus. Alles ist alt hier. Wir sind alt – die Meister.«

»Sie nicht«, sagte Irian. Sie schätzte sein Alter auf dreißig bis vierzig, aber das war schwer zu sagen; sie nahm an, daß sein Haar weiß war, weil es nicht schwarz war.

»Aber ich komme von weit her. Meilen können Jahre sein. Ich bin Kargisch aus Karego. Kennst du das?«

»Die Eisgrauen Männer!« sagte Irian und starrte ihn unverhohlen an. Daisys Balladen von den Eisgrauen Männern, die aus dem Osten gesegelt kamen, um das Land in Schutt und Asche zu legen und unschuldige Babys auf ihren Lanzen aufzuspießen, und die Geschichte, wie Erreth-Akbe seinen Ring des Friedens verloren hatte, und die neuen Lieder und die Geschichte des Königs darüber, wie der Erzmagier Sperber zu den Eisgrauen Männern hinabgestiegen und mit dem Ring zurückgekommen war ...

»Eisgrau?« fragte der Formgeber.

»Frostig. Weiß«, sagte sie und wandte sich verlegen ab.

»Ah.« Dann sagte er: »Der Meister Gebieter ist nicht alt.« Und sie bemerkte einen schiefen Blick aus diesen schmalen, eisfarbenen Augen.

Sie sagte nichts.

»Ich glaube, du hast Angst vor ihm gehabt.«
Sie nickte.
Als sie nichts sagte und einige Zeit vergangen war, sagte er: »In den Schatten dieser Bäume gibt es kein Leid. Nur Wahrheit.«
»Als er an mir vorüberging«, sagte sie mit leiser Stimme, »habe ich ein Grab gesehen.«
»Ah«, sagte der Formgeber.
Er machte aus den Eierschalen ein kleines Häufchen auf dem Boden neben seinem Knie. Er legte die weißen Bruchstücke zu einer Rundung und schloß sie zu einem Kreis. »Ja«, sagte er, studierte die Eierschalen, kratzte die Erde ein wenig auf und vergrub sie fein säuberlich. Er klopfte die Hände ab. Wieder streifte er Irian mit einem kurzen Blick.
»Bist du eine Hexe gewesen, Irian?«
»Nein.«
»Aber du besitzt etwas Wissen?«
»Nein. Tu ich nicht. Rose wollte mir nichts beibringen. Sie sagte, sie würde es nicht wagen. Weil ich Macht habe, aber sie nicht wüßte, was für eine.«
»Deine Rose ist eine weise Blume«, sagte der Magier, ohne zu lächeln.
»Aber ich weiß, ich muß – ich muß etwas tun, etwas sein. Darum wollte ich hierherkommen. Um das herauszufinden. Auf der Insel der Weisen.«
Sie gewöhnte sich an sein seltsames Gesicht und konnte es auch lesen. Sie dachte, daß er traurig aussah. Seine Art zu sprechen war knapp, schnell, trocken, friedlich. »Die Männer der Insel sind nicht immer weise«, sagte er. »Vielleicht der Türhüter.« Er sah sie jetzt an, nicht verstohlen, sondern offen, und fing ihren Blick mit seinem ein. »Aber hier. Im Wald. Unter den Bäumen. Hier existiert die alte Weisheit. Niemals alt. Ich kann dich nicht lehren. Ich kann dich in den Hain mitnehmen.« Nach einer Minute stand er auf. »Ja?«

»Ja«, sagte sie unsicher.
»Ist das Haus in Ordnung?«
»Ja ...«
»Morgen«, sagte er und ging fort.

Und so kam es, daß Irian während der heißen Sommertage einen halben Monat oder länger im Otternhaus, wo es friedlich war, schlief und aß, was der Meister Formgeber in seinem Korb brachte – Eier, Käse, Gemüse, Obst, geräuchertes Hammelfleisch –, und jeden Nachmittag mit ihm in den Hain mit den hohen Bäumen ging, wo die Wege niemals exakt so zu sein schienen, wie sie sie in Erinnerung hatte, und häufig hatte sie den Eindruck, daß sie weit über die Grenzen des Waldes hinausführten. Sie gingen schweigend dort spazieren und sprachen selten, wenn sie ausruhten. Der Magier war ein stiller Mann. Obwohl es eine Spur Wildheit in ihm gab, zeigte er sie ihr nie, und seine Gegenwart war so angenehm wie die der Bäume und seltenen Vögel und vierbeinigen Geschöpfe des Hains. Wie er gesagt hatte, versuchte er nicht, sie zu lehren. Als sie ihn nach dem Hain fragte, sagte er ihr, daß er, genau wie der Kogel von Roke, schon existierte, als Segoy die Inseln der Welt gemacht hatte und alle Magie in den Wurzeln der Bäume wohnte, die mit den Wurzeln aller Wälder verflochten waren, die gewesen waren oder sein würden. »Und manchmal ist der Hain an diesem Ort«, sagte er, »und manchmal an einem anderen. Aber er ist immer.«

Sie hatte nie gesehen, wo er lebte. In diesen warmen Sommernächten, dachte sie, schlief er wahrscheinlich, wo immer er Lust dazu hatte. Sie fragte ihn, woher das Essen kam, das sie zu sich nahmen, was die Schule selbst nicht zur Verfügung stellte, sagte er, das gaben die Bauern der Umgebung, denen als Gegenleistung der Schutz genügte, den die Meister für ihre Herden und Felder und Haine boten. Das leuchtete ihr ein. Auf

Weg bedeutete »ein Magier ohne seinen Haferbrei« etwas Unvorstellbares, Unerhörtes. Aber sie war kein Magier, und um ihren Haferbrei zu verdienen, bemühte sie sich nach Kräften, das Otternhaus zu reparieren, wozu sie Werkzeuge von einem Farmer auslieh und Nägel und Mörtel in Thwil kaufte, denn sie hatte immer noch das halbe Käsegeld.

Der Formgeber besuchte sie niemals vor der Mittagszeit, daher hatte sie die Vormittage zur freien Verfügung. Sie war an Einsamkeit gewöhnt, aber dennoch vermißte sie Rose und Daisy und Coney, die Hühner und Kühe und Milchschafe und die rüpelhaften, dummen Hunde sowie die ganze Arbeit, die sie zu Hause getan hatte, um Alt-Iria zusammenzuhalten und das Essen auf den Tisch zu bringen. Sie arbeitete jeden Morgen gemächlich, bis sie den Magier, dessen sonnenfarbenes Haar im Sonnenschein leuchtete, zwischen den Bäumen hervorkommen sah.

Hier im Hain dachte sie nicht daran, etwas zu erarbeiten, zu verdienen oder auch nur zu lernen. Hier zu sein, das war genug, war alles.

Als sie ihn fragte, ob Schüler aus dem Großhaus hierherkamen, sagte er: »Manchmal.« Ein andermal sagte er: »Meine Worte sind nichts. Hör auf die Blätter.« Das war das einzige, das er jemals sagte, das man als Lehre bezeichnen konnte. Wenn sie spazierenging, hörte sie auf die Blätter, wenn der Wind darin rauschte oder in den Baumwipfeln stürmte; sie verfolgte das Spiel der Schatten und dachte über die Wurzeln der Bäume unten in der Dunkelheit der Erde nach. Sie war durchaus damit zufrieden, hier zu sein. Und doch hatte sie, ohne Mißvergnügen oder Ungeduld, stets das Gefühl, daß sie wartete. Und diese stumme Erwartung war am deutlichsten und klarsten, wenn sie aus dem Schutz des Waldes trat und den freien Himmel sah.

Einmal, als sie eine weite Strecke gegangen waren

und dunkle Nadelbäume, die sie nicht kannte, hoch um sie herum aufragten, hörte sie einen Ruf – den Ton eines Horns oder einen Schrei? –, weit entfernt, gerade an der Hörgrenze. Sie blieb stehen und horchte nach Westen. Der Magier ging weiter und drehte sich erst um, als er merkte, daß sie stehengeblieben war.

»Ich hörte ...«, sagte sie, konnte aber nicht sagen, was sie gehört hatte.

Er lauschte. Schließlich gingen sie weiter in einer Stille, die nach dem fernen Ruf noch umfassender und alles beherrschend wirkte.

Sie ging nie ohne ihn in den Hain, und es vergingen viele Tage, bis er sie darin allein ließ. Aber eines Tages, als sie an eine Lichtung zwischen einer Eichengruppe kamen, sagte er: »Ich werde hierher zurückkommen, ja«, ging mit seinen raschen, lautlosen Schritten weiter und verschwand fast augenblicklich in den gefleckten, sich verändernden Tiefen des Waldes.

Sie hatte nicht den Wunsch, den Wald allein zu erforschen. Der friedliche Ort gebot Stille, Beobachten, Zuhören; und sie wußte, wie trügerisch die Wege waren, und daß der Hain, wie der Formgeber sich ausdrückte, »innen größer als außen« war. Sie setzte sich auf einer sonnenfleckigen Stelle inmitten der Schatten nieder und verfolgte das Schattenspiel des Laubs auf dem Boden. Eine tiefe Schicht Eicheln lag am Boden verstreut; sie hatte noch nie Wildschweine in dem Wald gesehen, aber hier sah sie ihre Fährten. Einen Moment lang nahm sie den Geruch eines Fuchses wahr. Ihre Gedanken bewegten sich so leicht und angenehm wie die Brise in dem warmen Licht.

Häufig schien ihr Kopf ganz frei von Gedanken und ganz von dem Wald selbst erfüllt zu sein, aber an diesem Tag überfielen sie lebhafte und deutliche Erinnerungen. Sie dachte an Elfenbein, den sie wahrscheinlich nie wiedersehen würde, und fragte sich, ob er ein Schiff gefunden hatte, das ihn zurück nach Havnor brachte. Er hatte ihr gesagt, daß er nie wieder nach Westteich zurückkehren würde; der einzige Ort für ihn sei der Große Hafen, die Stadt des Königs. Seinetwegen könnte die ganze Insel Weg tief im Meer versinken. Aber sie dachte voller Liebe an die Straßen und Felder von Weg. Sie dachte an das Dorf von Alt-Iria, die marschige Quelle unter dem Iriaberg, das alte Haus darauf. Sie dachte an Daisy, die in der Küche ihre Balladen sang, an Winterabende, an ihre Holzpantoffeln, mit denen sie den Takt der Sekunden klopfte; und an den alten Coney mit seinem scharfen Messer in den Weingärten, wo er ihr zeigte, wie man die Reben »bis auf das Leben in ihnen« zurückschnitt; und an Rose, ihre Etaudis, die Zaubersprüche flüsterte, um die Schmerzen im gebrochenen Arm eines Kindes zu lindern. Ich habe weise Menschen kennengelernt, dachte sie. Ihr Geist schrak vor Erinnerungen an ihren Vater zurück, aber die Bewegungen von Blättern und Schatten beschworen sie dennoch herauf. Sie sah ihn betrunken und brüllend. Sie spürte seine tastenden, zitternden Hände auf sich. Sie sah ihn elend und beschämt weinen, und Kummer erfüllte ihren Körper und löste sich wieder auf wie ein Schmerz, der langsam abklingt. Er bedeutete ihr weniger als die Mutter, die sie nie gekannt hatte.

Sie streckte sich, spürte das Wohlgefühl ihres Körpers in der Wärme, und ihre Gedanken wanderten zu Elfenbein zurück. Sie hatte niemanden in ihrem Leben, den sie begehrt hätte. Als der junge Magier zum erstenmal so jung und arrogant vorbeigeritten war, hatte sie sich gewünscht, sie hätte ihn wollen können; aber sie konnte nicht, und daher hatte sie geglaubt, daß er durch eine Magie geschützt sei. Rose hatte ihr erklärt, wie die Zaubersprüche von Magiern wirkten, »damit das Verlangen dir nie in den Kopf eindringt, und in ihren auch nicht, weil das auf Kosten ihrer Macht gehen würde, sagen sie«. Aber Elfenbein, der arme Elfenbein, war nur allzu ungeschützt gewesen. Wenn jemand unter einem Keuschheitszauber stand, dann mußte sie das gewesen sein, denn so bezaubernd und hübsch er auch war, sie hatte nie etwas anderes für ihn empfinden können als Zuneigung, und ihre einzige Lust war gewesen, zu lernen, was er ihr beibringen konnte.

Sie dachte über sich selbst nach, während sie in der tiefen Stille des Hains saß. Kein Vogel sang; der Wind hatte sich gelegt; die Blätter hingen still. Bin ich behext? Bin ich ein steriles Ding, nicht vollständig, keine Frau? fragte sie sich und betrachtete ihre kräftigen bloßen Arme und die sanften Rundungen der Brüste im Schatten unter dem Kragen ihres Hemdes.

Sie schaute auf und sah den Eisgrauen Mann aus dem dunklen Korridor unter den Eichen treten und über die Lichtung auf sie zukommen.

Er blieb vor ihr stehen. Sie spürte, wie sie errötete, wie ihr Gesicht und ihr Hals brannten, ihr schwindlig wurde, ihr die Ohren klingelten. Sie suchte Worte, etwas, das sie sagen konnte, um seine Aufmerksamkeit von ihr abzulenken, fand aber überhaupt nichts. Er setzte sich neben sie. Sie senkte den Blick, als würde sie das Gerippe eines Blatts vom vergangenen Jahr betrachten.

Was will ich? fragte sie sich, und die Antwort kam nicht in Worten, sondern durchströmte ihren ganzen Körper und ihre Seele: das Feuer, ein größeres Feuer als das, der Flug, der brennende Flug ...

Sie kehrte wieder in sich selbst zurück, in die Stille unter den Bäumen. Der Eisgraue Mann saß neben ihr und hatte den Kopf gesenkt, und sie dachte, wie schmal und leicht er aussähe, wie still und traurig. Sie mußte ihn nicht fürchten. Er wollte ihr nicht schaden.

Er sah zu ihr hinüber.

»Irian«, sagte er, »hörst du die Blätter?«

Die Brise wehte wieder sanft; sie konnte den Hauch eines Flüsterns zwischen den Eichen hören. »Ein bißchen«, sagte sie.

»Verstehst du die Worte?«

»Nein.«

Sie stellte keine Fragen, und er sagte nichts mehr. Schließlich stand er auf, und sie folgte ihm auf dem Weg, der sie stets, früher oder später, aus dem Wald und zu der Lichtung am Thwilbach und dem Otternhaus führte. Als sie dort eintrafen, war es später Nachmittag. Er ging zum Bach und trank an der Stelle, wo er aus dem Wald herauskam, oberhalb der ganzen Spuren. Sie folgte seinem Beispiel. Als sie im kühlen, hohen Gras am Ufer saßen, fing er an, zu erzählen.

»Mein Volk, die Kargs, betet Götter an. Zwillingsgötter, Brüder. Und der König dort ist ebenfalls ein Gott. Aber davor und danach existieren die Bäche. Höhlen, Steine, Hügel. Bäume. Die Erde. Die Dunkelheit der Erde.«

»Die Alten Mächte«, sagte Irian.

Er nickte. »Dort kennen Frauen die Alten Mächte. Und hier auch, Hexen. Und das Wissen ist böse – nicht wahr?«

Wenn er dieses fragende »nicht wahr« an eine scheinbare Feststellung anhängte, überraschte er sie damit immer wieder. Sie sagte nichts.

»Dunkelheit ist schlecht«, sagte der Formgeber. »Nicht wahr?«

Irian holte tief Luft und sah ihm fest in die Augen, während sie dasaßen. »›Nur in der Dunkelheit ist Licht‹«, sagte sie.

»Ah«, sagte er. Er wandte sich ab, so daß sie seinen Gesichtsausdruck nicht sehen konnte.

»Ich sollte gehen«, sagte sie. »Ich kann im Hain spazierengehen, aber nicht dort leben. Er ist nicht mein ... mein Ort. Und der Meister Sänger hat gesagt, daß ich durch mein Hiersein Schaden anrichte.«

»Wir alle richten durch unser Sein Schaden an«, sagte der Formgeber.

Er tat, was er häufig tat, schaffte eine kleine Form aus allem, was eben zur Hand war: Auf den Sand des Ufers vor sich legte er den Stiel eines Blatts, einen Grashalm und mehrere Kieselsteine. Er betrachtete sie und ordnete sie neu. »Jetzt muß ich von Schaden sprechen«, sagte er.

Nach einer langen Pause fuhr er fort: »Du weißt, daß ein Drache unseren Lord Sperber zusammen mit dem jungen König von der Küste des Todes zurückgebracht hat. Danach trug der Drache Sperber in seine Heimat, denn seine Macht war dahin, er war kein Magier mehr. Aus diesem Grund versammelten sich die Meister von Roke zu gegebener Zeit, um einen neuen Erzmagier zu wählen, und zwar hier, im Hain, wie immer. Oder nicht wie immer.

Bevor der Drache kam, war auch der Gebieter vom Tod zurückgekehrt, wohin er gehen, wohin seine Kunst ihn führen kann. Er hatte unseren Herrn und den jungen König dort gesehen, in jenem Land auf der anderen Seite der Steinmauer. Er sagte, sie würden nicht zurückkehren. Er sagte, Lord Sperber habe ihm gesagt, daß er zu uns zurückkehren solle, ins Leben, und die Kunde verbreiten. Und so trauerten wir um unseren Herrn.

Doch dann kam der Drache Kalessin und brachte ihn lebend.

Der Gebieter war bei uns, als wir auf dem Kogel von Roke standen und den Erzmagier vor König Lebannen knien sahen. Und als der Drache unseren Freund fortbrachte, fiel der Gebieter um.

Er lag da wie tot, kalt, sein Herz schlug nicht, und doch atmete er. Der Kräutermeister setzte seine ganze Kunstfertigkeit ein, konnte ihn aber nicht erwecken. ›Er ist tot‹, sagte er. ›Der Atem will nicht aus ihm weichen, aber er ist tot.‹ Und so trauerten wir um ihn. Aber weil

Uneinigkeit zwischen uns herrschte und meine Muster alle von Veränderung und Gefahr sprachen, trafen wir uns, um einen neuen Hüter von Roke zu wählen, einen Erzmagier, der uns führen sollte. Und nach unserer Beratung setzten wir den jungen König anstelle des Gebieters ein. Uns kam es richtig vor, daß er in unserer Mitte sitzen sollte. Nur der Verwandler sprach sich zunächst dagegen aus, stimmte dann aber zu.

Wir trafen uns, wir saßen beisammen, aber wir konnten uns nicht einigen. Wir sagten dies und das, aber kein Name wurde genannt. Doch dann überkam mich...« Er machte eine Pause. »Mich überkam das, was mein Volk *eduevanu* nennt, den anderen Atem. Worte strömten in mich ein, und ich sprach sie aus. Ich sagte: *Hama Gondun!* – Und Kurremkarmerruk sagte ihnen dies in Hardisch: ›Eine Frau auf Gont.‹ Aber als ich wieder zu mir kam, konnte ich ihnen nicht sagen, was das bedeutete. Und so gingen wir auseinander, ohne daß ein Erzmagier gewählt wurde.

Der König brach kurz danach auf, und der Meister Windschlüssel ging mit ihm. Bevor der König gekrönt werden sollte, gingen sie nach Gont und suchten unseren Herrn auf, um herauszufinden, was ›eine Frau auf Gont‹ zu bedeuten hatte. Aber sie sahen ihn nicht, nur meine Landsmännin Tenar vom Ring. Sie sagte, daß sie nicht die Frau sei, die sie suchten. Und sie fanden niemanden, nichts. So entschied Lebannen, daß es sich um eine Prophezeiung handelte, die noch erfüllt werden müßte. Und in Havnor setzte er sich die Krone selbst auf das Haupt.

Der Kräutermeister und auch ich waren der Ansicht, daß der Gebieter tot sei. Wir glaubten, daß sein Atem von einem Zauberspruch seiner Kunst übrig war, den wir nicht verstanden, so wie der Zauber, den Schlangen kennen, der ihre Herzen noch schlagen läßt, wenn sie schon lange tot sind. So schrecklich es schien, einen Leib zu begraben, der noch atmete, er war kalt, sein Blut floß nicht, und keine Seele war in ihm. Das war schrecklicher. Also trafen wir Vorkehrungen, ihn zu begraben. Und dann, an seinem Grab, schlug er die Augen auf. Er bewegte sich und sprach. Er sagte: ›Ich habe mich selbst wieder ins Leben zurückgerufen, um zu tun, was getan werden muß.‹«

Die Stimme des Formgebers war rauher geworden, und plötzlich fegte er das kleine Muster der Kieselsteine mit der Hand beiseite.

»Also waren wir bei der Rückkehr Windschlüssels wieder zu neunt. Aber uneins. Denn der Gebieter sagte, wir müßten uns wieder treffen und einen Erzmagier wählen. Der König hätte in unserer Mitte nichts verloren, sagte er. Und ›eine Frau auf Gont‹, wer immer sie sein mochte, habe unter den Männern von Roke ebenfalls nichts verloren. Na? Der Windschlüssel, der Sänger, der Verwandler, die Hand, sie sagen, er hat recht. Und sie sagen, da König Lebannen einer ist, der von den Toten wiedergekehrt ist und diese Prophezeiung erfüllt hat, wird auch der Erzmagier einer sein, der von den Toten zurückgekehrt ist.«

»Aber ...«, sagte Irian und verstummte.

Nach einer Weile sagte der Formgeber: »Diese Kunst, das Gebieten, weißt du, ist sehr ... schrecklich. Sie ist ... immer gefährlich. Hier«, und er sah in die grün-goldene Dunkelheit der Bäume hinauf, »hier gibt es kein Gebieten. Keine Rückkehr über die Mauer. Keine Mauer.«

Sein Gesicht war das Gesicht eines Kriegers, aber wenn er die Bäume ansah, wurde es sanfter, sehnsüchtig.

»Nun«, sagte er, »macht er dich zum Grund für unser Zusammentreffen. Aber ich werde nicht zum Großhaus gehen. Ich lasse nicht über mich gebieten.«

»Wird er nicht hierherkommen?«

»Ich glaube nicht, daß er im Wald spazierengehen

wird. Auch nicht auf dem Kogel von Roke. Was auf dem Kogel ist, das ist so.«

Sie wußte nicht, was er meinte, fragte aber nicht, da ihr andere Gedanken durch den Kopf gingen: »Du sagst, er macht mich zum Grund für ein Treffen.«

»Ja. Es braucht neun Magier, um eine Frau wegzuschicken.« Er lächelte selten, und wenn, dann rasch und wild. »Wir sollen uns treffen, um dem Gesetz von Roke Geltung zu verschaffen. Und um einen Erzmagier zu wählen.«

»Wenn ich weggehen würde ...« Sie sah ihn den Kopf schütteln. »Ich könnte zum Namengeber gehen ...«

»Hier bist du sicherer.«

Die Vorstellung, Schaden anzurichten, bekümmerte sie, aber an Gefahr hatte sie noch nicht gedacht. Das fand sie unvorstellbar. »Mir geschieht schon nichts«, sagte sie. »Also der Namengeber, und du ... und der Türhüter?...«

»... wünschen nicht, daß Thorion Erzmagier wird. Auch der Kräutermeister nicht, aber der gräbt und sagt wenig.« Er sah, wie Irian ihn erstaunt ansah. »Thorion der Gebieter nennt seinen wahren Namen«, sagte er. »Er ist gestorben, nicht wahr?«

Sie wußte, daß König Lebannen seinen wahren Namen offen benutzte. Auch er war von den Toten zurückgekehrt. Aber daß der Gebieter es ebenfalls tat, schockierte und beunruhigte sie, wenn sie darüber nachdachte.

»Und die ... Schüler?«

»Ebenfalls uneins.«

Sie dachte an die Schule, wo sie so kurz gewesen war. Von hier, unter den Wipfeln des Hains, sah sie die Schule als Steinmauern, die alle eine Art von Sein ein- und alle anderen ausschlossen, wie ein Stall, ein Käfig. Wie konnte einer von ihnen an so einem Ort sein Gleichgewicht wahren?

Der Formgeber schob auf dem Sand vier kleine Kiesel zu einem Halbkreis zusammen und sagte: »Ich wünschte, Sperber wäre nicht gegangen. Ich wünschte, ich könnte lesen, was die Schatten schreiben. Aber ich kann die Blätter nur eines sagen hören, Veränderung, verändern ... Alles wird sich verändern, außer ihnen.« Er sah wieder mit diesem sehnsüchtigen Blick zu den Blättern auf. Die Sonne ging unter; er stand auf, sagte Irian sanft gute Nacht, ging fort und verschwand unter den Bäumen.

Sie blieb eine Weile beim Thwilbach sitzen. Was er ihr gesagt hatte, beunruhigte sie, ebenso ihre Gedanken und Gefühle in dem Hain, und es beunruhigte sie, daß ein Gedanke oder Gefühl sie dort beunruhigen konnte. Sie ging zum Haus, bereitete sich ein Abendessen mit Rauchfleisch und Brot und Sommersalat und aß es, ohne etwas zu schmecken. Sie ging rastlos zum Ufer und zum Bach zurück. Es war sehr still und warm in der Dämmerung, nur die hellsten Sterne konnte man durch die milchige Wolkendecke sehen. Sie streifte die Sandalen ab und steckte die Füße ins Wasser. Es war kühl, aber von der Sonne gewärmte Ströme flossen darin. Sie schlüpfte aus ihrer Kleidung, den Männerhosen und dem Hemd, die alles waren, was sie besaß, glitt nackt in das Wasser und spürte den Sog und das Kitzeln der Strömung am ganzen Körper. In den Bächen von Iria war sie nie geschwommen, und das wogende und graue Meer hatte sie gehaßt, aber dieses rasch fließende Gewässer gefiel ihr heute abend. Sie ließ sich treiben, strich unter Wasser mit den Händen über seidige Steine und die eigenen seidigen Flanken, und ihre Beine glitten durch Wasserpflanzen. Das fließende Wasser spülte ihre Sorgen und Rastlosigkeit von ihr ab, sie schwebte entzückt in der Liebkosung des Bachs und schaute zum weißen, sanften Feuer der Sterne auf.

Kälte durchlief sie. Das Wasser wurde kalt. Sie riß

sich zusammen, obwohl ihre Gliedmaßen immer noch entspannt und locker waren, sah auf und erblickte am Ufer über sich die schwarze Gestalt eines Mannes.

Sie stand im Wasser auf.

»Fort mit dir!« rief sie. »Geh weg, du Verräter, du elender Lüstling, oder ich schneide dir die Leber aus dem Leib!« Sie sprang ans Ufer, zog sich an dem robusten Schilfgras hoch und rappelte sich auf. Niemand war da. Sie stand erzürnt und vor Wut bebend da. Sie hüpfte am Ufer entlang, fand ihre Kleidung und zog sie immer noch fluchend an – »Du feiger Magier! Du verräterischer Hurensohn!«

»Irian?«

»Er war da!« schrie sie. »Dieser üble Kerl, dieser Thorion!« Sie stapfte dem Formgeber entgegen, der beim Haus ins Sternenlicht trat. »Ich habe im Bach gebadet, und er hat dagestanden und mich beobachtet!«

»Eine Sendung – nur ein Abbild von ihm. Er konnte dir nichts tun, Irian.«

»Eine Sendung mit Augen, ein Abbild, das sehen kann. Möge er ...« Sie verstummte, weil ihr plötzlich die Worte fehlten. Ihr war übel. Sie erschauerte und schluckte den kalten Speichel, der sich in ihrem Mund sammelte.

Der Formgeber kam näher und nahm ihre Hände in seine. Seine Hände waren warm, und ihr war so sterbenskalt, daß sie sich seiner Körperwärme wegen an ihn drückte. So standen sie eine Weile da, ihr Gesicht von ihm abgewandt, aber die Hände vereint und die Körper dicht beisammen. Schließlich riß sie sich los, richtete sich auf und strich sich das nasse, strähnige Haar zurück. »Danke«, sagte sie. »Mir war kalt.«

»Ich weiß.«

»Mir ist nie kalt«, sagte sie. »Das war er.«

»Ich sage dir, Irian, er kann nicht hierherkommen, er kann dir hier kein Leid zufügen.«

»Er kann mir nirgendwo ein Leid zufügen«, sagte sie, und das Feuer strömte wieder durch ihre Adern. »Wenn er es versucht, werde ich ihn vernichten.«

»Ah«, sagte der Formgeber.

Sie sah ihn im Sternenlicht an und sagte: »Sag mir deinen Namen ... nicht deinen wahren Namen ... nur den, mit dem ich dich ansprechen kann. Wenn ich an dich denke.«

Er blieb einen Moment schweigend stehen, dann sagte er: »Als ich noch ein Barbar war, in Karego-At, war ich Azver. Es ist Hardisch und heißt das Banner des Krieges.«

»Danke«, sagte sie.

Sie lag wach in dem kleinen Haus, spürte die erstickende Luft und die Decke drohte ihr auf den Kopf zu fallen, dennoch schlief sie plötzlich fest ein. Sie erwachte ebenso unvermittelt, als es im Osten gerade hell wurde. Sie ging zur Tür, um zu sehen, was sie sich am liebsten ansah, den Himmel vor Sonnenaufgang. Als sie nach unten schaute, erblickte sie Azver, den Formgeber, in seinen grauen Mantel eingerollt, fest schlafend auf ihrer Schwelle. Sie zog sich lautlos ins Haus zurück. Nach einer Weile sah sie ihn in seinen Wald zurückkehren, ein wenig steifbeinig und sich am Kopf kratzend, wie es die Art von Leuten ist, die erst halb wach sind.

Sie begann mit der Arbeit, schabte die Innenwand des Hauses ab und machte sich daran, sie neu zu verputzen. Aber bevor die Sonne zu den Fenstern hereinschien, wurde an die Tür geklopft. Draußen stand der Mann, den sie für einen Gärtner gehalten hatte, der Kräutermeister, der handfest und gleichmütig wie ein brauner Ochse neben dem hageren, grimmigen alten Namengeber wirkte.

Sie kam zur Tür und murmelte eine Art von Begrüßung. Sie schüchterten sie ein, diese Meister von

Roke, und ihre Anwesenheit bedeutete auch, daß die friedliche Zeit, da sie mit dem Formgeber schweigend Spaziergänge im sonnigen Wald unternommen hatte, vorbei war. Sie war letzte Nacht zu Ende gegangen. Das wußte sie, auch wenn sie es nicht wahrhaben wollte.

»Der Formgeber hat nach uns geschickt«, sagte Meister Kräutermeister. Er sah unbehaglich drein. Als er ein Büschel Unkraut unter dem Fenster bemerkte, sagte er: »Das ist Velver. Jemand von Havnor hat ihn dort gepflanzt. Ich wußte nicht, daß es auf der Insel welchen gibt.« Er untersuchte die Pflanze eingehend und steckte einige Samenkapseln in seinen Beutel.

Irian betrachtete den Namengeber heimlich, aber gleichermaßen aufmerksam, und versuchte zu ergründen, ob er eine Sendung war, wie er es nannte, oder leibhaftig anwesend. Nichts an ihm wirkte substanzlos, aber sie glaubte, daß er nicht da war, und als er in das schräge Sonnenlicht trat und keinen Schatten warf, da wußte sie es.

»Ist es ein weiter Weg von dort, wo Sie wohnen, Sir?« fragte sie.

Er nickte. »Habe mich auf halbem Weg zurückgelassen«, sagte er. Er sah auf, der Formgeber, jetzt hellwach, kam auf sie zu.

Er begrüßte sie und fragte: »Wird der Türhüter kommen?«

»Er meinte, daß er besser die Türen hüten sollte«, sagte der Kräutermeister. Er machte seinen Beutel mit den vielen Taschen sorgfältig zu und sah die anderen an. »Aber ich weiß nicht, ob er einen Deckel auf dem Ameisenhaufen halten kann.«

»Was ist los?« fragte Kurremkarmerruk. »Ich habe über Drachen gelesen. Nicht weiter darauf geachtet. Aber alle Jungen, die ich im Turm lernen ließ, sind fort.«

»Gerufen«, sagte der Kräutermeister trocken.

»Und?« sagte der Namengeber noch trockener.

»Ich kann nur sagen, wie es mir zu sein scheint«, sagte der Kräutermeister zögernd, unbehaglich.

»Tu das«, sagte der alte Magier.

Der Kräutermeister zauderte immer noch. »Diese Dame ist nicht von unserer Art«, sagte er schließlich.

»Sie ist von meiner«, sagte Azver.

»Sie kam zu dieser Zeit an diesen Ort«, sagte der Namengeber. »Und zu dieser Zeit kommt niemand zufällig an diesen Ort. Wir alle wissen nur, wie es uns zu sein scheint. Es gibt Namen hinter Namen, mein Lord Heiler.«

Darauf neigte der Magier mit den dunklen Augen den Kopf und sagte: »Nun denn«, und akzeptierte offenbar erleichtert ihr Urteil. »Thorion hat viel Zeit mit den anderen Meistern und den jungen Männern verbracht. Geheime Treffen, innere Kreise. Gerüchte und Getuschel. Die jüngeren Schüler haben Angst, und viele haben mich oder den Türhüter gefragt, ob sie gehen können. Und wir würden sie gehen lassen. Aber es liegt kein Schiff im Hafen, und seit das Schiff dich hergebracht hat, junge Dame, und nach Wathort weitergesegelt ist, hat kein anderes mehr die Bucht von Thwil angelaufen. Der Windschlüssel wendet den Wind von Roke gegen alle. Und wenn der König selbst kommen sollte, könnte er nicht an Rokes Küste landen.«

»Bis sich der Wind dreht, nicht wahr?« sagte der Formgeber.

»Thorion sagt, Lebannen ist kein richtiger König, weil kein Erzmagier ihn gekrönt hat.«

»Unsinn! Nicht verbürgt!« sagte der alte Namengeber. »Der erste Erzmagier kam Jahrhunderte nach dem letzten König. Roke regiert anstelle der Könige.«

»Ah«, sagte der Formgeber. »Es fällt dem Haushälter schwer, den Schlüssel abzugeben, wenn der Besitzer nach Hause kommt.«

»Der Ring des Friedens ist wieder ganz«, sagte der

Kräutermeister mit seiner ruhigen, besorgten Stimme, »die Prophezeiung ist erfüllt, der Sohn von Morred gekrönt, und doch haben wir keinen Frieden. Wo haben wir uns geirrt? Warum können wir kein Gleichgewicht finden?«

»Was hat Thorion vor?« fragte der Namengeber.

»Lebannen hierherzubringen«, sagte der Kräutermeister. »Die jungen Männer sprechen von der ›wahren Krone‹. Eine zweite Krönung hier. Durch den Erzmagier Thorion!«

»Behüte!« stieß Irian hervor und machte das Zeichen, um zu verhindern, daß aus Wort Tat wurde. Keiner der Männer lächelte, und der Kräutermeister machte kurz darauf dieselbe Geste.

»Wie hält er sie alle?« fragte der Namengeber. »Kräutermeister, du warst hier, als Sperber und Thorion von Irioth herausgefordert wurden. Ich glaube, seine Gabe war so groß wie die von Thorion. Er wandte sie an, um Männer zu benutzen, um sie ganz und gar zu beherrschen. Ist es das, was Thorion macht?«

»Ich weiß nicht«, sagte der Kräutermeister. »Ich kann euch nur sagen, wenn ich bei ihm bin, wenn ich im Großhaus bin, dann ist mir, als könnte nichts getan werden, das nicht schon getan worden ist. Daß nichts sich verändern wird. Nichts wachsen wird. Daß die Krankheit zum Tode führen wird, welche Heilmittel ich auch einsetze.« Er sah sie alle an wie ein verwundeter Ochse. »Und ich glaube, es ist wahr. Es gibt keine andere Möglichkeit mehr, das Gleichgewicht wiederherzustellen, als durch Stillhalten. Wir sind zu weit gegangen. Daß der Erzmagier und Lebannen leibhaftig in den Tod gegangen und zurückgekehrt sind – das war nicht recht. Sie haben ein Gesetz gebrochen, das nicht gebrochen werden darf. Um diesem Gesetz wieder Geltung zu verschaffen, ist Thorion zurückgekehrt.«

»Was – um sie in den Tod zurückzuschicken?« fragte

der Namengeber, und der Kräutermeister sagte: »Wem steht es an, zu sagen, was das Gesetz ist?«

»Es existiert eine Mauer«, sagte der Kräutermeister.

»Diese Mauer ist nicht so tief verwurzelt wie meine Bäume«, sagte der Formgeber.

»Aber du hast recht, Kräutermeister, wir sind aus dem Gleichgewicht«, sagte Kurremkarmerruk mit rauher und schroffer Stimme. »Wann und wo haben wir angefangen, zu weit zu gehen? Was haben wir vergessen, übersehen, wem den Rücken zugewandt?«

Irian sah von einem zum anderen.

»Wenn das Gleichgewicht gestört ist, nützt es nichts, nur stillzuhalten. Es muß schlimmer werden«, sagte der Formgeber. »Bis ...« Er machte eine rasche Geste der Umkehr mit den Händen, von oben nach unten, von unten nach oben.

»Was könnte falscher sein, als sich selbst von den Toten zurückzurufen?« fragte der Namengeber.

»Thorion war der beste von uns allen – ein tapferes Herz, von edler Gesinnung.« Der Kräutermeister sprach fast zornig. »Sperber liebte ihn. Wie wir alle.«

»Das Gewissen plagte ihn«, sagte der Namengeber. »Das Gewissen sagte ihm, daß er allein alles wieder richten könne. Um das zu bewerkstelligen, trotzte er seinem Tod. Und nun trotzt er dem Leben.«

»Und wer soll sich gegen ihn erheben?« fragte der Formgeber. »Ich kann mich nur in meinen Wäldern verbergen.«

»Und ich in meinem Turm«, sagte der Namengeber. »Und du, Kräutermeister, und der Türhüter, ihr sitzt im Großhaus in der Falle. Den Mauern, die wir errichtet haben, um alles Böse draußen zu halten. Oder drinnen, wie sich erweisen könnte.«

»Wir sind vier gegen ihn«, sagte der Formgeber.

»Sie sind fünf gegen uns«, sagte der Kräutermeister.

»Ist es so weit gekommen«, sagte der Namengeber,

»daß wir am Rand des Hains stehen, den Segoy selbst gepflanzt hat, und darüber reden, wie wir einander vernichten können?«

»Ja«, sagte der Formgeber. »Was zu lange unverändert bleibt, vernichtet sich selbst. Der Wald ist ewig, weil er stirbt und wieder stirbt und dadurch lebt. Ich werde nicht zulassen, daß mich diese tote Hand berührt. Oder den König berührt, der uns Hoffnung gebracht hat. Ein Versprechen wurde gegeben, durch mich gegeben, ich habe es ausgesprochen – ›Eine Frau auf Gont‹ –, ich werde nicht zusehen, wie dieses Wort in Vergessenheit gerät.«

»Sollen wir also nach Gont gehen?« fragte der Kräutermeister, der sich von Azvers Leidenschaft anstecken ließ. »Sperber ist dort.«

»Tenar vom Ring ist dort«, sagte Azver.

»Vielleicht liegt dort unsere Hoffnung«, sagte der Namengeber.

Sie standen unschlüssig beisammen und versuchten, der Hoffnung Raum zu geben.

Auch Irian schwieg, aber ihre Hoffnung schwand und wich einem Gefühl der Scham und völliger Bedeutungslosigkeit. Dies waren tapfere, weise Männer, die zu retten trachteten, was sie liebten, aber nicht wußten, wie sie es anstellen sollten. Und sie hatte keinen Anteil an ihrer Weisheit, kein Mitspracherecht bei ihren Entscheidungen. Sie entfernte sich von ihnen, und sie bemerkten es nicht. Sie ging weiter, zum Thwilbach, wo er aus dem Wald herauskam und über eine kleine Steingruppe fiel. Im morgendlichen Sonnenlicht funkelte das Wasser und gab ein glückliches Murmeln von sich. Sie wollte weinen, aber im Weinen war sie noch nie gut gewesen. Sie stand da, betrachtete das Wasser, und ihre Scham verwandelte sich allmählich in Zorn.

Sie ging zu den drei Männern zurück und sagte: »Azver.«

Er drehte sich erschrocken zu ihr um und kam ein Stück näher.

»Warum habt ihr meinetwegen euer Gesetz gebrochen? War es fair mir gegenüber, die niemals sein kann, was ihr seid?«

Azver runzelte die Stirn. »Der Türhüter hat dich eingelassen, weil du darum gebeten hast«, sagte er. »Ich brachte dich in den Hain, weil die Blätter der Bäume deinen Namen nannten, noch ehe du überhaupt hier warst. *Irian,* sagten sie. *Irian.* Ich weiß nicht, warum du gekommen bist, aber nicht aus Zufall. Auch der Gebieter weiß das.«

»Vielleicht bin ich gekommen, um ihn zu vernichten.«

Er sah sie an und sagte nichts.

»Vielleicht bin ich hergekommen, um Roke zu vernichten.«

Seine blassen Augen blitzten. »Versuch's!«

Ein Schauer durchlief sie, wie sie ihm so gegenüber stand. Sie fühlte sich größer, als er war, größer, als sie selbst war, sehr viel größer. Sie konnte einen Finger heben und ihn vernichten. Er stand da in seinem kleinen, tapferen, kurzen Menschsein, seiner Sterblichkeit, schutzlos. Sie holte tief, tief Luft. Sie rückte von ihm ab.

Das Gefühl gewaltiger Kraft strömte aus ihr. Sie neigte den Kopf ein wenig und sah überrascht ihren braunen Arm, den hochgekrempelten Ärmel, das frische grüne Gras um die Sandalen an ihren Füßen herum. Sie sah den Formgeber wieder an, und er schien immer noch ein verletzbares Wesen zu sein. Sie bedauerte und ehrte ihn. Sie wollte ihn vor der Gefahr warnen, in der er schwebte. Aber sie brachte kein einziges Wort heraus. Sie drehte sich um und ging zum Bachufer, zu dem winzigen Wasserfall zurück. Dort ließ sie sich auf die Hacken nieder, verbarg das Gesicht in den Armen, schloß ihn aus, schloß die Welt aus.

Die Stimmen der Magier waren wie die Stimmen des fließenden Bachs. Der Bach sprach seine Worte und sie die ihren, aber es waren alles nicht die richtigen Worte.

## 4. Irian

Als Azver zu den anderen Männern zurückkehrte, veranlaßte sein Gesichtsausdruck den Kräutermeister zu der Frage: »Was ist?«

»Ich weiß nicht«, sagte Azver. »Vielleicht sollten wir Roke nicht verlassen.«

»Vielleicht können wir das gar nicht«, sagte der Kräutermeister. »Wenn der Windschlüssel die Winde gegen uns wendet...«

»Ich kehre dahin zurück, wo ich bin«, sagte Kurremkarmerruk unvermittelt. »Ich lasse mich nicht gern herumliegen wie einen alten Schuh. Ich geselle mich heute abend wieder zu euch.« Und damit war er verschwunden.

»Ich würde gern ein wenig unter deinen Bäumen spazierengehen, Azver«, sagte der Kräutermeister mit einem Stoßseufzer.

»Geh nur, Deyala. Ich bleibe hier.« Der Kräutermeister entfernte sich. Azver setzte sich auf die rauhe Bank, die Irian gemacht hatte, und lehnte sich an die Vorderseite des Hauses. Er sah stromaufwärts zu ihr, die reglos am Ufer verharrte. Schafe auf der Wiese zwischen ihnen und dem Großhaus blökten leise. Die Morgensonne wurde heiß.

Sein Vater hatte ihm den Namen Banner des Krieges gegeben. Er war nach Westen gekommen, hatte alles zurückgelassen, was er kannte, seinen wahren Namen von den Bäumen des Innewohnenden Hains erfahren und war zum Formgeber von Roke geworden. Das ganze Jahr sprachen die Formen der Schatten und der

Äste und der Wurzeln, die stumme Sprache seines Waldes, von Zerstörung, von Überwindung, von der Veränderung aller Dinge. Und nun war diese Veränderung über sie gekommen, das wußte er. Mit ihr.

Sie unterstand seinem Einfluß, seiner Obhut, das hatte er gewußt, als er sie gesehen hatte. Auch wenn sie gekommen war, um Roke zu vernichten, wie sie gesagt hatte, mußte er ihr dienen. Er tat es bereitwillig. Sie war mit ihm durch den Wald gegangen, groß, linkisch, furchtlos; sie hatte die dornigen Arme von Büschen mit ihrer behutsamen Hand beiseite gehalten. Ihre Augen, bernsteinbraun wie das Wasser des Thwilbachs in der Dämmerung, sahen alles; sie hatte zugehört; sie war still gewesen. Er wollte sie beschützen und wußte, daß er es nicht konnte. Er hatte ihr ein wenig Wärme gespendet, als ihr kalt gewesen war. Sonst hatte er ihr nichts zu geben. Wohin sie gehen mußte, dahin würde sie gehen. Sie hatte keinen Begriff von Gefahr. Sie hatte keine Weisheit außer ihrer Unschuld, keinen Panzer außer ihrem Zorn. Wer bist du, Irian? sagte er zu ihr und sah sie an, geduckt wie ein in seiner Sprachlosigkeit gefangenes Tier.

Sein Freund kam aus dem Wald zurück und setzte sich eine Weile neben ihn auf die Bank. Um die Mittagszeit kehrte er ins Großhaus zurück und willigte ein, am Morgen mit dem Türhüter zurückzukommen. Sie würden alle anderen Meister bitten, sich im Hain mit ihnen zu treffen. »Aber *er* wird nicht kommen«, sagte Deyala, und Azver nickte.

Den ganzen Tag hielt er sich in der Nähe des Otternhauses auf, behielt Irian im Auge, sorgte dafür, daß sie eine Kleinigkeit mit ihm aß. Sie kam zum Haus, aber nachdem sie gegessen hatten, kehrte sie zu der Stelle am Bach zurück und verweilte reglos dort. Und auch er verspürte eine Lethargie von Geist und Körper, eine Dummheit, gegen die er ankämpfte, die er aber nicht abschütteln konnte. Er dachte an die Augen des Gebieters, und da wurde ihm kalt, obwohl er in der Wärme des Sommertages saß. Wir werden von den Toten regiert, dachte er. Der Gedanke ging ihm nicht mehr aus dem Kopf.

Er war dankbar, als er Kurremkarmerruk langsam von Norden am Ufer des Thwilbachs entlang kommen sah. Der alte Mann watete barfuß durch den Bach, hielt seine Schuhe in der einen und einen langen Stab in der anderen Hand und fauchte, wenn er auf den Steinen abrutschte. Am diesseitigen Ufer setzte er sich hin, trocknete die Füße ab und zog die Schuhe wieder an. »Wenn ich zum Turm zurückkehre«, sagte er, »fahre ich. Ich miete einen Kutscher, kaufe ein Maultier. Ich bin alt, Azver.«

»Komm mit zum Haus«, sagte der Formgeber und servierte dem Namengeber Wasser und Essen.

»Wo ist das Mädchen?«

»Schläft.« Azver nickte zu der schlafenden Gestalt, die zusammengerollt im Gras oberhalb des kleinen Wasserfalls lag.

Die Hitze des Tages ließ langsam nach, die Schatten des Hains fielen auf das Gras, aber das Otternhaus lag noch im Sonnenlicht. Kurremkarmerruk saß mit dem Rücken zur Hauswand, Azver auf der Schwelle.

»Wir sind am Ende angelangt«, sagte der alte Mann in die Stille.

Azver nickte stumm.

»Was hat dich hierhergeführt, Azver?« fragte der Namengeber. »Das wollte ich dich schon oft fragen. Es war ein langer, langer Weg. Und soweit ich weiß, gibt es keine Magier in den Ländern der Kargisch.«

»Nein. Aber wir haben alles, woraus die Magie gemacht ist. Wasser, Steine, Bäume, Worte ...«

»Aber nicht die Worte des Schöpfens.«

»Nein. Auch keine Drachen.«

»Niemals?«

»Nur in einigen sehr, sehr alten Geschichten. Bevor die Götter existierten. Bevor die Menschen existierten. Bevor die Menschen Menschen wurden, waren sie Drachen.«

»Also das ist interessant«, sagte der alte Gelehrte und richtete sich auf. »Ich habe dir gesagt, daß ich über Drachen gelesen habe. Du weißt, es wird gemunkelt, daß sie über dem Inneren Meer fliegen, sogar östlich bis Gont. Das war zweifellos Kalessin, der Ged nach Hause gebracht hat, vervielfältigt durch Matrosen, die eine gute Geschichte noch besser machen wollten. Aber ein Junge hat mir geschworen, daß sein ganzes Dorf dieses Frühjahr Drachen hat fliegen sehen, westlich des Berges Onn. Und darum habe ich die alten Bücher gelesen, um zu erfahren, wann sie das letzte Mal östlich von Pendor gewesen sind. Und in einem stieß ich auf deine Geschichte, oder etwas Ähnliches. Daß Menschen und Drachen eine Rasse waren, sich aber zerstritten haben. Einige gingen nach Osten und einige nach Westen, und sie wurden zwei Rassen und vergaßen, daß sie je eine gewesen waren.«

»Wir sind am weitesten nach Osten gezogen«, sagte Azver. »Aber weißt du, wie in meiner Sprache der Führer einer Armee heißt?«

»*Erdan*«, sagte der Namengeber prompt und lachte. »Drake. Drache ...«

Nach einer Weile sagte er: »Ich könnte der Etymologie im Angesicht des Untergangs nachspüren ... Und ich glaube, genau da sind wir, Azver. Wir werden ihn nicht besiegen.«

»Er ist im Vorteil«, sagte Azver trocken.

»So ist es. Also ... also, wenn wir das Unwahrscheinliche annehmen, wenn wir das Unmögliche annehmen – wenn wir ihn besiegen – wenn er in den Tod zurückkehren und uns lebend hier zurücklassen würde – was würden wir tun? Was kommt als nächstes?«

Erst nach langer Zeit sagte Azver: »Ich habe keine Ahnung.«

»Verraten deine Blätter und Schatten dir nichts?«

»Veränderung, Veränderung«, sagte der Formgeber. »Verwandlung.«

Plötzlich schaute er auf. Die Schafe, die beim Zauntritt in einer Gruppe gestanden hatten, stoben davon, und jemand kam den Weg vom Großhaus herunter.

»Eine Gruppe junger Männer«, sagte der Kräutermeister atemlos, als er näher kam. »Thorions Armee. Auf dem Weg hierher. Um das Mädchen zu holen. Sie wegzuschicken.« Er blieb stehen und holte Luft. »Der Türhüter hat mit ihnen gesprochen, als ich ging. Ich glaube ...«

»Da ist er«, sagte Azver, und da stand der Türhüter, dessen glattes, gelblich-braunes Gesicht gelassen wie immer wirkte.

»Ich habe ihnen gesagt«, sagte der Türhüter, »wenn sie heute durch Medras Tor hinausgingen, würden sie nie wieder das Haus betreten, das sie kannten. Da waren einige dafür, umzukehren. Aber der Windschlüssel und der Sänger trieben sie an. Sie werden bald hier sein.«

Sie konnten auf den Feldern östlich des Hains Männerstimmen hören.

Azver ging rasch zu Irian, die beim Bach lag, und die anderen folgten ihm. Sie erwachte, stand auf und sah sich dumpf und benommen um. Sie standen um sie herum, eine Art Wache, als die Gruppe von dreißig oder mehr Männern an dem kleinen Haus vorbeiging und auf sie zukam. Es waren überwiegend ältere Schüler; fünf oder sechs Zauberstäbe waren in der Menge zu sehen, und der Meister Windschlüssel führte sie an. Sein schmales, scharfgeschnittenes Gesicht sah abgespannt und müde aus, aber er begrüßte die vier Magier höflich mit ihren Titeln. Sie begrüßten ihn ebenfalls, und Azver ergriff das Wort: »Komm in den Hain, Meister Windschlüssel«, sagte er, »dort werden wir auf die anderen von uns neun warten.«

»Zuerst müssen wir die Frage klären, die uns entzweit«, sagte der Windschlüssel.

»Das ist eine steinerne Frage«, sagte der Namengeber.

»Diese Frau bei dir verstößt gegen das Gesetz von Roke«, sagte der Windschlüssel. »Sie muß gehen. Am Pier wartet ein Boot, um sie mitzunehmen, und ich kann dir versichern, daß der Wind bis Weg günstig wehen wird.«

»Daran zweifle ich nicht, mein Herr«, sagte Azver, »aber ich bezweifle, daß sie gehen wird.«

»Mein Lord Formgeber, möchtest du gegen unser Gesetz und unsere Gemeinschaft verstoßen, die so lange Ordnung gegen die Kräfte des Untergangs aufrechterhält? Willst von allen Männern ausgerechnet du es sein, der die Form nicht wahrt?«

»Es ist kein Glas zu zerbrechen«, sagte Azver. »Es ist Atem. Es ist Feuer.«

Es kostete ihn Anstrengung, zu sprechen.

»Es kennt keinen Tod«, sagte er, aber in seiner eigenen Sprache, daher verstanden sie ihn nicht. Er rückte näher zu Irian. Er spürte ihre Körperwärme. Sie stand wachsam da, in diesem tiergleichen Schweigen, als würde sie keinen von ihnen verstehen.

»Lord Thorion ist vom Tod zurückgekehrt, um uns alle zu retten«, sagte der Windschlüssel hitzig und mit Nachdruck. »Er wird Erzmagier sein. Unter seiner Herrschaft wird Roke sein wie einst. Der König wird die wahre Krone aus seiner Hand empfangen und unter seiner Führung regieren, wie Morred regiert hat. Keine Hexen werden heiligen Boden entweihen. Keine Drachen werden das Innere Meer bedrohen. Ordnung, Sicherheit und Frieden werden herrschen.«

Keiner der Magier antwortete ihm. In der Stille murmelten die Männer in seiner Begleitung untereinander, und einer sagte: »Gebt uns die Hexe.«

»Nein«, sagte Azver, konnte aber sonst nichts sagen. Er hielt seinen Weidenstab, doch der war nur Holz in seiner Hand. Von den vieren machte nur der Türhüter eine Bewegung und sprach. Er trat vor und sah von einem jungen Mann zum nächsten. »Ihr habt mir vertraut«, sagte er, »und mir eure Namen verraten. Werdet ihr mir jetzt vertrauen?«

»Mein Herr«, sagte einer von ihnen mit einem feingeschnittenen, dunklen Gesicht und dem Eichenstab eines Magiers, »wir vertrauen Ihnen und bitten Sie daher, die Hexe gehen zu lassen, damit wieder Frieden einkehrt.«

Irian trat dazwischen, bevor der Türhüter antworten konnte.

»Ich bin keine Hexe«, sagte sie. Nach den tiefen Stimmen der Männer klang ihre Stimme schrill, metallisch. »Ich besitze keine Kunst. Kein Wissen. Ich bin hergekommen, um zu lernen.«

»Wir unterrichten hier keine Frauen«, sagte der Windschlüssel. »Das weißt du.«

»Ich weiß nichts«, sagte Irian. Sie trat wieder vor und wandte sich direkt an den Magier. »Sagen Sie mir, wer ich bin.«

»Lerne, wo dein Platz ist, Frau«, antwortete der Magier voll kalter Leidenschaft.

»Mein Platz«, sagte sie langsam und verschleppte die Worte, »mein Platz ist auf dem Hügel. Wo die Dinge sind, wie sie sind. Sagen Sie dem toten Mann, dort werde ich ihn treffen.«

Der Windschlüssel schwieg, aber die Gruppe der Männer murmelte wütend, und einige rückten vor. Azver stellte sich zwischen Irian und die Gruppe, da ihre Worte ihn von der geistigen und körperlichen Lähmung befreit hatten, die über ihn gekommen war. »Sagt Thorion, wir erwarten ihn auf dem Kogel von Roke«, sagte er. »Wenn er kommt, werden wir dasein. Jetzt komm mit mir«, wandte er sich an Irian. Der Namengeber, der Türhüter und der Kräutermeister folgten ihm mit ihr in den Hain. Dort tat sich ein Weg für sie auf. Aber als einige der jungen Männer ihnen folgen wollten, war kein Weg mehr da.

»Kommt mit zurück«, sagte der Windschlüssel zu den Männern.

Sie drehten sich unsicher um. Die tiefstehende Sonne schien immer noch hell auf die Felder und die Dächer des Großhauses, aber im Wald herrschten nur Schatten.

»Hexerei«, sagten sie, »Sakrileg, Entweihung.«

»Kommt am besten da weg«, sagte der Meister Windschlüssel mit verkniffenem und ernstem Gesicht, und seine scharfen Augen blickten bekümmert. Er ging zur Schule zurück, und sie schlossen sich ihm an und stritten und diskutierten frustriert und zornig.

Sie waren nicht weit in das Wäldchen vorgedrungen und immer noch am Bach, als Irian stehenblieb, sich abwandte und bei den gewaltigen, knorrigen Wurzeln einer Weide niederkauerte, die über die Wasseroberfläche ragte. Die vier Magier blieben auf dem Weg stehen.

»Sie sprach mit dem anderen Atem«, sagte Azver.

Der Namengeber nickte.

»Also müssen wir ihr folgen?« fragte der Kräutermeister.

Diesmal nickte der Türhüter. Er lächelte zaghaft und sagte: »So scheint es.«

»Nun gut«, sagte der Kräutermeister mit seiner geduldigen, besorgten Miene; und er ging ein Stück beiseite, um eine kleine Pflanze oder einen Pilz auf dem Waldboden in Augenschein zu nehmen.

Die Zeit verging wie immer in dem Hain, scheinbar ohne zu vergehen, und doch verging sie, der Tag verrann mit einigen leisen Atemzügen, einem Erbeben von

Blättern, einem Vogel, der weit entfernt sang, und einem anderen, der noch weiter entfernt antwortete. Irian stand langsam auf. Sie sagte nichts, sondern sah den Weg entlang und ging ihn dann hinunter. Die vier Männer folgten ihr.

Sie kamen in die ruhige, klare Abendluft hinaus. Im Westen herrschte noch etwas Licht, als sie den Thwilbach überquerten und über die Felder zum Kogel von Roke gingen, der sich als hoher, dunkler Bogen vor ihnen vom Himmel abhob.

»Sie kommen«, sagte der Türhüter. Vom Großhaus kamen Männer auf dem Weg durch die Gärten näher, alle Magier und viele Schüler. Der hochgewachsene Thorion, der Gebieter in seinem grauen Mantel, war ihr Anführer, der einen Stab aus Holz trug, weiß wie ein Knochen, von einem schwachen Leuchten von Werlicht umflackert.

Wo sich die beiden Wege vereinten und zur Anhöhe des Kogel hinaufführten, blieb Thorion stehen und wartete auf sie. Irian ging weiter und trat ihm entgegen.

»Irian von Weg«, sagte der Gebieter mit seiner tiefen, klaren Stimme, »damit Friede und Ordnung herrschen, und um des Gleichgewichts aller Dinge willen, gebiete ich dir nun, diese Insel zu verlassen. Wir können dir nicht geben, was du suchst, und dafür bitten wir dich um Verzeihung. Aber wenn du danach trachtest, hier zu bleiben, verwirkst du die Verzeihung und mußt erfahren, was auf Ungehorsam folgt.«

Sie streckte sich, war fast so groß wie er und ebenso aufrecht. Eine ganze Minute schwieg sie, und dann sagte sie mit hoher, schroffer Stimme: »Komm auf den Hügel, Thorion.«

Sie ließ ihn an der Gabelung stehen, auf ebener Erde, und ging ein paar Schritte den Pfad zum Gipfel hinauf. Sie drehte sich um und sah zu ihm hinunter. »Was hält dich vom Hügel fern?« fragte sie.

Die Luft um sie herum wurde dunkler. Der Westen war nur noch eine dunkelrote Linie, der Himmel im Osten ein Schatten über dem Meer.

Der Gebieter schaute zu Irian auf. Langsam hob er die Arme und den weißen Stab zu einem Zauberspruch, den er in der Sprache ihrer Kunst sprach, der Sprache des Schöpfens, die alle Zauberer und Magier von Roke gelernt hatten: »Irian, durch deinen Namen gebiete ich dir und verpflichte dich, mir zu gehorchen!«

Sie zögerte, schien einen Moment nachzugeben, zu ihm zu kommen, und rief dann aus: »Ich bin nicht nur Irian!«

Daraufhin rannte der Gebieter zu ihr hinauf, streckte die Hand aus und sprang auf sie zu, als wollte er sie packen und festhalten. Sie waren jetzt beide auf dem Hügel. Sie ragte unglaublich über ihm auf, Feuer loderte zwischen ihnen, eine gleißende rote Flamme in der Nachtluft, das Glänzen von rotgoldenen Schuppen, von gewaltigen Schwingen – dann verschwand es, und es war nichts mehr da, außer einer Frau auf dem Hügelpfad und dem großen Mann, der sich vor ihr verbeugte, langsam bis zum Erdboden verbeugte, und sich flach hinlegte.

Der Kräutermeister, der Heiler, bewegte sich als erster. Er ging den Weg hinauf und kniete neben Thorion nieder. »Mein Herr«, sagte er, »mein Freund.«

Unter der Wölbung des grauen Mantels fanden seine Hände nur einen wirren Haufen Kleidungsstücke und trockene Knochen und einen zerbrochenen Stab.

»Es ist besser so, Thorion«, sagte er, aber er weinte.

Der alte Namengeber trat vor und sagte zu der Frau auf dem Hügel: »Wer bist du?«

»Ich kenne meinen anderen Namen nicht«, sagte sie. Sie sagte es wie er, wie sie mit dem Gebieter gesprochen hatte, in der Sprache des Schöpfens, der Sprache der Drachen.

Sie wandte sich ab und ging den Hügel hinauf.

»Irian«, sagte Azver der Formgeber, »wirst du zu uns zurückkommen?«

Sie blieb stehen und ließ ihn zu sich kommen. »Das werde ich tun, wenn ihr mich ruft«, sagte sie.

Sie streckte den Arm aus und berührte seine Hand. Er holte zischend Luft.

»Wohin gehst du?« fragte er.

»Zu denen, die mir meinen Namen geben werden«, sagte sie. »In Feuer, nicht in Wasser. Zu meinem Volk.«

»In den Westen«, sagte er.

Sie sagte: »Jenseits des Westens.«

Sie wandte sich von ihm ab und ging in der zunehmenden Dunkelheit den Weg hinauf. Als sie sich weiter von ihnen entfernte, sahen sie sie, die großen goldenen Flanken, den spitzen, zuckenden Schwanz, die Klauen und den Atem, der loderndes Feuer war. Auf der Kuppe des Kogels verweilte sie einen Moment, drehte den länglichen Kopf und blickte über die Insel Roke, am längsten zum Hain, jetzt nur noch ein dunkler, verschwommener Schatten in der Dunkelheit. Dann wurden die breiten, hautigen Schwingen mit einem Rasseln wie von Messingstücken ausgebreitet, und der Drache schwang sich in die Lüfte, umkreiste den Kogel von Roke einmal und flog davon.

Eine Flammenlocke, ein Rauchwölkchen schwebten aus der dunklen Luft herab.

Azver der Formgeber hielt sich die rechte Hand mit der linken, wo ihre Berührung ihn verbrannt hatte. Er sah den Hügel hinab zu den Männern, die stumm dastanden und dem Drachen nachstarrten. »Nun, meine Freunde«, sagte er, »was nun?«

Nur der Türhüter antwortete. Er sagte: »Ich denke, wir sollten in unser Haus gehen und die Türen öffnen.«

# III

*Tollkühnheiten*

N. H. Beard und D. C. Kenney

# Die Brücke über den Gallweinfluß

»Wach auf! Wach auf! Unholde! Feinde! *Flieh!*« flüsterte jemand und weckte Frito aus seinen Träumen. Stapfers Hand schubste ihn grob. Frito blickte bergab in die angegebene Richtung und sah neun schwarze Gestalten, die langsam und heimlich zu ihrem Versteck heraufkletterten.

»Es scheint, ich habe die Zeichen falsch gelesen«, murmelte der bestürzte Führer. »Bald werden sie uns angreifen, sofern wir ihren Ingrimm nicht ablenken.«

»Wie?« fragte Pepsi.

»Ja, wie?« wollte der wohl wissen.

Stapfer sah die Boggies an. »Einer der Gefährten muß zurückbleiben, um sie aufzuhalten, während wir zur Brücke rennen.«

»Aber wer ...?«

»Keine Sorge«, sagte Stapfer rasch. »Ich habe hier in meinem Fehdehandschuh vier Lose, drei lange und ein kurzes für denjenigen, der geop ... hm ... für denjenigen, dessen Name im Pantheon der Helden blasoniert werden wird.«

»Vier?« fragte Spam. »Was ist mit Euch?«

Der Waldläufer richtete sich mit großer Würde auf. »Sicherlich«, sagte er, »wünscht ihr mir doch keinen unrechtmäßig erlangten Vorteil angesichts dessen, daß ich die Lose hergestellt habe?«

Das besänftigte die Boggies, und sie zogen die Pfeifenreiniger. Spam zog den kurzen.

»Zwei von dreien«, wimmerte er. Aber seine Gefährten waren schon hinter dem Rand des Gipfels verschwunden und rasten nach unten, so schnell sie konnten. Frito keuchte und schnaufte, und eine dicke Träne rollte ihm über die Wange. Spam würde ihm fehlen.

Der blickte derweil den anderen Abhang hinunter und sah, daß die Nozdruls abgesessen waren und rasch zu ihm heraufkletterten. Er kauerte sich hinter einen Felsen und schrie sie mutig an. »An eurer Stelle«, rief er, »würde ich nicht näher kommen! Ihr werdet es bedauern, wenn ihr's tut.« Die grimmigen Ritter kümmerten sich nicht darum und gingen weiter. »Es wird euch teuer zu stehen kommen«, schrie Spam, nicht gerade sehr überzeugend. Doch die Neun kamen näher, und Spam verlor die Nerven. Er holte sein weißes Taschentuch heraus, schwenkte es und deutete in die Richtung seiner abgehauenen Freunde. »Verschwendet eure Zeit nicht mit mir. Der mit dem Ring flitzt da lang!«

Als er das von unten hörte, zuckte Frito zusammen und nahm seine dicken Beine unter die Arme. Stapfers lange, wenn auch lahme Gliedmaßen hatten ihn schon über die Brücke und ans andere Ufer gebracht, in die Sicherheit des neutralen Elbenreichs. Frito sah ihm nach. Er würde es wohl nicht rechtzeitig schaffen.

Sichtgeschützt durch ein Dornengestrüpp beobachtete Stapfer vom Flußufer aus das tödliche Wettrennen.

»Eil dich ein bißchen mehr«, rief er aufmunternd, »denn die Bösewichter sind direkt hinter dir!« Dann hielt er sich die Augen zu.

Das Gerumpel von Schweinefüßen wurde in Fritos Ohren immer lauter, und er konnte das tödliche Schwirren ihrer entsetzlichen *Nozdruville-Schläger* hören. Er legte einen letzten, verzweifelten Spurt ein, stolperte aber und rutschte ein Stück weiter, bis er kurz vor der Grenze liegen blieb. Vor boshaftem Vergnügen schnatternd, kreisten ihn die Neun ein, und ihre schielenden Reittiere grunzten nach Fritos Blut.

»Blut! Blut!« grunzten sie.

Erschreckt blickte Frito auf und sah, wie sie ihn langsam umringten und der Tod in Reichweite war. Der Anführer der Bande, ein großes, vierschrötiges Gespenst mit verchromten Beinschienen, lachte brutal und hob seine Keule.

»Hi, hi, hi, du dreckiges Nagetier! Jetzt geht der Spaß los!«

Frito duckte sich. »Vielleicht, vielleicht auch nicht«, sagte er – sein beliebtester Bluff.

»Ach!« schrie ein ungeduldiger Nozdrul, der, wie es der Zufall wollte, Achaz hieß. »Los, laßt uns das kleine Ekel fertigmachen. Der Chef sagte, wir sollen ihm den Ring abnehmen und ihn auf der Stelle kaltmachen.«

In Fritos Kopf überschlugen sich die Gedanken. Er beschloß, seine letzte Karte auszuspielen.

»Na, das ist mir schon recht«, sagte Frito, »denn ich möchte wirklich nicht, daß ihr mir Ärmsten auch das noch antut!« Und er ließ seine Augen hervorquellen und wie Kugellager rollen.

»Ha, ha, ha«, lachte ein anderer Reiter, »was glaubst du denn, könnte schlimmer sein als das, was wir mit dir tun *werden?*« Die Unholde kamen näher, um zu hören, was für eine entsetzliche Angst Frito in seinem Busen hegte.

Der Boggie pfiff und tat so, als spielte er Banjo. Dann sang er einen Vers von »Old Man River«, während er mit schlurfenden Schritten hin und her ging, sich den wolligen Kopf kratzte und einen Cakewalk tanzte, sich dabei Wassermelonenkerne aus den Ohren zog, alles im richtigen Rhythmus.

»Tanzen kann er bestimmt«, murmelte einer der Reiter.

»*Sterben* wird er bestimmt«, schrie ein anderer mordgierig.

»Sicher werde ich sterben«, sagte Frito gedehnt, »ihr könnt fast alles mit mir machen, Brüder Nozdrul, *solange ihr mich bitte nicht in das Dorngestrüpp da drüben werft!*«

Da lachten die sadistischen Reiter schallend.

»Wenn es das ist, was dir am meisten Angst macht«, brüllte eine Stimme voller Bosheit, »*dann werden wir genau das tun,* du kleiner Hanswurst!«

Frito wurde von einer hornigen schwarzen Hand gepackt und weit über den Gallweinfluß in das stachelige Gebüsch am anderen Ufer geschleudert. Frohlockend stand er auf, fischte den Ring heraus und überzeugte sich, daß er noch an der Kette hing.

Aber die schlauen Reiter ließen sich durch Fritos List nicht lange täuschen. Sie sprengten auf ihren sabbernden Schweinen zur Brücke, um den Boggie und seinen kostbaren Ring wieder einzufangen. Aber wie Frito voll Verwunderung sah, wurden die Schwarzen Neun am Fuß der Brücke von einer in schimmernde Gewänder gekleideten Gestalt aufgehalten.

»Zoll, bitte«, verlangte die Gestalt von den verblüfften Reitern. Die Verfolger waren von neuem sprachlos, als sie auf ein rasch beschriftetes Schild verwiesen wurden, das an einem Pfosten angenagelt war:

Gemeindebrücke Elbenstadt
Einzelreisende ........................ 1 Heller
Zweiachsige Heuwagen .................. 2 Heller
Schwarze Reiter ................... 45 Goldstücke

»Laß uns hinüber!« verlangte ein wütender Nozdrul.

»Gewiß«, erwiderte der Brückenwärter liebenswürdig. »Nun wollen wir mal sehen, da sind eins, zwei ... ach, *neun* seid ihr à fünfundvierzig pro Nase, das macht ... Moment mal, genau vierhundertundfünf Goldmünzen. Bitte in bar.«

Eiligst durchsuchten die Nozdruls ihre Satteltaschen, während ihr Anführer wütend fluchte und frustriert mit seinem Schläger fuchtelte.

»Hör mal«, donnerte er los, »was bildest du dir denn ein, was wir verdienen? Gibt's nicht 'ne Art Rabatt für Beamte?«

»Tut mir leid ...«, lächelte der Brückenwärter.

»Wie wär's mit einem Reisekreditbrief? Die sind so gut wie Gold!«

»Bedaure, das ist eine Brücke und kein Bankgebäude«, erwiderte die Gestalt gleichmütig.

»Mein persönlicher Scheck? Er ist indossiert von der Schatzkammer von Fordor.«

»Ohne Geld kein Übergang, mein Freund.«

Die Nozdruls zitterten vor Zorn, wendeten aber ihre Reittiere und schickten sich an, loszureiten. Ehe sie das Weite suchten, drohte der Anführer indes mit einer knorrigen Faust:

»Das ist nicht das Ende der Geschichte, du Flasche! Du wirst wieder von uns hören!«

Nach diesen Worten gaben die Neun ihren furzenden Säuen die Sporen und ritten in einer großen Wolke von Staub und Kot davon.

Als Frito die schier unmöglichen Vorgänge verfolgte, die ihn vor dem sicheren Tod bewahrt hatten, fragte er sich, wie lange man den Autoren diesen Quatsch noch durchgehen lassen würde. Er war nicht der einzige.

Stapfer und die drei Boggies rannten zu Frito, um ihre Glückwünsche zu seiner Rettung auszusprechen. Dann näherten sie sich dem geheimnisvollen Unbekannten, der ihnen entgegenkam und, als er Stapfer unter ihnen erspähte, die Hände zum Gruß hob und sang:

»O NASA O UCLA! O Etaion Scheru!
O Hinterlegung Beryllium! Pandit J. Nehru!«

Stapfer hob die Hände und antwortete: »*Schanti Billerica!*« Sie gingen aufeinander zu und umarmten sich, tauschten Worte der Freundschaft aus und den geheimen Händedruck.

Die Boggies betrachteten den Fremden interessiert. Er stellte sich ihnen als Garfinkel von den Elben vor. Als er sich seiner Gewänder entledigt hatte, bestaunten die Boggies seine ringgeschmückten Finger, die Ban-Lon-Tunika mit dem offenen Kragen und die silbernen Strandsandalen.

»Ich glaubte, ihr würdet schon vor Tagen kommen«, sagte der Elb, dessen Haar sich lichtete. »Schwierigkeiten unterwegs?«

»Ich könnte ein Buch schreiben«, meinte Frito prophetisch.

»Nun«, sagte Garfinkel, »dann machen wir uns lieber auf die Socken, ehe diese Kitschfilmschurken zurückkommen. Sie mögen dumm sein, aber hartnäckig sind sie bestimmt.«

»Ach, neuerdings?« murrte Frito, der feststellte, daß er in letzter Zeit immer häufiger murrte.

Der Elb sah die Boggies zweifelnd an. »Könnt ihr reiten?« Ohne die Antwort abzuwarten, pfiff er laut durch seine goldenen Zähne. Im hohen Riedgras raschelte es, und mehrere übergewichtige Merinoschafe kamen zum Vorschein und blökten gereizt.

»Sitzt auf«, sagte Garfinkel.

Mehr auf dem Huftier hängend als sitzend, war Frito das Schlußlicht des Reiterzugs vom Gallweinfluß nach Brüchigtal. Er steckte die Hand in die Tasche, fand den Ring, zog ihn heraus und hielt ihn im schwindenden Licht hoch. Schon begann ihn der Ring zu beeinflussen und die Verwandlung zu bewirken, vor der Dildo ihn gewarnt hatte. Er war verstopft.

Esther M. Friesner

## *Grausputz*

Schork der Ork verlagerte seine warzenbedeckte Masse von einer Pfote auf die andere und verkündete seinem Wachkameraden kummervoll: »Gefällt mer gar nich. Gefällt mer nich, dassich die Verantwor'ng ham soll for das, was da hinner der Türe is. Da wird mer ganz komisch wird mer da.«

»Zwei Fragen«, erwiderte der Troll zwischen seinen Hauern hervor. »Eins: Was heißt ›nicht gefallen‹? Und zwei: Wenn du denkst, es kümmert den Grausigen Herrscher, ob uns armen niederen Sklaven gefällt, was er tut, dann bist du verrückt, sogar für einen Ork.«

Schork blinzelte langsam, wobei seine dicken Lider beim Zusammentreffen jedesmal vernehmlich *plonk* machten. »Das is keine Frage. Weiß ich. Kann ich unnerschei'n. Hat keins von diesen krummen Runendingsdas am Ende, die ei'm sagen, daß die Stimme *inne Höhe* gehn soll. So dasses mehr wie fragend klingt.«

»Ahhh«, sagte der Troll und machte ein möglichst unschuldiges Gesicht, soweit es seine ästhetischen Beschränkungen erlaubten. »Es sind also die Sachen, die die Stimme *in die Höhe* gehen lassen, die eine Frage draus machen?« Und ehrlich, seine eigene Stimme hob sich am Ende des Satzes ein bißchen, was die überzeugende Nachahmung einer rostigen Türangel abgab.

Schork nickte heftig und lehnte sich an den Pfosten der monströsen Tür zurück, die zu bewachen ihm und dem Troll aufgetragen war. Es war ein Ehrenposten, da es sich um das stabilste Portal im Schlosse des Grausigen Herrschers handelte, um den Durchgang zu den

Turmgemächern, wo Seine Schrecklichkeit nur ›Gäste‹ von höchstem Range oder mit besonders amüsanten Schmerzschwellen unterbrachte.

Was alles kaum Bedeutung für das Thema hatte, das die beiden Knechte erörterten.

»Stimmt«, sagte Schork. »Wenn's deine Stimme inne Höhe gehn läßt, isses 'ne Fragerune.«

»Oh«, machte der Troll, nahm seinen Streitkolben und haute ihn Schork direkt zwischen die Beine.

»Iiih!« gellte Schork und krümmte sich zusammen.

»Na so was«, murmelte der Troll und betrachtete seinen Streitkolben mit dem falschen Ausdruck jungfräulichen Erstaunens. »Die ganze Zeit bin ich mit einer Fragerune in die Schlacht gezogen und hab's nicht gewußt! Wenn das nicht alles übertrifft!«

»Es übertrifft nicht alles«, ertönte aus den Schatten der Wendeltreppe eine tiefe Stimme. »Ich übertreffe alles.«

Eine Gestalt trat aus dem Treppenschacht ins Licht der Fackeln zu beiden Seiten des gewaltigen Portals. Der Troll sah es, zitterte und fiel auf die Knie. Schork der Ork kniete schon, doch ein Blick auf den gefürchteten Besucher genügte, und er warf sich platt auf den Bauch. Beide Wachposten krochen entsetzt im Staube.

»M-mein Gebieter!« japste der Troll.

»So also bewacht ihr meine Gefangene?« donnerte der Grausige Herrscher. »Indem ihr euch gegenseitig in die Nüsse haut?«

»A-also, mein Gebieter, genaugenommen habe ich das mit Schork nicht gemacht. Erstens bedeutet ›eins auf die Nuß hauen‹ einen tüchtigen Hieb auf den Kopf, und zweitens haben Orks keine ...«

Ein Strahl purer roter Kraft schoß aus den Fingerspitzen des Grausigen Herrschers und röstete den Troll auf der Stelle. Sogar sein kräftiger Streitkolben schrumpfte zu einem mickrigen Schlackehäufchen zusammen. Der

Grausige Herrscher blies sich lässig den Rauch von den Fingernägeln. »Mmm. Ein Jammer. Jetzt werde ich nie erfahren, was Orks nicht haben. Oder sagst du es mir?« Er ließ des Blick seines schrecklichen *Auges* zu dem sich noch immer krümmenden Schork schweifen.

»'n sichern Arbeitsplatz!« platzte Schork heraus und stürzte die Treppe hinunter und aus dem Schloß, ohne auch nur ein Kündigungsschreiben auf dem Tisch seines Hauptmanns zu hinterlassen.

Der Grausige Herrscher seufzte. »Auf die Weise verliere ich immer mehr Personal in der G-7-Kategorie.« Eine Kugel von Weitdadrübensicht materialisierte sich in seinen Händen. »Hauptmann Schleimsuhl! Schick zwei neue Wachen in den Turm Ohnegnad. Ich werde die Prinzessin besuchen. Deine Leute sollten auf ihrem Posten sein, wenn ich wieder aus den Gemächern komme. Habe ich mich verständlich ausgedrückt?«

Das Gesicht eines sehr ramponierten Orks erschien in der Kugel. Die Launen der Optik verzerrten seine Züge im Kristall, so daß er wie eine Kreuzung zwischen einem echten Ork und einem Hamster mit vollgestopften Backentaschen aussah. *Andererseits,* überlegte der Grausige Herrscher, *wenn man bedenkt, was in den Kasernen so über Hauptmann Schleimsuhls Mutter und ihre sexuellen Neigungen kursiert ...*

»Jawohl, Gefürchteter«, sagte Hauptmann Schleimsuhl müde. »Es soll sein, wie Ihr befehlt.«

»So ist es immer«, erwiderte der Grausige Herrscher umgänglich (für jemandem mit magischem Größenwahn). »Übrigens, bestell deiner Mutter Grüße von mir.« Er warf die Kugel die Treppe hinab und lächelte, als er sie zerbersten hörte. »Davon gibt's noch massenhaft«, sagte er zu den Schatten. Er wandte sich um und betrachtete das schwere Portal. Es war mit einem großen Eichenbalken gesichert, einer kreuz und quer gespannten Eisenkette und einem Nummernschloß, das durch eine Öse in der rechten oberen Ecke führte. Der Grausige Herrscher warf ihr einen einzigen Blick aus dem *Auge* zu, und das ganze Ding verwandelte sich in Himbeergelee.

Während er durch das rasch zerlaufende Durcheinander schritt, nahm der Grausige Herrscher einen Pixie aus der Hemdtasche und drückte ihn, bis dem Kobold die Augen aus den Höhlen quollen. »Notiz für Hauptmann Schleimsuhl«, sagte er. »Schick zusammen mit den Wachen den königlichen Zimmermann hier hoch.« Dann warf er sich den Pixie über die Schulter und setzte seinen Weg fort.

Jenseits des nun verflüssigten Portals stand die gewundene Treppe, die in die dunklen Höhen des Turmes Ohnegnad führte. Wenngleich der höchste Punkt von Düsterwacht, der Festung des Grausigen Herrschers, war er doch so feucht und schimmelig wie das tiefste Verlies. Nicht einmal der Schimmer einer Kerzenflamme drang in die Pechschwärze dieser trübsinnigen Erhebung. Sogar das wimmelnde Ungeziefer schien sein elendes Leben unter fortdauerndem Geschrei und Gequieke ob seines Elends zu verbringen. Der Grausige Herrscher verzog den lippenlosen Mund zu einer Grimasse der Befriedigung. Konnte er so was perfekt bauen, ja oder ja?

Am oberen Ende der Treppe gab es eine weitere Tür. Diese war weder verschlossen noch verriegelt. Wozu auch? Wer eine Bresche in das untere Portal schlagen konnte, verstand jedenfalls sein Handwerk. Ihm ein zweites Hindernis in den Weg zu stellen, hätte nichts bewirkt, außer ihn wuschig zu machen. Sogar der Grausige Herrscher, der seine lebenden Feinde an den Fingern einer Tomate abzählen konnte, hielt es für unangebracht, einen würdigen Gegner wuschig zu machen. Zumindest im Prinzip.

Der Grausige Herrscher blieb am zweiten Portal stehen und lauschte. Kein Geräusch drang von der anderen Seite zu ihm. »Vielleicht schläft sie«, murmelte er, und einen Augenblick lang schweifte sein Geist – gewöhnlich mit tausend Plänen für Eroberungen, Weltherrschaft und die Versklavung und Folter eines jeden beschäftigt, dessen Gesicht ihm nicht paßte – zu sanfteren Bildern ab. In seiner Phantasie sah er das breite, mit Seide bespannte Bett vor sich, das er für seine Gefangene bereitgestellt hatte. Darauf schlief die Prinzessin, eine Jungfrau von überirdischer Schönheit, selbst für eine Elfe von königlichem Geblüt. Er seufzte wehmütig, als er sich ihre milchweißen Augenlider vorstellte, in süßen Träumen geschlossen, die durchscheinenden Flügel keusch über den duftenden Kurven ihres geschmeidigen, aber üppigen Körpers zusammengelegt, ihren vollen, reifen Busen, der unter dem goldenen Schleier ihres Haars hervorlugte, ihre schlanken Beine, die den Blick des Betrachters unwiderstehlich aufwärts zogen, aufwärts, aufwärts, bis sie endlich beim wundersam verlockenden Anblick ihrer ...

»Huch!« rief der Grausige Herrscher, als die Tür spontan in Flammen aufging. Sein Nachsinnen über die vielen Reize der Prinzessin hatte dazu geführt, daß er unwillkürlich die Steuerung seines geistigen Auges mit der für das geistige *Auge* verwechselt hatte, und das Unvermeidliche war geschehen. Eine mystische Geste schaltete das Sprinklersystem des Schlosses ein, so daß die Flammen gelöscht wurden. Er trat über die schwelenden Balken und ins Zimmer der Prinzessin.

»Klopf, klopf«, sagte er verlegen.

Sie schlief nicht. Sie war voll und ganz wach und angezogen. (*Sch...!* dachte der Grausige Herrscher.) Von ihren beiden Zofen flankiert, stand Prinzessin Minuriel in vollem königlichen Ornat am einzigen Fenster ihres Turmgefängnisses. Sie trug das Kleid, in dem die Knechte des Grausigen Herrschers sie gefangengenommen hatten, obwohl er ihr seither Hunderte von reichen Gewändern geschickt hatte, eins immer berückender als das andere. Die Prinzessin zerschnitt sie verächtlich und benutzte sie zu unaussprechlichen Zwecken, obwohl die vielen Pailletten weh tun mußten.

*Elfen!* dachte der Grausige Herrscher bitter. *Stolze Geschöpfe! Wenn es nach mir ginge, würde ich sie vom Angesicht der Welt fegen. Außer den süßen.* Er starrte die Prinzessin an, und bei all seinen finsteren Kräften vermochte er nicht zu verbergen, wie sehr es ihn nach ihr verlangte.

»Was wollt Ihr?« verlangte die Prinzessin zu wissen.

»Dasselbe, was ich immer will«, erwiderte der Grausige Herrscher. »Euer Einverständnis, meine Braut zu werden.«

»Das werdet Ihr nie erhalten, solange ich lebe, solange Gerechtigkeit auf der Welt ist, Hoffnung in meinem Herzen und Atem in meiner Brust«, gab sie zurück.

»Also schwirr ab.«

Der Mund des Grausigen Herrschers hob sich an den Enden, ein unheimlicher Ausdruck, der ihn wie eine Suppenterrine aussehen ließ (wenn Suppenterrinen mit einem Anflug lauernder Drohung lächeln könnten). »Das glaube ich kaum«, sagte er. »Meine Dame, die Zeit für Lappalien ist vorbei. Ihr wißt doch sicherlich, warum ich Eure Gefangennahme, Entführung und Einkerkerung befohlen habe?«

Prinzessin Minuriels Augen wurden noch größer. »Ihr meint, nicht nur deshalb, weil Ihr das Gemüt eines Kraken habt?«

Das leise Lachen des Grausigen Herrschers war tief, falsch und herablassend. »Ich fürchte, nein. Obwohl es mir schmeichelt, daß Ihr es bemerkt habt.« Er schob einen verirrten Tentakel hinterm Ohr zurecht. »Nein, meine Dame, so bezaubernd der, äh, Zauber Eures Körpers ist, so steht hinter meinen Taten doch mehr als nur rohe körperliche Lust.«

»Nach allem, was man über Euch am Elfenhof erzählt, steht hinter Euren Taten *niemals* rohe körperliche Lust.« Die Prinzessin warf ihm ein häßliches, wissendes Grinsen zu. »Wenn Ihr mich freilaßt, werde ich meine Magie verwenden, um für Euch eine Ladung von Onkel Uriels Schnellfestiger-Elixier aufzutreiben, das Euer Treibholz garantiert ein bißchen auf die Höhe bringen wird.«

Das Lächeln des Grausigen Herrschers huschte davon. Kleine Gewitterwolken zogen sich über seinen Brauen zusammen. »Ich habe dieses Problem nicht!« sagte er scharf. »Und Ihr werdet die erste sein, die es erfährt, nachdem Ihr unserer Heirat zugestimmt habt.«

»Was ich nie tun werde«, gab Minuriel von oben herab zurück. »Ebensowenig habt Ihr eine Möglichkeit, mir Eure abstoßenden Aufmerksamkeiten aufzuzwingen. Es ist fürwahr geschrieben, daß von einer Elfenmaid von königlichem Geblüt, solange sie Jungfrau und rein bleibt, niemals ein Schwein wie Ihr im Körper oder im Geiste Besitz ergreifen kann, es sei denn, daß sie sich ausdrücklich damit einverstanden erklärt. Da könnt Ihr lange warten.«

»Dann laßt Ihr mir keine Wahl. Ich bin des Wartens müde. So seht denn!« Der Grausige Herrscher schnippte mit den Fingern, und eine neue Kugel von Weitdadrübensicht materialisierte sich. Das war die größere Ausführung, ein Kristall, größer als der Grausige Herrscher selbst. Sie nahm den größten Teil der Bodenfläche in der Turmzelle der Prinzessin ein und hätte beinahe eine der Zofen zum Fenster hinausgedrängt.

Prinzessin Minuriel und ihre Bediensteten blickten in die Vision, die aus der Tiefe des Kristalls emporstieg. Alle drei schnappten nach Luft. Dort vor ihren Augen sahen sie die Streitmacht des Grausigen Herrschers vollzählig an den Grenzen ihrer Elfenheimat zusammengezogen. Beutehungrige Orks, abscheuliche Trolle,

Heerscharen über Heerscharen von lebenden Toten, unheimliche Gespenster und richtig häßliche Hunde standen zur Invasion bereit. Doch das war nicht das Entsetzlichste.

»*Picknickkörbe!*« flüsterte die Prinzessin.

»Ja!« Es hatte nie zu den Stärken des Grausigen Herrschers gehört, jene häßliche Unart der Schadenfreude zu unterdrücken. »Vollgepackt mit allen Arten übler Lebensmittel zum Ergötzen meiner treuen Streitkräfte: Limburger Käse! Knoblauch-Bejgels! Lutefisk! Poi! Kim chee! Sauerkraut! Leicht überfrorene ausgepreßte Desserterzeugnisse mit künstlichem Schokoladengeschmack! *Und davon gibt's noch massenhaft!*« Er schlug die Hände über dem Kopf zusammen, und das Panorama der finsteren Horden, auf Vergnügen aus, verschwand aus der Kugel. An seine Stelle trat eine Vision, wie die Elfen wie Herbstlaub dahinsanken, da sie mit ansehen mußten, wie vernunftbegabte Wesen frohgemut Nahrungsmittel verschlangen, die wie Müll aussahen und rochen.

*Wie können sie sich solches Zeug in den* Mund *stopfen? Iiiiiiuuuua!* Die Todesschreie unglückseliger Elfen hallten gnadenlos in Prinzessin Minuriels Hirn wider, während sie zusah, wie ihr Volk umkam. Und dann war da natürlich der Abfall.

»Genug!« Die Elfenprinzessin warf die Hände vor, und ihre eigene nicht zu unterschätzende Magie brachte die Kugel in einer Milliarde Splitter zum Zerbersten. Ihre Flügel hingen schlaff herab, und sie senkte den Kopf. »Genug. Ich kann nicht tatenlos zuschauen, wenn meine Untertanen derartig leiden. Ich will mich bereit finden, Euch zu heiraten, Grausiger Herrscher. Und wohl weiß ich, daß Ihr nicht allein wegen meiner Schönheit trachtet, mich zu besitzen, noch um wahrer Liebe willen und entschieden nicht, weil es Euch nach meinem schönen jungen Körper gelüstet, denn was immer Ihr auch sagen mögt, Ihr habt *doch* jenes Problem. Nein, ich weiß, daß der wahre Grund, weshalb Ihr meine Hand gewinnen wollt, darin liegt, daß Ihr meines Vaters Länder vermittels seines einzigen Kindes zu erobern gedenkt. Ihr stinkt.«

»Nicht so sehr wie Lutefisk«, sagte der Grausige Herrscher, und der alte Ausdruck einer zufriedenen Suppenterrine stand wieder auf seinem Gesicht. »Ihr seid so klug wie schön, meine Dame. Ich werde Anweisung geben, daß die Hochzeitsvorbereitungen sogleich beginnen.« Er machte auf dem Absatz kehrt und schritt aus dem Gemach.

»Au! Auauauau*au*!« Der Grausige Herrscher sprang von einem Fuß auf den anderen, während er sich Splitter der zerborstenen Weitdadrübensicht-Kugel aus den Fußsohlen zog. Mit einem einzigen giftigen Blick seines *Auges* brachte er die restlichen Splitter zum Schmelzen und ließ sie zu einem glasigen Teppich zusammenlaufen. Dann ging er von dannen, ganz auf seine Würde bedacht. Die Elfenmaiden hörten ihn die Turmtreppe hinabstapfen und unten die brandneue Tür hinter sich zuwerfen.

»Also *jemand* hat da ganz miese Laune«, sagte Schikagoel, die eine Zofe der Prinzessin. Sie schnaubte verächtlich zu der nun leeren Türöffnung hin, durch die der Grausige Herrscher soeben gegangen war.

»Er wird drüber hinwegkommen«, meinte ihre Gefährtin, Schiksael, während sie sich an den Flügeln ihrer Herrin zu schaffen machte. »Er braucht sich nur zu erinnern, daß er mit unserer jungen Herrin seinen Willen haben wird.«

»Nein, wird er nicht«, widersprach Minuriel. Ihr Mund war eine straffe, entschlossene Linie, die vielleicht selbst Seiner Abscheulichkeit zu denken gegeben hätte.

»Aber Herrin, Ihr habt Euer Einverständnis gegeben!«

»Das habe ich getan. Doch kraft desselben Zaubers, der den Ehebund zwischen einer hochgeborenen Elfenjungfrau und ihrem erwählten Gemahl besiegelt, ist nun er an der Reihe, mir etwas zu geben.«

Schiksael war verwirrt. »Ich habe gehört, er kann nicht.«

Schikagoel stieß sie scharf mit dem Ellbogen an. »*Das* nicht. Ihre Hoheit spricht von einer Gabe.«

»Gabe?« Schiksaels für gewöhnlich ausdrucksloses Gesicht hellte sich auf, als sie dieses Wort der Macht hörte.

»Von allen, die eine Tochter aus einem königlichen Haus der Elfen heiraten wollen, wird verlangt, daß sie der Braut eine Gabe nach deren eigenem Wunsche gewähren, ehe die Heirat stattfinden kann«, rezitierte Minuriel. »So diese Bedingung nicht erfüllt wird, ist die Maid von ihrem Versprechen entbunden und muß in ihr Vaterhaus zurückgebracht werden, andernfalls ein großes Übel eintritt.«

»Oh, als ob *das* dem Grausigen Herrscher Angst machen würde«, schnaubte Schikagoel. »Er lebt mit dem Übel. Er lebt für das Übel. Übel ist für ihn soviel wie ein Windelausschlag.«

»Das ist ein wirklich, wirklich, *wirklich* großes Übel«, wies Minuriel ihre skeptische Dienerin zurecht. »Und er weiß es.« Ein unheimliches kleines Beinahe-Lächeln rührte an ihre Lippen. »Darum wird er alles tun, um meine Forderung nach einer Gabe zu erfüllen ... und darum wird meine Gabe ihm zum Verhängnis werden.«

»Uh! Uh! Jetzt versteh ich!« Schiksael sprang auf und ab und klatschte aufgeregt in die Hände. »Ihr werdet ihn um etwas Unmögliches bitten, ja?«

Schikagoel seufzte. »Bloß nicht Pi als Dezimalbruch. Das ist schon bis zum Erbrechen gemacht worden.«

»Nein«, erwiderte die Prinzessin. »Nach den Gesetzen, die über alle Magie gebieten, darf ich als Gabe nichts Unmögliches verlangen. Wohl aber« – da war wieder das nervenaufreibende Lächeln – »etwas Unangenehmes.«

Die große Halle im Schlosse des Grausigen Herrschers wurde mit einem Raffinement hergerichtet, welches der Hochzeit Seiner Grausamkeit angemessen war. Graue Girlanden von sumpfblühendem Käfer-im-Krautsalat hingen von den Dachsparren herab, kleine Sträußchen von Smoksmok-Blumen waren auf den Bankett-Tafeln aufgestellt, und orangefarbenes Krepp-Papier war von einer Hand ausgestreut worden, die die Bedeutung von ›überschwenglich‹ kannte, aber keine Ahnung hatte, was aus ›klebrig‹ folgt.

Eine erhöhte Plattform war unmittelbar unter der Minstrel-Galerie errichtet worden, unbarmherzig außer Sicht der Verzierungen ebenjener Galerie. (Der Grausige Herrscher hatte befohlen, die steinerne Balustrade mit den abgehauenen Köpfen jener Minstrels zu schmücken, die nicht glauben wollten, daß die Regel ihres gefürchteten Auftraggebers ›Absolut keine Polkas‹ sie betraf.) Die Plattform war mit teurer schwarzer Seide und Teppichen feinster Art drapiert. Perlen und Diamanten waren hier und da verstreut worden, um zu Füßen von Braut und Bräutigam zu funkeln. Der Duft seltener Blüten durchdrang die Gewebe unter ihren Füßen und erfüllte die Luft mit schwerem Aroma, wenngleich nicht schwer genug, um den nachklingenden Geruch von Joghurt zu übertönen. Eine Laube, ganz aus Silber und Gold geflochten, erhob sich mitten auf der Plattform, von einem einzigen Saphir gekrönt, dessen Wert an Leben und Seelen von keinem Sterblichen zu berechnen war. Eine Hochzeitsglocke aus Wabenpapier hing von der Mitte des Pavillons herab.

Minuriels Gesichtsausdruck war unergründlich, als ihre Zofen sie in die große Halle geleiteten und ihr Blick auf die gestalterischen Bemühungen ihres künftigen Gemahls fiel.

»Das wird ihm recht geschehen«, preßte sie zwischen den Zähnen hervor.

Der Grausige Herrscher erwartete sie auf der Plattform. Er bot ihr eine Hand, als sie die Treppe hinanstieg, die durchweg aus den ausgestreckten Körpern von Trollkadetten bestand, die es nicht gelernt hatten, ihre Betten vorschriftsmäßig zu bauen. Es gab eine kurze Unterbrechung, als einer der Kadetten versuchte, einen Blick hinauf in das Hochzeitskleid der Elfenmaid zu erhaschen, so daß er geköpft und ersetzt werden mußte. Schließlich stand die Prinzessin auf dem Podium im Schatten der Papier-Hochzeitsglocke dem Grausigen Herrscher gegenüber.

Infolge religiöser Differenzen konnte die Zeremonie weder von einem Sänger des Lichtes (Seite der Braut, orthodox) noch von einem Heulenden Priester des Gemetzels (Seite des Bräutigams, reformiert) durchgeführt werden. Als Kompromiß bugsierten die Knechte des Grausigen Herrschers eine schwere Kanzel auf die Plattform, legten das Große Buch *Der Gesänge Für Jede Gelegenheit* darauf und setzten Skully, das Lieblings-Backenhörnchen des Grausigen Herrschers, auf die offenen Seiten. Der Umstand, daß es das Lieblingstier des Grausigen Herrschers war, hatte aus dem einfachen Geschöpf des Waldes eine grüne, geifernde, einäugige Mordmaschine gemacht, wie so mancher leichtsinnige Diener erfahren hatte, der dem wahnsinnigen Nagetier in den endlosen Korridoren des Schlosses über den Weg gelaufen war. Und dennoch brachte es Skully als Backenhörnchen fertig, jene Eigenschaft zu behalten, die die Elfen über alles schätzen:

»Uuh! Er ist ja sooo süüüß!« rief Schiksael. Sie versuchte, das Tier zu streicheln. Es biß ihr einen Finger ab.

»Böser Skully!« tadelte der Grausige Herrscher nachdrücklich. »Man ißt das Gefolge nicht, bis die Hochzeit vorbei ist.«

Das Backenhörnchen stopfte sich das abgetrennte Fingerglied in eine Backentasche und versuchte reuig auszusehen.

»Und nun«, verkündete der Grausige Herrscher der zahlreich versammelten Gemeinde (seinen eigenen Kriegern bis zum letzten Ork, da die Familie der Braut von der bevorstehenden Zeremonie nicht in Kenntnis gesetzt worden war), »wird Skully über den Text hin und her trippeln und dabei keckern, wie es seine Art ist. Wenn er innehält, wird die schöne Prinzessin Minuriel vor euch allen ihr Einverständnis aussprechen, meine demütige, gehorsame, ganz und gar unterwürfige Gemahlin zu sein, und ich werde mehr oder weniger das gleiche erklären, ausgenommen die Eigenschaftswörter.«

»Ich verstehe das nicht«, flüsterte Schikagoel ihrer Herrin ins Ohr. »Wie kann ein Backenhörnchen die heilige Zeremonie der Ehe abhalten?«

»Wenn am Hofe meines Vaters die Sänger des Lichtes ihre Loblieder in der Hochsprache der *Etwas Deplazierten Elfen* darbieten, verstehst du dann, was sie sagen?«

»Kein Wort. Ich spreche die Hochsprache nicht.«

»Verstehst du fließend die Mutanten-Backenhörnchensprache?«

»Keinen Kecker.«

»Dann ist nach der Regel der gegenseitigen Unkenntnis – die bei den meisten Hochzeiten sehr hoch ist – das Schoßtier des Grausigen Herrschers ebensogut geeignet, uns zu vermählen, wie jeder Priester im Lande.«

»Wenn es euch nichts *ausmacht?*« Der Grausige Herrscher funkelte die Elfenmaiden an. »Wir versuchen hier, eine Hochzeit durchzuführen. Du wirst in den Flitterwochen noch massenhaft Zeit haben, mit deinen Freundinnen zu schwatzen.«

»Das nehme ich an«, murmelte Minuriel. Laut aber rief sie mit einer Stimme, die bis in die fernsten Winkel der großen Halle drang: »Haltet ein! Grausiger Herrscher, ich gebiete dir, daß du dein Backenhörnchen innezuhalten vermögest!«

»Was soll das?« Der Grausige Herrscher runzelte die Stirn. »Versuchst du, einen Rückzieher aus unserer Vereinbarung zu machen? Tu es, und du wirst bei den höchsten Banden der Magie verdammt sein, die über unsere Gefilde gebietet! Das dürfte weh tun.«

»Ich mache keinerlei Rückzieher, mein Herr«, gab die Prinzessin glatt zurück. »Doch bei den nämlichen Banden der Magie, deren Macht selbst Ihr nicht herauszufordern wagt, erinnere ich daran, daß wir nicht vermählt werden können, solange Ihr nicht die eine Bedingung für die Heirat einer königlichen Elfenmaid erfüllt habt.«

»Ich habe den Bluttest machen lassen«, knurrte der Grausige Herrscher.

»Das ist es nicht. Ich meine ... die Gabe!«

Von den versammelten Knechten unterhalb des Podests drang anschwellend ein bestätigendes Gemurmel herauf:

»Ach ja, die Gabe!«

»Die Gabe, natürlich, die Gabe!«

»Na klar doch, die *Gabe!*«

»Wieso haben wir nicht an die Gabe gedacht?«

»Heißt das, wir müss'n die Steakmesser wie'er zurückge'm? Ich un die annern Orks vonner dritt'n Kommanie ham zusamm'gelegt un ...«

»Halt's Maul, Holzkopf, wir reden von der *Gabe.*«

»Ach so, verstehe«, sagte der junge Ork, der nicht die Bohne verstand.

»*Die Gabe*«, zischte der Grausige Herrscher – keine leichte Aufgabe bei einem Wort ohne Zischlaute. »Ihr sprecht die Wahrheit, meine Dame, wofür ich Euch danke. Wahrlich steht geschrieben in den Büchern, die so alt wie die Zeit sind und ungeheuerlich überfällig in der Bibliothek, daß, wenn nicht allen Bedingungen Genüge getan wird, so über die Heirat königlicher Elfenmaiden gebieten, gar beklagenswert die Übel sind, welche über den kommen, der die Bedingungen mißachtet hat. Nennt, was immer es ist, das Ihr haben wollt! Ich schwöre bei all den finsteren und erschrecklichen Mächten, die mir zu Gebote stehen, daß es erfüllt werden soll!« Er stieß die gepanzerte Faust gen Himmel, und ein Donnergrollen, das die Erde erzittern machte, erschütterte das Schloß bis in die Grundfesten. Orks zitterten und Trolle flohen. Gespenster erblaßten, bis sie nur noch ein Phantom ihrer selbst waren, und die sterblichen Diener des Grausigen Herrschers verließen die Halle, um ihre Unterwäsche zu wechseln.

Und als der letzte Widerhall jenes unheiligen Donnerschlags aus der Halle verschwunden war, sprach Prinzessin Minuriel: »Ich möchte das Schloß neu einrichten.«

»Was?«

Als hätte sie soeben die beredteste Zustimmung vernommen (im Gegensatz zu der einen Silbe purer Verwirrung), schlang Minuriel dem Grausigen Herrscher die Arme um den Hals und rief aus: »Oh, *danke*, Liebling! Du wirst es nicht bereuen. Und du wirst keine Mühe damit haben, überhaupt keine Mühe. Alles, was ich von dir will, ist deine Unterstützung; alles andere werde ich erledigen. Wart nur, die Ergebnisse werden dir *so* gefallen, du wirst gar nicht wissen, wie dir ist!«

Mit einem sachten Lachen auf den Lippen tanzte sie ein paar Schritte von ihrem vorgesehenen Gemahl weg und begann die schlanken Hände wellenförmig vor dem Gesicht zu bewegen und unsichtbare Muster in die Luft zu weben. Gleichzeitig rezitierte sie einen unheimlichen Elfengesang von großer Macht und hohem Alter.

In einer der vorderen Reihen stieß eins der Gespenster ein anderes in die unberührbar kurzen Rippen und wollte wissen: »Was bedeutet dieses ›Ene mene mu‹?«

Das andere Gespenst zuckte mit den nebligen Schultern. »Elfen. Da blickt doch keiner durch.«

Während Minuriels Gesang immer intensiver wurde, nahm zwischen ihr und dem Grausigen Herrscher ein Rhombus von goldenem Licht Gestalt an. Er wuchs, bis er mannsgroß war, dann teilten sich die fließenden Vorhänge strahlenden Lichts, und ein großgewachsenes, gebieterisches, starkgliedriges, wachäugiges Exemplar trat heraus. Sein Kinn war gefurcht, seine Schultern monumental, sein Haar ein Schwall von Gold, seine Augen von so blauem Glanz, daß der große Saphir der Hochzeitslaube schamvoll zurückstand. Er trug nichts als einen Lendenschurz, einen Umhang und Sandalen mit Schnüren bis zum Knie. Es waren sehr attraktive Knie. Es braucht nicht eigens hinzugefügt zu werden, daß seine Spannadern von Stahl waren, und sein ganzes Wesen schien dafür einzustehen, daß sein Geist brillant genug war, um zu wissen, was Spannadern sind, ohne daß er im Wörterbuch nachschlagen mußte.

Sein Blick schweifte gelassen durch den Raum und kam schließlich auf dem Grausigen Herrscher zur Ruhe, dem ganz gegen seine Natur bei dieser schweigenden Einschätzung unwohl war. Eine vollendet geschwungene Augenbraue wurde fragend hochgezogen. Der Fremde sprach: »Seid Ihr der Besitzer dieses Anwesens?«

Beim Klang seiner Stimme brach Schiksael in einer ekstatischen Ohnmacht zusammen (vielleicht war es aber auch der Blutverlust von dem Finger, den Skully abgebissen hatte), und Schikagoel taumelte unter einem Ansturm unvermittelt freigesetzter Elfenhormone.

Der Grausige Herrscher befeuchtete sich die Mundwinkel. »Äh, wieso, ja. Ja, das bin ich.«

»Dann nehmt *dies!*« rief der Fremde. Seine Hand schoß zum Gürtel. Etwas Schmales huschte geradewegs auf das Herz des Grausigen Herrschers zu. Unwillkürlich ließ der Grausige Herrscher den Zauberspruch los, der Dolchklingen zum Zerschellen brachte, doch vergebens. Er taumelte zurück, als ihm der Gegenstand voll gegen die Brust prallte.

»Das ist mein Standardvertrag«, sagte der Fremde, der immer noch ein Ende der Rolle hielt. »Nur zu, lest ihn, Ihr werdet ihn durchaus angemessen finden.«

Wortlos und bemüht, alle äußeren Anzeichen des Muffensausens zu unterdrücken, nahm der Grausige Herrscher die Rolle entgegen. Während er sie entrollte, wandte ihm der Fremde den Rücken zu und musterte die große Halle. »Ihr habt mich keinen Augenblick zu früh gerufen«, erklärte er. »Das ist alles falsch, falsch, *falsch*. Wo wart Ihr mit Euren Gedanken? Ich meine, habt Ihr alles im Dunkeln eingerichtet? Schwarz. Himmel, warum muß es immer ausgerechnet Schwarz sein? Das ist sooo deprimierend.« Der Fremde trottete quer über das Podium und machte immer wieder *tss-tss*. Ab und zu warf er den Trollen in der vorderen Reihe einen seitlichen Blick zu, der sie zum Bewußtsein ihrer selbst brachte und sie veranlaßte, sich mit den Pfoten durch die fettigen Mähnen zu fahren und verräterische Stücke von Knochenmark unter den vergilbten Fingernägeln hervorzusaugen.

Der Grausige Herrscher unternahm eine heldenhafte Anstrengung und gewann mit Mühe seine Selbstbeherrschung zurück. »Es soll deprimierend sein!« donnerte er. »Dies ist eine Feste des Bösen. *Die* Feste des Bösen!«

»Was Ihr nicht sagt.« Der Fremde drehte sich auf den Zehenspitzen herum, bis er seinem Auftraggeber gegenüberstand. »Wo steht in Stein gemeißelt, daß das Böse in Schwarz ausgeführt werden muß? Ich meine, das Böse sollte doch eine Haltung sein, kein Farbschema. Wieso kann das Böse nicht, oh, *que voulez-vouz ...* grün sein? Ich weiß nicht, wie es Euch geht, aber wenn es um das verkörperte Böse geht, dann stimme ich für geschlagenen Spinat.«

»*Wer in den neunzehn Unterwelten bist du, du echsenärschige Quasselstrippe?*« brüllte der Grausige Herrscher. »Und was soll das ganze Gequatsche von Bösem und Spinat und Stimmen?«

Der Fremde trat einen einzigen kleinen Schritt zurück und wackelte mißbilligend mit dem Finger. »Gemach, gemach«, sagte er. »Es steht alles im Vertrag. Ich bin Selvagio Napp vom Grenzbereich, den das Zwergenvolk Dado nennt und die Elfenrassen Velour. Ich bin von der Zunft der Innenarchitekten und gekommen, Euch zu helfen.«

»Dir werd ich helfen, du fadenscheiniges Überbleibsel von ...« Der Strom der Beschimpfungen wurde plötzlich von einem sanften Tippen auf die Schulter des Grausigen Herrschers eingedämmt.

»Ihr habt es versprochen«, brachte ihm Prinzessin Minuriel in Erinnerung.

Der Grausige Herrscher ließ den Kopf auf seinen Schreibtisch sinken und schrie auf.

»Verzeihung, Euer Ungnaden?« erkundigte sich sein Kammerdiener, ein lebender Toter. »Ich hab das nicht recht gehört. Der ganze Krach, wißt Ihr.«

Er hatte recht: der Klang von Sägen, Bohrern und Hämmern, der durchs ganze Schloß hallte, machte einen Krawall, in dem nicht einmal das lauteste Kreischen des Grausigen Herrschers zu hören war. Außerdem gesellte sich noch das *Wisch-wusch* einer Armee von Leim- und Farbbürsten schwingenden Zwergen der Kakophonie hinzu.

Der Grausige Herrscher hob den Kopf langsam von

der Tischplatte. »Ich glaube, ich werde verrückt«, teilte er der Welt mit.

»Sehr wohl, Euer Ungnaden«, sagte der Zombie. »Wollt Ihr vorher noch das Hemd wechseln?«

Von irgendwo in den zahllosen Zimmerfluchten des Schlosses drang die Stimme von Selvagio, wie er Trolle herumkommandierte. »Nein, nein, *nein! Viel* zu dunkel, *viel* zu düster! Ich sage euch, dieses Verlies schreit geradezu nach Pastelltönen!«

Und die lammfromme Erwiderung des unglückseligen Trolls schlich sich ins Ohr des Grausigen Herrschers: »Chef, das issn Verlies. *Klar,* dasses schreit.«

Der Grausige Herrscher streckte die Hand aus, um eine Statuette zu ergreifen, die auf seinem Tisch stand. Es war kein sehr anziehender Gegenstand – zweifellos hätte Selvagio ihn in die untersten Kellerräume des Schlosses verbannt, hätte er ihn erblickt. Es konnte als Büste eines Mannes durchgehen, obwohl eine derart glupschäugige, mit dem hochstöckigen Kiefer unnatürlich längliche Physiognomie dies nicht zwingend gebot. Egal. Der Grausige Herrscher zerquetschte sie so bereitwillig in der Faust, als wäre sie der Inbegriff künstlerischer Schönheit. »Barkwell, verriegle die Tür!« befahl er mit zusammengebissenen Zähnen.

»Jawohl, Euer Ungnaden«, sagte der Zombie und tat mit seinem graugrünen Arm, wie ihm geheißen. »Habt Ihr sonst noch Wünsche, Euer Ungnaden?«

»Ja, Barkwell. Sei standhaft. Halte die Stellung. *No pasarán.* Dieser – dieses Geschöpf schleicht seit Monaten in meinem Schloß herum und verhunzt ein Einrichtungsprinzip, das zu vervollkommnen mich ganze Zeitalter gekostet hat. Wenn die Leute in diesen Gefilden von meiner Festung sprechen, dann sprechen sie in Tönen der Ehrfurcht und tödlichen Entsetzens. Die bloße Erwähnung von Düsterwacht genügt, um starke Männer ohnmächtig und liebliche Frauen schrecklich aufgeregt zu machen. Doch jetzt ...!« Ihn schauderte. »Jetzt geht *er* um. Er hat alle diese hübschen schweren, massiven, unbequemen Möbel weggeworfen, die ich mit unbeugsamer Willenskraft und durch Besuch vieler, vieler Garagenverkäufe zusammengetragen hatte. Kissen, Barkwell! Es gibt jetzt *Sitzkissen* in den Mauern von Düsterwacht! Finden die Entartungen des Kerls denn gar kein Ende?«

»Nein, Euer Ungnaden«, sagte Barkwell von seinem Posten an der Tür her. »Anscheinend nicht.«

»Hast du gesehen, was er mit den Kasernen angestellt hat?« verlangte der Grausige Herrscher in kläglichem Tone zu wissen. »Geblümte Tapeten. Faltjalousien. *Grünpflanzen*, Barkwell!«

»Ja, Euer Ungnaden. Grünpflanzen, wie Ihr sagt.«

Der Grausige Herrscher ließ der Kopf abermals auf den Tisch sinken, wo er ihn auf die Arme legte. Seine Worte kamen stark gedämpft hervor, aber doch hörbar: »Du weißt, Barkwell, ich war immer ein glücklicher Kerl. Und weißt du, warum ich glücklich war?« Barkwell räumte ein, daß ihm der Grund nicht bekannt sei. »Ich hatte Orks. Das ist immer wieder bewiesen worden: Es ist praktisch unmöglich, unglücklich zu sein, wenn man genug Orks zur Hand hat. Wenn es darum geht, Befehle zum Plündern und Brandschatzen auszuführen, geht nichts über einen Ork, wie ich immer sage.« Er blickte auf, und sein *Auge* war verdächtig feucht. »Barkwell, weißt du, warum ich kein glücklicher Kerl mehr bin?«

»Nein, Euer Ungnaden. Das zu sagen steht mir nicht zu.«

»Rate.«

»Sehr wohl, Euer Ungnaden, in diesem Fall will ich die Vermutung wagen, daß Euer gegenwärtiges Unglücklichsein von der Tatsache herrührt, daß Ihr keine Orks mehr habt.«

»Weg sind sie!« heulte der Grausige Herrscher. »Aus meinem Domizil vertrieben, direkt unter meinem *Auge* hinausgejagt! Und weißt du, warum? *Weil er sagte, sie würden nicht zu den Gardinen in der großen Halle passen!*«

Barkwell knetete seine verfaulende Augenbraue. »Ich bitte Euer Ungnaden um Verzeihung für eine unverlangte Bemerkung, aber es gibt in der großen Halle keine Gardinen.«

»Jetzt gibt es welche.« Die Finger des Grausigen Herrschers gruben zolltiefe Furchen in die Tischplatte. »Rosafarbene. Er behauptet, die Farbe heiße Shire Sunset, aber ich weiß doch, wie Rosa aussieht, und diese Gardinen sind verdammt noch mal *rosa!*«

»Jawohl, Euer Ungnaden«, stimmte Barkwell zu. »Rosa, wie Ihr sagt.« Der Zombie seufzte laut, und eine Schwadron Maden stürzte von seinen aschfarbenen Lippen. Als einer der lebenden Toten, die dem Grausigen Herrscher dienten, hätte er gern eine Menge angemerkt, was Zu Sagen Ihm Nicht Zustand. Wenn er jetzt vor der Wahl gestanden hätte, eins dieser verbotenen Themen zur Sprache zu bringen – worauf natürlich unverzüglich und *für immer* der Tod gefolgt wäre –, hätte er genau gewußt, für welches Thema er sich entschieden hätte: »Gottverdammich, Euer Ungnaden, wenn Ihr es nicht ertragt, wie dieser Kreppapierlutscher Euer Schloß zur Schnecke macht, warum schmeißt ihr den blöden Hund nicht einfach vom Turm Ohnegnad, und fertig?«

Es folgte ein Augenblick der Stille, während Barkwell zu Bewußtsein kam, daß er unwillkürlich seine Gedanken laut ausgesprochen hatte. »Oh, Mist«, bemerkte er. Mit einem weiteren Seufzer ließ er die Tür los und sagte: »'tschuldigung, Euer Ungnaden. Ich habe mich vergessen. Ich werd gleich ins Büro des Henkers runtergehen und mich auf dem Scheiterhaufen verbrennen lassen. Darf ich Euch noch eine schöne Tasse Tee bringen, ehe ich für immer das Zeitliche segne?«

»Setz dich«, gebot der Grausige Herrscher und winkte den Zombie auf einen harten Stuhl am Tisch. Barkwell setzte sich. »Ich mache dir keinen Vorwurf wegen deines überraschenden Ausbruchs, Barkwell«, sprach der Grausige Herrscher. »Niemand von uns kann für seine Taten verantwortlich gemacht werden, während unsere liebe, vertraute kleine Welt von Folter und Körperverletzung und Elfenschikanieren von diesem... diesem...«

»Teetassendreher?« schlug Barkwell vor.

»Uh, das ist gut!« Der Grausige Herrscher zeigte seinem Diener den erhobenen Daumen. Viermal. Alle gleichzeitig. »Also, Barkwell. Du warst immer ein guter und treuer Diener. Du hast eine ordentliche Frage gestellt und verdienst eine klare Antwort, ohne Strafe oder Einäscherung fürchten zu müssen. Der Grund, warum ich Selvagio nicht einfach mit einem Tritt in den Schloßgraben befördere – und glaub nicht, daß mich dieses Bild nicht schwül in meinen Träumen verfolgt –, ist die Tatsache, daß ich es nicht kann.«

»Nicht könnt, Euer Ungnaden?« Derlei hörte man nicht oft von dem Grausigen Herrscher, wenn man nicht die Gelegenheiten mitzählte, wo er sagte: »*Also nein, ehrlich, ich* kann *einfach keinen Bissen gerösteten Hobbit mehr hinunterkriegen!*«

»Nicht, wenn ich jemals die Prinzessin Minuriel zu der Meinen machen will. Und das Reich ihres Vaters dazu. Wenn ich den von ihr erwählten Recken – will sagen, Innenarchitekten – hinauswerfe, dann habe ich nicht nur jeden Anspruch auf die Hand der Maid verwirkt, sondern gemäß den Banden der Magie, die diese Gefilde regiert, werde ich von meiner Machtposition gestürzt und bin nichts mehr als ein... ein... ein *gewöhnliches Urbild des Bösen!*« Die Anspannung war zu groß. Der Grausige Herrscher brach in Tränen aus. Diese ätzenden Tropfen, die sein *Auge* vergoß, hatten auf den Schreibtisch die zu erwartende Wirkung – er zerfiel zu Brocken säurezerfressenen Holzes.

Der Grausige Herrscher gebot seinen Tränen Einhalt und betrachtete, was sie angerichtet hatten. »Verdammt. Dabei hat mir dieser Tisch wirklich gefallen«, sagte er.

»Sehr wahr, Euer Ungnaden«, sagte Barkwell. »Doch vielleicht ist es besser so. Ihr habt keine Gewähr, daß er Selvagio gefallen hätte oder daß er Euch erlaubt hätte, ihn zu behalten.«

»Mir *erlaubt* hätte, ihn zu behalten?« Die Worte des Grausigen Herrschers knisterten durch die Luft und hinterließen eine Spur von kleinen Ozonwolken. »*Erlaubt*, sagst du? Dies ist mein privates Arbeitszimmer! Dies ist meine Zuflucht vor den Anforderungen absoluter zauberischer Allmacht! Dies, Barkwell, ist meine *Denkecke!* Es gefällt mir so, wie es ist. Staubflocken sind unsere Freunde. Würde es dieser Halunke wagen, sich sogar an diesem meinem privatesten Raum zu vergreifen?«

»Verzeihung, Euer Ungnaden, aber Ihr schient vor kurzem selbst unter diesem Eindruck zu stehen. Als Ihr mir auftrugt, die Tür gegen ihn zu verteidigen, Euer Ungnaden«, erläuterte Barkwell.

»Ach, *das*.« Der Grausige Herrscher wischte die Worte des Zombies mit einem nervösen Lachen beiseite. »Ich wollte nur nicht von irgendeinem aus meinem Gesinde behelligt werden, der mit einer neuerlichen Beschwerde über diesen schrecklichen Menschen bei mir hereingeplatzt wäre. Da ich nicht in der Lage bin, etwas zu unternehmen, was ihm Einhalt gebietet, müßte ich nur die Beschwerdeführer umbringen. Ich habe auch so schon genug von meinen Streitkräften eingebüßt.«

»Ah, ja.« Barkwell nickte. »Orks. Gardinen. Richtig.«

»Glaubst du, es *gefällt* mir, mich so hilflos zu fühlen, Barkwell?« fragte der Grausige Herrscher flehentlich. »Das entspricht ganz und gar nicht meinen bisherigen

Gewohnheiten. Ich sag dir von gleicher zu gleich: Wenn jemand einen Weg findet, wie ich mich dieser aufdringlichen Bestie entledigen kann, dann will ich ... dann will ich ... also, ich werde mein Bestes tun, um ihn in Zukunft nicht beiläufig umzubringen.«

»Ein Angebot, ebenso großherzig wie verlockend, Euer Ungnaden«, sagte Barkwell. »Wer könnte mehr verlangen?« Der Zombie verfiel in tiefes und bedeutungsvolles Schweigen.

»Was denkst du, Barkwell?« fragte der Grausige Herrscher.

»Ich, Euer Ungnaden?« erwiderte Barkwell unschuldig. »Denken gehört nicht zu meinem Berufsbild.«

»Du denkst zuviel!« Der Grausige Herrscher hieb mit der Faust auf den Tisch. Er hatte vergessen, daß da kein Tisch mehr war, verlor das Gleichgewicht und fiel dem Zombie vor die Füße. »Spiel nicht mit mir, Barkwell. Ich bin ein verzweifelter Sammelplatz unergründlicher Bosheit.«

»Ich gestehe, Euer Ungnaden, daß ich wirklich einen Einfall hatte. Ich bezweifle allerdings, daß er Euch gefällt.«

»Ich bin soweit, daß mir *alles* gefällt. Außer diesen verdammten rosa Gardinen.«

»In diesem Fall, Euer Ungnaden, habe ich einen Vorschlag: Laßt sie sausen.«

»Was?«

»Die Prinzessin, Euer Ungnaden. Löst Euch von allen Bindungen, familiären und sonstigen, an die betreffende Dame. Gebt die Partie an sie verloren und erlaubt ihr, unversehrt in den Schoß ihrer Familie zurückzukehren. Schreibt sie in den Wind und seht zu, daß Ihr aus der Sache rauskommt.«

»Was?« Diesmal sagte es der Grausige Herrscher nachdrücklicher, und in seinem *Auge* zeigten sich eine Menge Adern.

Barkwell zuckte mit den Schultern. »Im Leben eines jeden Mannes kommt der Moment, da er seine Prioritäten überprüfen und sich fragen muß, ob die Sache die Mühe wert ist. In unserem Fall wird unser künstlerischer Freund höchstwahrscheinlich die Nischen des Turmes Ohnegnad mit handgetauchten, patschuli-parfürmierten Bienenwachskerzen verzieren, die in einhornförmigen Kandelabern stecken. Womöglich verwendet er sogar Bobeches.«

»Was?« Nun wurde das Wort rein im Sinne eines Verlangens nach Information gebraucht. Der Grausige Herrscher stand vom Boden auf und klopfte sich den Staub ab.

»Diese kleinen Rosetten, die man unten um die Kerzen legt, damit kein Wachs heruntertropft«, half Barkwell aus.

Der Grausige Herrscher erzitterte bei dieser entsetzlichen Vorstellung. »Du hast recht, Barkwell. Es fällt mir schwer, eine Niederlage einzugestehen, doch lieber klein beigeben und retten, was mir an klarem Verstand geblieben ist, als noch einen Tag Selvagio in Kauf nehmen.«

»Juhu!« kam eine vertraute Stimme von jenseits der Zimmertür. »Ich wollte Euch nur wissen lassen, daß ich Euch nicht vergessen habe. Morgen komme ich vorbei und weihe Euch in das Konzept einer völlig neuen Vision Eures Arbeitszimmers ein. Ich habe ein paar Kordsamt-Muster gefunden, die ...«

»Keinen Augenblick zu früh, Euer Ungnaden«, murmelte Barkwell.

»Kordsamt ...« Der Grausige Herrscher sprach das Wort so vorsichtig aus, als wäre es eine lebende Eidechse. Noch vorsichtiger; lebende Eidechsen hatte er gern im Mund. »Ist dieser Teufel ein wandelndes Füllhorn von Grausamkeiten und Perversionen?«

»Laßt uns inniglich hoffen, daß wir die Antwort darauf niemals erfahren, Euer Ungnaden«, sagte Barkwell. Jederzeit der umsichtige Diener, versah er seinen Herrn mit einem Paar Ohrstöpsel, während sich Selvagio auf der anderen Seite der Tür weiter über die vielfältigen Möglichkeiten von Terrakotta und Chintz erging.

»Würde es etwas nützen, wenn ich sage, daß es mir leid tut?« fragte Prinzessin Minuriel. Sie saß auf einem schönen Roß, bereit, Düsterwacht zu verlassen. Ihre Zofen waren bereits am Fallgitter vorbei und warteten auf der Landstraße auf sie.

»Es würde nützen, wenn Ihr sagen würdet, daß Ihr ihn mitnehmt«, erwiderte der Grausige Herrscher. Er hielt den Zaum ihres Pferdes mit tödlichem Griff umklammert. Trotz allen Ungemachs, das er ihr angetan hatte, erzeugte der Ausdruck von Panik und Verzweiflung, der jetzt auf seinem Gesicht stand, Mitgefühl im tiefsten Herzensgrunde der Elfenmaid.

»Aber es ist nicht möglich«, antwortete sie. »Mein Vater hat ihn aus den Elfenlanden verbannt ...«

»Euer Vater ist doch ein richtig schlauer Elf.«

»... und außerdem habt Ihr den Vertrag unterzeichnet. Ihr könnt ihn nicht loswerden, bis er mit seiner Arbeit fertig ist, andernfalls wird er sich beschweren, und die Zunft der Innenarchitekten wird der Sache nachgehen.«

»Was kümmert mich ...«

»Achtundsechzig weitere Selvagios?«

Der Grausige Herrscher begann zu schluchzen. Diesmal brachte er es fertig, sein *Auge* aus dem Spiel zu lassen, so daß die Tränen nichts zum Schmelzen brachten als Minuriels Herz. Zu ihrer Überraschung stellte sie fest, daß sie sich im Sattel hinüberbeugte, um dem Grausigen Herrscher übers Haar zu streichen – welches einen wirklich hübschen braunen Ton hatte, soweit man es zwischen den Tentakeln ausmachen konnte.

»Nu, nu«, sagte sie. »Mir ist deswegen ganz schrecklich zumute, zumal Ihr so freundlich wart, mich aus dieser Heiratsvereinbarung mit Euch zu entlassen.«

»Ich dachte, Ihr nähmt ihn mit!« heulte der Grausige Herrscher. »Das ist der einzige Grund, warum ich Euch ziehen lasse!«

»Nichtsdestoweniger ...« Die Prinzessin ließ sich nicht gern unterbrechen, wenn sie gerade auf der Höhe einer selbstlosen Regung war. »Ich fühle mich Euch gegenüber in gewisser Weise verpflichtet. Ich muß Euch vor dieser Plage erretten. Ich fühle mich verantwortlich. *Noblesse oblige.*«

»Ist das so etwas wie Bobeches?« fragte der Grausige Herrscher mißtrauisch.

Die Elfenmaid saß ab. »Wartet hier«, gebot sie dem Grausigen Herrscher. »Ich werde Selvagio bitten, mir einen persönlichen Gefallen zu tun und Euch aus Eurem Vertrag zu entlassen.«

Der Grausige Herrscher hielt den Zaum ihres Pferdes mit einer Hand, während er mit der anderen ihre Fingerspitzen an den Mund drückte. »Oh, danke, danke!« stieß er zwischen dankbaren Schmatzern hervor. »Ich weiß, daß er auf Euch hört! Wie könnte sich jemand weigern, Euch zu gewähren, was immer Euer Herzenswunsch ist?«

Obwohl er keine Lippen hatte, küßte er erstaunlich gut. (Es ist eine wenig bekannte Tatsache, daß die vorherrschende erogene Zone bei Elfen in den Fingern liegt. Das erklärt den übergroßen Anteil von Taschendieben in der Bevölkerung und ebenso, warum die meisten Elfen Gummihandschuhe anziehen, ehe sie einem Ork die Hand geben.) Die Prinzessin spürte, wie ihr bei seinen Aufmerksamkeiten unverhofft Röte in die Wangen stieg. Fast zögernd machte sie ihre Hand frei. »Bitte, es ... es ist nicht nötig, mir zu danken«, stammelte sie. Verwirrt floh sie ins Schloß.

Kurze Zeit darauf kam sie wieder heraus, sehr verändert. Sie war nicht mehr rot oder verwirrt. Sie hatte die volle Beherrschung über sich zurückerlangt. Sie war Zoll für Zoll die königliche Elfenjungfrau. Sie hegte eine schwelende Wut von der Größe eines Yaks.

»Dieser elende kleine Wurm!« brüllte sie und stampfte mit dem Fuß auf. Ein Stein im Pflaster des Vorhofes brach mittendurch. Der Grausige Herrscher zuckte bei dem Geräusch zusammen und ließ den Zaum los; Minuriels Pferd ging durch.

»Oh. Äh... hm. Tut mir leid. Ich werde von meinen Männern gleich ein anderes...«

»Vergiß das bescheuerte Pferd!« fluchte die Prinzessin. »Ich *will* kein Pferd. Ich will *Blut!*«

»Ähm... wirklich?« Der Grausige Herrscher schwankte zwischen Entsetzen und Gastfreundschaft. »Welchen Jahrgang?«

»*Sein* Blut«, machte Minuriel klar. »Das dünne, wertlose, wahrscheinlich pastellfarbene Blut von Selvagio Napp!«

»Er... hat es Euch abgeschlagen? Er hat sich geweigert, meinen Vertrag zu lösen?«

»Schlimmer!« Sie schritt vor dem Grausigen Herrscher auf und ab und brachte sich allmählich in königliche Weißglut. »Nur weil es meine Magie war, die ihn nach Düsterwacht beschworen hat, hat er *mir* die Rechnung über seine Reisekosten vorgelegt. So eine Frechheit!«

»Aber wenn Eure Magie ihn hergebracht hat, dann hatte er doch keine Reisekosten.« Der Grausige Herrscher war gründlich verdattert.

»Nun ja, er mußte seine Kleidung und ein paar persönliche Toilettenartikel kommen lassen«, gab Minuriel zu. »Aber man sollte meinen, daß ein echter Geschäftsmann so was abschreibt.«

Der Grausige Herrscher warf der Elfenmaid einen

scheuen Blick zu. »Ich ... Es wäre mir eine Ehre, die Rechnung für Euch zu bezahlen«, sagte er.

»Wirklich?«

Der Grausige Herrscher nickte.

»Ohne Haken?«

Er schüttelte den Kopf.

Prinzessin Minuriel schaute ihn an – schaute ihn zum erstenmal *wirklich* an. »Also ... also, Euer Höllischkeit, in gewisser Hinsicht seid Ihr ... seid Ihr ... also, Ihr seid richtig *süß!*«

»Psst!« Der Grausige Herrscher gebot ihr verzweifelt Schweigen. »Ihr habt schon mein Zuhause ruiniert. Wollt Ihr meinen Ruf auch noch ruinieren?«

Minuriel lächelte und tätschelte ihm die Wange. »Das wird unser kleines Geheimnis bleiben ... Grausi.«

In diesem zärtlichen Augenblick trottete Schiksael zurück in den Vorhof des Schlosses. »Woran hängt's, Euer Hoheit?« wollte sie wissen. »Schikagoel und ich dachten, Ihr seid vielleicht die Nase pudern gegangen und reingefallen.«

»Ach, die Eleganz einer Ausbildung an einem hohen Elfenhof«, murmelte Minuriel. Hörbarer sagte sie: »Komm wieder rein und bring Schikagoel mit. Wir reisen nicht ab.«

»Was? Warum nicht?«

»Ihr werdet sehen«, sagte sie bedeutsam.

Die Szene in der großen Halle ähnelte fast aufs Haar jener, als der Grausige Herrscher zum erstenmal versucht hatte, sich mit Prinzessin Minuriel zu vermählen. Freilich, die abgehauenen Köpfe an der Minstrel-Galerie waren durch Gipsengelchen ersetzt worden, die schwarze Bespannung des Podests war jetzt safrangelb, aprikosenfarben und golden, eine dicke Schicht von Stuck in Aquamarin bedeckte die Wände, die Gardinen waren unstreitig rosa, und jemand hatte Skully eine weiße Schleife um den Hals gebunden. Abgesehen davon war alles unverändert.

Mit vor Hingabe strahlenden Augen sprach die Prinzessin Minuriel das Hochzeitsgelöbnis ihres Volkes: »Ich, Minuriel, hochgeborene Elfenjungfrau, was niemand bestreiten kann, gelobe dir aus freiem eigenem Willen mein Herz, meine Hand und meine Mitgift, wie diese Zeugen bestätigen mögen!«

Drauf gab der Grausige Herrscher die angemessene Antwort gemäß seinem eigenen Glauben, und zwar: »Sie: *meine!*« Doch um ihm gerecht zu werden, er war anständig genug, dabei verlegen auszusehen. Die versammelten Truppen riefen: »Hurra!«

»Was geht hier vor?« Selvagio kam schweren Schrittes in den Raum und zog Ballen von Flaus und Krepp hinter sich her. »Ihr könnt ihn nicht heiraten!« Er ließ den Stoff fallen und holte sein Exemplar des Vertrags hervor. »Hier steht schwarz auf weiß, daß die Hochzeit nicht stattfinden kann, bevor ich für meine Dienste entlohnt worden bin.«

Minuriel betrachtete den aufmüpfigen Dekorateur kühl. »Und wieviel erwartest du zu bekommen, bitteschön?«

Selvagio nannte eine Summe, bei deren Nennung die Trolle erbebten und Gespenster den Geist aufgaben. Sogar der Grausige Herrscher wurde ein bißchen kalkweiß um die Kiemen. Den Dekorateur rührte dieser Anblick nicht. Er verschränkte die Arme vor der Brust und sagte: »Ich weiß nicht, was das ganze Theater soll. Dachtet Ihr, Handtücher mit Monogramm kommen billig in einem Schloß, wo es achtundfünfzig Badezimmer gibt? Habt Ihr gesehen, wieviel Frotteestoff neuerdings auf dem offenen Markt kostet? Ich habe meinen Teil des Vertrags erfüllt. Ich erwarte meine Bezahlung. Und weiterhin ist da die Frage meiner Reisekosten ...«

»Nun, hier steht« – Minuriel zog ein Exemplar des Vertrags aus dem Busen ihres Hochzeitskleides –, »daß du erst bezahlt wirst, wenn du deine Arbeit beendet hast!«

»Aber das habe ich!« warf Selvagio ein. »Gerade bin ich mit seinem Arbeitszimmer fertig geworden.« Er zeigte auf den Grausigen Herrscher.

»*Mein Arbeitszimmer!*« wiederholte Seine Grausamkeit. »Warum hat Barkwell dich nicht aufgehalten?«

»Barkwell?« Selvagio runzelte perplex die Brauen.

»Mein Zombie-Kammerdiener.«

»Ohh.« Dem Dekorateur ging ein Licht auf. »Den habe ich für einen hartnäckigen Mehltau-Fleck gehalten. Ein bißchen Reinigungsmittel mit Zitronenduft, ein bißchen Muskelschmalz und ein halbes Dutzend häschenförmige Luftreiniger, und weg war er.«

Der Grausige Herrscher stöhnte. »Er war mein bester Diener! Hast du eine Vorstellung, wie schwer es heute ist, einen guten Gehilfen auszugraben?«

»Ich dachte, daß er für Mehltau ziemlich unverblümt war«, räumte Selvagio ein. Dann zuckte er mit den Schultern. »Ich werde den Preis für die Luftreiniger von der Schlußrechnung absetzen, aber das ist das äußerste, was ich tun kann.«

»Du wirst mehr tun müssen«, sagte die Prinzessin. »Oder dieser Vertrag ist null und nichtig. Du hast dich einverstanden erklärt, jeden Einrichtungsgegenstand auf dem Anwesen neu zu gestalten.«

»Habe ich doch!« behauptete Selvagio.

Minuriels Lippen zogen sich an den Enden ein winziges Stück in die Höhe. »Nicht ganz. Dir ist etwas entgangen.«

Doch nun wurde der Innenarchitekt zornig. »Ich nehme an, Ihr redet von einer geheimen Kammer oder einem ähnlich abgenutzten Trick. Also, so leicht könnt Ihr Euch nicht vor der Bezahlung drücken. Der Vertrag legt fest, daß Ihr mir jeden Teil der Einrichtung zeigen müßt, den ich übersehen haben könnte.«

»Soll ich ihn jetzt zeigen?« fragte Minuriel ganz lieb.

»*Ja, ich bitte darum!*« Die Venen an Selvagios Hals traten beunruhigend hervor, wenn er derart schrie.

»Na schön. Wenn du darauf bestehst.« Die Elfenprinzessin hob die Hände und machte Gesten von der Art, wie sie Mystikern und betrunkenen Traumtänzern überall vertraut sind. Es gab ein Klimpern, einen grünen Blitz, und die Luft zwischen der Prinzessin und dem Dekorateur gerann zu einem kompakten Drachen in der richtigen Größe für innen. Er neigte den Kopf fragend angesichts des zitternden Selvagio und fraß ihn ohne nennenswerte Umstände auf.

Die Prinzessin brachte einen Notizblock und einen gut abgekauten Bleistiftstummel zum Vorschein. Mit einem hübschen Schnörkel hakte sie einen Punkt auf einer nur ihr bekannten Liste ab. »Das ist der letzte Teil der Einrichtung«, erklärte sie gut aufgeräumt. »Ich würde sagen, Selvagios Neudekoration ist ganz in Ordnung. Was freilich die Rechnung angeht ...«

Der Drache ließ ein kurzes, höfliches kleines Husten hören und brachte die Papiere des ehemaligen Dekorateurs mitsamt einem halben Ballen Krepp hoch. Minuriel beachtete den Stoff nicht, hob die anverdaute Rechnung auf und kennzeichnete sie ordnungsgemäß als NICHTIG. Dies getan, bemerkte sie den hochsteigenden Schrecken, der im Augenblick die Versammelten erfüllte, die allesamt den Drachen entsetzt anstarrten. »Oh, beruhigt euch«, gebot sie. »Das ist nur meine Mitgift.«

»Deine Mitgift?« wiederholte der Grausige Herrscher. »Deine Mitgift ist ein Drache?«

»Das ist so eine Elfensache. Königliche Jungfrauen erhalten die Macht, Drachen zu befehlen, sobald wir verheiratet sind; es ist eine Art Übung für den Umgang mit

Ehemännern. Oder glaubst du, ich hätte mich so lange in diesem verlotterten alten Turm einsperren lassen, wenn ich etwas wie *ihn* jederzeit hätte beschwören können?« Die Dame zuckte mit den Schultern. »Außerdem habe ich schon einen Mixer.«

Der Grausige Herrscher betrachtete seine Braut mit erneuertem Respekt. »Also, Liebling, in gewisser Hinsicht bist du ... bist du ... also, du bist vollkommen gnadenlos!«

Minuriel errötete hübsch. »Dieser alte Charakterzug? Den habe ich schon seit Jahren!«

Zärtlich schloß er sie in die Arme, und unter den Hochrufen seiner Untertanen und Skullys verrücktem Keckern umarmten sie einander.

Schork der Ork lugte durch die Türöffnung zur großen Halle. »Ich bin aus meiner Arbeit als Zeitungsbote rausgeflo'n. Obbich vielleicht mein' alten Job wiederkrie'n könnte?« Er hielt inne, von Schrecken und Ehrfurcht ergriffen angesichts des Bildes, das er jetzt wahrgenommen hatte. »Hab'ch was verpaßt?« fragte er und schlich zögernd nach vorn.

Der Drache, der mit allem übrigen von Selvagio auch das Stilempfinden des Dekorateurs intus hatte, fraß ihn. Er paßte nicht zu den Gardinen.

TERRY PRATCHETT

## *Der Zauber des Wyrmbergs*

Man nannte ihn Wyrmberg, und er erhob sich fast eine halbe Meile über das grüne Tal – ein gewaltiges, graues und kopfstehendes Massiv.

Unten durchmaß es nur einige Dutzend Meter. Der Berg schwoll an, während er sich elegant und anmutig nach oben schwang, hohe Wolken durchstieß und in einem Plateau endete, das eine ganze Viertelmeile durchmaß. Ein kleiner Wald wuchs dort oben, und sein Grün reichte über den Rand. Hinzu kamen einige Gebäude. Sogar ein Flüßchen plätscherte, ergoß sich über die Felsen und wurde auf dem Weg nach unten ein Opfer des Winds: Er erreichte den Boden in Form von Sprühregen.

Einige Meter unter dem Plateau bemerkte ein aufmerksamer Beobachter mehrere Höhlen. Sie schienen von fleißiger Hand ins Gestein gemeißelt zu sein und bildeten regelmäßige Öffnungen in der hohen Flanke. An diesem kühlen Herbstmorgen sah der über die Wolken hinausragende Teil des Wyrmbergs wie ein riesiger Taubenschlag aus.

Was in diesem besonderen Fall bedeutete, daß die ›Tauben‹ eine Flügelspannweite von mehr als vierzig Metern hatten.

»Ich wußte es«, sagte Rincewind. »Wir befinden uns in einem starken magischen Kraftfeld.«

Zweiblum und Hrun ließen den Blick durch die kleine Senke schweifen, die ihnen als mittäglicher Lagerplatz diente. Dann sahen sie sich an.

Die Pferde fraßen in aller Gemütsruhe das saftige

Gras am Flußufer. Gelbe Schmetterlinge flatterten über
Büschen und Sträuchern. Es duftete nach Thymian, und
Bienen summten. Wildschweine brutzelten leise an
Spießen.

Hrun hob die Schultern und konzentrierte sich wieder darauf, die Muskeln zu ölen. Sie glänzten.

»Mir fällt nichts auf«, brummte er.

»Wirf eine Münze!« schlug Rincewind vor.

»Was?«

»Nur zu. Hol eine Münze hervor und wirf sie.«

»Na schön«, knurrte Hrun. »Wenn du unbedingt willst ...« Er entnahm seinem Beutel eine Handvoll Wechselgeld, das er in verschiedenen Scheibenweltländern erbeutet hatte. Behutsam wählte er einen Viertel-Zchloty aus Blei und balancierte ihn auf einem purpurnen Fingernagel.

»Jetzt mußt du dich entscheiden«, sagte er. »Kopf oder ...« Einige Sekunden lang blickte Hrun konzentriert auf die Rückseite der Münze. »Eine Art Fisch mit Beinen.«

»Wenn sie in der Luft ist«, sagte Rincewind. Hrun lächelte und schnippte mit dem Daumen.

Der Viertel-Zchloty flog und drehte sich.

»Kante«, murmelte Rincewind und sah nicht hin.

Magie stirbt nie. Sie verblaßt höchstens.

Das wurde vor allem dort auf der weiten blauen Scheibenwelt deutlich, wo kurz nach der Schöpfung die Magischen Kriege stattgefunden hatten. Damals existierte überall pure Zauberei, und die Ersten Menschen nutzten diese Kraft im Kampf gegen die Götter.

Der eigentliche Anlaß jener Kriege ging im Nebel der Zeit verloren, aber die Philosophen vertreten in diesem Zusammenhang die Ansicht, daß die Ersten Menschen kurz nach ihrer Schöpfung aus verständlichen Gründen in Wut gerieten. Daraufhin folgten erbitterte Auseinandersetzungen mit vielen beeindruckenden Spezialeffekten: Die Sonne raste über den Himmel; die Meere kochten; unheimliche Stürme verheerten das Land; kleine weiße Tauben erschienen auf geheimnisvolle Weise in bestimmten Kleidungsstücken; die Stabilität der ganzen Scheibenwelt (sie ruhte auf den Schultern von vier riesigen Elefanten, die ihrerseits auf dem Rücken einer durchs All wandernden gewaltigen Schildkröte standen) geriet in Gefahr. Schließlich griffen die Alten Erhabenen ein, denen selbst die Götter Rechenschaft schuldig sind. Sie beschlossen strenge Maßnahmen, verbannten die Götter in den Himmel und sorgten dafür, daß die Menschen ein ganzes Stück kleiner wurden. Anschließend saugten sie einen großen Teil der alten wilden Magie aus dem Boden.

Das löste jedoch nicht die Probleme jener Orte auf der Scheibenwelt, die während der Kriege von strategischen oder taktischen Zaubersprüchen getroffen worden waren. Im Lauf der Jahrtausende verblaßte die Magie und setzte dabei Myriaden von subastralen Partikeln frei, die in ihrem Wirkungsbereich starke Verzerrungen der Realität hervorriefen ...

Rincewind, Zweiblum und Hrun starrten auf die Münze.

»Auf der Kante liegt sie wirklich, ja«, stellte Hrun fest. »Nun, du bist Zauberer. Und?«

»Diese Magie stammt, äh, nicht von mir.«

»Du meinst, du kannst so etwas nicht.«

Rincewind überhörte diese Bemerkung, da sie der Wahrheit entsprach. »Versuch es noch einmal«, schlug er vor.

Hrun holte eine Handvoll Münzen hervor.

Die ersten beiden landeten auf die übliche Art und Weise, ebenso wie die vierte. Nummer Drei fiel auf ihre Kante und zitterte, weigerte sich jedoch, zur einen oder anderen Seite zu kippen. Die fünfte verwandelte sich in eine gelbe Raupe und kroch fort. Die sechste verschwand mit einem lauten *Ploing*, als sie den höchsten Punkt ihrer Flugbahn erreichte. Kurz darauf donnerte es.

»He, die war aus Silber!« rief Hrun, stand auf und blickte nach oben. »Bring sie zurück!«

»Ich weiß überhaupt nicht, wo sie sich jetzt befindet«, erwiderte Rincewind müde. »Wahrscheinlich beschleunigt sie noch immer. Die Münzen, mit denen ich heute morgen experimentiert habe, kamen nicht wieder herunter.«

Hrun sah noch immer gen Himmel.

»Was?« fragte Zweiblum.

Rincewind seufzte. Dies hatte er gefürchtet.

»Wir sind hier in einem Gebiet mit hohem magischem Index«, sagte er. »Fragt mich bitte nicht nach dem Grund. Irgendwann einmal muß hier ein sehr starkes thaumaturgisches Kraftfeld entstanden sein, und wir fühlen die Nachwirkungen.«

»Genau«, bestätigte ein vorbeiwandernder Strauch.

Hruns Kopf ruckte nach unten und zur Seite.

»Soll das heißen, dies ist einer *jener* Orte?« erkundigte er sich. »Dann sollten wir ihn sofort verlassen.«

»Ganz meine Meinung.« Rincewind nickte. »Wenn wir denselben Weg zurückkehren, schaffen wir es vielleicht. Wir können nach jeweils einer Meile anhalten und eine Münze werfen.«

Er stand auf, und begann sein Zeug in den Satteltaschen zu verstauen.

»Was?« wiederholte Zweiblum.

Rincewind wandte sich zu ihm um. »Verlang jetzt bitte keine langen Erklärungen. Komm einfach *mit*.«

»Aber hier scheint doch alles in Ordnung zu sein«, meinte der Tourist. »Dieses Gebiet ist nur ein wenig unterbevölkert...«

»Ja«, brummte Rincewind. »Seltsam, nicht wahr? *Komm* jetzt.«

Hoch über ihnen erklang ein Geräusch – es hörte sich an wie ein Lederriemen, mit dem jemand auf feuchten Stein schlug. Etwas Gläsernes und Undeutliches sauste über Rincewinds Kopf hinweg und wirbelte Asche an der Feuerstelle auf. Die Reste eines Wildschweins lösten sich vom Spieß und rasten davon.

Sie neigten sich zur Seite, um einigen Bäumen auszuweichen, flogen dann eine enge Schleife, nahmen mittwärtigen Kurs und ließen einen Schweif aus heißen Fetttropfen zurück.

»Was tun sie jetzt?« fragte der alte Mann.

Die junge Frau blickte in die Kristallkugel.

»Sie reiten randwärts und haben es offenbar sehr eilig«, antwortete sie. »Übrigens: Die Truhe mit den Beinen folgt ihnen noch immer.«

Der alte Mann lachte leise – ein eigenartiges, beunruhigendes Geräusch in der dunklen staubigen Gruft. »Intelligentes Birnbaumholz«, murmelte er. »Bemerkenswert. Ja, ich glaube, wir holen uns die Kiste. Bitte kümmere dich darum, meine Liebe – bevor die Fremden aus dem Einflußbereich deiner Macht entkommen.«

»Schweig! Oder …«

»Oder was, Liessa?« fragte der Alte. Er saß auf einem steinernen Stuhl, und das matte Licht gab seiner Haltung etwas Sonderbares. »Du hast mich schon einmal getötet, erinnerst du dich?«

Die junge Frau schnaubte abfällig, erhob sich und warf verächtlich das Haar zurück. Es glänzte rot, und an einigen Stellen zeigten sich blonde Strähnen. Aufgerichtet bot Liessa Wyrmgebieter einen beeindruckenden Anblick. Sie war fast nackt, abgesehen von einigen dünnen Streifen Kettenhemd und Reitstiefeln aus schimmernder Drachenhaut. In einem davon steckte eine ungewöhnliche Reitpeitsche: Sie war fast so lang wie ein Speer, und ihre Spitze wies kleine stählerne Stacheln auf.

»Meine Macht genügt bestimmt«, sagte sie kühl.

Die undeutliche Gestalt nickte oder wackelte zumindest. »Das behauptest du immer wieder«, sagte der Alte. Liessa schnaubte erneut und verließ die Kammer.

Der Vater sah seiner Tochter nicht nach. Es hätte ihm ohnehin einige Probleme bereitet – er war inzwischen seit drei Monaten tot, und deshalb ließ der Zustand seiner Augen eher zu wünschen übrig. Hinzu kam folgendes: Als (wenn auch toter) Zauberer der fünfzehnten Stufe hatten sich seine Sehnerven längst daran gewöhnt, in Sphären und Dimensionen zu blicken, die mit der normalen Realität kaum in Verbindung standen, und aus diesem Grund eigneten sie sich nicht besonders gut dafür, das rein Weltliche zu beobachten. (Früher hatten andere Leute des öfteren den Eindruck gewonnen, daß seine Pupillen achteckig waren und an die Facettenaugen von Insekten erinnerten.) Außerdem: Da er jetzt in der schmalen Nische zwischen der Welt der Lebenden und dem dunklen Kosmos des Todes verweilte, konnte er das ganze Universum der Kausalität betrachten. Deshalb setzte er seine beachtlichen Kräfte nicht dazu ein, mehr über die drei Reisenden herauszufinden, die derzeit verzweifelt versuchten, sich in Sicherheit zu bringen. Er hoffte nur, daß seine niederträchtige Tochter diesmal den Tod fände.

Einige hundert Meter entfernt stieg Liessa, gefolgt von sechs Reitern, die ausgetretenen Stufen der Treppe hinunter, die ins hohle Zentrum des Wyrmbergs führten. Seltsame Empfindungen regten sich in ihr. Ergab sich nun eine Gelegenheit für sie, aus der Sackgasse herauszukommen und den Thron des Wyrmbergs zu erringen? Natürlich gehörte er ihr. Andererseits: Die Tradition gebot, daß ein Mann über den Wyrmberg herrschte. Das ärgerte Liessa. Und wenn sich Liessa ärgerte, floß mehr Macht; dann wurden die Drachen größer und häßlicher.

Wenn sie einen Mann gehabt hätte, wäre alles anders. Am besten einen kräftigen, strammen Burschen mit ordentlichen Muskeln und wenig Gehirn. Jemand, der Anweisungen entgegennahm und sich an sie hielt ...

Zum Beispiel der größte jener drei Reisenden, die aus dem Drachenland flohen – er schien geeignet zu sein. Und wenn sie sich irrte ... Nun, die Drachen waren immer hungrig und mußten in regelmäßigen Abständen gefüttert werden. Damit sie stark und garstig wurden.

Noch garstiger als sonst.

Die Treppe führte durch einen steinernen Torbogen und endete an einem schmalen Sims am Dach der großen Höhle, in der die Wyrme schliefen.

Sonnenstrahlen fielen durch die vielen Öffnungen in den Wänden, glühten durch das düstere Halbdunkel und sahen aus wie Bernsteinstangen, in denen Millionen von goldenen Insekten gefangen waren. Unten entrissen sie der Finsternis nur einen fahlen Dunst. Oben ...

Die Laufringe begannen so dicht über Liessas Kopf, daß sie nur die Hand auszustrecken brauchte, um einen zu berühren. Zu Tausenden erstreckten sie sich über die hohe und weite Höhlendecke. Hunderte von Steinmetzen hatten jahrelang gearbeitet, um die notwendigen Halterungen anzubringen; sie hingen mit dem Kopf nach unten, während sie die Haken in den Fels trieben. Doch noch viel eindrucksvoller waren die achtundachtzig Hauptringe am Scheitelpunkt der kuppelförmigen Decke. Früher hatte es fünfzig weitere gegeben, doch sie stürzten herab, als ein ganzes Heer aus schwitzenden Sklaven (damals, zu Beginn der *Macht*, herrschte kein Mangel an ihnen) versuchte, sie an den vorgesehenen Stellen anzubringen. Aus irgendeinem Grund lösten sie sich aus dem Fels und rissen Dutzende von unfreiwilligen Arbeitern in die Tiefe.

Jetzt gab es noch achtundachtzig Hauptringe, groß wie Regenbögen, rostrot wie Blut. Und an ihnen hingen ...

*Die Drachen spüren Liessas Präsenz. Wind flüstert durch die Höhle, als sich achtundachtzig Flügelpaare wie in einem komplizierten Puzzle entfalten. Große Köpfe sehen aus grünen facettenreichen Augen auf sie herab.*

*Die großen Tiere sind noch halb durchsichtig. Während die Reiter ihre Hakenstiefel aus dem Gestell nehmen, konzentriert sich Liessa darauf, den Drachen mehr Substanz zu verleihen. Kurze Zeit später werden sie deutlich sichtbar, und ihre bronzefarbenen Schuppen reflektieren das durch die Höhlenzugänge filternde Sonnenlicht. Liessas Bewußtsein pulsiert, doch inzwischen fließt die Kraft ganz von allein, und deshalb braucht sie sich kaum zu konzentrieren, um an andere Dinge zu denken.*

*Sie zieht ebenfalls die Hakenstiefel an, springt, dreht sich in der Luft und berührt mit den Füßen zwei Ringe. Es klickt leise, als sich die Haken um das Metall schließen.*

*Die Welt verändert sich: Aus der Decke wird nun der Boden. Liessa steht am Rand eines Trichters oder Kraters, aus dem kleine Ringe ragen – die Drachenreiter gehen darüber hinweg und bewegen sich dabei wie Seeleute auf schwankendem Deck. In der Mitte des Trichters warten ihre riesigen Rösser bei der Herde. Weit oben befinden sich die fernen Felsen des Höhlenbodens, über Jahrhunderte hinweg von Drachenkot verfärbt.*

*Liessa schreitet mit der ruhigen Eleganz, die ihr bereits zur zweiten Natur geworden ist, nähert sich ihrem eigenen Drachen namens Laolith, der den großen Pferdekopf dreht und sie ansieht. Schweinefett klebt ihm am Maul.*

*Es hat gut geschmeckt*, teilt Laoliths geistige Stimme mit.
»Ich habe dir doch verboten, allein zu fliegen«, erwidert Liessa scharf.
*Ich hatte Hunger.*
»Bezähm deinen Appetit! Bald kannst du Pferde fressen.«
*Die Zügel bleiben einem in der Kehle stecken. Gibt es auch Krieger? Wir mögen Krieger.*
Liessa schwingt sich an einer Leiter herab, erreicht Laoliths Hals und schließt die Beine darum.
»Der Krieger gehört mir. Die beiden anderen Reisenden kannst du haben. Einer von ihnen scheint eine Art Zauberer zu sein«, fügt sie aufmunternd hinzu.
*Ach, du weißt ja, wie das mit Zauberern ist,* grollt der Drache. *Nach einer halben Stunde möchte man noch einen.*
*Er breitet die Schwingen aus und fällt.*

»Sie holen zu uns auf!« stieß Rincewind hervor. Er beugte sich noch weiter über den Hals seines Pferds vor und stöhnte. Zweiblum versuchte, nicht den Anschluß zu verlieren, während er gleichzeitig zurückblickte und nach den fliegenden Tieren Ausschau hielt.
»Du verstehst nicht!« rief der Tourist aus vollem Hals, um das ohrenbetäubend laute Pochen der Flügelschläge zu übertönen. »Mein ganzes Leben lang habe ich mir gewünscht, Drachen zu sehen!«
»Von innen?« erwiderte Rincewind. »Sei still und reite!« Er trieb sein Roß an, starrte zum Wald vor ihnen und trachtete danach, ihn mit reiner Willenskraft näher zu bringen. Unter den Bäumen drohte ihnen keine Gefahr mehr. Unter den Bäumen konnten keine Drachen fliegen ...
Etwas rauschte, und ein Schatten stülpte sich über den Zauberer. Instinktiv neigte er sich zur Seite und spürte heißen Schmerz, als ihm etwas über die Schulter kratzte.
Hinter ihm schrie Hrun, aber es klang eher wie zorni-

ges Gebrüll. Der Barbar war ins Heidekraut gesprungen und hatte sein schwarzes Schwert Kring gezogen. Er holte nun damit aus, als einer der Drachen im Tiefflug heransauste.

»Ich lasse mich nicht von verdammten Eidechsen in die Flucht schlagen!« donnerte Hrun.

Rincewind streckte sich und griff nach Zweiblums Zügeln.

»*Komm weiter!*« zischte er.

»Aber die Drachen...«, stammelte der Tourist verzückt.

»Zur Hölle mit den...«, begann der Zauberer und erstarrte. Ein weiteres Ungeheuer löste sich von den hoch oben kreisenden Punkten und glitt auf ihn zu. Rincewind ließ Zweiblums Pferd los, fluchte verbittert und setzte den Weg allein zu den Bäumen fort. Er sah sich nicht um, als es hinter ihm fauchte. Ein oder zwei Sekunden später fiel erneut ein Schatten auf ihn, und mit einem leisen Wimmern versuchte er, in die Mähne des Pferds zu kriechen.

Er rechnete damit, daß sich ihm messerscharfe Krallen in den Leib bohrten, aber statt dessen versetzte ihm etwas heftige Schläge, als das von Entsetzen gepackte Roß den Wald erreichte. Rincewind klammerte sich fest, doch ein anderer niedriger Ast, dicker als seine Kollegen, schleuderte ihn aus dem Sattel. Bevor ihn die blitzenden blauen Lichter der Bewußtlosigkeit ganz umhüllten, hörte er noch einen enttäuschten schrillen Reptilienschrei und lautes Knacken in den Baumwipfeln.

Als er erwachte, beobachtete ihn ein Drache – zumindest blickte er in seine Richtung. Rincewind ächzte und versuchte sich mit den Schulterblättern ins Moos zu graben. Dann schnappte er nach Luft, als ihn Schmerz durchflutete.

Durch den Dunst aus Pein und Furcht sah er zu dem Ungeheuer hinüber.

Es hing etwa hundert Meter entfernt am Ast einer alten abgestorbenen Eiche. Die bronze- und goldfarbenen Flügel waren eng um den Körper gefaltet, aber der lange pferdeartige Kopf drehte sich am Ende eines verblüffend beweglichen Halses hin und her. Der Drache suchte nach einem Opfer. *Bestimmt nach mir*, dachte der Zauberer.

Und er war halb durchsichtig. Zwar glitzerte der Sonnenschein auf den Schuppen, aber Rincewind erkannte die Umrisse der Zweige dahinter.

Auf einem davon saß ein Mann, winzig im Vergleich zum riesigen Drachen. Bis auf zwei hohe Stiefel, einem kleinen Lederbeutel im Bereich der Lenden und einem Helm mit hohem Kamm schien er völlig nackt zu sein. Gelangweilt schwang er ein kurzes Schwert hin und her, blickte müßig über die Wipfel und wirkte wie jemand, der einen nicht besonders interessanten Routineauftrag wahrnahm.

Ein Käfer kroch über Rincewinds Bein.

Der Zauberer fragte sich, wie gefährlich ein Drache war, dem es ganz offensichtlich an Substanz fehlte. *Tötet er nur halb?* dachte Rincewind. Er hielt es für besser, in dieser Hinsicht keine Experimente zu wagen.

Auf Knien, Fingerspitzen und Schultermuskeln schob er sich langsam zur Seite, bis sich die Eiche und ihre beiden Gäste hinter dem Laub verbargen. Dann stand er hastig auf und floh.

Er hatte kein bestimmtes Ziel, und außerdem fehlten ihm Proviant sowie ein Pferd. Aber solange ihm die Beine gehorchten, konnte er laufen. Farnblätter und Dornenzweige schlugen nach ihm, aber er spürte sie überhaupt nicht.

Nach etwa einer Meile blieb er stehen und lehnte sich an einen Baum, der sofort zu ihm sprach.

»Psst!« flüsterte er.

Rincewind hob langsam den Kopf, und neue Furcht prickelte in ihm, als er daran dachte, was sich seinen Augen darbieten mochte. Der Blick des Zauberers versuchte, an harmloser Borke und ungefährlichen Blättern zu verharren, doch die Geißel der Neugier trieb ihn weiter. Schließlich fiel er auf ein schwarzes Schwert, dessen Klinge den Ast über Rincewinds Kopf durchstoßen hatte.

»Steh da nicht einfach so herum«, sagte es mit einer Stimme, die so klang, als streiche jemand mit dem Finger über den Rand eines großen leeren Weinglases. »Zieh mich heraus.«

»Was?« erwiderte Rincewind. Er keuchte noch immer.

»Zieh mich heraus«, wiederholte Kring. »Sonst verbringe ich die nächsten Jahrmillionen in einem Kohleflöz. Habe ich dir davon erzählt, daß man mich einmal in einen See geworfen hat ...?«

»Was ist mit den anderen passiert?« fragte Rincewind und hielt sich verzweifelt an dem Baum fest.

»Oh, die Drachen haben sie erwischt. Ebenso die Pferde. Und die Truhe. Es wäre auch um mich geschehen gewesen, aber Hrun hat mich fallen lassen. Welch ein Glück für dich.«

»Nun ...«, begann Rincewind. Kring überhörte den Einwand.

»Bestimmt brennst du darauf, deine Kameraden zu retten«, fügte das Schwert hinzu.

»Ja, äh ...«

»Zieh mich raus. Dann können wir uns sofort auf den Weg machen.«

Rincewind betrachtete das Schwert. Der Gedanke an ein Rettungsunternehmen hatte sich in einem so fernen Winkel seines Bewußtseins versteckt, daß er – wenn man gewissen Theorien in bezug auf Natur und Gestalt der hyperdimensionalen Multiplexität des Universums

Glauben schenken durfte – vor alle anderen rückte. Außerdem: Ein magisches Schwert war alles andere als wertlos ...

Und der Heimweg – in welche Richtung auch immer – konnte recht lang werden.

Rincewind kletterte hinauf und kroch über den Ast. Kring steckte tief im Holz. Der Zauberer griff nach dem Knauf und zog, bis ihm Sterne vor den Augen funkelten.

»Versuch's noch einmal!« feuerte ihn Kring an.

Rincewind stöhnte und biß die Zähne zusammen.

»Es könnte schlimmer sein«, fügte das Schwert hinzu. »Wenn ich in einem Amboß säße, zum Beispiel.«

»Jaargh«, schnaufte der Zauberer und fürchtete um die Zukunft seiner Leisten.

»Weißt du, meine Existenz verdient die Bezeichnung multidimensional«, verkündete Kring.

»Hach?«

»Ich hatte viele Namen.«

»Erstaunlich«, kommentierte Rincewind. Er ruckte nach hinten, als sich das Schwert plötzlich aus dem Holz löste. Es fühlte sich sonderbar leicht an.

Wieder auf dem Boden, beschloß er, seinen Standpunkt zu verdeutlichen.

»Ich glaube nicht, daß wir sofort mit einer Rettungsmission beginnen sollten«, sagte er. »Äh, es wäre besser, eine Stadt aufzusuchen. Um dort eine Suchgruppe zusammenzustellen.«

»Die Drachen flogen mittwärts«, entgegnete Kring. »Trotzdem schlage ich vor, daß wir mit dem Exemplar dort drüben anfangen.«

»Tut mir leid, aber ...«

»Du kannst die Verschleppten nicht einfach ihrem Schicksal überlassen.«

Rincewind wölbte überrascht die Brauen. »Wirklich nicht?«

»Nein, das ist völlig ausgeschlossen. Ich will ganz offen sein. Ich habe schon mit besseren Leuten zusammengearbeitet, aber die Alternative wäre... Hast du jemals mehrere Jahrmillionen in einem Kohleflöz verbracht?«

»Hör mal, ich...«

»Keine Widerrede. Oder ich schlage dir den Kopf ab.«

Rincewind sah, wie sich sein Arm hob, bis nur noch ein Zentimeter die glitzernde Klinge von der Kehle trennte. Er versuchte, die Finger zu strecken und den Knauf loszulassen, aber sie traten in den Streik.

»Ich weiß doch gar nicht, wie man ein Held ist!« entfuhr es ihm.

»Ich bin bereit, es dir zu zeigen.«

Psepha mit den bronzenen Schuppen knurrte dumpf.

Der Drachenreiter K!sdra beugte sich vor und blickte über die Lichtung.

»Ich sehe ihn«, sagte er, schwang sich von Ast zu Ast, landete leichtfüßig im Gras und zog sein Schwert.

Er beobachtete den näher kommenden Mann, der den Schutz der Bäume offenbar nur widerstrebend verließ. Er war bewaffnet, aber der Drachenreiter bemerkte mit gewissem Interesse, wie er das Schwert hielt – weit von sich gestreckt, als erfülle es ihn mit Verlegenheit, zusammen mit der Klinge gesehen zu werden.

K!sdra hob das eigene Schwert und grinste vom einen Ohr bis zum anderen, als der Zauberer sich zögernd näherte. Als er bis auf einige Meter herangekommen war, sprang der Drachenreiter.

Später erinnerte er sich nur an zwei Einzelheiten des Kampfes. Erstens: Die Klinge des Zauberers zuckte auf eine geradezu gespenstische Weise nach oben und traf sein Schwert mit solcher Wucht, daß es ihm aus den Fingern gerissen wurde. Und zweitens: Während des Duells hielt sich der Magier mit einer Hand die Augen zu. Später behauptete K!sdra, daß er seine Niederlage in erster Linie diesem Umstand verdankte.

Der Drachenreiter wich zurück, um einem weiteren Hieb auszuweichen, stolperte und fiel der Länge nach ins Gras. Psepha knurrte, breitete die Schwingen aus und stieß sich vom Ast ab.

Einen Augenblick später stand der Zauberer direkt vor K!sdra. »Wenn das Biest Feuer spuckte, lasse ich die Klinge los! Ich meine es ernst! Ich lasse sie wirklich los! Sag es dem Drachen!« Seltsam: Das schwarze Schwert zitterte, und der Zauberer schien damit zu ringen.

»Psepha!« rief K!sdra.

Der Drache brüllte verärgert, verzichtete jedoch darauf, Rincewind den Kopf abzureißen. Er schlug mehrmals mit den Flügeln und kehrte zum Baum zurück.

»Heraus damit!« heulte der Zauberer.,

K!sdra schielte an dem dunklen Schwert vorbei.

»Heraus womit?« fragte er.

»Was?«

»Womit soll ich heraus?«

»Ich will wissen, wo meine Freunde sind! Damit meine ich den Barbaren und seinen Begleiter, einen kleinen Mann.«

»Vermutlich hat man sie zum Wyrmberg gebracht.«

Rincewind zerrte mit wachsender Verzweiflung an dem Schwert und versuchte das blutgierige Summen der Klinge zu überhören.

»Was ist ein Wyrmberg?« erkundigte er sich.

»*Der* Wyrmberg. Es gibt nur einen. Ein Drachenhort.«

»Und du hast hier gewartet, um mich ebenfalls dorthin zu verschleppen, stimmt's?«

K!sdra röchelte unwillkürlich, als ihm die Schwertspitze die Haut am Adamsapfel aufritzte.

»Ihr wollt bestimmt vermeiden, daß die Leute von euren Drachen erfahren, wie?« brummte Rincewind. Der Drachenreiter vergaß seine Situation lange genug, um zu nicken, wodurch er sich fast selbst die Kehle aufschlitzte.

Der Zauberer sah sich um, schluckte und begriff, daß er diese Sache konsequent zu Ende führen mußte.

»Na schön«, sagte er so ruhig und gelassen wie möglich. »Du solltest mich besser zu dem Wyrmberg führen.«

»Man erwartet von mir, daß ich dich dort tot abliefere«, erwiderte K!sdra mürrisch.

Rincewind starrte auf den Drachenreiter hinab und verzog das Gesicht langsam zu einem breiten, irren und völlig humorlosen Grinsen. Es kam einem mimischen Krampf gleich. Normalerweise wird ein solches Grinsen von Vögeln begleitet, die in den Mund hineinspazieren und kleine Brocken aus den Zähnen picken.

»Lebend genügt völlig«, sagte der Zauberer. »Wenn wir von irgendwelchen *Toten* reden ... Denk daran, wer hier das Schwert in der Hand hält.«

»Wenn du mich umbringst, verschwindest du geröstet in Psephas Magen!« rief der stolze Drachenreiter.

»Dann beschränke ich mich eben darauf, dir einzelne Körperteile abzuhacken«, kündigte Rincewind an und versuchte es erneut mit dem Grinsen.

»Oh, schon gut«, brummte K!sdra verdrießlich. »Glaubst du etwa, ich hätte keine Phantasie?«

Er kroch unter der schwarzen Klinge hervor und winkte dem Drachen zu, der daraufhin erneut die Flügel ausbreitete und heranglitt. Rincewind hielt den Atem an.

»Äh, müssen wir unbedingt mit dem Ding fliegen?« fragte er. K!sdra warf ihm einen verächtlichen Blick zu, während Krings Spitze noch immer auf seinen Hals zielte.

»Wie könnten wir sonst den Wyrmberg erreichen?«

»Keine Ahnung«, antwortete Rincewind. »Wie?«

»Ich meine, es gibt keine andere Möglichkeit. Entweder fliegen wir, oder ...«

»Wir gehen zu Fuß?« hoffte der Zauberer.

K!sdra schüttelte den Kopf.

Rincewind sah zu dem Drachen auf. Ganz deutlich sah er das Gras, auf dem das riesige Geschöpf hockte, doch als er eine Schuppe berührte, von der ein vager goldener Glanz ausging, fühlte sie sich beruhigend fest an. Seiner Ansicht nach sollten Drachen entweder ganz existieren oder überhaupt nicht. Ein nur halb realer Drache war schlimmer als beide Extreme.

»Ich wußte gar nicht, daß Drachen durchsichtig sind«, meinte er.

K!sdra *hob* die Schultern. »Jetzt weißt du's.«.

Er schwang sich eher unbeholfen auf den Rücken des Ungeheuers, weil sich Rincewind an seinem Gürtel festhielt. Als er einigermaßen sicher saß, tastete er mit Fingern, deren Knöchel sich weiß abzeichneten, nach einem geeigneten Riemen des Geschirrs und stieß K!sdra behutsam mit dem Schwert an.

»Bist du schon mal geflogen?« fragte der Drachenreiter, ohne sich umzudrehen.

»Nicht auf diese Weise, nein.«

»Möchtest du was lutschen?«

Rincewind betrachtete den Hinterkopf des Mannes senkte dann den Blick zu einem Beutel mit roten und gelben Bonbons.

»Ist das notwendig?« kam es ihm unsicher von den Lippen.

»So verlangt es die Tradition«, antwortete K!sdra. »Bedien dich!«

Der Drache stand auf, wankte schwerfällig über die Wiese und stieg in die Luft.

Gelegentlich litt Rincewind an Alpträumen, in denen er auf einem immateriellen, schrecklich hoch gelegenen Ort schwankte und tief unten eine dahinrasende, von

Wolkentupfern gesprenkelte Landschaft sah. Für gewöhnlich erwachte er dann mit schweißnassen Waden. Er wäre sicher noch weitaus beunruhigter gewesen, wenn er gewußt hätte, daß es sich nicht um den üblichen Scheibenwelt-Drehschwindel handelte, sondern um die rückwirkende Erinnerung an ein Ereignis, das in der Zukunft wartete und ihn so nachhaltig entsetzen würde, daß die Schwingungen der Furcht weit bis ins vergangene Leben zurückreichten.

Jenes traumatische Ereignis mußte erst noch stattfinden, aber Rincewinds gegenwärtige Erfahrungen bereiteten ihn darauf vor.

Der Rücken des Drachen erbebte mehrmals, als Psepha über die Lichtung sprang. Beim letzten, höchsten Satz schlug er so wuchtig mit den Schwingen, daß die Bäume zitterten.

Dann blieb der Boden unter Rincewind zurück und wich mit sanftem Rucken fort. Plötzlich glitt Psepha anmutig dahin, während das Licht der Nachmittagssonne auf Flügeln schimmerte, die kaum mehr waren als goldener Glanz. Der Zauberer machte den Fehler, den Kopf zu senken – und starrte durch den Drachen hindurch bis hin zu den Bäumen. Sie befanden sich *tief* unten. In Rincewinds Magengrube krampfte sich etwas zusammen.

Es hatte kaum Sinn, die Augen zu schließen, denn dadurch ließ er seiner Phantasie freien Lauf. Er schloß einen Kompromiß, indem er in die Ferne blickte, die ihm zum ruhigen Betrachten einladende Wälder zeigte.

Wind zerrte an dem Zauberer. K!sdra drehte sich halb um und rief ihm ins Ohr:

»Dort ist der Wyrmberg!«

Rincewind neigte ganz langsam den Kopf zur Seite und achtete darauf, daß Kring weiterhin auf dem Rücken des Drachen ruhte. Seine tränenden Augen sahen den absurden, wie umgedreht wirkenden Berg, der in Form einer gewaltigen Trompete aus dem grünen Schoß des Tals ragte. Zwar betrug die Entfernung noch immer viele Meilen, aber schon jetzt bemerkte er ein trübes oktarines Glühen in der Luft, das auf eine stabile magische Aura mit einer Feldstärke von mindestens einigen Milliprim hinwies!

»O nein«, hauchte er.

Es war sogar noch besser, nach unten zu sehen. Rasch wandte er den Blick vom Berg ab und stellte fest, daß er den Boden nicht mehr *durch* den Drachen erkennen konnte. Während sie sich dem Wyrmberg in einem weiten Bogen näherten, nahm ein goldenes Strahlen im Körper des Drachen zu und schien ihm mehr Substanz zu geben. Als der Wyrmberg direkt vor ihnen durch die Wolken stieß, war das Ungeheuer so wirklich und fest wie ein Stein.

Dem Zauberer fiel ein schwacher leuchtender Streifen in der Luft auf, der den Berg mit dem riesenhaften Tier verband. Er gewann den Eindruck, daß der Drache dadurch *echter* wurde.

Unterdessen verwandelte sich der Wyrmberg von einem kleinen Spielzeug in mehrere Milliarden Tonnen Fels, in eine kolossale Masse zwischen Himmel und Erde. Rincewind beobachtete kleine Felder, Wälder und einen See, von dem ein Fluß ausging, sich über den Rand ergoß und ...

Der Zauberer ließ sich dazu hinreißen, mit seinem Blick dem gischtenden Wasser zu folgen – und hielt sich gerade noch rechtzeitig fest, um nicht von dem Schuppenleib zu fallen.

Das breite Plateau des kopfstehenden Berges schwebte auf sie zu. Der Drache wurde nicht einmal langsamer.

Als sich der Wyrmberg wie die größte Fliegenklatsche im ganzen Universum vor Rincewind erhob, sah er einen Höhlenzugang. Psepha flog zu der Öffnung, und seine Schultermuskeln pumpten.

Der Zauberer schrie, als Dunkelheit wogte und ihn umhüllte. Felsen huschten vorbei, ihre Konturen nur Schemen aufgrund der hohen Geschwindigkeit. Dann wichen die Wände jäh zurück.

Sie befanden sich jetzt im Innern einer Höhle, aber ihre Ausmaße gingen weit über die aller normalen Höhlen hinaus. Der Drache flog in fast grenzenloser Leere und war kaum mehr als eine vergoldete Fliege in einem Bankettsaal.

Es gab noch andere Drachen, goldene, silberne, schwarze und weiße. Sie glitten ebenfalls durch das Gewirr aus Lichtbalken, steuerten eigene Ziele an oder hockten auf Felsvorsprüngen. Hoch an der gewölbten Decke hingen viele weitere an großen Ringen, die Schwingen in der Art von Fledermäusen zusammengefaltet. Rincewind sah auch Menschen und schluckte – wie winzige Käfer krochen sie über die riesige Decke.

Dann fielen ihm dort oben Tausende von kleinen Ringen auf. Einige falsch herum stehende Männer beobachteten Psephas Flug interessiert. Rincewind schluckte erneut; er wußte einfach nicht, wie er sich jetzt verhalten sollten.

»Nun?« flüsterte er. »Irgendwelche Vorschläge?«

»Du greifst an«, antwortete Kring in einem tadelnden Tonfall. »Ist doch ganz klar.«

»Warum habe ich nicht sofort daran gedacht?« erwiderte Rincewind. »Vielleicht deshalb, weil die Leute mit Armbrüsten bewaffnet sind?«

»Schwarzseher!«

»Schwarzseher glauben nur, daß sie Niederlagen hinnehmen müssen. Ich bin *sicher!*«

»Du bist selbst dein schlimmster Feind«, sagte das Schwert.

Der Zauberer blickte zu den triumphierend lächelnden Männern.

»Das bezweifle ich«, erwiderte er skeptisch.

Bevor Kring einen zusätzlichen Kommentar abgeben konnte, streckte sich Psepha und landete auf einem der großen Ringe, der bedrohlich wackelte.

»Möchtest du sofort sterben oder dich erst ergeben?« fragte K!sdra ruhig.

Aus allen Richtungen näherten sich Männer; sie schwankten seltsam, während ihre Hakenstiefel an die Ringe klackten.

An einer kleinen Plattform neben dem Landering hing ein Gerüst mit ähnlich beschaffenen Stiefeln. Bevor Rincewind den Drachenreiter daran hindern konnte, sprang K!sdra von Psephas Rücken, erreichte die Plattform und freute sich über das Unbehagen des Zauberers.

Ein einschüchterndes dumpfes Geräusch ertönte. Es stammte von mehreren Armbrüsten, die nun gespannt wurden. Rincewind musterte ernste umgedrehte Gesichter. Was die Kleidung betraf, genügte der Einfallsreichtum des Drachenvolkes nur für einige Lederstreifen mit bronzenen Verzierungen. Die Scheiden von Messern und Schwertern wurden andersherum getragen. Bei den Leuten, die auf Helme verzichteten, wogte das Haar wie Seetang in der Belüftungsbrise. Auch einige Frauen befanden sich unter ihnen, und die Tatsache, daß sie mit dem Kopf nach unten standen, wirkte sich seltsam auf ihre Anatomie aus. Rincewind starrte sie aus großen Augen an.

»Gib auf!« riet ihm K!sdra.

Der Zauberer öffnete den Mund, um dieser Aufforderung nachzukommen. Kring summte eine Warnung, und Schmerzwellen fluteten durch Rincewinds Arm. »Niemals«, krächzte er. Der Schmerz ließ nach.

»Er lehnt es natürlich ab, sich zu ergeben!« donnerte eine laute Stimme hinter ihm. »Immerhin ist er ein Held, nicht wahr?«

Rincewind drehte sich um und blickte in zwei haarige Nasenlöcher. Sie gehörten einem kräftig gebauten jungen Mann, der lässig an der Decke hing.

»Wie heißt du, Held?« fragte der Fremde. »Damit wir wissen, wer du gewesen bist.«

Heiße Pein flammte in Rincewinds Arm auf. »Ich ... ich bin Rincewind von Ankh«, brachte er hervor.

»Und ich bin Lio!rt Drachenlord«, erwiderte der hängende Mann. Er sprach seinen Namen mit einem scharfen Klicken im Hals aus, das Rincewind für eine Art wörtliche Zeichensetzung hielt. »Du bist gekommen, um mich zum Zweikampf herauszufordern. Es geht dabei um Leben oder Tod.«

»Nun, äh, das stimmt nicht ganz ...«

»Du irrst dich. K!sdra, gib unserem Helden ein Paar Hakenstiefel. Bestimmt möchte er so schnell wie möglich beginnen.«

»Nein, ich bin nur wegen meiner Freunde hier, und es liegt mir fern ...«, stotterte Rincewind. Der Drachenreiter führte ihn zur Plattform, drückte ihn dort auf einen Stuhl und zog ihm Hakenstiefel über die Füße.,

»Beeil dich, K!sdra!« empfahl Lio!rt. »Unser Held soll nicht zu lange darauf warten, daß sich sein Schicksal erfüllt.«

»Nun, ich bin sicher, daß sich meine Freunde hier recht wohl fühlen. Wenn ihr so freundlich wärt, mich, äh, irgendwo abzusetzen ...«

»Du wirst deinen Freunden bald begegnen«, entgegnete der Drachenlord wie beiläufig. »Wenn du religiös bist, meine ich. Wer den Wyrmberg erreicht, verläßt ihn nie wieder. Höchstens im übertragenen Sinn. Zeig ihm, wie man die Ringe benutzt, K!sdra!«

»Sieh nur, in welche Situation du mich gebracht hast«, flüsterte Rincewind.

Kring vibrierte ihm in der Hand. »Denk daran, daß ich ein *magisches* Schwert bin!« summte die Klinge.

»Wie könnte ich das vergessen?«

»Klettre die Leiter hoch und greif nach einem Ring«, befahl der Drachenreiter. »Bring dann die Füße nach oben, bis die Haken zuschnappen.« Er half dem protestierenden Zauberer über die Leiter, und kurz darauf hing Rincewind an einem der Ringe, den Umhang in die Hose gestopft, Kring in der einen Hand. Aus dieser Perspektive betrachtet, wirkte das Drachenvolk recht normal, aber die Drachen ragten wie gewaltige Skulpturen auf, und ihre Augen glühten, während sie das Geschehen interessiert beobachteten.

»Achtung!« rief Lio!rt. Jemand reichte ihm einen in rote Seide gehüllten langen Gegenstand.

»Wir kämpfen, bis einer von uns stirbt«, sagte er. »Damit bist du gemeint.«

»Und ich bin frei, wenn ich den Sieg erringe?« fragte Rincewind ohne große Hoffnung.

Lio!rt deutete auf die vielen Drachenreiter in der Nähe.

»Sei nicht naiv«, erwiderte er.

Rincewind holte tief Luft. »Ich sollte dich besser warnen«, sagte er, und seine Stimme zitterte kaum. »Dies ist ein *magisches* Schwert.«

Lio!rt ließ die rote Seide fallen und hob eine pechschwarze Klinge. Runen glänzten darauf.

»Welch ein Zufall«, brummte er und griff an.

Rincewind erstarrte vor Furcht, aber sein Arm bewegte sich von ganz allein und stieß Kring nach vorn. Als sich die beiden Schwerter berührten, stoben oktarine Funken davon.

Lio!rt wich zurück und kniff die Augen zusammen. Kring sprang an seiner Deckung vorbei: Zwar zuckte das Schwert des Drachenlords nach oben und wehrte die Wucht des Hiebs ab, aber trotzdem blieb ein roter Striemen auf Lio!rts Brust zurück.

Er knurrte zornig und begann mit einem zweiten Angriff. Seine Hakenstiefel klapperten, als er von Ring zu

Ring eilte. Erneut trafen die Klingen aufeinander, und wieder kam es dabei zu einer starken magischen Entladung. Mit der freien Hand griff Lio!rt nach Rincewinds Kopf und schüttelte ihn so heftig, daß sich ein Fuß des Zauberers vom Ring löste und verzweifelt nach Halt suchte.

Rincewind wußte, daß er mit ziemlicher Sicherheit der schlechteste Zauberer der Scheibenwelt war – immerhin kannte er nur einen Zauberspruch. Trotzdem gehörte er zu den Magiern, und deshalb verlangten die strengen Gesetze der Thaumaturgie, daß ihn zur gegebenen Zeit der Tod höchstpersönlich ins jenseits geleitete, anstatt (wie in vielen anderen Fällen) einen seiner Assistenten zu schicken.

Aus diesem Grund rann die Zeit plötzlich so träge wie Sirup dahin, als der grinsende Lio!rt mit seinem Schwert ausholte.

Rincewind sah jetzt überall flackerndes oktarines Licht, in dem er hier und dort violette Flecken wahrnahm, hervorgerufen von Photonen, die auf ein magisches Kraftfeld stießen. Der Drachenlord zeigte sich als ein geisterhafter Schemen, dessen Schwert im Schneckentempo durch das Glühen kroch.

Neben Lio!rt stand eine andere Gestalt, erkennbar nur für jemanden, der die zusätzlichen vier Dimensionen der Magie sehen kann. Sie war groß, hager und dünn; hinter ihr erstreckte sich kalte Schwärze, in der frostige Sterne funkelten. Mit beiden Händen hob sie eine überaus scharfe Sense

Rincewind duckte, sich. Die Klinge zischte ihm dicht am Kopf vorbei und drang in den Fels der Höhlendecke ein, ohne langsamer zu werden. Mit der für ihn typischen Grabesstimme knurrte Tod einen Fluch, und von einem Augenblick zum anderen veränderte sich die Szene. Was auf der Scheibenwelt als Realität galt, kehrte leise zischend zurück. Lio!rt schnappte verblüfft nach Luft, als der Zauberer seinem tödlichen Schlag erstaunlich flink auswich. Jene Art von Verzweiflung, die nur dem wahrhaft Entsetzten zur Verfügung steht, verlieh Rincewind zusätzliche Beweglichkeit. Er sprang wie jemand, der von einem Katapult davongeschleudert wird, griff mit beiden Händen nach dem Schwertarm des Drachenlords und zog.

In der gleichen Sekunde entschied der zu sehr belastete Ring des Zauberers, sich mit einem spöttischen Knirschen aus der Höhlendecke zu lösen.

Rincewind baumelte über einem Tod, der ihm alle Knochen im Leib brechen würde, und er hielt sich so sehr an Lio!rts Arm fest, daß sein Gegner schrie.

Der Drachenlord warf einen Blick auf seine Füße. Kleine Felssplitter bröckelten dort ab, wo die Halterungen der Ringe im Gestein steckten.

»Laß los, verdammt!« rief er. »Sonst sterben wir beide!«

Rincewind überhörte ihn, klammerte sich weiterhin fest und versuchte, nicht daran zu denken, welches Schicksal ihn *tief* unten erwartete.

»Erschießt ihn!« brüllte Lio!rt.

Aus den Augenwinkeln sah Rincewind mehrere Armbrüste, die auf ihn zielten. Gleichzeitig schlug der Drachenlord mit seiner freien Hand zu – mehrere scharfkantige Ringe trafen die Finger des Zauberers.

Er ließ los.

Zweiblum griff nach den Gitterstäben und zog sich hoch.

»Siehst du was?« erklang Hruns Stimme weiter unten.

»Nur Wolken.«

Der Barbar ließ ihn herab und nahm auf der Kante eines hölzernen Bettes Platz. Abgesehen von den beiden

Liegen enthielt die Kammer keine weiteren Einrichtungsgegenstände. »Verdammter Mist«, sagte er.

»Gib dich nicht der Verzweiflung hin«, erwiderte Zweiblum.

»Verzweiflung? Was ist das?«

»Bestimmt handelt es sich um ein Mißverständnis. Ich nehme an, man läßt uns bald frei. Die Leute hier scheinen recht zivilisiert zu sein.«

Hrun wölbte buschige Augenbrauen und musterte den Touristen. Er setzte zu einer Antwort an, überlegte es sich dann anders und seufzte.

»Und wenn wir zurückkehren, können wir allen erzählen, daß wir Drachen gesehen haben«, fuhr Zweiblum fort. »Toll, nicht wahr?«

»Es gibt keine Drachen«, sagte Hrun schlicht. »Kodix von Chimära hat den letzten vor zweihundert Jahren erschlagen. Ich weiß nicht, was wir hier sehen, aber es sind keine Drachen.«

»Sie haben uns durch die Luft getragen! Die Höhle enthält Hunderte von ihnen...«

»Vermutlich nichts weiter als Magie«, brummte Hrun und winkte ab.

»Nun, sie sahen jedenfalls wie Drachen aus«, murmelte Zweiblum mit einer Mischung aus Enttäuschung und Trotz. »Schon als kleiner Junge habe ich mir gewünscht, Drachen zu sehen. Sie fliegen am Himmel, speien Feuer...«

»Sie krochen durch Sümpfe und so«, entgegnete Hrun. Er streckte sich auf dem Bett aus. »Und sie stanken. Außerdem waren sie nicht besonders groß. Sammelten dauernd Feuerholz.«

»*Ich* habe gehört, daß sie Schätze sammelten«, warf Zweiblum ein.

»*Und* Feuerholz. He«, fügte Hrun hinzu, und seine Miene erhellte sich, »hast du die vielen Zimmer bemerkt, durch die man uns geführt hat? Ziemlich eindrucksvoll, oder? Mit interessanten Dingen gefüllt. Mir sind ein paar kostbare Wandteppiche aufgefallen.« Nachdenklich kratzte er sich am Kinn. Es klang nach einem Stachelschwein, das durch Stechginsterbüsche kriecht.

»Was passiert jetzt?« fragte Zweiblum.

Hrun bohrte sich im Ohr und betrachtete anschließend den Zeigefinger.

»Oh«, meinte er, »ich schätze, gleich öffnet sich die Tür, und dann bringt man mich in eine Arena, wo ich gegen zwei Riesenspinnen und einen achtfüßigen Sklaven aus Klatsch kämpfen muß. Anschließend rette ich irgendeine Prinzessin vom Opferaltar und töte den einen oder anderen Wächter, woraufhin mir die junge Frau einen nach draußen führenden Geheimgang zeigt. Wir schnappen uns zwei Pferde und entkommen mit dem Schatz.« Hrun faltete die Hände unterm Kopf, sah zur Decke hoch und summte leise vor sich hin.

»Glaubst du wirklich, daß soviel geschehen wird?«

»Würde mich überhaupt nicht überraschen.«

Zweiblum ließ sich auf das zweite Bett sinken und versuchte gründlich nachzudenken. Dabei ergaben sich einige Probleme, denn in seinem Bewußtsein war nur Platz für Drachen.

Drachen!

Er träumte von ihnen, seit er als Zweijähriger im *Oktarinen Märchenbuch* die Bilder feuerspeiender Ungeheuer gesehen hatte. Seine Schwester wies ihn damals darauf hin, daß solche Wesen in Wirklichkeit gar nicht existierten, und deutlich erinnerte er sich an seine Enttäuschung. Wenn es in der realen Welt keinen Platz für diese herrlichen Geschöpfe gab, fand er, so ließ die Welt sehr zu wünschen übrig. Später ging er bei dem Meisterbuchhalter Neunrute in die Lehre und lernte das graue Universum der Zahlen kennen, einen Kosmos, der das genaue Gegenteil von dem darstellte, was Drachen symbolisierten. Daraufhin blieb Zweiblum keine Zeit mehr für schöne Träume.

Dennoch: Mit diesen Drachen schien irgend etwas nicht zu stimmen. Im Vergleich mit denen, die ihm seine Vorstellungskraft zeigte, waren sie zu klein und schlank. Richtige Drachen sollten groß und grün und exotisch sein, ausgestattet mit Klauen, Krallen und einem feurigen Odem. Ja, groß und grün und ...

Am Rand seines Blickfelds, in der fernsten und dunkelsten Ecke der Kerkerzelle, bewegte sich etwas. Als Zweiblum den Kopf drehte, verschwand der Schatten, aber es erklang weiterhin ein seltsames Geräusch, wie von Krallen, die über Stein kratzten ...

»Hrun?« fragte er.

Der Barbar schnarchte.

Zweiblum näherte sich der Ecke, betastete die Steine und rechnete halb damit, daß einer von ihnen nachgab, um ihm Zugang in einen finsteren Tunnel zu gewähren. Genau in diesem Augenblick flog die Tür auf und prallte an die Wand. Sechs Wächter stürmten herein, schwärmten aus und knieten nieder. Ihre Waffen zielten einzig und allein auf Hrun. Als Zweiblum später daran zurückdachte, fühlte er sich ein wenig beleidigt.

Hrun schnarchte noch immer.

Eine Frau schritt in die Kammer. Nur wenige Frauen können überzeugend schreiten, aber dieser gelang es. Sie warf einen kurzen gelangweilten Blick auf Zweiblum und schien ihm dabei die gleiche Bedeutung beizumessen wie einem unwichtigen Möbelstück. Dann starrte sie auf den Schlafenden hinab.

Sie trug ähnliche Lederkleidung wie die Drachenreiter, was bedeutete, daß sie praktisch völlig nackt war. Ihre einzige Konzession an die Anstandsregeln der Scheibenwelt bestand aus kastanienrotem Haar, das bis zu den Hüften reichte. Ein nachdenklicher Ausdruck zeigte sich in ihrem Gesicht.

Hrun schmatzte leise, drehte sich auf die andere Seite und schlief weiter.

Ganz vorsichtig, als handele es sich um ein höchst empfindliches Instrument, zog die Frau einen schmalen schwarzen Dolch hinter dem Gürtel hervor und stach zu.

Bevor die Spitze Hruns Haut berührte, bewegte sich die Hand des Barbaren: Sie schien von einem Punkt zum anderen zu gelangen, ohne die Entfernung dazwischen zurücklegen zu müssen. Mit einem dumpfen Klatschen schloß sie sich um den Unterarm der jungen Frau. Die andere Hand tastete nach einem nicht vorhandenen Schwert...

Hrun erwachte.

»Gngh?« fragte er, sah zu der Fremden auf und runzelte die Stirn. Dann bemerkte er die Wächter.

»Laß los!« erwiderte die Frau. Zwar klang ihre Stimme ruhig und leise, aber es ließ sich auch eine diamantene Schärfe darin vernehmen. Hrun lockerte vorsichtig den Griff.

Die Frau trat zurück, rieb sich den Unterarm und beobachtete Hrun mit der gleichen Aufmerksamkeit, die eine Katze einem Mauseloch entgegenbringt.

»Gut«, sagte sie schließlich. »Du hast die erste Prüfung bestanden. Wie heißt du, Barbar?«

»Wen nennst du einen Barbaren?« knurrte Hrun.

»Genau das möchte ich wissen.«

Hrun zählte langsam die Wächter, rechnete rasch und entspannte sich.

»Ich bin Hrun von Chimära. Und du?«

»Liessa Wyrmgebieter.«

»Du gebietest über diesen Ort?«

»Das muß sich erst noch herausstellen. Du siehst wie ein Söldner aus, Hrun von Chimära. Ich könnte dich gebrauchen – wenn du die Prüfungen bestehst. Es sind insgesamt drei, und die erste hast du bereits hinter dir.«

»Also sind noch …« Hrun zögerte, und seine Lippen bewegten sich lautlos. Nach einer Weile führte er den begonnenen Satz zu Ende:»… zwei übrig. Worin bestehen sie?«

»Aus Gefahren.«

»Und der Lohn?«

»Er wird dir gefallen.«

»Entschuldigt bitte«, sagte Zweiblum.

»Und wenn ich den Anforderungen nicht gerecht werde?« erkundigte sich Hrun und schenkte dem Touristen keine Beachtung. In der Luft zwischen dem Barbaren und Liessa knisterten kleine Explosionen aus Charisma, als sie einen langen Blick wechselten.

»Wenn du die erste Prüfung nicht bestanden hättest, wärst du jetzt tot. Das ist in diesem Fall die typische Strafe.«

»Äh …«, machte Zweiblum. Liessa drehte kurz den Kopf und schien ihn zum erstenmal bewußt wahrzunehmen.

»Bringt ihn fort!« befahl sie knapp und wandte sich wieder Hrun zu. Zwei Wächter schulterten ihre Bogen, packten Zweiblum an den Ellbogen und hoben ihn hoch. Dann marschierten sie durch die Tür.

»He!« entfuhr es Zweiblum im langen Korridor. »Wo (als die beiden Männer vor einer anderen Tür stehenblieben) ist meine (als sie die Tür öffneten) Truhe?« Er landete auf etwas, das einst Stroh gewesen sein mochte. Hinter ihm fiel die Tür mit einem lauten Knall zu, und er hörte, wie mehrere Riegel vorgeschoben wurden.

In der anderen Kerkerzelle hatte Hrun nicht einmal mit der Wimper gezuckt.

»In Ordnung«, sagte er. »Und die zweite Prüfung?«

»Du sollst meine beiden Brüder töten.«

Hrun dachte darüber nach. »Nacheinander oder beide gleichzeitig?«

»Sukzessiv oder synchron«, antwortete Liessa.
»Was?«
»Töte sie einfach«, sagte die junge Frau scharf.
»Sind deine Brüder gute Kämpfer?«
»Ja.«
»Und der Lohn ...?«
»Du heiratest mich und wirst zum Herrn des Wyrmbergs.«

Stille folgte. Hrun zog die Augenbrauen zusammen, als er versuchte, Liessas Hinweise zu verstehen.

»Ich bekomme dich und den Berg?« vergewisserte er sich.

»Ja.« Die junge Frau sah Hrun direkt in die Augen, und ihre Lippen zuckten kurz. »Ich versichere dir: Es ist die Mühe wert.«

Der Barbar senkte den Kopf und betrachtete einige Ringe an Liessas Fingern. Die Edelsteine glänzten in dem einzigartigen Blau seltener Milchdiamanten aus den Tonbecken von Mithos. Als es ihm gelang, den Blick abzuwenden, bemerkte er den Zorn in den Augen der jungen Frau.

»Warum zögerst du?« stieß sie hervor. »Hast du etwa Angst? Hrun, der sich nicht einmal davor fürchtet, dem Tod ins Maul zu springen ...«

Der Barbar hob die Schultern. »Mag sein. Dazu wäre ich durchaus bereit – um ihm die Goldzähne zu stehlen.« Er holte aus und schwang das hölzerne Bett herum. Es prallte gegen die Bogenschützen, und Hrun folgte der Liege, schlug einen Mann nieder und entriß einem anderen die Waffe. Wenige Sekunden später war alles vorbei.

Liessa hatte sich nicht von der Stelle gerührt.

»Nun?« fragte sie.

»Nun was?« erwiderte Hrun und trat über die Bewußtlosen hinweg.

»Hast du jetzt vor, mich umzubringen?«

»Wie? O nein. Es war nur, äh, reine Angewohnheit. Ich wollte nicht aus der Übung kommen. Wo sind deine Brüder?« Er lächelte.

Zweiblum saß im Stroh und starrte in die Dunkelheit. Er fragte sich, wie lange er schon in diesem Verlies hockte. Mindestens seit einigen Stunden. Vielleicht sogar seit Tagen. Möglicherweise, so überlegte der Tourist, war er schon seit Jahren an diesem Ort und hatte es einfach vergessen.

Nein, es nützte nichts, solchen Gedanken nachzuhängen. Er bemühte sich, an etwas anderes zu denken: Gras, Bäume, frische Luft, Drachen. Drachen...

Es kratzte leise in der Finsternis. Zweiblum spürte, wie sich Schweißperlen auf seiner Stirn bildeten.

Jemand – etwas – leistete ihm in der Kammer Gesellschaft. Etwas, das leise Geräusche verursachte, aber trotzdem den Eindruck von Größe und Masse erweckte. Die Luft schien sich zu bewegen.

Als er den Arm hob, fühlte er etwas Schmieriges, und matte Funken stoben – deutliche Hinweise auf ein lokales magisches Kraftfeld. Plötzlich wünschte sich Zweiblum nichts sehnlicher als helles Licht.

Eine Flamme zischte über ihn hinweg und traf die Wand. Im Glühen der heißen Steine sah Zweiblum den Drachen, dessen Körper mehr als die Hälfte des Verlieses beanspruchte.

*Zu Diensten, Herr,* ertönte eine Stimme im Kopf des Touristen.

Während sich die vom Feuerodem getroffene Mauer knisternd abkühlte, betrachtete Zweiblum sein Spiegelbild in zwei riesigen grünen Augen. Der Drache dahinter schimmerte, war mit Hörnern und diversen Stacheln ausgestattet, entsprach genau den Ungeheuern im *Oktarinen Märchenbuch* – ein *wahrer* Drache. Zwar hatte er die Flügel zusammengefaltet, aber sie strichen trotzdem über die Wände auf beiden Seiten. Das gewaltige Wesen lag auf dem Boden, zwischen langen Klauen.

»Zu Diensten?« wiederholte Zweiblum. Entsetzen und Freude vibrierten in seiner Stimme.

*Ja, Herr.*

Das Glühen ließ allmählich nach. Zweiblum deutete mit dem zitternden Zeigefinger dorthin, wo er die Tür vermutete. »Öffne sie!«

Der Drache hob den großen Kopf. Wieder prasselte Feuer, und als sich die Muskeln am Hals des Drachen spannten, beobachtete Zweiblum, wie sich die Farben der Glut veränderten: Orangefarbene Tönungen gingen in Gelb über, gefolgt von Weiß und Hellblau. Die zunächst breite Flamme wurde schmaler, und wo sie die Wand berührte, verflüssigte sich das Gestein. Das Metall der Tür explodierte in einem Schauer aus heißen Tropfen.

Schwarze Schatten huschten und tanzten über die Mauern. Einige Sekunden lang blubberte der Stahl und warf Blasen – dann platzte die Pforte auseinander und fiel in den Korridor. Das Feuer erlosch so plötzlich, daß Zweiblum unwillkürlich zusammenzuckte.

Vorsichtig trat er an der halb geschmolzenen Tür vorbei und blickte durch den Gang. Weit und breit war niemand zu sehen.

Das große Schuppenwesen setzte sich ebenfalls in Bewegung. Der schwere Türrahmen bereitete ihm einige Probleme, die es mit einem kurzen Schulterzucken löste: Dicke Holzbalken splitterten und lösten sich aus dem Mauerwerk. Der Drache sah Zweiblum erwartungsvoll an, und seine Haut zitterte, als er versuchte, die Schwingen im schmalen Korridor zu entfalten.

»Wie bist du ins Verlies gekommen?« fragte Zweiblum.

*Du hast mich gerufen, Herr.*

»Daran erinnere ich mich überhaupt nicht.«

*Mit deinen Gedanken,* erwiderte der Drache geduldig. *Deine geistige Stimme war es, die mich rief.*
»Du meinst... Ich habe nur an dich gedacht, und plötzlich warst du da?«
*Ja.*
»Magie?«
*Ja.*
»Aber ich habe mein ganzes Leben lang an Drachen gedacht!«
*Hier ist die Grenze zwischen Gedanken und Realität durcheinandergeraten. Ich weiß nur eins: Zunächst existierte ich nicht, und dann hast du mich erdacht, woraufhin ich Gestalt und Leben bekam. Deshalb muß ich dir gehorchen.*
»Meine Güte!«
Sechs Wächter wählten diesen Augenblick, um hinter der Ecke des Gangs hervorzutreten. Sie blieben unvermittelt stehen und rissen die Augen auf. Einer war geistesgegenwärtig genug, um die Armbrust zu heben und ihren Auslöser zu betätigen.
Die Brust des Drachen schwoll an, und der Bolzen verwandelte sich mitten im Flug in eine Wolke aus glühenden Splittern. Die Wächter flohen, und einen Sekundenbruchteil später kochte eine lodernde Flamme dort über dem Boden, wo sie eben noch gestanden hatten.
Zweiblum sah bewundernd zu dem Schuppenriesen auf.
»Kannst du auch fliegen?« fragte er.
*Natürlich.*
Der Tourist sah erneut durch den Korridor und entschied sich dagegen, den Wächtern zu folgen. Er hatte keine Ahnung, wo er sich befand, und deshalb erschien ihm eine Richtung so gut wie jede andere. Er schob sich an dem Drachen vorbei und lief los, während sich das große Tier hinter ihm mühsam drehte.
Sie eilten durch Tunnel, die miteinander verbunden waren und ein regelrechtes Labyrinth bildeten. Einmal

glaubte Zweiblum, in weiter Ferne Schreie zu hören, aber sie verklangen sofort wieder. Gelegentlich kamen sie im Halbdunkel an halb eingestürzten uralten Torbögen vorbei. Manchmal glühte es in kleinen Deckenöffnungen; gelegentlich glitzerte das matte Schimmern in Spiegeln, die man dort in Mauern eingelassen hatte, wo sich mehrere Passagen trafen. Ab und zu nahm der Tourist den helleren Glanz eines Lichtschachts wahr.

Als Zweiblum eine breite Treppe hinunterging und dabei silbergrauen Staub aufwirbelte, bemerkte er, daß die Tunnel in diesem Bereich wesentlich mehr Platz boten und auch besser konstruiert zu sein schienen. Statuen standen in kleinen Wandnischen, und an einigen Stellen hingen verblichene, jedoch recht interessante Tapisserien. Meistens zeigten sie Drachen: im Flug oder an Landeringen; Drachen, auf deren Rücken Menschen hockten, die Wild jagten – oder andere Menschen. Behutsam berührte Zweiblum einen der Wandteppiche. Der Stoff zerbröckelte sofort in der heißen trockenen Luft; es blieben nur einige netzartige Strukturen übrig, wo Goldfäden zu dem Webmuster gehörten.

»Warum hat man das hier zurückgelassen?« murmelte der Tourist.

*Ich weiß es nicht,* antwortete der Drache höflich.

Zweiblum drehte sich um und blickte zu einem schuppigen Pferdegesicht auf.

»Wie heißt du, Drache?« fragte er.

*Keine Ahnung.*

»Ich glaube, ich nenne dich Neunrute.«

*Dann soll das von jetzt an mein Name sein.*

Sie wateten durch den allgegenwärtigen Staub und passierten einige Säle mit hohen dunklen Obelisken, die direkt aus dem Fels gemeißelt waren. Und dann die Wände... Vom Boden bis zur Decke bestanden sie aus Statuen, Skulpturen, Basreliefs und kannelierten Säulen, die unstete gespenstische Schatten warfen, wenn der Drache auf Zweiblums Bitte hin Licht spendete. Sie schritten durch lange Galerien und große Amphitheater, in denen sich der Staub zu einer dicken Patina angesammelt hatte. Überall herrschte völlige Stille; nirgends begegneten sie jemandem. Seit Jahrhunderten schien sich niemand in diesen großen Höhlen aufgehalten zu haben.

Dann sah der Tourist einen Pfad, der zu einem weiteren dunklen Tunnel führte – jemand hatte ihn regelmäßig benutzt, und zwar erst vor kurzer Zeit. Es handelte sich um eine tiefe Furche in der grauen Decke.

Zweiblum folgte dem Verlauf des Weges, schritt durch einige weitere hohe Säle und wanderte durch Korridore, die breit genug für einen Drachen waren. (Einmal mußten Drachen an diesem Ort gewesen sein. Zweiblum fand ein Zimmer mit entsprechend großen, halb zerfallenen Ledergeschirren, und eine andere Kammer enthielt Rüstungsteile, die Elefanten gepaßt hätten.) Schließlich erreichten der Tourist und sein Begleiter eine Doppeltür aus grün angelaufener Bronze, beide Flügel so hoch, daß sie oben in der Dunkelheit verschwanden. Vor Zweiblum, in Brusthöhe, befand sich ein kleiner Messingknauf in Form eines Drachen.

Als er ihn drehte, schwang die Tür sofort und beunruhigend geräuschlos auf.

Einen Sekundenbruchteil später knisterten Funken in seinem Haar, und heiße Luft wehte ihm entgegen. Der Staub reagierte nicht etwa wie auf einen normalen Windstoß: Er stieg ebenfalls auf, zugegeben, nahm jedoch ebenso sonderbare wie unheimliche Formen an, bevor er sich wieder legte. Gleichzeitig vernahm Zweiblum das schrille Kichern der *Dinge* in den fernen Kerkerdimensionen, jenseits des zerbrechlichen Gitters von Zeit und Raum. Schatten erschienen dort, wo eigentlich gar keine sein durften. Die Luft summte wie ein Bienenstock.

Anders ausgedrückt: Der Tourist erlebte starke magische Entladungen.

Ein grünliches blasses Glühen erhellte die Kammer hinter der Tür. An den Wänden standen Hunderte von Särgen, jeder auf einem eigenen Marmorsockel. In der Mitte des Zimmers sah Zweiblum ein Podium mit einem steinernen Stuhl. Dort saß jemand völlig reglos und sagte mit hohler, brüchiger Stimme: »Komm herein, junger Mann!«

Zweiblum trat vor. Die Gestalt auf dem Stuhl schien menschlich zu sein, soweit er das im matten Licht erkennen konnte, aber sie nahm eine sonderbare Haltung ein. Der Tourist war plötzlich froh, sie nicht besser erkennen zu können.

»Weißt du, ich bin tot«, fuhr die Stimme im Plauderton fort, und Zweiblum hoffte inständig, daß sie, wie üblich, aus dem Mund kam. »Das hast du wahrscheinlich schon bemerkt.«

»Äh«, antwortete der Tourist. »Ja.« Er wich langsam zurück.

»Es ist offensichtlich, nicht wahr?« meinte die Stimme. »Ich nehme an, du bist Zweiblum. Oder kommt das erst später?«

»Später?« wiederholte Zweiblum. »Später als was?« Er blieb stehen.

»Nun«, sagte die Stimme, »wenn man tot ist, hat man einen wichtigen Vorteil: Man kann die Fesseln von Raum und Zeit abstreifen. Woraus sich allerdings ein Nachteil ergibt: Man sieht, was geschehen ist und passieren wird, und zwar zur gleichen Zeit. Obwohl ich natürlich weiß, daß die Zeit als solche gar nicht existiert.«

»Warum sollte das ein Nachteil sein?« erwiderte Zweiblum.

»Stell dir einmal vor, daß jeder Augenblick einerseits eine alte Erinnerung und andererseits eine unangenehme Überraschung ist – dann verstehst du vielleicht, was ich meine. Wie dem auch sei: Jetzt fällt mir wieder ein, was ich dir erzählen werde. Oder habe ich bereits alles geschildert? Übrigens, du hast da einen hübschen Drachen. Oder habe ich das schon gesagt?«

»Er gefällt mir sehr«, entgegnete Zweiblum. »Er ist einfach so erschienen.«

»Einfach so erschienen?« wiederholte die Stimme. »Du hast ihn gerufen!«

»Nun, äh, um ganz offen zu sein ...«

»Du hast die Macht!«

»Ich habe nur an ihn gedacht.«

»Genau darin besteht die Macht! Wenn du gestattest: Ich bin Greicha der Erste, falls du das noch nicht wissen solltest. Oder habe ich mich schon vorgestellt? Entschuldige bitte. Leider mangelt es mir an Erfahrungen mit der Transzendenz. Nun, worüber sprachen wir gerade? Ah, ja, die Macht. Damit kann man Drachen beschwören.«

»Darauf hast du bereits hingewiesen«, sagte Zweiblum.

»Tatsächlich? Ich hatte es jedenfalls vor.«

»Aber wie funktioniert das? Mein ganzes Leben lang habe ich an Drachen gedacht, aber erst jetzt erschien einer.«

»Oh, die Sache ist so: Drachen haben nie auf die Art existiert, wie du (und auch ich, bis man mich vor etwa drei Monaten vergiftete) sie dir vorgestellt hast. Damit meine ich natürlich den echten, wahren Drachen, *draconis nobilis*. Der Sumpfdrache von der Gattung *draconis vulgaris* ist im Vergleich dazu ein banales Geschöpf, das nicht unsere Aufmerksamkeit verdient. Wahre Drachen hingegen sind so vornehme und erhabene Wesen, daß sie in dieser Welt nur dann Gestalt annehmen können, wenn sie von geschickter, fähiger Phantasie erdacht werden. Außerdem muß sich die entsprechend begabte

Person innerhalb eines ausreichend starken magischen Kraftfelds befinden, das dabei hilft, Lücken in den Wänden zwischen dem Sichtbaren und Unsichtbaren zu schaffen. Wenn so etwas geschieht, kriechen die Drachen hindurch und prägen der Möglichkeitsmatrix dieser Welt ihre Gestalt ein. Ich war ein guter Drachenrufer, als ich noch lebte. Bis zu fünfhundert Exemplare konnte ich mir vorstellen, jawohl. Meine Kinder sind nicht annähernd so fähig. Selbst Liessa bringt es höchstens auf fünfzig eher unscheinbare Wesen. Soviel zur fortschrittlichen Erziehung. Ihr fehlt Überzeugungskraft; sie *glaubt* nicht wirklich an Drachen. Deshalb sind ihre langweilig, während deiner fast so gut ist, wie es einige von meinen damals waren. Eine Augenweide selbst für mich – obwohl meine Augen nicht mehr in besonders gutem Zustand sind.«

»Du weist immer wieder darauf hin, daß du tot bist«, warf Zweiblum rasch ein.

»Ja. Und?«

»Nun, Tote, äh, weißt du, sie reden nicht viel. Meistens, äh, schweigen sie. Sie sind sozusagen totenstill.«

»Ich bin früher ein außergewöhnlich mächtiger Zauberer gewesen – bis mich meine Tochter vergiftete. Natürlich handelt es sich dabei um die in unserer Familie gebräuchliche Methode, um die Thronfolge zu regeln, aber ...« Die Leiche seufzte. Das heißt: Das Seufzen erklang etwa einen halben Meter über ihr. »Schon nach kurzer Zeit wurde klar, daß keins meiner drei Kinder mächtig genug ist, um seine Geschwister zu besiegen und die Herrschaft über den Wyrmberg für sich allein zu beanspruchen. Ich finde diese Situation ausgesprochen unbefriedigend. Ein Königreich wie das unsrige braucht eine Person an der Spitze. Deshalb beschloß ich, zumindest inoffiziell am Leben zu bleiben, worüber sich meine Sprößlinge sehr ärgern. Ich gebe ihnen erst dann die Genugtuung, mich zu bestatten, wenn einer von ihnen für die Zeremonie übrig ist.« Zweiblum hörte ein eigenartiges Schnaufen und kam zu dem Schluß, daß der Leichnam zu lachen versuchte.

»Ich vermute, wir sind von einem deiner Kinder entführt worden«, sagte Zweiblum.

»Von Liessa«, bestätigte der verstorbene Zauberer. »So heißt meine Tochter. Sie ist mächtiger als ihre beiden Brüder. Die Drachen meiner Söhne fliegen nur ein paar Meilen weit, bevor sie verblassen.«

Zweiblum hob die Brauen. »Verblassen? Mir fiel auf, daß man durch den Drachen hindurchsehen konnte, der uns hierher brachte. Das erschien mir seltsam.«

»Dafür gibt es einen guten Grund«, erwiderte Greicha. »Die Macht funktioniert nur in der Nähe des Wyrmbergs. Es liegt am Gesetz des umgekehrten Quadrats, weißt du. Glaube ich jedenfalls. Je weiter sich die Drachen entfernen, desto *unwirklicher* werden sie. Andernfalls würde meine kleine Liessa bereits über die ganze Welt herrschen. Nun, ich möchte dich nicht länger aufhalten. Bestimmt willst du deinen Freund retten.«

Zweiblum schnappte nach Luft. »Hrun?«

»Nein, ich meine den dürren Zauberer. Einer meiner beiden Söhne – Lio!rt – versucht gerade, ihn in Stücke zu hacken. Ich bewundere, wie du ihn gerettet hast. Äh, wie du ihn retten *wirst*.«

Zweiblum richtete sich zu seiner vollen Größe auf, was ihm nicht weiter schwer fiel. »Wo ist er?« fragte er, schritt zur Tür und bemühte sich dabei, wie ein Held zu wirken.

»Du brauchst nur dem Pfad im Staub zu folgen«, antwortete die Stimme. »Liessa kommt manchmal, um ihren Papa zu besuchen. Mein kleines Mädchen ... Nur sie brachte die notwendige Charakterstärke auf, um mich zu ermorden. Aus dem gleichen Holz geschnitzt wie ihr Vater. Übrigens – viel Glück! Ich erinnere mich daran, daß ich diese beiden Worte an dich gerichtet habe. An dich richten werde, meine ich.«

Greicha der Erste verlor sich in einem verbalen Irrgarten aus Zeitfolgen, als Zweiblum durch dunkle Korridore eilte, dichtauf gefolgt von dem Drachen. Es dauerte nicht lange, bis sich der Tourist erschöpft an eine Säule lehnte und keuchte. Es schien eine Ewigkeit her zu sein, seit er zum letztenmal etwas gegessen hatte.

*Warum fliegen wir nicht?* fragte Neunrute. Er breitete die Flügel aus, schlug versuchsweise damit und stieg einen knappen Meter auf, bevor die Klauen wieder den Boden berührten. Zweiblum starrte das große Tier einige Sekunden lang an und kletterte dann rasch auf den langen Hals. Kurze Zeit später waren sie in der Luft. Der Drache glitt durch Tunnel, Säle und Kammern und ließ dichte Staubwolken hinter sich zurück.

Zweiblum hielt sich fest, als Neunrute durch mehrere Höhlen flog und dann über eine Wendeltreppe sauste, die breit genug war, um den geordneten Rückzug eines ganzen Heers zu ermöglichen. Oben gelangten sie in Bereiche, die nicht mehr ganz so unbewohnt wirkten. Die Spiegel an den Korridorecken glänzten fleckenlos und reflektierten mattes Licht.

*Ich wittere andere Drachen.*

Die Flügel schlugen so schnell, daß sie Schemen bildeten, und Zweiblum verlor fast den Halt, als der Drache plötzlich den Kurs änderte und wie eine nach Mücken gierende Schwalbe durch einen Nebentunnel raste. Kurz darauf neigte er sich erneut zur Seite, flog durch einen breiten Zugang und erreichte eine gewaltige Höhle. Felsen erstreckten sich tief unten, und oben fiel Licht aus runden Löchern. An der Decke herrschte rege Betriebsamkeit. Während Neunrute seine gegenwärtige Stellung hielt, die Schwingen ruhig hob und senkte, beobachtete Zweiblum große Tiere, die weit oben an Ringen hingen. Winzige Menschen wanderten verkehrt herum zwischen ihnen.

*Dies ist eine Ruhehalle,* sagte der Drache zufrieden.

Zweiblum sah, wie sich eins der Tiere von seinem Ring löste, näher kam und dabei anschwoll ...

Lio!rts blasses Gesicht fiel fort, und ein sonderbarer Gedanke fuhr Rincewind durch den Sinn: *Warum steige ich auf?*

Dann drehte er sich in der Luft, und die Realität offenbarte sich ihm in ihrer ganzen Gnadenlosigkeit. Er stürzte den mit Drachenkot überzogenen fernen Felsen entgegen.

Entsetzen erfaßte ihn, und der Zauberspruch nahm sofort die gute Gelegenheit wahr, um seinen Schlupfwinkel in einer stillen Ecke des Gedächtnisses zu verlassen. *Sag mir jetzt,* flüsterte er. *Was hast du schon zu verlieren?*

Rincewind hob die Hand, und der heftiger werdende Wind riß sie ihm fast fort.

»Ashonai!« rief er. Eine Flamme aus kaltem blauen Feuer entstand und flackerte unheilvoll.

Der Zauberer winkte auch mit der anderen Hand, gab Grauen und Magie nach.

»Ebiris«, intonierte er. Die drei Silben manifestierten sich in Form von orangefarbener Glut.

»Urshoring. Kvanti. Pythan. N'gurad. Feringomalee.« Als ein schimmernder Regenbogen entstand, vollführte Rincewind eine beschwörende Geste und bereitete sich darauf vor, jenes letzte Wort zu sprechen, das den Farben schillerndes Oktarin hinzufügen und den Zauber besiegeln würde. Er vergaß die schon beträchtlich näher gekommenen Felsen.

»...«, begann er.

Irgend etwas preßte ihm die Luft aus, den Lungen, und die thaumaturgische Struktur des Zauberspruchs zerriß. Zwei Arme schlangen sich ihm um den Leib, und die ganze Welt rückte beiseite, als der Drache den Sturzflug beendete und wieder aufstieg – seine Klauen kratzten kurz über den stinkenden Boden des Wyrmbergs. Zweiblum lachte erfreut.

»Wir haben ihn!«

Neunrute erreichte den Scheitelpunkt seiner eleganten Flugbahn, neigte die Schwingen und glitt durch eine breite Öffnung in die frische Morgenluft hinaus.

Gegen Mittag warteten die Drachen und ihre Reiter in einem weiten Kreis auf dem Plateau des kopfstehenden Wyrmbergs. Hinter ihnen gab es noch genug Platz für Diener, Sklaven und einige andere Leute, die auf dem Dach der Welt lebten. Sie alle beobachteten die Gestalten im Zentrum der Grasarena.

Die Gruppe setzte sich aus einigen hochrangigen Drachenlords zusammen, unter ihnen auch Lio!rt und sein Bruder Liartes. Rincewinds Duellgegner rieb sich noch immer die Beine und schnitt gelegentlich eine schmerzerfüllte Grimasse. Etwas weiter auf der einen Seite standen Liessa, Hrun und einige Personen aus dem Gefolge der jungen Frau. Zwischen diesen beiden Fraktionen hatte der derzeitige Verwalter des Wissens Aufstellung bezogen.

»Wie ihr alle wißt«, begann er unsicher, »hat der nicht ganz verstorbene Herr des Wyrmbergs, Greicha der Erste, folgendes festgelegt: Es gibt nur dann einen Thronfolger, wenn sich eins seiner Kinder mächtig genug fühlt, seine Geschwister zum Kampf herauszufordern. Der – oder die – Überlebende wird unser neuer Herrscher.«

»Ja, ja, wir wissen alle Bescheid«, erklang eine ungeduldige Stimme aus der Luft. »Wann geht's endlich los?«

Der Verwalter des Wissens schluckte. Er hatte sich

noch immer nicht daran gewöhnt, daß sich sein früherer Herr weigerte, richtig zu sterben. *Hat der alte Mistkerl nun das Zeitliche gesegnet oder nicht?* dachte er.

»Allerdings müssen wir uns hier die Frage stellen«, fuhr er nervös fort, »ob es zulässig ist, daß die Herausforderung von einem Stellvertreter ...«

»Daran kann überhaupt kein Zweifel bestehen«, zischte Greichas körperlose Stimme. »So etwas beweist Intelligenz. Laß dir nicht den ganzen Tag Zeit!«

»Ich fordere euch beide heraus«, sagte Hrun und starrte die Brüder an.

Lio!rt und Liartes wechselten einen Blick.

»Du willst gegen uns beide kämpfen – gleichzeitig?« fragte Liartes, ein großer drahtiger Mann mit langem schwarzen Haar.

»Ja.«

»Dadurch sind die Chancen nicht besonders ausgeglichen, oder?«

»Nein, ich bin euch eins zu zwei überlegen.«

Lio!rt schnitt eine finstere Miene. »Du hochnäsiger Barbar ...«

»Das reicht!« knurrte Hrun. »Ich werde euch ...«

Der Verwalter des Wissens hielt ihn zurück, indem er eine schmale Hand hob, in der sich blaue Adern abzeichneten.

»Es ist verboten, auf dem Todesboden zu kämpfen«, sagte er, zögerte kurz und dachte über die Unsinnigkeit dieser Regel nach. »Äh, ihr wißt, was ich meine«, fügte er hinzu, gab es auf und seufzte. »Als Herausgeforderte dürfen Lio!rt und Liartes die Waffen wählen.«

»Drachen«, erwiderten sie wie aus einem Mund. Liessa schnaubte.

»Drachen können zum Angriff benutzt werden, und deshalb sind sie Waffen«, sagte Lio!rt fest. »Wenn du anderer Ansicht bist, so schlage ich einen Kampf vor.«

»Ja«, pflichtete ihm Liartes bei und nickte Hrun zu.

Der Verwalter des Wissens spürte, wie ihm ein geisterhafter Finger an die Brust klopfte.

»Steh hier nicht mit offenem Mund herum«, ertönte Greichas Grabesstimme. »Beeil dich endlich!«

Hrun trat zurück und schüttelte den Kopf.

»O nein«, brachte er hervor. »Einmal genügt. Ich sterbe lieber, als auf einem verdammten Drachen zu kämpfen.«

»Dann stirb«, entgegnete der Verwalter des Wissens so freundlich wie möglich.

Lio!rt und Liartes schritten bereits über die Wiese und näherten sich den Bediensteten, die bei ihren Schuppenrössern standen. Hrun wandte sich an Liessa, die daraufhin die Schultern hob.

»Bekomme ich kein Schwert?« fragte er. »Nicht einmal ein Messer?«

»Nein«, antwortete die junge Frau. »Damit habe ich nicht gerechnet.« Sie wirkte plötzlich klein und hilflos. »Tut mir leid.«

»*Dir* tut es leid?«

»Ja. Es tut mir leid.«

»Du wiederholst dich.«

»Starr mich nicht so an! Ich erdenke einen besonders prächtigen Drachen für dich...«

»Nein!«

Der Verwalter des Wissens putzte sich die Nase, hob das seidene Taschentuch und ließ es fallen.

Hrun hörte das dumpfe Donnern von Flügeln und wirbelte herum. Lio!rts Drache war bereits aufgestiegen und kam näher. Während er dicht über der Wiese flog, loderte eine Flamme aus seinem Rachen und brannte einen schwarzen Streifen ins Gras, der auf den Barbaren zielte.

Im letzten Augenblick stieß er Liessa beiseite und fühlte stechenden Schmerz, als ihm das Feuer über den Arm brannte. Er sprang, rollte sich ab, kam mit einem

Satz wieder auf die Beine und hielt nach dem anderen Drachen Ausschau. Das Ungeheuer raste von der Seite heran, und Hrun hechtete nach rechts, um der Flamme zu entgehen. Als der Drache über ihn hinwegglitt, traf ihn der schuppenbewehrte Schwanz dicht über den Augen. Er stemmte sich in die Höhe und schüttelte den Kopf, um die blitzenden Sterne zu vertreiben. Der angesengte Rücken protestierte mit heißer Pein.

Lio!rt begann mit einem zweiten Angriff, aber diesmal flog er langsamer, um die unerwartete Flinkheit des Barbaren zu berücksichtigen. Die Entfernung schrumpfte, doch Hrun rührte sich nicht von der Stelle. Wie angewurzelt stand er im Gras und ließ die Arme baumeln – ein leichtes Ziel.

Als der Drache fortsegelte, drehte Lio!rt den Kopf und rechnete damit, einen schwelenden Aschehaufen zu sehen.

Statt dessen starrte er auf eine leere Wiese. Verwirrt blickte sich Lio!rt um.

Hrun zog sich mit der einen Hand über die Schulterschuppen des Drachen, und mit der anderen schlug er auf sein brennendes Haar ein. Lio!rt holte einen Dolch hervor, aber der Schmerz beschleunigte die ohnehin guten Reflexe des Barbaren. Ein Rückhandschlag stieß den Arm des Drachenlords beiseite, und der Dolch fiel zu Boden. Ein zweiter Hieb traf den Mann am Kinn.

Der Drache trug das Gewicht von zwei Männern und flog nur wenige Meter über dem Boden. Das erwies sich als Glücksfall, denn als Lio!rt das Bewußtsein verlor, verschwand der Schuppenriese.

Liessa eilte durchs Gras und half Hrun auf die Beine. Er sah sie an und blinzelte.

»Was ist geschehen?« stieß er verwirrt hervor. »Was ist geschehen?«

»Das war wirklich phantastisch!« erwiderte die junge

Frau. »Der Salto mitten in der Luft und so – beeindruckend!«

»Ja, aber was ist *passiert?*«

»Das läßt sich nur schwer erklären ...«

Hrun starrte nach oben. Der weitaus vorsichtigere Liartes kreiste hoch am Himmel.

»Nun, dir bleiben etwa zehn Sekunden, um es zu versuchen«, sagte der Barbar.

»Die Drachen ...«

»Ja?«

»Eigentlich existieren sie gar nicht. Zumindest nicht *wirklich*, meine ich.«

»Soll das heißen, daß ich mir die Brandblasen am Arm nur einbilde?«

»Ja. Nein!« Liessa schüttelte heftig den Kopf. »Ich erzähle dir später alles.«

»Dann solltest du dir ein gutes Medium besorgen«, entgegnete Hrun scharf. Er beobachtete Liartes, der sich langsam näherte.

»Bitte hör mir zu. Solange mein Bruder bewußtlos ist, kann sein Drache nicht existieren, da ihm die Möglichkeit fehlt, in die hiesige Realität ...«

»Lauf!« rief Hrun. Er stieß die junge Frau fort und warf sich zu Boden, als Liartes Drache vorbeirauschte und einen weiteren schwarzen Streifen auf der Wiese hinterließ.

Als das Wesen an Höhe gewann, um mit einem zweiten Angriff zu beginnen, sprang der Barbar auf und stürmte zum Wald am Rand der Grasarena. Eigentlich handelte es sich um kaum mehr als eine breite und hohe Hecke, aber wenigstens konnte dort kein Drache fliegen.

Das Schuppenwesen versuchte es auch gar nicht. Liartes landete einige Meter entfernt im Gras und stieg lässig ab. Der Drache faltete die Flügel zusammen und beschnupperte das Dickicht, während sein Herr an einem Baum lehnte und leise vor sich hin pfiff.

»Ich verbrenne dich«, drohte Liartes nach einer Weile.
Die Büsche rührten sich nicht.
»Versteckst du dich vielleicht hinter der Stechpalme?«
Die entsprechende Pflanze ging in Flammen auf.
»Ich glaube, in den Farnen hat sich etwas bewegt.«
Die Farnkräuter verwandelten sich in weiße Asche.
»Du zögerst das Unvermeidliche nur hinaus, Barbar. Warum gibst du nicht auf? Ich habe viele Leute verbrannt – es tut überhaupt nicht weh.« Liartes behielt weiterhin die Sträucher im Auge.

Der Drache schob sich behutsam durch das Gestrüpp und verbrannte jeden verdächtig wirkenden Strauch. Liartes zog sein Schwert und wartete.

Hrun ließ sich von einem Baum fallen und lief bereits, als er landete. Hinter ihm brüllte der Drache und zerstampfte einige Büsche, während er sich umzudrehen versuchte. Aber Hrun war schneller und jagte heran, den Blick auf Liartes gerichtet, in der rechten Hand einen dicken Ast.

Es ist eine wenig bekannte, aber trotzdem wahre Tatsache, daß zweibeinige Geschöpfe auf kurzen Strecken schneller sind als vierbeinige. Der Grund: Ein Vierfüßer braucht gewisse Zeit, um die Beine zu sortieren. Hinter sich hörte Hrun das Kratzen von Klauen und ein unheilvolles Pochen – der Drache hatte die Schwingen ausgebreitet und versuchte zu fliegen.

Als Hrun seinen Gegner erreichte, hob Liartes das Schwert, doch die Klinge bohrte sich nur in den Ast. Einen Sekundenbruchteil später prallte der Barbar gegen ihn, und beide Männer stürzten zu Boden.

Der Drache fauchte.

Liartes schrie, als Hrun das Knie mit anatomischer Genauigkeit hochriß, aber es gelang ihm trotzdem, mit der Faust auszuholen. Er traf die Nase des Barbaren, die daraufhin brach – sie war bereits daran gewöhnt.

Hrun rollte sich ab, stand auf und blickte in das wütende pferdeartige Gesicht des Ungeheuers, das gerade tief Luft holte, um ...

Liartes stemmte sich in die Höhe, und Hrun trat ihm an den Kopf. Der Mann sackte in sich zusammen.

Der Drache verschwand. Eine Flamme züngelte Hrun entgegen, aber sie verblaßte unterwegs und erreichte den Barbaren als warme Luft. Dann war nur noch das Knistern abkühlender Asche zu hören.

Hrun warf sich den bewußtlosen Drachenlord über die Schulter und kehrte zur Arena zurück. Auf halbem Wege dorthin begegnete er Lio!rt, der reglos auf dem Boden lag, das eine Bein seltsam krumm. Er bückte sich und brummte, als er sich den zweiten Bruder auf die andere Schulter legte.

Liessa und der Verwalter des Wissens warteten auf einem Podium am Ende der Wiese. Die junge Frau hatte sich inzwischen wieder gefaßt und musterte Hrun gelassen, als er die beiden Männer auf die Stufen vor ihr sinken ließ. Die Leute in ihrer Nähe nahmen respektvolle Haltungen ein und wirkten wie ein Hofstaat.

»Töte sie!« befahl Liessa.

»Ich töte sie, wenn ich es für notwendig halte«, erwiderte Hrun. »Außerdem ist es nicht richtig, Bewußtlose umzubringen.«

»Ich könnte mir keine bessere Gelegenheit denken«, meinte der Verwalter des Wissens.

Liessa schnaubte leise. »Dann verbanne ich sie. Wenn sie den Wyrmberg verlassen haben und seine Magie nicht mehr nutzen können, verlieren sie ihre Macht. Dann sind sie nur mehr Räuber. Zufrieden?«

»Ja?«

»Es überrascht mich, daß du so gnädig bist, Bar... Hrun.«

Hrun hob die Schultern. »Ein Mann in meiner Stellung kann gar nicht anders, weil er auf seinen Ruf achten muß.« Er sah sich um. »Und die nächste Prüfung?«

»Ich warne dich – sie ist sehr gefährlich. Du darfst jetzt gehen, wenn du möchtest. Andererseits: Wenn du die Prüfung bestehst, wirst du Lord des Wyrmbergs. Und natürlich mein Gemahl.«

Hrun hielt dem durchdringenden Blick der jungen Frau stand und dachte an sein bisheriges Leben. Es schien plötzlich aus zu vielen langen und feuchten Nächten unter den Sternen zu bestehen, aus erbitterten Kämpfen gegen Trolle, Stadtwächter, zahllose Räuber, böse Priester und, mindestens dreimal, echte Halbgötter. Wofür das alles? Nun, für den einen oder anderen Schatz, das mußte er zugeben – aber was war aus den vielen erbeuteten Kostbarkeiten geworden? Die Rettung in Not geratener Jungfrauen mochte zunächst zwar lohnend sein, aber meistens endete die Sache damit, daß er sie in irgendeiner Stadt mit einer großzügigen Mitgift zurückließ: Früher oder später entwickelte selbst die netteste und sympathischste Ex-Jungfrau einen typisch weiblichen Egoismus und brachte kein Verständnis mehr dafür auf, daß er auch andere Noch-Jungfrauen retten wollte. Kurz gesagt: Das Leben hatte ihm kaum mehr eingebracht als einen Ruf und Dutzende von Narben. Vielleicht war es ganz lustig, zur Abwechselung einmal ein Lord zu sein. Hrun lächelte. Mit einer solchen Ausgangsbasis – mit Drachen und kampferprobten Männern – mochte selbst ein Lord zu einem guten Streiter werden.

Außerdem sah die Frau gar nicht so schlecht aus.

»Was ist mit der dritten Prüfung?« fragte sie.

»Bin ich dabei wieder waffenlos?« erwiderte Hrun.

Liessa nahm den Helm ab; langes rotes Haar glitt darunter hervor und fiel bis zu den Hüften. Dann streifte sie die wenigen Lederstreifen ihrer Kleidung ab und stand völlig nackt vor dem Barbaren.

Während Hruns Blick über ihren Körper glitt, setzte

sein Bewußtsein zwei metaphorische Rechenmaschinen in Gang. Die erste bewertete das Gold der Armreifen, die Tigerrubine der Fußringe, die diamantene Paillette im Nabel sowie die an den Ohren baumelnden, sehr individuellen Anhänger aus erlesenem Silber. Die zweite stand in direkter Verbindung mit seiner Libido. Beide Ergebnisse erfreuten ihn.

Liessa hob die Hand, reichte ihm ein Glas Wein, lächelte und antwortete: »Ich glaube nicht.«

»Er hat nicht versucht, dich zu retten«, versuchte es Rincewind noch einmal.

Er klammerte sich verzweifelt an Zweiblums Taille fest, als der Drache langsam kreiste und die Welt dadurch gefährlich weit zur Seite neigte. Er wußte nun, daß er auf dem schuppigen Rücken eines Wesens hockte, das nur als eine Art dreidimensionaler Wachtraum existierte, und diese Erkenntnis half ihm nicht gerade dabei, den an seinen Waden zerrenden Schwindel zu überwinden. Immer wieder dachte er daran, was geschehen mochte, wenn Zweiblums Konzentration nachließ.

»Nicht einmal Hrun hätte etwas gegen die vielen Armbrüste unternehmen können«, erwiderte der Tourist fest.

Als der kleine Wald, in dem sie eine feuchte und unruhige Nacht verbracht hatten, unter dem Drachen zurückblieb, kletterte die Sonne über den Rand der Scheibenwelt. Sofort verwandelten sich die dunklen Blau- und Grautöne der Morgendämmerung in einen breiten bronzenen Strom, der über die Welt floß und golden glänzte, wo er auf Eis, Wasser oder einen Lichtdamm traf. (Das dichte magische Kraftfeld der Scheibenwelt sorgte dafür, daß sich das Licht nur mit Unterschallgeschwindigkeit bewegte, und diese interessante Eigenschaft nutzten die Sorca des Großen Nef. Im Lauf von Jahrhunderten hatten sie komplizierte Dämme konstruiert und Talwände mit

Quarzglas beschichtet, um den Sonnenschein einzufangen und zu *speichern*. Wenn sich die Sonne nicht hinter Wolken verbarg, liefen die schimmernden Talsperren von Nef nach wenigen Wochen über. Von oben betrachtet, boten sie einen prächtigen Anblick, und daher ist es schade, daß Zweiblum und Rincewind nicht in jene Richtung blickten.)

Vor ihnen ragte die mehrere Milliarden Tonnen schwere Unmöglichkeit des magischen Wyrmbergs auf. Rincewind stellte erstaunt fest, daß ihm das gewaltige Massiv nur gelindes Unbehagen bereitete. Doch dann drehte er den Kopf und beobachtete, wie der Schatten des Bergs über die Wolken der Scheibenwelt kroch ...

»Was siehst du?« fragte Zweiblum den Drachen.

*Ich sehe einen Kampf auf dem Plateau des Bergs,* erklang die sanfte mentale Antwort.

»Na bitte!« brummte Zweiblum. »Wahrscheinlich kämpft Hrun gerade um sein Leben.«

Rincewind schwieg, und nach einigen Sekunden wandte sich der Tourist zu ihm um. Der Zauberer starrte ins Leere, und seine Lippen zitterten lautlos.

»Rincewind?«

Er krächzte leise.

»Ich habe dich leider nicht verstanden«, meinte Zweiblum. »Was hast du gesagt?«

»... so hoch ... bestimmt fällt man ziemlich lange ...«, murmelte Rincewind. Sein Blick kehrte ins Hier und Heute zurück. Ein oder zwei Sekunden lang wirkte er verwirrt; dann riß er entsetzt die Augen auf und machte den Fehler, nach unten zu sehen.

»Arrgh«, stöhnte er und rutschte. Zweiblum hielt ihn fest.

»Was ist los?«

Rincewind bemühte sich, die Augen zu schließen, aber seine Phantasie hatte keine Lider und starrte weiterhin in die Tiefe.

»Hast du keine Höhenangst?« brachte er hervor.

Zweiblum beobachtete die von Wolkenschatten gesprenkelte winzige Landschaft. Es war ihm noch gar nicht in den Sinn gekommen, sich zu fürchten.

»Nein«, sagte er, »warum auch? Ob man zwanzig Meter oder mehrere Meilen tief fällt – man ist in jedem Fall tot. Also spielt der Höhenunterschied überhaupt keine Rolle.«

Rincewind versuchte, in aller Ruhe darüber nachzudenken, konnte sich jedoch nicht des Eindrucks erwehren, daß eine gewisse Logik fehlte. Er fürchtete sich nicht vor dem Fallen. Nein, seine Angst galt in erster Linie dem *Aufprall*...

Erneut griff Zweiblum nach ihm.

»Kopf hoch«, verkündete er fröhlich, »wir sind fast da.«

»Ich möchte wieder in der Stadt sein«, ächzte Rincewind. »Oder wenigstens auf dem Boden.«

»Ob Drachen bis zu den Sternen fliegen können?« überlegte Zweiblum laut. »Meine Güte, das wäre wundervoll...«

»Du bist verrückt«, sagte Rincewind leise. Der Tourist antwortete nicht, und als sich Rincewind vorbeugte, stellte er erschrocken fest, daß Zweiblum mit einem verträumten Lächeln auf den Lippen zu den Sternen aufsah.

»Komm bloß nicht auf dumme Ideen!« fügte der Zauberer drohend hinzu.

*Der Mann, den du suchst, spricht mit der Drachenfrau,* teilte Neunrute mit.

»Hmm?« Zweiblum blickte noch immer zu den verblassenden Sternen hoch.

»Was?« drängte Rincewind.

»O ja. Hrun.« Zweiblum nickte. »Ich hoffe, wir erreichen ihn rechtzeitig. Nach unten! Sturzflug!«

Rincewind öffnete die Augen, als der Wind zu einem

heulenden Sturm heranwuchs. Vielleicht wurden ihm die Lider aufgeblasen – angesichts der fauchenden Böen konnte er sie nicht geschlossen halten.

Der flache Gipfel des Wyrmbergs sauste ihnen besorgniserregend schnell entgegen, kippte und metamorphierte zu einem grünen Schemen, der an dem Drachen vorbeiraste. Winzige Wälder und Felder bildeten ein verschwommenes Fleckenmuster. Ein kurzes silbriges Aufblitzen in der Landschaft stammte vielleicht von dem Fluß, der sich über den Rand des Plateaus ergoß. Rincewind versuchte die Erinnerung daran aus seinem Bewußtsein zu vertreiben, aber sie fühlte sich dort sehr wohl, terrorisierte die anderen Gedanken und zertrümmerte die Einrichtung.

»Ich glaube nicht«, sagte Liessa.

Hrun streckte langsam die Hand aus und nahm das Weinglas entgegen. Er grinste wie ein Honigkuchenpferd.

Auf der anderen Seite der Grasarena fauchten die Drachen, und ihre Reiter sahen auf. Ein grüner Schatten huschte über die Wiese – und Hrun war verschwunden.

Das Weinglas verharrte kurz in der Luft und fiel auf die Treppe vor dem Podium. Erst jetzt schwappte ein einzelner Tropfen heraus.

Der Grund für diesen bemerkenswerten Vorgang: Als der Drache Neunrute vorsichtig mit den Klauen nach Hrun griff, synchronisierte er ihre Biorhythmen. Da die Dimension der Phantasie viel komplexer ist als die weitaus jüngeren und einfacheren Dimensionen von Raum und Zeit, beschleunigte ein verblüffter und völlig regloser Hrun innerhalb eines Sekundenbruchteils von null auf achtzig Meilen in der Stunde. Es kam dabei zu keinen nachteiligen Nebenwirkungen, sah man einmal davon ab, daß ihm einige Schlucke Wein verlorengingen. Eine weitere Folge bestand darin, daß Liessa einen wütenden Schrei ausstieß und ihren Drachen rief. Als das große, goldene Tier vor ihr materialisierte, sprang sie ihm nackt auf den Rücken und riß einem der Wächter die Armbrust aus der Hand. Kurze Zeit später war sie in der Luft, während die anderen Drachenreiter zu ihren Schuppenrössern liefen.

Der Verwalter des Wissens – in dem allgemeinen Durcheinander hatte er sich sicherheitshalber hinter eine Säule geduckt – empfing in diesem Augenblick das hyperdimensionale Echo einer Theorie, die sich zur gleichen Zeit im Kopf eines Psychiaters bildete. Der betreffende Mann gehörte zu einem anderen Universum, und aufgrund eines dimensionalen Lecks, das sich in beiden Richtungen auswirkte, sah er die junge Frau auf dem Drachen. Der Verwalter des Wissens lächelte.

»Wetten, daß sie ihn nicht einholt?« ertönte Greichas Stimme dicht an seinem Ohr. Sie klang nach Würmern und Gräbern.

Der Verwalter des Wissens schloß die Augen und schluckte krampfhaft.

»Ich dachte, daß mein Lord seinen Wohnsitz inzwischen ganz ins Gefürchtete Land verlegt hat«, sagte er.

»Ich bin Zauberer«, entgegnete Greicha. »Zauberer werden vom Tod höchstpersönlich ins Jenseits geleitet. Und – ha! – *er* scheint noch immer nicht in der Nähe zu sein ...«

SOLLEN WIR JETZT GEHEN? fragte Tod.

Er saß auf einem weißen Pferd – auf einem Pferd aus Fleisch und Blut, aber mit roten Augen und feurigen Nüstern –, streckte eine knochige Hand aus, nahm Greichas Seele und rollte sie zusammen, bis sie zu einem Punkt aus schmerzhaft hellem Licht wurde. Dann verschlang er sie.

Anschließend gab er seinem Roß die Sporen. Es sprang in die Luft, und Funken stoben von den Hufen.

»Lord Greicha!« flüsterte der alte Verwalter des Wissens, als der Kosmos um ihn herum flackerte.

»Das war ein gemeiner Trick«, ertönte die Stimme des Zauberers – jetzt nur noch ein leiser Hauch, der in den unendlichen schwarzen Dimensionen verklang.

»Herr«, fügte der alte Mann nervös hinzu, »wie ist der Tod?«

»Wenn ich alles genau untersucht habe, gebe ich dir Bescheid«, raunte es in der Ferne.

»Ja«, murmelte der Verwalter des Wissens. Plötzlich fiel ihm etwas ein. »Aber bitte am Tag.«

»Ihr Narren!« brüllte Hrun, der auf Neunrutes vorderen Klauen hockte.

»Was hat er gesagt?« rief Rincewind, als der Drache donnernd mit den Flügeln schlug und höher stieg.

»Ich habe ihn nicht verstanden!« heulte Zweiblum, und der Wind stahl ihm sofort die Worte von den Lippen. Neunrute neigte sich ein wenig zur Seite, und daraufhin sah der Tourist den schrumpfenden Wyrmberg. Dunkle Punkte lösten sich davon und nahmen die Verfolgung auf. Neunrutes Schwingen hoben und senkten sich weiterhin, und Zweiblum spürte, wie die Luft dünner wurde. In seinen Ohren knackte es zum drittenmal.

Vor dem Schwarm der Verfolger bemerkte er einen goldenen Drachen, auf dem jemand saß.

»He, ist alles in Ordnung mit dir?« fragte Rincewind. Er mußte sich die Lungen mehrmals mit der seltsam destillierten Luft füllen, um diese Worte zu formulieren.

»Ich hätte ein Lord werden können, aber ihr Narren mußtet unbedingt...« Hrun brach ab, als selbst seiner breiten Brust die Luft ausging.

»Wassn eigentlich los?« brummte Rincewind. Blaue Lichter glühten ihm vor den Augen.

»Unk«, machte Zweiblum und verlor das Bewußtsein.

Der Drache verschwand.

Einige Sekunden lang setzten die drei Männer den Weg nach oben fort. Zweiblum und Rincewind bildeten ein sonderbares Paar: Sie saßen hintereinander, die Beine um etwas gespreizt, das nicht mehr existierte. Dann erholte sich die Schwerkraft der Scheibenwelt von ihrer Überraschung und zog.

In diesem Augenblick flog Liessas Drache vorbei, und Hrun landete auf dem Hals des goldenen Riesen. Die junge Frau beugte sich vor und küßte ihn.

Dieses Detail entging Rincewinds Aufmerksamkeit als er fiel, die Arme noch immer um Zweiblums Taille geschlungen. Die Scheibenwelt war eine kleine runde Karte, an den Himmel genagelt. Sie schien sich nicht zu bewegen, aber Rincewind wußte, daß sie näher kam. Die ganze Welt raste ihm wie eine riesige Sahnetorte entgegen.

»Wach auf!« rief er und versuchte das laute Rauschen des Winds zu übertönen. »Drachen! Denk an Drachen!«

Schemenhafte Flügel zuckten vorbei, als Zauberer und Tourist durch den Schwarm der Verfolger stürzten, der seinerseits nach oben fiel. Drachen kreischten und stoben davon.

Zweiblum gab keine Antwort. Rincewinds Umhang umflatterte ihn, aber der kleine Mann erwachte nicht.

*Drachen*, dachte Rincewind panikerfüllt. Er versuchte, sich zu konzentrieren und vor seinem inneren Auge einen möglichst echten Drachen entstehen zu lassen. *Wenn Zweiblum dazu imstande ist, schaffe ich es ebenfalls.* Doch nichts geschah.

Die Welt wurde allmählich größer – eine wolkenverschleierte Scheibe, die immer mehr anschwoll.

Rincewind unternahm einen zweiten Versuch, rollte mit den Augen und quetschte Phantasie aus jeder einzelnen Hirnzelle. Ein Drache. Seine zu häufig verwendete und daher schon recht abgenutzte Vorstellungskraft streckte imaginäre Hände aus, um nach *irgendeinem* Drachen zu greifen ...

DAS HAT KEINEN ZWECK, lachte eine Stimme. Sie klang wie das dumpfe Läuten einer Friedhofsglocke. DU GLAUBST GAR NICHT AN SIE.

Rincewind beobachtete die schreckliche Gestalt auf dem weißen Pferd, und sein entsetztes Ich ließ die geistigen Zügel schießen.

*Ein greller Blitz.*

*Gefolgt von völliger Finsternis.*

Ein weicher Boden erstreckte sich unter Rincewinds Füßen, und er nahm rosarotes Licht wahr. In der Nähe ertönten erschrockene Schreie.

Verwirrt sah er sich um. Er befand sich nun in einer Art Tunnel, gefüllt mit Sesseln, in denen seltsam gekleidete Menschen saßen. Sie alle trugen Fesseln und starrten ihn groß an.

»Wach auf!« zischte Rincewind. »Hilf mir!«

Er zog den noch immer bewußtlosen Touristen mit sich, fort von den sonderbaren Leuten – bis er mit der freien Hand einen eigentümlich geformten Knauf ertastete. Er drehte ihn, trat rasch über die Schwelle und warf die Tür hinter sich zu.

Der Zauberer ließ den Blick durch den neuen Raum schweifen und bemerkte eine entsetzte junge Frau, die ihr Tablett fallen ließ und schrie.

Es klang ganz nach einem Schrei, der muskulöse und entschlossene Männer herbeiruft. In Rincewinds Adern schwamm mehr Adrenalin als Blut, als er an der Frau vorbeisprang. In diesem Bereich gab es weitere Sessel, und die Menschen darin duckten sich, während er Zweiblum durch den Mittelgang zerrte. Neben den Sitzplätzen sah er kleine Fenster, durch die man einen silbernen Drachenflügel erkennen konnte. Dahinter schwebten Wolken.

*Ein Drache hat mich gefressen*, dachte Rincewind. *Das*

*ist doch lächerlich,* antwortete er sich selbst. *Man kann nicht aus einem Drachen hinaussehen.* Dann prallte er mit der Schulter an die Tür am anderen Ende des Tunnels, öffnete sie und gelangte in einen kegelförmigen Raum, der ihm noch seltsamer erschien als die langgestreckten Kammern.

Hunderte von Lichtern glühten darin. Zwischen diesen Lichtern saßen vier Männer in Sesseln, die sich der Körperform anpaßten. Zuerst starrten sie Rincewind mit offenem Mund an, und dann glitten ihre Blicke zur Seite.

Der Zauberer drehte sich langsam um. Neben ihm stand ein fünfter Mann: jung, mit Bart und so dunkelhäutig wie das Nomadenvolk des Großen Nef.

»Wo bin ich?« fragte Rincewind. »Im Bauch eines Drachen?«

Der junge Mann wich zurück und hob einen kleinen schwarzen Kasten. Die vier anderen Fremden duckten sich.

»Was ist das?« erkundigte sich Rincewind. »Ein Ikonograph?« Er streckte die Hand aus und griff nach dem Kasten, was den dunkelhäutigen Mann zu überraschen schien. Er fluchte und versuchte, den Gegenstand zurückzureißen. Unmittelbar darauf erklang eine andere Stimme, von einem der sitzenden Männer. Allerdings saß er jetzt nicht mehr, sondern stand und richtete ein kleines Metallobjekt auf den Dunkelhäutigen.

Damit erzielte er eine erstaunliche Wirkung. Der junge Mann hob die Hände und rührte sich nicht mehr von der Stelle.

»Bitte geben Sie mir die Bombe, Sir!« bat der Fremde mit dem Metallobjekt. »Ganz vorsichtig!«

»Dieses Ding hier?« vergewisserte sich Rincewind. »Sie können es haben! Ich will es nicht!« Der Mann nahm den Kasten sehr behutsam entgegen und stellte ihn auf den Boden. Die sitzenden Männer entspannten sich, und einer von ihnen sprach mit der Wand. Der Zauberer beobachtete ihn verwundert.

»*Keine Bewegung!*« befahl der Mann mit dem Metallobjekt – Rincewind vermutete, daß es sich dabei um ein Amulett handelte. Der Dunkelhäutige kauerte sich in der Ecke zusammen.

»Sie sind sehr mutig gewesen«, wandte sich Amuletthalter an Rincewind. »Wissen Sie das?«

»Was?«

»Fühlt sich Ihr Freund nicht wohl?«

»Freund?«

Rincewind blickte auf Zweiblum hinab, der noch immer friedlich schlummerte. Nun, das überraschte ihn nicht. Die eigentliche Überraschung bestand darin, daß Zweiblum jetzt andere Kleidung trug. Seltsame Kleidung. Seine Hose endete an den Knien, und über ihr spannte sich ein bunt gestreiftes Hemd. Auf dem Kopf ruhte ein komisch aussehender Strohhut, in dem eine Feder steckte.

Ein sonderbares Gefühl veranlaßte Rincewind, an sich selbst hinabzusehen. *Seine* Kleidung hatte sich ebenfalls verändert. Anstelle des bequemen alten Umhangs, die in diversen Notfällen rasches Handeln und recht hohe Fluchtgeschwindigkeiten zuließ, trug der Zauberer nun zwei Röhren an den Beinen. Hinzu kam eine Jacke aus dem gleichen grauen Stoff ...

Er hörte die Sprache dieser Fremden nun zum erstenmal. Sie klang unfein, umständlich und ein wenig nach Mittländisch – warum verstand er jedes Wort?

*Mal sehen*, dachte Rincewind. *Wir sind plötzlich in diesem Drachen materialisiert, nachdem, ich meine, wir sind plötzlich, wir sind, wir ...* Und dann fiel es ihm ein. Nach dem angenehmen Gespräch im Flughafen beschlossen sie, im Flugzeug nebeneinander zu sitzen. Er hatte dem Engländer Jack Twoflower versprochen, ihm Amerika zu zeigen. *Ja, genau. Und dann fiel Jack in Ohnmacht, wor-*

*aufhin ich es mit der Angst zu tun bekam. Ich habe die Pilotenkanzel aufgesucht und den Flugzeugentführer überrascht.*
Natürlich. Ganz klar. Lieber Himmel, was bedeutete »mittländisch«?

Dr. Rjinswand rieb sich die Stirn. Er konnte jetzt einen ordentlichen Drink gebrauchen.

Wellen des Paradoxen rollten über das Meer der Kausalität.

Wer sich außerhalb der Gesamtheit des Multiversums befindet, sollte folgenden wichtigen Umstand berücksichtigen: Rincewind und Zweiblum waren tatsächlich erst vor kurzer Zeit in einem Flugzeug erschienen, doch in einer alternativen Realität hatten sie sich seit dem Start an Bord befunden. Mit anderen Worten. Einerseits hielten sie sich noch nicht lange in diesem besonderen dimensionalen Gefüge auf, aber andererseits hatten sie hier ihr ganzes Leben verbracht. An dieser Stelle gibt die normale Sprache auf, besucht die nächste Kneipe und gießt sich einen hinter die Binde.

Folgendes geschah: Mehrere Quintillionen Atome waren gerade materialisiert (eigentlich ist das Gegenteil der Fall – siehe unten), und zwar in einem Universum, wo es sie nicht geben durfte. Für gewöhnlich besteht das Ergebnis aus einer enormen Explosion, aber zum Glück sind Universen recht widerstandsfähig. Dieser spezielle Kosmos rettete sich, indem er sein Raum-Zeit-Kontinuum zu einem Punkt schickte, wo er die überschüssigen Atome problemlos aufnehmen konnte. Anschließend kehrte er rasch in jenen eher subjektiven Bereich des Seins zurück, den die Bewohner Gegenwart nennen. Natürlich veränderte sich dadurch die Geschichte – es hatte weniger Kriege und Dinosaurier gegeben –, aber im großen und ganzen verstrich der Zwischenfall unbemerkt.

Außerhalb dieses besonderen Universums machten

sich die Folgen stärker bemerkbar. Außer Kontrolle geratene Konsequenzen tanzten über die Summe Aller Dinge, was dazu führte, daß sich ganze Dimensionen zusammenkrümmten und Galaxien spurlos verschwanden.

Dr. Rjinswand – 33, Junggeselle, geboren in Schweden, aufgewachsen in New Jersey, Spezialist für Oxidationsprobleme nuklearer Reaktoren – ahnte nichts davon. Selbst wenn jemand in der Lage gewesen wäre, ihm alle Einzelheiten zu schildern: Bestimmt hätte er sie nicht geglaubt.

Jack Twoflower schien noch immer bewußtlos zu sein. Die Stewardeß – sie hatte Rjinswand zu seinem Platz geführt, während die übrigen Passagiere applaudierten – beugte sich besorgt über ihn.

»Wir haben bereits den Zielflughafen verständigt«, sagte sie zu Rjinswand. »Wenn wir landen, wartet ein Krankenwagen auf uns. Äh, in der Passagierliste steht, daß Sie Doktor sind ...«

»Ich weiß nicht, was ihm fehlt«, erwiderte Rjinswand rasch. »Ich könnte ihm nur helfen, wenn er ein Magnox-Reaktor wäre. Hat er einen Schock erlitten?«

»Ich habe noch nie ...«

Die Stewardeß unterbrach sich, als es im Heckbereich des Flugzeugs krachte. Einige Männer und Frauen schrien. Ein plötzlicher Windstoß wehte Zeitschriften und Zeitungen umher.

Etwas kam durch den Gang. Ein rechteckiger großer Gegenstand aus Holz und mit Messingbeschlägen. Es bewegte sich auf Hunderten von kleinen Beinen. Wenn der Schein nicht trog, wenn es sich wirklich um eine Truhe handelte – von der Art, wie man sie in Piratenfilmen zeigte, voller Gold und Juwelen –, so öffnete sie nun den Deckel.

Ihr Inhalt bestand nicht etwa aus einem Schatz. Statt dessen bleckte die Kiste lange spitze Zähne, weiß wie

Elfenbein, und sie leckte mit einer langen, mahagoniroten Zunge.

Rjinswand fühlte sich von einem großen Gepäckstück bedroht.

Er klammerte sich an dem bewußtlosen Jack Twoflower fest, der ihm überhaupt nicht helfen konnte, und ein leises Wimmern kam ihm von den Lippen. Von ganzem Herzen wünschte er sich an einen anderen Ort...

*Plötzliche Dunkelheit.*
*Gefolgt von einem grellen Blitz.*

Das Verschwinden von mehreren Quintillionen Atomen aus einem Universum, in dem sie eigentlich gar nicht existieren durften, verursachte ein starkes Ungleichgewicht in der allgemeinen Gesamtstruktur des Seins, und der betreffende Kosmos versuchte sofort, die innere Balance wiederherzustellen – ein Vorgang, dem einige Subrealitäten zum Opfer fielen. Gewaltige Entladungen purer Magie erschütterten das Fundament des Multiversums, brodelten durch Risse, erreichten bis dahin friedliche Dimensionen, bewirkten Novä und Supernovä, ließen Sterne miteinander kollidieren, sorgten dafür, daß aufgescheuchte Wildgänse rückwärts flogen, und versenkten mythische Kontinente. Einige Welten, so weit entfernt wie das Ende der Zeit, erlebten prachtvolle Sonnenuntergänge aus schimmerndem Oktarin, als hochenergetische magische Partikel durch die Atmosphäre rasten. Im Kometenhalo des berühmten Eissystems von Zeret starb ein adliger Komet im thaumaturgischen Schweif eines fürstlichen Asteroiden.

Rincewind merkte natürlich nichts davon, als er den noch immer ohnmächtigen Zweiblum festhielt und dem Meer der Scheibenwelt entgegenfiel, das einige hundert Meter weiter unten glänzte. Nicht einmal die Krämpfe und Zuckungen der Dimensionen konnten etwas an jenem ehernen Gesetz ändern, das die Erhaltung der Energie vorschrieb – Rjinswands kurze Reise in einem Flugzeug hatte ausgereicht, um ihn einige hundert Meilen horizontal und fast tausend Meter vertikal zu bewegen.

Das Wort ›Flugzeug‹ entflammte in Rincewinds Bewußtsein und zerfiel zu Asche.

Befand sich dort unten ein Schiff?

Die kalten Fluten des Runden Meers schlossen sich um den Zauberer und saugten ihn in grüne Tiefe. Wenige Sekunden später platschte es noch einmal, als auch die Truhe ins Wasser fiel – an ihrer Seite zeigte sich ein Aufkleber mit der mächtigen Reise-Rune TWA.

Später benutzten sie die Kiste als Floß.

# Übersetzer, Quellen- und Rechtsvermerke

DIE ZWINGBURG SO KEINER BEZWINGT DENN SACNOTH DAS SCHWERT
von Lord Dunsany.
Originaltitel: ›The Fortress Unvanquishable, Save for Sacnoth‹.
Aus dem Band von Lord Dunsany: *The Sword of Welleran and Other Stories*, London 1908. © George Allen, London 1908.
Übersetzung aus dem Englischen von Friedrich Polakovics aus *Lord Dunsany: Das Fenster zur anderen Welt*. Insel, Frankfurt am Main 1971.
Für die deutsche Ausgabe © 1971 Insel Verlag, Frankfurt am Main. Mit freundlicher Genehmigung des Insel Verlages.

ZORA RACH NAM PSARRION
von E. R. Eddison.
Originaltitel: ›Zora Rach nam Psarrion‹.
Auszug (Kapitel XXVIII) aus dem Roman von E. R. Eddison: *The Worm Ouroboros*, London 1922 (deutsch: *Der Wurm Ouroboros*, 1981). © 1926, erneuert © 1962 by E. P. Dutton and Co., Inc., London.
Aus dem Englischen übersetzt von Reinhard Heinz.
Copyright © 1981 der deutschen Übersetzung by Wilhelm Heyne Verlag, München.

TOCHTER DER KÖNIGE
von Stephen R. Donaldson.
Originaltitel: ›Daughter of Regals‹.
Erstveröffentlichung in dem Band von S. R. Donaldson: *Daughter of Regals & Other Tales*, 1984 (deutsch: *Tochter der Könige*, 1985). Copyright © 1984 by Stephan R. Donaldson.
Aus dem Amerikanischen übersetzt von Horst Pukallus.
Copyright © 1985 der deutschen Übersetzung by Wilhelm Heyne Verlag, München.

LIANE DER WANDERER
von Jack Vance
Originaltitel: ›Liane the Wayfarer‹.
Aus dem Band von J. Vance: *The Dying Earth*. 1950. Copyright © by Hillman Periodicals, Inc.
Aus dem Amerikanischen übersetzt von Andreas Brandhorst.
Copyright © 1988 der deutschen Übersetzung by Wilhelm Heyne Verlag, München.

DIE GRENZE DES MÖGLICHEN
von Andrzej Sapkowski.
Originaltitel: ›Granica możliwości‹.
Aus dem Episodenroman von A. Sapkowski: *Miecz przeznaczenia*, Warszawa 1992 (deutsch: *Das Schwert der Vorsehung*, 1998).
Copyright © by Andrzej Sapkowski, Warszawa 1992.
Aus dem Polnischen übersetzt von Erik Simon.
Copyright © 1992 der deutschen Übersetzung by Wilhelm Heyne Verlag, München.

KÖNIGE IN DUNKELHEIT
von Michael Moorcock.
Originaltitel: ›Kings in Darkness‹.
Erstveröffentlichung in *Science-Fantasy* Nr. 52, 1962.
Zweites Buch aus dem Roman von M. Moorcock: *The Bane of the Black Sword*, New York 1977 (deutsch: *Im Banne des Schwarzen Schwertes*, 1980). Copyright © 1977 by Michael Moorcock.
Aus dem Englischen übersetzt von Thomas Schlück.
Copyright © 1980 der deutschen Übersetzung by Wilhelm Heyne Verlag, München.

DIE TOCHTER DES MAGIERS
von Tanith Lee
Originaltitel: ›The Daughter of the Magician‹.
Aus dem Band von T. Lee: *Night's Sorceries*, New York 1987 (deutsch: *Nächtliche Zauber*, 1989). Copyright © 1987 by Tanith Lee.
Aus dem Englischen übersetzt von Irene Holicki.
Copyright © 1989 der deutschen Übersetzung by Wilhelm Heyne Verlag, München.

DAS SCHIFF DES UNHEILS
von Barrington J. Bayley.
Originaltitel: ›The Ship of Disaster‹.
Erstveröffentlichung in *New Worlds,* Juni 1965. Copyright ©
1965 by Barrington J. Bayley.
Aus dem Amerikanischen übersetzt von Franz Rottensteiner.
Copyright © 1988 der deutschen Übersetzung by Wilhelm
Heyne Verlag, München.

DRACHENKIND
von Ursula K. Le Guin
Originaltitel: ›Dragonfly‹.
Aus der Anthologie von Robert Silverberg (Hrsg.): *Legends.
New Short Novels,* New York 1998 (deutsch: *Der 7. Schrein,* 1999).
Copyright © 1998 by Agberg, Ltd.
Aus dem Amerikanischen übersetzt von Joachim Körber.
Copyright © 1999 der deutschen Übersetzung by Wilhelm
Heyne Verlag, München.

DIE BRÜCKE ÜBER DEN GALLWEINFLUSS
von N. H. Beard und D. C. Kenney.
Auszug aus dem 4. Kapitel des Romans von N. H. Beard und
D. C. Kenney: *Bored of the Rings,* New York 1969. Copyright ©
1969 by the Harvard Lampoon Inc.
Übersetzung aus dem Amerikanischen von Margaret Carroux
aus dem Band *Dschey Ar Tollkühn: Der Herr der Augenringe. Eine
Parodie von N. H. Beard und D. C. Kenney.* Goldmann, München
1983. Copyright © der deutschsprachigen Ausgabe 1983 by
Wilhelm Goldmann Verlag, München.
Mit freundlicher Genehmigung des Wilhelm Goldmann Verlages.

GRAUSPUTZ
von Esther M. Friesner
Originaltitel: ›Death Swatch‹.
Copyright © 1996 by Esther Friesner. Erstveröffentlichung in
der Anthologie von John DeChancie und Martin H. Greenberg
(Hrsg.): *Castle Fantastic.* Mit freundlicher Genehmigung der
Autorin.

Aus dem Amerikanischen übersetzt von Erik Simon.
Copyright © 2001 der deutschen Übersetzung by Wilhelm Heyne Verlag, München.

DER ZAUBER DES WYRMBERGS
von Terry Pratchett
Originaltitel: ›The Lure of the Wyrm‹.
Aus dem Band von Terry Pratchett: *The Colour of Magic* (deutsch: *Die Farben der Magie*). Copyright © 1983 by Terry Pratchett.
Aus dem Englischen übersetzt von Andreas Brandhorst.
Copyright © 1992 der deutschen Ausgabe und Übersetzung by Wilhelm Heyne Verlag, München.

The editors and the Publisher of this book have made every effort to trace and contact the owners of the authors' copyrights or their agents. In cases where this has proven impossible, copyright owners or their agents are asked to contact the Publisher.

Herausgeber und Verlag dieses Buches haben alles in ihren Kräften Stehende getan, um die Inhaber der Autorenrechte oder ihre Agenten zu ermitteln und Verbindung zu ihnen aufzunehmen. Wo dies nicht möglich war, werden die Rechtsinhaber oder ihre Agenten gebeten, sich an den Verlag zu wenden.

**PIPER**

## *Legenden*

Lord John, der magische Pakt und andere Abenteuer von Diana Gabaldon, George R. R. Martin, Orson Scott Card, Robin Hobb und Robert Silverberg. Herausgegeben von Robert Silverberg. 544 Seiten. Broschur

Die bekanntesten Helden der Fantasy erleben in diesem Band neue dramatische und überraschende Abenteuer: Diana Gabaldon verwickelt ihren Lord John Grey, bekannt aus der »Highland«-Saga und »Das Meer der Lügen«, in eine übernatürliche Mordserie. George R. R. Martin setzt sein Fantasy-Epos »Das Lied von Eis und Feuer« fort. Und Robert Silverberg kehrt zu seinem legendären »Majipoor«-Zyklus zurück. Fünf phantastische Kurzromane ziehen neue und alte Fantasy-Begeisterte in ihren Bann und treffen viele Geschmäcker: den Liebhaber geheimnisvoller historischer Stoffe ebenso wie den Freund großangelegter epischer Fantasy. Nicht nur für Fans geeignet, sondern auch als Einstieg in die Welten der jeweiligen Autoren und nicht zuletzt als großartiger Überblick über die Vielfalt des Genres.